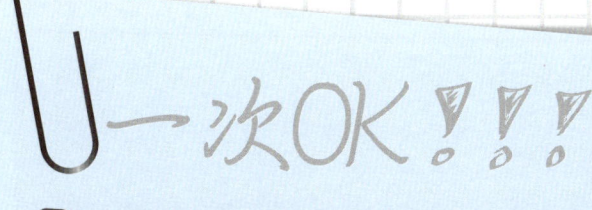

一次OK！！！

陳思緯◎編著

人類行為與社會環境

2024
最新試題

 考用出版股份有限公司

目錄 Contents

應考須知 005
上榜心得 012
本書使用說明 013
100日讀書計畫 016
歷屆試題分析 017

第一章　人類行為發展之理論 ★★★

重點1　人類行為發展之基本觀念與觀點 4
重點2　人類行為發展之「鉅視面」理論 50
重點3　人類行為發展之「微視面」理論 80

第二章　受孕、懷孕及出生 ★★★

重點1　受孕、懷孕及出生 120

第三章　嬰幼兒期 ★★★

重點1　嬰幼兒期 158

第四章　兒童期 ★★★★★

重點1　兒童期（一） 197
重點2　兒童期（二） 256

第五章　青少年期 ★★★★★

重點1　青少年期（一） 310
重點2　青少年期（二） 347

第六章　成年期 ★★★★

重點1　成年期...386

第七章　中年期 ★★★

重點1　中年期...434

第八章　老年期 ★★★★

重點1　老年期...478

附　錄　　最新試題　　　　　　　　523

應考須知

一、應考資格

考試名稱	類科	應考資格
專門職業及技術人員高等考試	社會工作師	一、公立或立案之私立專科以上學校或經教育部承認之國外專科以上學校社會工作科、系、組、所畢業，領有畢業證書者。 二、公立或立案之私立專科以上學校或經教育部承認之國外專科以上學校相當科、系、組、所畢業，領有畢業證書，曾修習社會工作（概論）或社會工作（福利）理論、人類行為（發展）與社會環境、社會個案工作、社會團體工作、社區組織與（社區）發展或社區工作、社會（工作）研究方法或社會及行為研究法或社會調查與研究、社會福利概論或社會福利通論、社會福利行政（與立法）或社會工作管理、社會政策與（社會）立法、社會工作（福利）實習或實地工作、社會工作方法或臨床社會工作或醫療社會工作、高等社會工作或高等社會個案工作或高等社會團體工作或高等社會社區工作或進階社會工作或進階社會個案工作或進階社會團體工作或進階社會社區工作、社會工作督導、非營利組織（經營）管理或社會服務機構（行政）管理或方案規劃與評估、社會政策分析或比較社會政策、家庭政策或家庭（福利）服務或家

005

考試名稱	類科	應考資格
專門職業及技術人員高等考試	社會工作師	庭社會工作、社會福利（服務）或兒童福利（服務）或青少年福利（服務）或老人福利（服務）或身心障礙者福利（服務）或婦女福利（服務）等學科至少7科，合計20學分以上，每學科至多採計3學分，其中須包括社會工作（福利）實習或實地工作，有證明文件者。 三、中華民國90年7月31日前，經公立或立案之私立專科以上學校或經教育部承認之國外專科以上學校社會政策與社會工作、青少年兒童福利、兒童福利、社會學、社會教育、社會福利、醫學社會學等科、系、組、所畢業，領有畢業證書者。 四、中華民國89年12月31日前，具有國內公立或立案之私立或經教育部承認之國外大學或獨立學院以上非社會工作相關學系畢業，有國內社會工作實務經驗2年以上，並領有中央主管機關審查合格之證明文件者。 五、中華民國95年7月31日前，具有國內已設立10年以上之宗教大學或獨立學院之社會工作相關科系畢業，有國內社會工作實務經驗2年以上，並領有中央主管機關審查合格之證明文件者。

考試名稱	類科	應考資格
專門職業及技術人員高等考試	社會工作師	自中華民國102年1月1日起，中華民國國民具有下列資格之一者，得應本考試： 一、公立或立案之私立專科以上學校或經教育部承認之國外專科以上學校社會工作相當科、系、組、所、學位學程畢業，曾修習社會工作（福利）實習或實地工作，領有畢業證書者。所稱社會工作相當科、系、組、所、學位學程係指開設之必修課程包括下列五領域各課程，每一學科至多採計3學分，合計15學科45學分以上，且經考選部審議通過並公告者： （一）社會工作概論領域課程2學科：包括 　　1. 社會工作概論。 　　2. 社會福利概論或社會工作倫理。 （二）社會工作直接服務方法領域課程3學科，包括 　　1. 社會個案工作。 　　2. 社會團體工作。 　　3. 社區工作或社區組織與（社區）發展。 （三）人類行為與社會環境領域課程4學科，包括 　　1. 人類行為與社會環境。 　　2. 社會學。 　　3. 心理學。 　　4. 社會心理學。

007

考試名稱	類科	應考資格
專門職業及技術人員高等考試	社會工作師	（四）社會政策立法與行政管理領域課程4學科，包括 　　1. 社會政策與社會立法。 　　2. 社會福利行政。 　　3. 方案設計與評估。 　　4. 社會工作管理或非營利組織管理。 （五）社會工作研究法領域課程2學科，包括 　　1. 社會工作研究法或社會研究法。 　　2. 社會統計。 二、公立或立案之私立專科以上學校或經教育部承認之國外專科以上學校社會工作相關科、系、組、所、學位學程畢業，曾修習社會工作（福利）實習或實地工作，領有畢業證書，且其修習之課程符合前款規定之五領域課程，有證明文件者。 三、前二項實習或實地工作認定標準由考選部另定之。具有第一項各款資格之一者，限於中華民國105年12月31日以前，得應本考試。 ※102年以後畢業者，實習以課堂外實習為限，應至少實習二次且合計400小時以上。

二、考試科目

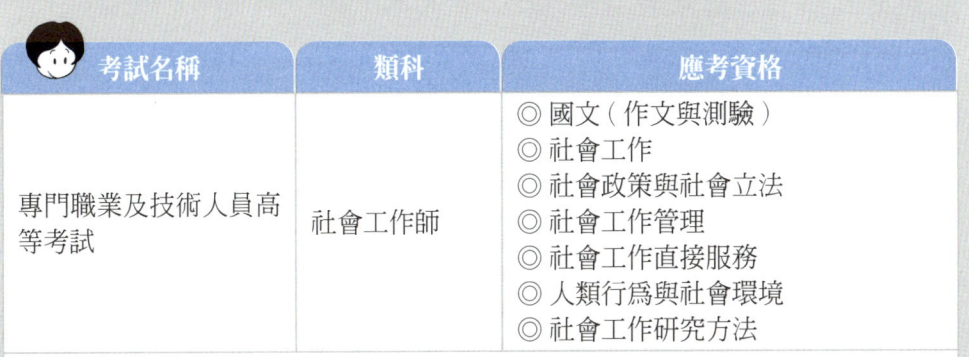

考試名稱	類科	應考資格
專門職業及技術人員高等考試	社會工作師	◎ 國文（作文與測驗） ◎ 社會工作 ◎ 社會政策與社會立法 ◎ 社會工作管理 ◎ 社會工作直接服務 ◎ 人類行為與社會環境 ◎ 社會工作研究方法

備註：
科目前端有「※」符號者，係全部採測驗式試題。
科目前端有「◎」符號者，係採申論式及測驗式之混合式試題。

三、考試日期

考試名稱	類科	預定辦理日期
專門職業及技術人員高等考試	社會工作師	每年舉辦1次，並視需要舉辦1次 第1次：約於每年1~2月舉辦。 第2次：約於每年7~8月舉辦。

備註：正確考試日期以考選部公告為準。

四、錄取率

年度	應考人數	到考人數	及格人數	及格率（及格人數／到考人數）
105年第一次	4,209	3,057	330	10.8%
105年第二次	4,957	3,756	617	16.4%
106年第一次	2,398	1,840	143	7.8%
106年第二次	3,384	2,340	497	21.2%
107年第一次	2,367	1,660	606	36.5%
107年第二次	3,606	2,817	486	17.3%
108年第一次	2,632	1,997	535	26.8%

年度	應考人數	到考人數	及格人數	及格率（及格人數／到考人數）
108年第二次	3,546	2,730	451	16.5%
109年第一次	2,794	2,085	260	12.5%
109年第二次	4,262	3,191	790	24.76%
110年第一次	2,891	2,068	282	13.6%
110年第二次	4,402	2,848	557	19.6%
111年第一次	2,742	1,759	530	30.1%
111年第二次	4,337	3,059	399	13.0%
112年第一次	2,956	2,050	703	34.3%
112年第二次	4,191	2,978	702	23.6%
113年第一次	3,344	2,368	355	15.0%

五、命題大綱

專門職業及技術人員高等考試 社會工作師考試
「社會工作直接服務」科目命題大綱

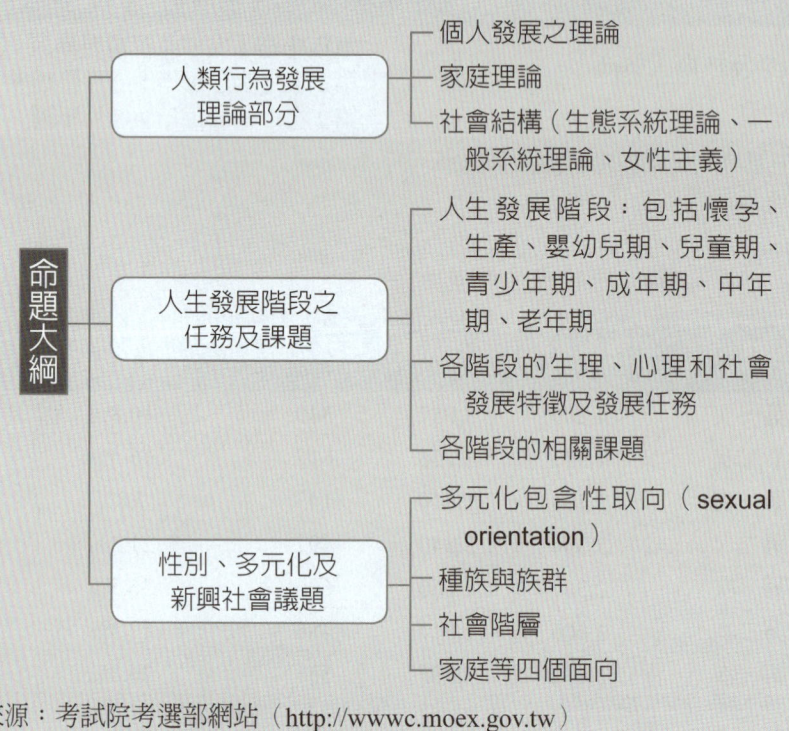

命題大綱

- 人類行為發展理論部分
  - 個人發展之理論
  - 家庭理論
  - 社會結構（生態系統理論、一般系統理論、女性主義）
- 人生發展階段之任務及課題
  - 人生發展階段：包括懷孕、生產、嬰幼兒期、兒童期、青少年期、成年期、中年期、老年期
  - 各階段的生理、心理和社會發展特徵及發展任務
  - 各階段的相關課題
- 性別、多元化及新興社會議題
  - 多元化包含性取向（sexual orientation）
  - 種族與族群
  - 社會階層
  - 家庭等四個面向

資料來源：考試院考選部網站（http://wwwc.moex.gov.tw）

六、準備要領

　　許多考生在準備「人類行為與社會環境」這門考科，常常不知如何著手，總覺得本考科漫無天際，很難有結構、有系統的準備，致在準備考試的過程中總覺得準備不夠踏實。

　　「人類行為與社會環境」考科雖涉及到生理學、心理學、社會學、社會工作、社會政策與立法，以及社會福利服務，但其有一定的主軸，亦即分為「人類行為」與「社會環境」兩大部分，同時以一個時間概念貫穿，亦即「生命歷程」，包括從懷孕、出生、嬰幼兒、兒童、青少年、成年、中年、老年等，以此生命歷程的各階段分析「人類行為」與「社會環境」，即是本考科的系統的架構，然後再以「人類行為理論」為基石作為論述的核心基礎，即是「人類行為與社會環境」的全貌。考生紮實研讀本書，在本考科將可建立堅實的考場應試能力。

　　另為使考生熟悉申論題論述與應答技巧，以及測驗題的解析，建議考生參考編者針對另著：陳思緯，《人類行為與社會環境搶分題庫》，考用出版社。一併紮實的研讀，將使「人類行為與社會環境」考科靈活運用功力大幅精進，申論題分析與論述架構完整，測驗題選答能力大增，榮登「社會工作師」金榜。

　　給考生的期勉

　　　　有充分準備的人，才有最佳的機會！

　　　　祝您 金榜題名！

編者　陳思緯　敬上

上榜心得

　　「人類行為與社會環境」對我而言，是一門頭痛的科目，因為，我實在很難清楚的了解這科該怎麼準備，尤其以前在校時，這科又不是學的很紮實，沒想到，畢業以後要考專技社工師，這科反而成為我的致命傷科目。

　　其實，我也不是沒有去補習，只不過補習班所上的這門課程，還是只是讓我覺得只有增加考試的存在感而已（也就是說，有去上課，讓自己感覺有在準備這一科，補心安的），補習班課程上課的內容，感覺上架構不是很完整，而且很多細節因為堂數較少，其實也很難有細緻的說明，這樣的補習結果，反映在考試成績上，就一直不是很理想。

　　與這本陳思緯老師的《人類行為與社會環境》這本書結緣，是個因緣巧合，話說有一天，有個摯友要結婚，邀請我北上當伴娘，所以我就專程從高雄搭高鐵北上，希望能夠分享摯友的幸福，當然，我也很順利的完成任務，在即將返回高雄時，想到以前在台北求學時，總會去重南書街逛一逛，心想多年沒去了，除了想去回憶一下以前的時光，也想順便逛逛書店。眼前的重南的許多景物有改變，但大部分的書局都還在，我走進了我熟悉的書店，東瞧瞧、西看看，還是走向心中懸念的考試書架，我發現了這本書，仔細地翻閱了這本書的章節架構與內容，只可用「驚為天人」四個字形容，這本書我帶回了高雄……，結果是我在專技社工師考試，這科目分數提升非常多（終於揮別以往稀稀落落的分數），我想，此次台北行，我除了去當伴娘分享幸福外，也帶來了上榜的幸福。

　　現在，我想與大家分享的是，你不一定要去參加婚禮感受幸福，我想把上榜的幸福傳遞給大家，這個幸福的密碼就是研讀陳思緯老師的《人類行為與社會環境》，掌握幸福之鑰，榮登社專技社工師金榜即將到來。

專技社工師上榜生 李○真

本書使用說明

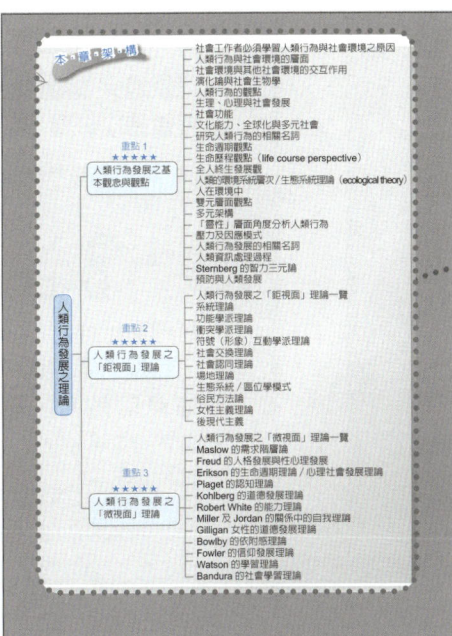

1. 本章架構
考生可以先了解本章概略的內容。

2. 關鍵焦點
提出本章最關鍵的考點,考生可以特別針對這個部分加強閱讀。

3. 榜首導讀
點出本章最關鍵的考點,考生可藉由前輩的提醒事項直接切入!

4. 命題趨勢
提出本章占各年度的考題數,考生可以依命題趨勢分配閱讀時間。

013

本書使用說明

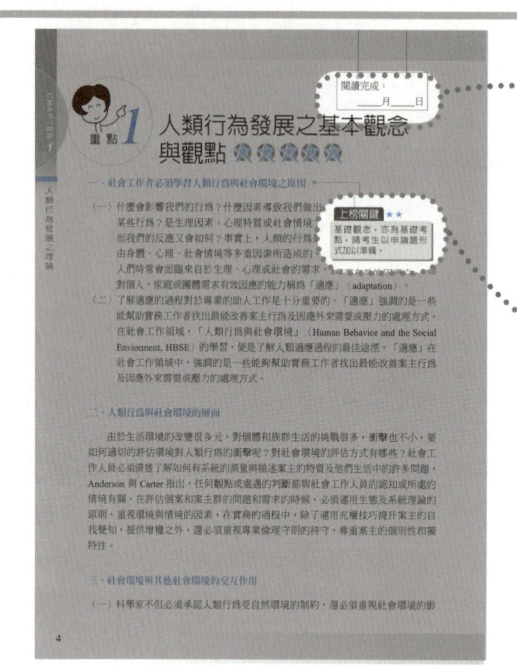

5. 閱讀完成日
可記錄唸完本章的時間，再複習時以供參考。

6. 上榜關鍵
針對內文延伸出的重要觀念，或是老師提醒考生應該注意的地方，增進實力。

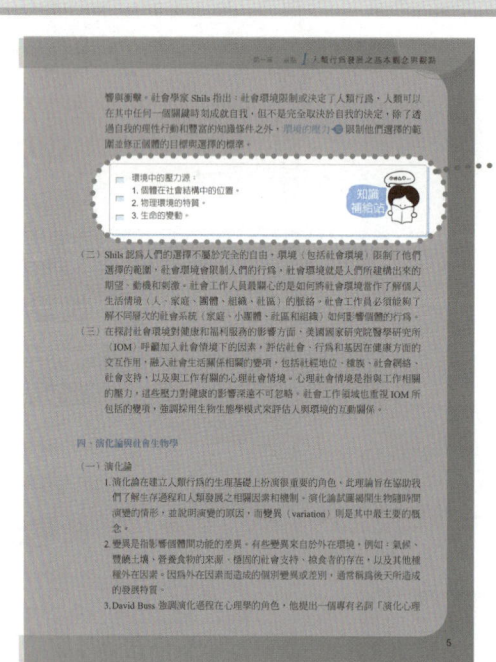

7. 知識補給站
針對內容較艱深的部分做例子補充或說明，考生一目了然。

014

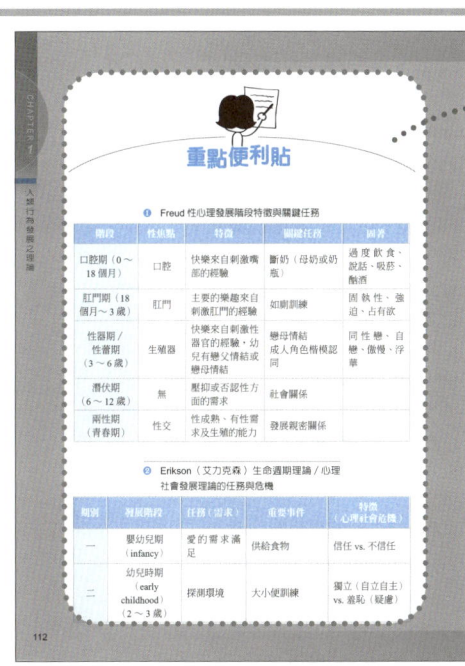

8. 重點便利貼

讀完本章，供考生最後再次瀏覽本章重點。

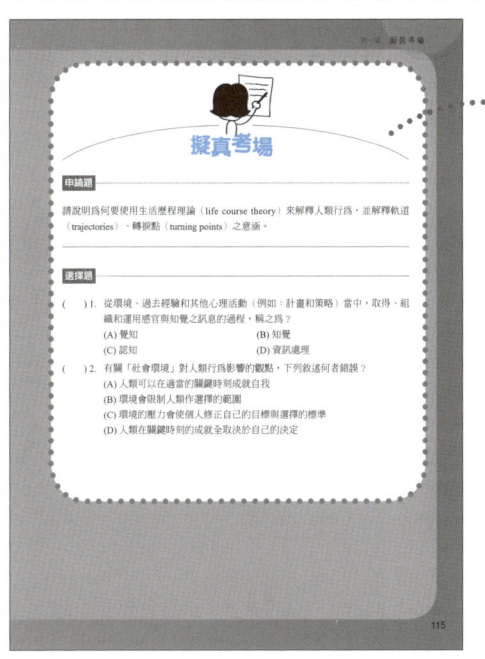

9. 擬真考場

章末附上相關試題，難題提供解析，加強記憶力。

015

100 日讀書計畫

執行天數	範圍內容	重要性	時數	完成日期
第 1-10 天	第一章重點 1	★★★★★	20	
第 11-20 天	第一章重點 2	★★★★★	20	
第 21-30 天	第一章重點 3	★★★★★	20	
第 31-34 天	第二章重點 1	★★★	10	
第 35-39 天	第三章重點 1	★★	8	
第 40-48 天	第四章重點 1	★★★★★	18	
第 49-57 天	第四章重點 2	★★★★★	18	
第 58-66 天	第五章重點 1	★★★★★	18	
第 67-74 天	第五章重點 2	★★★★	16	
第 75-82 天	第六章重點 1	★★★★	16	
第 83-87 天	第七章重點 1	★★★	10	
第 88-95 天	第八章重點 1	★★★★	16	
第 95-100 天	歷屆試題	★★★★★	10	

歷屆試題分析

考試年度 章節	110 2申	110 2測	111 1申	111 1測	111 2申	111 2測	112 1申	112 1測	112 2申	112 2測	113 1申	113 1測	申論題	占申論總題數比率	測驗題	占測驗總題數比率	總出題數	占總出題數比率	重要性
第1章：人類行為發展理論	1	9		6		10		8		12	1	12	2	17%	57	24%	59	23%	★★★★★
第2章：受孕懷孕到出生		1			1	1	3		1			2	1	8%	8	3%	9	4%	★
第3章：嬰幼兒期				5	1	1		8		1	1	2	2	17%	17	7%	19	8%	★★
第4章：兒童期	1	10	1	9		12		7		15		12	2	17%	65	27%	67	27%	★★★★★
第5章：青少年期		4		11		5	1	6	1	1		2	2	17%	29	12%	31	12%	★★★★
第6章：成年期		1		1		2		1		3		5	4	1	8%	16	7%	17	7%	★★
第7章：中年期		9		5		5		1		3		3	0	0%	26	11%	26	10%	★★★
第8章：老年期		6		2	1	5		4	1	2		3	2	17%	22	9%	24	10%	★★★
合計	2	40	2	40	2	40	2	40	2	40	2	40	12	100%	240	100%	252	100%	

017

第一章 CHAPTER 1　人類行為發展之理論

榜・首・導・讀

- Maslow 的需求階層論、Freud 性心理發展階段、Erikson 的生命週期理論、Piaget 的認知理論、Kohlberg 的道德發展理論、Gilligan 的女性道德發展理論、鮑爾貝的依附感理論等均為金榜考點，無一可疏漏，請完整準備。
- 生態系統模式內涵、處遇過程七步驟務必清楚，在實務案例解析時極為重要。

關・鍵・焦・點

- 生命歷程觀點、人類的環境系統層次是核心考點，必須具有應用於實務案例解析的能力。
- 測驗題有較多的關鍵考點，例如：社會功能模式和力量層面。
- 人類行為發展、人資訊處理過程等相關名詞是測驗題的重要考點。

命・題・趨・勢

年度	110年		111年		112年		113年	
考試	2申	2測	1申 1測	2申 2測	1申 1測	2申 2測	1申	1測
題數	1	9	6	10	8	12	1	2

本·章·架·構

人類行為發展之理論

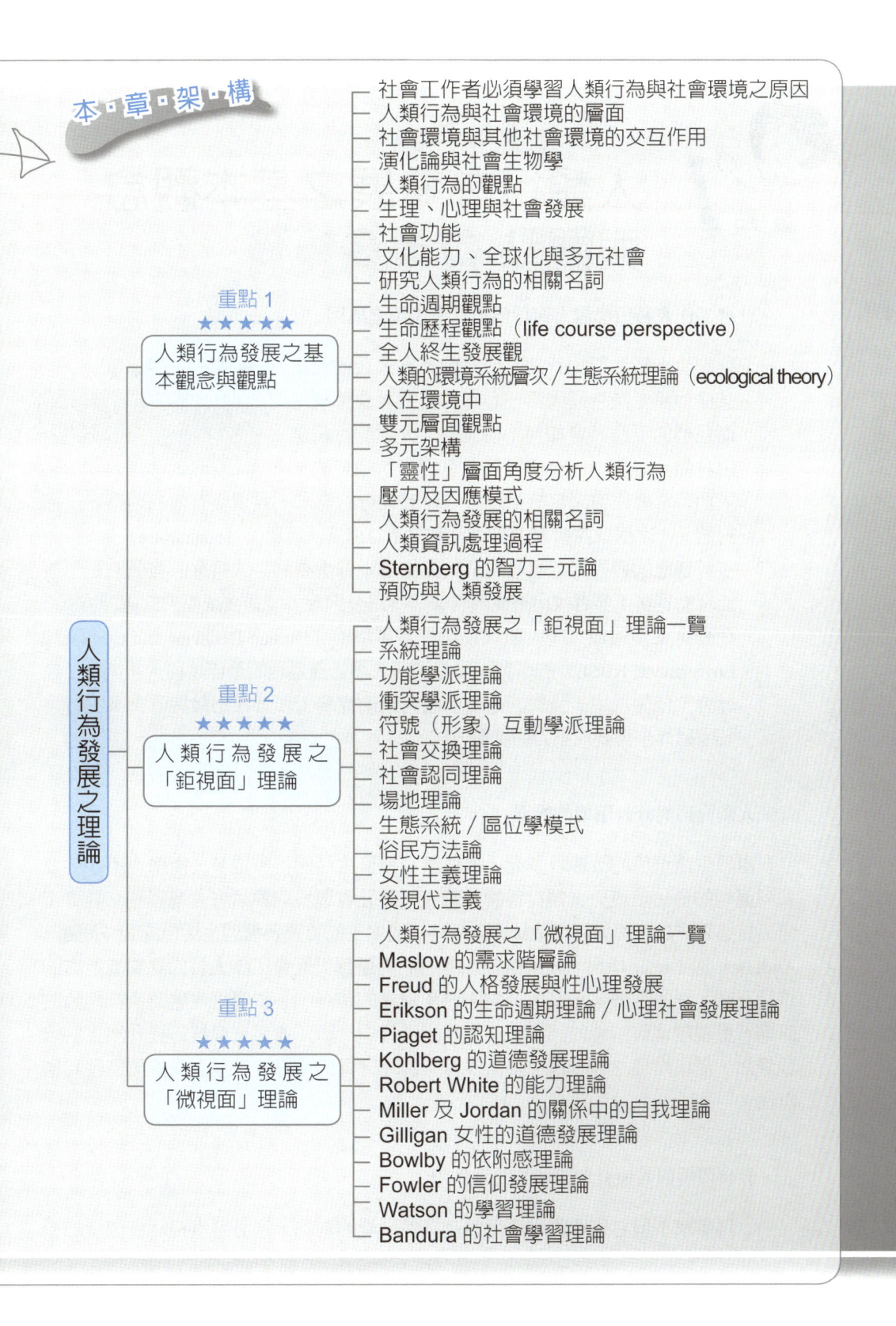

重點1 ★★★★★ 人類行為發展之基本觀念與觀點
- 社會工作者必須學習人類行為與社會環境之原因
- 人類行為與社會環境的層面
- 社會環境與其他社會環境的交互作用
- 演化論與社會生物學
- 人類行為的觀點
- 生理、心理與社會發展
- 社會功能
- 文化能力、全球化與多元社會
- 研究人類行為的相關名詞
- 生命週期觀點
- 生命歷程觀點（life course perspective）
- 全人終生發展觀
- 人類的環境系統層次／生態系統理論（ecological theory）
- 人在環境中
- 雙元層面觀點
- 多元架構
- 「靈性」層面角度分析人類行為
- 壓力及因應模式
- 人類行為發展的相關名詞
- 人類資訊處理過程
- Sternberg 的智力三元論
- 預防與人類發展

重點2 ★★★★★ 人類行為發展之「鉅視面」理論
- 人類行為發展之「鉅視面」理論一覽
- 系統理論
- 功能學派理論
- 衝突學派理論
- 符號（形象）互動學派理論
- 社會交換理論
- 社會認同理論
- 場地理論
- 生態系統／區位學模式
- 俗民方法論
- 女性主義理論
- 後現代主義

重點3 ★★★★★ 人類行為發展之「微視面」理論
- 人類行為發展之「微視面」理論一覽
- Maslow 的需求階層論
- Freud 的人格發展與性心理發展
- Erikson 的生命週期理論／心理社會發展理論
- Piaget 的認知理論
- Kohlberg 的道德發展理論
- Robert White 的能力理論
- Miller 及 Jordan 的關係中的自我理論
- Gilligan 女性的道德發展理論
- Bowlby 的依附感理論
- Fowler 的信仰發展理論
- Watson 的學習理論
- Bandura 的社會學習理論

重點 1 人類行為發展之基本觀念與觀點 ★★★★★

閱讀完成：
____月____日

一、社會工作者必須學習人類行為與社會環境之原因

（一）什麼會影響我們的行為？什麼因素導致我們做出某些行為？是生理因素、心理特質或社會情境？而我們的反應又會如何？事實上，人類的行為是由身體、心理、社會情境等多重因素所造成的。

上榜關鍵 ★★
基礎觀念，亦為基礎考點，請考生以申論題形式加以準備。

人們時常會面臨來自於生理、心理或社會的需求，且須要有效的因應它，而對個人、家庭或團體需求有效因應的能力稱為「適應」（adaptation）。

（二）了解適應的過程對於專業的助人工作是十分重要的。「適應」強調的是一些能幫助實務工作者找出最能改善案主行為及因應外來需要或壓力的處理方式。在社會工作領域，「人類行為與社會環境」（Human Behavior and the Social Enviorment, HBSE）的學習，便是了解人類適應過程的最佳途徑。「適應」在社會工作領域中，強調的是一些能夠幫助實務工作者找出最能改善案主行為及因應外來需要或壓力的處理方式。

二、人類行為與社會環境的層面

由於生活環境的改變很多元，對個體和族群生活的挑戰很多，衝擊也不小，要如何適切的評估環境對人類行為的衝擊呢？對社會環境的評估方式有哪些？社會工作人員必須清楚了解如何有系統的測量與描述案主的特質及他們生活中的許多問題，Anderson 與 Carter 指出，任何觀點或處遇的判斷都與社會工作人員的認知或所處的情境有關。在評估個案和案主群的問題和需求的時候，必須運用生態及系統理論的原則，重視環境與情境的因素，在實務的過程中，除了運用充權技巧提升案主的自我覺知，提供增權之外，還必須重視專業倫理守則的持守，尊重案主的個別性和獨特性。

三、社會環境與其他社會環境的交互作用

（一）科學家不但必須承認人類行為受自然環境的制約，還必須重視社會環境的影

響與衝擊。社會學家 Shils 指出：社會環境限制或決定了人類行為，人類可以在其中任何一個關鍵時刻成就自我，但不是完全取決於自我的決定，除了透過自我的理性行動和豐富的知識條件之外，環境的壓力 知 限制他們選擇的範圍並修正個體的目標與選擇的標準。

> 環境中的壓力源：
> 1. 個體在社會結構中的位置。
> 2. 物理環境的特質。
> 3. 生命的變動。

(二) Shils 認為人們的選擇不屬於完全的自由，環境（包括社會環境）限制了他們選擇的範圍，社會環境會限制人們的行為，社會環境就是人們所建構出來的期望、動機和刺激。社會工作人員最關心的是如何將社會環境當作了解個人生活情境（人、家庭、團體、組織、社區）的脈絡。社會工作員必須能夠了解不同層次的社會系統（家庭、小團體、社區和組織）如何影響個體的行為。

(三) 在探討社會環境對健康和福利服務的影響方面，美國國家研究院醫學研究所（IOM）呼籲加入社會情境下的因素，評估社會、行為和基因在健康方面的交互作用，融入社會生活關係相關的變項，包括社經地位、種族、社會網絡、社會支持，以及與工作有關的心理社會情境。心理社會情境是指與工作相關的壓力，這些壓力對健康的影響深遠不可忽略。社會工作領域也重視 IOM 所包括的變項，強調採用生物生態學模式來評估人與環境的互動關係。

四、演化論與社會生物學

(一) 演化論

1. 演化論在建立人類行為的生理基礎上扮演很重要的角色。此理論旨在協助我們了解生存過程和人類發展之相關因素和機制。演化論試圖揭開生物隨時間演變的情形，並說明演變的原因，而變異（variation）則是其中最主要的概念。

2. 變異是指影響個體間功能的差異。有些變異來自於外在環境，例如：氣候、豐饒土壤、營養食物的來源、穩固的社會支持、掠食者的存在，以及其他種種外在因素。因為外在因素而造成的個別變異或差別，通常稱為後天所造成的發展特質。

3. David Buss 強調演化過程在心理學的角色，他提出一個專有名詞「演化心理

學」（evolutionary psychology），假設既然演化是自然淘汰而來的，則複雜的生物機制與後天適應行為是有因果關係的。他指出，信奉達爾文演化學說的心理學家相信演化是造成今日的我們，如果還有另一個因果過程可以產生複雜的心理及生理機制，則是現在的科學領域還未知的。

4. 拉馬克學說（Lamarckism）反對以這種說法來解釋心理學及生理學機制的變異，Lamarckism為早期的演化論學者，他相信後天特徵可以遺傳至下一代。換言之，根據Lamarckism的說法，如果某一種族群特別喜歡食用某種特定植物，則是因為此種植物的產量豐富且美味，對於此植物的認識與喜好會傳至下一代，而使其後代子孫都愛吃該種植物。

5. Lamarckism的理論受到達爾文所著之《物種起源》（Origin of Species）一書的挑戰。因為從達爾文的著作中，我們已經知道經由後天發展得來的特質無法遺傳給下一代。達爾文提出物競天擇（natural selection）的理論，認為物競天擇才是生物體產生變異的主要歷程。根據物競天擇的觀點，某族群偏愛食用某種特定食物的原因，並非只是因為植物產量多且美味，更重要是因為該族群的人體體內有種消化酶，使他們能消化該食物，且此消化功能遺傳至後代，相較於其他族群，有此消化能力的人，生存的機率較高。

6. 物競天擇理論大致說明了人類如何自低等演化到高等，但是在遺傳歷程上卻沒有清楚的解釋，直到Gregor Mendel在遺傳研究的發現，那時人類才更進一步了解到生物體的變異。例如：某一種族的人會挑選某種特定植物食用，是因為他們體內有某種基因，而此基因會製造出一種酵素以協助消化。此基因會代代相傳，使其後代有生存上的優勢，而其他族群並無此酵素，故無法利用此來源豐富的植物。身體的演化，這些特徵使個體能夠生存和陳述遺傳密碼，最後普遍地存在人群中。

7. 演化理論常被運用來處理演化機制，以及社會和生物環境之間相互影響的理論，在社會心理學的領域中，原則也是相同的，沒有社會生存機制就不會有社會行為的產生，了解這些機制可以幫助我們了解基礎的社會功能，包括心理機制的生物基礎。

(二) 社會生物學

1. 社會生物學的原則之一為觀察動物的生理因素，了解其如何對動物的社會行為造成影響。1975年E.O.Wilson出版《社會生物學》（sociobiology）一書，此書的主要目標在於了解動物行為，但也提出了一些爭議性的觀點。例如：人類的生理層面如何影響其社會行為。Wilson在書中總結為：基因控制了文化。這是因為Wilson與其他社會生物學家相信，

> **上榜關鍵** ★★★
> 藍字部分，詳加研讀與區辨，為測驗題考點。

人類與動物行為間有共通性。例如：動物或昆蟲在交配前會有求愛儀式；低等動物與人類一樣會犯罪，野鴨亦有強暴行為；黑猩猩會集合成群突擊鄰近族群，而螞蟻同樣也有社會階層，包括奴隸在內；低等動物亦有如人類的利他行為。例如：蜜蜂會為了拯救蜂巢而犧牲，鳥類為了警告掠奪者的入侵而不惜犧牲生命。

2. Wilson 的研究受「利他基因原則」（principle of genetic altruism）的影響甚大，其後在 1964 年 William D. Hamiton 更進一步發展此原則，他認為利他行為並非真的希望幫助他人，而是希望延續後代。根據這個理由，當一位母親奔入火場內搶救子女，社會生物學家便將此解釋為在生物層面的衝動下所產生的行為。因此，自我犧牲、利他的行為都只是為了延續生存。

五、人類行為的觀點

1. 生物學觀點
- 人類腦中及體內的神經電路傳導以及生化分泌作用控制每個人的想法、意識以及感覺。認為人的身體控制心理。

2. 心理學觀點
- 依據心理過程，如人類之看法、動機、價值、態度、記憶及人的特質，認為人類的心理主宰身體的活動。

3. 社會／行為觀點
- 外在環境型塑並影響人類的思維與行動。

4. 整體的觀點
- 每一個人在生理、心理及社會層面都在教化的環境下成長，評估一個人時，應由各方面來切入。

六、生理、心理與社會發展

（一）意涵

　　了解人類行為的重要層面，包含了人類生活在其環境中所受到生理、心理與社會性發展的影響。個體通常會經歷在生命週期可預知的時刻主宰不同的生理、心理

與社會性的任務。

(二) 三個重要觀點

1. 正常發展的里程碑：正常發展的里程碑包括了那些通常會出現在生命週期中的重大生理、心理、情緒、智力和社會性的觀點，其重點在於視個人為不同的個體，也提供了何者為正常的發展之觀點，包括了運動神經的發展、人格的發展、動機、社會性的發展與學習。正常發展里程碑可作為評量人類行為的基準，當超出所謂的正常或是典型的發展時，問題或異常的程度才可以被評量。社工人員必須知道每個領域的里程碑，以判定人們是否在正常的限度裡發揮其功能。

> **上榜關鍵** ★★
> 在研讀時，觀念上必須清楚的了解正常發展的里程碑之細節說明。

2. 生理、心理與社會性發展層面的相互影響：因為人類是複雜的，社工人員必須將重點放在生理、心理與社會性發展層面之間的交互作用，不同的發展層面會影響個體全面性的成長與成熟。

3. 依年代順序的觀點：就一致性而言，社工人員運用前後一致的取向看待生命週期所發生的改變，檢視三個系統（生理、心理和社會）的發展。經歷所有的生命階段，人類趨向體驗到共同的生活事件，特定的事件會在生命的某個時點發生。社工人員需要協助案主因應某些特定的生活事件。

七、社會功能

> **上榜關鍵** ★★★
> 人類行為與社會環境最主要的目的，就是藉由對人類行為與環境之了解，提升案主的社會功能，這是申論題考點；另全段均需留意測驗題的細微考點，觀念務必清楚。

(一) 社會功能之意涵

1. 社會功能（social functioning）是一項專業術語，著重人與環境間的互動。包括對人類基本需求的重視，期待個體的需求得到合理的滿足，以及個體如何發揮功能對社會做出貢獻。如果想對社會功能下任何定義，角色是一個關鍵的概念，因為角色是用來確定一個人與社會環境互動的核心。

2. 依 Bohem 的觀點，醫生的責任是提升案主的生理功能，而社會工作者的責任是提升案主的社會功能。社會功能（social functioning）是一項專業術語，著重人與環境間的互動。包括對人類基本需求的重視，期待個體的需求獲得滿足，以及個體如何發揮功能對社會做出貢獻。

3. 由 Bohem 所發展的社會功能觀點，源自於社會互動論與角色理論。這些理論認為，經由社會角色的呈現，人們可產生自我價值及歸屬感。當人們在社會環境中將自我放錯了位置時，會擾亂他人對他的期望。人自身的失敗、挫折感、旁人對他的反應和期待，都對他處在「正常」生態中的角色位置有一定的影響性（或是自問：我做得好嗎），當人們認為他做得不好時，這會

促使其做出適當的調整。社會功能的角度引導社會工作者了解個人在參與不同社會團體時，所面臨的角色期待；此觀點使社會工作者專業將焦點從個人層面，轉移到重視人與環境交互作用的層面。

(二) 社會功能模式和力量層面

> **上榜關鍵** ★★★★
> 測驗題重要考點，細節務必注重。

1. Bohem 提出社會功能的五項架構
   (1) 視天賦潛能為人類功能的資源。案主有能力滿足自己在生活的需求及任務。
   (2) 視環境的作用力為可提升或降低個人社會功能之潛在能力。
   (3) 了解環境與個人潛能的交互作用，可提升或降低個人社會功能的潛在能力。
   (4) 理解個人對變遷與壓力的反應。
   (5) 對社會功能潛在能力之評估有所了解。

2. 能力模式（competence model）
   (1) Wine & Smye 描述能力模式為：成長、改變、學習和不斷地環境交互作用的結果。「當缺陷模式關注於病理分析時，能力模式的使用者，對個人的正面行為與能力也更加的警覺與注意……。能力模式的使用者認為人類至少有設定目標、確認需求、發展技能的潛在能力，這些能力使人們能夠有效的因應壓力。」
   (2) 能力模式（competence model）著重協助個人發揮潛能，並且了解個人與環境交互作用下所產生的壓力與需求。此模式之明確特徵為：人與環境間互動的有效程度。此模式如同 Garvin 與 Seabury 所說的自然譬喻（natural metaphor），重視的是成長與衰退，而非缺陷或偏差。因此，其處遇觀點在於尋求個人能力與環境需求間的平衡、協調、配合；不同於疾病模式，並非重視治療與消除疾病之病因。

3. 稱職的能力（competence）
   意指個人對環境產生主宰及控制感，假設人們對能力感的需要是非常基本的。沒有人喜歡無能力感，相對的，大家都喜歡能主宰及控制外在環境的能力感。例如：你可以回想自己第一次騎腳踏車時，在沒有人協助下達成的愉悅感。

4. 「力量感」觀點（strength perspective）
   力量觀的主軸在於相信人有自然的內在資源和力量可以自我改變。「力量感」和「能力感」的不同，在於它們的歷史來源和對於專業角色的接受度，社會工作的「力量取向觀點」比較無法接受個體必須透過外在的協助（專家）才能夠改變的看法。所以，社會工作者比較不支持問題解決模式，然而這兩種觀點都確認了資源在人類適應過程中所扮演的重要角色。

八、文化能力、全球化與多元社會

（一）文化能力的概念，可以成為解決服務體系遇到不同種族與國籍案主障礙時的指引，亦即，專業人員為了讓工作更有效率，必須考量文化信念、行為，以及多元文化的需求脈絡，尤其是考量到因為宗教信仰、身體狀況、社會階級，或性別取向等因素被排擠在服務系統之外的成員。實務工作者必須接受「文化是與人們及其社區工作有效率的一個必須考量的主要因素」。

（二）面對快速的變化，社會工作人員需要更有效率的發展出新的「人在情境中」的脈絡思維，因為全球化造成社會快速的改變，地球村的互相的連結更為緊密，社會文化和習俗的多樣性也有前所未有的交流機會，以激盪出新的文化形式，社會工作必須在這些脈絡之中進行，已無法置身度外。社會工作人員認為沒有考慮社會與文化環境所扮演的角色就無法了解人類行為，包括全球化的趨勢和脈絡。

九、研究人類行為的相關名詞

1. 年代法（chronological age）
- 是指於某一個面向的人類行為紀錄。
- 年代法是一種有用的工具，將人類年齡及行為改變的相關性作為一行為轉折變異歷程的描述，年代法不適用、不講求行為中個體發展的差異性。

2. 同群（cohort）
- 指約同時期、同年代成長的一群人。
- 同群可界定為一群人受同年代及某些事件影響的一群人。

3. 生命轉折（life transitions）
- 生命轉折是指平日生活中的幾個大事件。
- 諸如婚姻大事、新生兒的降臨，以及退休，並非所有的個人都會經歷這些事件，但這些事件足以成為潛在的結構性因素。

> **上榜關鍵** ★★
> 名詞的區辨相當重要，以測驗題型居多；除必須了解名詞的內容外，英文用詞亦須熟記，避免混淆。例如：cohort，有翻譯成「同群」或「科夥」，均屬同義。

十、生命週期觀點

（一）生命週期觀點的研究有一個問題仍待確認，就是人的特質或行為的傾向是持續不變的或是持續經常變動的，有些理論家和學者認為一旦自我或人格特質形成，改變就會非常困難。例如：佛洛伊德認為七歲前決定了大部分的人格，七歲後人格的改變極小，即使時間的累積，使得人格具有延續性，或者自我抉擇和自由意志讓一個人可以掌握自己的命運和人格特質，可以不斷的修正已經型塑的人格模式，但是基本的人格結構仍維持不變。「累積的延續性」（cumulative continuity）指的是個人生命某一個時間點的行為會影響日後生命的機會和行為。例如：先前在學校或生涯方面的失敗，可能讓自己產生刻板印象，產生未來在學業或生涯方面的表現也不會成功的想法。自主性或自我抉擇的能力和天性，個人即使有這種天性，所選擇的可能也離不開和人格特質或過去經驗一致的情境和人生方向。

（二）生命週期理論的重要主張之一認為，改變在人的一生中不斷的發生。意味著人格的「可塑性」（plasticity）或改變的能力。然而，早期被稱為漏斗理論的發展論述，則被認為改變的可能性隨著時間而變化。

> **榜首提點**
> 測驗題考點，務必將文字逐句讀懂，融會貫通。

> **知識補給站**
> 漏斗理論認為人們不斷的成長和變化，只是改變的能力可能隨著時間逐漸衰退，因為生物成長的模式限制了人生前半段的生活發展，老化過程使得衰退持續到人生的後半段。早期的發展理論支持這項論述，但最近的生命週期觀點似乎推翻了這項假設，認為個體不再是對環境刺激進行一種定型式或機械式的被動回應；人們有能力不斷的和他們的環境協調，透過情境的選擇，進一步改變情境，並且被不斷改變的情境所改變。

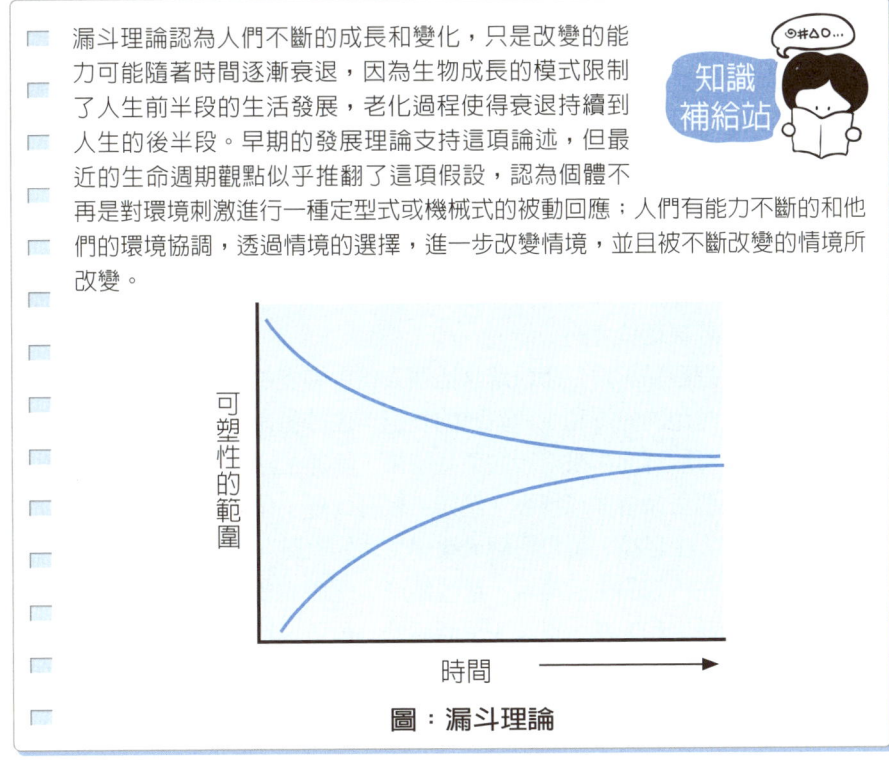

圖：漏斗理論

十一、生命歷程觀點（life course perspective）

(一) 生命歷程觀點的意涵

> **榜首提點**
> 生命歷程觀點是申論題及測驗題的金榜考點。申論題型除要點必須詳記外，亦必須具有應用於實務案例解析的能力；而測驗題則是考驗考生對本觀點各項內容的細心度與選項間些微差異描述之區辨，考生務必細心研讀。

1. 傳統上，心理學家似乎比較重視年齡，透過年齡了解人類在不同生命階段的生理、心理和社會層面的變化。相對地，社會學家比較著重在生命類型的改變或社會環境的改變對人類的影響。Phyllis Moen 提出生命歷程的觀點，探討人們的生命路徑和該路徑如何受到歷史背景、情境和偶發事件的型塑。該觀點融合了個體（微視層面）和社會與歷史背景（鉅視層面）對人的年齡階段的影響。生命週期的角度是著重在描述和解釋與年齡相關的生理、心理和社會行為的改變。

2. 生命歷程觀點源自於社會學，且與生命週期觀點有點類似，兩者在某些情況下，語詞常常被交互使用，其實兩者的名稱和概念有所不同。生命歷程是被當作一個獨特的概念和觀點，由於重視歷史變遷和社會制度對於不同年齡族群的生活模式的型塑，該觀點聚焦在了解生活模式的變化，而不聚焦在個性、特質或行為的改變。生命歷程觀點強調個體的生命是由一組交叉或交錯連結的生命路徑或軌跡所組成，生命軌跡是指特殊的路徑或個體生活的發展路線，這些路徑可能導向正向或負向的結果，從個體的生命故事可以覺察到這些交錯的路徑，蒐集個體生命故事的功夫具重要性不言可喻；每個人都有工作、生涯、婚姻、家庭、健康，或其他的路徑或軌跡，早期的經驗可能引導一個人走向某個軌跡，也走向某個人生的結果。一些事件或變遷（例如：家庭有新生兒誕生）屬於一般或共通的路徑，只是這路徑會因為父母或家庭的社經地位而有不同嗎？會因為時間之同而有所不同嗎？答案是肯定的，例如：研究顯示在健康路徑方面，社經地位比較低的兒童到了成年期肥胖的機率是高社經地位者的一倍。

3. 生命歷程觀點認為生命軌跡含括個人角色的變遷，可以透過微視或鉅視的因子分析角色的變遷和生命軌跡的變遷。由於生命的路徑受到早期生命階段的影響，可能導向未來階段的某些結果，除非生命歷程之中有一個轉換點，也就是某個生命事件或情境（例如：教育改變了個人的觀念，植入某種信念或價值或人生目標）可以扭轉或改變生命的軌跡。一些生命歷程的理論家傾向於聚焦在特定的生活領域，這些領域中個體的多重角色和目標、相關的生命事件的發生和影響，以及和生活領域、角色、目標、事件相對應的生命軌跡的維持與變化；無論著重的焦點是在哪一方面，生命軌跡的重點都是要透過

個人的生命故事去發掘個體一生中一系列的角色、人生目標、生命事件和生命軌跡的變化。
4. 重視生命歷程敘說的理論家試圖了解人們如何從這些生活的轉換建構意義，他們認為人們透過說故事的方式建構自己生命的意義，並和他人分享這些具有意義的故事。透過所敘述的故事，個人可以在社會和文化的世界與情境之中找到存在的意義和自我的定位，這些故事來自文化、年齡層級，以及與年齡相對應的社會時鐘的定位。年齡、事件發生的時間、角色轉換和事件的衝擊這些都有關聯，這些關聯就是生命歷程理論的主要原則。
5. 本質上，心理學的生命週期模式比較重視時間（個體的年齡和發展階段）的因素，加入了社會學的觀點之後成為生命歷程觀點，並融入情境的因素，強調這些因素對行為和行為變化的影響。個體的時間（生命歷史）在生命歷程觀點之中被視為是時間的位置，在這些位置可能出現的角色轉換和社會情境影響的路徑。研究者感興趣的是解釋某時間之下的社會制度和歷史事件如何影響和改變人的行為。因此，生命歷程觀點的優勢是透過時間多層面的特質（個體的時間、社會時間和歷史時間）來檢視人的行為。社會學家葛蘭‧艾爾樂（Glen H. Elder Jr.）是生命歷程的先驅。

（二）生命歷程的主要概念

主要概念	說明
世代 （cohort）	一群人出生於某一特定時期，具有相同的年齡與生活模式下歷練特定社會變遷事件，意即同時代具有特定歷史生活經驗的一群同年齡的人。一世代是由出生在某一段時期（約20年）的人所成。過去被發展學家研究過，比較有名的世代包括：出生於1901～1924年的美國軍人世代（GI Generation）、1925～1945年出生的沉默世代（the Silent Generation）、1946～1960年出生的戰後嬰兒潮世代（the Baby Boomer Generation）、1961～1981年出生的X世代（Generation X）、1982～2003年出生的Y世代（Generation Y or the Millennium Generation）。
過渡期 （transitions）	個人因組織結構變化而使社會角色有所轉化，跳脫舊有的角色與地位以因應外界變革環境中的挑戰。

主要概念	說明
軌跡（trajectories）	是指長期的身心發展變化模式，意涵不同多重生涯角色的轉換與過渡期；依據不同階級所擁有的文化習俗資本，而涵蓋不同行動者個體生命史的意義。
生命事件（life event）	重大生活事件引發之狀況可能導致長期嚴重性的生涯中斷（改變不同個體的生命歷程，使人類呈現顯著的差異性行為）。
轉捩點（turning point）	生活事件的發生造成人類個體歷程軌跡中長期性角色任務的轉換。

（三）艾爾樂的四大生命歷程觀點之陳述

1. 歷史時勢和生命歷程的交互作用與關係：強調不同的歷史時勢對不同世代的人們有不同的影響。例如：第二次世界大戰對於1920至1930年出生世代的生命歷程便有決定性的影響。
2. 社會時勢與生命歷程的關聯性，年齡界定與社會規範會隨著時勢、地點及生活模式而改變：年齡的社會規範影響個人生命歷程進入特定階段的時間點、長短及角色的期望，婚姻年齡、進入勞動市場的時間點，常受不同族群文化所界定的年齡及社會角色期望所影響。
3. 個人獨立的生涯與社群的相互關聯性：個人具有家庭生活路徑、教育路徑，以及工作路徑。個人生命的重要抉擇取決於人際資源的多寡及限制，個人生命歷程會受到社群賦予的生命發展意義所影響。
4. 行動者的抉擇：儘管個人生命歷程深受出生的背景歷史脈絡、空間及社會網絡的限制，但在此脈絡下，個體行動者仍會依照自己的偏好及自由意志做抉擇，從而主動規劃自己的生命歷程；意指生命歷程研究和理性選擇理論相結合。此外，代理信託的機制及集體的機制（proxy agency and collective agency）在生命軌跡中能夠左右個人行為與團體行為的差異性。

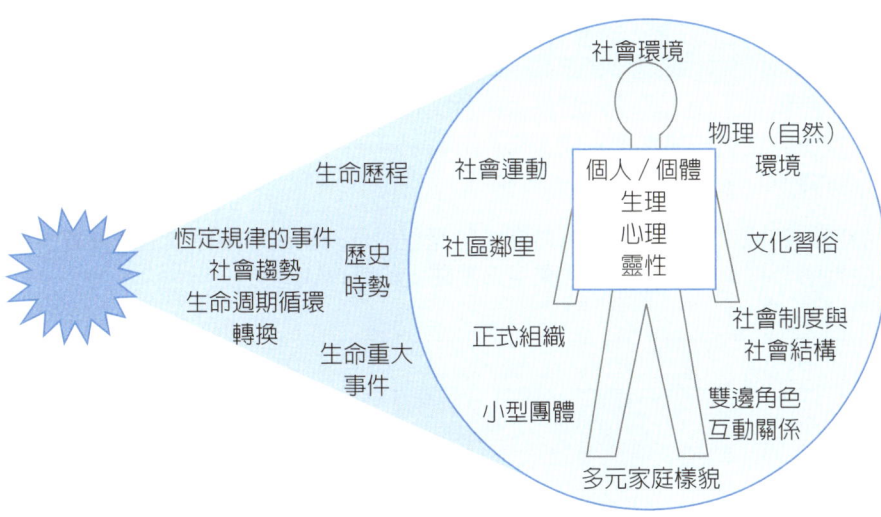

圖：個人、環境與歷史時勢的關係

(四) 生命歷程的六大重要議題
  1. 根據艾爾樂的長期追蹤報告，認定四個生命歷程相互關聯的論點，即：（1）人類生命及歷史脈絡的相互作用；（2）人類生涯的時程點；（3）連結的或互賴的生命體；（4）人類自由意志的選擇。前述四點，再加上艾爾樂及麥可‧沙拿漢（Michael Shannhan）所提出的「生命歷程多元樣貌與文化軌跡」，以及「發展的風險及保護因子」等兩大議題，共為六大議題。
  2. 生命歷程六大重要議題的意涵

議題	意涵
1. 人類生命及歷史脈絡的相互作用	人類個體與家庭發展，必須放置於歷史脈絡及社會文化結構下檢視。
2. 人類生涯的時程點	角色與行為的差異與特定年齡群組相連結，乃是根據生物的、心理的、社會及心靈之分層分級過程的結果。
3. 連結的或互賴的生命共同體	人類的生命、生活與生涯是休戚與共的互相依賴體，而家庭是經歷及解讀歷史、文化與社會現象的主要舞台。
4. 人類的自由意志與選擇	在社會歷史的結構狀況與限制及機會下，個人生命歷程的建構有賴主體的選擇與行動力。

議題	意涵
5. 生命歷程多元樣貌與文化軌跡	個人的生命歷程根植於文化習俗與歷史脈絡之中，並對個人帶來優勢機會或劣勢及挑戰。
6. 發展中的風險因子及保護因子 知	每一生命的過渡期經驗歷程對下一個生命事件或過渡期有所衝擊，且可能帶來生命軌跡上的轉機或危機。

生命歷程階段之特殊的保護因子及風險因子

生命歷程階段	風險因子	保護因子
嬰兒期	貧窮無依孤苦 兒童疏忽 父母精神異常 未成年的母職	主動積極警覺、具活力 具社交性 小家庭（核心家庭）
嬰幼兒期→兒童期	貧窮無依 兒童虐待／疏忽 離婚 雙親濫用藥物、酒精	知足樂活、樂群樂天的特質 知足常樂型
嬰幼兒期→青少年期	貧窮 兒童虐待／疏忽 父母精神異常 雙親濫用藥物、酒精 稚齡青少年不適任母職 離異	勝任母職的照顧者 與沒有血緣關係的照顧者親密的連結 祖父母的支持
嬰幼兒期→成年期	貧窮 兒童虐待／疏忽 青少年母職	低焦慮／較理智 母親的教育程度
幼兒期	貧窮	精進自立自救的能力

生命歷程階段	風險因子	保護因子
幼兒期→成年期	貧窮 父母精神異常 父母濫用藥物、酒精 離婚	師長的支持與勉勵 成功的學校經驗
兒童期→青少年期	貧窮 兒童虐待／疏忽 父母精神異常 父母濫用藥物、酒精 離婚	內在驅動力的支配 堅定的成就動機 特殊才藝與正當休閒習性 正面的自我概念 對女孩：強調自主力及主要照顧者的情緒支持 對男孩：家戶內的結構組織與紀律 對男孩與女孩：分派家事，與互信的同儕協力建立機制
兒童期→成年期	貧窮 兒童虐待／疏忽 父母精神異常 父母物質毒品濫用 少年稚齡生子為人父母	智力中等或超群 保持理性客觀的能力 控制原欲或衝動 堅定的宗教信仰 支持的兄弟姊妹 導師的指引
青少年期→成年期	貧窮	規劃人生，生涯願景

（五）生命歷程觀點的優勢與限制

1. 優勢

（1）本觀點正視社會變遷與文化歷史脈絡對人類行為的衝擊，關心日常生活模式相關的生理、心理及社會的生命歷程時間脈絡，因此與生物心理社會的觀點相得益彰，強調世代之間的關係與生活的互助依賴性。

（2）本觀點不似傳統的單一決定論，也同時關注人類內在的主體能動性與優勢，以及因應時勢隨因緣改變的潛力。

（3）本觀點在於尋找出評估的風險與預防介入的策略，覺察生命歷程的軌

跡，並經實證研究，提出可能的累積優勢與累積的劣勢因子，以及建議社會正義的可行策略。

（4）本觀點重視世代效應（cohort effects）知，運用質化與量化，貫時性長期追蹤設計，交叉研究。由於世代效應非常重要，所以採貫時性研究或長期追蹤設計為主，講究多元異質性是生命歷程的優點；然而，多元性同時也是一種挑戰，本觀點的優勢是強調多元文化的差異性，相伴隨之有著不同的挑戰。

> **世代效應（cohort effects）**
>
> 世代效應（cohort effects）是指人類生命歷程中在同一時間點所具有特殊型態的共享經驗，而且具有深遠強烈的衝擊。而同樣的歷史事件可能會影響不同世代產生不同的生活模式，展現出不同的成長軌跡。艾爾樂的研究發現，幼兒出生於經濟大蕭條時期，所受到的衝擊比當時已經進入兒童中期及青年期的人影響來得深遠。
>
> 世代效應是個人自傳階段發展時期（biographical time）與歷史時勢（historical time）交相作用而形成的，年齡效應是指某足年齡造成的影響。世代效應意謂世代族群的劃分因受某歷史時期的特殊挑戰或機會，而促成生活模式的差異性。亦即，人生早期童年發展階段的社會關係、事件與行為，會影響到個人成年晚期生命的連結、生涯地位與福祉。因此，生命歷程觀點著重長期性穩定或是變遷所形成的生活軌跡，此軌跡反映出人際間種種交流與生命型態的差異。

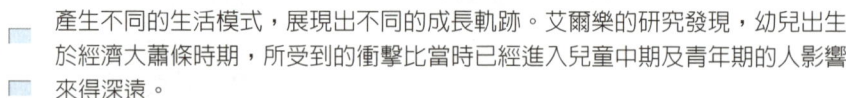

2. 限制

（1）大多數資料或資訊皆採用工業先進國家的案例，是否能類推涵蓋全球化的議題？有待驗證。有些學者認為，本觀點僅適用於富裕的工業文明國家。

（2）本觀點無法綿密的涵蓋鉅視社會文化制度結構面與正式的大型組織，以連結微視的族群家庭與個人生活的層次。行為科學與社會心理學者往往將鉅視觀點以及微視觀點分開探討，缺乏整合性。

（六）生命歷程觀點與八大人類行為理論的複合性。

上榜關鍵 ★★★
在測驗題跟考點上，表格內的理論與觀點必須清楚，才能正確判斷選項的正確性，請考生加強準備。

理論與觀點	生命歷程論點及基本概念
1. 系統觀點：人類行為是透過人際之間整合連結家庭、社群、社區組成與機構系統下交互作用的外顯行為。	■ 論點：人生的時間點；互賴結合的生活；人類不能離群索居。 ■ 概念：生物年齡、心理年齡、社會年齡、靈性年齡 知。
2. 衝突觀點：人類行為是社會生活中的人際關係經由衝突、支配及宰制所驅動之社會力。	■ 論點：發展的風險因子和保護因子。 ■ 概念：累積的社會優勢；累積的危機劣勢。
3. 理性選擇觀點：人類行為是立基於自私自利及理性的選擇，以達成終極目標之有效途徑。	■ 論點：選擇人生決策的機制。 ■ 概念：自主選擇；機會；限制。
4. 社會建構觀點：社會事實是行動者在人際互動發展中對他們的世界所建構的共同理解。	■ 論點：生命的時間點；人生歷程的多元化軌跡；發展過程的風險因子及保護因子。 ■ 概念：年齡規範；年齡結構化 知；涵化；累積的優勢及累積的劣勢。
5. 心理動力觀點：人類行為乃是個體需求、欲求，以及情緒動機的內在動力之過程；兒童早期經驗對人類生命歷程及生命問題具有關鍵性的影響力。	■ 論點：生命的時間點；發展過程的風險因子及保護因子。 ■ 概念：心理年齡；能力；社會（社交）；知能；生活知能。
6. 發展的觀點：人類行為與生命週期有其規律性與變化性。	■ 論點：生命歷程與歷史脈絡的交互作用；生命的時間點；發展過程的風險因子及保護因子。 ■ 概念：生命轉折；生物年齡；心理年齡；社會年齡；靈性年齡；時間系列。
7. 社會行為觀點：人類行為是個體與環境交互作用下所學習的民俗與習性；行為乃受個人自我期許及人生意義所影響。	■ 論點：生命歷程與歷史脈絡的交互作用；決策的機制；生命方式的多樣化；生命歷程及軌跡；保護因子及風險因子的發展性。 ■ 概念：生命事件；人類自由意志與機制。

理論與觀點	生命歷程論點及基本概念
8. 全人觀點：人類行為唯獨透過個體內在的參考架構去理解；人類行為由內在向善及能力增長的欲望所驅動。	■ 論點：生命的時間點；抉擇的機制。 ■ 概念：靈性的年齡、生命事件的意義及轉捩點；個人、家庭及社區的生命力量。

> **知識補給站**

生物年齡、心理年齡、社會年齡、靈性年齡

生物年齡	是指個人生命發展以及生理健康對各種身體內部器官的功能之評價，也是生命週期中生物人目前的身分狀態。事實上，任何測量生物年齡的方法都會受到預期生命年限所影響，以及死亡因素的改變。
心理年齡	同時具有行為的與知覺的成分，是指心理的年齡、人類的能力調適、生物與環境需求改變的知覺及行動力。例如：記憶、學習、智力、動機、情緒等知能都包括在內。
社會年齡	亦即社會所期待的年齡角色問題。換言之，是社會所建構的對於年齡規範的定義，用來點名人類在社會期待下，有某個發展時期或年齡階段的適當儀式性行為。
靈性年齡	靈性年齡（spiritual age）是指個體持續追尋當下的身分位置或認同歸屬，道德上與生命上的意義與福慧。

> **知識補給站**

年齡結構化

年齡結構化是不少工業先進國家以年齡為標的（適當年齡或法定年齡），著手規劃釐定政策而界定的社會角色的轉型。

（七）生命歷程觀點與生命全期觀點之間的差異

生命歷程（life course）	生命全期（life span）
團體（鉅視面影響）	個人（微視面影響）
年齡分級	年齡規範
年齡層級	生活階段
情境差異	持續和不持續
社會路徑或人生路徑	個人軌跡
生活選擇和人生機運	因應行為
年齡群或時期效應	成熟效應
時間歷程的角色或事件（轉換）順序	時間歷程中的人格傾向、行為和特質
生活層面內的生活模式變化	社會情境下的行為變化
年齡分級代表社會定義的年齡群組，例如：嬰兒期、青春期和成年初顯期	不同的生命階段，年齡規範（norm，常模）對於生物、心理，和社會層面發展的期待。
年齡分層涉及將與社會地位有關的特質歸給特定的年齡群組。例如：不同的文化對年輕人和老年人會有不同的看法。	個體差異是生命全期觀點關注的重點，著重於了解個人在生命週期中不同時期的差異。
情境因素的議題，導致對個體生命歷程的期望並不像以往所認定的那麼具有普世性（人人皆同）。	從生命全期的觀點檢視性格、性情、氣質、情緒、行為、和人格是否持續或不持續的樣態。
生活路徑（life paths）被認為是特殊的路徑，跟隨一定的生活領域，通往特定的生活目的地，例如：婚姻、職涯和生命的其他選擇。	個人軌跡代表特定特質的變化方向，例如：個人生命的歷程，從害羞的人格特質轉化為比較外向的特質。
有各種不同的社會路徑，如果選擇，就會通往不同的生活目的地。	因著生活的需求和挑戰，個體採取不同的因應生活方式或型態。
生活選擇可能因為環境的抑制而限縮，也可能被環境的促進動能所塑造。	成熟效應和個體內部的生理過程有關，這些過程隨著個人生命的階段而有差異，不管特定的外在事件是什麼，例如：年齡的增長。
年齡群和期間的效應涉及年齡和期間對行為和發展變化的影響，這些變化是出生在同一時期的個體之共同特質，因此也被稱為時期效應。	生命全期觀點研究個體行為、人格和特質在時間過程的軌跡和路徑。
生命歷程觀點研究在特定的生活領域和特定的生活目的地（結婚、離婚、成為父母、成為罪犯）中，從一個身分到另一個身分的角色或事件（轉變）有何軌跡。	

（八）生命歷程觀點對社會工作實務的啟示

> **上榜關鍵** ★★
> 生命歷程觀點對社會工作實務的啟示，即為對社會工作介入的意義，申論題冷門考點。

1. 協助案主找出人生旅途上的獨特意義，理解其情境而改善案主當下的狀況。適度串連其不同生涯軌跡，建構其生命線。
2. 探索案主的生活歷史脈絡與生命事件對其行為的影響。
3. 適度運用生活檔案探索案主生命歷程中所發生的重大事件，以及其所產生之壓力源。
4. 覺察社會工作者潛在的個案管理的介入與助力，以促進個人、家庭、社區及組織轉化危機，重新回到健康的常軌。
5. 透過與傳播媒體通力合作協助一般民眾理解社會趨勢、個人、家庭、社區鄰里及正式組織之衝擊。體認跨世代的家庭生活，以及不同狀況對代間傳遞的衝擊。
6. 辨識全球經濟發展如何與我們日常生活產生關聯性。
7. 採用案家復原力，風險因子評估之相關實證檔案，設計處置重建方案。
8. 針對服務新移民及國際難民的家庭時，社會工作者須理解其母國文化與不同年齡相關之規範。
9. 覺察每一個文化團體獨特多元的支持系統，在危機呈現時，鼓勵團體成員善加運用其社會文化系統加以因應之。
10. 協助並支持案主自我覺察個人內在的潛力。發揮主體意志與抉擇力。

十二、全人終生發展觀

> **上榜關鍵** ★★★
> 全人終生發展觀，強調在檢視人類行為時，必須從整體的觀點解析，亦即人生的各時期發展彼此是相互影響的。觀念的建立以測驗題為優先，尤其是主要的任務目標項目及其內涵。

（一）觀點內涵

1. 全人終生發展觀是協助我們檢視人類行為及令我們困惑及不解的社會現象。在人類由生至死的歷程中，我們得以了解每一個階段所具有的因應挫折及挑戰的行為，即其與前一階段及下一階段發展的關聯性。
2. 終生發展的架構強調每個人的生命歷程是被前一階段的生活所影響，同時也影響下一階段的發展。每一階段都是總體的一環，其發展被視為在每個不同階段的不同行為。
3. 終生發展觀最有利的是對人類行為採取多元的模式，終生發展論整合了不同的社會科學理論與研究，例如：心理學、社會工作、社會學、歷史學、生物學、人類學、醫學及法律學說等。

（二）主要重點與任務目標
1. 主要重點：終生發展觀是將人類行為放在長期生命歷程及變遷模式中去檢視個人及內在的改變及成長，以及個人與其他個體互動間的改變及成長，重點在於團體成員與普世的變遷。
2. 主要任務目標：描述、解釋及最大效能。

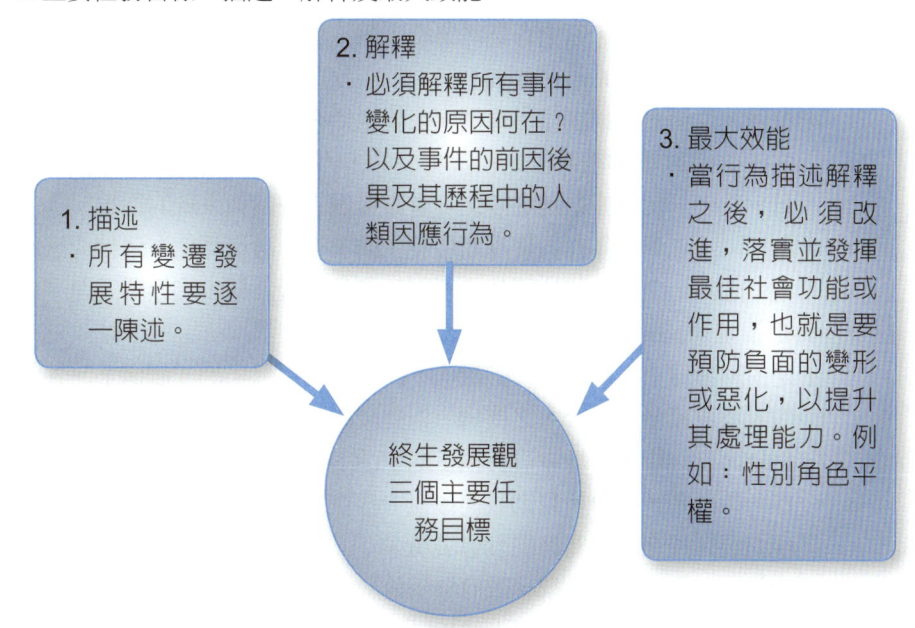

```
1. 描述
・所有變遷發展特性要逐一陳述。

2. 解釋
・必須解釋所有事件變化的原因何在？以及事件的前因後果及其歷程中的人類因應行為。

3. 最大效能
・當行為描述解釋之後，必須改進，落實並發揮最佳社會功能或作用，也就是要預防負面的變形或惡化，以提升其處理能力。例如：性別角色平權。

終生發展觀三個主要任務目標
```

十三、人類的環境系統層次／生態系統理論（ecological theory）

1. 微（視）觀系統（Microsystem）	2. 中（間）觀系統（mesosystem）
人類的環境系統層次／生態系統理論（ecological theory）（Brim 與 Bronfenbrenner 分類）	
3. 外部系統（exosystem）	4. 鉅（視）觀系統（macrosystem）

榜首提點

這部分絕對是金榜的申論題考點，考生在分析實務案例時，必須要能運用四個層次進行案例的解析，以利正確提出處遇方式，切勿疏漏；至於測驗題，區辨四個系統所描述的內容是非常重要的，是測驗題的命題熱點。

（一）微（視）觀系統（Microsystem）
  1. 是指參與者直接接觸之系統，團體、家庭、學校、工作場所、鄰里等都屬於這類系統。
  2. 探討系統中發生的事件和行為，不能只注意重要的微視系統而忽略其他系統，必須探究各系統之間的關聯，才能夠對特定微視系統中發生的行為有更多的了解。例如：家中有個好哭的小孩，可能造成父母的緊張與壓力。

（二）中（間）觀系統（mesosystem）
  1. 指個人生活的環境網絡，每個案主皆生活在自己的中間系統之中。了解中間系統如何影響微視系統是相當重要的，因為個體是許多不同的微視系統成員，其中一個微視系統的變化，會影響個人在其他系統的行為。
  2. 例如：一位青少年在同儕團體所發生的事件，會影響他在學校或家庭中的行為。因此，中間系統的評估必須同時考量微視系統中的相關問題。

（三）外部系統（exosystem）
  1. 是指影響個人系統之較大的機構，政府機構是其中的一個例子。外部系統指個人不直接參與或介入之機構，但此機構對生活卻有著深遠的影響。例如：父母的工作場所可能會影響孩子的生活，即使子女並不直接參與父母親的工作。外部系統的分析幫助我們檢視一些重要的社會機構對案主的影響，將檢視的視野擴充到更寬廣的社會環境。
  2. 例如：如學校決策系統、政府機構等，如同高等教育司刪減大型的教育補助方案，間接影響一般大專院校師生等校園生活，學生雖然沒有與之直接接觸，卻會承受高等教育司決策人員刪減方案的影響。

（四）鉅（視）觀系統（macrosystem）
  1. 處於最外面一層的環境稱為鉅觀系統，指的是微視系統、中間系統和外部系統所在的次文化與文化環境，這些環境對個體的社會活動有很大的影響力。
  2. 即指政府、宗教、教育和經濟制度等所環繞而成的社會文化體系，例如：個人如何為社會價值觀所影響，像美式的班級文化與法國式的班級風氣就大不相同。另外，例如：對男性角色的期許、日常行為的文化規範等均是。

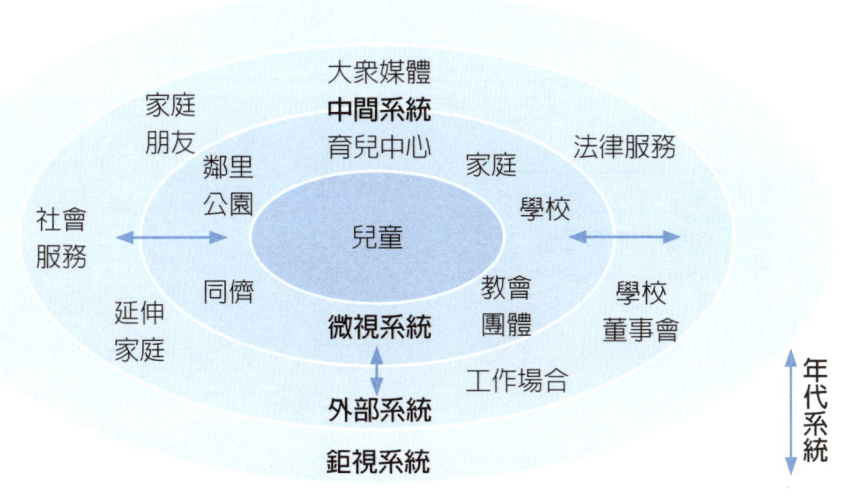

圖：生態系統理論之系統組合

> **年代系統（chronological system）**
> 是受不同世代在社會變遷下對個體所形成的態度與價值，例如：一百年前與當代的愛情觀、養育子女觀、學校體制等皆有很大的差異。

十四、人在環境中

上榜關鍵 ★★★★
「人在環境中」請將英文用詞熟記，以免混淆；測驗題、申論題都是考點，尤其是申論題必須要有應用系統的四個層面分析個案情形的能力。

（一）理論內涵
1. 人在環境中（person-in-environment, PIE）系統的理論設計作用在於評估個體在施展社會功能時碰到的問題，使社會工作者在分析或溝通案主問題時，有一個普遍性的分類系統。
2. 人在環境中系統描述問題的四個層面

```
人在環境中系統描述     1. 因素一：社會角色問題。
問題的四個層面
                       2. 因素二：環境問題。

                       3. 因素三：心理違常問題。

                       4. 因素四：生理問題。
```

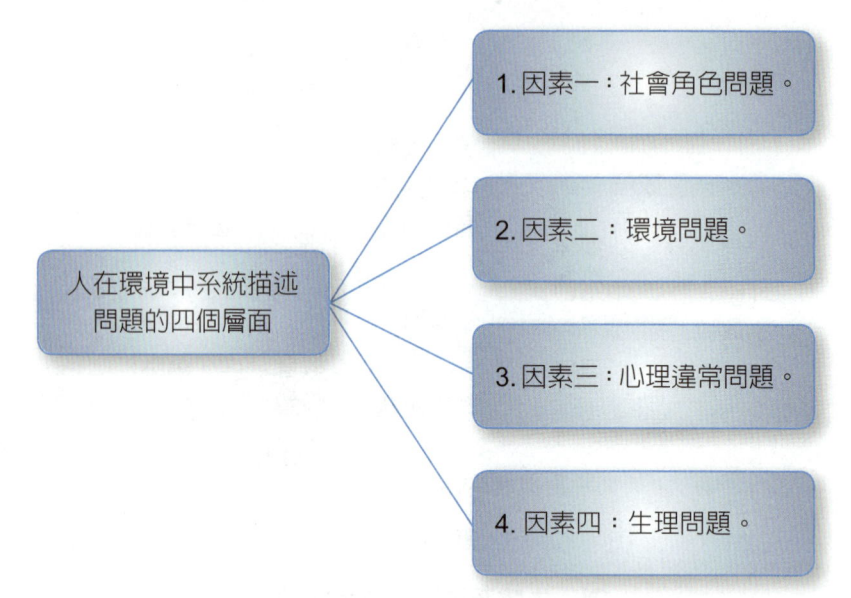

3. 用四個層面來描述案主的問題，描述案主問題時，這四個因素缺一不可。因素一及因素二是社工實務者用來評估社會功能的依據；在此系統中，社會功能是指案主有能力完成生活需求與任務，並能實現社會認同的角色。此系統建立了明確的分類，以確認社會角色的功能。因素三關注的是心理違常，因素四則包括可能影響社會功能的相關醫療情況。

4. 社會工作者在 PIE 的架構中描述：問題、問題的嚴重程度和持續程度。此架構運用已建立的分類與規則來描述案主的問題，類似「心理異常診斷統計手冊」，PIE 對範疇、術語、規則等訂出操作化的定義，以便將案主問題明確分類，提供評估社會功能的可靠度。如果無法對社會功能的問題作有效的定義，社工實務者便無法正確地評估案主的問題是減輕還是加重了，也無法建立起對問題進行專業性的溝通系統。此系統的優點是提供一個專業的溝通模式及清楚定義案主問題的方法，同時能增加處遇的成效。

5. 「社會功能」是社會工作者了解人類發展的主要途徑，且社會工作能採取人在情境中的觀點，認為人類基本需求必須被滿足，才能與社會有效的運作。同時，經由觀察個人與環境的互動情形，可以了解個人如何執行其角色以參與社會。社會功能架構類似社會能力模式，而社會能力模式著重於協助個人發揮潛能，了解一般所遭受的壓力，以及人與環境互動下的需求。藉由檢視個人的因應能力，即可對人們如何回應這些任務進一步獲得了解。而人在環境中系統（PIE system），則是社會工作者設計用以評估社會功能的方法。

十五、雙元層面觀點

(一)內涵

雙元層面觀點是一種認知取向,用以了解行為、態度及少數族群案主在主流文化下的反應模式。此取向認為一個人同時是兩個系統的成員:主流的社會系統以及和案主個人目前的情緒、物理與社會環境有關的系統。根據雙元層面的觀點,此兩種系統就是所謂的「維持系統」(sustaining system)與「撫育系統」(nurturing system)。

> **上榜關鍵** ★★★
> 雙元層面包括兩種系統,請詳讀,為測驗題考點。在解析少數族群的多元文化實務案例時,雙元文化是一個極佳的解釋應用觀點,具有加分的效果。

(二)社會工作應用

1. 社會工作者必須了解維持系統與撫育系統對行為、態度與價值觀的期待。例如:撫育與維持系統兩個系統對兒童期的期待是有差異的;少數族群與主要族群的小孩,會經歷不同的自我發展過程,例如:自我認知、價值觀、自尊心等。如果忽略了這些差異性,處遇方法將無法真正關照到孩童的心理需求,同時也限制了孩童對處遇計畫的參與。

2. 在面對少數族群的案主時,社會工作者需要敏感的察覺雙元層面的觀點。此架構提供一種認知取向,以發現受壓迫的個人經驗、價值觀與信念。然而,此系統若沒有立基在各個種族的相關事件、議題與事實的基礎上,便無法施展。

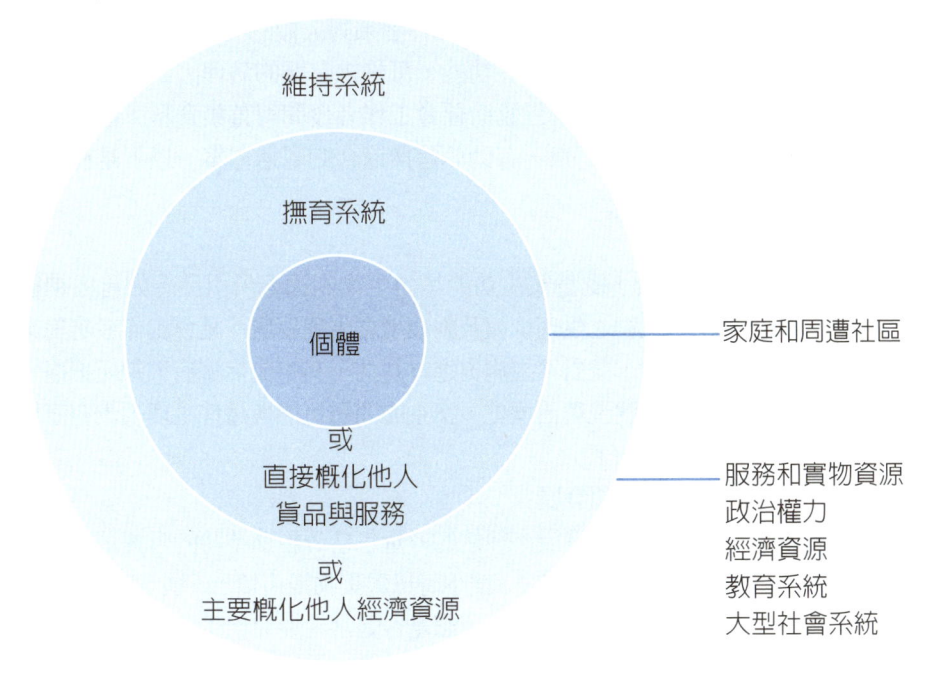

維持系統

撫育系統

個體

或
直接概化他人
貨品與服務

或
主要概化他人經濟資源

——— 家庭和周遭社區

——— 服務和實物資源
政治權力
經濟資源
教育系統
大型社會系統

圖:雙元層面觀點的關鍵系統

十六、多元架構

> **榜首提點**
> 多元架構的應用，在實務案例的運用上非常重要，考生請先將架構的層面熟記，然後將假設運用到案主問題的評估上，這是申論題的重要考點。但本考點在架構上較為龐大，考生必須熟讀本部分內容，在運用上才能駕輕就熟。各面向的內容，亦為測驗題考點。

(一) 多元架構的層面。
1. 生理面向（biophysical dimension）
   生物生理面向的架構包括生化系統、細胞系統、器官系統與生理系統。此面向關注個人生理的成長與發展，這些系統的功能是指生理成分間在能量上達到互動的平衡。此面向中任何的改變都會造成其他面向在系統內外的改變，因此，此面向需同時考慮到可能影響案主行為的生理危機。
2. 心理面向（psychological dimension）
   心理面向指的是個人心理功能系統，其中一些功能幫助個人達到需求的滿足。心理功能包括：資訊處理過程、認知發展、溝通、態度、情緒、規則、規範、社會認知和心理危機等。
3. 社會面向（social dimension）
   社會面向是指社會關係的人際或團體的互動系統。社會關係、團體系統包含家庭、其他支持系統、同性戀關係、文化團體及其他社會脈絡，如教會、政黨、學校和健康照顧機構，以及醫療福利機構等。

(二) 多元架構的應用

為了對人類的整體功能進行了解，社會工作者須對人類的生活與經驗加以評斷，並將假設運用到每個基本層面及其潛在功能，可檢視有關的病理因素，並對案主功能提供解釋。在評估時，此方法可以協助社會工作者發問與蒐集資料。社會工作者可以選擇假設用以解釋個人的行為，有助於選擇適合的處遇方案。以下是在評估案主時，三個層面的假設問題：

1. 生物生理的假設
   生物或生理的假設，認為案主功能是由生物的因素所引發，如自主神經系統、神經系統、藥物之生理依賴及對環境之生理反應。社會工作者應對案主生理狀況有所了解，並對案主病史進行評估，其中包括疾病、神經損傷、生理損傷、近期生理狀況與治療史，案主的問題可能與這些生理因素有直接或間接的相關。說明如下：
   (1) 生物生理的成長和發展
       A. 出生前的成長和發展：評估的考量包括母親懷孕時的營養情形、父親的健康情形、懷孕時間、懷孕時母親藥物濫用情形、懷孕時的併發症；家庭遺傳病史、基因與染色體是否異常、嬰兒出生時的生理缺陷（如唇顎裂、心臟缺陷）。

B. 案主的過去發展史：評估的考量包括案主何時走第一步、說第一個字、自己就食、穿衣、自行如廁、初經來臨、初次夢遺及性徵的發展情形。

C. 案主的一般健康情形：評估時的考量包括體重的穩定性、月經週期、睡眠週期、身體活動與營養的狀況、外顯的身體障礙、物質使用情形，如香菸、酒精、藥物；同時評估案主的外貌（是否與其年齡符合）；以及案主執行日常生活的能力。

（2）生物生理危機：一般健康情況，包含主要器官系統的問題。評估的考量包括家族病史（如心臟病、呼吸疾病、癌症、糖尿病）、近親的健康情形、近親死因及死亡年齡、案主過去與現在的健康情形、目前是否顯示了任何疾病的症狀。

2. 心理的假設

評估時須考量到許多相關的心理假設，其中有許多資料蒐集的方法，社會工作者通常會使用個案或家庭會談。除了傳統心理社會面談外，亦可運用半結構式的訪問、心理測驗、行為觀察、人格測驗及其他可迅速評估的工具、案主的問題可能與以下關鍵因素相關：

（1）發展認知和資訊處理：案主注意力的時距、記憶、專注力與抽象思考的能力；評估的考量包括案主維持注意力的時間、完成合於年齡任務的能力、記憶力等。

（2）案主學習能力和表現：評估的考量包括學校表現、解決問題的能力、洞察力（insight）、反應力等。

（3）溝通：主要是案主語言能力和語彙。評估的考量包括雙語能力、所使用的語言、語言與非語言的自我表達能力。

（4）態度與情緒

A. 案主的自我知覺：評估時須考量個人的正負面的知覺、認為他人對自己的看法、比較對自己與他人的期望。

B. 案主的情緒反應：評估時須考量案主情緒反應上的外顯與極端程度，如生氣、傷心與挫折。

C. 案主的個人狀態：評估時的考量包括自我對話的內容、非理性想法、自我對話與問題行為兩者間的關係（如恐懼與無助感）。

D. 案主對他人的知覺：評估的考量包括案主對他人的看法、對他人期待的看法、對現實的知覺程度。

（5）社會認知與社會規範

A. 案主對於有關他人的社會知識：評估時須考量案主對社會互動的了

解、對友誼的看法、對他人的期待。
- B. 案主同理的能力：評估包括案主對其他觀點的接受程度、道德感、對他人的了解程度。
- C. 案主對現實的認知程度：評估包括認知功能、認知現實的能力、思考與知覺的內容。
- D. 案主的社交技巧：評估包括案主與社會互動的適當程度、社會技巧上的知識程度、有效溝通的能力。
- E. 案主解決問題的能力：評估包括解答問題的能力、思考結果的能力、案主的手段──目的之思考能力。
- F. 案主適應不良的行為模式：評估包括在問題情境下的行為反應模式、造成自己與他人或社會困擾的行為模式、案主所欲改變的行為模式。

（6）心理危險因素
- A. 案主過去的生活事件：評估的考量包括案主對兒童時期早期經驗的描述、對於父母或其他成人的經驗（尤其發生身體或性虐待時）、案主與同儕的經驗、案主所處的心理社會環境、治療心理疾病的歷史、使用抗憂鬱或精神病藥物的歷史。
- B. 案主近期的生活經驗：評估的考量包括對近年重大生活事件的描述、近期生活中與成年或同儕的經驗（特殊事件如：離婚或父母離婚、愛人過世）、目前使用抗憂鬱劑、精神病藥物或處方的情形。

3. 社會的假設

社會工作者評估的層面，除了生物、生理之外，亦包括社會層面，其中包含了：家庭、支持系統、資源的可獲得性與社會環境的衝突情形。案主的社會關係如何？而其中的環境脈絡又是如何？例如：案主是否處於貧窮？在生活中是否要面對種族主義？因案主的問題會直接或間接受到社會或環境所影響，因此，社會工作者必須評估社會系統對案主的影響程度。各假設說明如下：

（1）家庭、團體、支持系統與情境
- A. 家庭界線、系統與次系統：評估的考量包括家庭系統是開放或是封閉、家庭結構（糾結或疏離）、家庭本身如何定義。
- B. 家庭的溝通模式：評估的考量包括家人互動中的過程與內容、衝突模式、語言與非語言的情感表達。
- C. 家庭的角色：評估的考量包括角色分配、角色的滿意度、角色的期待與定義、權力分配、角色支持與緊張。
- D. 案主與團體的互動：評估的考量包括同儕或工作團體的互動模式、團

體規範與團體動力的影響、在團體內的行為。
E. 案主可獲得的支持系統：評估的考量包括社會支持系統（家庭、朋友、擴大家庭、自助團體或社會支持團體）、機構式支持系統（日間照顧、娛樂設施、警方的保護）、支持系統間的阻礙、對新支持系統與資源的需求。
F. 案主社區及生活的環境脈絡：評估的考量包括外在環境中有誰認為案主是適應不良、可能影響案主行為的外在因素（如失業、老年、遷居）、環境中的壓力因素（例如：貧窮、種族主義、未依專長就業）、案主的社區意識、鄰居意識、對某一種族的歸屬感及團體感。

(2) 多元文化與性別考量：評估案主生活的文化與環境背景時，應評估的考量包括種族或性別的認同、涵化程度、性別傾向、語言障礙、與種族團體的互動情形，及受文化、性別、性取向期待的影響。

(3) 社會危險因素：評估案主生活的社會脈絡，評估的考量包括社會的高失業率、離婚、貧窮、種族歧視、社會機構的不足、貧民區。

(三) 生理、心理、社會模式的 4P 整合（Handerson 和 Martin 提出）

1. 如果能夠針對多元架構的每個面向，將個案呈現的問題，整理成為前置因子（predisposing factors）、誘發因子（precipitating factors）、持續因子（perpetuating factors）和保護因子（protective factors），那麼這個多元架構就能夠導引實務工作者發展出特定的處遇策略。這四個因子稱為 4P 模式：

(1) 誘發或啟動個案問題的情境或狀況。
(2) 前置因子是個案發展歷史的任何危險因子。
(3) 持續因子是增強或使問題持續發生的因子。
(4) 保護因子是指個案的資產、優勢和資源。

2. 生理、心理、社會模式的 4P 整合範例

模式與問題	生理	心理	社會
前置因子 為什麼是我？	遺傳負荷 家族病史	不成熟的防禦機制	貧窮和社會孤立
誘發因子 為什麼是現在？	氣質	最近有所失落	學校的壓力源
持續因子 為什麼會持續？	對藥物的不良反應	扭曲的自我觀念	因為交通問題無法持續接受諮商
保護因子 我可以依靠什麼？	對治療反應的家庭史	病識感	教會是資源，信仰是社會支持

（四）個案概念化的 5P 模式（Macneil 提出）
　　1. 根據 Handerson 和 Martin 的觀察，4P 將時間和病因的考量與生理心理社會模式連結起來，幫助實務工作者辨識處遇要在哪些方面進行。Macneil 和他的同僚為實務工作者提供了第五個 P，也就是個案呈現的問題或關注的議題。5P 模式中的每一個 P 代表該釐清的問題。這 5P 模式融入了想要完成當下（current）和發展性評估（developmental assessment）相關的議題。
　　2. 個案概念化的 5P 模式範例

5P 模式	問題
呈現的問題	個案的問題是什麼？將其條列出來。
前置因子	個人生命的歷程中，哪些因素促成問題的發展？
誘發因子	為什麼在這個時候求助？問題的觸發點有哪些？
持續因子	哪些因子增強或維繫現有的問題？
保護或正向因子	個案有哪些優勢可以運用？有哪些社會支持、社會資源或資產？

十七、「靈性」層面角度分析人類行為　　**上榜關鍵** ★　以測驗題為主要準備方向。

（一）「靈性層面」之意涵
　　1.「靈性層面（spiritual dimension）」是什麼意思呢？為何它在社工實務者了解案主生理、心理及社會層面時占有重要地位呢？「靈性（spiritual dimension）」指的是什麼？它是有關人們對自我實存、信仰及超自然力量的經驗。我們對它有許多的稱呼，但無論是什麼，它代表我們和一種超越我們力量的關係，不僅幫助我們了解生命，也賜予我們平安、引導、能力及方向。
　　2. 由於我們的文化都有靈性的要素，甚至在個體和社會發揮主導或主要功能。因此，不論工作者是否有和個案討論靈性議題，靈性還是社會工作人員在評估個案與社區的重要層面，靈性的檢驗能夠讓工作者更完整地了解人類機能的生理心理社會層面。如果案主和工作者有不同的靈性傾向、信念和經驗，案主的語言和行為則可能具有和實務工作者的思想與經驗架構不同的意涵，深入的了解案主靈性的信仰經驗與信念是工作者在文化的處遇方面能夠勝任的重要條件之一。
　　3. 鑑於「靈性層面（spiritual dimension）」指涉我們和一種更大力量的主觀經驗感受，宗教會以更正式、有系統性的方式去建構它。例如：信條、教義、

宗派及儀式。大部分宗教都聲稱人們會隨著時間經驗到一種精神層面的發展；而因著宗教，這發展將會影響人們的人生階段，有些人類發展學家接受這種說法，也試著在生理、心理及社會發展階段中加入精神層面發展的議題。

（二）Bullis 強調靈性在社會工作評估和處遇中應重視的原則
　1. 強調全方位評估，包括靈性，建構靈性相關的理論，融入個人系統理論。
　2. 東方文化具有豐富的靈性傳統，深入了解與互動，重視靈性的重要性。
　3. 研究驗證靈性層面對特定文化群體裡人的功能和重要性。

（三）「靈性層面（spiritual dimension）」與社工實務的關係
　1. 社會工作資訊的獲得是從人們對他們的經驗下定義並組織建立一套精神信念系統而來的。神學及社工理論家就臨床角度下結論：這些精神層面正視我們對自己及世界的信念，左右我們的情感、行為，甚至成為我們個人真實存在的意義。奠基於結構主義的理論也同樣表示，案主對問題所持有的獨特看法，對社會工作實務者和案主之間能否達成共識及相互合作有很重要的影響。所以，在社工實務中運用增權模式必須要非常注重案主的精神層面；相反地，若社工實務者不了解精神信仰層面對案主的重要性時，那他對案主經驗的建構可能會被誤認為只向專家專業的陳述而已，當這種狀況發生時，實務者就不能有效地對案主增權。
　2. 在生理、心理、社會角度之外，同時也注重精神層面可使社會工作者在生態分析上更形完整；面對生活挑戰尋求專業幫助的人，也會去尋求精神信仰層面的意義及指導。例如：對於面對 AIDS 的個人、家庭及朋友來說，對上帝有更進一步或持續的信心是非常重要的。
　3. 對於生理、心理上有症狀問題的人，由於本身的精神信仰觀念，使得他們會去尋求宗教或精神層面的幫助，而不去尋求健康醫療方面的幫助。例如：美國人藉由禱告、讀聖經或和宗教醫療者談話。一個整體的分析取向，必須由社工實務者去發掘精神層面議題及治療方法，也必須要得到案主宗教或精神醫治者的幫助和合作，否則將會失去一些重要資訊或因應的資源。
　4. 教條會譴責那些信仰不同的人，對他們無法容忍，並且給予偏見及壓迫。因此，社工實務者必須從案主角度來了解並處理這些教條所帶給他們的負面壓迫和影響。
　5. 很多現代議題都包含了精神信仰因素，社工實務者必須考慮這個層面。例如：墮胎、使用避孕藥、能否接受同性戀者、無性繁殖、再生科技、女性角色、公立學校中的禱告或由醫生協助的自殺等行為。
　6. 考慮到「精神面」在許多文化中扮演重要的角色，它必定會對社工實務者及

案主之間的關係產生影響，不論它是否有被公開討論。如果案主和社會工作者來自不同的信仰，那他們的語言及行為就會帶有不同的意義。所以，了解案主的精神信仰是不可或缺的一環。

(四) 案主經驗中的「精神面」未被社會工作者重視的可能原因
1. 社會工作來自以由科學角度來分析案主問題，並可以主觀測量及量化案主經驗的科學，以及其他奠基於實證主義的專業；由於精神層面無法量化，它在解釋及解決人類問題上就顯得無立足之處。
2. 社會工作依循醫療模式的領導來處理精神層面的問題，像是迷惑感、逃避感或精神衰弱等。
3. 專業助人工作者及一般大眾之間存在著重大的精神層面落差。社工實務者跟他們的案主群比起來，較少去信賴精神信仰層面的力量。

十八、壓力及因應模式

(一) 壓力 (stress)：是任何一種來自外在或內在需要的事件，超出了個人、社會或組織系統所能因應的能力。

(二) 壓力反應與壓力來源

壓力反應	壓力來源（來自環境中）
1. 生理反應：如潰瘍、氣喘及高血壓。 2. 心理反應：如避免將來發生類似事件。 3. 嚴重心理反應：如感到無助、焦慮及分離心理失調。	1. 社會結構中的個人角色改變。 2. 外在物理環境改變。 3. 生活改變。

(三) 在壓力下會產生的兩種問題

問題類型	說明
1. 情感焦點因應（emotion-focused coping）：	人們必須管理內在壓力、焦慮、緊張、憂鬱、氣憤、不安、難以集中注意力、失眠、疲倦及其他思想問題（如自我懷疑、自責等）。
2. 問題焦點因應（problem-focused coping）	關切人們應該要做什麼來面對壓力，想要解決處理壓力的來源。人們運用這兩種因應壓力的方式，會隨著壓力程度及種類而有所不同。

（四）社會工作者必須要了解所有會對人們造成不良適應、有損健康及其他負面影響的壓力形式，而壓力來源包括了物理及社會環境的，例如：貧窮、社會階層、性別、種族及失業等都是社會環境因素所造成的壓力；此外，其他像人口集中、空氣污染、燥熱、吵雜及有毒化學物質等也是心理學家所認為的主要壓力因素。

（五）Barbara Dohernwend 發展出一套可以應用在人和環境上的壓力模式。她提出能夠影響人們面對壓力反應的緩衝因素（moderating factor）。例如：人格特質及社會資源，這些可以幫助人們面對心理或生理疾病所產生的壓力；此模式是要減低壓力對人們的負面影響。

十九、人類行為發展的相關名詞

名詞	說明
馬太效應	馬太效應指出，任何個體、群體或地區，一旦在某方面（如金錢、名譽、地位等）獲得成功和進步，就會產生一種累積的優勢，有著更多的機會獲取更大的成功和進步。社會學家也用它提醒社會政策的決策者，反映貧者愈貧，富者愈富，贏家通吃與收入分配不公的現象。
復原力	當事者在面對風險時，因應惡劣環境的內在驅力。

上榜關鍵 ★★★★ 本段較為細瑣，但多為測驗題的關鍵考點。

上榜關鍵 ★ 測驗題考點，名詞之定義必須清楚。

二十、人類資訊處理過程

（一）資訊處理

1. 社會工作者在評估案主的心理功能時，必須對人類的資訊處理過程有基本的了解，在資訊處理過程是一連串的階段，其順序是：接收（uptake）、選擇（selection）、編碼（coding）、儲存訊息（storage information）。這些階段介於個體與刺激初步接觸和個體對刺激有所反應之間，其過程和電腦處理資訊的過程相似。

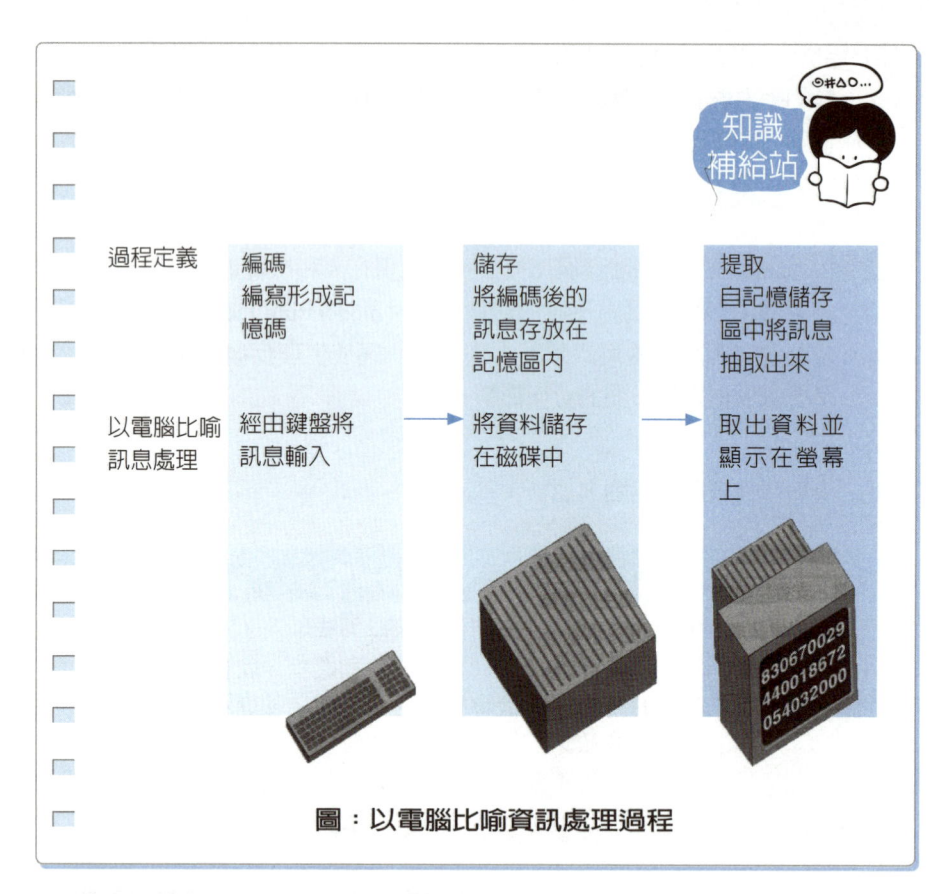

過程定義	編碼 編寫形成記憶碼	儲存 將編碼後的訊息存放在記憶區內	提取 自記憶儲存區中將訊息抽取出來
以電腦比喻訊息處理	經由鍵盤將訊息輸入	將資料儲存在磁碟中	取出資料並顯示在螢幕上

圖：以電腦比喻資訊處理過程

2. 雖然過去以電腦來比喻很廣泛地被用來描述腦部的功能和運作，但是由於神經科學的發展，過去發展的相關資訊處理功能的知識和印象就有修正的必要。過去以電腦來比喻的模式都會假設腦部存在一個中央處理系統和一個集中處理的資料庫，比較新的比喻模式則強調多個單位連結與平行分工處理的功能（parallel-distributed processing, PDP 模式）。在這個功能之下，資訊和知識不是被儲存，腦部儲存的是單位和單位之間連結的線索和強度，所以資料的類型可以重疊。McClelland 等人指出：「新的模式主張資訊的處理是透過大量的基本單位之間的互動和連結，每個單位都可以送出激發（excitatory）和抑制（inhibitory）的訊息給其他單位」。例如：認知科學家欲區分「感官基礎的知識」和「意義基礎的知識」，前者是指外在事物在腦中所形成的心像或印象，後者是指物體、特徵和事件之間的語意關係的知識，在關聯理論和平行分配資訊處理模式方面，科學家認為不同形式的表徵是以關聯性的網絡分別儲存在腦部的每個部位，表徵被視為是一些簡單的處

理單位之間相互連結的不同型態。

3. PDP 的模式有三項基本原則：

> 上榜關鍵 ★★★★
> 著重句意描述，詳加區辨，為測驗題考點。

（1）資訊的表徵被分配在腦部的各個部位，而不是單一、集中、局部性。
（2）記憶和特定事務的知識不是直接被儲存，而是以單位和單位間的連結方式予以儲存。
（3）學習是經由經驗組成單位之間的連結線索和強度逐漸累積而產生。

4. PDP 模式的原則，已經成為認知功能（例如：記憶、知覺、學習）研究和臨床實務的重要指引，只是目前仍然有許多臨床工作者沒有跟上潮流，仍然循著記憶和知識形成的傳統模式，沿用早期的比喻所描述的認知過程，強調知識形成過程的注意、編碼、短期記憶，和鞏固等環節的結果，不過這種趨勢已經逐漸消退，由平行資訊處理模式所取代，腦部是一個平行處理器，可以在不同的部位，同時處理認知和記憶的過程，再透過網絡的方式連結在一起。

（二）意識與定向感

1. 意識：為個體對自己、他人和物理環境等內外在刺激的覺知。
2. 失定向狀態：可能是因為個人感官接收系統有了缺陷，屬於器質性的心理違常。安養院和精神醫療機構中的實務工作者都有機會接觸到這類案主。

（三）感覺、知覺和認知的過程

1. 感官的功能是人類認識社會與物理環境的基礎。
   （1）感覺（sensation）：是指當感官接收系統偵測到訊息後，將訊息傳遞到腦部的過程。只具備這種能力，仍舊無法認識外在的世界，例如：嬰兒可以接收到聲波與光波等刺激，卻無法了解訊息的意義。
   （2）知覺（perception）：是對接收到的感官訊息進行詮釋的作用。
   （3）認知（conngnition）：是指從環境、過去經驗和其他心理活動（例如：計畫和策略）當中，取得、組織和運用感官與知覺的過程。

2. 知覺（perception）的理論

> 上榜關鍵 ★★
> 知覺理論包括擴充理論和區辨理論，基本觀念的建立，有助於對測驗題型之正確選答。

（1）擴充理論與區辨理論
   A. 擴充理論（enrichment theory）
      （A）代表學者：皮亞傑
      （B）理論內涵
         a. 擴充理論的大師非 Piaget 莫屬。認為感官所接收的訊息並非完整、明確或具體的，我們的知覺須將片斷的訊息連結、擴充和賦予意義。既有的認知期待會幫助我們擴充視覺經驗，而知覺可以協助人們詮釋感官的訊息和事物的實體。

b. 社會實務運用：處遇的過程中，協助因為負面生活經驗而導致知覺被扭曲的案主。例如：許多受虐兒會將其他兒童或玩伴的行為解讀為具有攻擊的意圖，如果有人不小心碰撞到他們，他們會將這種無意的行為視為惡意的行動。

B. 區辨理論（differentiation theory）

區辨理論認為我們所需要的所有資訊都在感覺訊息和刺激裡，我們的任務只是將這些原本存在的資訊加以區辨。

（2）上述兩種理論對於人類了解外在現實的方式提出不同的看法。其實，影響人類感官知覺的因素繁多，不同的個體對相同事物的看法可能不同，不同的人處在相同的情境之下，也可能會產生不同的知覺反應。社會工作人員必須了解影響個體間知覺差異的因素，辨識案主對周遭事物的看法。

（四）注意力

注意力是最基本的認知功能，在記憶的過程之中扮演相當重要的角色。某些案主意識雖然清醒，對外在事物有覺知的能力，但這並不表示他有在注意。注意力（attention）和警覺（alertness）兩者不同，注意力是指將精神集中在特定的訊息或刺激上，不會因為外在無關的訊息或刺激而分心。臨床上通常以「序列七」（serial 7s）來評估案主的注意力和對事物的記憶能力，其方式是要求案主將100連續減去7，每減一次就必須說出答案；受測者必須一方面注意和記得減7之後的剩餘數目，另一方面進行減7的工作。有些社會工作人員則要求案主拼出一個字（例如：world），然後要求他們倒背以測驗案主的注意力。注意力還有兩個重要的層面，也是臨床工作者在評估案主的時候不可忽略的，分別是警覺性和專注力：

（1）**警覺性**（vigilance）：是指個體過度注意環境中外在的事物、訊息或刺激，時常在檢視環境中潛藏的危險，造成過度警覺。例如：患有創傷後壓力違常的案主有時會缺乏警覺性，有時卻又過度警覺。

（2）**專注力**（concentration）：是另一種認知功能，是指個人維持內在心理運作而不中斷的能力。面對注意力有缺陷的案主，社會工作人員應試著辨認案主的缺陷屬於何種類型，是注意力的哪一個過程出了差錯，以便在治療團隊中提出，以找出因應的對策。

（五）學習力

1. **聯想**（associationism）：聯想和腦部資料的註冊與儲存之後的連結形成有關，這些連結是一個因素促成的結果：觀念聯想三個基本要素：連續性、相似性、重複性 知 。

2.增強（reinforcement）
（1）古典制約（classical conditioning）：增強是指透過第二個刺激（second stimulus）來強化第一個刺激與反應之間的連結性。例如：狗可以因為聽到鈴聲（第一個刺激）而伸縮腳爪（反應），因為鈴聲可與電擊（第二個刺激）連結。
（2）操作性制約（operant conditioning）：
　A.代表人物：史金納（Skinner）。
　B.操作制約的增強作用是指在環境中學習到一種新的反應。例如：孩童習得了某種反應能夠解決問題，未來在面對類似情境時，將重複這種反應，以期得到相似的結果——解決問題。
　C.操作性制約重要概念：增強（reinforcement）與懲罰（punishment）。
　　（A）增強作用是指某一事物在行為發生後能增加行為發生的頻率。
　　（B）懲罰則會在行為發生後降低行為發生頻率。

連續性、相似性、重複性

1. 連續性（continuity）：指的是兩件事在時間或空間上同時發生造成的聯想。
2. 相似性（similarity）：發生在記憶之中，指緊密發生的事件或觀念具有類似的特徵而引起的聯想。
3. 重複性（repetition）：是指接連發生的事情被認為具有關聯性。

知識補給站

（六）社會學習理論

上榜關鍵 ★★
社會學習理論不同於操作制約觀點，其認為人是主動學習的，而非史金納所稱的學習是被動的。

1.代表人物：班度拉（Albert Bandura）。
2.觀察學習（observational learning）
（1）將人類視為有意識、主動思考的生物，可與環境產生互動。史金納（Skinner）認為學習是被動的，但班度拉認為人們經由訊息處理的過程可主動與環境產生互動，經由觀察角色楷模以學習新的行為，即為觀察學習。亦即，學習是間接的，不需透過任何增強作用；而且在面對外在環境的刺激時，即使沒有產生外顯的行為，仍然可以達到學習的效果，這是認知學習的一種，因為個體必須注意到角色模範，並將相關訊息加以儲存。
（2）社會學習理論強調角色楷模對人格發展的重要性。兒童對攻擊行為的學習，研究結果顯示觀看攻擊影片的兒童比看普通影片的兒童有較多的攻擊行為。此實驗是社會學習的典型範例，進一步說明新聞媒體的負面內

容對兒童行為的影響力。
3. 自我效能（self-efficacy）：
（1）指個體對自己有無能力達成目標的信念會影響目標之達成。
（2）當人們的自我效能低落，自信心不足，很容易就想放棄，達成預期目標的可能性就比較小。因此，自我效能決定個人是否願意投入及努力的程度，間接地影響達成預期目標的可能性。

（七）記憶力

1. Ludwig 的記憶過程「4R」。

> **上榜關鍵** ★★
> 記憶力的記憶 4R 過程、記憶相關名詞，雖為簡單的概念，但必須有清楚的觀念，測驗題型才能順利得分。

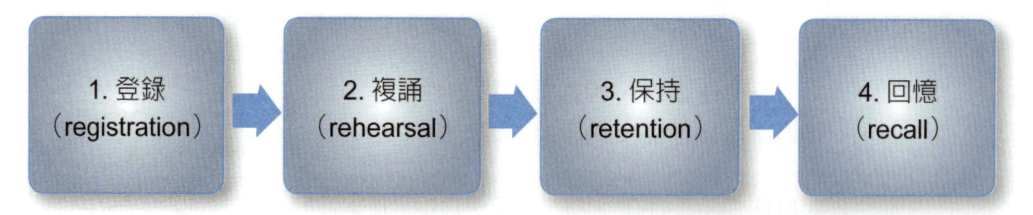

1. 登錄（registration） → 2. 複誦（rehearsal） → 3. 保持（retention） → 4. 回憶（recall）

2. 記憶相關名詞。

> **上榜關鍵** ★★★
> 測驗題考點。

項目	說明
長期記憶（long-germ memory）	1. 是指能夠將訊息保存數天、數月或數年的能力，除了時間可維持較久之外，訊息的容量也可以說是無限的。大多數人可以輕易地記得過去的事件。 2. 長期記憶可再分為幾個部分（情節、語意、程序和資訊處理的其他方式），情節記憶：是有關我們生活中清楚明確的經驗記憶，因此又稱為明確記憶（explicit memory）。但因人的經驗很多元，有些理論家進一步將它區分為不同的類型，例如：區分為「個人相關的記憶」（記得你經驗的個人目標和情緒）和「個人經驗特定細節的記憶」（記得你在巴黎最後一天的晚餐菜單），能夠將這些經驗明確轉成語言文字，稱為陳述記憶（declarative memory）。語意記憶是明確的一種形式，記憶的內容主要是世界相關資訊的知識，例如：教科書中的資訊，年齡在 60 歲左右的人通常會經歷到語意記

40

項目	說明
長期記憶 （long-term memory）	憶的輕微衰退，至於程序記憶則動用到腦部不同的部位，不需要有意識的心理過程的刺激就可以得到的記憶。 3. 在個人發展的階段中，是否有某些時期對個人經驗的記憶力會優於其他時期？Bersten 與 Ruben 發現人們對於青少年和青年期看過的電影、發生的政治事件或其他事件的記憶勝過其他時期發生的事情，他們將 10～30 歲的這段記憶稱為記憶躍進（memory lump），也就是說老年人比較無法記得記憶躍進期之後的自傳式記憶資料，比較能夠記得躍進期的資料。記憶躍進的現象已經存在很久，Ruben 卻是第一個試圖解釋這種普遍現象的學者，其中一種解釋就是，老年會伴隨著心理功能的衰退，導致無法鞏固長期記憶的資料。 4. 另一項解釋是有關經驗的珍貴性或者價值，例如：年輕人比較容易將美國足球或棒球的世界大賽的冠軍隊伍當作重要的事件而記住，正因為重要，所以腦部鞏固記憶的網絡被啟動，因此，年輕人很容易記得久遠的冠軍，勝過記住 5～10 年的比賽系列。在療養院的實務工作者也注意到透過音樂可以讓老年住民想起跳躍期的事件，這是口語催促無法做到的，可能是因為音樂包含聽者的情緒和肢體動作，能夠起動比較大規模的網絡記憶機制，也比較能夠鞏固記憶的儲存。 5. 想要評估長期記憶的社會工作人員，可以詢問案主歷任的總統是誰，或是經由家人了解案主過去人生的重要事件與經驗，以便在會談時評估案主對這些事件的經驗。
短期記憶 （short-term memory）	1. 可保持的時間有限：未經複誦的訊息可維持 20-30 秒，若經由複誦則可達 5-10 分鐘。因此，複誦是保持訊息的有效方法，對剛接收的訊息進行回憶，透過口語、思考和聯想的方式加以儲存，資訊的保存比較能夠持久。 2. 神奇的七位數字加減二：訊息處理能力的限制：George Miller 的研究指出，當額外的訊息加入時，一些舊有的訊息將會被取代。個體試圖記住十件事物之時，第九或第十件事物會將先前所記的訊息剔除。 3. 短期記憶可比喻為七個抽屜，每個抽屜只能處理一項資訊；若要增加新的訊息，唯有取代舊有的訊息方可達成。

項目	說明
瞬間記憶 （immediate memory）	1. 是指能夠將資訊維持約十秒鐘的能力，其功能是能夠幫助人們立即複述，但無法達成更進一步的記憶。 2. 想要測試案主的瞬間記憶，可以運用數字串碼（digit span），請案主來回說出一連串數字，瞬間記憶正常的人可依順序複述五到六個數字，或是倒背四到五個數字。或者記憶資訊重複，例如：顏色、名字等。測驗目的是在評估案主是否能立即回憶資訊內容，了解案主訊息登錄的功能。
閃光記憶 （flashbulb memories）	是指個人可以清楚詳細地回想起過去事件的時間、地點和人物等。例如：珍珠港事變事件發生時的細節與感受。
近期記憶 （recent memory）	近期記憶是指將日常功能所需的資訊保留，評估時可以問個案過去 24 小時內發生的事件，個案應該有能力想起會談之前一天內所做的事，例如：以什麼方式來會談、早餐吃什麼、剛剛發生的事件等。
遠期記憶 （remote memory）	指幾週或幾個月前所發生的訊息或事件。
明確記憶 （explicit memory）	當你記得一件過去的事，卻從來沒有想過它，這種記憶或者經驗的再度被察覺就稱為「明確記憶」。
隱藏記憶 （implicit memory）	係指無察覺下的一種記憶形式，特徵是人們沒有察覺到他們在作回想。當事者以前經歷過一項事件，有記憶卻沒有覺知，但是卻對行為和工作的表現有影響，稱為「隱藏記憶」。隱藏記憶的特色就是回想過程不具有意識的覺知，也就是當資訊被登錄時，登錄者並不知道，所以傳統的資訊處理模式重視的要件：注意力，並不影響隱藏記憶的形成，比較能夠解釋這種現象還是記憶的連結網絡模式。

（八）理解力

實務工作者常常會面對理解能力（comprehension）和語言表達能力有缺陷的案主，這些缺陷與記憶力的損傷有密切的關係。Nurcombe 與 Gallagher 指出理解力與表達能力的幾個共同或重疊的特徵，他們認為兩者都依賴下列各項：
1.所需的訊息皆儲存在長期記憶區內（儲存）。

2.所需的訊息可以自長期記憶區內取出（取出）。
3.在長期記憶區內的訊息是經過整理的（組織）。
4.可應用長期記憶內事物之架構或圖像來解決問題。

(九) 推理與判斷力
1.有效的詮釋需要透過「解決問題」與「抽象推理」等屬於思考性的心理功能。說明如下：
（1）解決問題：解決問題是指有能力進行分析、整理相關或不相關的資訊，並採取策略與計畫以達成目標，解決所面對的問題。案主許多問題其實和缺乏問題解決技巧有關，因此教導案主解決問題的社會技巧是實務工作者的基本要務之一。
（2）僵直（rigidity）：無法提出適當的解決問題的方法，僵直（rigidity）是常見的因素之一，指個體運用過去在面對新問題時，傾向運用過去經驗使用的最佳方式。這種僵直屬於反應心像（response set）或反應固著的類型，亦即個體持續運用過去情境中成效良好的反應方式。知覺心像（perceptual set）或知覺固著，指的是只用一種觀點去思考問題。最明顯的是當人們在理解事物或解決問題時，只注意到事物最顯著的功能，無法發掘已知物品的潛在用途，造成解決問題上的困難，因此又稱為功能固著（functional fixedness）。
2.抽象推理（思考）：是指可辨認象徵意義的能力。例如：精神科醫師常要求案主解釋眾所周知的諺語，諺語屬於抽象的比喻，案主如果無法解釋，排除教育程度後，可以進一步探究案主抽象思考的能力是否有缺陷。

(十) 信念、態度與行為
1.信念和態度是否會影響行為？例如：人們知道抽菸的後果，內心存有這種信念，雖然抱持這種信念（了解抽菸的危害），並不表示不會抽菸。
2.社會心理學認為態度比信念更能影響行為。Fishbein 與 Ajzen 提出理性行動理論（theory of reasoned action），找尋除了態度之外，還有哪些因素會影響人類的行為？此理論確認除了態度之外，主觀規範（subjective norms）也是影響人類行為的因素，他們認為態度是指個體對事物所具有的評價性的感覺，例如：你對抽菸有負面的內在感覺態度便反應到行為上。主觀規範則是指個體人際關係裡重要人物所持的價值或信念，例如：有關抽菸一事，人際關係中的重要他人之看法為何？個體可能從許多報導中了解到抽菸的害處，但這並不表示他（她）對抽菸會抱持負面的態度。因此，在 Fishbein 與 Ajzen 的理論中，態度與主觀規範共同影響人們的行為意向。
3.行為意向（behavioral intention）是指個人主觀評斷自己從事某行為傾向。

例如：下個月什麼原因會讓你繼續抽菸？Fishbein 與 Azen 的理論指出，內在態度較主觀規範更能預測人們的行為意向。他們也在理論中，將影響行為內、外在的因素加以比較，態度是影響行為的內在因素，而主觀規範是影響行為的外在（社會）因素。

（十一）態度的相關理論

1. 調和理論（consistency theory）：是指人們會努力維持對自己的看法、所處情境、與他人關係二者間的一致，人有動機要保持態度和行為之間的一致。當態度與行為不一致時，不舒服的感覺將促使人們重新建立兩者間的平衡與一致。

2. 認知失調理論（cognitive-dissonance theory）：
   Leon Festinger 提出了著名的認知失調理論，認為個人在面對認知與認知之間的差異、認知與行為不一致時，焦慮便會產生。Festinger 認為焦慮與不舒服的感受將刺激個人協調不同認知，或對認知與行為之間的矛盾進行協調。但是他認為兩相衝突的認知或想法與態度必須互相關聯，個體才會體驗到態度與認知不一致的衝突。相反地，若是不調和的認知彼此無關，則並不會引起個人失調的感覺。

   > **上榜關鍵** ★
   > 測驗題考點。

3. 自我覺知理論（self-perception theory）：D. J. Bern 所發展的自我覺知理論，是另一項有關態度改變的理論，他試圖說明失調理論提到的同類型行為，只是他對個人在行為之後的態度如何改變提供另一種解釋。自我覺知理論認為，當個體對某些事物或議題沒有明確的態度時，他會從自己的行為與行為發生的情境去推論。除了自我覺知理論外，他也提出著名的「腳在門檻內的效應」（foot-in-the-door effect）的觀點，此效應是指個人會先同意小的請求，而後同意大的要求，他認為這是個人自我覺知的改變所造成的。自我覺知理論預測若個人發現自己的行為是出於自由選擇，會將行為歸於個人的特質，並非外在因素，而且會做出結論：我就是這樣的人。相同地，腳在門檻內效應指出：當個人順從小的請求時，通常會做出結論，我就是這種會因人情而同意他人請求的。

(十二) 態度與情緒相關名詞

> **上榜關鍵** ★
> 測驗題考點，請詳加區辨。

項目	說明
態度（attitude）	是指對某種事物的評價性反應與感覺，這種反應和感覺是經由學習得到的，一旦習得便會持續影響個體對此事務的行為。
情緒（emotion）	通常是針對某個對象或事件有意識性的評估之後的反應，而當事者也清楚知道自己身體的反應。
情感（mood）	是一種持久的情緒狀態。情感是指對於某個對象的即刻和自動的反應，因此，情感比情緒的過程簡單，比較不複雜，腦部反應所牽涉到的連結單位或網絡比較少，但是情感雖然簡單，也會影響人類的功能。
心情（affect）	是一種短暫的情緒狀態。心情通常沒有特定的對象或情境，只是整體感受的狀態。
行為意向（behavior intention）	是指個人主觀評斷自己從事某行為的傾向。例如：下個月什麼原因會讓你繼續抽菸？Fishbein 與 Ajzen 的理論指出，內在態度較主觀規範更能預測人們的行為意向。經將影響行為內、外在因素加以比較，態度是影響行為的內在因素，而主觀規範是影響行為的外在（社會）因素。

(十三) 罪惡感與羞愧

1. 許多情緒相關的文獻都提到，具有容易羞愧人格特質的人，也比較容易為了不好的事而責怪他人，和有罪惡感傾向的人相較之下，容易羞愧的人比較沒有同理心，比較容易生氣和憤怒。相反地，有罪惡感傾向的人比較容易為不好的結果擔起責任，比較不容易生氣，即使表達憤怒也比較直接或者以具有建設性的方式表達。Ruth Benedict 認為羞愧來自眾人的責怪或非難，罪惡感比較是個人良心的譴責。

2. Lewis 在《官能性的羞愧和罪惡感》（Shame and Guilt in Neurosis）書中指出，她認為想要了解兩種情緒的區別，就必須了解自我在經驗這些情

> **上榜關鍵** ★★★
> 請將內容字字句句讀懂，詳加記憶，測驗題就是考枝微末節的觀念區辨。

緒所扮演的角色，她在書中寫到：「羞愧的經驗和自我或自我的評價有直接的關係，自我並不是負面評價的中心對象，做錯的事或者該做卻沒做的事才是焦點。」也就是說，罪惡感和羞愧的差異不是在於事件或情境的內容和結構，而是自我在解讀負面事件所扮演的角色，感到罪惡是因為行為本身不好，感到羞愧是因為自我不好。

3. George Simmel 寫到流行時，認為流行的根源在於羞愧：「人就是想要變化和與眾不同，但是如果他們的行為或裝扮和其他人不同時，他們會感到羞愧。流行解決了問題，個人可以跟著其他人變化，可以避免孤立，也避免羞愧。」Scheff 指出，Simmel 賦予思想或行為的從眾性或符合群眾的期待一個重要的角色，和這些期待有差異就會覺得很脆弱，以 Simmel 的觀點看來就是「羞愧」，只是他從來沒有為羞愧下任何的定義。

4. Charles Horton Cooley 提出有名的「鏡中自我」（lookin-glass self）概念，也將羞愧含括在其中，他表示驕傲和羞愧都是重要的社會情緒，兩者都很依賴自我監控的過程，自我監控牽涉到二個步驟：「一是想像我們在別人眼中的外貌、想像別人對自己外表的觀感、自我感覺，包括引以為傲或引以為恥」。然而，他和 Simmel 一樣，都沒有對羞恥下定義。

5. Scheff 試圖用社會想像的角度對羞愧下定義：「羞愧包括一群家族系統或者同源與異種的情緒狀態，比較受到注意的是尷尬、羞辱、害羞等，主要都是針對被拒絕、失敗感受、無法勝任等的反應，將這些同源的情緒串連起來就是感受到社會關係受到威脅。」果真如此，羞愧應該是所有基本的情緒之中最具社會性的。

二十三、Sternberg 的智力三元論

> **上榜關鍵** ★★
> 智力三元論包括哪三項及其意涵，測驗題考點。

（一）智力（intelligence）

智力係指人的認識與實踐能力的程度，包括觀察力、記憶力、思維力、想像力、注意力等因素。智力的高低影響著個體認識客觀事物，並運用知識解決實際問題的能力。

（二）Sternberg 的智力三元論

Sternberg 提出智力應包括解決實用問題的能力，稱之為智力三元論，亦即智力是包括情境（Context）、經驗（experience）及分項（component）等智能：

1. 情境智能：係指個體對周遭環境的適應，及做出合乎情境要求的行為。當然，個體也可以改變情境來適應自己的行為，因此個體是否能做出合乎情境的行為，乃是智力高低的表現，而智能的高低要合乎相對的文化或特殊環境，才

有實質意義。
2. 經驗智能：是指個體對陌生的作業的反應能力，及熟悉作業程序的改善能力。此種智能包括兩種成分：一是對新奇的反應（response to novelty），另一是自動化（automatization）。前者是對陌生、孰悉的事件反應，此種能力最能看出綜合新訊息、推理及執行的能力；後者是對已經熟悉的作業變得自動化，成為一種習慣性動作。
3. 分項智能：包括表現、學習及監控的能力要素，也是最能符合傳統智力測驗的能力。表現能力係指利用已有的知識或能力去執行一件事情或解決問題；學習能力是指學習新知識、新技能或新反應的能力，也是一種後設認知的能力。

二十四、預防和人類發展

（一）傳統所謂的「預防」，顧名思義就是阻止問題的發生，例如：在偏差行為、離婚、愛滋、家庭暴力、自殺等問題發生之前能夠防止，實務工作方面的預防則有些差異。如前所述，預防通常可以分成三個層次：初級預防、次級預防、三級預防 知。初級預防指的是試圖在第一線阻止問題或狀況的發生，與傳統的意涵雷同，在人類發展方面，初級預防是針對處在發展危險或風險的個案進行介入，不讓問題發生，例如：父母離婚或酗酒家庭的兒童、來自貧窮或破碎家庭的成員、最近經歷親人過世的案主，都可以透過介入防止相關問題的產生；二級預防則是可能引發問題的狀況變得更嚴重，或者可能變的更持久，盡可能在問題發生的早期進行干預；三級預防則是針對已經發生的問題試圖減少併發症或問題的更嚴重或進一步的負向結果，減少可能造成的損傷或障礙的後果。

（二）美國的醫學研究所認為一、二、三級的區分有些模糊且困難，因此發展出其他預防分類方法，分成全面性預防（universal prevention）、選擇性預防（selective prevention）、特定性預防（indicated prevention）。全面性預防的策略必須以一般群眾為標的，因為所有的人都可能暴露在這些風險之中，例如：暴力、酒精濫用都具有讓一般人陷入的風險；選擇性預防是指預防策略針對人口之中暴露在高危險高風險因子的族群，例如：父母酗酒的兒童、接觸到都市暴力的兒童、目睹家庭暴力的兒童；特定性預防是指預防的策略針對已呈現初期症狀的人，例如：吸毒、攻擊行為，和其他問題與徵兆的個案。

（三）在社會工作實務中，工作者需要具備評估案主和家庭可能處在危險或風險的專業知識，包括覺察可能造成案主生命變化或轉捩點的內外在因素，轉捩點

（turning point）指的是生命歷程之中人生方向或先前建立的軌跡有巨大改變的時間點，對於個案的影響可能很深遠，造成生命長期的困境的機率也很大。對社會工作人員而言，轉捩點是很實用的概念，能夠覺察到它的到來，意味著工作者對個案生活變化的敏銳度和重視的程度，也為協助案主尋找生命的替代路徑做準備。

> **知識補給站**
>
> 除了解人類行為發展上的轉變外，社會工作者還必須具備如何預防的智能，這是社工專業中極重要的一環，社會工作者必須作初級、次級甚至三級的預防。說明如下：
> 一、初級預防（primary prevention）：是指在任何心理或社會功能、疾病或問題發生之前，所做的各項介入預防方式，主要是避免那些極可能又發生問題的族群真正出問題，例如：離婚或酗酒家庭的小孩、貧困者、重要災難的生還者等。
> 二、次級預防（secondary prevention）：則是在問題剛發生時所作的處遇，以避免更大問題的產生。
> 三、三級預防（tertiary prevention）：可降低及減少問題對人們產生的負面影響或副作用。

練功坊

★ 請說明生命歷程觀點（life course perspective）的六大重要議題。

擬答

(1) 人類生命及歷史脈絡的相互作用：人類個體與家庭發展，必須放置於歷史脈絡及社會文化結構下檢視。
(2) 人類生涯的時程點：角色與行為的差異與特定年齡群組相連結，乃是根據生物的、心理的、社會及心靈之分層分級過程的結果。
(3) 連結的或互賴的生命共同體：人類的生命、生活與生涯是休戚與共的互相依賴體，而家庭是經歷及解讀歷史、文化與社會現象的主要舞台。
(4) 人類的自由意志與選擇：在社會歷史的結構狀況與限制及機會下，個人生命歷程的建構有賴主體的選擇與行動力。
(5) 生命歷程多元樣貌與文化軌跡：個人的生命歷程根植於文化習俗與歷史脈絡之中，並對個人帶來優勢機會或劣勢及挑戰。
(6) 發展中的風險因子及保護因子：每一生命的過渡期經驗歷程對下一個生命事件或過渡期有所衝擊，且可能帶來生命軌跡上的轉機或危機。

練功坊

★ ( ) 有關社會功能（social function）的敘述，下列何者錯誤？
　　(A) 案主有能力滿足自己在生活的需求及任務
　　(B) 理解一個人對改變與壓力的反應
　　(C) 了解環境力量對個人資賦的單方面影響以增進社會功能的發展
　　(D) 了解環境的力量可能會增進或危及社會功能發展的可能性

解析

(C)。Bohem 提出社會功能的五項架構：
(1) 視天賦潛能為人類功能的資源。案主有能力滿足自己在生活的需求及任務。選項 (A) 屬之。
(2) 視環境的作用力為可提升或降低個人社會功能之潛在能力。
(3) 了解環境與個人潛能的交互作用，可提升或降低個人社會功能的潛在能力。選項 (D) 屬之，選項 (C) 所述有誤。
(4) 理解個人對變遷與壓力的反應。選項 (B) 屬之。
(5) 對社會功能潛在能力之評估有所了解。

★ ( ) 有關「人在情境（PIE）」，社會工作者評估案主社會功能時，評估層面不包括：
　　(A) 社會角色問題
　　(B) 靈性問題
　　(C) 環境問題
　　(D) 心理違常問題

解析

(B)。
(1) 人在環境中（person-in-environment, PIE）系統的理論設計，作用在於評估個體在施展社會功能時碰到的問題，使社會工作者在分析或溝通案主問題時，有一個普遍性的分類系統。
(2) 人在環境中系統描述問題的四個層面：用四個層面來描述案主的問題，描述案主問題時，這四個因素缺一不可。包括：
　　A. 因素一：社會角色問題。選項 (A) 屬之。
　　B. 因素二：環境問題。選項 (C) 屬之。
　　C. 因素三：心理違常問題。選項 (D) 屬之。
　　D. 因素四：生理問題。

重點 2　人類行為發展之「鉅視面」理論 ★★★★★

閱讀完成：＿＿＿月＿＿＿日

一、人類行為發展之「鉅視面」理論一覽

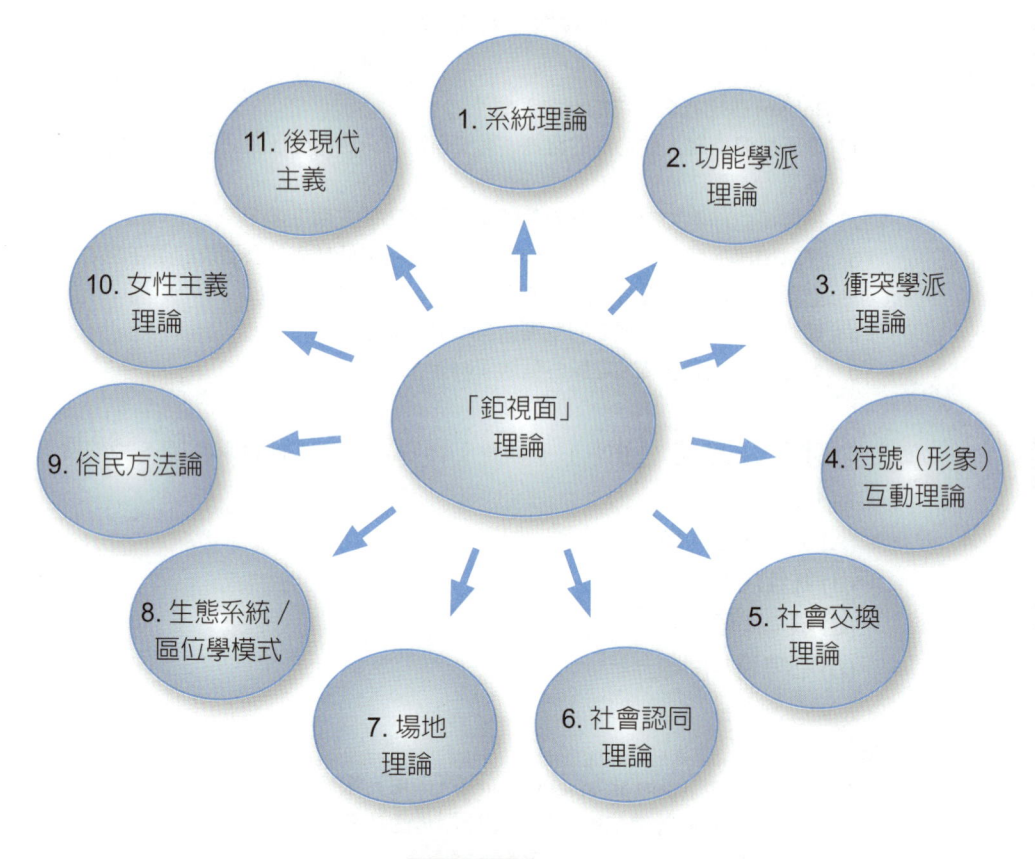

「鉅視面」理論：
1. 系統理論
2. 功能學派理論
3. 衝突學派理論
4. 符號（形象）互動理論
5. 社會交換理論
6. 社會認同理論
7. 場地理論
8. 生態系統／區位學模式
9. 俗民方法論
10. 女性主義理論
11. 後現代主義

二、系統理論

（一）系統理論內涵與運用

上榜關鍵 ★★

系統理論是衍生各種系統理論的基本款，例如：生態系統理論、家庭系統理論，因此基本觀念的建立非常重要。系統理論的準備，申論題著重在理論的基本假定、主要的觀點、平衡的三種狀態，以及相關的名詞，務必紮實準備；其餘有關本理論的其他部分，以測驗題為較常出現的題型。

內涵

- 亦稱為社會系統理論（The Social Systems Theory）。社會系統（Social System）是一種社會組織，諸如，家庭、機構、團體、社區及社會，其組成份子是個人。這些系統各具其功能，與其他系統有互賴的關係。
- 社會系統理論是用以考察人類行為與社會環境間的交互關係。系統理論之立論依據，乃基於對過去機械觀點或歸納論的缺失之反省，認為複雜的社會事實或現象不宜將其拆解為簡單的部分，或將其分解而僅作獨立的個別分析，如此可能喪失所探討事實的全貌。

應用

- 在社會組織發生改變，或社會事件均可以此理論加以闡釋。
- 人類各種社會環境裡的行為，諸如：家庭、團體、社區、社會等。社會中的正式組織失功能、及社會秩序欠佳亦可應用。
- 為防範系統的解組或死亡，社工師可提供系統所缺乏的資源和訊息，使系統恢復平衡和維持最起碼的運作。其次，在協助系統恢復穩定平衡之後，進一步思考介入其關鍵性系統，藉以帶動其他相關次系統的有效改變，和期待系統整體的成長與發展。

（二）系統理論基本假定

1. 封閉／開放系統

- 如果系統不能與本身範疇之外的其他系統互動，則屬於封閉的系統（closed system）；反之，如果其與外界環境有所交換，則是開放系統（open system）。故就系統本身而言，如果是開放系統，即在系統與環境之間有重要的輸入與輸出，並形成回饋（feedback loops），即彼此相互影響，循環不已。

2. 生存作用

- 即系統從外界所輸入之資源超過本身所輸入者，而可以繼續生存和調適。反之，若系統從外界輸入的資源不敷本身所出者，即可能導致失衡與毀滅死亡，亦即所謂滅亡（entrop）的結果，而無法在環境中繼續存活。

3. 系統分化

- 系統成長愈大內部愈複雜，即系統內的分化或異化現象愈大，和系統內部的次系統層級單位愈多。系統為維持本身的勢力範圍或範疇界線，在成長或擴大的同時，乃保持一個聚合的運作趨勢，使系統成為一個獨特的整體，而不致於過度分歧，和得以與周遭其他系統區辨，或不被其他系統融合吞沒而不自知。

4. 動態關係

- 系統的整體和各部分，以及各部分之間，均是動態的，而非靜態的，即不斷地變遷和演化。

5. 整體大於部分總和

- 系統的整體和各部分之間，具有整體大於部分的總和之屬性。例如：人之身體固然是各器官系統的總和之屬性，但人的生命現象卻具有獨特的整體性質或象徵，同時更富有全貌與個人風格。

6. 次系統相互影響

- 整體的任何一部分的改變將帶動其他部分的變化，又各次系統之間的互惠性若可維持以協力共持的型態和結果，即從外在環境獲得資源或由彼此互動中創造能源，則系統本身即可以維持穩定或平衡運作。

（三）系統理論主要觀點

1. 結構	2. 過程
系統理論主要觀點	
3. 行動	4. 機能

1. 結構部分

    系統概念符合社會工作所強調「人在情境中」的觀點，故特別重視情境的存在和評估。所謂情境乃指個人隨時隨地可以認知到其所處環境狀況的重要部分，亦即個人所實際面對和認知的世界，並發展獨特的因應行為，故情境可以提供個人如何處理和回饋其所認知的外在世界之各種互動訊息，包括生理、心理、社會、文化和政治等層面。

2. 過程的部分

    系統觀點基於介入或改變，包括：輸入（input）（即資源進入系統）、流程（throughout）（資源如何在系統內被運用）、產出（output）（系統如何影響其外在環境）、回饋（feedback）（經由與外在環境互動後所回收的資源和資訊）和生存（negentrop）（即系統可以獲得維持生存所需的資源而持續運作）或滅亡（entropy）（即系統無法獲得生存所必要資源而終止運作）。

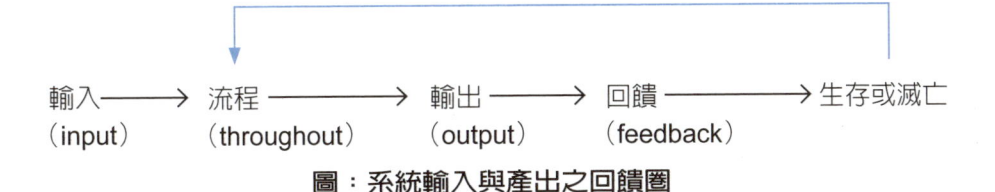

輸入 ──→ 流程 ──────→ 輸出 ──────→ 回饋 ──────→ 生存或滅亡
(input)　（throughout）　（output）　（feedback）

圖：系統輸入與產出之回饋圈

3. 行動的部分

    包括改變代理人系統（change agent system）（指助人者和機構）、案主系統（client system）（包括人們、團體、家庭和社區需要協助者）、標的系統（target system）（助人者試圖達到改變標的之人們）和行動系統（action system）（助人者及與其一同努力以達到改變標的的人們）等四者。

4. 機能部分

    （1）系統在運作上為維持一定的範疇，必須從系統外在環境獲得生存與成長所需的訊息與資源，以免毀滅或死亡；同時，在系統整體須維持相當的穩定、平衡與完整。

    （2）系統內部各次系統之間，有其一定的互惠或互動性，即某一次系統的改變可能帶動其他次系統之變化；又各次系統之間必須維持一定的協力共持，才可以使整體系統穩定或平衡運作。

    （3）各次系統之間的互動及運作，對整體系統的生存與調適目標而言，可謂殊途同歸，或也可能是不同結局，即調適良好者繼續穩定成長，或調適不好而導致系統的傾軋或解組。

（四）系統平衡的三種狀態

1. 穩定狀態
- 指一個社會系統與其他系統或超大系統持續交換獲得進步並增加其組成份子的福祉，系統是開放的並與環境接觸。
- 依照當代急遽變遷的社會環境而言，以穩定狀態最能適應。

2. 平衡
- 維持平衡是指組織有適應的能力。系統是有限度的開放，它與環境間的接觸及互相改變亦很少，它的結構維持不變，很少會有緊張情緒。

3. 均勢
- 在一種穩定的環境中系統內的權力分配及成員的角色及能力都維持不變，系統與往常一樣運作，系統是封閉的，該系統不太可能與外界的環境有所接觸，結構維持不變，因此很少會有緊張的情緒。
- 依照當代急遽變遷的社會環境而言，以均勢最不易適應。

（五）系統理論的相關名詞

> **上榜關鍵** ★
> 測驗題考點。

項目	內容
輸入 （input）	結構的成員從外界獲得的能力、報酬或知識。
改變運作 （conversion operation）	一個系統從外界獲得新知或能力，因此想改變以往的運作方式，使系統有所改變或進步。
設計的輸出 （proposed output）	指擬定出產或發展計畫。
輸出 （output）	指一個系統發展出能力、資訊、新的知識及技術，傳布至其環境或其他的系統。
系統的界限 （system boundary）	一個系統（或制度）均有其規範或限制。

項目	內容
回饋 （feedback）	是指別人對一個人的行為產生直接的反應。
相等的結局 （equifinality）	指同樣系統如輸入相同，開始時所採用的方法有差異，也會達到良好的均衡狀態（steady state）。
差異 （differentiation）	一系統自開創之後，分工自簡單到複雜，分子間的差異愈來愈大。
系統間之交接面 （interface）	指本系統與其他系統有聯繫受其影響或互相影響。
超系統或大系統 （suprasystem）	在本系統外還有更大的系統
能力／能源 （energy）	1. 系統是由人或團體的成員所組成，彼此互動並互相影響。 2. 社會組織由各成員所組成，各擔當其規定的角色，並有其階層化的地位，此即為組織的結構（structure）。在結構內之成員彼此互動，分工合作就會產生能力／能源（energy），energy 在系統與環境的交換過程中，乃扮演相當重要的角色。
和諧能 （synergy）	倘若組織之成員彼此關係和諧，個人的能力良好的被運用，稱為和諧能（synergy）。
熵／脫序／滅亡／能趨疲／能量函數 （entropy）	1. entropy 原為熱力學上的一個名詞，是指物質在嚴重失序的情況下起變化，俟平復後會成為不同的東西。用在系統理論裡指事物耗損、或腐敗。 2. 倘若組織內分成派系，彼此爭奪或排擠，因此某些成員的能力不能良好的被運用稱為熵／脫序（entropy）。entropy 的過程是指秩序喪失，換言之是解組的過程。

三、功能學派理論

（一）功能學派代表學者與理論內涵

> **榜首提點**
> 功能學派重要的理論，如果以申論題出題，通常考生無法論述完整而失分，主要是因為這個理論較為抽象；準備時必須紮實，代表學者為派深思，理論的內涵、基本命題、主要觀點、社會系統的存續要件（必須清楚 AGIL 縮寫之意義），以及被批評之處；其次，亦為測驗題考點。

代表學者

- 最早是由法國社會學家 Emile Durkheim 所提出的，但以美國社會學家派深思（Parsons）為代表人物。

理論內涵

1. 將社會視為一個由相互依賴、相互關聯的零件所組成的系統。
2. 功能是指維持社會均衡有用的適當活動。功能可以說是控制系統內結構與過程運行的一些條件，它影響到系統的穩定與否，系統的生存或滅亡，以及系統運行持續之長短問題。
3. 所有的社會系統都會傾向於平衡，維持一種穩定狀態（或特定的平衡狀態），也就是系統裡的每個零件彼此間維持著相同關係。這種理論認為社會系統往往抗拒改變，除非改變發生的步調很慢，否則就會帶來分裂。由於整個社會是由緊密連結的零件所組成，如果某個零件發生變動，其他的零件也會跟著變動。例如：汽車的發明就帶來了劇烈的變動：我們可以通勤，到離家很遠的地方上班；我們也可以到遙遠的地方度假；社會上出現許多新行業，像是服務站和汽車零售業；空氣污染惡化；交通造成的死亡率急遽升高等等。
4. 社會系統的功能正常及異常現象有時候是很明顯的，例如：增加警察局的設立顯然可以壓低犯罪率；但有些現象卻是隱性的（潛在或出乎意料之外），例如：當警察抓到犯罪的人後把他們貼上「罪犯」、「不法之徒」的標籤，結果這些人將來繼續犯罪的機率很高，甚至會做出一些原本不會犯下的罪行。所以在扼止犯罪的同時，警察也可能造成了未來犯罪率的提高。
5. 當社會的某個部分（零件）解體時就會產生某些問題。一旦發生社會解組，整個系統就無法再控制其所組成的零件。

（二）功能學派基本命題

1. 功能關聯及相互替代：每一系統內的各部門在功能上是互助關聯的。某一部門的操作運行需要其他部門的合作配合。當某一部分發生不正常問題時，其他部門可以填補修正。
2. 每一系統內的組成單位通常有助於該系統的持續操作運行。
3. 既然大多數系統對其他系統都有所影響，他們可視為超系統（整個體系）的

次系統（subsystems）。例如：將學校、家庭、文化這些體系，視為整個社會的次體系。
4. 整合的體系觀：主張體系是穩定和諧的，不容易產生變遷。因此，均衡是社會運行的目標。均衡狀態的社會，是一個整合無衝突的社會，體系的變遷也是緩慢而有秩序的。
5. 系統是穩定和諧的，不易有所變遷。

（三）功能學派主要觀點

功能學派主要觀點

1. 有機體論和生物學的觀點，探究社會的結構如何結合與運作。

2. 強調社會制度是相互依賴的複雜體，社會的每一制度對整體社會的維持都有貢獻。

3. 社會本身就是一個體系（或系統），由不同的制度所組成。社會是制度之間的均衡，劇烈的變遷將導致系統的瓦解。

4. 制度的形成、存在與瓦解必須由其型態結果來了解。制度的結果分為顯性與隱性功能，有功能的制度會繼續存在，無功能的則會被取代。

（四）社會系統存續四要件

Parsons 認為社會系統（屬於結構功能主義）存續的四個必要功能條件，被稱為 AGIL 系統，取每個要件的英文字母第一個字縮寫而成。

AGIL 系統與達成管道

英文字母	社會體制	需求達成管道
A	1. 適應（Adaption）	經濟──錢
G	2. 目標的達成（Goal Attainment）	政治體系──權力
I	3. 整合（Integration）	社會體系──社會控制、道德、法律條文
L	4. 潛在模式的維持（Latent Pattern Maintenance）	社會化──家庭、學校

分析社會系統之架構（用於分類社會系統內四個層次的社會組織）

體系或層次	經驗層面
1. 心理系統	身體。
2. 性格系統	個人心理。
3. 社會系統	道德、角色與地位。
4. 文化系統	知識、文學、藝術及其他人文產物。

（五）功能論被批評之處

被批評之處

1. 功能理論是一種政治上的保守哲學，因為它主張應保留社會現況，因此忽略了社會上不公平的現象。
2. 以價值導向（value-laden），因為某個人的「解組」可能是另一個人的「重組」。舉例來說，大部分的人都覺得離婚不太好，但有些人卻認為離婚具有正面意義，因為它可以合法地結束一段無法發揮正常功能的關係。
3. 注重社會上特權階級的利益，使得社會上的窮人與受歧視者永無翻身之日。
4. 缺乏對快速變遷的合理解釋。
5. 過分強調結構對個人行為的決定性，成為結構論者，個人完全被動。
6. 對既存社會制度有合理化和合法化的傾向。

四、衝突學派理論

榜首提點
衝突學派係相對應於功能學派的觀點，其所持的理論觀點與功能學派相異；古典衝突學派以馬克思為主要代表學者，其後諸多學者延伸其觀點而做相關理論之發展，亦為抽象型理論。請詳加準備其基本觀點，以及與功能論之比較。

（一）衝突學派代表學者與內涵

衝突論

- 衝突學派（Conflict Theory）以馬克思（Marx）、達倫道夫（Dahrendorf）及考舍（Coser）為代表。

> **理論內涵**
> - 是依據馬克思的思想而來。
> - 馬克斯認為社會變遷最主要的原因乃在於經濟因素的改變,他相信每一種經濟制度都隱藏著毀滅的危機,資產階級必須剝削無產階級以獲利潤。但是此種剝削卻更加速經濟制度的毀滅,階級間的衝突亦因此更嚴重。

(二)衝突論的基本觀點

衝突論基本觀點

1. 主張人類的關係是宰制與剝削,剝削與宰制來自於不同團體的利益衝突。

2. 既得利益者會利用各種方法(例如:法律、制度、武力)對其他團體進行壓迫,因而產生衝突。

3. 衝突不僅發生在階級之間(即發生在經濟層面),各種團體與各面向(例如:宗教、文化、種族)的衝突普遍存在於社會中。

4. 反對功能論的整合與均衡的靜態社會觀,主張社會衝突是不可避免的,並且是社會急遽變遷的動力。

(三)現代衝突理論的基本理念(Denisoff 與 Wahrman 提出)。
　　1. 利益是社會生活的基本元素。
　　2. 壓迫存在於社會生活中。
　　3. 社會生活牽涉到不同的利益團體。
　　4. 社會生活會產生對立、排斥與敵意。
　　5. 社會生活會造成衝突。
　　6. 社會上的差異牽涉到權力。
　　7. 社會系統並不是和諧或整合的樣態。
　　8. 社會系統趨向於改變。

> **上榜關鍵** ★★★
> 測驗題考點,著重在對各項基本理念的了解與區辨,注意觀念的細節之處。

（四）衝突理論與功能理論之比較

比較項目	衝突論觀點	功能論觀點
衝突／變動的	1. 社會變動主要是在各團體間重新分配稀有資源，認為變動對社會有所幫助。 2. 衝突可以帶來進步、提升，減少歧視，也會有新團體出現而成為社會主宰力量；如果沒有衝突，整個社會就會停滯而蕭條。	功能主義將變動視為具有潛在毀滅性的事件。
社會秩序／權力	1. 主張社會秩序是由當權者以武力來維持的，特權階級掌控了法律的權力，利用法律系統迫使他們服從特權階級的意志。 2. 大多數人之所以遵守法律的原因，在於如果不遵守就會被逮捕、被監禁，甚至遭到殺害。	認為大多數的人都會遵守法律，因為人們相信法律是公正的。
價值觀	1. 現代社會乃是由不特定團體所組成，各自具有不同的價值觀和規範，因此衝突是在所難免的。 2. 墮胎議題就是價值觀衝突最好的證明，墮胎就等於謀殺；但支持墮胎人士卻認為懷孕前幾個月的胚胎並不能算是人，因為它無法在子宮外的環境存活下來，政府禁止婦女墮胎就侵犯人民自主權。	功能主義認為社會上大多數成員都抱持著相同價值觀，願意遵守相同規範。
對理論的批評	衝突學派學者批評功能主義常太保守。	功能派學者認為如果像衝突學派所稱社會上真有這麼多衝突，那麼這個社會早就解體了。而不是在體制內努力尋求解決之道。

五、符號（形象）互動學派理論

（一）代表學者與理論內涵

> **上榜關鍵** ★★★
> 符號互動論不同於功能論與衝突論之抽象，符號互動論著重在人與人之間的互動過程；請對符號的互動過程、四個主要概念，務必有清楚的了解。

代表學者

- 主要研究重點在於人與人互動的過程，符號包括語言、手勢、表情、文字等，因此亦簡稱為互動學派（Symbolic Interactionism）。
- 代表人物為 Thomas、Mead、Blumer。
- 互動理論的探討重點在於個人及人與人間的日常互動，而不是規模較大的社會結構（例如：教育系統、經濟或宗教）。互動理論認為一個人的行為乃是社會關係的產物。

理論內涵

1. 基本研究單位是互動中的個人
   - 社會是由一群互動中的個人所組成，社會在變遷，個人的互動行為亦經常在修改或調整。人類對外界的刺激通常先加以了解和分析，然後再設法反應，亦即個人對現象的解釋、分析及反應。
2. 觀點和互動是人類行為的二個重要變數
   - 觀點是受社會團體影響的看法是個人認同的特徵。個人是經由參考團體（reference group）而學到社會所公認的觀點。因此，參考團體的觀點就常成為個人的觀點。
   - 在最初，個人的態度可能和團體的觀點有差距，但當了解團體的觀點後，就會修正自己的態度以符合團體的觀點。亦即所謂的社會現實（social reality），就是某一團體所有成員所認定的現實。
3. 互動理論認為人類行為乃是一個人獨特的個性與其所屬參與團體互動的結果。
   - 團體是塑造個性的重要因素，不過團體的特質也會影響個性。

被批評之處

- 理論極為抽象而模糊。

延伸理論

- 互動理論衍生出標籤理論（labeling theory）。
- 主張一個人被貼上標籤後，終其一生會受到強烈的影響；標籤往往成為必然會實現的預言。

(二) 符號互動的過程

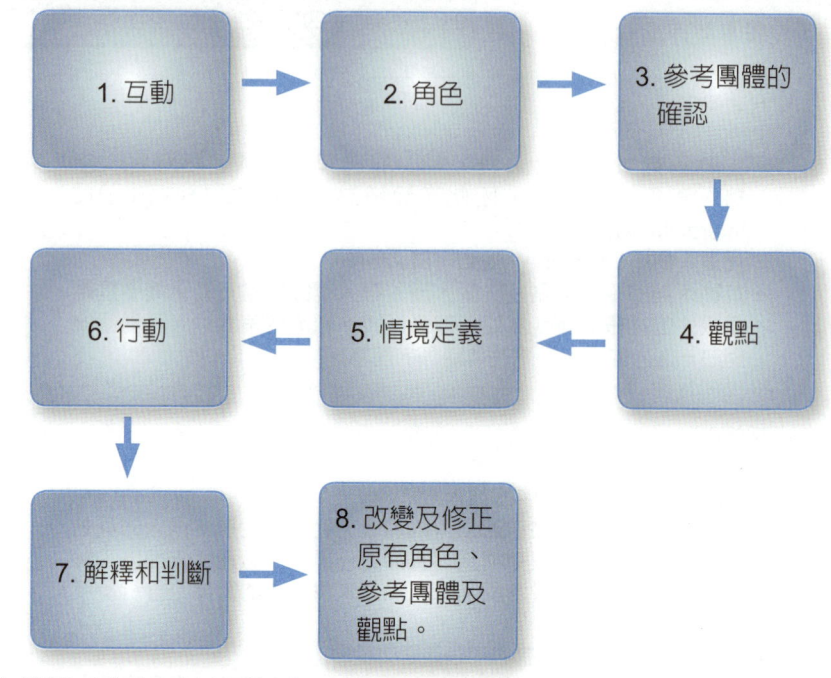

1. 互動 → 2. 角色 → 3. 參考團體的確認 ↓
6. 行動 ← 5. 情境定義 ← 4. 觀點
↓
7. 解釋和判斷 → 8. 改變及修正原有角色、參考團體及觀點。

(三) 符號互動論四個主要概念

符號互動論四個主要概念

1. 符號
   - 符號（形象）這是人類日常生活各部分都牽涉到的。人們的思想、行動都是經由符號（形象）來表達。

2. 自我產生
   - 自我（self）的產生，依照顧里（Cooley）的鏡我（Looking Glass Self），個人對自己的形象的看法亦受到他人的影響。
   - 換言之，自我概念在符號互動論裡是一種社會的產物，是在人與人之間互動的過程中產生的。

3. 心靈
   - Mead 所說的心靈（mind），是個人行為的內在活動方式，對個人的社會互動有很重要的影響力，它使我們能控制和組織我們對外界的反應。

4. 扮演他人角色（role taking）
   - 這是將自己看做他人，依照自己的想像力扮演他人的角色，唯有如此做，才能了解他人的立場及為何如此做？有了這種想像的了解力，才能修正自己的行為。

六、社會交換論

（一）社會交換理論認為，社會生活中的所有面向都可以被概念化，認為社會的存在、社會現象、人際關係是建立在一種個人或團體之間相互交換資源或酬賞的基礎上，這項理論和經濟學的功利主義（人們在追求功利或快樂時，試圖將快樂極大化，也就是追求最大的快樂和利益）與行為主義（酬賞可以增強行為，懲罰可以減弱行為）所主張的原則有關，這兩種理論一致認為行為的後果是決定行為的最重要因素。Emerson 和 Homans 兩位學者率先以經濟學的「結果論」來解釋人類行為。

（二）Homans 提到交換理論的重點是解釋最基礎的社會行為的基本過程，不論是權力、服從、地位、領導和正義，認為人類所有的行為模式，都是以獲得酬賞為目的，當一個人獲得足夠的酬賞時，滿足感隨之而增加。只是當這些酬賞增加之後，個人感受的價值就有可能變小，滿足感也隨之減少。

（三）Homans 的社會交換理論有五個具體論點

1. 能夠獲得正向結果的行為，很有可能會重複發生。
2. 相似情境之下的行為酬賞，很有可能會在相似的情況中出現。
3. 行為的結果越有價值，越有可能從事該行為。
4. 酬賞如果被剝奪或者滿足程度的增減，都有可能影響行為回應的可能性。
5. 沒有獲得資源公平性的分配時，人們會產生憤怒和攻擊的情緒。

> **上榜關鍵** ★★
> 具體論點請詳記並區辨，測驗題考點。

七、社會認同理論

> **上榜關鍵** ★
> 藍字部分，請詳加區辨，為測驗題考點。

（一）社會認同理論認為，人際互動產生的認同感對於個體或成員的想法與行為會有影響，這與人格特質對於個體的影響有所不同。Tajfel 的社會認同理論，強調社會認同讓成員產生或維持可以迎合團體價值與理念的態度與行為。另外，Tajfel 也認為人們通常會高估他們所屬團體以便增加自我的價值感，這種傾向也包括將自己的團體拿來和別的相關團體作比較。

（二）高估自己所屬團體的價值，可能導致團體衝突的發生，使成員排斥團體之外的活動或資源。社會拒絕是社會衝突的形式之一，有些理論家認為社會拒絕或其他社會衝突的存在是人類社會很正常的現象，必須注意的是，團體間的衝突所帶給社會是正面或負面的影響。個體所屬的社會團體影響個體的社會互動和依賴關係，也影響每個人的生存與幸福感，團體對人類生活與行為的重要性不言可喻，社會工作評估必須予以重視。

八、場地理論

> **上榜關鍵** ★★
> 場地理論認為研究人類行為，必須將人與環境一起納入評估。

代表學者

- 李溫（Lewin）所創設。這位早期的心理學家認為要研究人類行為只有人在環境中才能了解。
- 場地（field）是指個人或其他社會組織所處的環境。場地理論（Field Theory）是指個人不能與其環境分開來看。他認為個人尋求或達成目標，受其環境之影響或限制。

理論內含

1. 人類需求
   - 真正的需求是指人類基本的生理需求，如飢渴等，這種需求在家庭中就可獲得滿足。
   - 準需求是來自外界對個人的要求，也含有環境或文化對個人的影響力，例如：請朋友上餐廳吃飯，由於社會風氣使然，如果請朋友到家中吃飯就顯得寒酸，不夠氣派。
2. 目標（Goals）
   - 為了要滿足真正的需求及準需求，個人必須設定目標，因此目標達成就等於需求已滿足了。
3. 緊張（Tensions）
   - 個人由於要達成目標，所以會感到緊張，無論在達成目標的過程中，或達不成目標都會引起緊張。

九、生態系統／區位學模式

> **上榜關鍵** ★★★★★
> 1. 人類行為的教科書，有對於「人類環境系統」提出四層次的觀點，有部分教科書則以生態學或區位模式為分析觀點，其所指的內容均為相同，只是用詞不同，考生請區辨清楚；均包括微視系統、中間系統、外部系統、鉅視系統等四個系統層面。本理論為極為重要的申論題考點。
> 2. 準備時必須對四項主要系統層面的內容完全了解，而且要能舉例；另經常用於實務題解題，在解析案主的問題與提出處遇，務必緊扣理論內涵。在解析複雜的案主問題時，特別適用，亦為社工界主流的應用理論。因此，本理論為榜首級考點，無論在申論題、測驗題都是命題熱點，所有的內容均請考生詳讀，無一可疏漏。並請建立有架構的分析觀念，在實務題時必須要能運用於解析處遇案例之實力。

（一）理論內涵

1. 生態系統模式（ecological model）假設，個人與其棲息環境的交流過程中，必須在其適當成長的時間點獲得足夠的環境滋養，才能進行各項生活歷程，而為了維繫生活歷程的前進，人因此就要與其棲息環境保持適當的調和度以達到順利的適應。
2. 生態系統觀點認為案主所經歷

的困境為「生活中的問題」（problem in living），並非個人的病態或性格的缺陷所致，社會工作干預的標的是指個人、家庭、次文化、社區等各層次系統，其助人的實務模型則是綜合各種社會工作取向的方法，主張運用多元面向和多元系統的干預策略。
3. 生態系統觀點較聚焦於人與環境之間的相互調適或適應的調和能力，較少強調系統改變的能力。
4. 提供一個多層面、多元系統的全人概念架構來理解個人的社會生活功能。個人行為的發展與成長受到其與環境間互惠性交流歷程之影響，其生活的健康與否並非個人特質或病態環境因素之歸因，而是個人適應環境的順利與否，也就是取決於個人與其環境之間能否維繫適應良好的調和度。

(二) 生態系統的基本概念

上榜關鍵 ★★★★
請記清楚基本觀念。

1. 社會工作實務包含雙重焦點：系統與環境。
2. 社會工作實務產生於人類系統及其環境的交互面或介面（interface）。
3. 在處遇關係上，個體和系統都會受到改變作用的影響。
4. 社會工作實務之最佳執行模式，是讓交互作用能提升有機體之成長與發展，並同時改善環境，使環境中的系統處在妥適的狀況之中。

(三) 生態系統主要系統層面（Bronfenbrenner 提出）

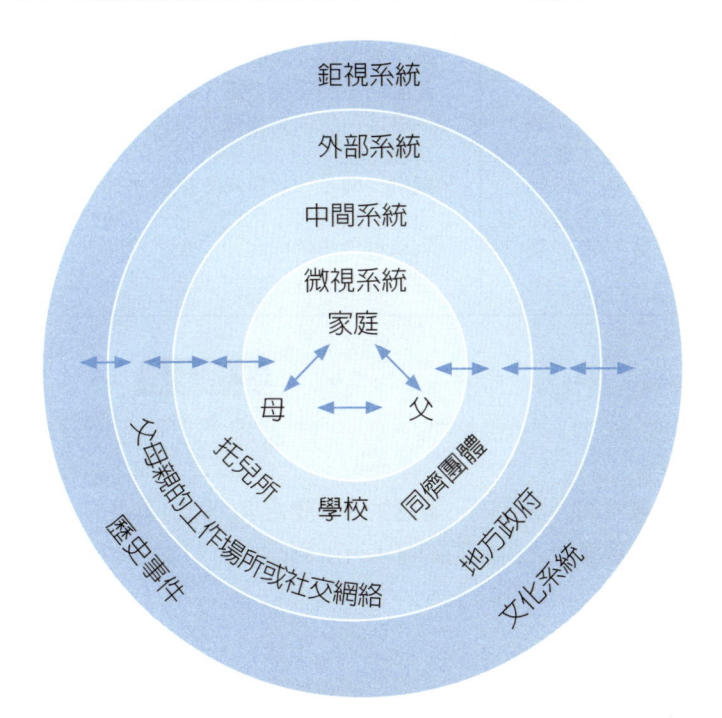

榜首提點
四個系統層面，請把內涵熟讀，包括所舉的案例；在申論題，考題型態分為四個系統加以論述，以及應用這四個系統加以處遇提出處遇計畫等二種類型，考生必須有堅強的實力；在測驗題，考點就是區辨四者之不同點，有時會以說明中的案例請考生判斷屬於哪一個系統層面。

圖：**Bronfenbrenner** 的生態模式

1.微視系統（Microsystem）	2.中介系統（Mesosystem）
・指的是與案主生活關係密切的家庭成員，如配偶、父母、手足或學校、同儕等。 ・微視系統的物質條件、系統內成員的關係與資源等，會造成系統功能的正常運作與否，直接影響案主的發展。 ・舉例：家中有個好哭的小孩，可能造成父母的緊張與壓力。	・是指介於家庭的微視系統與外部系統之間的互動媒介。 ・個人在其成長發展的過程中，藉由中介系統引領接觸真實的社會環境。學校的老師、鄰居、親友、甚至到宅訪視的公共衛生護士，都可能是重要的互動媒介，增強個人或家庭與外部系統的互動關係與能力。 ・舉例：一位青少年在同儕團體所發生的事件，會影響他在學校或家庭中的行為。因此，中觀系統的評估必須同時考量微觀系統中的相關問題。

生態系統
主要系統層面
（Bronfenbrenner提出）

3.外部系統（Exosystem）	4.鉅視系統（Macrosystem）
・指的是對個人的發展有影響，但當事者在其間沒有一個直接參與角色的社會情境。如父母的工作單位、社區醫療服務體系、休閒娛樂設施與活動、學校行政體系等。 ・舉例：如學校決策系統、政府機構等。如同高等教育司刪減大型的教育補助方案，間而影響一般大專院校師生等校園生活，學生雖然沒有與之直接接觸，卻會承受高等教育司決策司決策人員刪減方案的影響。	・指一個社會的文化風俗、價值規範與意識型態、政治經濟環境等。 ・鉅視系統是型塑外部系統、中介系統、甚至微視系統的基礎，換句話說，它與個人之間雖然沒有具體的互動脈絡，卻架構交織了社會民眾的生活環境，深深影響個人的生存機會與活動。 ・舉例：像美式的班級文化與法國式的班級風氣就大不相同。另外，例如：對男性角色的期許、日常行為的文化規範等均是。

（四）生態系統觀點之個體與環境互動的過程必須具備的因應技巧

上榜關鍵 ★★★
測驗題考點，觀念請建立清楚。

1. 取得和使用社會資源。
2. 個體必須改變舊有無效的因應方式，適應生活轉變帶來的問題與需求。
3. 主動影響和改變社會環境使之對個體的需求有所回應。

（五）對生態系統理論之評論

優點	缺點（限制）
1. 強調人的問題是來自於個人與環境間交流的失衡結果，轉移了社會工作專業過去重視醫療模式而責怪個人的傳統工作取向，有助於社會工作實務回歸社會工作專業中有關「人在情境中」的知識典範，也整合了社會工作者專業的身分認同及助人承諾，提供實務工作一個多元系統、多元層面的參考架構。 2. 採用全人、整合及一統的思考架構來理解人類的行為，亦即從個人的生理、心理、社會、政治、法律等各個生態系統間的互動，說明影響人類行為的動力因素，比較完整而不會有所偏頗。正因此觀點重視多元因果關係的歸因方式，並非單一線性因果關係，其所牽涉的干預方法也因此非常多元而多層次，並無專屬特定的方法，提供社會工作員有更多的干預方法選擇。	1. 雖然有助於理解人類行為的多元動力因素，但理論過於抽象及描述性，無法解釋這些動力因素的影響歷程。 2. 在理解服務對象與其環境互動的圖像方面，提供一個很清晰的思考架構；但在社會工作的實施方面，卻未能提出個人如何主動適應環境的具體動力與機制歷程。學者建議應加入有關社會認知的知識體系，以加強生態系統中有關個人主動適應、型塑其與環境間的交流活動之行為歷程。 3. 強調案主發生問題發生的多元性，也隱含社會工作員可以在案主的各個系統層次上著力或干預，皆會帶動案主生態系統的改變。此觀點建議如此多元而龐大的干預方法清單，其實等於沒有建議，降低生態觀點運用干預方法的獨特性，反而成為更抽象的觀點，沒有達到運用社會工作方法來統整社會工作專業之目的。 4. 重視以人與環境間交流的協調程度為干預之目的，強調案主適應環境，顯得過於傳統及順從，忽略系統間交流所潛在的衝突；而忽略案主作為人類具有的主動性與主控力，更忽略了人類社會中強調社會階級及種族歧視的固著性。 5. 強調改變系統所產生的運作及透過資源的提供，來降低案主為了因應問題所產生的壓力，回歸系統的平衡，卻忽略了系統的改變可能帶來新的適應需求或新的壓力感，因應的歷程似乎永無休止的一天，而生態系統因此也永無平衡的一天。

（六）運用於社會工作實務模型之原則

1. 視個人或家庭所經歷的問題與困境是環境資源的不足或障礙，並非個人的病態歸因。
2. 視個人或家庭因素所經歷的問題困境，是源於眾多變項的互動結果，並非單一因素所致。
3. 社會工作干預時，應切記生態世界中有關部分系統改變就能影響或連帶改變其他的體系之原則。
4. 個人或家庭的問題發生，是來自環境資源的不足與障礙，是多項因素互動而成的，非單一因素所致，因此，社會工作干預的方向或解決之道也是多元的。

（七）干預方法與策略

Pardek 提出處遇過程的七個步驟

> **榜首提點**
> 生態系統處遇過程七步驟務必清楚，在實務案例解析時，依步驟流程逐點進行解析，將使論述更有架構。

1. 進入系統

   社會工作員透過與案主及相關人員的會談及其他系統的資料提供，並藉由評量案主所有的重要關係，找出案主與其環境不合的來源各自擁有的優勢之處，例如：某個案主的重要他人、某件案主有興趣談論之事件等，找出進入案主世界的入口。

2. 繪製生態圖（mapping the ecology）

   一旦社會工作者進入案主的生活事件，就開始分析案主所在的各種系統並繪製成圖，較易掌握案主生態系統的流動方向和關係強弱。繪製生態圖主要是以案主系統中的人物和事件為重心，正的和負的行為和情感皆應包括在內，而人物指的是對案主或事件具有重大意義的個人或人際關係。在此的蒐集資料的步驟，社會工作員可以善用結構式的會談、運用評量的工具及家庭重塑技術來進行。

3. 評量生態

   在評量階段，社會工作員在尋找案主的生態系統中所經歷的基本問題及主要優點，特別是描述案主生命中重要的關係及主題。在一個會談時段中，雖然案主會想要談到很多主題，但根據學者觀察，若是被案主提及次數較多的事件，通常會是案主生態系統中最具影響力或最在乎的事件。而社會工作員的評量策略或研判的重點主要是放在哪些人物及事件會正向支持案主的行為？哪些會增強案主的負向行為？社會工作員一旦根據案主所提供之資訊評估其個人之優缺點及重要人際關係後，應該向案主或其他重要他人解釋這些資料，彼此分享回饋給予確定資料是否符合案主的覺知。

4. 創造改變的觀點

社會工作員和案主共同分享所做的評量，開始向案主提議幾個需要改變的生態系統，特別是案主在生態系統中最可以著力產生改變的生態系統層次。當然，所有這些干預方法的選擇及訂定是需要案主同意的，否則只停留在專業的建議上，不一定可以促成案主的改變行動。

5. 協調與溝通

在干預步驟裡，社會工作員的重要角色在溝通及協調案主的各個生態系統。其實，改變的努力常常是掌握在案主生態系統中的重要他人。例如：社會工作者本身就是案主生態系統中的一位重要他人，其主要的功能在於支持與啟動案主改變的意願與行動。社會工作員透過電話、家訪及其他支持性行動（例如：資源轉介與連結）來完成改變的任務。由於生態系統是變動的，社會工作員的評量及干預行動也應時時檢查，給予轉折的空間。

6. 再評量

如果案主及重要他人所參與的干預過程可能進行的不順利，社會工作員應行再評量的階段，再次尋找切口進入案主的生態系統中，再度與案主及其他相關的他人會談以取得更多的資料，進行再評量的工作。

7. 評估

干預最後的成果必須經由評估步驟加以確立，而評估就是運用一些結構式的工具，由案主本身的角度來評估干預行動的連貫性。干預的歷程中也應該隨時評估干預行動的進行狀況，以指向未來干預方法應改進方向，以受惠其他類似的案主。

(八) 生態系統取向的社會工作者角色

1. 與會者：社會工作者像是去參與一個問題解決會議，扮演直接採取行動、解決案主問題的與會人員。
2. 使能者（enabler）：社會工作者會積極地採取各種必要的行動，包括行動的結構、安排、事件改變、互動、環境因素的考量，以促使案主所在系統得以發揮功能。
3. 中介者：社會工作者也會發揮系統連結、資源轉銜的角色，協助案主與社會支持與服務連線。
4. 調解者：社會工作者的行動目的，是為了促使不同的參與助人者之間，能夠為案主採取一個共同聯合的行動。
5. 倡導者：為了獲取或發展不足或不存在的資源及服務，社會工作者會進行倡導性的行動，向有關單位訴求案主所需的資源。
6. 監護者：為了保護無能力自保的案主，社會工作者的行動還應包括採行社會控制的功能性角色。

（九）家系圖的繪製。

1. 家系圖又稱家族樹（family tree），係運用簡單的符號及線條，呈現家庭成員基本資料及相互關係，最好包含三代家庭成員。
2. 家系圖在完成所有成員及關係繪製後，再以不規則線條標示出家庭成員結構的界線，在同一界限範圍內的成員為同住在一起的家庭或成員。

> **上榜關鍵** ★★★
> 家系圖的繪製是基本觀念，請練習如何繪製；家系圖的概念，亦為測驗題考點。

| 15 | 方型為男性，圖例為十五歲男性 |
| 38 | 圓型為女性，圖例三十八歲女性 |

加註斜線表示為案主，圖例為男性案主

83　圓（方）型內打叉表示死亡，圖例為八十三歲死亡的女性

打叉表示流產或墮胎

三角形代表懷孕中的胎兒

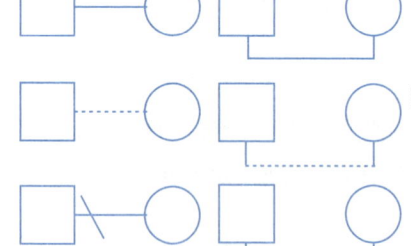

連結實線代表婚姻關係

連結虛線代表同居關係（或性關係，而同居則須加虛線框標示同住）

斜線代表分居關係（前者為結婚關係分居、後者為同居關係分居）

兩斜線或打叉代表離婚關係，常會加註19××－20××代表婚姻關係起訖時間，或以 M20×× S20×× D20×× C20×× 分別代表婚姻中的結婚、分居、離婚、同居時間

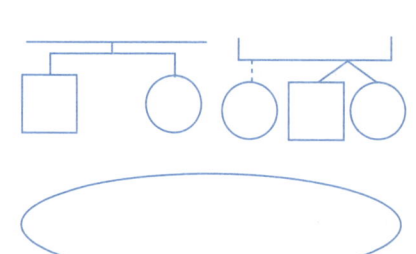

婚姻關係線下延伸子女關係，長幼有序從左至右，實線代表親生孩子，虛線則為收養孩子，圖例左為一位兒子及一位女兒，兒子較年長，圖例右為一位養女及一對龍鳳雙胞胎，養女較年長

不規則線條框內標示同住的家庭成員，顯示家庭界線

（十）生態圖的繪製方式

1. 生態圖是一項重要的評估工具，可以描繪出案主家庭與其社會環境之間的關係和互動。社會工作者經常透過生態圖（ecomap）來評估個案的特殊問題，並規劃介入調解的方案。所謂的生態圖通常是由社工和案主共同繪製，畫出案主（或家庭）與周圍社會環境的關係。它可以幫助社工和案主從生態的角度完整審視案主的家庭生活，以及整個家庭和群體、組織、機構、其他家庭、個人的關係。

> **上榜關鍵** ★★★
>
> 在實務案例解析時，考生如能繪製出生態圖，則有二個好處，第一：在分析處遇方式時，可參考所繪製的生態圖提出處遇，論述較能聚焦，而不致偏離主題；第二：可以藉此生態圖向閱卷老師展示你的優秀實力，且與其他未繪製生態圖的考生相較，高人一等。但特別提醒考生，實務案例之生態圖一定要能繪製正確，所以紮實的家系圖繪製能力是重要關鍵。請多加練習生態圖之繪製，就能熟練上手。另生態圖之意涵，亦為測驗題考點。

2. 生態圖可應用在各種不同的情況，包括：婚姻諮商、家庭諮商、領養孩子、寄養家庭的評估等等。除了傳統的社交背景與個案紀錄之外，生態圖是一項很好的補充資料。它以速記的方式記下基本社交資訊，幫助使用者（案主與社工）看清問題所在，然後進一步思考如何做出建設性的改變。

3. 繪製生態圖的圖示
生態圖中間最大的圓圈代表案主的家庭，周圍的圓圈代表和他們有關的群體、機構、其他家人，也就是他們所處的社會環境。

㊵	女性，40歲
38	男性，38歲
△	姓名、性別、年齡不詳
⊗62	已故女性，享年62歲
┼┼┼┼┼┼	充滿壓力、衝突的關係
....	疏遠、不確定的關係
───	穩固的關係或資源（線條越粗，彼此關係越穩固、資源越豐富）
──▶	箭頭方向表示兩者之間的施予或收受關係（在某些關係裡，案主只有接受或只有付出）

社會環境

案主家庭

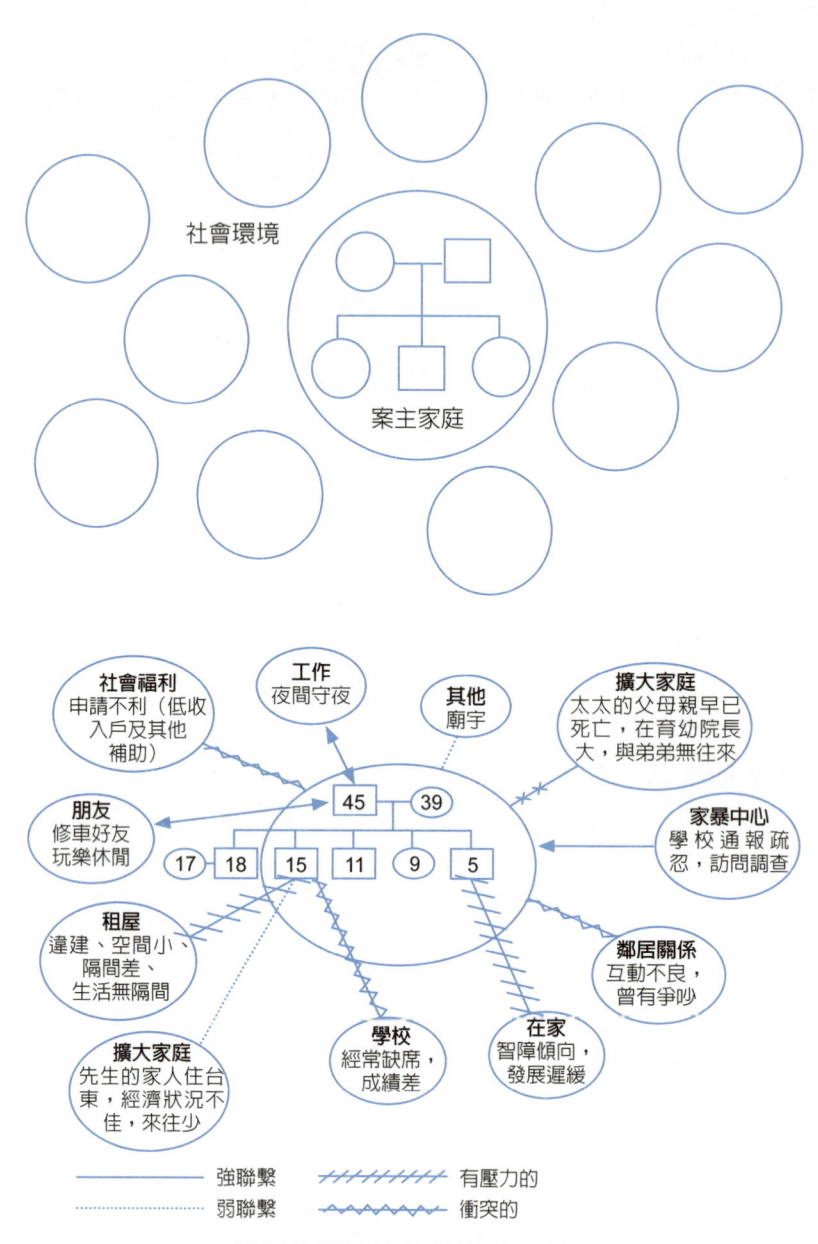

社會福利
申請不利（低收入戶及其他補助）

工作
夜間守夜

其他
廟宇

擴大家庭
太太的父母親早已死亡，在育幼院長大，與弟弟無往來

朋友
修車好友玩樂休閒

家暴中心
學校通報疏忽，訪問調查

45　39
17　18　15　11　9　5

租屋
違建、空間小、隔間差、生活無隔間

鄰居關係
互動不良，曾有爭吵

擴大家庭
先生的家人住台東，經濟狀況不佳，來往少

學校
經常缺席，成績差

在家
智障傾向，發展遲緩

――――― 強聯繫　　〰〰〰 有壓力的
………… 弱聯繫　　〜〜〜 衝突的

繪製生態圖的參考範例示意圖

十、俗民方法論

代表學者

- 理論創始者高分柯（Garfinkel）。
- 認為傳統社會學過分重視客觀科學方法研究，因為這種科學方法把人們的日常生活描述成太理性化而與現實狀況完全脫節，這理論也不贊成把社會秩序看成一種實際存在的東西，不認為它能控制和約束人類的社會行為，因為人們所關心的僅是將一些面對的事情和問題予以解決，或將其變為有意義。

理論主張

1. 日常生活有規則：人們通常以定型而連續的方式來體驗生活。例如：時間分日夜、週末不工作等。
2. 以常識來生活：人類在每天的生活中，都是根據普通常識的想法；社會具有規則，而人們被迫要辨認這些規則，但人們通常只了解這些規則的背景而已。
3. 透過觀察來了解：從現實和實際的立場來描述人類互動的行為過程。

十一、女性主義理論

（一）理論內涵

女性主義理論（feminist theories）是「倡導女性與男性擁有相等的社會、政治和經濟權利的主義」，以及「取得這些權利的運動」。

（二）女性主義理論的九個原則

榜首提點

女性主義的觀點與功能論、衝突論相同，較屬於抽象的理論觀點，原則必須了解；並具有申論的能力；女性主義的九個原則、各支派均為測驗題的考點；惟要提防的是在申論題出女性主義的三個主要支派，包括自由、社會、激進等三支派的內容論述，並要考生運用於解析中。

1. 女性主義理論強調「排除錯誤的二分法」

- 意即人類應該對於受到文化所建構的思想與行為期望審慎評價，女性主義觀點強調「達到自主與兩性競爭關係之間的平衡」。

2. 女性主義理論「知識的反思」

- 不只是批判對某事物的想法，更重要的是你想到什麼；理念與想法應該反映出「事實」，且被視為可貴的。

3. 女性主義理論確信男女兩性生命經驗的差異

- 強調性別角色社會化的影響。性別角色（gender role）是「由文化界定對性別行為的期望」。社會化（socialization）是傳授文化中的成員發展適切與符合期望的價值及行為之過程。

4. 終結父權制

- 女性主義理論駁斥男性主導的概念、女性是謙卑的，以及性別歧視。女性主義認為權力應該被概念化且視為「無限的、有廣大的影響力、優勢、效能及責任」；也假設權力是無限的，應該賦予每個人。

5. 增權（empowerment）

- 增權係指自信訓練、提升自尊、改善溝通與問題解決的技巧，與學習衝突解決與協調技巧。強調女性增權，激發她們自我決策及擴展機會的潛能。

6. 過程與結果相同重要

- 結果固然重要，如何達到的過程也很重要。傳統父權傾向重視最終結果的重要性，女性主義著重於所有人公平參與決策；「擁有超越他人權力」是不恰當的。

7. 個人即政治

- 個人經驗是與社會及政治環境糾結組成，女性主義認為性別歧視是社會與政治結構的結果，並非單純個人遭到孤立的問題。

8. 整體與多元

- 婦女可以共同努力促成所有人更佳的生活品質，應該欣賞他人的差異，多元是優勢的來源。

9. 意識覺醒

- 意識提升包括持續思考、溝通、學習與相互支持。女性可以透過學習有所進步，對於影響其生活的環境因素更加了解，評估環境的品質，並且提出必要的改善。

（三）女性主義的流（支）派

1. 自由主義的女性主義（liberal feminism）

- 此觀點認為性別的不平等來自於對女性的不理性偏見、刻板印象及過時的性別歧視，要求性別之間在公共層面應有正式的平等，享有同等的公民權利，因此著重的是透過各種行動以改變國家既有的立法（如反歧視法令）與制度（如教育體系）。

2. 社會主義／馬克思主義的女性主義（social／Marxist feminism）

- 此觀點認為性別間的不平等是經濟力量的分配不均所造成，於是其將女性的位置與主要生產模式進行連結，運用馬克思主義的階級分析架構，指出資本主義及父權體制合流，強化了女性依賴家庭，成為照顧者及低薪工作者之角色。

3. 激進主義的女性主義（radical feminism）

- 此觀點認為女性是被男性壓迫的群體或階級，所有的社會制度（包括經濟、家庭、教育及法律等）都是由男性或父權體制掌控並用以掌控女性，因此實務與政治活動較關心對抗男性的壓迫，例如：有關性別暴力或對存活者提供支持的部分，其強調以女性為中心的福利服務途徑。

4. 文化女性主義（cultural feminism）

- 指出女性有不同於男性的特質。此觀點相對於自由女性主義視兩性為相同的，因為他們都是人類。
- 文化女性主義強調女性擁有明顯的重要特質：養育、關聯、直覺。

5. 後現代女性主義（postmodern feminism）

- 強調社會行動，更勝於學術活動，追求思想改革及大學研究；同時也關注認識論的議題──人類如何知道的議題，不論是門外漢或科學家──我們如何知道事實與真相？
- 後現代女性主義主張性別與性都是個人修正其男子氣概或女性化的表現以符合目的之結果；男性可以偽裝女性，女性也可視為男子。此主義質疑性行為與性別就像衣服，可以穿脫改變。

（四）社會工作專業檢視女性時的三大概念架構（Hooyman 提出）。

架構	說明
1. 女性議題	（1）女性議題的取向：認為女生屬於特殊的群體，但是只要男性群體加入女性群體之後，經過混合，女性就不再具有特殊性。 （2）這個觀點受到批評的原因主要是將女性視為「少數的他人」，認為女性是少數的特殊人口群，忽略女性占全球人口 51% 的比率，屬於主流族群。當女性被視為位居少數的特殊人口群時，大家便會以男性的觀點來看女性，這樣做只會加劇女性在社會受到的對待與問題。
2. 非性別主義觀點	（1）主要焦點放在是社會結構造成性別不平等對待的問題上，認為女性面對的問題根源於社會對於女性的角色與行為的期待，以及社會對女性可能發揮的潛能的看法的侷限。 （2）這項觀點認為社會不應該以文化所認定的性別角色評估女性，社會主流文化畢竟是站在男性主軸的觀點，違背女性的自主權。因此，女性如果沒有遵從傳統角色的期待為自己的事情做抉擇時，不應該以異樣的眼光看待她們，這項觀點在實務上具有重要的意涵，例如：女性如果不選擇照顧父母，交給兄弟照顧，這樣的決定不應該受到譴責，也不應該被認為是不賢慧的女性。
3. 女性主義觀點（續）	（1）這項觀點排斥傳統的性別觀念，認為現今有關人類行為的許多知識架構都很性別取向，主要還是男性觀點掛帥，社會現實是由男性觀點所建構而成，稱為男性中心觀點（androcentricity），女性主義模式挑戰人類知識的中心思想與結構的本質（essentialist），雖然他們承認性別是自然的、生理的、無法改變的事實，但是反對將性別二元化，認為性別只是個人經驗的一部分，重點不是性別，重點還是在於個體經驗的多元或多面性。從這項主張看來，女性主義的觀點開啟兩性在歷史、社會、文化結構的多元化趨勢。

上榜關鍵 ★★★★

這三個架構，其中女性主義觀點，已多次在測驗題出題，多為考驗考生對於說明內容之區辨實力，請詳讀；其他二個架構，亦請加以準備。題庫中既然有三個架構中的女性主義觀點考題，其他二個架構出題將是早晚的問題，有備無患。

架構	說明
3.女性主義觀點	（2）這項觀點指向性別和族群議題的共通性，也強調任何關注女性受到不平等對待問題的人，也必須同時關心種族、年齡、性取向歧視的社會問題，如果女性主義是「以消滅社會一切的霸權、歧視和不平等的社會問題為職志」，這樣的說法並不為過。因此，女性主義不只是一種社會認知的分析模式，也是一種意識型態。

十二、後現代主義

（一）後現代主義的代表人物之一，是 Jean-Francois Lyotard 於《後現代情境》（The Postmodern Condition）一書中說：「知識地位已經改變，社會進入後工業時代，而文化則進入後現代時期」。在現代時期，科學地位崇高並被奉為真理，因為藉由科學的方法發現的所謂的「事實」與「真理」，也解決了許多傳統的錯誤認知，然而，Lyotard 認為到了後現代時期，科學只是另一種神話或語言遊戲。西方文化與價值已不再被認為是放諸四海皆準的典範或準則，也不是社會組織及知識基礎的唯一模式。

（二）後現代主義者認為西方價值的沒落同時也反映在許多的社會爭議上。當我們試圖定義社會系統的許多主要概念時，會遇到許多的爭議。例如：家庭的定義，如果真的可以找到唯一的定義或真理，爭議就可以落幕了。問題就是沒有如此簡單，在後現代社會中，想要找到「放諸四海皆準」的規範似乎是緣木求魚，越來越不可能。

練功坊

★ 請說明生態系統包括哪些主要層面？

擬答

(1) 微視系統（Microsystem）：指的是與案主生活關係密切的家庭成員，如配偶、父母、手足或學校、同儕等。微視系統的物質條件、系統內成員的關係與資源等，會造成系統功能的正常運作與否，直接影響案主的發展。

(2) 中介系統（Mesosystem）：是指介於家庭的微視系統與外部系統之間的互動媒介。個人在其成長發展的過程中，藉由中介系統引領接觸真實的社會環境。學校的老師、鄰居、親友、甚至到宅訪視的公共衛生護士，都可能是重要的互動媒介，增強個人或家庭與外部系統的互動關係與能力。

(3) 外部系統（Exosystem）：指的是對個人的發展有影響，但當事者在其間沒有一個直接參與角色的社會情境。例如：父母的工作單位、社區醫療服務體系、休閒娛樂設施與活動、學校行政體系等。

(4) 鉅視系統（Macrosystem）：指一個社會的文化風俗、價值規範與意識型態、政治經濟環境等。鉅視系統是型塑外部系統、中介系統、甚至微視系統的基礎，換句話說，它與個人之間雖然沒有具體的互動脈絡，卻架構交織了社會民眾的生活環境，深深影響個人的生存機會與活動。

★ （　）下列何者為 Denisoff & Wahrman（1979）提出的現代衝突理論的概念？
(A) 情感是社會生活的基本元素　　(B) 社會生活牽涉到生理環境
(C) 社會上的差異牽涉到群體　　(D) 壓迫存在於社會生活中

解析

(D)。
(1) 利益是社會生活的元素。選項 (A) 有誤。
(2) 壓迫存在於社會生活中。選項 (D) 屬之。
(3) 社會生活牽涉到不同的利益團體。選項 (B) 有誤。
(4) 社會生活會產生對立、排斥與敵意。

練功坊

(5) 社會生活會造成衝突。
(6) 社會上的差異牽涉到權力。選項 (C) 有誤。
(7) 社會系統並非整合或和諧的。
(8) 社會系統趨向於改變。

★ (　) Parsons 的結構功能主義認為，社會系統存續的必要條件是哪四項？
　　(A) 適應、創新、整合、潛在模式維持
　　(B) 適應、創新、分化、整合
　　(C) 適應、達成目標、整合、潛在模式維持
　　(D) 適應、達成目標、整合、退化

解析

(C)。Parsons 認為社會系統（屬於結構功能主義）存續的四個必要功能條件，被稱為 AGIL 系統，取每個要件的英文字母第一個字縮寫而成。包括：適應（Adaption）、目標的達成（Goal Attainment）、整合（Integration）、潛在模式的維持（Latent Pattern Maintenance）。

重點 3 人類行為發展之「微視面」理論

閱讀完成：＿＿＿月＿＿＿日

一、人類行為發展之「微視面」理論一覽

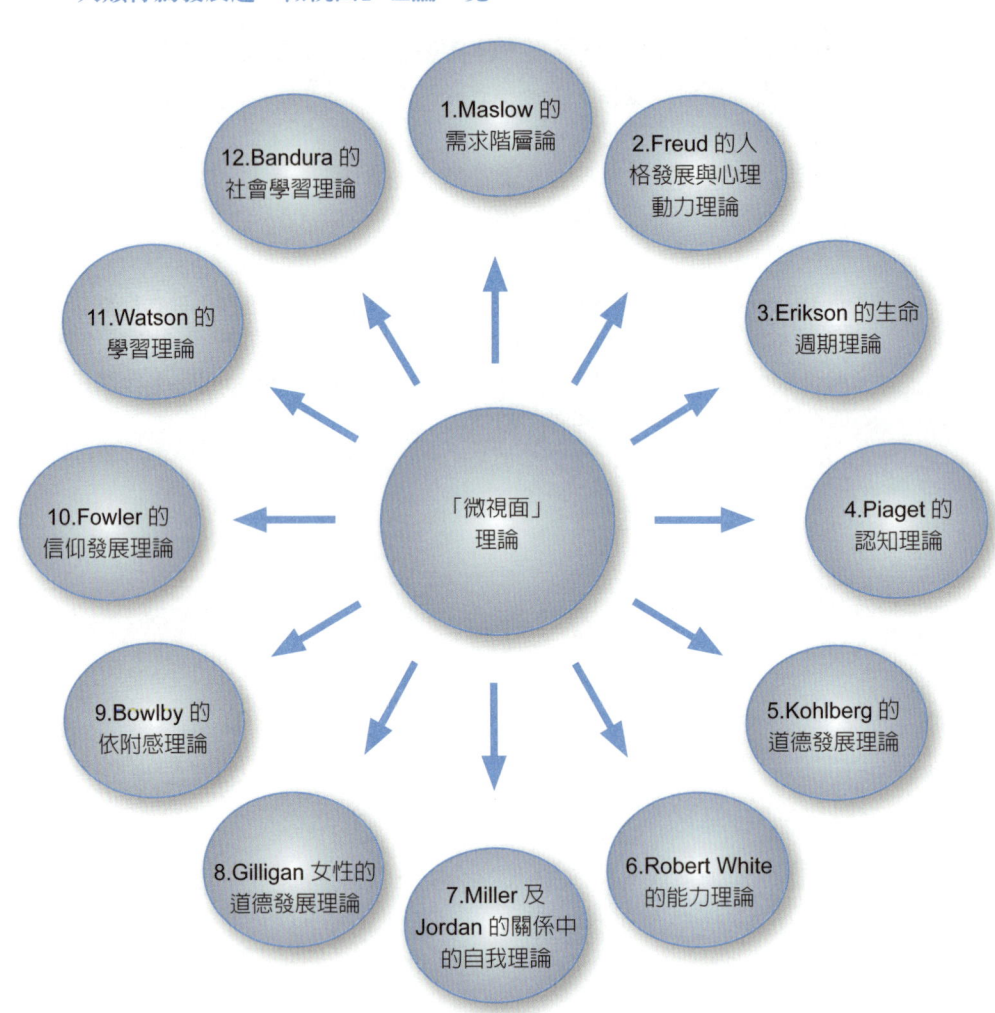

「微視面」理論

1. Maslow 的需求階層論
2. Freud 的人格發展與心理動力理論
3. Erikson 的生命週期理論
4. Piaget 的認知理論
5. Kohlberg 的道德發展理論
6. Robert White 的能力理論
7. Miller 及 Jordan 的關係中的自我理論
8. Gilligan 女性的道德發展理論
9. Bowlby 的依附感理論
10. Fowler 的信仰發展理論
11. Watson 的學習理論
12. Bandura 的社會學習理論

二、Maslow 的需求階層論

榜首提點：測驗題的金榜考點。

（一）代表學者

代表學者為馬斯洛（Maslow），提出「需求階層論」。最基本的需求為生理的需求，當由生理的需求滿足後，才會感覺到有安全的需求；當安全的需求滿足後，才會有歸屬感及愛的需求，以此類推。

（二）需求階層論

需求項目	內容
生理的需求	食物、水、氧氣、休息等。
安全的需求	保障、穩定，免除恐懼、焦慮、威脅及混亂。我們需要社會法律結構及有限的幫助來滿足這些需求。
歸屬感及愛的需求	朋友、家人及愛人所給的親近與關愛。
自尊的需求	自我尊重、尊重他人、成就、受到注意及賞識。
自我實現的需求	感受到個人潛能完全發揮，並執行符合本身能力的工作，這是努力創造及學習的結果。

（三）需求階層論圖示

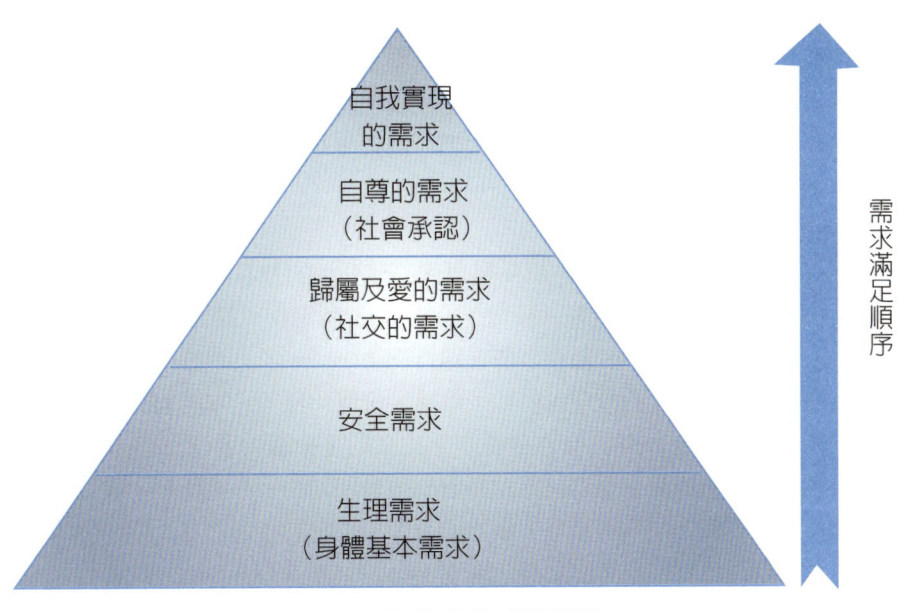

圖：馬斯洛的需求階層論

（由上而下）
- 自我實現的需求
- 自尊的需求（社會承認）
- 歸屬及愛的需求（社交的需求）
- 安全需求
- 生理需求（身體基本需求）

需求滿足順序

三、Freud 的人格發展與性心理發展

上榜關鍵 ★
心靈組成的三部曲以測驗題為考點。

(一) 心靈的組成
  1. 代表學者：Freud（佛洛依德）提出人類心靈組成的三部曲：意識、前意識與潛意識。
  2. 心靈組成的三部曲

前意識
・很容易變為意識的潛意識，亦即透過思考可以察覺的部分。

意識
・人在任何時候都可以察覺的想法與感受。

潛意識
・無論何種心理歷程，若所產生的影響不得不假定其存在，但又無從察覺時，即是潛意識。潛意識不只含括趨力、防衛、超我的命令，也包含被壓抑的事件與態度的記憶。

心靈組成三部曲

  3. 觀點的運用：認為潛意識是無所不在的。它決定一個人選擇的性伴侶、性的表現，也影響一個人在工作崗位的表現，也影響一個人在工作崗位上的滿足與否。因此，我們必須去了解人們行為背後的潛意識原由，例如：個人由胃痛或偏頭痛中反映的潛意識滿足為何。

(二) 原欲理論
  1. Freud 有關原欲的理論被認為是現代心理分析的基石。他認為人類行為被一種特別的能源，也就是「原欲」（libido）所驅使，原欲的驅力和對此驅力的抑制（反作用力）都會影響人類行為。
  2. 原欲指的是本能的欲望，例如：飢餓、排泄和性等，本能的驅力是依照享樂原則（pleasure principle）在運作，此原則是指驅力會產生壓力，它們必須被釋放出來以減少壓力，壓力釋放必須是即刻的、不能延遲。驅力的釋放會使個人感到到快樂與滿足，驅力必須即刻滿足的特性左右人類的行為，連嬰兒的行為也是被享樂的動機所驅使。

（三）Freud 的人格架構三個組成要素
1. 人格架構三個組成的要素

人格架構三個組成的要素	說明
1. 本我（id）	1. 本我就是人類心理動力的能源儲存庫，是本能的總匯，依循享樂原則而運作，其思考能力侷限於所謂的初級思維過程（primary process thinking）。 2. 本我的特徵是非理性、非邏輯、幻想取向，與社會現實脫節，也就是為了取得欲望的即刻滿足，本我不只是不遵循理性的指引、忽略現實狀況的考量，而且還幻想現實之中無法取得的事物，以「望梅止渴」的方式來滿足欲望的需求。由此可見人類行為的主要動機來自人的心理機制的組成。
2. 自我（ego）	1. 自我源於本我，依循現實原則（reality principle）而運作，也就是能夠考量現實的狀況，使得欲望的滿足符合現實的要求，或者將享樂延到適當的時機再行滿足，如此可以解除本我因為享樂主義而可能造成的危險。自我的另一功能是平衡本我和超我之間在需求上的差異，一方面注意到本我的享樂主義，另一方面考慮到社會現實和超我的規範（例如：道德、規則和習俗等），必要時還要能夠以理性思考斟酌現實狀況，有效地仲裁或調節本我與超我之間的衝突。如果自我具備這種理性思考、做決定和解決問題的能力，即表示它的發展已經達到成熟的地步，同時具備適應環境的能力，這就是所謂的次級思維過程（secondary process thinking）。因為上述的這些能力，自我也被稱為是人格架構中的「行政或執行部門」。 2. 「自我」一詞的概念抽象而不容易定義的，它是心理機制的結構，比較能夠理解的是透過它的功能來捕捉其意涵，其功能涵蓋甚廣，個體的一切活動均出於自我，舉凡衝動的控制、感官知覺、情緒、思想過程、現實感、人際關係等，這些功能代表個體適應環境的方式。

上榜關鍵 ★★★
本我、自我、超我三者的意涵請區辨清楚，以及人格發展不均或不良之影響，均為測驗題考點。

人格架構三個組成的要素	說明
3. 超我 （superego）	1. Freud 認為，超我是從自我發展而來的，藉著認同某位親近、具有權威形象的人，或者個體的環境對於個體某些行為的選擇性的反應，最後成為個人的道德標準和行為指引或決定因素。 2. Freud 相信超我包含兩個元素： 　（1）良心（conscience）：也就是受到懲罰的行為被內化，在心中形成心像，當違反規範的意念或行為出現，會發揮自我譴責的功能。 　（2）自我理想（ego ideal）：屬於外在環境認可的行為，被內化成為心像，左右個體對理想的自我和良好的行為的一種追求。 3. 超我約在 3～5 歲形成，其功能是提供道德指引，作用在於制衡本我的享樂驅力，它源自於社會與家庭的行為標準，個人在成長過程中，時時受到這些標準的薰陶。本我與超我，一是享樂，一是道德規範，目的不同、取向不同，衝突難以避免，所幸自我可以調節兩者之間的衝突。

2. Freud 人格發展不均之影響

項目	開始發展年齡	特徵	發展不均或不良之影響
本我	出生就有	滿足基本生理需求（物欲及性）	本我太強，自我不能控制，容易受物欲引誘，而有犯過或犯罪行為
自我	三歲開始發展	調和本我及超我而作決定	自我功能不佳，不易做正確的決定，易受不良遊伴引誘而犯罪
超我	六歲發始發展	超我類似於道德感、良知、是非對錯觀念	超我太強，本我被壓抑，自我不能伸張，容易成為心理失調或精神疾病或高度抑制型的人格

（四）Freud 性心理發展階段

1. 代表學者：Freud（佛洛依德）
2. 理論內涵：提出性心理和人格發展五階段，包括口腔（oral）、肛門（anal）、性蕾（phallic）、潛伏（latency）及兩性（genital）五個時期。
3. 基本觀點：Freud 認為人格發展和意識層級的內涵端賴性心理發展階段；他認為個人會經歷五個發展階段，每個階段的發展有賴前一階段心理衝突的適當解決。兒童階段未解決的衝突會於成人時期再現。例如：一位與丈夫感情不睦的女性，可能是在尋求報復她父母的一方或雙方。

> **榜首提點**
> 性心理發展階段雖以測驗題型居多，但亦有申論題的出現情形，屬於對內容之論述，並非實務案例解析，為記憶題型；相當多的考點集中於性心理發展階段特徵與關鍵任務，請詳加準備。

4. 性心理發展的五個階段

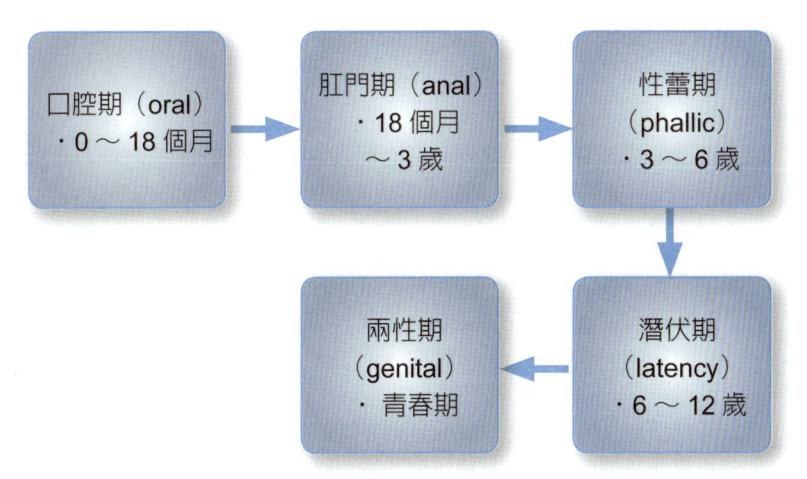

```
口腔期（oral）      →   肛門期（anal）     →   性蕾期（phallic）
・0～18個月              ・18個月～3歲           ・3～6歲
                                                    ↓
兩性期（genital）   ←   潛伏期（latency）
・青春期                 ・6～12歲
```

(1) 口腔期：出生到大約 18 個月，孩子的活動都圍繞在進食以及與其器官（嘴、唇、舌頭）相關的功能，故被稱為口腔期。進食被認為是衝突重要的區域，而小孩的注意力是在獲得和接受，固著於這個時期，個人將會被認為是有嚴重的人格困擾，例如：精神分裂症或是精神沮喪、過度飲食、說話、吸菸、酗酒。

(2) 肛門期：在 18 個月到 3 歲之間，活動主要專注於給予和保有，此與排泄有關；排泄訓練是重要的衝突領域，固著於這個時期，個人會有混亂、固執或反抗的人格特質，或者是他們性格形成包含對立的特質，如過度愛乾淨或過分的守時。

(3) 性蕾期：

85

A. 從 3 歲到 6 歲，小孩的注意力轉移到生殖器，主要活動是尋求生殖器上的刺激，展現自己的身體，或看其他人的身體。在這個階段小孩的人格也變得越來越複雜，雖然很自我中心，小孩想要有愛和被愛，並且尋求被讚美。固著於這個時期，人格特質是傾向於驕傲、混亂和不喜歡自己。

B. 男孩會經歷戀母情結（Oedipus complex），女孩會面臨戀父情結（Electra complex）知。

（4）潛伏期：6歲至12歲，此時期通常開始於解決了戀父／戀母情結，到青春期結束，性欲尚未被激起，孩子進行社會化，參與教育過程及學習技能。

（5）兩性期：開始於青春期直到死亡，包含成熟的性。在此時期，個人能夠充分地愛與工作。在青春期結束前，絕大部分的人格發展都已經完成了，從此之後很少改變。

知識補給站

1. 戀母情結／奧底帕斯情結（Oedipus complex）：性蕾期的男孩會面臨到兩難，愛上母親，同時敵對父親，將父親視為情感的敵手。隨著這兩種關係升高，兒子會受閹割焦慮所苦，也就是說，他害怕父親將會發現他與母親的「事件」，他的生殖器會被閹割掉。透過防衛機制可以成功解決戀母情結，典型的解決方法就是開始壓抑對母親的愛與對父親敵意，然後，兒子會停止對父親的負面看法，並且對父親有正向的觀點，最後認同父親，尋求與父親相同的態度、價值觀和行為模式。

2. 戀父情結（Electra complex）：性蕾期女孩會愛戀自己的父親，同時把母親當作是情敵。因此女孩也會有閹割焦慮，但這種焦慮和男孩不一樣，女孩的閹割焦慮是因為她知道自己沒有陰莖，她認為自己在嬰兒期就被閹割，因此責怪她們的母親。Freud 認為女孩子以為自己被閹割而自覺不如男孩子（她們忌妒陰莖），因此，她們覺得自己的人生，是扮演男人的附屬和支持角色。

5. Freud 性心理發展階段特徵與關鍵任務

階段	性焦點	關鍵任務	固著
口腔期（0-18 個月）	口腔	斷奶（母奶或奶瓶）	過度飲食、說話、吸菸、酗酒
肛門期（18 個月 -3 歲）	肛門	如廁訓練	固執性、強迫、占有欲
性器期/性蕾期（3-6 歲）	性器	奧底帕斯危機（Oedipus crisis）、認同	同性戀、自戀、傲慢、浮華
潛伏期（6-12 歲）	無	成人角色楷模認同	
兩性期（青春期）	性交	聚焦在人際關係、親密關係的發展	

引自 José B. Ashford, Craig W. LeCroy, Lela R. Williams 著。張宏哲審閱（2013）。《人類行為與社會環境（三版）》。雙葉書廊。P96。

(四) 理論之評論
　　1. 概念抽象性，要精確指出超我的位置與本質非常困難。
　　2. 許多想法缺乏明確性，例如：Freud 主張，解決男孩的戀母情結，導致了超我的形成，他從未明確說出這是如何發生的，他也沒有把女孩如何解決戀父情結的方法作清楚說明。
　　3. 戀父情結引發對女人只是被擺放在沒有陰莖而永無休止的傷感與低於男性的不利地位，注定無法解決戀父情結的批評。

(五) 心理分析理論假設之心理防衛機制

上榜關鍵 ★★★
心理防衛機制的考題，以測驗為命題形式，準備重點除了解各心理防衛機制的內涵外，區辨各種心理機制的不同是非常重要的，因為測驗題的各選項相當容易混淆考生的思考。

分類	防衛機制類型	說明
精神性防衛（psychotic defense）	1. 投射（projection）	將無法接受且不自知的內在欲望、衝動或情緒由自己身上轉移到他人或外在世界，藉以消除或減少自身的焦慮。
	2. 扭曲（distortion）	將外在現實世界的觀感加以曲解，以符合內在欲望與需求，包括：誇大幻想、幻覺（幻視或幻聽）等。

分類	防衛機制類型	說明
不成熟的防衛（immature defense）	1. 否認（denial）	規避會引起焦慮的經驗、感受或欲望，尤其是外在現實，不承認其存在，故意遺忘或看不到，更嚴重者是以幻想或妄想來取代事實。
	2. 分割（splitting）	將人分成全好和全壞的兩極，無視於好壞或黑白之間有灰色的光譜。
	3. 外顯行為（acting out）	以行為或行動表達潛意識的負面情緒，以緩解內在的焦慮。
	4. 體化（somatization）	精神相關的問題（例如：壓力、負荷、焦慮）無法解決，這些問題的表達又不符合社會期待，因此，以身體的症狀顯現出來。
	5. 被動攻擊（passive-aggression）	對外在的人或事物不滿或心懷憤怒，卻不堅持、不敢或被動地表達不滿。例如：冷漠、不合作、做事不具效率等。
官能性防衛（neurotic defense）	1. 壓抑（repression）	將意識層面經驗到的事物從意識中加以排除，或者不讓無法接受、具威脅之衝突、欲望、感覺與想法進入意識層面。
	2. 理性作用（intellectualization）	以思想代替或控制情緒和衝動，避免面對該情緒或衝動引起焦慮。例如：以理智的口吻面對親人的往生。
	3. 反向作用（reaction formation）	將不見容於社會或無法接受的感受或意向以相反、極端或違背人情的方式表達出來。例如：以積極展現的行為壓抑強烈的貪污意識。
	4. 替代作用（displacement）	將感受從一個對象（人、事務、活動）轉移到另一個對象，以減少焦慮；對象是轉移了，感受內容並沒有改變。或者以某種需求的滿足來取代另一種需求的滿足，因為後者會引起焦慮反應（因為被禁制）。

分類	防衛機制類型	說明
成熟的防衛（mature defense）	1. 昇華（sublimation）	以社會認可或推崇的行為與活動（例如：投入文學與藝術）取代本能或不接受的需求、衝動或欲求，有助於文明的發展。
	2. 預期（anticipation）	能夠預先處理情緒上的衝突。
	3. 幽默（humor）	在困難的情境之中（例如：自己搞砸或被取笑），不會因為他人的舉動而使自己的舉止僵直，能夠保持笑容，不會覺得不舒服，也不會對他人產生不悅的感受，也不迴避，能夠坦然承受。
	4. 利他（altruism）	將別人的利益放在自己的利益之上。

四、Erikson 的生命週期理論／心理社會發展理論

（一）代表學者

代表學者為 Erik Erikson（艾力克森），他將 Freud 的自我發展理論引申至外在環境對個體發展所產生的影響，提出「生命週期理論」，亦稱之為「心理社會發展理論」。

（二）理論內涵

1. 認為一個人在一生中經歷八大階段，每一個階段都有其特殊的情境考量，各階段有其任務（或需求）及發展特徵，凡是能達成該階段的發展任務（或滿足其需求）就有良好的特徵。
2. 每一個階段如能成功的解決或轉化所面臨的生理或社會變遷所造成的危機事件，有良好的因應調適，會帶來生命之意義。
3. 各階段的危機（crisis）或重要關鍵期（critical period）造成個人許多不安、焦慮與壓力。

榜首提點

1. Erikson 的生命週期理論，無論在申論題與測驗題，均為金榜考點，在本考科絕對是重量級考點。Erikson 的生命週期理論強調人生每一個階段都有其特殊的情境考量，各階段有其任務（或需求），及發展特徵，凡是能達成該階段的發展任務（或滿足其需求）就有良好的特徵。此為最重要的中心意涵，務必謹記在心。
2. 生命週期的八階段，各階段的分期點務必完全清楚；各階段應有的任務需求及特徵，均是非常重要的考點，測驗題型特別常見。
3. 申論題型通常會請考生就八階段做一初步論述；其次在進行實務案例診斷時，必須緊扣案例所呈現該階段的任務需求、發展階段，以及特徵，結合實務案例進行詳細診斷，然後運用社會工作的方法，提出處遇，就能漂亮解題；另理論之評論請併同準備。

上榜關鍵 ★★★
基本觀念，請務必建立。

（三）Erikson 提出心理社會發展的八個階段之特徵

> **上榜關鍵** ★★★★
> 逐字逐句讀懂，注意細節，此為測驗題的觀念題。

1. 每個人都必須依序經過這些階段，沒有任何例外。這些階段跨越整個生命週期，並不因為到達成年期而結束。
2. 每個階段都有個體必須面對的生理、情緒和認知等各種任務，以便適應社會環境的需求。
3. 每個階段的發展都含有一種特定的心理社會危機或衝突，衝突是指兩個任務之間的對立，例如：第一階段的任務是信任（trust）和不信任（mistrust）的對立，個體如果能夠圓滿解決危機或衝突，在兩極任務之中取得健全的平衡，則自我將添加更多的優勢或力量（ego strengths），例如：嬰兒期發展的主要任務是「信任與不信任」，為了生存必須能夠信任他人，但是也不能過於信任，適度的警覺和懷疑可以防止受騙。
4. 無論一個階段的任務能否完成，或者該階段對立任務的衝突能否解決，個體終將因生理的成熟和社會的需求而推進至下一階段。
5. 完成每個階段的主要任務或解決對立任務的衝突之後，並不表示從此就可以不必再面對該階段的課題。發展的焦點雖然轉到下一個階段的主要任務和衝突上，但上一階段的任務和課題仍然重要，只是解決該階段衝突的人，就比較不受前面階段任務的干擾。

（四）生命週期的八個發展階段

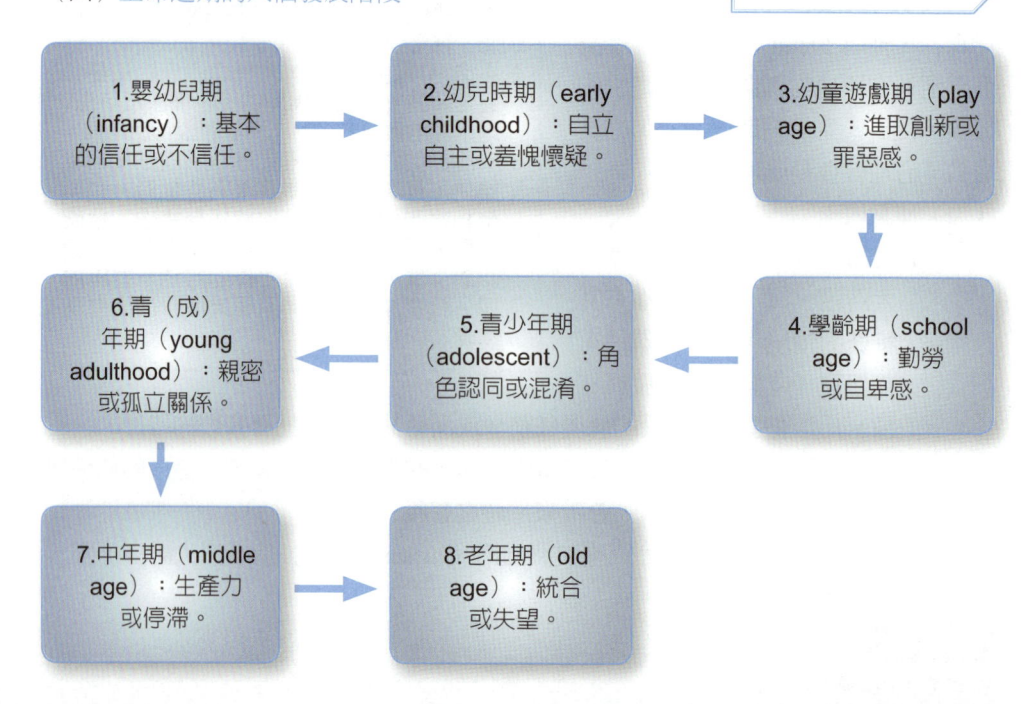

> **榜首提點**
> 生命週期的八個發展階段，期程的分類，請務必了解。

1. 嬰幼兒期（infancy）：基本的信任或不信任。
2. 幼兒時期（early childhood）：自立自主或羞愧懷疑。
3. 幼童遊戲期（play age）：進取創新或罪惡感。
4. 學齡期（school age）：勤勞或自卑感。
5. 青少年期（adolescent）：角色認同或混淆。
6. 青（成）年期（young adulthood）：親密或孤立關係。
7. 中年期（middle age）：生產力或停滯。
8. 老年期（old age）：統合或失望。

(五) Erikson（艾力克森）生命週期理論／心理社會發展理論的任務與危機

> **榜首提點**
>
> 在考點上，測驗題在發展階段、重要事件、特徵（心理社會危機）的考題上，出題數多不枚舉，通常會把各階段以混淆題型的方式出題，請考生選出何者正確或錯誤，考生請務必詳加準備，則得分即可輕易到手。

階段	發展階段	任務（需求）	重要事件	特徵（心理社會危機）
一	嬰幼兒期（infancy）	愛的需求滿足	供給食物	信任 vs. 不信任
二	幼兒時期（early childhood）（2-3 歲）	探測環境	大小便訓練	獨立（自立自主）vs. 羞恥（疑慮）
三	幼童遊戲期（play age）（3-6 歲）	獨自籌劃做遊戲	自主活動	進取（自主）創新（創造力或主動）vs. 罪疚感
四	學齡期（school age）	學習學校裡的課程	學校經驗	勤奮（勞）vs. 自卑
五	青少年期（adolescent）	認識自己──身分的確定	同儕關係	角色認同 vs. 混淆
六	青（成）年期（young adulthood）	社會化發展、增進人際關係	親密關係	親密 vs. 孤獨
七	中年期（middle age）	事業發展、有助人意願	子女養育和創造力	生產（有生產力）vs. 停滯（無生產力）
八	老年期（old age）	對一生成就之檢討	回顧並接納自我人生	整合 vs. 絕望

（六）理論之評論

優點	缺點（限制）
1. 本理論概括人類一生，從出生至老年，亦即該理論將人類成長階段周延地涵蓋整個人生歷程。 2. 各階段發展具有不良特徵的個人，就知其在某一階段發展不好，或不能適應環境，有問題及偏差行為，可使社會工作師作為診斷處遇之參考。 3. Erikson 之心理社會發展理論影響深遠，他注重歷史、社會和文化等影響個體發展因素，使得他的理論具有十足的吸引力；他的理論所包括的層面廣泛，因此頗受社會工作者的歡迎。	1. 每一發展時期僅以一個良好特徵或一個不良特徵加以描述，確實過予簡化。因為過於簡化，應與相關理論相整合運用。 2. 對於女性人格發展歷程未多加著墨。 3. Erikson 之理論引人爭議之處，例如：他認定人類的發展必須遵循固定的階段，其實並不然，並非每個人的發展都會經過同樣的階段或依循相同的順序；此外，他的理論反映出當代主流文化的偏見，以異性戀、雙親家庭和婚姻制度等文化為發展的標準，不符合主流文化標準的行為則被斥為發展上的問題，這種觀點和現今的許多社會現象並不吻合。

五、Piaget 的認知理論

（一）代表學者與理論內涵

1. 代表學者：瑞士的心理學家皮亞傑（Jean Piaget），提出結構取向的「認知發展理論」。

上榜關鍵 ★★★★
理論內涵絕對是測驗題關鍵考點，逐字逐句詳讀。

榜首提點
皮亞傑的認知發展階段如以申論題出現，則以考各階段的發展重點為主，屬於記憶題型；但仍以測驗題型為主，必須對內容有區辨能力；理論之評論請一併準備。

2. 理論內涵

（1）許多行為學派的專家認為邏輯與其他的知識是學習而來的，人出生時就像一張白紙，生活經驗漸漸填滿我們的心智。然而，Piaget 認為人類擁有天生的潛力和過程，這些潛力和過程（processes）成為人類了解事物的基礎。因此，邏輯和其他領域的知識不是經由後天學習而來，而是人類與生俱有，然後漸漸開發成熟的結果。人類與生俱來的認知過程當中，以適應（adaptation）與組織（organization）兩者最重要。

> **上榜關鍵** ★★★
> 劃底線 4 個概念，區辨清楚，為測驗題混淆題型。

(2) 適應與組織是 Piage 認知發展理論的主要概念，是指人類運用認知架構或基模來適應環境，或者用來整合與組織環境中的資訊。基模（schema）是指個人所擁有資訊的最基本單位，適應（adaptation）是指個人有能力改變或依照環境而調整。適應包含同化（assimilation）與調整（accommodation）兩種過程。Piaget 認為個體從外界所觀察到的現象或所取得的資訊，與個人既有知識架構或內在基模無法完全吻合。同化是指將所見所聞的新資訊納入現有的基模中，修正從外界取得的新資訊。調整則是指改變現有的思考模式或基模，以迎合我們從外界所得到的新資訊。

(3) 人類認知功能的另一個特徵是組織（organization），將任何過程整理出一個系統，使之具有條理，這是物種共有的趨向和特質，也是我們對所察覺到的事物賦予意義的方式。這種傾向可以從 Piaget 的生物遺傳觀點來解釋，Piaget 認為經由遺傳，每一物種都擁有該物種特有的生理結構，人類也不例外，人類遺傳到一些基本的生理結構，例如：神經系統和知覺結構。

(4) 這類遺傳使得人類具有其發展認知能力的共同潛能，但是潛能的發揮需要環境因素的配合，例如：我們有抽象思考的潛力，但若無環境的刺激，抽象思考的能力將難以發展。

(5) Piaget 的結構取向認知理論對臨床工作者在處理兒童問題方面有重大的影響，影響所及不只是在問題評估方面，也包括適當處遇模式的選擇上。在過去，兒童與成人在認知方面的差異很少被實務工作者注意到，就算被注意到，也無從說出差異的本質，這種無知常常造成不必要的負面結果。

> **榜首提點**
> 考生必須對本理論的認知發展階段進程建立發展順序觀念，其次為各階段的發展重點，這部分測驗題有時出題較偏細瑣，務必提高警覺。

(二) 皮亞傑的認知發展階段

1. 感覺運動期 / 感覺動作期：出生到 2 歲
   (1) 開始了解有關環境中相同的物體，能夠接收多種知覺訊息。
   (2) 會表現目標取向行為，取代單純的隨機反應，幼兒能夠有目的地展現數種行為以完成簡單的目標。例如：幼兒會拼圖。
   (3) 了解物體永存的概念，即目標不在視線及聽覺範圍內，但仍永恆存在。

2. 前運思期 / 預備運思期 / 運思前期：2 歲到 7 歲
   (1) 思考更加抽象且富有邏輯，了解事物與解決問題的能力持續成長。
   (2) 環境中的事物開始使用符號式圖像，能夠以符號或物體的心智圖像來思考。

（3）符號圖像最好的例子就是文字，藉著使用文字，能夠將物體或情境以文字符號展現，當物體與情境不存在時，他們則使用語言來思考。

3. 具體運思期：7歲到11或12歲
   （1）發展具體層次的邏輯思考能力，也發展出從他人的觀點看事情的能力，理解與同理心也大大提高。
   （2）發展出較複雜的思考，會依據許多變項來看待或檢視情況、事件，逐漸不再受限於專注，也不再受限於以單一變項來解決問題。也發展反向的概念化的能力，開始從不同觀點了解親屬關係。

4. 正式運思期／形式運思期：11或12歲到16歲
   （1）認知發展的特質是處於青春期。
   （2）抽象思考能力發展到最高點，能將眾多變項列入，並且對於事件如何運作或為什麼如此，能夠發展出創造性的抽象假設。

表：皮亞傑各認知發展階段的行為特徵

	感覺動作期 （0-2歲）	前運思期 （2-7歲）	具體運思期 （7-11或12歲）	形式運思期 （11或12歲-16歲）
認知保留概念	・不具認知保留概念 ・時間知覺只限於「現在」 ・空間知覺只限於「目前」狀態 ・初步知道方向與目的	・對結果判斷受物體外表影響 ・自我中心觀 ・直覺判斷 ・重視結果，不重視轉換過程 ・不能應變 ・集中性 ・移轉推理	・具補償替代的可逆思考 ・已獲得下列概念：保留、可逆、移轉、排序及分類概念 ・有可逆性反應 ・具保留概念 ・具轉換觀念	・會做抽象思考 ・可將假設、假說的可能性作為理論上解決問題的基礎
主要行為特徵	・包含從反射動作至有意義行動 ・只有動作智慧，而無表象和運算智慧 ・用身體動作直接與環境互動 ・新方法的發現純屬嘗試中的偶然	・開始由外在的行動轉到心智的行動 ・會使用想像、模仿、扮演遊戲、畫畫、語言表達傳遞經驗 ・了解並能運用口語溝通 ・萬物有靈論	・具加減算術運算法則 ・具多重分類概念 ・具補償及乘除法則 ・具測量觀念 ・具現在、過去及未來時間概念 ・開始對遵循規	・能進行假設、演繹推理 ・具推理猜測能力 ・對道德價值提出批判 ・時間觀念擴大 ・能綜合再創新 ・能以理解方式

	感覺動作期 （0-2歲）	前運思期 （2-7歲）	具體運思期 （7-11或12歲）	形式運思期 （11或12歲-16歲）
主要行為特徵	・不會對結果做判斷	・無法轉逆思考方向 ・行動易受知覺影響 ・對世界充滿好奇心	則感興趣 ・能在腦中運思具體實物 ・能使用多元分類方式	

(三) 皮亞傑的道德發展

上榜關鍵 ★★★
無律期、他律期、自律期，順序必須清楚，測驗題考點。

皮亞傑認為道德是規則體系構成的，皮亞傑依據兒童是否能了解和應用規則而提出道德發展的理論：

1. 無律期：出生至4歲。
   (1) 此時幼兒的認知處於準備運思期，自我中心強，對任何規範均似懂非懂，故無法從道德觀點來評價幼兒行為。
   (2) 物權觀念尚未發展，屬「非道德行為」。
2. 他律期：4歲～8歲。
   (1) 幼兒認為規則是萬能的，不變的，無法理解規則是由人創造的。
   (2) 幼兒總是以極端態度來評定行為的好壞，亦即不是好的，便是壞的。
   (3) 行為是根據行為後果的大小來決定，而非取決於主觀動機，如幫忙洗碗而打破碗，和偷吃糖而打破碗的行為是「一樣壞」。
3. 自律階段：8歲～12歲。
   (1) 兒童已能意識規則是人們所創造，可加以改變。
   (2) 對行為的判斷建立在行為的意圖和行為的後果上，如偷吃糖打破碗，和幫忙洗碗而打破的行為是不一樣的。
   (3) 提出的懲罰意見與其所犯的更加貼切。

(四) 理論之評論

優點	缺點（限制）
建立了一套獨特的評估邏輯思考模式，引導其他學者參與相關的兒童啟智發展方案，激發各種實務的比較研究。	1. 沒有考慮到教育及文化傳承對兒童行為表現的影響，忽略了人類情緒及人格的發展。 2. 研究對象是以自己的三名子女為主，

95

優點	缺點（限制）
	獨有主觀、奇特的訪談模式，而非根據客觀標準化的實驗程序，結果不具有代表性。

> **榜首提點**
> Kohlberg 道德發展理論的發展層次，請先以申論題方向準備其內容，除可用於記憶題型的申論解題外，測驗題亦多可運用；本理論的層次別，要特別注意英文的用法，因為經常出現中譯名稱不同，而混淆考生選答的正確性情形出現；對於理論的評論，請詳讀，並結合女性的道德發展理論一併研讀，觀念將更加清晰。

六、Kohlberg 的道德發展理論

（一）代表學者

柯博格（Lawrence Kohlberg）

（二）理論內涵

Kohlberg 的理論立基於 Piaget 的認知發展模式，透過道德上的選擇性行為，發現人類道德思索與認知發展具有相關連結性。

（三）道德發展層次（三層次 知、六階段之道德發展理論）

> **知識補給站**
> 道德發展層次的不同中文翻譯：
> 1. preconventional level：道德成規前期、前習俗期、習俗前期。
> 2. conventional level：道德成規期、道德習慣期、習俗期。
> 3. postconventional level：道德自律期、道德原則期、後習俗期、習俗後期。

1.Kohlberg 之三層次、六階段道德發展

層次／階段	敘述
層次一：道德成規前期（遵循符合社會習俗之角色）	外在控制，以獲獎賞或處罰來考慮自我行為。
第一階段：避罰服從取向	以避免處罰作為考量行為好壞之標準。
第二階段：工具式快樂主義	為獲獎賞而順應規則，常會更換個人喜好。

層次／階段	敘述
層次二：道德成規期（社會順應） 第三階段：好男孩／好女孩 第四階段：順從權威	會考量他人的意見，以順應社會期待決定自我行為。 有強烈欲望想被讚賞和喜歡，認為可討人喜歡的行為就是好行為。 其行為會遵循法律和社會規範的要求，順應法律權威。
層次三：道德自律期（自我道德原則） 第五階段：法律觀念取向 第六階段：個人價值觀念取向	內在控制，已超越法律要求和自我喜好。 認同法律的必要性，並可理性思考社區福祉。 遵循自我內在倫理原則，在做決定時會內省思考什麼是對的，而不是以法律規範為主。

引自：溫如慧等譯。《人類行為與社會環境》。麗文。

2. Kohlberg 之三層次、六階段道德發展之說明

層次別	年齡	發展任務	階段別
1. 道德成規前期（preconventional or premoral level）	4 至 10 歲	以自我興趣為優先考量，依據行為會獲得獎賞或處罰來考慮自我行為。	第一階段：為避免處罰，兒童言行主要為避免負向結果。
			第二階段：主要為趨賞避罰，兒童會為了得到獎賞而去做對的事。
2. 道德成規期（或稱道德習慣期）（conventional level）	10 至 13 歲	此時期之道德想法主要立基於遵循符合社會習俗之角色。此時會有強烈欲望想取悅他人並獲得社會贊同。雖已開始內化道德標準，但仍會考量他人要求。	第三階段：主要在於獲得讚賞，與人維持良好人際關係變得非常重要。
			第四階段：為順從權威期，注重依循法律規範，尊重更高權威，認為為了維持社會秩序，必須制定法律和規範。

層次別	年齡	發展任務	階段別
3. 道德自律期（或稱道德原則期）（postconventional level）	13歲以上	發展自我好惡觀念，會仔細考慮法律和他人期待，並決定自己認同的是非對錯標準。此層次屬真正的道德，較有自主性，可獨立思考，不再自私，考量其他人的福祉需求。	第五階段：會遵循法律和社會原則，且認為法律有益於全民福祉。
			第六階段：為最高境界，可自主思考他人想法和意見，且在思考自我行為時會超越法律要求，主要依據自我好惡觀念做出決定。

引自：溫如慧等譯。《人類行為與社會環境》。麗文。

（四）道德觀的發展階段

階段	說明
階段0：自我為中心的思想（學齡前至4歲）	凡事要按照自己的意思去做，聽話只是為了得到獎賞與逃避懲罰。
階段1：絕對服從（約在幼稚園時期）	應該做別人叫我做的事，凡事謹守規範，別惹麻煩。
階段2：公平為上（小學低年級時期）	凡事要注意，對我好的人要對他好，注重自我權益。
階段3：與他人一樣（小學中年級至15、16歲）	自己應該作個好人，而且要符合他人的期待，這樣別人會認為我很好，而我也會對自己感到滿意。
階段4：對社會體制負責（高中階段）	自己必須實現對這個社會應負的責任，讓所處的社會系統能運作下去，並履行應盡的義務。
階段5：有原則的良知（成年初期）	尊重每個人的尊嚴及權利，並支持所處社會體制尊重人權，將道德良知履行於全人類。

引自：張宏哲等譯。《人類行為與社會環境》。雙葉。

（五）理論之評論

優點	缺點（限制）
1. 清楚分析一個人的社會觀點隨著階段的提升而增長見識、人脈擴增、廣結善緣，建立制度。 2. 由物質性（生理性需求）的推理而提升至相當抽象的價值演繹，顧及權利及契約的意涵。	1. 只考慮道德的思維而未考慮實際行為面向，忽略一個人的道德思考有時與自己的行為相衝突。 2. 理論多強調人們的想法，而非實際作法。國王和總統會談論很崇高的道德標準，但實際行為表現卻又是另外一回事。 3. 提出的道德兩難情境太抽象，必須要口語能力很好的人才可以答辯。 4. 道德觀念狹隘，只著重正義感而忽略了由體恤同情、感同身受及團結情感所衍生的價值觀。 5. 不是所有的成人都能達到原則期，有許多人一生只能到達習慣期，尤其是第六階段只有甘地、馬丁路德等人能達到。 6. 對個人內心想要做的及實際做到的，未作詳細的說明。 7. 本理論具有文化偏誤，第六階段無法適用於所有文化。

七、Robert White 能力理論

（一）代表學者

　　Robert White。

（二）理論內涵

1. 傳統的精神分析認為自我的動力是為了滿足本我的需求，而 White 則認為自我成長來自於自我的正當適切性。根據 White 的理論，自我的成長發端於兒童期，例如：兒童想要摔破花瓶，但因考慮了此一動作可能帶來的情境和後果而遲疑作罷。兒童可能有不少衝動及想像，但在行動前透過自我的成長與對事實後果的理性思考，以及每一行為可能帶來的獎懲後果，致使兒童三思而後行。

2. 除了自我的概念，White 強調完成任務的能力或職能（competence），勝任的能力是提升自我及個人成長的一種適應環境的能量。White 認為這種能量是生命中的主要驅動力，人類有這種能力去掌握周邊的氛圍。兒童習得簡易的社交技術來保護自己。進入學校後，更上一層樓，學習讀、寫、算；日後進入職場，學些工作技能，以養家維生。除了生活技能與其他的社會交往能力，成功的生活品質要看個人的能力。White 的理論假設，建構於人類具有

的內部潛在驅動力及能力,得以處理調適以因應生活變化。例如:幼兒已具有方向感及持續性、選擇性及開拓性之動力,對外在環境產生影響。

(三)能力相關名詞

項目	說明
稱職的能力（competence）	1. 意指個人對環境產生的主宰及控制感,假設人們對能力感的需要是非常基本的。沒有人喜歡無能力感,相對的,大家都喜歡主宰及控制外在環境的能力感。 2. 例如:回想自己第一次在沒有旁人協助下學會自行車的愉悅感。這令人喜悅的經驗正是 White 所說的「能力」。
力量感觀點（strength perspective）	1. 力量觀的主軸在於相信人有自然的內在資源和力量可以自我改變。 2. 「力量感」和「能力感」的不同,在於它們的歷史來源和對於專業角色的接受度,社會工作的「力量取向觀點」比較無法接受個體必須透過外在協助（專家）才能夠改變的看法。所以社會工作者比較不支持問題解決模式,然而這兩種觀點都確認了資源在人類適應環境過程中所扮演的重要角色。

八、Miller 及 Jordan 的關係中的自我理論

(一)代表學者:Miller 及 Jordan。
(二)理論內涵

1. 認為女性的成長過程,讓女性的自我／特質形成一種喜歡和他人建立關係的自我（connected self）,一種重視關係的自我（relational self）,不同於男性的強調獨立、與人分離的自我（separated self）。而且女性的自我（self）及認同是從她和人們的互動關係中逐漸形成的。亦即,女性在滋養的與充權的關係中,才能培養出健康的自我、認同,及自我價值。

2. 「同理」是女性建立人際關係時所強調與追求的,而「相互同理」,意指想法、情感相互的交流,是女性最佳的人際關係,也是一種能夠促使女性成熟與健康的目標。簡言之,「相互同理」是讓女性能夠建立自我,能夠從關係中成長的關鍵,這也是「關係中的自我」理論中,主要用來看待任何關係,包括男女關係、助人關係的主要概念。因此,在直接服務中,如何能夠讓女性案主和社會工作人員互動過程中,練習以及建立「相互同理」的關係,就是這個理論所認為重要的處遇目標。

3. 例如：父權社會中，女性習慣於自我犧牲，造成女性太過於同理自己的伴侶，而太少同理自己，太少照顧自己，是一種不平均的同理，是讓女性逐漸失去自我價值感、甚至於出現憂鬱症狀的原因。

九、Gilligan 的女性道德發展理論

榜首提點

1. Gilligan（季里根）的女性道德發展理論對 Kohlberg 道德理論的批判是申論題的重要考點，在於考驗考生對二種觀點的內涵差異之了解。
2. 女性道德發展的三大階段及二個過渡階段，請建立清楚的觀念；關懷觀點亦請併同準備。
3. 在實務案例解析時，如為女性案主，請將女性道德發展理論的相關內涵適時引入運用，提升論述的實力。

（一）代表學者：Gilligan（季里根）

（二）對 Kohlberg 道德理論的批判

1. 性別差異

- Gilligan主張不可用Kohlberg的論點來說明女性道德發展，因為女性對道德兩難困境的看法與男性不同。反對Kohlberg以男性為觀點的道德發展理論。

2. 文化差異

- Kohlberg道德發展理論立基於公平正義觀點，強調「個體會獨立做出道德決定」，亦即，採男性的道德判斷為前提及答覆，作為支持道德發展理論的證據。
- 這種由男性所設計的道德兩難問題情境，女性無可避免地產生偏誤，近年研究認為文化體制會造成男女性別角色之差異。

（三）理論內涵

1. 關懷（care）

- Gilligan認為女性思考會立基於關懷，即「注重與他人關係、溝通並關心他人」。
- 換句話說，女性傾向於依據個人情境來考慮道德。女性常困擾於要將道德標準由自我觀點為主轉變為需順應法律。除了需思考道德決定會如何影響自己的生活，也要考慮其對每一個人的影響。

2. 陽剛（masuline）與陰柔

- 在陽剛與陰柔的人格結構中，道德推論的普遍差異之處，男性傾向於釐清對錯與自律之間的爭議，而較不涉及高度的「善」的問題，較容易適應於規則且易於解決假設性的兩難問題。
- 相反地，就女性而言，女性傾向於重視關係及相互依賴，她們的道德判斷與同理心和憐憫是相關聯的，她們的道德思考一般而言是有脈絡的，而非將其分類。

3.「照顧他人」的原則

- Gilligan認為，女性的道德發展，是遵循「照顧他人」的原則。
- 女性的道德發展可以分為三大階段及二個過渡階段，每一個階段的人際處理原則不盡相同。知
- Gilligan認為女性的道德發展是一種「照顧原則」的發展過程，在照顧自己，或是照顧他人之間的平衡過程。但是，女性的道德發展階段並不是固定不變的，女性可以經由體會與成長，而逐漸從第一階段邁向第三階段。

知識補給站

女性的道德發展的三大階段及二個過渡階段

主要階段	過渡階段	內容
第一個階段		1. 發展特徵：著重於個人的生存。 2. 這個階段的女性，視自己是缺乏權力做決定及缺乏支持性、滋養性人際關係的人，對於「自己應該作」（should）及「自己想要作」之間，無法區隔。 3. 這個階段的女性作決定的主要也是唯一的考慮點，是如何維護個人的生存，生存之外的議題，是此階段的女性不曾想過的。

主要階段	過渡階段	內容
	第一個過渡階段	1. 發展特徵：利己主義逐漸過渡到考慮責任。 2. 處於這個階段的女性，求生存不再是焦點，關心的是自己與他人之間的依附及人際的關係，經常在利己及責任、依賴與獨立之間擺盪掙扎。 3. 除了在人我之間擺盪之外，害怕出錯常常出現在她們的言談之中，作出「正確」的事情對她們而言是非常重要的。
第二個階段		1. 發展特徵：自我犧牲是好女人的表現。 2. 處於這個階段的女性認為，唯有接受、順從社會的價值，才能在社會中爭得一席之地，因此她們作決定時，是以社會的期待、社會的規範作為考慮的依據。 3. 被他人接納是這階段的女性認為重要的事，因此，犧牲自己進而照顧及保護他人，被她們視為是好女人的表現。
	第二個過渡階段	1. 發展特徵：從追求好女人的表現到追求真實。 2. 處於前面階段的女性，「他人」在前面階段的女性生命中，占有比自己更高的比重，但是處於第二過渡階段的女性，就開始重新考慮與他人的關係及自我犧牲的邏輯是否合理，她們的想法開始轉變成，在照顧別人的同時，也必須能夠照顧自己。因此，她們作決定考慮的是，這樣作的目的及最後實際的結果將是如何？而不是考慮要怎麼作才能得到別人的認可。 3. 在這個階段的女性，「他人」和「自己」的比重已經開始調整，「自己」的比重逐漸增加。

主要階段	過渡階段	內容
第三個階段		1. 發展特徵：不傷害他人的道德標準。 2. 處於這個階段的女性開始發覺，在自己和他人之間取得平衡是很重要的，她們同時也了解到她們自己是有權力作選擇，並進而為所作的選擇負責。除了體認到自己其實擁有權力之外，也體認到社會所界定的婦女美德，如：自我犧牲，其實對女人而言，是一條死路。 3. 對這個階段的女性而言，自己肯定自己的價值，誠實而直接，才是當一個人的標準。

（四）關懷觀點

> **上榜關鍵** ★★
> 測驗題、解釋名詞曾有命題紀錄，請將三個層面記清楚。

Gilligan 認為女性的道德發展，是遵循「照顧他人」的原則，關懷觀點（Care perspective）包括三個層面：

1. 以自我生存為導向
- 選擇什麼是實際的，對自己最好的。個體要感覺到自己「夠好」，才會覺得自己有能力去關心照顧別人。

2. 被別人接受
- 責任與自我犧牲，考慮別人的需求及他人對自己的期許，與接受程度。例如：沉默的妻子，以先生、兒女為生活重心。

3. 相互依存的責任
- 對雙方的責任歸屬給予相等的衡量。

（五）理論的應用

1. 建立專業關係時，性別特質、案主的相互同理的關係，必須納入考慮。了解女性案主獨特的人際關係型態，有助專業關係的建立。
2. Gilligan 最高層次道德決策為關懷、敏感他人需求、對他人負責，這亦是社會工作倫理守則的核心價值。

十、Bowlby 的依附感理論

上榜關鍵 ★★★

依附理論之準備，除著重在理論內涵的說明外，亦可運用在實務案例解析時，就案主依附的情形，診斷案主問題發生的可能原因，提出正確的處遇方式。亦即，申論題的考點，著重在理論內涵的準備；依戀的類型，則為測驗題的考點。

（一）代表學者

鮑爾貝（Bowlby）的「依戀感理論」，又稱為「依附理論」（Theory of Attachment）。

（二）理論內涵

1. 嬰兒從初生至三歲左右剝奪了母親的撫育，將影響兒童身心的發展，兒童如被剝奪了母親的照顧，其生理、智力及社會發展均極遲緩，可能發生生理及心理方面的病態。
2. 母親撫育初生嬰兒應附帶母愛的表示，例如：撫摸或擁抱。嬰兒由於獲得母親的愛，有安全感及愉快的情緒，會促進其消化系統及循環系統的功能，使嬰兒生理健康，以及建立健全的人格。
3. 郝威（Howe）認為母親與嬰兒的接觸是傳神的、不知不覺的，假如：母親感覺緊張，也許嬰兒立即哭鬧。嬰兒並未了解母親的緊張是如何引起的，母親亦未發覺已將緊張的情緒帶給嬰兒。依戀感理論亦適用於熱戀中的青少年及成年男女。

（三）依戀的類型

1. 安全依戀型

- 安全依戀的嬰兒與母親分離時較少焦慮，他會主動尋求某種方式的慰藉，分離後繼續探索四周環境，親子間通常較合作，較少發怒。

2. 逃避型

- 逃避型的嬰兒在母親離開時很少哭泣，但母親返回後，通常會逃避她。這些嬰兒無法在需要時求助援助，而且常會相當憤怒，他們不喜歡受拘束，更厭惡被攔下。

3. 情緒矛盾型

- 這類型兒童在母親離開前就開始焦慮。當母親真正走開時尤其不安，但是當母親回來時，他就表現出情緒矛盾的情形，一方面想接近，另方面又以尖叫踢打來拒絕。

十一、Fowler 信仰發展理論

> **上榜關鍵** ★★
> 以測驗題方式準備，尤其是信仰的發展階段、原則及其內容的區辨。

（一）代表學者

James Fowler。

（二）理論內涵

1. 提出七階段信仰發展理論。認為信仰是「不可或缺，是過程中心，形成信任、價值和意義的基礎」，且「直接影響人們生活」，連結人們與他人的關係。提供更寬廣、更有意義的「參考架構」，以協助人們因應生命中的障礙。
2. 在信仰發展過程中，人們由出生到兩歲時「無差異」階段，逐漸進展到中年期「普世化」。在每一個生命階段中，人們都會依賴一個嶄新的動力焦點，以接近更高力量，並關心他人福祉。

（三）信仰發展階段

階段	發展原則	內容
階段一	原始或無差異信仰（出生至2歲）	1. 發展特徵：開始發展語言以表達自我想法並區分自己和其他人的差異。也開始發展人際關係及思考人際關係所代表的意義。 2. 嬰兒很早就會學習到環境是否安全、是否可信任；是否處於安全的家庭環境中，或正被傷害。
階段二	直覺反射的信仰（2至6歲）	1. 發展特徵：持續發展覺察環境意義的能力，兒童所處情境的經驗會型塑他們的信仰概念。 2. 此階段兒童是比較自我中心的，對信仰和宗教的看法並未概念化，也未結合生活經驗。他們對信仰的看法主要受到所處情境影響。例如：詢問基督教家庭子女天堂在哪裡，會回答在天上，因為父母是這樣告訴他的。
階段三	神話、字面上的信仰（6至12歲）	1. 發展特徵：持續發展概念化思考。 2. 具體運思能力幫助兒童區辨真假，已經更能深層思考信仰的各個層面，亦即兒童更會組織自我想法，但尚未具備創造性和批判性思考。

階段	發展原則	內容
階段四	合於常規之信仰（12歲以上）	1. 發展特徵：會發展概念化能力並以新方法應用資訊。 2. 一方面努力遵循規範，另一方面則開始逐步建構自我認同。不再只是了解字面上的意義，且可察覺符號的象徵性意義。 3. 會追隨所處情境中所遵奉的一般常規。
階段五	個人反省式信仰（青年期以上）	1. 發展特徵：會批判性地思考人生的意義，並面臨價值衝突；同時努力建立自我個人信念。 2. 例如：年輕女性會認真思考自我信念與一般宗教信念是否一致。例如：墮胎。 3. 會藉由反省和批判自我既有的信念來建立更為清晰的信念體系。
階段六	圓融式信仰（中年和中年以上）	1. 發展特徵：核心概念為整合。個體可坦然面對自我觀點與一般常規觀點之間的衝突，並接受當中的矛盾。 2. 已可整合自我信念，且接受生命本即有許多不同面向。例如：仁慈和邪惡。而靈性信念已是較深層的覺察，也會思考一些宗教符號的深層意義。 3. Fowler研究指出，只有六分之一的受訪者可達到此階段，且均屬30歲以上年齡層的受訪者。
階段七	普世化信仰（中年和中年以上）	1. 發展特徵：無私奉獻自己以讓其他人可獲公平正義。此時，人們會勇敢面對不公平之處，並思考世界應如何運作。然而，仍以自我為主要核心。 2. 會欣賞和接受自我弱點，並尋求救助他人的手段。此階段屬較深層的靈性成長，不再僅關心自我個人利益，會更關注整體群眾福祉，包括犧牲自我個人福祉。 3. 只有少數人會達到這種信仰型態，例如：馬丁路德、泰瑞莎修女。

十二、Watson 的學習理論

（一）John B. Watson 被認為是行為主義（behaviorism）之父，他在 1913 年主張心理學應放棄主觀「唯心」（mentalistic）的概念，只集中在外顯行為的觀察。他的努力使得行為主義在心理學領域中抬頭。其理論立基於可觀察的行為，認為人出生時就像潔淨的白板。Watson 相信人類的發展完全依賴學習，只要提供適當的經驗，學習便會產生。此理論不同於皮亞傑或 Freud 的階段論，階段論認為行為的改變是因為進入不同的發展階段。行為主義則強調可觀察的刺激與反應，反對像本我、自我、超我這樣的抽象概念，因為這些心理概念無法被觀察或研究。

（二）Skinner 以 Watson 的行為主義作為基礎，發展出操作性制約（operant conditioning）的理論。在操作制約中，行為的重複是因為正向（例如：獎賞）的結果，行為的消除或停止則是因為中性或負向（例如：懲罰）的結果。因此，伴隨在行為之後的結果對行為學習有重要的影響。

（三）操作性制約中的兩個重要概念是增強（reinforcement）與懲罰（punishment）。增強作用是指某一事物在行為發生後能增加行為發生的頻率，懲罰則會在行為發生後降低行為發生頻率。

（四）另外兩種學習的概念和行為的習得有關，一是負增強（negative reinforcement），另一是消除（extinction）。負增強是因不悅刺激（例如：有些車子起動後，駕駛人如果不繫安全帶，會自動發生嗶嗶聲）的出現，當事者為了去除該刺激（嗶嗶聲），因而增加行為（繫安全帶）的頻率。消除是指在制約過程中，因增強作用的停止，而使制約反應消失的情形。

> **上榜關鍵** ★★
> 劃底線的部分，加強測驗題觀念的研讀。

十三、Bandura 的社會學習理論

（一）Bandura 將人類視為有意識、主動思考的生物，可與環境產生互動。Skinner 認為學習是被動的，但 Bandura 認為人們經由訊息處理的過程可主動與環境產生互動，經由觀察角色楷模以學習新的行為，此稱為觀察學習（observational learning）。由此可知，學習是間接的，不需透過任何增強作用，而且在面對外在環境的刺激時，即使沒有產生外顯的行為，仍然可以達到學習的效果，這是認知學習的一種，因為個體必須注意到角色模範，並將相關訊息加以儲存。

（二）社會學習理論強調角色楷模對人格發展的重要性，這也是觀察學習的原則與應用，他強調學習可以透過觀察他人而獲得知識，不必依賴直接參與的經驗，

因此，社會學習理論融合了學習原則、認知過程和觀察學習的效果。例如：兒童如何學到暴力和攻擊行為？

(三) 社會學習理論的另一個重要觀點，就是自我效能（self-efficacy），是指個體對自己有無能力達成目標的信念，會影響目標的達成。當人們有很強的信念或相信自己有能力達成目標時，便會努力不懈，達成預期目標的可能性較大。相反地，當人們的自我效能低落，自信心不足，很容易就想放棄，達成預期目標的可能性就比較小。因此，自我效能決定個人是否願意投入及努力的程度，間接地影響達成預期目標的可能性。

練功坊

★ Gilligan 對 Kohlberg 的道德理論提出批判，請說明其批判之內容為何？

擬答

(1) 性別差異：Gilligan 主張不可用 Kohlberg 的論點來說明女性道德發展，因為女性對道德兩難困境的看法與男性不同。反對 Kohlberg 以男性為觀點的道德發展理論。

(2) 文化差異：Kohlberg 道德發展理論立基於公平正義觀點，強調「個體會獨立做出道德決定」，亦即，採男性的道德判斷為前提及答覆，作為支持道德發展理論的證據。Gilligan 認為這種由男性所設計的道德兩難問題情境，女性無可避免地產生偏誤。近年研究認為文化體制會造成男女性別角色之差異。

★ (　) 下列哪項論述不是佛洛伊德（Freud）的主張？
(A) 他主張原欲的驅力和對此驅力的壓抑都會影響人類的行為
(B) 他主張同性戀的人格是不可能發展出來的
(C) 他主張人格的形成是由一系列發展階段累積而成的
(D) 他主張兒童早期的發展對於個人日後的人格具有關鍵性的影響

解析

(B)。(1) Freud 性心理發展階段特徵與關鍵任務

階段	性焦點	特徵	關鍵任務	固著
口腔期（0～18個月）	口腔	快樂來自刺激嘴部的經驗	斷奶（母奶或奶瓶）	過度飲食、說話、吸菸、酗酒

🔍 **練功坊**

階段	性焦點	特徵	關鍵任務	固著
肛門期（18個月～3歲）	肛門	主要的樂趣來自刺激肛門的經驗	如廁訓練	固執性、強迫、占有欲
性器期／性蕾期（3～6歲）	生殖器	快樂來自刺激性器官的經驗，幼兒有戀父情結或戀母情結	戀母情結成人角色楷模認同	同性戀、自戀、傲慢、浮華
潛伏期（6～12歲）	無	壓抑或否認性方面的需求	社會關係	
兩性期（青春期）	性交	性成熟、有性需求及生殖的能力	發展親密關係	

(2) 依 Freud 性心理發展階段特徵與關鍵任務可知，在性蕾期（3～6歲）之關鍵任務若未能順利發展致形成固著現象，將會產生同性戀、自戀、傲慢、浮華等行為。選項 (B) 有誤。

★（　）下列有關 Erikson 社會心理理論（心理社會發展階段）的敘述，何者錯誤？
  (A) 每個發展階段，都有一種特定的心理社會危機或衝突
  (B) 他將每個人的心理社會發展階段分為九個階段，第一個階段為嬰幼兒期，發展任務與危機為「信任與不信任」
  (C) 每個發展階段都有個體需要面對的生理、情緒和認知等各種任務，以便適應社會環境的需求
  (D) 主張人類的發展必須遵循固定的階段

練功坊

解析

(B)。Erikson 的生命週期理論／社會心理理論（心理社會發展階段）

（1）認為一個人在一生中經歷八大階段，每一個階段都有其特殊的情境考量，各階段有其任務（或需求）及發展特徵，凡是能達成該階段的發展任務（或滿足其需求）就有良好的特徵。選項 (B) 有誤，應為分為八個階段，而非九個階段。

（2）每一個階段如能成功的解決或轉化所面臨的生理或社會變遷所造成的危機事件，有良好的因應調適，會帶來生命之意義。

（3）各階段的危機（crisis）或重要關鍵期（critical period）造成個人許多不安、焦慮與壓力。

重點便利貼

❶ Freud 性心理發展階段特徵與關鍵任務

階段	性焦點	特徵	關鍵任務	固著
口腔期（0～18個月）	口腔	快樂來自刺激嘴部的經驗	斷奶（母奶或奶瓶）	過度飲食、說話、吸菸、酗酒
肛門期（18個月～3歲）	肛門	主要的樂趣來自刺激肛門的經驗	如廁訓練	固執性、強迫、占有欲
性器期/性蕾期（3～6歲）	生殖器	快樂來自刺激性器官的經驗，幼兒有戀父情結或戀母情結	戀母情結 成人角色楷模認同	同性戀、自戀、傲慢、浮華
潛伏期（6～12歲）	無	壓抑或否認性方面的需求	社會關係	
兩性期（青春期）	性交	性成熟、有性需求及生殖的能力	發展親密關係	

❷ Erikson（艾力克森）生命週期理論/心理社會發展理論的任務與危機

期別	發展階段	任務（需求）	重要事件	特徵（心理社會危機）
一	嬰幼兒期（infancy）	愛的需求滿足	供給食物	信任 vs. 不信任
二	幼兒時期（early childhood）（2～3歲）	探測環境	大小便訓練	獨立（自立自主）vs. 羞恥（疑慮）

期別	發展階段	任務（需求）	重要事件	特徵（心理社會危機）
三	幼童遊戲期（play age）（3～6歲）	獨自籌劃做遊戲	自主活動	進取（自主）創新（創造力或主動）vs. 罪疚感
四	學齡期（school age）	學習學校裡的課程	學校經驗	勤奮（勞）vs. 自卑
五	青少年期（adolescent）	認識自己——身分的確定	同儕關係	角色認同 vs. 混淆
六	青（成）年期（young adulthood）	社會化發展、增進人際關係	親密關係	親密 vs. 孤獨
七	中年期（middle age）	事業發展、有助人意願	子女養育和創造力	生產（有生產力）vs. 停滯（無生產力）
八	老年期（old age）	對一生成就之檢討	回顧並接納自我人生	整合 vs. 絕望

❸ 皮亞傑的認知發展階段

階段	年齡	認知發展階段與重點
一	嬰兒期	感覺動作期（sensorimotor）：外界物體存在的知識。
二	2歲到7歲	預備運思期/運思前期（preoperational）：了解符號所代表的意思，兒童思考能力仍未完成，僅能思考一些簡單問題。預備運思期或稱「運思前期」、「前運思期」。
三	7歲到11歲	具體運思期（concerte operational）：兒童已能了解一般因果法則，以具體事例作為邏輯判斷推理的基礎。
四	11歲到成年	正式/形式運思期（formal operational）：運用概念的、抽象的邏輯方式來推理。沙盤演練，思考抽象的數學、道德和想像未來的種種，以及問題的解決策略。

113

❹ Kohlberg 的道德發展理論（三層次、六階段之道德發展理論）

層次別	年齡	發展任務	階段別
1. 道德成規前期（preconventional or premoral level）	4 至 10 歲	以自我興趣為優先考量，依據行為會獲得獎賞或處罰來考慮自我行為。	第一階段：為避免處罰，兒童言行主要為避免負向結果。
			第二階段主要為趨賞避罰，兒童會為了得到獎賞而去做對的事。
2. 道德成規期（或稱道德習慣期）（conventional level）	10 至 13 歲	此時期之道德想法主要立基於遵循符合社會習俗之角色。此時會有強烈欲望想取悅他人並獲得社會贊同。雖已開始內化道德標準，但仍會考量他人要求。	第三階段：主要在於獲得讚賞，與人維持良好人際關係變得非常重要。
			第四階段：為順從權威期，注重依循法律規範，尊重更高權威，認為為了維持社會秩序，必須制定法律和規範。
3. 道德自律期（或稱道德原則期）（postconventional level）	13 歲以上	發展自我好惡觀念，會仔細考慮法律和他人期待，並決定自己認同的是非對錯標準。此層次屬真正的道德，較有自主性，可獨立思考，不再自私，考量其他人的福祉需求。	第五個階段：會遵循法律和社會原則，且認為法律有益於全民福祉。
			第六個階段：為最高境界，可自主思考他人想法和意見，且在思考自我行為時會超越法律要求，主要依據自我好惡觀念做出決定。

擬真考場

申論題

請說明為何要使用生活歷程理論（life course theory）來解釋人類行為，並解釋軌道（trajectories）、轉捩點（turning points）之意涵。

選擇題

(　　) 1. 從環境、過去經驗和其他心理活動（例如：計畫和策略）當中，取得、組織和運用感官與知覺之訊息的過程，稱之為？
　　　(A) 覺知　　　　　　　　　(B) 知覺
　　　(C) 認知　　　　　　　　　(D) 資訊處理

(　　) 2. 有關「社會環境」對人類行為影響的觀點，下列敘述何者錯誤？
　　　(A) 人類可以在適當的關鍵時刻成就自我
　　　(B) 環境會限制人類作選擇的範圍
　　　(C) 環境的壓力會使個人修正自己的目標與選擇的標準
　　　(D) 人類在關鍵時刻的成就全取決於自己的決定

解析

申論題：

（一）為何要使用生活歷程理論（life course theory）來解釋人類行為之意涵

在 90 年代以前，我們多使用生命週期（life cycles）的觀點來探討人類行為的發展，1994 年 Carel B. Germain 在發表的文章中指出，生活歷程（life course）理論從脈絡的、過程的及動力的角度來研究個人及家庭生命歷程的改變，更能協助助人者從鉅視面與微視面了解個人及家庭的發展取向。它所關心的不是一個人的行為及對自我的看法如何被其所扮演的角色所影響，還包括一個人行為角色所處的結構系統為何。相較於生命週期的觀點，生命歷程觀點將個人及家庭發展放置於文化與歷史的脈絡中檢視，更加看中人類的差異與多元。

（二）軌道（trajectories）：不同的生命歷程的「轉變」，軌道是一個人生活中長期的穩定與改變的模式，通常包含多重的轉變。個人與家庭都是活在多重的面向中，也就是說，我們的生活是由不同的、彼此交互的軌道所組成，包括：居家生活、工作、學校、健康醫療軌道等，軌道間是環環相扣的。

（三）轉捩點（turning points）：在生命歷程的軌道造成長期改變的生活事件稱之為轉捩點。生命歷程認為，軌道很少是順暢的、可預期的，在進展的過程中很可能中斷、不連續，轉捩點往往會造成軌道的轉向。以危機家庭隔代教養為例，隔代教養者「非預期地」承接了照顧孫子女的角色，新的角色很可能成為教養者的轉捩點，影響其接下來生命歷程的角色與生活模式，這樣的影響可能是正面的，也可能是負面的，即轉捩點可能導致生活脫軌，也有可能引導生活進入常軌。有三種類型的生活事件可被歸類為轉捩點：封閉或開放機會的生活事件、對一個人的環境造成長久改變的事件、改變一個人自我概念、信念或期待的事件。當然，決定事件是否為一轉捩點或與一個人對事件重要性的評價有最大的關係，即同樣的一件事，對 A 來說是造成改變的轉捩點，對 B 來說很可能沒有任何意義，這即是「個人自由的選擇機制」。

選擇題：

1. C
    1. 感覺（sensation）：是指當感官接收系統偵測到訊息後，將訊息傳遞到腦部的過程。只具備這種能力，仍舊無法認識外在的世界，例如：嬰兒可以接收到聲波與光波等刺激，卻無法了解訊息的意義。
    2. 知覺（perception）：是對接收到的感官訊息進行詮釋的作用。
    3. 認知（congition）：是指從環境、過去經驗和其他心理活動（例如：計畫和策略）當中，取得、組織和運用感官與知覺之訊息過程。選項(C)為正確答案。
    4. 資訊處理（information processing）的觀點試圖解答的問題是：內外在刺激如何進入個體的知覺系統，而使個體對這些刺激有所覺知？個體為這些刺激產生何種反應？

2. D 人類行為是由身體、心理、社會情境等多重因素所造成的。人們時常會面臨來自於生理、心理或社會的需求，且需要有效的因應它。選項(D)所述「人類在關鍵時刻的成就全取決於自己的決定」有誤，人類之成就應為受多重因素之影響。

第二章 CHAPTER 2
受孕、懷孕及出生

榜·首·導·讀
- 新生兒相關名詞為金榜考點。

關·鍵·焦·點
- 懷孕、生產、為測驗題的重要考點

命·題·趨·勢

年度	110年		111年				112年				113年	
考試	2申	2測	1申	1測	2申	2測	1申	1測	2申	2測	1申	1測
題數		1				1	1	3		1		2

本·章·架·構

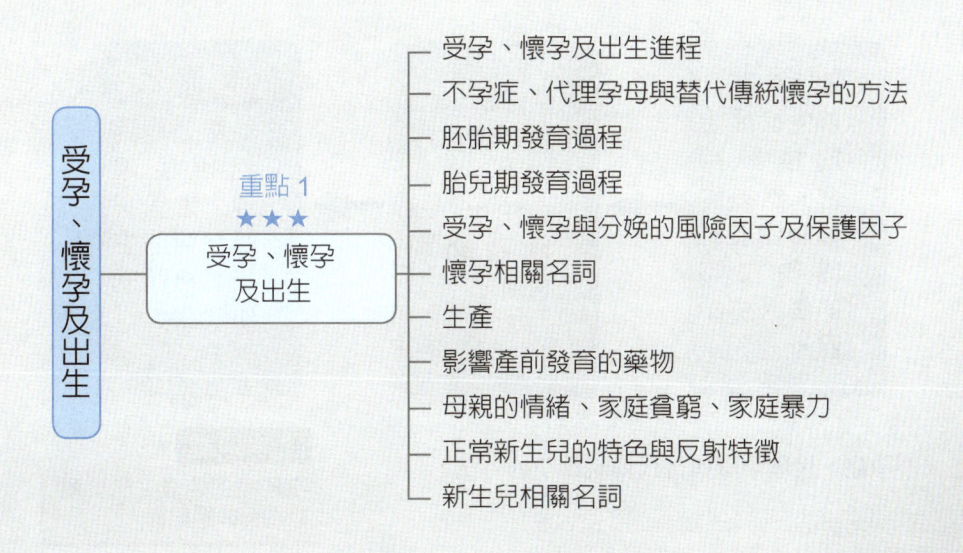

受孕、懷孕及出生
— 重點1 ★★★ 受孕、懷孕及出生
- 受孕、懷孕及出生進程
- 不孕症、代理孕母與替代傳統懷孕的方法
- 胚胎期發育過程
- 胎兒期發育過程
- 受孕、懷孕與分娩的風險因子及保護因子
- 懷孕相關名詞
- 生產
- 影響產前發育的藥物
- 母親的情緒、家庭貧窮、家庭暴力
- 正常新生兒的特色與反射特徵
- 新生兒相關名詞

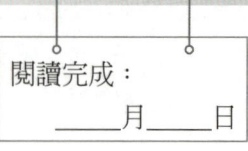

重點 1 受孕、懷孕及出生

一、受孕、懷孕及出生進程

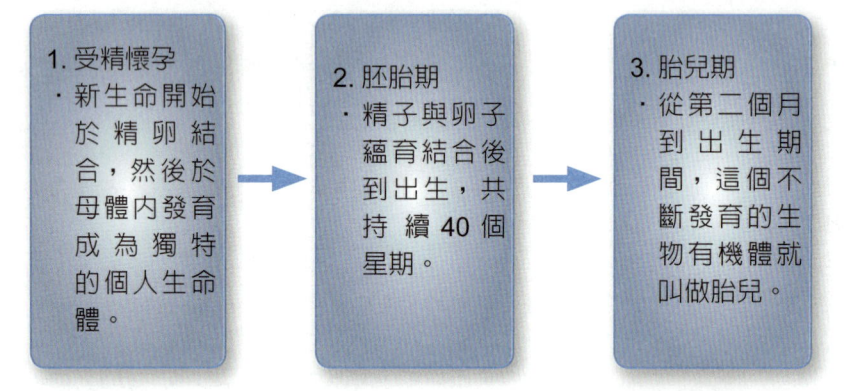

1. 受精懷孕
   - 新生命開始於精卵結合，然後於母體內發育成為獨特的個人生命體。

2. 胚胎期
   - 精子與卵子蘊育結合後到出生，共持續 40 個星期。

3. 胎兒期
   - 從第二個月到出生期間，這個不斷發育的生物有機體就叫做胎兒。

二、不孕症、代理孕母與替代傳統懷孕的方法

> **上榜關鍵** ★
> 不孕症的定義，已於測驗題有命題紀錄。

（一）不孕症

1. 定義：不孕症是指在未避孕的情況下，有性關係一年後仍未懷孕的情況。研究指出，現代社會不孕者較上一代增加。

2. 社會工作者角色
   （1）使能者：協助不孕症者做抉擇，假如夫婦之中基於某些理由不同意，社工人員就扮演協調角色，幫助他們達成協議或彼此滿意的決定。
   （2）教育者：是指提供個案在選擇及過程中所需要的確實資訊。
   （3）仲介者：連結案主與特定資源。
   （4）分析者：是指評估相關不同受孕診所，及符合不孕夫婦共同或個別需求的各項生殖技術的適當性。
   （5）倡導者：假如案主受到拒絕服務或者不孕治療太困難或治療費用昂貴，社會工作者應代表案主發聲。

不孕症的原因及治療

男性不孕症		女性不孕症	
問題	治療方式	問題	治療方式
精子數量少	環境汙染、抗生素、外科手術、賀爾蒙療法、人工受孕	陰道的生理機能問題	外科手術
		子宮頸分泌異常	賀爾蒙療法
因生理缺陷而影響精子輸送	微型外科手術	排卵異常	使用抗生素對抗感染、賀爾蒙療法
遺傳疾病	人工受孕	輸卵管阻塞或損傷	外科受術、體外受精
暴露於工作環境	早期檢查及改變工作環境	受精卵不易於子宮內壁著床	賀爾蒙療法、抗生素、外科手術
飲用酒精和咖啡因、吸菸	在受孕前減低或停止使用	飲用酒精和咖啡因、吸菸	在受孕期停止飲用吸食後，則可促使懷孕結果最佳化。
高齡	年輕時預先儲存精液、人工受孕	體重過重	減重

（二）代理孕母

是指在妻子不孕的情況下，先生將其精子輸入代理孕母的體內受孕、直到嬰兒產下，再還給當然父母。通常在開始之前，這位代理孕母必須簽訂合約，同意孩子生下來是屬於該父母的。在法律上、心理上及倫理上仍有爭議。

（三）替代傳統懷孕的方法

> **上榜關鍵** ★
> 測驗題的考點，請著重內容的細節。

方式	內容
人工受孕法	想要懷孕的父母每月至醫療院所將精液注入陰道。精液大部分是捐獻而來，用冷凍的方式保存起來。例如：精子銀行。
試管授精	又稱體外授精。從母體的卵巢將卵子移出，放入孵卵器中的一個碟子，然後在碟子內加入父親的精子。卵子授精後，細胞開始分裂，然後再把這個受精卵植入子宮中以進一步發育成長。
配子輸卵管輸入技術	將精子及卵子輸入婦女的輸卵管，受精過程就像會在正常情況下所發生的一樣，是在婦女的生殖系統內完成，這些卵子和精子可以來自丈夫、妻子或其他捐獻者。
胚胎植入受孕	夫妻藉由另一個婦女來懷孕，丈夫的精子透過人工受孕方法使這位婦女懷孕，一旦胚胎形成，就把它植入妻子的子宮。然後，透過賀爾蒙的補充使其成為胎兒正常成長的妊娠環境。

（四）懷孕時期父母親角色心理發展

對象	說明
母親	1. 致力研究懷孕過程的 Reva Rubin 表示，懷孕過程（gestation）最常出現的問題有二：分別是：「現在嗎？」和「誰？我嗎？」假使是計畫之外的懷孕，母親可能還得決定是否繼續下去，抑或終止懷孕狀態。即使懷孕在計畫之內，此時也不免會動搖，覺得懷孕也許不是個好主意。她會出現這樣的念頭：「等等，我真的準備好了嗎？就算懷孕是期待已久的事，此時也會成為焦慮的來源。孕婦會擔心生產過程：「嬰兒怎樣生下來？到底有多痛？」年輕的單身媽媽可能會故意忽視自己懷孕的事實達數月之久，甚至不肯承認自己可能已經懷孕了。

對象	說明
母親	2. 隨著懷孕期的增長，母親開始感覺到體內的活動，聽到心跳聲，甚是透過超音波看到胎兒，此時她對自己懷孕的事實才有較高的接受度。她開始視嬰兒為自己的一部分，嬰兒和母親成為一體。在這個階段，母親通常會傾向於內在自我的發展，以自我為中心，變得很主觀，腦子裡全是自己的想法和感覺。懷孕後期，嬰兒開始變成一個真實且獨立的個體，此時母親著手為生產做準備，她會幻想自己的寶寶，為小寶寶規劃未來。她也許會開始憶起兒時的時光以及她和家人的關係。 3. 女性在懷孕期將重新經歷以往成長歷程中未解決的問題和衝突，直到她認清自己，扮演起母親的角色。她開始分析自我，分析自己和母親的關係，以及自己和配偶的關係。她可能會開始擔心未來要如何在家庭和事業之間取得平衡，如何在做好母親的同時，也能不喪失自我。
父親	1. 「丈夫假分娩」（couvades）是奠定男性成為孩子父親的一個習俗。在某些部落，父親的行為舉止要表現出是自己懷孕的樣子，當其妻子分娩時，他也要在床上躺著，甚至發出分娩時痛苦的呻吟。這項習俗象徵性地奠定他身為人父的地位，同時賦予他成為一個家長的法律權利。 2. 在現在的社會，高達 65% 的男性在其配偶懷孕期間，本身也會出現害喜的現象，包括作嘔、疲倦、背痠，甚至腹痛。雖然這種現象有眾多不同的解釋，例如：那是男性生理變化的真正表現，嫉妒孕婦，或只是身體上的焦慮表現，現今還沒有一種可以完全解釋這種現象的說法。它有沒有可能是現代版的「丈夫假分娩」呢？可能是現代男性強烈認同其配偶，因此象徵性地為他們的孩子肩負起身為父親的角色。或是因為害喜的現象可以讓他對懷孕更具有真實感？有些研究表示，產生這些現象可幫助父親進入父親角色及減少將來父親虐待小孩的比率。雖然目前對這些現象沒有明確的解釋，但我們仍應該注意有關父親心理、情感及生理上的反應。

三、胚胎期發育過程

> **上榜關鍵** ★★
> 細胞分裂形成內、中、外三層所形成的內容，為優先準備的測驗題考點。

過程	內容
1. 精子與卵子結合	1. 精子與卵子蘊育結合後到出生，共持續 40 個星期。 2. 胚胎期約長達六個星期，胚胎期開始時，胚芽約一英吋左右。 3. 主要的生理系統開始形成，而胚胎細胞經過分裂成長逐漸看起來像個人形。
2. 開始細胞分裂	細胞分裂：胚胎會形成內、中、外三層。包括如下： 1. 外層：稱為外胚層（ectoderm），此層將發育成為外表皮膚、指甲、毛髮、牙齒、耳鼻嘴等感覺器官和中樞神經系統的外層細胞。 2. 中間層：稱為中胚層（mesoderm），即細胞群分化為皮膚內層、肌肉、骨骼、排泄及循環系統。 3. 內層：稱為內胚層（endoderm），發展成消化系統，例如：肝臟、胰臟、唾液腺和呼吸系統。
3. 發展胎兒生命支持系統	1. 胎盤：胚胎確定固著在子宮壁上而形成胎盤，胎盤中充滿了血液，透明液體猶如海綿塊一樣，提供胚胎養分及排出廢物的管道。 2. 臍帶：胚胎乃透過臍帶與母體相連，由兩條動脈及一條靜脈所構成，並為膠質體所環繞，一條連結著嬰兒的肚臍，透過此條血管，胎兒吸收養分，經由另一條與母體的循環系統連結，而這兩條血管系統是區隔開來的。這種半滲透性的薄膜組織管內提供養分及其他化學成分進入胎兒，透過這種間接輸送管道，胎兒吸收氧氣、蛋白質及其他養分，且排出廢物（如二氧化碳），胎兒基本上是寄生於母體的。 3. 羊膜囊：婦女在懷孕的過程中，胎兒會被稱為「羊膜囊」的保護膜所包圍，羊膜囊內充滿羊水，胎兒會在羊水內漂浮，因為羊水具有緩衝及避震的效果，也具有保護胎兒的效果。
4. 第三～四星期	1. 胚胎細胞分裂的更快，在身軀部位結構成形後，相同細胞也聚集發育成體內的各種內臟器官。 2. 最重要的是軀體的成形與大腦及心臟的雛型、神經管足系統及中央神經系統的神經元，在第三個星期結束之時，也逐漸發育成細長的圓柱筒狀。

過程	內容
5. 第五～六星期	1. 第五週起,神經管足分為五個凸出隆起的分支,也是大腦的次結構分部。 2. 到了這段期間,相對於剛受精的那一剎那,胚胎已成長了 50 倍,而重量增加了 40,000 倍。
6. 第七～十星期	1. 到了第三個月底(8～9個星期),胚胎看起來已蠻像人形,約重 2.25 公克,長度達 28 公釐(1 英寸)長。在此階段,所有的內部器官已成形,包括臉部、四肢、手指及腳趾。 2. 從月經中止日開始算起十個星期內,這期間是所謂的胚胎發育期,第十個星期的胚胎猶如一個小小的人體,直到出生前,這個胚胎已發育為胎兒。

四、胎兒期發育過程

過程	內容
1. 懷孕初期	1. 胚胎期要結束之時,也是胎兒期開始之時,這個不斷發育的生物有機體就叫做胎兒。 2. 第四及第五個月:準媽媽開始可以感受到胎兒自然而然的蠕動,此階段稱為「胎動期」。胎兒的反射動作有助照顧者評估胎兒的發展,因為胎兒在子宮內拳打腳踢、扭曲蠕動持續減緩,發展時間有其一定的順序,直到反射行動中斷,此為發育的一種指標。 3. 第八至九個星期:胚胎的重大變化包括形成長筒柱狀的體型,以及腦和心臟等雛形構造之成形。 4. 第十一至十七個星期:胎兒的四肢及身軀都不斷地發展並有不同的反應。胎兒約有 7 英吋長,胎兒已能蠕動、扭曲、推壓、伸縮、踢抓、搥打等行為,臉部也有噘嘴繃臉的表情。
2. 懷孕中期	1. 第十七至十八個星期:胎兒的移動減緩下來,甚至靜止不動,即胎兒回歸至早期層次的功能,這段時期又稱為行為停止發展期,也可叫做靜止不動期。這種靜止不動的狀況並非貫穿胎兒成長期,而是靜止至第二十四週,醫療研究者認為此段期間,胎兒可能有部分缺氧狀況。 2. 第二十四週後:胎兒又開始產生反應,由頭部、頸部演進到手臂及下半身腿部等都有反射動作,以及肌肉活動等。

過程	內容
3. 懷孕後期	1. 足月（滿 38 個星期）的出生嬰兒的優點 （1）能夠自己開始並維持正常的呼吸。 （2）協調性較佳的吞嚥動作、比較強而有勁的胃腸蠕動，因而消化食物及排泄廢物也比較順暢。 （3）保持較正常規律的體溫。 2. 足月的胎兒充分享有母體所傳遞的養分及礦物質。胎兒在最後一個月的懷孕期間，胎盤逐漸衰微，而嬰兒牙齒的琺瑯質成分也隨之呈現。在母體內所蘊育而成的抗體免疫激素逐漸從母體注入胎兒的血液中，提供胎兒對許多疾病侵襲的抗原體，得以保護嬰兒產後的第一個生活。 3. 第九個月：胎兒繼續發展，而且轉換頭部朝下的位置，蓄勢以待，準備穿越分娩之道的旅途，在生產前的一至二星期，胎兒隨著子宮往骨盤下端移動，此期間，母體肌肉及子宮不時會移動一下，胎兒的體重增加有限，隨時都有可能出生。從受精至分娩大概需要 266 天，剛開始是兩個細胞——即卵子及精子的結合至嬰兒的細胞，在生產的那一刻，則已分裂發育為 2 兆個細胞了。 4. 胎兒出生： （1）當胎兒瀕臨出生時，家庭生活通常隨之產生變化，特別是當一個家庭已面對著婚姻危機以及不足的社會支持。 （2）懷孕期間，準媽媽的情緒往往影響母體的順利生產與否，在懷孕期間，孕婦如果憂慮過多，在產後，也比其他婦女容易得憂鬱症，且容易表現出對嬰兒表達親密關係的能力不佳。

五、受孕、懷孕與分娩的風險因子及保護因子

> **上榜關鍵** ★★
> 請把表格詳讀，為測驗題考點。

（一）風險因子（risk factors）：即可能增加問題發生機率的某些特徵。風險因子包括：生物、心理、社會、家庭、環境及社會制度等各層面。

（二）保護因子（protective factors）：有助於減少或防止風險的發生機率，也包括從生物到社會的各個層面。

（三）社會工作者必須了解的是，對於其所服務的個人與家庭來說，有哪些風險因子及保護因子與他們最常出現的問題相關。另一個社會工作者必須牢記的重

點是,已知的風險或保護因子,並無法完全預測任何單一結果。某個風險因子的出現,可能不足以造成任何相關的結果,但也有可能帶來更為廣泛的影響。例如:孕婦在產前使用海洛因,被認為是影響胎兒智力的風險因素,而在子宮內受到海洛因影響的胎兒,智力分數的範圍從 50 到 124 都有可能。

表:受孕、懷孕與分娩的風險因子及保護因子

	風險因子	保護因子
受孕	精子數量少	父親停止吸毒(大麻)
	輸卵管問題	婦科保健
	遺傳異常 知	遺傳諮詢
	青少年時期的性生活混亂	家庭生活教育、避孕;節制欲望
	子宮內膜異位症	荷爾蒙治療;外科手術
	正值生育年齡、性生活活躍的女性缺乏適當的營養	補充葉酸
懷孕	體重過重	維持正常體重
	性傳染病	障礙避孕法
	女性年齡小於 18 歲或大於 35 歲	家庭生活教育;生育控制
	妊娠未滿 38 週	產前照顧;婦幼營養補助計畫
	妊娠毒血症、糖尿病	產前照顧
	資源不足而產生壓力	社會及經濟支持
	創傷	意外事故預防(跌倒、火災、車禍)
	吸菸	產前照顧;戒菸方案
分娩	性病,如淋病、B 群鏈球菌感染	產前照顧;新生兒抗生素眼藥水;孕婦檢查
	胎便吸入;缺氧	剖腹產;懷孕過程藥物治療;管理良好的分娩過程
	時間過長及疼痛的分娩過程	分娩課程;社會支持;父親參與分娩;適當的疼痛控制

127

遺傳異常的四種類型

第一類型：單一異常基因遺傳		
隱性基因	顯性基因	性聯基因
鐮狀細胞性貧血 囊胞性纖維症	神經纖維瘤病 亨丁頓舞蹈症	血友病 裘馨氏肌肉萎縮症

第二類型：多因子遺傳		
可能的精神疾病	酒精中毒	

第三類型：染色體畸變		
唐氏症（第 21 對染色體多出了一條染色體）	特納氏綜合症（只有單一性染色體，X）	克氏綜合症（多一條染色體，XXY）

第四類型：接觸致畸因子			
輻射	感染	母體代謝失衡	藥物與環境中的化學物質
神經管缺陷	德國麻疹：耳聾；青光眼 梅毒：神經的、視覺的及骨骼的缺陷	糖尿病：神經管缺陷 缺乏葉酸：腦部及神經管缺陷 過高熱（14-28天）：神經管缺陷	酒精：智能遲緩 海洛因：注意力缺乏症 安非他命：泌尿生殖器缺陷

第二章 重點 / 受孕、懷孕及出生

表：美國食品藥物管理局（FDA）
懷孕用藥安全級數（A、B、C、D、X 等五級）所代表的意義。

級別	代表的意義	說明
A 級	已證實對胎兒無危險性。	依據控制良好的臨床研究顯示，此藥對孕婦及胎兒都沒有危險性。
B 級	目前尚未證實對胎兒有危險性。	1. 動物實驗雖不能證明對胎兒有危險性，但對孕婦尚未充分研究。 2. 動物實驗雖然有不良作用，但對孕婦及胎兒無法證明有危險性。
C 級	對胎兒的安全性尚未確立。	1. 動物實驗顯示對胎兒有不良作用，但對孕婦尚未有充分的研究。 2. 動物及孕婦均無充分的研究資料，其安全性未知。
D 級	胎兒有明確的危險性。	對胎兒的危險性已有確實的證據，但在疾病已危及生命或無法以其他較安全的藥物有效控制嚴重病情時，仍可考慮使用。
X 級	已證實會導致畸形，孕婦禁忌。	無論動物或人體研究均證實會造成胎兒異常，此藥對孕婦為禁忌，任何情況均不建議使用。

上榜關鍵 ★
測驗題細微考點。

六、懷孕相關名詞

> 上榜關鍵 ★★★★
> 相關名詞為測驗題的重要考點。

項目	內容
生產	生產是指子宮規律地收縮，將孩子、胎盤及內膜生出。懷孕末期，由於胎盤製造的賀爾蒙減少，稱為前列腺素的化學物質會刺激子宮肌肉收縮。在分娩過程中，體內內分泌腺分泌催產素，使得子宮收縮越來越強，得以將胎兒排出、推出。
子宮外孕	即受精卵不在子宮內著床，大部分案例為受精卵在輸卵管著床，極少部分在子宮以外的某處腹腔。
妊娠毒血症	是指一種母親的病態，包括高血壓、水腫、蛋白尿，及懷孕後半期的抽搐，導致腎功能異常，嚴重者會造成昏迷甚至死亡，原因不詳。
自發性流產	是指胎兒有能力存活前，在自然因素下終止懷孕，自發性流產機率約有 10%，而 20% 至 40% 在懷孕診斷前即流產。
超音波	是最普遍的方法，使用高頻率音波將胎兒影像投射在電視螢幕上，這種檢查最早可以在第五週進行並能檢查胎兒的基因、在子宮的位置、任何粗略的身體畸形。
胎甲球蛋白血液檢查	此法之用途在於檢測神經管缺陷，包括脊柱裂。胎甲球蛋白會自此裂口滲出，而被母體的血液吸收。檢查於懷孕第 16 週進行，檢查母體血液裡是否有胎甲球蛋白存在。
羊膜穿刺	以針插入腹壁到達子宮抽取羊水，以檢測胎兒的基因或染色體畸型。羊水的成分包括胎兒細胞，可以分析先天缺陷，包括唐氏症、肌肉萎縮症、脊柱裂，同時也可以檢測胎兒性別。當產婦曾經生出先天缺陷嬰兒，則可能是基因缺陷帶原者，或是年齡超過 35 歲以上，都應該做羊膜穿刺。太早做檢測結果不準，一般約在懷孕第 15 至 16 週才做，當發現問題時，卻沒有太多的時間終止懷孕。羊膜穿刺的危機是增加流產的風險。
絨毛採樣	以細塑膠管經陰道或用針穿透腹部到子宮進行採樣，採取絨毛樣本（突出在胎盤周圍絨毛薄膜的微小細長物），第 8 至 9 週即可進行，可考慮停止懷孕時間較長。危機是增加流產的風險。
母親血液檢查	在懷孕第 15 至 20 週之間進行，可檢測 α 胎兒蛋白，數值高則是大腦與脊椎畸形的預警，且可用來檢驗唐氏症。

項目	內容
胚胎鏡	是以小型的儀器——「腹腔鏡」插入羊膜腔，以觀察胎兒，如果影像清楚，可以看見手腳的缺陷。
缺氧	缺氧（anoxia）是會影響嬰兒發育的生產併發症之一。缺氧即分娩時胎兒缺乏足夠的氧氣。供給胎兒的氧氣之所以會流失，可能的原因是母體失血、母親用藥過度，或受到臍帶的擠壓。胎兒在生產時缺氧會造成胎兒不適，這種情況可由生產和分娩時記錄胎兒的心電圖得知，當胎兒不適時，其心跳便會下降或不規律。缺氧會造成胎兒腦部受損，有些情況甚至會造成胎兒死亡。另一個後果是腦性小兒麻痺，會造成行動及言語障礙的狀況。在分娩時，即使輕度的氧氣不足，也會對嬰兒早期的發育造成問題。
吸入胎便	胎便是嬰兒腸內的廢物，顏色焦黑。在分娩時，嬰兒腸內蠕動的排泄物會排入羊水，此時若嬰兒吸入含有胎便的羊水，會造成呼吸道方面的毛病。

七、生產

（一）生產過程

第一階段：擴張。
- 子宮頸會擴張打開，以準備嬰兒通過。第一階段初期的子宮收縮（宮縮），一開始間隔 10 至 20 分鐘，然後發展到間隔 2 至 4 分鐘，密集又規律地持續著，而且使母親感到非常的疼痛，此階段羊水開始流出。
- 本階段是產程最長的時期，第一胎平均在 12 至 15 小時，經產婦則是 8 小時。

- 第二階段：指嬰兒生出來，標記嬰兒真正誕生的時間。
- 這個階段的宮縮，剛開始間隔 2 至 3 分鐘，每次持續出現 60 至 70 秒，當子宮頸完全打開，嬰兒開始移出陰道，通常頭部先出現，當然也有些嬰兒情況是身體的其他部位先出來。
- 產出的時間第一胎約為 90 分鐘，之後的則為 30 至 45 分鐘。

- 第三階段：產後。
- 指胎盤及其他胎兒物質的排出，在產後透過宮縮自行從子宮壁剝離及排出。
- 如果有做外陰手術，就將其縫合。

(二) 生產過程相關名詞

榜首提點：各名詞內容詳加研讀，以備測驗題正確應答。

項目	內容
胎位	1. 頭位生產：大約 95% 的嬰兒出生時最先出現的是頭部，稱為「頭位生產」，這是最正常的生產方式，而且最不需要儀器協助。 2. 臀位生產：大約 4% 的嬰兒是「臀位生產」，是指嬰兒的屁股與腳先出來，而頭部最後，這種生產方式必須更要小心注意。 3. 橫位生產：1% 的為「橫位生產」，是指嬰兒橫臥在子宮，在生產過程中手腳會卡在陰道，這種狀況一般會實施剖腹產。
妊娠劇吐	多數孕婦在懷孕早期都經歷過噁心想吐或晨間不適的狀況。這種噁心或偶爾嘔吐情形在懷孕第 4 週時便會停止，如果嘔吐數次或長時間的嘔吐，很有可能導致營養不良或脫水症的發生。在懷孕期經常性嘔吐的現象稱為妊娠劇吐（hyperemesis gravidarum），有些孕婦因嚴重的嘔吐而需住院治療。
陰道出血	陰道出血是一種會產生嚴重後果的併發症。懷孕早期的出血現象可能是流產之故，75% 的流產都發生在懷孕的前 12 週，但早期出血並非一定導致流產，有時出血現象減輕，懷孕仍能順利進行。由於多數流產乃胎兒異常之故，因此早期出血現象應記錄備查。懷孕末期發生陰道出血則可能是胎盤方面的問題，此時的出血大多是因為胎盤在子宮的位置過低而擋住子宮頸，或是因為胎盤開始剝離子宮壁。這種情況而導致的懷孕末期出血有可能非常嚴重，甚至威脅到胎兒和母親的生命。
血毒症	初期的血毒症指的是子癲前期，孕婦會出現高血壓、水腫（尤其是手和臉）、體重增加、尿蛋白過高等徵狀。這些徵狀是孕婦本身並不容易察覺，通常是產前檢查時發現的，因此定期做產前檢查是相當重要的。假使這些初期的症狀沒有被檢查出來並進行治療，就會演變成血毒症及其他嚴重的併發症，包括母體的死亡、胎兒的死亡及胎兒腦部受損。

項目	內容
妊娠糖尿病	糖尿病是懷孕期常見的一種新陳代謝異常的疾病，妊娠糖尿病是指在懷孕最初及初期開始的病症，甚至高達 80% 的比例。若女性在懷孕前已有糖尿病，在懷孕期間母體及胎兒併發症的機率較高，也因此必須在懷孕期、中及後期密集使用醫療控制。患有妊娠糖尿病的女性，必須要經由飲食或打胰島素來控制血糖，而這些女性在產後仍應由醫師定期診斷追蹤，因為會有高達 62% 的比率在產後患有糖尿病。
羊水過多	有時候孕婦的羊水過多，會對胎兒造成問題，胎兒飲用羊水，如果胎兒基於某種原因無飲用羊水，羊水會在子宮內累積，造成孕婦的腹部體積過大。
胎兒發育不良	胎兒發育不良這種症狀通常發生在懷孕期間胎兒體重由百位數下降至十位數時。有許多因素會影響母體子宮的品質，致使子宮發育緩慢。這些因素包括母體的營養、體重的增加、年齡、懷孕次數和間隔、健康狀況、環境壓力大小，以及菸酒藥物的攝取等。某些時候，子宮發育不良是子宮剝離所造成的，因此也增加了胎兒死亡的可能性，以及產後嬰兒發生疾病的危險性。
產婦年齡	年齡因素造成的懷孕問題在 18 歲以下，36 歲以上的產婦身上逐年增加。高齡媽媽們生病及出現併發症的危險性較高，特別是像唐氏症這類型的染色體異常現象，在高齡產婦上最常見。24 歲孕婦發生唐氏症的機率是 1：1,600，但 41 歲孕婦發生唐氏症的機率則是 1：83。未成年媽媽在懷孕方面的問題比較多，包括較高的嬰兒死亡率，較易產生懷孕併發症及智能障礙等問題。對年輕媽媽而言，經濟上的問題也造成她們未能獲得應有的產前醫療照顧。
高齡孕婦	高齡孕婦（醫學上指超過 35 歲）可能會擔心的是，她們年老後孩子的照顧問題，因而備感壓力；家裡年長的小孩，也可能難以接受母親的懷孕及新生命的到來。不過，另一方面，年長的女性在經濟上可能較為穩定，並對於擔任母親的角色更有自信，因此，即使她們所要面對的風險較高，但愈來愈多的女性選擇在 35 歲以後生小孩。

項目	內容
多胞胎	多胞胎會增加懷孕期併發症的產生，尤其是子宮發育不良和早產。一個胎兒的平均懷孕期是 39 週，雙胞胎是 35 週，三胞胎是 33 週，四胞胎則是 29 週。多胞胎發生缺陷的機率也比一般高 2 倍，而這些及其他併發症因素也會使多胞胎比一胞胎的嬰兒留院觀察治療的時間長。人工受孕的技術，像試管嬰兒，也是造成多胞胎的一項因素，自從 1970 年代以來，研究發現其會增加三胞胎或更多胞胎的機率約是 38%。
Rh 血型不相容	如果母體是 Rh 陰性，胎兒父親的血型是 Rh 陽性，他們的胎兒即可能是 Rh 陽性。懷孕期間，胎盤裡的水珠偶爾會使母體和胎兒的血液產生混合。假使 Rh 陰性的母體接觸到 Rh 陽性的胎兒血液，母體會對胎兒血液產生抗體。這種情形若發生在第一胎時，情況不會很嚴重，但在後來懷胎時，由於母體先前對 Rh 陽性血液過敏，此時體內系統已有抗體存在，抗體若進入胎兒的供血系統，將破壞胎兒的紅血球，造成胎兒貧血或死亡。即使能夠平安產下，嬰兒的智能不足的可能性也相當高。因此，Rh 陰性血型的婦女可於生產或產前 72 小時，服用可阻止抗體產生的 Rho Gam，以避免過敏發生。
早產	7% 左右的生產發生於懷孕的 37 週前，這就是早產。或許早產兒能夠以正常的速度成長發育，但他們仍然必須面臨早產導致體重不足所引發的相關問題，例如：呼吸困難、餵食問題及黃疸。出生體重愈低，早產週數愈多，這些問題發生的可能性就愈高。
自然產	胎兒由母體自陰道產出，稱為自然產。
剖腹產	是指從腹部到子宮切開，取出嬰兒的手術過程。如果嬰兒難產，例如：頭太大、胎兒有危險、生產時間太久體力耗竭等，都必須實施剖腹產。剖腹產手術在生產發症時可以挽救人命，但是手術本身對母體和胎兒來說也有極高的危險性。剖腹生產會使母體的疼痛增加，造成外傷、手術併發症，而且母體的死亡率是自然生產者的二至四倍。此外，有些研究報告指出，剖腹產的女性發生產後憂鬱症的比例，較自然生產的女性為高。憂鬱症是許多重大外科手術的常見後遺症，剖腹生產即屬重大手術。經由剖腹生產的婦女，不僅在產後必須要自手術中復原，同時還得照顧新生嬰兒，這樣的感覺會讓她覺得疲倦不堪且精疲力盡，而她的倦怠感和憂鬱症則會影響母子之間的溝通。剖腹生產的比例在過去 30 年已從 5% 增加至 25～30%，這意謂著在某些醫院裡，超過三分之一的嬰兒是剖腹生下來的。

項目	內容
Lamaze 分娩法	Lamaze 分娩法是由一位法國婦產科醫師 Fernand Lamaze 所研發出來的。在 Lamaze 分娩法裡,嬰兒的父親在產婦生產時全程陪伴她,以給予協助和鼓勵。他們事前要上課認識生產過程和學習減輕痛苦的技巧,分娩的知識與放鬆的心情可以降低恐懼感,因而使疼痛減輕。面對痛苦時,一般人的反應通常是恐懼和緊張,這些母親在產前的準備課程裡,學會了更有用的方法,諸如有規律的呼吸法和放鬆法,用來分散痛楚的感覺。
結紮手術	為不除去生殖腺,以醫學技術將輸卵管或輸精管阻塞或切斷,而使停止生育之方法。
催生鉗夾分娩方式	1. 當子宮收縮變弱或停止,以致胎兒無法順利推出陰道時,即可能採用剖腹生產或以鉗子夾出胎兒。在緊急狀態下,產科醫師使用類似彎曲弧狀的鉗子,順勢夾住胎兒頭部兩邊。 2. 如於分娩第一階段或第二階段之初,此種高度強制的夾鉗生產較具危險性,但是在接近分娩期,胎兒已在陰道口時,使用鉗子拉出胎兒的危險性則較低。

人工流產（墮胎）	1. 人工流產手術:是指胎兒在子宮外生活之前終止其妊娠。
	2. 社會工作者角色
	（1）角色思考
	  A. 社工人員在協助女性思考墮胎問題時,扮演一個非常重要的角色,關鍵是社工人員必須能夠將個人價值和專業價值劃分清楚。
	  B. 整件事最重要的考量是:這位女性必須能夠自己做決定,別人不能替她做決定。
	（2）社會工作者角色
	  A. 使能者:社工人員能協助婦女做決策;包含幫助案主確認可能的選擇及評估正負面影響。
	  B. 教育者:包括提供懷孕婦女有關墮胎過程的確切資訊,胎兒發展以及可做的選擇;教育者角色還必須提供避孕諮詢以避免再次非期望的懷孕。
	  C. 仲介者:不論最後的抉擇為何,懷孕婦女必須了解適當的資源:包含墮胎的診所、產前健康諮商、領養服務;社工人員應告知婦女可用的資源,詳加解釋,並協助其取得資源。

項目	內容
人工流產（墮胎）	D. 倡導者：倡導墮胎婦女的權益，促使她們得以墮胎或取得墮胎服務經濟補助。另一個倡導形式是促使禁止墮胎政策及法令的修定，使婦女得到需要的服務；假如婦女不想墮胎，社工人員應促使其獲得支持及服務。

知識補給站

女性在面臨墮胎的困難抉擇時之決定方式與社工角色

1. 女性在面臨墮胎之困難抉擇時，究竟是如何下決定的呢？她必須忠實地去發掘自己對於墮胎的感覺，她需要有人協助她考慮其他可行的辦法，諸如生下孩子交由他人領養，或者親自扶養，或是交由家人扶養。
2. 社工人員在協助女性思考墮胎時，扮演一個非常重要的角色，關鍵是社工人員必須能夠將個人價值和專業價值分清楚。整件事情最重要的考量是：這位女性必須能夠自己做決定，別人不能替她做決定。此時社會工作者扮演一個支持性的角色。
3. Swedish 的研究顯示，雖然許多的女性在墮胎後覺得有罪惡感、心情沮喪，但假使墮胎是出於志願而非被迫，通常女性事後較不會後悔，情緒上的問題也較少。事實上，**墮胎後發生心理問題的女性不到 10%**。在墮胎手術後情緒反應較激烈的女性，通常在事前也較為矛盾，覺得自己受到逼迫，甚至已有人格發生問題的徵兆出現。
4. 一位在事前得到鼓勵，有充裕時間可以思考再做出決定的女性，事後往往比較能夠接受自己所做的決定。在墮胎前尋求諮商有助於女性平衡自己的情緒，其目標在於協助女性做決定——無論當時她覺得好過或不好過——一個她最終認為是正確的決定。

八、影響產前發育的藥物

藥物品名	對產前發育的影響
酒精	產前／產後成長遲滯、發育遲緩、臉部畸形、心臟缺陷、過動行為問題。

上榜關鍵 ★★

會影響產前發育的藥物，在命題記錄上，曾有「產婦若服用下列哪一種藥物，可能會造成小孩過動行為？」之測驗題選項，選項中出現古柯鹼、鎮定劑、阿斯匹靈、酒精等四個選項，從這個歷屆考題中可知，詳加準備對各項藥物品名對產前發育的影響，且必須非常細心，題庫中應仍有其他藥物品名尚未被命題，考生不可不慎。

藥物品名	對產前發育的影響
安非他命（苯丙胺）	早產、死產、新生兒易怒不安、新生兒哺乳情況不良。
抗生素	1. 鍊黴素：喪失聽力。 2. 四環黴素：早產、污齒、短手短腿、手蹼、骨骼成長有限。
阿斯匹靈	造成母親或嬰兒出血方面的問題。
大侖丁（苯妥英、治癲癇藥）	頭部及臉部異常、心臟缺陷、裂顎、心智發育遲滯。
巴比妥酸鹽	胎兒會產生戒毒過程中出現的症狀，包括盜汗、嘔吐、情緒激動，同樣能引發神經學方面的問題。
幻覺劑	可能造成慢性傷害、流產、行為異常。
鋰	心臟缺陷、嗜睡。
古柯鹼	出生體重不足、畸形小頭、早產、流產。
海洛因	血毒症、流產、早產、出生體重不足、流產、新生兒出現戒毒症狀，例如：焦慮不安、嘔吐、顫抖。
賀爾蒙	1. 雄激素：男性女性化。 2. 雌激素：女性男性化。
鎮定劑（Valium）	手蹼、呼吸困難、肌肉狀態差、嗜睡。
菸草	早產、死產、出生體重不足、過動、學習障礙。
維生素 A	手蹼、心臟缺陷。
Accutane（粉刺藥）	畸形小頭、眼盲、心臟缺陷、嬰兒死亡。
咖啡因	出生體重不足、早產。
抗組織胺藥	畸形、嬰兒死亡。
皮質類固醇	畸形、手蹼。

九、母親的情緒、家庭貧窮、家庭暴力

> **上榜關鍵** ★★
> 觀念細節題，測驗題考點。

（一）母親的情緒

1. 母親的情緒似乎也會影響到胎兒。有些證據顯示，情緒低落或緊張過度的婦女所產下的嬰兒，通常體重不足、好哭、精神方面的問題也較多。母親在懷孕期間的情緒低落也和新生兒哭個不停，安慰不了有關。

2. 有愈來愈多的父母及心理健康專家們相信，孩童的情緒健康始於受孕期。這些父母和專家相信，在產前冥想與胎兒溝通，可以增進親子關係，更可以讓孩子以後擁有良好的情緒。姑且不論這些想法經不經得起嚴密的測試，對準父母來說，這些想法還是很好的。

3. 準父母們可以認識他們胎兒的能力，婦產科醫師可以鼓勵他們和胎兒交談、播放音樂、朗讀，以及唱歌給胎兒聽。準父母們輕壓腹部，感受到胎兒踢回來的動作，在那一瞬間他們可以體驗到胎兒確實是一個活生生，可以產生互動的生命。這些活動可以幫助準父母與胎兒建立關係，也會增加他們之間的親密度。有些研究人員相信這種早期親密關係的建立，可以防止日後虐待兒童事件的發生。

4. 有些婦女在生產後會出現憂鬱症，這和荷爾蒙失調或過度疲勞等原因有關。一般而言，這種產後憂鬱症（postpartum depression）會在幾天或幾週內消失，有時病狀卻會持續數個月。這些婦女較不能滿足嬰兒的需求，也很難和嬰兒有良好的互動，而這些行為也會影響嬰兒的依附關係。產後憂鬱症通常是在生產之後 4 週內出現。

（二）家庭貧窮

1. 出生貧窮家庭的孩子，遭遇健康和發育問題的危險性較高。貧窮是造成產前保健缺乏、出生體重過低、早產及母體不健康習慣的主因，低收入更與孩子受到虐待有莫大的關聯；而受虐兒童及遭受遺棄兒童在發育上也面臨較多的問題。當然，這不表示貧窮家庭的父母對其子女的關愛比富裕人家少，只不過貧窮所造成的外在壓力，讓他們無法提供孩子應有的養育環境。

2. 兒童受到疏忽或虐待時，比較可能被帶離原生家庭，因此，在寄養家庭之中，有的寄養兒童來自貧窮家庭。貧窮家庭嬰兒的居住環境特徵包括：缺乏規律、過度擁擠、照顧不周和父母親對嬰兒的回應不足等。

3. 貧窮也會使照顧者感受到壓力，無法提供妥善的照顧。貧窮也會影響懷孕中的母親，導致早產或出生併發症，使得寶寶需要額外的照顧和父母的回應，母親卻必須為生活而忙碌，無暇給予妥善照顧。

（三）青少年父母

1. 青少年父母必須面對多重的問題，他們生活在貧困之中的可能性較高，本身可能必須面對不少發展上的問題，而自身發展上的問題將影響到和嬰兒的互動。

2. 青少年由於本身還是個孩子，必須一方面建立自我的認定感，另一方面又要撫養自己的孩子。與成年父母相較之下，青少年父母比較容易罹患憂鬱症。他們較少和嬰兒進行口語上的互動，對嬰兒的需求較少回應，嬰兒認知上刺激的提供也比較少，缺乏嬰兒發展階段相關的知識。一般而言，青少年父母有將嬰兒視為麻煩製造者的傾向，懲罰嬰兒的舉動比較頻繁。與學步兒互動方面，青少年父母親在互動上比較缺乏敏感度、過度介入，傾向於負面的互動方式，這些都造成親子依附上的問題。Osofsky、Hann 與 Peebles 指出，協助青少年成為成功父母的一些重要因素，包括：取得協助、能夠完成學業、得到協助了解如何因應憂鬱症、自尊心的強化和了解兒童性情等。

（四）家庭暴力

1. 家庭暴力是危害孕婦和胎兒的因素，對許多婦女而言，懷孕是受到毆打或毆打情況加劇的開始。研究報告指出，每四位女性之中，就有一位女性在懷孕時期受到某種程度的身體虐待。在懷孕期受到身體上的虐待容易造成流產、早產及嬰兒先天體重不足等結果，且由於不太與人往來的緣故，受虐婦女通常較少有產前檢查的管道。此外，這種暴力關係使壓力逐漸增加，受虐婦女染上不健康習慣的情況相當多，例如：吸菸、吸毒、酗酒等，這些對於發育中的胎兒都會造成致命性的影響。

2. 一般受虐婦女不會主動向人透露自己受虐，你必須問她，她才會說。在進行訪談時，應該將婦女與其先生隔離。女性通常較容易對另一位女性吐露自己受虐的事情，尤其是這位女性如果深表同情，而且願意支持她幫助她。如果她顯得有些遲疑，應使用較無壓迫性的問句，例如：「我看過類似妳身上所受的傷，通常都是別人蓄意傷害造成的，不知道妳的情況是不是也一樣？」

3. 家庭情況通常也需要進行評估，家庭的暴力程度是多少？家裡有沒有任何武器？妻子是不是懼怕她的先生？她怕不怕她的孩子？她是否有過上警察局和法庭的經驗？

4. 受虐婦女必須訂出一套安全策略。她可以打電話給誰？她可以去哪裡？她能不能有個人積蓄？她必須取得庇護所和緊急住宿、合法醫療、諮詢與支持團體等資料。最重要的是，她必須認清一項事實──沒有人應該被自己所愛的人傷害。

十、正常新生兒的特色與反射特徵

> **上榜關鍵** ★★★
> 新生兒特色請留意細節，反射特徵著重在各種特徵的意涵及區辨，均是測驗題考點。例如：考題以陳述新生兒的反射特徵內容為主，請考生選出相對應的反射特徵選項；部分反射特徵選項名詞較難一窺便了解，例如巴式反射、踏步反射、僵直性頸反射，請建立區辨的能力。

（一）新生兒特色

1. 一般正常的新生兒體重介於 5.5 磅（2,500 公克）至 9.5 磅（4,300 公克）之間。
2. 由陰道產下的新生兒頭形通常呈現長形或圓錐形，這是因為新生兒頭部的骨骼尚未完全接合之故。這些骨骼在生產期間改變位置，將頭形調整至可以符合產道的形狀以便通過（剖腹產的嬰兒則有完美的圓形頭形），通過產道也會使嬰兒的臉部瘀傷或腫起。許多新生兒的皮膚呈紅色，帶有皺紋且粗糙。

（二）正常新生兒的反射特徵

1. 吸吮反射
- 嬰兒飲食的能力。嬰兒對於任何出現在眼前的大小適合體，都會本能的吸吮它。

2. 尋乳反應
- 輕觸正常嬰兒的嘴唇或嘴唇旁的臉頰，會自發性轉動頭部並且嘴巴開始吸吮動作，是屬於刺激的自發性動作。

3. 驚嚇反應
- 當嬰兒聽到突然巨響，會自發性伸展手腳，展開手指，頭向後轉，這種反射的目的不明，且在幾個月之後會消失。

4. 踏步反射
- 是指撐起嬰兒保持直立狀態，輕觸足背，嬰兒會自然舉起一腳，類似要走路的動作。

5. 抓握反射
- 是將物品放到嬰兒的手掌，嬰兒會抓住物體。

6. 巴式反射

- 指嬰兒的腳底被搔癢時，腳指頭向外張開。

7. 游泳反射

- 指將嬰兒放到水中會做出游泳的動作。

8. 僵直性頸反射

- 是指當嬰兒平躺，將他的頭轉向一側，面對臉的那側手腳會伸展，另一側手腳則屈曲。

十一、新生兒相關名詞

項目	內容
亞培格量表	1. 起源：1953 年由 Virginia Apgar 發展出亞培格量表（Apgar scale）。 2. 用途：對新生兒進行評估，五個變項給分從 0 到 2 分，通常評估兩次，分別為出生後 1 分鐘及 5 分鐘。 3. 評估分數：最高是 10 分，7 至 10 分是正常健康的嬰兒，4 至 6 分表示應該小心注意觀察嬰兒，4 分以下表示嬰兒顯然有問題，須緊急處置。 4. 評估項目： （1）心跳：範圍從無心跳到每分鐘至少 100 次。 （2）呼吸：範圍從無呼吸到正常呼吸與哭泣。 （3）反射反應：範圍從抽吸過呼吸道之後無反應到有活力的皺臉、拉扭、咳嗽。 （4）肌肉張力：範圍從軟弱無力到活躍。 （5）膚色：範圍從淡藍色到全身粉紅。

> **上榜關鍵** ★★★★
> 在測驗題為重要考點，請詳加準備。

項目	內容
布列茲頓新生兒行為評估量表	1. 與亞培格量表之比較：亞培格量表係針對剛出生的嬰兒做立即性粗略的評量，而布列茲頓新生兒行為評估量表（Brazelton Neonatal Behavioral Assessment Scale）評估範圍更遍及嬰兒的中樞神經系統與行為反應。 2. 評估時間：通常為出生後 24 至 36 小時。 3. 評估項目：量表強調在行為面的細微區別。包括 28 項行為、18 項反射，以評估動作系統控制層面、活動層面、吸吮反射、清醒或睡眠的反應、對外界環境的反應。極低分顯示腦部損傷或是一種腦部狀況。
低出生體重和早產兒	1. 低出生體重是指低於 2,500 公克。 2. 早產是指懷孕在 38 週前出生，經常會有低體重的情形。 3. 足月產指懷孕週數在 37 至 42 週之間，多數的嬰兒是懷孕約 40 週出生。
成長遲滯／胎兒期體型較小	胎兒的體重如果低於該成長階段一般胎兒的體重 10%，就算是成長遲滯或胎兒期體型較小。胎兒期體重正常的早產兒，出生時的體重不足是早產所致；但是胎兒期體型較小的嬰兒，其出生時的體重不足則是發育異常所致。另外，在子宮內容易窒息的嬰兒，出生後往往需要更多的照顧。成長遲滯嬰兒的問題不僅是因為他們出生時體型較小，他們之所以會體型較小，是由於某種產前剝離而影響了他們的成長和發育。以長期發展的觀點來看，這類兒童會表現較不正常的腦波頻率，學習能力不足的機率亦較高。就長期的改善情況來看，藉由出生後適當的照顧，大部分的孩子都能在最初的三個月內有所改善，在一歲前能夠有較正常的發育。
嬰兒猝死症候群	1. 嬰兒猝死症候群（SIDS）或搖籃死亡症（crib death），是指當嬰兒在二至四個月大時發生猝死之事件。 2. 發生原因： （1）受到不知名的病毒侵襲。 （2）體內某種系統造成心臟的衰微，以及呼吸道的阻塞。 （3）在睡夢中短暫停止呼吸。 （4）如果嬰兒的母親是個菸毒癮者，極可能是嬰兒猝死的原因之一。 （5）研究指出，母親年紀很輕、生產次數較多、吸菸、吸毒、社經地位較低、未作產檢、兩胎的間距過近等，都和嬰兒猝死症候群的發生有關。

項目	內容
嬰兒猝死症候群	3. 家庭面臨反應 （1）第一個反應便是「為什麼會是我？」而感到錯愕、不可置信、憤怒痛苦。 （2）除了處理自己的情緒之外，為人父母者尚要面對親友的疑惑，一般人都不知道要如何安慰有早夭嬰兒的父母，學者稱此現象稱為「沈默弔詭的回應」（conspiracy of silence）。 4. 社工的角色：如何協助父母恢復日常作息，避免其互相挑剔指責，從而面對新生活的挑戰，這是社工人員所須扮演的角色。
先天缺陷	意即出生時任何類型的缺陷或不正常，先天缺陷易於小產。
先天性心臟病	先天性心臟病包括心室之間有開孔的情況及心臟畸形。有時候心臟疾病和其他如唐氏症也有關聯。假使心臟嚴重缺陷時，會影響到將來的成長及發育，嬰兒在適當的時機應接受矯正手術。
腦性麻痺	胎兒生產前或生產後，因缺氧或顱內出血而造成腦部受損，會進一步發展成腦性麻痺。這種情況主要的問題是癱瘓、肌肉衰弱及肌肉共濟失調。部分腦性麻痺病童也會有心智遲滯的情形，發生語言及聽力障礙、視力障礙、學習障礙等綜合情況的比例更高，約有 70～80%。
唐氏症	1. 唐氏症（Down syndrome）是染色體的缺陷造成不同程度的認知障礙，伴隨著身體的特徵，例如：寬扁頭部、眼距較寬、眼皮上有皺摺、圓又平的臉、塌鼻子、伸長的舌頭、四肢較短，以及心臟、眼睛及耳朵缺陷。 2. 唐氏症的出生因產婦年齡的增加而機率提高。
脊柱裂	1. 是指脊柱未能閉合以致神經暴露在外，出生後須立即做脊柱閉合手術，通常伴隨著發生的是腦水腫，是不正常脊椎液堆積在腦部，可能會導致頭部增大與腦萎縮。 2. 脊柱裂發生機率約為千分之一。
苯丙酮酸尿症（PUK）	苯丙酮酸尿症是一種先天性代謝異常，患此症的嬰兒無法代謝苯丙氨酸，苯丙氨酸在體內不斷累積，最後會造成心智遲滯。因此，嬰兒出生時都必須接受苯丙酮酸尿症檢查，患有此症的孩童必須嚴格控制飲食，並且避免食用含有苯丙氨酸的食物。

項目	內容
基因	基因的決定因素涵蓋了：(1) 發展的速度；(2) 個人的特質；以及 (3) 缺陷的特質等三個主要遺傳個別化的特性。大部分的特徵，諸如：體重、身高、血型及膚色，是多種遺傳因子交互作用之動態的結合而形成，經遺傳配對互動而有不同的形式，如一個基因配對可能會有一對是顯性，另一對是隱性等。當然，遺傳的個別差異性及特質對人類只提供幼年相關性別認同及行為藍圖的基本要素，並未提供人類行為在生活舞台上的最後劇本，諸如：比較雙胞胎一起養育及雙胞胎分開養育之研究，就發現其在體重及智力方面有相當大的出入，研究結果也顯示，有些行為因素比其他因素容易受到周遭環境所左右。
基因異常	1. 大部分的單一基因異常對人體結構都有某方面的影響，而且通常都很嚴重，甚至會威脅到生命安全。單一基因異常並非僅由顯性基因所引起，隱性基因也會引起基因異常。每個人體內都有異常的隱性基因，這些異常基因平時並不會造成不良作用，但如果我們與具有異常基因的人結合，疾病就會發生。假使這兩個人帶有相同的異常基因，其子女遺傳到兩個隱性基因的機率就有 1／4。例如：在每 20～30 位白人之中，就有一位的第七號染色體有纖維性囊腫的基因。顯性基因不會造成此疾病，而隱性基因則有可能，若父母皆具有 Cc 的基因，由於顯性基因的作用勝於隱性基因，因此父母親並不會罹患此疾病，而他們所生下的孩子，有 25% 的機率會遺傳到兩個顯性基因 CC，此時便不會有異常現象；有 50% 的機率遺傳到基因型為 Cc，與其父母相同，也不會產生異常，但是有另外 25% 的機率會遺傳到兩個隱性基因 cc，而發生纖維性囊腫。 2. 有一種單一基因違常與 X 染色體基因有關，即是 X 染色體內某一單一基因造成違常。由於 Y 染色體比 X 染色體短，基因素也較少，因此有一部分染色體的基因，無法在 Y 染色體上找到相互對應，用來抑制 X 染色體內有害的基因。例如：紅綠色盲通常發生在男性身上，如果男性 X 染色體內有色盲隱性基因，那麼發生色盲的機率就會增加，因為他的 Y 染色體內無法找到相對應的顯性基因去壓制色盲的隱性基因。正因為男性的 Y 染色體缺乏此特質的基因，無法壓制 X 染色體內隱性色盲基因，男性才會比較容易發生紅綠色盲現象。如果女性的兩個 X 染色體內都具有色盲的隱性基因，那麼她也會發生紅綠色盲的情況。

項目	內容
基因異常	3. 基因和環境是如何互動以決定人類的行為呢？最近較受歡迎的一種說法是，基因會使人們決定選擇何種環境互動來影響人的行為。換言之，人們會去尋找符合其基因優勢的環境。
染色體異常	1. 染色體中，如有數對染色體或單一染色體有了異常狀況，多半會影響胎兒發展。 2. 這種家族遺傳上的基因缺陷，由父母傳給孩子，如唐氏症（Down's syndrome，俗稱唐寶寶）或叫蒙古症（mongolism），就是指智力上有所遲緩，因其第 21 號染色體多了一條，通常超過四十歲的高齡母親或者年幼稚齡的產婦懷有唐寶寶的機率較高。
性染色體異常	1. 一個性染色體的特徵，意即由一染色體決定個人的性特徵，最突顯的與性染色體相關基因突變為血友病。 2. 血友病是源自藏於 X 染色體的隱性基因，這是由於 Y（男性）染色體比 X（女性）染色體要短多了，因而短缺的一節無法與 X 染色體完全登對以對抗壞血基因。 3. 患有血友病的人，血液中缺乏凝固血液的血漿成分，因此很可能只因為小小的傷口流血，在短短數分鐘內由於缺乏凝固血液來保護傷口止血，而造成流血過多致死的現象。血友病患者對於體內流血不止的現象如果沒有留意，也足以致死。
李奇奈症	1. 李奇奈症（Lesch-Nyan syndrome），得自於 X 染色體隱性基因所造成嚴重的行為失調。這種疾病源自體內的酵素短缺而造成兒童新陳代謝的速度遲緩、內分泌不均，促使兒童們會強迫性地傷害他們自己。 2. 例如：兒童開始在長牙齒階段，他們會咬自己的嘴唇、舌頭及指甲等強迫性行為。除此之外，這些兒童們的智力失能，而且生理上如肝臟和腎臟的器官功能出現違常等症狀。
亞斯柏格症（Asperger syndrome）	1. 亞斯柏格症兒童有很多特徵和自閉症兒童雷同，唯一不同的是，亞斯柏格症兒童並沒有明顯的語言發展遲緩的現象。如果沒有明顯的語言發展遲緩現象，又符合其他類似自閉症的各種社會互動性或特殊行為模式特徵的，則可以歸類為亞斯柏格症。

項目	內容
亞斯柏格症 （Asperger syndrome）	2. 也有學者以比較寬鬆的方式來界定：自閉症兒童如果到了五歲有發展出一定的語言表達能力，也將其歸類為亞斯柏格症。而在追蹤亞斯柏格症兒童長大成人後的狀況發現，有些輕微、高功能的自閉症患者在學業、社會適應、工作能力、社交關係上和亞斯柏格症者並沒有明顯的差異性，這或許可以作為亞斯柏格症其實是一種比較輕微的高功能自閉症的說法。 3. 亞斯柏格症患者社會行為特質： （1）沒有同儕互動的能力。 （2）缺乏同儕互動的欲望（小時候）。 （3）無法辨別社會性的線索（因此會不自覺的說出激怒或得罪別人的話）。 （4）在社會和情緒方面有不適當的行為。 （5）有非語言的溝通障礙（如手勢非常少，肢體語言笨拙，少有臉部表情或有不恰當的表情，注視他人的眼光僵硬而奇特，不會用眼神傳遞訊息或與人過度靠近，無法察覺不成文的社會行為規範，也很難順應情境修正自己的行為，因此會不自覺的說出激怒或得罪別人的話）。 （6）不容易了解他人細微的情緒，表達自己情緒的方式也不尋常。
尼古丁	研究發現吸菸與「體重不足、孕期縮短、自發性流產其他併發症」相關聯，孕期中吸菸的婦女所產的胎兒體重，比不吸菸的婦女所生的要來得弱小。
胎兒酒精症候群	1. FLK （1）FLK 是「Funny Looking Kid」（長相怪異的小孩）的縮寫。某些嬰幼兒生下來便具有一種臉部及行為異常的不明症候群，由於沒有醫學名詞可以形容這種異常現象，醫師們便在嬰幼兒的病歷表上填入 FLK。FLK 這些縮寫字並不代表某種特定的醫學診斷，僅代表醫師對此異常現象的吃驚反應。

項目	內容
胎兒酒精症候群	（2）醫學界發現，這類型異常現象皆出現於酗酒孕婦所產下的嬰兒，會出現這種特定的先天性缺陷，稱之為「胎兒酒精症候群」（FAS）。胎兒酒精症候群這種先天缺陷具有長期的影響，會有智能遲滯的現象。在生理上的徵兆為頭部小、眼睛小、人中（臉與上唇間的部位）發育不良、上唇薄、短鼻，以及臉部中間部位平坦。罹患胎兒酒精症候群的嬰幼兒在學習力、注意力、記憶力及解決問題的能力等方面都會有問題，同時有肌肉協調不良、衝動、聽力受損、說話能力弱等問題。患有胎兒酒精症候群的青少年和成人則表現出衝動、欠缺約束力、判斷力不足，對社會上的正當性行為也不能理解。這些行為上的特質使他們沒有辦法保有工作，也無法和同儕建立良好的人際關係。 （3）酒精所造成的缺陷，較輕微的則稱為胎兒酒精效應，其特色在新生兒身上是體重不足、易怒、過動；在孩童身上則是注意持續時間短且有學習障礙。由於酗酒而造成的缺陷在醫學上稱為酒精類先天性缺陷。 2. 預防胎兒酒精症候群處遇原則： （1）防治胎兒酒精症候群須從教育懷孕婦女有關懷孕期酗酒會產生的傷害著手。 （2）婦產科醫師應於孕婦產前健康檢查初診時，即診測出酒精的問題，並藉支援團體與教育課程之力，共同幫助孕婦產下健康的寶寶。
嬰兒夭折	一般人遇到嬰兒夭折的問題時，第一個反應便是「為什麼是我」而感到錯愕、不可置信、憤怒痛苦，心中有一連串的問號，有時候會惱羞成怒地怪罪醫療人員、自己的親人或詛咒上帝不公平，甚至對著冰冷的嬰兒遺體怒罵。除了要處理自己的情緒之外，為人父母者，要面對親友的疑惑，一般人都不知道要如何安慰有早夭嬰兒的父母。哀悼夭折的嬰兒會持續多久？與其他的哀悼過程相比，大概都要花上幾個月到一年的時間，在半年過後，一般的父母都能恢復日常的起居生活安排。如何協助父母恢復日常作息，避免相互挑剔指責，從而面對新生活的挑戰，這是社工人員所必須扮演的角色。

十二、特殊境遇的父母人口群

社會工作者必須理解針對某些特殊的父母人口群來說，風險存在於人與環境的交互作用總體結構之中。包括六種特殊的人口群：

(一) 孕婦藥物濫用：對於孕婦使用不合法及合法的藥物，因而造成胎兒發展的影響，目前在這方面的知識成長迅速。好消息是，一旦確知懷孕的事實，越來越多的醫療專業人員會避免開給有損胎兒發展的處方藥。壞消息則是，太多懷孕的婦女仍使用非法藥物或濫用合法藥物，因此傷害了她們的胎兒。此外，不幸的是，許多婦女在懷孕初期3個月內並不知道自己懷孕，而這個時期的胎兒卻非常容易受到致畸物質的不良影響。在懷孕期間仍應避免接觸致畸因子，以增加健康懷孕結果的機率。社會工作者與其他相關專業人員，持續針對生育年齡的婦女進行教育，告知她們酒精、菸草和其他毒品所導致的後果。由於已知父親對於母親藥物濫用的影響，並有越來越多證據顯示，父親的藥物濫用會影響精子品質，因此越來越多的預防方案也將父親納入服務範圍。

(二) 孕婦飲食失調：因為飲食失調常導致月經失調、性欲減低及不孕的現象，懷孕這件事很容易為患者所忽略。然而，顯然地，某些女性的飲食失調最初是在懷孕期間開始，或許這是對於自己體重增加與體形改變的反應。飲食失調可能導致不良的懷孕結果，例如：胎兒的胎齡較小、嬰兒出生體重不足，以及新生兒死亡率增加。早產的發生率為預期的2倍，兒出生前後的死亡率為預期的6倍；然而，哺育母乳的時間長短則未發現受到飲食失調的影響。服務對象為患有飲食失調症或懷孕婦女的社會工作者，必須了解患有飲食失調症的孕婦，可能導致哪些不良的懷孕後果。

(三) 母親為女同性戀者：越來越多的女同性戀者渴望或已經成為母親，但這些女性仍然面臨著許多障礙和難題。估計已有超過三分之一的女同性戀成為母親，不過若是整個社會能夠提供更多支持的話，合理的推論是將有更多同性戀者選擇生兒育女。對於想要成為或已經是母親的女同性戀者來說，其中一個主要的風險因子，或許是受到社會的排斥，因為一般大眾對於同性戀仍有負面觀感。儘管生育方法的選項增加，許多醫療機構對於女同性戀者的使用卻不具敏感度。懷孕的女同性戀者可能缺乏家人和朋友的支持系統，同時生育機構也可能不允許同性的配偶參與分娩過程。然而，女同性戀者具有其他特殊族群所沒有的優勢。一項針對27位已成為母親的女同性戀者所進行的研究顯示，她們的家庭功能很強，個人的運作良好，並具備多樣化的親職技巧。其他相關研究報告則指出，所有受訪者都曾尋求產前照顧，而曾參與分娩教育課程的比例則高達89%至100%。社會工作者可以幫助醫療服務提供者了

解女同性戀者成爲母親的優勢,以及她們所面臨到的特殊挑戰。

(四) 父母爲身心障礙者:身心障礙者往往被認爲是反性生活或「無性的」,因此受孕、懷孕和分娩並未被視爲相關的權益議題。但事實並非如此,一方面,並非所有殘疾都對生育產生負面影響。相較於一般婦女,決定進行懷孕的身心障礙婦女更需要密切的監測,以減低因殘疾而增加的風險。雖然身心障礙婦女在懷孕期間出現併發症的機率較高,但只要有縝密的規劃,同樣可以做好照顧新生兒所需的適應。儘管一般社會大眾反對這樣的行爲,但仍持續有針對某些身心障礙者進行非自願絕育的情況發生。即使是具有嚴重的先天殘疾,或照顧小孩的能力有限,專業人士並贊成如此處理個人的生殖權利。不過,多數人卻也同意,生理、環境、人際關係、資訊及政策的障礙,剝奪了身心障礙者在生殖醫療系統,以及其他生育選擇方面的公民權。隨著身心障礙者逐漸被認同爲社會的正式成員,某些對於這個族群受孕、懷孕和分娩的負面看法,也可能隨之消除。然而,與此同時,向來爲此族群發聲的社會工作者,絕對不能在此階段忽視申訴權益與發聲的機會。

(五) 孕婦爲受刑者:據估計,約有四分之一的女性受刑人,在坐監時身懷六甲或在前一年分娩。這些婦女和她們嬰兒的處境非常危險,因爲絕大多數母親的環境貧困、在被監禁之前和之後多半濫用藥物,許多人有嚴重的生理和精神健康問題,同時大多數缺乏有關懷孕、分娩及產前照顧的教育與技能。無論是哪一種類型的機構,監獄內的生活多半讓人感到緊張。提供另一種生活情境,讓懷孕受刑人獲得適當的服務,或許是改善她們懷孕生兒育女的人道方式。

(六) 母親爲愛滋病毒帶原者:根據聯合國的估計,每年經由母體感染到愛滋病毒的新生兒超過 60 萬名,而且數字仍在迅速上升中。如果母親未使用任何預防性藥物,並且親向哺乳,將愛滋病毒傳染給嬰兒的機率約爲 20% 至 45%。然而,根據 2005 年的數據顯示,若使用抗逆轉錄病毒藥物治療和預防、不餵食母乳,並在適當的時候選擇剖腹生產,傳染的風險將降至 2% 以下。社會工作者必須體認到此一問題的複雜性,以及社會大眾對於愛滋病毒帶原婦女的偏見。在未來 10 年內,社會工作持續扮演提升一般人對於愛滋病毒的覺察,促進愛滋病毒感染的明確通報。

練功坊

★ （　）下列有關高齡懷孕的敘述，何者錯誤？
　　(A) 若是超過 35 歲以上才懷孕，不論對母親或是孩子而言，都是百害而無一利
　　(B) 相較於 20 多歲懷孕的女性，年長女性在懷孕階段，出現妊娠高血壓和糖尿病的機率是比較高的
　　(C) 高齡懷孕的流產機率，相較於年輕懷孕的女性，是比較高的
　　(D) 年長的女性，由於經濟條件較為穩定，對於擔任母親的角色，是更有自信的

解析

(A)。高齡孕婦（醫學上指超過 35 歲）可能會擔心的是，她們年老後孩子的照顧問題，因而備感壓力；家裡年長的小孩，也可能難以接受母親的懷孕及新生命的到來。不過，另一方面，年長的女性在經濟上可能較為穩定，並對於擔任母親的角色更有自信，因此，即使她們所要面對的風險較高，但愈來愈多的女性選擇在 35 歲以後生小孩。選項 (A) 有誤。

★ （　）下列有關嬰幼兒特質的敘述，何者錯誤？
　　(A) 一般而言，1 歲嬰幼兒的體重，大約是剛出生時的 3 倍左右
　　(B) 約 4 個月大的嬰幼兒，眼睛所見的事物與成年人相同，但並沒有與成年人對於該項事物，有相同的認知
　　(C) 嬰幼兒的聽覺，在子宮內便已經開始發展，且他們出生後，對於母親的聲音偏好，勝於其他女性
　　(D) 嬰幼兒的體型，與營養、疾病、環境因素等，有重要相關，和遺傳則無太大關係

解析

(D)。基因的決定因素涵蓋了：（1）發展的速度；（2）個人的特質；以及（3）缺陷的特質等三個主要遺傳個別化的特性。大部分的特徵，諸如：體重、身高、血型及膚色，是多種遺傳因子交互作用之動態的結合而形成，經遺傳配對互動而有不同的形式，如一個基因配對可能會有一對是顯性，另一對是隱性等。選項 (D) 所述有誤。當然，遺傳的個別差異性及特質對人類只提供幼年相關性別認同及行為藍圖的基本要素，並未提供人類行為在生活舞台上的最後劇本，諸如：比較雙胞胎一起養育及雙胞胎分開養育之研究，就發現其在體重及智力方面有相當大的出入，研究結果也顯示，有些行為因素比其他因素容易受到周遭環境所左右。

> 練功坊

★ （　）發現自己懷孕了最初的 3 個星期，一般孕婦最主要關心的是下列何者？
　　(A) 先生的感受　　　　　　　　(B) 胎兒的長相
　　(C) 自己的想法　　　　　　　　(D) 公婆的想法

解析

(C)。致力於研究懷孕過程的 Reva Rubin 表示，懷孕時期最常出現的問題有二，分別是：「現在嗎？」和「誰？我嗎？」，亦即，孕婦主要關心的是自己的想法。

重點便利貼

❶ 正常新生兒的反射特徵：
（1）吸吮反射：嬰兒飲食的能力；
（2）尋乳反應：輕觸正常嬰兒的嘴唇或嘴唇旁的臉頰，會自發性轉動頭部並且嘴巴開始吸吮動作，是屬於刺激的自發性動作；
（3）驚嚇反應：當嬰兒聽到突然巨響，會自發性伸展手腳，展開手指，頭向後轉，這種反射的目的不明，且在幾個月之後會消失；
（4）踏步反射：是指撐起嬰兒保持直立狀態，輕觸足背，嬰兒會自然舉起一腳，類似要走路的動作；
（5）抓握反射：是將物品放到嬰兒的手掌，嬰兒會抓住物體；
（6）巴式反射：指嬰兒的腳底被搔癢時，腳指頭向外張開；
（7）游泳反射：指將嬰兒放到水中會做出游泳的動作；
（8）僵直性頸反射：是指當嬰兒平躺，將他的頭轉向一側，面對臉的那側手腳會伸展，另一側手腳則屈曲。

擬真考場

(　　) 1. 下列哪一種「產前檢查」具有侵入性？
　　　　(A) 超音波　　　　　　　　(B) 絨毛膜取樣
　　　　(C) 胎甲球血蛋白檢查　　　(D) 驗孕棒

(　　) 2. 產婦若服用下列哪一種藥物，可能會造成小孩過動行為？
　　　　(A) 古柯鹼　　　(B) 鎮定劑
　　　　(C) 阿斯匹靈　　(D) 酒精

(　　) 3. 孕婦長期抽菸對胎兒的影響是什麼？
　　　　(A) 造成長期性的肥胖與鉛中毒不良影響
　　　　(B) 由於肺部長期碳化，引發唐氏症
　　　　(C) 胎兒成長遲緩，增加流產或早產兒的機率
　　　　(D) 直至目前對胎兒的研究並未顯示任何直接或間接作用

解析

1. B　絨毛膜取樣是以細塑膠管經陰道或用針穿透腹部到子宮進行採樣，採取絨毛樣本（突出在胎盤周圍絨毛薄膜的微小細長物），第 8 至 9 週即可進行，可考慮停止懷孕時間較長。危機是檢查具有侵入性，增加流產的風險。

2. D

藥物品名	對產前發育的影響
古柯鹼	出生體重不足、畸形小頭、SIDS、早產、IGUR、流產。
鎮定劑	手蹼、呼吸困難、肌肉狀態差、嗜睡。
阿斯匹靈	造成母親或嬰兒出血方面的問題。
酒精	產前／產後成長遲滯、發育遲緩、臉部畸形、心臟缺陷、過動行為問題。

3. C　香菸的吸入會使孕婦血液裡的一氧化碳增加，這會減少胎兒氧氣的獲取。吸菸會增加早產、胎兒死亡、流產及其他懷孕期和生產時的併發症。同時吸菸也被認為會增加嬰兒猝死症候群發生機率，另外，也會減少子宮內胎兒對外界的反應。現在愈來愈多的研究指出，在懷孕期內吸菸所造成的影響是長期性的。吸菸婦女的嬰兒在出生一週時，反應上就會有差異；到了孩童時期通常個頭也比較小，有認知發展和學習上的問題。吸菸使胎兒的智能遲緩比不吸菸的胎兒多了 50% 的比例。在學齡前階段，這些兒童的口說能力測驗分數都較非吸菸婦女產下的兒童低。

第三章 CHAPTER 3
嬰幼兒期

榜·首·導·讀

- **Freud** 在「嬰幼兒期」的性心理發展理論、**Erikson** 在「嬰幼兒期」的生命週期發展理論、皮亞傑在「嬰幼兒期」的認知發展理論,均為金榜考點,務必完整準備。
- 依附理論為申論題考點,請對理論的內涵完全清楚,並要有論述及應用於實務案例的實力。
- **Ainsworth** 提出的三種依附模式,是測驗題熱門考點,請詳加準備。

關·鍵·焦·點

- 生理發展重要原則、氣質的基本定義、嬰幼兒期的相關名詞等均請詳讀,是測驗題的重要考點。

命·題·趨·勢

年度	110年		111年				112年				113年	
考試	2申	2測	1申	1測	2申	2測	1申	1測	2申	2測	1申	1測
題數				5	1	1		8		1	1	2

本·章·架·構

嬰幼兒期 — 重點1 ★★★ 嬰幼兒期
- 嬰幼兒生理發展
- Freud 在「嬰幼兒期」的性心理發展理論：口腔期、肛門期、性蕾期
- Erikson 在「嬰幼兒期」的生命週期發展理論／心理社會發展理論：第一階段到第三階段
- 皮亞傑在「嬰幼兒期」的認知發展理論：感覺運動期
- 能力理論在「嬰幼兒期」的應用
- 依附理論
- 嬰幼兒哭泣之型態
- 嬰幼兒的微笑與笑
- 孩童情緒發展類型
- 孩童性情／氣質
- 孩童的行為學習
- 嬰兒的語言發展
- 嬰幼兒期的相關名詞

重點 1 嬰幼兒期

閱讀完成：
＿＿＿月＿＿＿日

上榜關鍵 ★★★★
請將發展原則記清楚，各原則的細節必須詳讀，為測驗題關鍵考點。

一、嬰幼兒生理發展

(一) 生理發展重要原則

1. 全人整體的原則
   生理及環境的因素必須共同發揮交互作用特性，以利幼兒達到最高的成長和最佳的發展。

2. 由簡單至複雜細膩的活動
   動作由大而化之變成複雜細膩，例如：刺激腳部或引起從頭→肩→手指→腳指的全身反應，隨年齡增加，個別協調的動作反應則增多。嬰兒先能走、跳、爬、跑，然後才能發展至寫與畫的細膩動作，這些都是由大而化之的動作到精巧細緻的發展之過程。

3. 精緻複雜動作至整合動作
   各部位的複雜發展之後緊接著是統合協調的生理過程。例如：孩子藉由哭鬧以尋求食物、吸吮奶嘴時猛咬奶嘴，或者將奶瓶或奶嘴塞入自己的嘴中。

4. 從頭到四肢尾端發展原則
   嬰兒發展是從頭部進行到身體較低的部位，神經部位的發展也是從頭至腳。嬰兒在肌肉的控制收縮是由頭至頸部至手臂及肚子，然後至兩腿。嬰兒剛開始爬行時，是利用上半身的匍匐爬行，腿部的動作是消極隨行。等到再大一點，腿力才開始爬行的動作。

5. 由近到遠的發展原則
   是指成長的過程是由頭至身軀乃至四肢，由身體的中央部位進行至外圍部位。嬰兒先學會搖動頭及身軀，然後動作的掌控由手臂而手腕再至手指，而到達能握及手指等靈巧的動作。

6. 餵食
   兒童在成長的過程中，生活需要規律化。定時飲食、定時睡眠、時間流程與生活節奏，以及平衡感的形成，可以型塑嬰兒日後生理作息的規律性。

7. 睡眠
   預產期順利出生的小孩每天睡眠時間約占每日 50～60%，早產兒則為

80%。隨著年齡增長，體力及能量增強，活動範圍及經驗擴大後，容易抗拒按時上床睡覺或忙著玩耍不願上床睡覺。

8. 感覺運動技能

    運動神經是指肌肉的運作，在嬰幼兒出生後前兩年的生活裡，頸部、頸脊椎、手臂及腿部沒有力氣去協調運動，要等到腦部及脊椎發展成熟才能引起肌肉的力量及全身的協調，連帶地促進肌肉的成長及運作。

9. 觸摸及抓緊物品

    運動系統是由粗演進至精細協調有目的的動作。這種動作起源於反射的行為。初生兒能透過物體的握與抓來穩住他們的重量，但這種反射動作在出生4個禮拜後逐漸消失，取而代之的是探取、精準掌握、彎曲及放手的動作。

上榜關鍵 ★★

發展順序必須熟記，為測驗題考點。

(二) 生理發展 知 順序

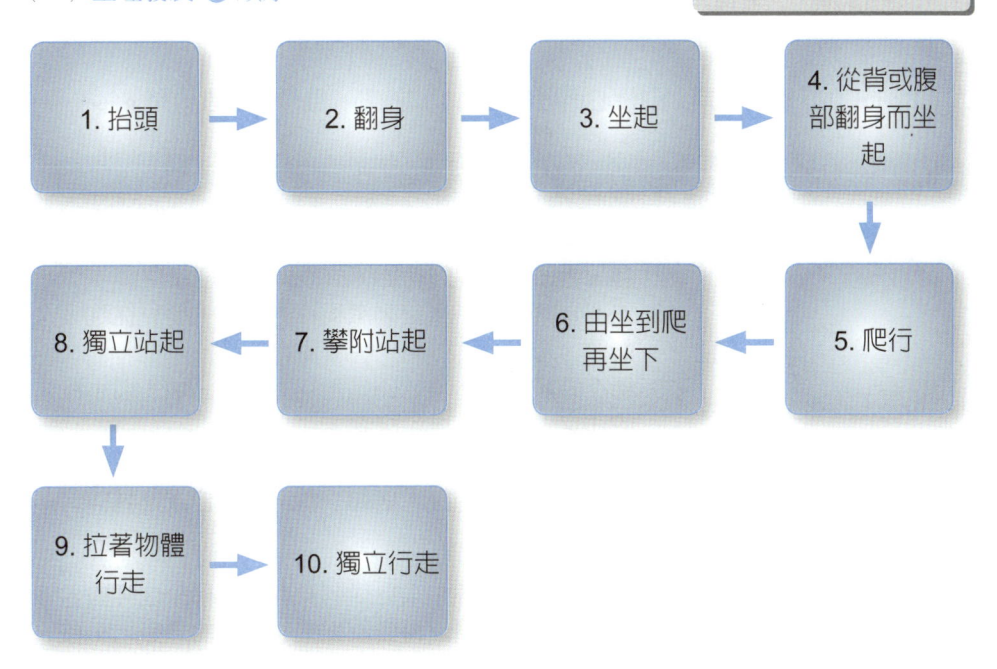

1. 抬頭 → 2. 翻身 → 3. 坐起 → 4. 從背或腹部翻身而坐起

8. 獨立站起 ← 7. 攀附站起 ← 6. 由坐到爬再坐下 ← 5. 爬行

9. 拉著物體行走 → 10. 獨立行走

知識補給站

- 處在不同文化的嬰兒，發展的快慢會有所不同，但發展的順序則超越文化差異，人人皆同。這為發展的成熟理論（maturational theory）提供最好的證據，這個理論認為嬰兒的發展是由基因決定，依照固定的順序進展。

（三）嬰兒免疫劑注射時間表

年齡	免疫劑
出生	B 型肝炎
2 個月	B 型肝炎、白喉、破傷風、百日咳、小兒麻痺、腦膜炎
4 個月	百日咳、小兒麻痺、腦膜炎
6 個月	B 型肝炎、百日咳、腦膜炎、小兒麻痺
12～15 個月	百日咳、腦膜炎、麻疹、水痘、德國麻疹
4～6 歲	百日咳、小兒麻痺、麻疹、水痘、德國麻疹
11～12 歲	破傷風、白喉

二、Freud 在「嬰幼兒期」的性心理發展理論：口腔期、肛門期、性蕾期。

期別	年齡	內容
口腔期	出生到大約 18 個月	1. 此期孩子的活動都圍繞在進食以及與其器官（嘴、唇、舌頭）相關的功能，故被稱為「口腔期」。 2. 主要快樂來源：來自刺激嘴部的經驗。嬰兒從吮吸奶頭、奶瓶等，得到一些感覺的滿足。 3. 衝突區域：進食被認為是衝突重要的區域，而小孩的注意力是在獲得和接受。 4. 固著後遺症：固著於這個時期，個人將會被認為是有嚴重的人格困擾。例如：精神分裂症或是精神沮喪。
肛門期	18 個月到 3 歲之間	1. 主要的快樂來源：來自從刺激肛門而得來之經驗。他從能控制便溺而得到一種感官方面的滿足。小孩的活動主要專注於給予和保有，此與排泄有關。 2. 衝突區域：排泄訓練是重要的衝突領域。 3. 固著後遺症：固著於這個時期，個人會有混亂、固執或反抗的人格特質，或者性格易形成包含對立的特質，如過度愛乾淨或過分的守時。

榜首提點

主要係以測驗題主要考點，各期別年齡及內容，均需詳讀。亦即，必須區辨特徵及各期別的年齡區間，為常見的混淆型測驗題；每一期的內容及其固著的現象均須了解，除測驗題型可使用外，在解析申論實務題時，可以作為診斷及處遇之運用。

期別	年齡	內容
性蕾期	3歲到5歲	1. 主要快樂來源：尋求生殖器上的刺激，展現自己的身體，或看其他人的身體。在這個時期幼兒主要的興趣從肛門移轉至性器官。幼兒們主要的身體快樂來自刺激性器官的經驗，這是兒童的「手淫期」。 2. 衝突區域：戀母情結、戀父情結。 3. 固著後遺症：在這時期兒童對性有一些幻想，且人格也變得複雜，雖然很自我中心，小孩想要有愛和被愛，並且尋求被讚美。固著於這個時期，人格特質是傾向於驕傲、混亂和不喜歡自己。

三、Erikson 在「嬰幼兒期」的生命週期發展理論／心理社會發展理論：第一階段到第三階段。

生命週期理論發展階段	內容
第一階段： 信任 vs. 不信任	1. 年齡：初生至兩歲。 2. 發展任務：「信任 vs. 不信任」。 3. 發展需求： （1）必須要滿足其愛的需要以及激勵的需要。倘若這兩種需求都能滿足，嬰兒會發展一種信任的意識。 （2）倘若嬰兒需求被忽視及拒絕，會發展一種不信任的意識。例如：嬰幼兒生理需求（如餵食不足，直接的不信任行為反應是不停地哭泣或嚎啕大哭。 （3）當嬰兒有一種不信任的意識，對於他以後的人格發展會遭遇困難。 （4）假如嬰兒在一個時期內發展良好，有助於下一階段的發展正常，否則在一個時期內發展不佳，則下一階段必定亦是較弱或較差的。 4. 儀式性行為對嬰兒及照顧者的影響力： （1）主要照顧者與嬰兒每日的例行過程，是一系列高度個人化的儀式性行為。例如：幼兒發出一系列口語的、情緒的及操縱性的行為，照顧者用微笑或關懷、焦慮等回應。

榜首提點

歷屆試題中，本部分為重要考點，且多以測驗題為主。亦即，必須熟記 Erikson 在「嬰幼兒期」的生命週期發展理論的三個階段內容，以及其發展任務的特徵，常見於測驗題，但亦必須準備申論題，除各階段發展內涵之記憶題型外，並請建立應用於解析實務案例之能力。

生命週期理論 發展階段	內容
第一階段	（2）另外，孩子的命名是生命歷程必經的儀式，通常被視為相當重要的人生大事，並且反映了特殊意義的儀式性行為。
第二階段 獨立 vs. 羞恥 及疑慮	1. 年齡：二歲到三歲。 2. 發展任務：「獨立 vs. 羞恥及疑慮」 3. 發展需求：假如這時期的幼兒被允許探測，或做他能力範圍內能做的事，會發展一種獨立的意識。例如：父母因怕幼小孩子把家裡弄髒，禁止拿湯匙自己餵食，這樣會使幼兒感覺羞恥、疑慮，對於自己的能力失去信心。 4. 發展特徵 （1）此階段的特徵是兒童探索自主性。生理上的幼兒肌肉逐漸成熟，也進入三種新的活動：即走動、大小便排泄的控制及說話。肌肉的控制讓嬰幼兒學習接受與放棄，促進了留守或停止的行為機制。這些活動賦予孩子自主的動力及勝任感。在此期間，兒童了解到何謂分離的意味。 （2）大小便的訓練：幼兒的雙親如果是嚴厲、拘謹，並且愛苛責或處罰的人，幼兒可能會因抗拒拘謹的父母，而對自己的尿道或肛門失去自我訓練及紀律。此階段因為不懂得在排泄上操作得當，會自我否認或是缺乏自主的能力，另一方面也得不到父母的讚許。就如 Erikson 所說，當兒童面對一種「雙重反抗及雙重挫敗」，這樣的孩子便無法因自主而自傲。
第三階段： 創造力或主動 vs. 罪疚感	1. 年齡：學前階段，從三歲到五歲。 （1）發展任務：幼兒能自己設計一些計畫，以達成目標。例如：幼兒允許在房間裡玩積木、做遊戲，完全由他自己籌劃，就會發展「創造力或主動」。倘若雙親以為孩子愚蠢，或笨手笨腳，不讓他自己設計做一些事或遊戲，並且常常批評他，會使孩子發展罪疚感，或者自我概念變壞，自認為壞孩子，因為父母不准他做某些事。

生命週期理論 發展階段	內容
第三階段： 創造力或主動 vs. 罪疚感	2. 發展特徵 （1）自主性、自動感的建立不僅要靠幼兒自身的出擊，也有賴於其他家中重要他人的耐心與鼓勵才得以成形。倘若為人父母不了解子女而一味的批評和阻撓孩子的探索行為，往往會讓孩子感到疑慮，而不能培養其適當的自信及自我肯定，常常因而淪於自我猜疑等。 （2）如果兒童期間的心理社會危機是在一連串的羞愧及自我懷疑的心態下去解決所謂的壓力，那麼幼童在缺乏自信之下，並沒有能力達成自己的目標，而且具有預期性的失敗感，幼兒可能因此畏縮不前，而不願參與活動與學習新的技巧。

四、皮亞傑在「嬰幼兒期」的認知發展理論：感覺運動期

榜首提點
這部分雖以測驗題為金榜考點，但由於內容相當細瑣，考題除了本理論的架構外，出題偏細節，考生務必多加研讀數次，徹底對於細節詳加準備。

（一）發展階段
　　第一階段～感覺運動期/感覺動作期。
（二）年齡
　　嬰幼兒出生至 2 歲。
（三）發展任務
　　感覺運動期/感覺動作期（Sensory-motor Period），是指視覺、聽覺、味覺、觸覺、嗅覺。運動/動作指一切行動，例如：觸、摸、爬、探測等。這時期嬰兒對於任何東西都會用手摸摸或抓住，送到嘴裡嚐、嗅，然後才能辨別出物質的性質，經由這種方式，嬰兒對於世界上的事物逐漸了解。
（四）感覺運動期的六個分期

上榜關鍵 ★★★
感覺運動期的六個分期準備方向，著重在分期別的項目、內容的區辨，題型偏向測驗題。

　　1. 內涵：Piaget 認為兒童是同時具有主動性及互動性的有機體，透過兒童對周遭環境的因應模式來了解兒童的行為。Piaget 強調嬰幼兒同步進行同化及調適之過程以為適應。這種同化調適之發展，在感覺運動期又可分為六個連續的階段，包括以下幾個分期：

分期別	內容
分期一： 自然反射運動之開始期	1. 年齡：出生至一個月大。 2. 分期內容：此期間包括自然系統之使用及與生俱來之反射動作，如眨眼為嬰幼兒的「反射動作」。而出生的前幾天，嬰幼兒在吸吮奶水時，如果奶嘴從口中溜出，能夠表現出尋找奶嘴或吸食的自然反射動作，這種進展稱為「功能性的同化適應」；進而類推至其他的同化（嬰幼兒藉此除吸吮乳頭之外，也能吸吮其他的東西），以及辨認的適應（嬰幼兒藉此分辨出奶頭與其他東西的差別性）。
分期二： 初級循環反應期	1. 年齡：約四個月大的嬰幼兒。 2. 分期內容：發展吸吮手指頭，將拇指塞進口中的習慣，這種行為與剛出生時吸吮拇指的不同點在於，這是嬰幼兒體認吸食拇指是一種照顧活動，持續的吸吮拇指之所以為基本的循環反應，是因為這種「反覆循環」是簡單且重複的，具有強化覓食行為的作用。
分期三： 進階循環反應期	1. 年齡：四至八個月。 2. 分期內容：嬰幼兒學習達到進階循環反應，進一步協調整合初期所學習之反應動作，發展出另一個行為。例如：嬰幼兒搖著「響鈴串」，去聆聽所發出的聲音是進階循環反應。超越孩童先前所習得接觸及聆聽的動作，孩童在此時期擴大先前所習得之行為範疇，而進入更新更複雜的行為系列。
分期四： 思考認知行為的起端	1. 年齡：八到十二個月。 2. 分期內容：嬰幼兒演化至智力思考的起端，在此階段似乎已具有使用工具行為的能力。例如：在紅色枕頭下方置放玩具，嬰幼兒會在紅色枕頭下方找到玩具，但將紅色、藍色枕頭同時出現，並故意將玩具放在藍色枕頭，嬰幼兒仍然只會去找紅色枕頭。這個到枕頭下找東西的動作，表示嬰幼兒智力發展的起點，而在辨識不同枕頭的動作上，也顯示出紅色枕頭下的玩具代表兒童無能力辨識一連串特性的過程。嬰幼兒對某種動作特定重複的過程，也顯示嬰幼兒在辨識能力上的限制性。只有在嬰幼兒到了十二至十八個月時，才能超越這種限制而習得在藍色枕頭下也能找到玩具。

分期別	內容
分期五： 高階循環反應	1. 年齡：指十二至十八個月大的嬰幼兒。 2. 分期內容：嬰幼兒開始尋找新事務發展新的探索方法，如同一個幼兒看見地毯上有一個東西，為了接近該東西，便拉扯地毯，就在接近地毯的同時，發現地毯的東西也到手了。因此幼兒利用這種抽動地毯的動作也幫忙他拿到了想要的東西。這是此階段中運用操作行為的分水嶺，兒童似乎可以不斷地嘗試並在錯誤中學習。嬰幼兒習得感官及心理上的能力，了解物體存在的永久性。幼兒早期的觀感以為看不到的東西就不存在，稍長之後才知道並非如此。這種物體眼不見即不存在的概念，也可解釋為什麼嬰幼兒在玩捉迷藏或扮演遮臉遊戲時會那麼興奮的原因。這種積存物體形象的能力是孩童更近一步培養習得象徵性思考的基模。這種「物體恆存」知的概念，也是邏輯思考的基本架構。
分期六： 思考基模期	1. 年齡：十八個月大至二歲。 2. 分期內容：孩子在行動之前，心理上能綜合思考不同的解決難題可能的方式，Piaget 將這段期間稱之為「思考基模」，初步的架構使孩子能夠適應及操縱環境中的資訊，並綜合新的資訊以適應環境的需求。孩子們的表現可視為一種超越感覺運動期的協調及整合，也就是思考智力的開端，概念式的思考也開始發展。

> **物體恆存**
>
> 物體恆存（object permanence）是指能夠將對某人或事物的印象存留在腦中的能力。皮亞傑指出：小嬰兒無法記住一個不在眼前的東西。如果把玩具放在毛巾之下，4 個月大的嬰兒不知道將毛巾掀起來可以找到玩具。2 歲大的幼童雖沒有看到餅乾卻知道它在哪裡，因為餅乾的印象已經保留在他們的腦裡；另外，他們也有能力想出一個辦法取得它。

知識補給站

165

（五）認知發展理論相關名詞

項目	說明
目標取向行為	皮亞傑將嬰兒出生到 2 歲這個階段稱為感覺運動期，在這個階段中，嬰兒由隨機反射的動作，發展出目標取向行為（goal-directed behavior）。例如：從只觀看自己的手在眼前毫無目的的移動，發展到可以動手搬椅子到桌邊，取得桌上的餅乾。目標取向的行為，是將一連串的行動組合在一起，以便達到所欲達到之目的。
意欲性目的手段行為	在 8 至 12 個月時，嬰兒能夠將幾種偶發的動作連結在一起，以達到某種目的，稱為意欲性目的手段行為（intentional means-end behavior）。開始有解決問題的能力，同時發展出物體恆存的概念。例如：如果將玩具藏在一塊布巾之下，9 個月大的嬰兒會移開布巾取得玩具；但如果將玩具藏在另一塊布巾之下，他還是會在第一塊布巾之下尋找這個玩具，即使將藏在新布巾之下的動作顯示給他看，他仍會試著從第一塊布巾找尋玩具。此時，嬰兒開始能夠模仿他人的動作；若你拍手給他看，他能夠模仿，但自己卻無法自發性的做出這個動作。
隱密的移位	12 至 18 個月的嬰兒是個小小探險家，他們不再依賴偶發性的動作，有能力自己想出動作或活動。重複藏布巾的遊戲，如果將玩具藏到第一塊布巾之下，然後再移到第二塊布巾之下，他有能力找到所藏的玩具。但是，你如果把玩具放在一個盒子下面，再將盒子放在布巾下面，接著將盒子推開，使玩具留在布巾之下，接著將盒子放回原來的地方，嬰兒還是會在盒子下面找尋玩具，因為這個階段的嬰兒還是無法理解隱密性移位（invisible displacements）。
具象思維	在 18 至 24 個月，嬰兒從動作取向轉移到象徵取向，他們發現完整的物體恆存觀念，能夠將東西或人的形象牢固地記在腦海裡，能夠解決問題。即使沒有看見你把玩具藏起來，他們也會去尋找它。他們會去櫃子上的餅乾罐裡找餅乾，因為他們知道餅乾都是擺在那裡，即使沒有看到你藏的動作。處在這個階段的嬰兒不必觀看別人，就能夠自己進行某些動作。例如：他們對自己的成就很滿意時，就會主動拍手。

五、能力理論在「嬰幼兒期」的應用

理論內涵	理論應用
1. 代表學者：Robert White。 2. 理論內涵 　（1）運用能力理論勝任行為模式來解釋兒童的正常發展。例如：新生兒在新環境最早面臨的問題，就是因應吃喝排泄的基本生理要求。 　（2）因應行為包括每個發展階段中紓解壓力及發展新的解決方法之能力。 3. 因應行為三個主要成分 　（1）獲取並研發新資訊的能力。 　（2）學習了解並處理個人情緒的能力。 　（3）在自身所處的境遇中能伸縮自如，並發展成長，而不僅只墨守成規維持現狀的平衡，或者在危機中倉惶失措。	1. 可用於預測人類在社會生活中有著主動操之在我的因應能力。例如：對嬰兒來說，因應能力包括哭泣及吸吮等能力，表達得相當適切。因餓而哭，哭了獲取食物而吸飲飽食，進而滿足其所需，藉由這些行動取得結果。如果嬰兒被棄之於充滿飢餓的環境中，相對地，嬰兒的滿足及勝任感也很難建立。如果要培養一種能力是靠整體的移轉，在轉換過程中，嬰兒能夠適應解除壓力，得之於一種有意義的方式，意即提供嬰兒滿足感及榮譽感。 2. 能力：口腔期發展多為從餵食者對嬰兒的人格所產生的影響力，但White認為嬰兒在成長過程中，會發現餐飲覓食的樂趣，例如：發掘餐具的奧妙與玩弄食物。這些重複行為在在都會正面地影響他們的人格，也間接影響他們的能力及行為。 3. 排泄行為訓練：White認為排泄行為的訓練及習慣的養成也是另一個能力發展的模式。在肛門期裡，養成固執、圓融以及有條有理的習性，這些都足以建立幼兒的自立自主感。頑固的及圓融的能力在發展的過程中是一種成就，是每日生活固定的事物及一種例行玩耍的活動。White對人類發展的觀點採取比較正面的態度，強調個人的能力與能量的發揮。

六、依附理論

（一）依附的意涵

依附（attachment）關係始於嬰兒與重要他人發生往來互動之時刻，這種關係是型塑人類社會關節的基本要素。

（二）依附定義的五種構成成分
　　1.一個人在距離上保持安全或接觸方式。
　　2.對特定的少數人所表達的交換互動或依附行為。
　　3.對熟悉者的出現與所表達的相互交換行為。
　　4.依附交互行為一方如未獲得回饋，則容易產生情緒激烈的狀態（如受挫痛苦等情緒）。
　　5.依附者為了避免痛苦的狀態，可能導致在更大的社交圈中去尋求其他的親密機會。

（三）依附理論

> **榜首提點**
> 本理論在申論題已有多次的出題紀錄，考生必須對本理論的內涵完全清楚，並要有論述及應用於實務案例的實力。

　　1.代表學者：鮑爾貝（Bowlby）。
　　2.理論內涵
　　　（1）鮑爾貝（Bowlby）創立了依戀感理論（Theory of Attachment），又稱為依附理論。
　　　（2）依附理論強調孩子與父母或其他照顧者互動，並導致情感連結的重要性，在依附關係建立過程，嬰兒被視為扮演主動參與者，這個觀點與 Freud 的口腔期著重在嬰兒對照顧者的順從與依賴不同。
　　3.理論重點
　　　（1）出生至三歲是個人一生一段重要的時期，必須要有母親的撫育及愛護。鮑爾貝指出，從出生至三歲左右剝奪了母親的撫育，將影響兒童身心的發展。

> **上榜關鍵** ★★
> 請思考單親家庭的嬰幼兒依附發展不完全，對其未來人格的發展影響。

　　　（2）母親撫育初生嬰兒應附帶母愛的表示，例如：撫摸或擁抱。嬰兒由於獲得母親的愛，有安全感及愉快的情緒，會促進其消化系統及循環系統的功能，使嬰兒生理健康，以及建立健全的人格。
　　　（3）郝威（Howe）認為母親與嬰兒的接觸是傳神的、不知不覺的，假如母親感覺緊張，也許嬰兒也會立即哭鬧。嬰兒並未了解母親的緊張是如何引起的，母親亦未發覺已將緊張的情緒帶給嬰兒。
　　4.依附的發展五個階段

依附發展階段	內容
第一階段	1.年齡：最初 3 個月期間。 2.發展內容：嬰兒學習區別人和事，之後他們藉著微笑與發出聲響，以增加對人們的回應。

依附發展階段	內容
第二階段	1. 年齡：從 3 到 6 個月。 2. 發展內容：嬰兒學習區別主要照顧者與陌生人；他們對照顧者會有更多正向的回應，並且在互動上顯露熱情與興奮；當照顧者離開時，他們也會表現出沮喪。當嬰兒與照顧者學習如何相互回應，情感依附的複雜過程逐漸發展。
第三階段	1. 年齡：從 6 到 9 個月。 2. 發展內容：嬰兒尋找他們的照顧者並且試著與他們更親近，隨著爬行及行動增加，嬰兒會與他們的照顧者時而眼神接觸來探索周圍環境。他們開始更關注照顧者對其行為的反應，並有相呼應的回饋。例如：當照顧者靠近且注意他們，嬰兒會微笑。
第四階段	1. 年齡：從 9 到 12 個月。 2. 發展內容：嬰兒對照顧者的原本外貌、行為及期望有更精細的發展，嬰兒在預測照顧者的反應上更加熟練，並且能夠預期照顧者如何回應他們的痛苦。
第五階段	1. 年齡：開始於第 12 個月。 2. 發展內容：孩子對於與照顧者的互動更加敏感，他們開始展現情感，同時尋求愛、關心及他所需要的身體接觸；孩子可能會要求母親在睡覺前讀故事或給他們擁抱。

（四）嬰兒與照顧者建構依附關係的連結方式。

上榜關鍵 ★
測驗題的考點。

方式	內容
1. 一視同仁式的反應	1. 年齡：從出生 2 到 3 個月。 2. 連結內容：嬰幼兒對於聲音、臉部表情及任何人所發出的社會訊息刺激，只要是嬰幼兒有興趣者，他們通常是來者不拒，沒有特別喜愛的人。
2. 差別式的社會反應	1. 年齡：在 2 至 3 個月及 6 至 7 個月之間。 2. 連結內容：嬰幼兒開始對某些熟悉的人產生好惡的選擇，通常對友善的人物都會發出熱情的回應、咕咕聲或微笑以回報之，甚至對少數陌生人相當友善。

方式	內容
3. 真誠的依附／主動的接近	1. 年齡：在6至7個月至3歲大時。 2. 連結內容：嬰幼兒型塑相當明確的依附關係，多半是與他們的母親，常見嬰幼兒爬著緊跟母親、靠近她，當母親一離開則抗議；當母親回來則溫暖地微笑，嬰幼兒持續與其他特定的重要他人建構這種親密關係，直到3歲多。
4. 目標正確的夥伴關係	1. 年齡：3歲以上。 2. 連結內容：會具備相當的認知技能，能夠體認父母的期待，而且依其期許的目標考量並調整他們的行為，以保持與父母的親密關係。

(五) 依附與分離

> **上榜關鍵** ★★★
> 請將本部分的內容逐字逐句詳讀，並理解所述觀念，在測驗題時，出題相當枝微末節，考驗考生在準備時的細心度。

1. 依附現象

(1) 六至九個月大的孩子，對親人或陌生人沒有特殊的依附行為，到了十個月大時，通常傾向依附母親，再來是父親，最後是陌生人。

而十五個月至十八個月大的新生兒，通常這種強烈的依附關係達到最高點。而在二歲大時，嬰兒對父母有同樣的強烈依附親密關係，與陌生人則保持距離。

(2) 父母親對嬰幼兒的呵護扮演著重要的角色，體型、外表及若干反射動作都是嬰幼兒藉以依附的附加動作，嬰幼兒回應他們的照顧者，鎖定照顧者與之共舞（dance partners）。在陌生的環境下，如果嬰幼兒被迫與主要照顧者分離，會讓他們產生受挫、緊張與不愉快的感覺。

(3) 依附行為的發生，主要是照顧者餵食嬰兒，替他換尿布，而且滿足嬰幼兒其他生理上的需求，嬰幼兒顯得急欲得到餵食者的「立即回應」，因而彼此間對所發出的訊號極度敏感，意即這段「早期重要的互動關係」左右他們日後關係的模式及好惡。撫愛、眼對眼的接觸、人體氣味、人體的溫度、人體的動作，以及聲調高低都是依附行為互動往來所產生的結果。

(4) 嬰兒的特質可能會影響母子的關係，例如：早產兒可能會有依附上的問題，他們不似正常兒童般的「可愛」，不太和照顧者互動，對周遭事物少有回應，母親的動作也無法吸引他們。另外，早產兒多數的時間待在加護病房，親子互動並不容易。不過，只要出院回家，依附關係的建立就不是問題，最近的研究也顯示：極早產嬰兒和足月生產嬰兒兩者的依

附類型並沒有顯著差異。
2. 分離焦慮
   （1）當嬰幼兒體驗到呵護的愉悅之際，也會發現懼怕的痛苦滋味，這種懼怕之一是「分離的焦慮」，當孩子發展與照顧者緊密的互動關係之後，一旦與照顧者分開時，進而引發嬰幼兒三個階段的反應：抗議（protest）、失望（despair）及斷絕（detachment）。
   （2）分離焦慮感是在 14 至 18 個月大時達到最高峰，然後逐漸變得較少發生，直到學齡期前。嬰幼兒與母親的分離感和母親隔離時間的長短成正相關，一個嬰兒與母親隔離的越久，當與母親重聚之時，很可能會產生沒有反應的現象，有些母親在分開後回來與嬰幼兒重聚時，被這種冷漠的舉動所困惑且大感傷心，嬰幼兒即使也感受傷害，卻無意再接觸久別母親的關切。
   （3）陌生人焦慮（stranger anxiety）是指，嬰兒對不熟悉的人會有恐懼和退縮的反應，這發生在約 9 個月大時，而且是一種跨文化現象。許多新手父母表示，「我不知道我的孩子怎麼了，她原本一直很活潑。」對於陌生環境的焦慮程度，以及表達焦慮的方式，每個嬰兒都不同。

（六）嬰兒反應依附模式
1. Ainsworth 提出的嬰兒反應三種依附模式。

嬰兒反應依附模式類型	內容
1. 安全型依附（secure attachment）	此類嬰兒以母親為安全的基地而探索遊戲室，他們意識到母親的同在，會不時的察看，以確保需要之時母親就會在身旁。母親離開時，他們會哭或抗議；母親回來後，嬰兒會靠近母親取得安慰，和她有肢體上的接觸。中產階級的嬰兒之中，65% 屬於安全型依附。
2. 焦慮型依附（anxious attachment）	是典型的黏人寶寶，不喜歡探索遊戲室內的事物。母親離開時會很生氣，哭泣許久。母親回來後，他們雖會尋求肢體上的接觸，但可能即刻推開，甚至打母親，不易被安撫。Ainsworth 認為這類嬰兒不夠信任母親，不相信她能夠滿足自己的需要。

榜首提點
Ainsworth 提出的三種依附模式，是測驗題熱門考點，而第四種的無組織／無定向的不安全反應，則為測驗題冷門考點。

嬰兒反應依附模式類型	內容
3. 迴避型依附（avoidant attachment）	這類嬰兒不太在乎母親的離開，不以母親為基地，行為舉止視做母親不在場，眼神不太和母親接觸，也不會試圖吸引母親的注意。對母親的離開更無動於衷，對她的回來也毫無反應。

2. 無組織／無定向的不安全反應

近來有學者在 Ainsworth 的嬰兒反應依附的三種模式之外，加入第四種反應，稱之為無組織／無定向的不安全反應（insecure disorganized / disoriented response）。這些嬰兒表現出矛盾的行為：他們試圖在身體上靠近，但又出現逃避畏縮的行為。通常，這些嬰兒的母親若不是曾經有過虐待行為，就是仍未擺脫自己的創傷經驗。於是，嬰兒對於「陌生」的情況感到困惑，他們害怕不認識的人，並且向母親尋求安慰，然而因為對於母親也同樣感到害怕，因此後來變選擇退縮。某些學者認為，無組織型依附所表現出來的相關行為，實際上是對於嚴苛照顧的適應性反應。

（七）造成依附失敗的危險因素。

因素來源	依附失敗因素
1. 嬰兒	1. 嬰兒的特質：例如早產兒可能會有依附上的問題，他們不似正常兒童般的「可愛」，不太和照顧者互動，對周遭範圍少有回應，母親／主要照顧者的動作無法吸引他們。 2. 早產兒大多數的時間都待在加護病房，親子互動並不容易。然而，只要出院回家，依附關係的建立就不是問題，最近的研究也顯示，極早產嬰兒和足月生產嬰兒兩者的依附類型並沒有顯著差異。
2. 父母	1. 未成年母親可能會影響依附的形成，因為她們不善與孩子溝通或交流，對孩子行為線索的解讀和回應也有不足之處。

上榜關鍵 ★★
對於依附失敗的因素，請詳加對細節加以研讀，以備測驗題正確選答之用。

因素來源	依附失敗因素
2. 父母	2. 母親的憂鬱也影響依附關係的形成，因為患有憂鬱症的母親往往會沉溺於自己的情緒或過度集中在自己的痛苦之中，對孩子的需求和舉動少有回應，忽略孩子發出的社交線索。嬰兒的情緒又容易受到母親情緒的感染，即使母親不表現出憂鬱的樣子，對孩子情緒的影響也會持續下去。研究也顯示，母親表現憂鬱的方式會影響孩子的依附，憂鬱症母親常表現出有壓力及焦慮的樣子，往往造成孩子發展出不安全及迴避型依附。當母親離開時，孩子會焦慮哭鬧，但當母親回來時，孩子又表現出不太願意和母親親近的樣子。 3. 其他與父母有關的問題包括：酗酒、兒童期受虐和意外懷孕等，這些都會影響依附關係的形成。
3. 家庭因素	1. 子女數太多：會削弱母親和新生嬰兒之間互動的機會。 2. 婚姻關係：會影響主要照顧者和嬰兒之間的互動，伴侶的支持使得母親對嬰兒的需求比較有回應，而母親對嬰兒的付出也充滿感性。 3. 環境的壓力：包括貧窮家庭、家庭暴力等。 4. 社會支持體系：可以緩和許多壓力，特別是家中有個性情暴躁的嬰兒時，對母親格外重要；充分的社會支持也使得安全型依附關係的發展比較容易。環境的壓力也會影響母子的互動，母親若疲於處理貧窮和家庭暴力等問題，將沒有餘力照顧嬰兒，就會影響兩方的依附關係。

（八）兒童依附問題之評估

> **上榜關鍵** ★★
> 請特別留意測驗題對依附失調的現象之內容描述區辨。

問題	依附失調的現象
1. 情感表達	與人互動時缺乏溫暖與親切的交流，輕易親近陌生人。
2. 尋求安慰	受到傷害、驚嚇或生病時不會尋求安撫。即使尋求安慰，通常會使用奇怪或矛盾的方法。
3. 依賴他人	不是過度依賴，就是需要時不去尋求可依附的照顧者。
4. 合作	不順從照顧者的要求，或過度服從。
5. 探索行為	在陌生的場合裡不會察看照顧者是否同在，或者不願意離開照顧者去探索環境。

問題	依附失調的現象
6. 控制行為	過分討好照顧者或過分控制支配照顧者。
7. 重聚時反應	分離後團聚，無法重建互動，行為表現包括：忽視、迴避或強烈憤怒。

（九）依附安全的孩子能夠發展出健全的能力、能夠自助、必要時能夠求助於人、和同儕關係良好、比較能夠自我了解、學習能力佳、學校表現比較好。時常更換領養家庭的嬰兒也會有依附上的問題。Bowlby 針對一群在嬰兒期和童年時期經常出入育幼院或更換領養家庭的青少年進行研究。這些青少年因為缺乏穩定和持久的關愛，往往無法關愛他人、缺乏情感和同理心、有偏差行為、不愛惜生命和虐殺動物（例如：踩死貓）。由此可見，缺乏穩定和持久的照顧者會影響兒童認知、情感和社會方面的發展。這些分離造成的影響，能否在年長之後得到彌補？Soumi 和 Harlow 研究指出，早期缺乏照顧造成的負面影響可以在後來加以改正和彌補。

（十）安全依附關係的培養。

> 上榜關鍵 ★★
> 測驗題考點，詳加注意細節。

1. 在嬰兒期就失去照顧者稱為喪失母親（maternal deprivation）。事實上，沒有和生母發展依附關係，其影響並不大，最重要的還是依附的品質和穩定與持續的照顧。穩定是指照顧者是可預期和可靠的，嬰兒能夠與其發展依附關係。從這個觀點出發，母親並非可以擔當這個角色的唯一人選，父親、祖母、養父母、姑姨，甚至朋友都可以成為照顧者，因為嬰兒通常不會只和一個人發展依附關係。

2. 對嬰兒的照顧既然必須穩定和持久，不得不分離的時候又該怎麼辦？分離之前應該有完善的規劃，讓嬰兒有所準備，如此他們會更能接受分離。Trout 建議，即使嬰兒年幼，也應該反覆告知分離的事，並且讓他們知道分離可能引起的感受，例如：害怕、孤獨和悲傷。因此，應該常常安排寄養的兒童和父母見面，除非父母具有危險性或雙方將來不可能再團圓。安置的家庭越像原生家庭，嬰兒越能夠調適。經常讓嬰兒在親戚朋友等較為親近的家庭中暫住，有助於他們和照顧者分離之後的調適，也有助於他們日後面對更困難的分離。

3. 一般而言，影響早期分離和失落後調適的因素包括：兒童本身的特質、失落的情境和失落之後發生的事。只要提供足夠的關愛，這些兒童有機會擺脫失落造成的負面影響。雖然嬰兒時期的創傷和失落可能影響一生，但是研究證據顯示，嬰兒其實具有彈性和良好的復原能力。只要提供他們良好的環境、

適當和長期的照顧，兒童便能夠從早期的傷害中復原。

4. **父親既然可以成為主要照顧者，嬰兒也可以和父親發展依附關係，其方式和過程與和母親發展的關係沒有任何差異。** 父親越能與孩子互動，對孩子成長與發展，影響也就越大。但是如果父親沒有和母親結婚或同住，他要如何和孩子建立關係？研究顯示，約有 90% 的父親在孩子 15 個月前，都會花時間和孩子在一起，之後就越來越少。單身母親通常會和父母住，尤其是青少女母親，如果孩子父母的家庭沒有緊密良好的互動，孩子的外公則容易成為父親與孩子建立關係的阻礙。其他因素如貧窮、產後憂鬱症及父母教育程度低也都會影響父親對孩子關係建立。父親是否也有產後憂鬱症？尤其是沒有經驗的父親，Ferketich 與 Mercer 發現，無經驗的父親較有經驗的父親容易有產後憂鬱的現象，主要是因為他們需要新的角色認同及適應新的生活方式。

5. 除了父親之外，外婆是母親的主要支持者。尤其是當母親在產後返回職場、母親太年輕、單身、患有精神病、吸毒或無法照顧孩子時，外婆便可以提供適當的照顧。母親在照顧孩子方面遇到困難時，外婆往往可以緩和這些因素對孩子的影響。例如：對單親媽媽來說，母親往往是首要的支持來源；對未成年媽媽而言，母親往往成為孩子的主要照顧者。Oyserman、Radin 與 Benn 認為祖父也可以代替父親，成為單親家庭孩子的照顧者。研究發現，常與祖父母在一起的孩子，會以和父母相處的方式與祖父母互動，這些兒童的發育指數也比較高。對孩子的需求有回應的祖父母，其影響與對孩子的需求有回應的父母相似。

(十一) 托育與依附關係之因素

1. 嬰幼兒與替代照顧者生活在一起的時數：如果嬰幼兒與替代照顧者每星期相處的時數超過 20 小時以上者。
2. 性別因素：男嬰受替代照顧者的影響比女嬰來得強烈。
3. 手足排序：第一個孩子比較容易受替代照顧者的影響。通常晚上的手足因為有年長的兄姐也在同一育幼中心，因而比較不寂寞。
4. 父母與孩子相處的品質：父母如果因為工作產生焦慮或者婚姻不如意，加上育嬰知識不足所伴隨的罪惡感與疲倦感，通常會影響親子之間的親密感及互動的品質。

> **上榜關鍵** ★★
> 詳細研讀各項因素，歷屆試題曾出現每星期相處的時數超過幾個小時的錯誤描述，考驗考生準備時的細心度。

七、嬰幼兒哭泣之型態

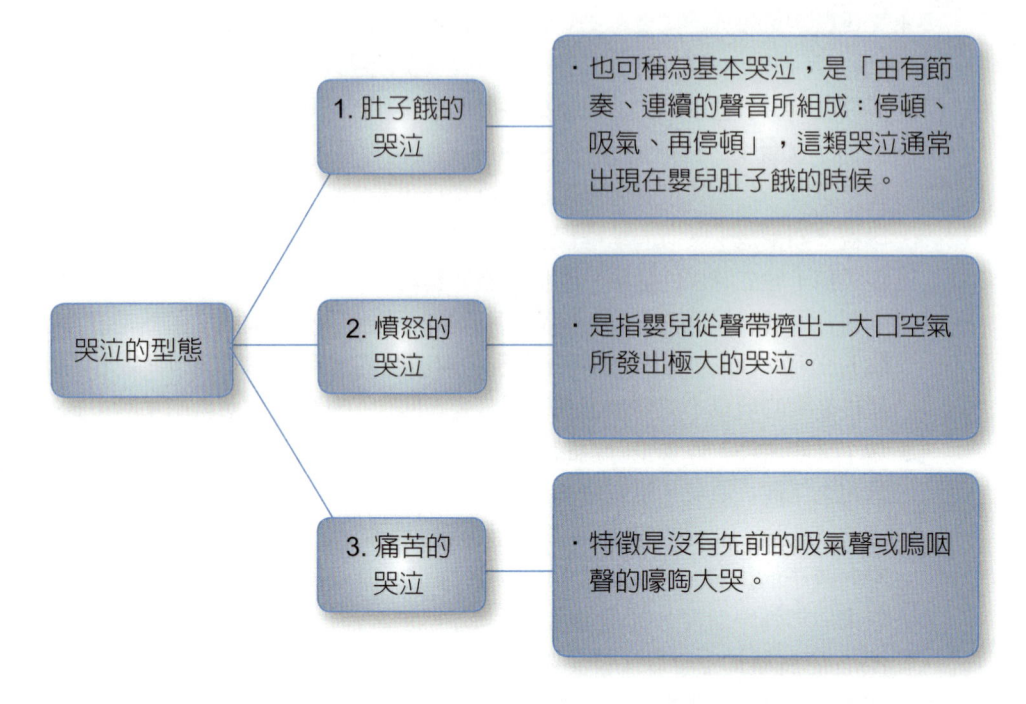

哭泣的型態

1. **肚子餓的哭泣**
   - 也可稱為基本哭泣，是「由有節奏、連續的聲音所組成：停頓、吸氣、再停頓」，這類哭泣通常出現在嬰兒肚子餓的時候。

2. **憤怒的哭泣**
   - 是指嬰兒從聲帶擠出一大口空氣所發出極大的哭泣。

3. **痛苦的哭泣**
   - 特徵是沒有先前的吸氣聲或嗚咽聲的嚎啕大哭。

八、嬰幼兒的微笑與笑

（一）微笑的意義

嬰兒會藉由微笑與笑，顯示他們的情緒，嬰兒對父母微笑，父母也以微笑回應，在孩子與父母之間的養育關係中具有重要意義。

（二）微笑三個階段

1. 第一階段：反射式微笑，嬰兒出生後，幾乎就可以觀察出微笑，這是中樞神經功能的自然發展。
2. 第二階段：社會性微笑，嬰兒會以微笑來回應所見到或聽到的人，他們會更加注意其他人，有些嬰兒在出生第四週就會出現社會性微笑。
3. 第三階段：選擇性社會階段，彷彿他們認得人，孩子以微笑回應。本階段開始於大約三個半月大。此階段為反映出來孩子逐漸熟悉適應他人及社會關係。大約第四個月嬰兒會開始笑，當嬰兒越來越大，笑的頻率越增加，且更常去尋找笑的對象。

九、孩童情緒發展類型

> **上榜關鍵** ★
> 測驗題冷門考題，考點為對情緒類型內容的描述，請考生選出正確的情緒類型。

情緒類型	內容
1. 恐懼	三歲是一個恐懼的高期。身體衰弱及患病的兒童較一般兒童更容易恐懼、受挫折，及遭受失敗。自卑的兒童因缺乏自信，比較容易恐懼。出生在良好家庭中的兒童，恐懼情緒較少。
2. 憤怒	幼兒們往往以發怒作為一種有效的方法，以獲得雙親及成人的注意，並且滿足他們的願望。
3. 妒忌	一種對假想的或真正的失去愛的一種反應。妒忌是一種憤怒的形式。其性質是破壞的、痛苦的及危險的。
4. 愛	愛是一種對人類、動物及事物的一種溫暖的及積極的情緒反應。嬰兒及幼兒愛他自己、家人（尤其是愛母親）、他的玩具及所有物。
5. 快樂	嬰兒幼兒的快樂對他日後人格及行為的正常發展是非常重要的。一個快樂的幼兒會愛他自己以及他人，他的自我概念亦較良好，有安全感。一個不快樂的幼兒沒有安全感、自我概念不佳，其行為顯示出攻擊性、退縮、害羞、抑制等消極性的特質，不能有正常的發展。
6. 社會互動	兒童在社會環境中，社會支持及網絡提供資源滿足兒童的生理需求，也藉此決定影響兒童的未來成長。兒童第一個接觸的社會環境為家庭，家庭是培養兒童與態度習慣的場所，扮演著極為重要的機制。

十、孩童性情／氣質

> **上榜關鍵** ★★★
> 氣質的基本定義要懂，面向更是測驗題的重要考點，尤其是反應閾；至於氣質類別之內容請詳讀，尤其是所占的比重及表現出的行為。亦為測驗題考點。

（一）性情／氣質的定義

嬰兒對環境反應和互動的特定模式稱為氣質，或性情，或脾氣（temperament）。

（二）性情／氣質的面向（Alexander Thomas 與 Stella Chess 提出的 9 個性情面向）

性情／氣質面向	性情內容
1. 活動量	好動型嬰兒永遠在動，睡覺時也不例外，安靜型嬰兒不太動，可以隨意放置。
2. 規律性	有些嬰兒的起居、排泄都很規律，有些則缺乏規律性、難以預測。
3. 開放或退縮	看到新玩具時，有的嬰兒會微笑出聲並伸手取之，有些則會哭著躲避或把玩具推開。
4. 適應能力	有些嬰兒能很快地適應變化（如：新保母），有些則會因為保母改變髮型而嚎啕大哭。
5. 反應閾	有些嬰兒可以在吵鬧環境下入睡，跌倒時也只哭一下就停了。有些只要有一點點聲音就醒來，輕微的傷痛便會大哭。
6. 反應強度	有些嬰兒哭笑都很溫和，有些則大哭大笑。
7. 情緒特質	有些嬰兒滿足而和善，有些則脾氣暴躁。
8. 轉移注意力的難易	有些孩子很容易轉移注意，給他玩具就可以使他忘了開電視的意圖。有些不論你怎麼做，都無法轉移他想開電視的注意力。
9. 持久和精神集中度	有些孩子在活動上具有持久性，看書一定把每頁都看完。有些則看了幾頁就去做其他事情。

（三）孩童性情／氣質的類型

類型	特質
1. 輕鬆自在的孩子	1. 約 40% 的孩童屬於隨和的孩子（easy child）。 2. 特質：會正面地面對新刺激、適應力強、情緒屬於正面、情緒強度屬於溫和。換言之，他們容易接受新事物和情境、作息正常、心情愉快。
2. 緩慢適應的孩子	1. 兒童之中有 15% 屬於緩慢適應的孩子（slow to warm up child）。 2. 特質：對外界的反應較為平淡、少有驚喜，甚至以負面為多，對新環境的適應也較慢；雖然對新的環境或經驗有不安的反應，只要不催促，一段時間之後通常能夠適應；這類孩子的作息仍屬正常規律。

類型	特質
3. 困難的孩子	1. 約有 10% 屬於困難的孩子（difficult child）。 2. 特質：通常作息不定，清醒和睡覺的時間不規律，胃口也時常變化。對新事物多半會有負面的反應，脾氣通常不好，適應情況屬於緩慢或者完全無法適應。面對新的玩具、食物、人或場合時，也都會大聲抗議。

（四）Alicia F. Lieberman 在《學步兒的情緒生活》（The Emotional Life of the Toddler）書中，提出了前述三類之外的第四種性情類型：活動型兒童（active child）。對於不同性情類型的孩童，她建議：困難型兒童的父母應以幽默的態度來看待孩子的行為，具備耐心、多與孩子主動、訂定清楚的行為準則，同時必須發展和找尋支持的系統，讓他人照顧孩子，以便父母能夠獲得暫歇或喘息。活動型孩子的父母應將家裡布置成適合遊戲的地方。緩慢適應型孩子的父母則應盡量將孩子帶到不同的環境中，陪同孩子直到他們能夠高興地接受環境為止。Liberman 同時提醒父母，隨和型的孩子往往容易受到冷落，他們因為不太會抱怨或較少要求成人的注意，因此容易被忽略。

（五）當嬰兒期結束進入幼兒期階段，個體已發展了複雜的情緒反應，例如羞恥、困窘、罪惡感、羨慕及自傲等，這需要一些認知與社會能力的提升才能促進其發展，此種情緒反應不似基本的情緒是與生俱來的。之後，幼兒逐漸從互動中學會一些控制及管理情緒的技巧，例如情緒的自我控制（emotional display rules）與自我調節（emotional self-regulation）及情緒表達規則。此時期最常見的情緒有恐懼、攻擊及利社會行為與同理心。

十一、孩童的行為學習

> **上榜關鍵** ★★★
> 理論基礎觀念為測驗題型。

（一）Bandura 的社會學習理論

1. 社工運用方式：學習理論概念有助於協助社工員診斷孩童的行為方式，特別是應用在行為管理，及協助兒童的社會和情緒發展。
2. 行為學習方式
   （1）反應制約：反應制約（respondent conditioning）是指對一個特定刺激的行為反應。又稱做古典制約或巴夫洛夫（Pavlovian）制約。一個特定的刺激引起了一個特定的反應，而這種刺激可能是文字、信號或聲音。
   （2）模仿：行為的學習係藉由觀察他人的行為得來。仿效模範，學習者本身並不必參與這個行為，只需要觀察模範怎麼做，因此模仿也稱為觀察學習法。模仿對子女的教育極為重要，父母可以為孩子示範適當的行為。

（二）行為的 A-B-C 理論
　　（1）意義：行為可被區分為數個部分，包括先前事件、行為、結果，即行為的 A-B-C 理論（ABCs of behavior）。
　　（2）理論內涵

項目	內容
先前事件	1. 先前事件是指在行為之前所發生的即時事件，這些事件為行為的發生作準備。 2. 例如：有些人陳述說除了在酒吧或夜總會交際應酬外，他們相信一定能夠戒菸成功。酒吧的情境視為抽菸行為的先前事件。
增強	1. 增強（reinforcement）係指使行為頻率持續增加的程序或結果。如果行為發生頻率高，則增強會維持行為的頻率。行為發生在前置事件的情境下，如果行為的結果使得這個行為發生的頻率增加，或維持原狀，這些結果會被視為增強。增強還可分為正增強和負增強。 2. 正增強：係指在行為強化之後的正面事件或結果。換句話說，有些事物加諸到某情形中並且鼓勵了某特定行為。例如：整理房間給予零用錢。 3. 負增強：表示移除負面事件或結果會增強特定行為的頻率。第一，某些東西會被情境中移除；第二，特定行為的頻率增加了。因此，正增強和負增強很類似，兩種功能都有增強的效果，就定義上，將會增加某種行為的頻率。例如：汽車裡的安全帶警報器。車門打開，警報器被啟動，警報器聲音尖銳又大聲，直到駕駛座的安全帶繫好才會停。概念上，警報器的功能就是一個負增強，因為他增加了繫安全帶的次數。警報器本身也是負面的，令人反感的，但它增加了駕駛繫安全帶的行為，並且減少了駕駛任意解開安全帶。
懲罰	1. 懲罰和負增強常常被搞混。或許是因為兩者都牽涉到負面和令人討厭的行為，然而，卻是兩個不一樣的概念。 2. 懲罰（punishment）是嫌惡事件出現或正向增強物的移除，導致某個特定行為發生頻率的減少。此定義重要觀點有二： 　（1）懲罰的結果是減少某行為發生的次數，直接與使某行為增加的負增強對立。

上榜關鍵 ★
增強可分為正增強和負增強。但正增強和負增強相當不容易區辨，請仔細判斷。

項目	內容
懲罰	（2）懲罰有兩種不同方式：一是在某個行為發生後立即展現負面、令人嫌惡的事件，負面事件包括責罵、打屁股及增加要求，或是令人困窘的批評；第二種懲罰是移除正增強，以減少某特定行為的頻率，例如：兒童在餐桌打嗝，父母要求不可以如此，但兒童仍持續這種行為，父母給予移走正面的增強物──冰淇淋，作為懲罰。
消除	是一種停止行為的過程，以達到減少發生頻率，也可能消除行為的結果。

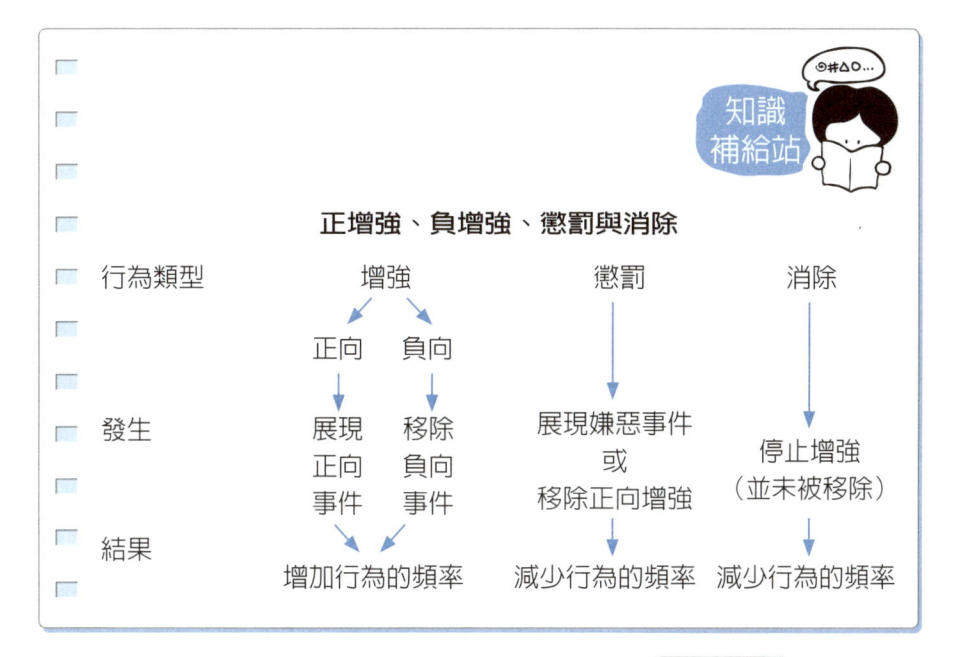

正增強、負增強、懲罰與消除

行為類型	增強		懲罰	消除
	正向	負向		
發生	展現正向事件	移除負向事件	展現嫌惡事件 或 移除正向增強	停止增強（並未被移除）
結果	增加行為的頻率		減少行為的頻率	減少行為的頻率

十二、嬰兒的語言發展

上榜關鍵 ★★★
小細節的測驗題考點，準備著重細心度。

（一）口語的發展階段

年齡（月）	階段
2～3	嬰兒的呀唔聲
3～6	兒語

年齡（月）	階段
9～12	說：「mama」和「dada」
12～15	除了「mama」和「dada」之外，會使用2至3個單詞
15～18	使用許多單詞，並可指出身體的部位
20～24	使用由2至3個單詞組成的句子
24	在提到自己時，會用自己的名字

（二）口語發展相關名詞

項目	年齡	發展內容
全片語期	在9～12個月時	1. 嬰兒會使用一個字來表達一個句子，稱為全片語期（holophrastic speech）。 2. 例如：嬰兒會指著一個水瓶而說「汁」，意指「我要喝果汁」；當果汁倒在他衣服上時，他可能會哭著指衣服說「汁」，意指「我把果汁倒到身上了，現在我不舒服，我要換衣服」。這種使用單詞的方式稱「過度引申」。
電報式語言	在18～24個月時	1. 嬰兒開始將單詞組成簡單的句子，因為句子結構很像電報內容，因而稱之為「電報式語言」（telegraphic speech）。打電報時，字字必須付錢，因此能省則省，該簡就簡。嬰兒的電報式語言含有名詞、動詞和形容詞，省略了輔助動詞、介詞、冠詞和代名詞。 2. 例如：18個月大的嬰兒，一次只會說一個字，接著會發展多個單詞來形容現象或事物。

（三）社會行為發展里程碑

年齡（月）	里程碑
0～2個月	對聲音或觸摸發出微笑的反應
3～5個月	自發性的微笑
3～5個月	接近熟悉的人

年齡（月）	里程碑
9～11 個月	玩躲貓貓
9～11 個月	和照顧者分離時會不悅
20～23 個月	靠近其他孩子玩耍，但不一起玩
28～31 個月	知道性別差異
32～35 個月	辨認自己的性別
32～35 個月	能夠輕易的和照顧者分離

十三、嬰幼兒期的相關名詞

> 上榜關鍵 ★★★★
> 這些名詞多已在測驗題出題，只要詳讀，即可正確選答，多加準備，掌握得分。

項目	內容
專責性的注意	嬰兒往往會專注某個有趣的物體，不會分心，這就是所謂的專責性的注意（obligatory attention）。
習慣化 vs. 去習慣化	觀察嬰兒花多少時間注意同一事物或刺激，稱為習慣化（habituation）；觀察嬰兒花多少時間才轉移注意力，開始對新的事物產生興趣（dishabitution）。嬰兒對他們認為有趣的東西會注意較久，熟悉或覺得枯燥之後便不再將眼光放在該物體上，也就是習慣化，然後開始將注意力移轉到新的事物，也就是去習慣化。
分門別類	30 週大的嬰兒能夠將相同的事物分門別類，以具有分門別類（categorization）的能力。
跨模移轉	嬰兒能將某一個器官取得的資訊轉移到另一感覺器官，也就是所謂的跨模移轉（cross-model transfer）。例如：用手觸摸一件物體，不去看它的樣子，然後試著從照片辨認該物體。皮亞傑認為，嬰兒透過一再重複的相關動作（例如：觀察自己的手抓取東西的動作），學會這種能力。
發育遲滯	1. 定義：是指兒童體重的排行在同年齡 95% 兒童體重之下。 2. 發展遲滯類型 （1）器官性發育遲滯：多半是由於先天性心臟病、胰臟纖維炎或腎臟疾病所造成；非器官性發育遲滯可能和情緒上的問題有關，找不到任何醫學上的病因。

項目	內容
發育遲滯	（2）非器官性發育遲滯：研究指出，與母親未能給予嬰兒物質或心理上足夠的照顧有很大的關係。發育遲滯嬰兒的母親的特徵：幼時和母親的關係通常不佳、有一個不快樂的童年、也有喪失母親的經歷，這些因素都可能影響母親對孩子情感上的回應和照顧。
社會參考	1. 12個月之後，他們開始學會從陌生人的反應和表情中獲得線索，這種行為稱為社會參考（social referencing）。 2. 例如：Termine研究發現，母親悲傷，孩子往往看起來也比較悲傷、不活躍、不喜探索；母親快樂，孩子也比較快樂和樂於探索。處在這個階段的嬰兒如果遇到陌生的情境，會想從母親那兒取得情緒的線索，例如：寶寶看到打鼓的小兔玩具，會先看母親的反應，母親如果微笑，他們就會接近這個玩具。
契合度	1. 契合度是指環境的需求和兒童的行為風格兩者之間配合的程度。 2. 一個好動的嬰兒若生長在一個開朗、充滿活力、鼓勵活動與探索的家庭中，契合度便極佳；反之，若出生於一個既講求安靜又內向的家庭裡，契合度則不佳。
AIMS	1. 定義：評估及提高0～5歲孩童情感健康狀況的指標工具，英文字母第一個字大寫，叫做AIMS。 2. 評估時機：AIMS可用在2週，2、4、6、9、12及18個月，2～5歲的孩童。 3. AIMS內涵 （1）Attachment——依附：介於嬰兒及主要照顧者的情感連結。 （2）Interaction——互動：孩童和主要照顧者的資訊交換方式。 （3）Mastery——支配能力：孩童的肢體、認知、語言、情感及社交發展能力。 （4）Social Support——社會支持：幫助家庭對孩童提供一套有力之健康的依附關係、互動及發展支配能力的資源網絡，包括人、資源及影響力。

項目	內容
搖晃嬰兒症候群	1. 搖晃嬰兒也會造成頭部的傷害，也就是所謂的搖晃嬰兒症候群（shaken infant syndrome）。 2. 後遺症：由於嬰兒的頸部肌肉很脆弱，在快速的搖晃之下，大腦可能會撞擊頭骨，造成嬰兒顱內出血和腦部的傷害，也可能會有永久性神經損傷、抽筋、失明或耳聾，看得見的症狀包括昏睡、哭鬧、嘔吐、沒有胃口及抽筋等，甚至有25%的嬰兒會死亡。
曼喬森氏症候群	1. 曼喬森氏症候群（Munchausen's syndrome by proxy）是另一種嬰兒虐待的形式。 2. 受虐嬰兒通常會有多種不同的病症，這些症狀多數是照顧者（通常為母親）親手造成，製造症狀者通常也是最先發現孩子有症狀的人，她們會通報家人或醫療人員，虐待者通常有強烈想要立功的欲望或被孩子依賴的需求。 3. 例如：母親會餵孩子喝糖漿，使之嘔吐；或將血滴入孩子的尿中，讓人覺得這孩子好像病了。

十四、多元文化與養育觀念

> **上榜關鍵** ★
> 測驗題考點，請細心研讀。

（一）在許多國家裡，少數民族的養育觀念和方式也和主流文化有所不同，除了父母的觀念和主流文化不同之外，少數族群的嬰兒也在不同的家庭情境中成長。和多數族群嬰兒相較之下，少數族群嬰兒生活在下列家庭結構的機會比較大：母親比較年輕、單親媽媽和大家庭。少數族群家庭通常還要面對社會經濟上的弱勢、健康照護的不足、社區隔離、居住條件在水準之下、失業率高等問題。

（二）Coll 與 Mye 因而指出：「如果我們知道少數族群家庭除了必須面對偏見、族群歧視、階級歧視、性別歧視與族群隔離的問題之外，還要面對其他各種問題，例如：文化期待上的差異、家庭結構的多樣和多變性、社經資源的不足等，我們便不難想像少數族群兒童的世界觀和發展受生活經驗的影響有多深遠。」

練功坊

★ 請說明依附理論之理論內涵。

擬答

鮑爾貝（Bowlby）創立了依戀感理論（Theory of Attachment），又稱為依附理論。依附理論強調孩子與父母或其他照顧者互動，並導致情感連結的重要性，在依附關係建立過程，嬰兒被視為扮演主動參與者，這個觀點與 Freud 的口腔期著重在嬰兒對照顧者的順從與依賴不同。理論內涵說明如下：

(1) 出生至三歲是個人一生一段重要的時期，必須要有母親的撫育及愛護。鮑爾貝指出，從初生至三歲左右剝奪了母親的撫育，將影響兒童身心的發展。

(2) 母親撫育初生嬰兒應附帶母愛的表示，例如：撫摸或擁抱。嬰兒由於獲得母親的愛，有安全感及愉快的情緒，會促進其消化系統及循環系統的功能，使嬰兒生理健康，以及建立健全的人格。

(3) 郝威（Howe）認為母親與嬰兒的接觸是傳神的、不知不覺的，假如母親感覺緊張，也許嬰兒也會立即哭鬧。嬰兒並未了解母親的緊張是如何引起的，母親亦未發覺已將緊張的情緒帶給嬰兒。

★ (　) 關於幼童與照顧者之間的依附關係理論，下列哪一項敘述正確？
　(A) 早產的兒童比較難建立依附關係
　(B) 焦慮型依附的嬰兒是典型不信任照顧者的黏人寶寶
　(C) 無組織無定向之依附的嬰兒是最自在的玩遊戲者
　(D) 安全型依附的嬰兒在玩的時候是不需要母親（或照顧者）在身邊照顧的

解析

(B)。

(1) 選項 (A) 有誤。嬰兒的特質可能會影響母子的關係，例如：早產兒可能會有依附上的問題，他們不似正常兒童般的「可愛」，不太和照顧者互動，對周遭事物少有回應，母親的動作也無法吸引他們。另外，早產兒多數的時間待在加護病房，親子互動並不容易。不過，只要出院回家，依附關係的建立就不是問題，最近的研究也顯示：極早產嬰兒和足月生產嬰兒兩者的依附類型並沒有顯著差異。

練功坊

（2）Ainsworth 的嬰兒反應依附模式

嬰兒反應依附模式類型	內容
安全型依附（secure attachment）	此類嬰兒以母親為安全的基地而探索遊戲室，他們意識到母親的同在，會不時的察看，以確保需要之時母親就會在身旁。母親離開時，他們會哭或抗議；母親回來後，嬰兒會靠近母親取得安慰，和她有肢體上的接觸。選項 (D) 有誤。
焦慮型依附（anxious attachment）	是典型的黏人寶寶，不喜歡探索遊戲室內的事物。母親離開時會很生氣，哭泣許久。母親回來後，他們雖會尋求肢體上的接觸，但可能即刻推開，甚至打母親，不易被安撫。Ainsworth 認為這類嬰兒不夠信任母親，不相信她能夠滿足自己的需要。選項 (B) 所述為正確答案。
迴避型依附（avoidant attachment）	這類嬰兒不太在乎母親的離開，不以母親為基地，行為舉止視做母親不在場，眼神不太和母親接觸，也不會試圖吸引母親的注意。對母親的離開更無動於衷，對她的回來也毫無反應。

（3）近來有學者在 Ainsworth 的嬰兒反應依附的三種模式之外，加入第四種反應，稱之為無組織／無定向的不安全反應（insecure disorganized／disoriented response）。這些嬰兒表現出矛盾的行為：他們試圖在身體上靠近，但又出現逃避畏縮的行為。通常，這些嬰兒的母親若不是曾經有過虐待行為，就是仍未擺脫自己的創傷經驗。於是，嬰兒對於「陌生」的情況感到困惑，他們害怕不認識的人，並且向母親尋求安慰，然而因為對於母親也同樣感到害怕，因此後來便選擇退縮。某些學者認為，無組織型依附所表現出來的相關行為，實際上是對於嚴苛照顧的適應性反應。選項 (C) 有誤。

練功坊

★ (　) 當雙親都在外工作的家庭，哪些因素使得親子間的互動依附關係會受到替代照顧的影響？
(A) 與替代照顧者生活超過 20 小時以上
(B) 女嬰受替代照顧者影響比男嬰來得強烈
(C) 第二個孩子較易受替代照顧者的影響
(D) 最末一個孩子較易受替代照顧者的影響

解析

(A)。托育與依附關係之因素：
(1) 嬰幼兒與替代照顧者生活在一起的時數：如果嬰幼兒與替代照顧者每星期相處的時數超過 20 小時以上者。
(2) 性別因素：男嬰受替代照顧者的影響比女嬰來得強烈。
(3) 手足排序：第一個孩子比較容易受替代照顧者的影響。通常晚上的手足因為有年長的兄姐也在同一育幼中心，因而比較不寂寞。
(4) 父母與孩子相處的品質：父母如果因為工作產生焦慮或者婚姻不如意，加上育嬰知識不足所伴隨的罪惡感與疲倦感，通常會影響親子之間的親密感及互動的品質。

重點便利貼

❶ Ainsworth 提出的嬰兒反應三種依附模式

嬰兒反應依附模式類型	內容
1. 安全型依附（secure attachment）	此類嬰兒以母親為安全的基地而探索遊戲室，他們意識到母親的同在，會不時的察看，以確保需要之時母親就會在身旁。母親離開時，他們會哭或抗議；母親回來後，嬰兒會靠近母親取得安慰，和她有肢體上的接觸。中產階級的嬰兒之中，65% 屬於安全型依附。
2. 焦慮型依附（anxious attachment）	是典型的黏人寶寶，不喜歡探索遊戲室內的事物。母親離開時會很生氣，哭泣許久。母親回來後，他們雖會尋求肢體上的接觸，但可能即刻推開，甚至打母親，不易被安撫。Ainsworth 認為這類嬰兒不夠信任母親，不相信她能夠滿足自己的需要。
3. 迴避型依附（avoidant attachment）	這類嬰兒不太在乎母親的離開，不以母親為基地，行為舉止視做母親不在場，眼神不太和母親接觸，也不會試圖吸引母親的注意。對母親的離開更無動於衷，對她的回來也毫無反應。

❷ 孩童氣質類別

類型	特質
1. 輕鬆自在的孩子	1. 約 40% 的孩童屬於隨和的孩子（easy child）。 2. 特質：會正面地面對新刺激、適應力強、情緒屬於正面、情緒強度屬於溫和。換言之，他們容易接受新事物和情境、作息正常、心情愉快。

類型	特質
2. 緩慢適應的孩子	1. 兒童之中有 15% 屬於緩慢適應的孩子（slow to warm up child）。 2. 特質：對外界的反應較為平淡、少有驚喜，甚至以負面為多，對新環境的適應也較慢；雖然對新的環境或經驗有不安的反應，只要不催促，一段時間之後通常能夠適應；這類孩子的作息仍屬正常規律。
3. 困難的孩子	1. 約有 10% 屬於困難的孩子（difficult child）。 2. 特質：通常作息不定，清醒和睡覺的時間不規律，胃口也時常變化。對新事物多半會有負面的反應，脾氣通常不好，適應情況屬於緩慢或者完全無法適應。

擬真考場

( ) 1. 下列哪一項不屬於注意力缺陷過動症（ADHD）的診斷標準？
　　(A) 活動上經常忽略細節　　　　(B) 輪流過程無法等待
　　(C) 坐立不安、煩躁　　　　　　(D) 安靜專注於玩耍

( ) 2. 1歲半的小美，正是牙牙學語的年紀，當她說出「狗狗、汪汪、怕怕」時，是屬於皮亞傑（Piaget）兒童語言發展歷程中的哪一種語言？
　　(A) 情緒式語言　　　　　　　　(B) 無意識語言
　　(C) 電報式語言　　　　　　　　(D) 指稱性語言

( ) 3. 爸爸當著六個月大的嬰兒阿丹把玩具卡車藏在毛巾底下時，阿丹不知如何去搜尋玩具車，皮亞傑（Piaget）的學說指出原因，即六個月大的嬰兒缺乏以下哪一個概念？
　　(A) 物體恆存性（object permanence）
　　(B) 自我中心（egocentrism）
　　(C) 認知失平衡（cognitive disequilibrium）
　　(D) 具體運思（concrete operation）

解析

1. **D**
   1. 注意力缺損過動症，是一種精神的診斷，症狀出現在 7 歲之前，係多重的發生模式，不只是在單一的情境或單一某人；也包含不全然與某個特定背景有相關的不可控制行為。估計罹患注意力缺損過動症學童比率占 3% 至 7%。
   2. 注意力缺損過動症的三種行為特質：
      (1) 不專心：行為症狀有做事混亂、漫不經心、經常搶先、容易分心、討厭需要專心與費力的事情、任務與活動組織力非常困難、很難持續溝通。
      (2) 無法控制的過度生理活動（過動）：幾乎持續地在動、扭動或坐不住，很難專注靜態活動，話說個不停。
      (3) 衝動、極度沒耐性、難以等候輪流、經常打斷與干擾。

2. **C** 電報式語言係指嬰兒在 18～24 個月時，開始將單詞組成簡單的句子，因為句子結構很像電報內容，因而稱之為「電報式語言」（telegraphic speech）。打電報時，字字必須付錢，因此能省則省，該簡就簡。嬰兒的電報式語言含有名詞、動詞和形容詞，省略了輔助動詞、介詞、冠詞和代名詞。例如：18 個月大的嬰兒，一次只會說一個字，接著會發展多個單詞來形容現象或事務。

3. **A** 物體永存概念是指習得感官及心理上的能力，了解物體存在的永久性。幼兒早期的觀感以為看不到的東西就不存在，稍長之後才知道並非如此。這種物體眼不見即不存在的概念，也可解釋為什麼嬰幼兒在玩捉迷藏或扮演遮臉遊戲時會那麼興奮的原因。這種積存物體形象的能力是孩童更近一步培養習得象徵性思考的基模。這種物體恆定的概念，也是邏輯思考的基本架構。

Note.

第四章 CHAPTER 4 兒童期

榜・首・導・讀

- Erikson 在「兒童期」的生命週期理論、Piaget 在「兒童期」的認知發展理論、Kohlberg 在「兒童期」的道德發展理論,為申論題及測驗題金榜考點。
- 兒童發展相關名詞、家庭型態／形狀分類等均是測驗題的金榜考點。
- 隔代教養之定義、對兒童發展的影響,請朝以實務案例運用之方向準備。

關・鍵・焦・點

- 對兒童的管教／養育模式,多位學者的不同分類,請先區辨清楚其分類,再詳讀其內容,為測驗題考點。
- 單親家庭面臨的問題必須要有論述的能力;並請思考相對應的福利服務。

命・題・趨・勢

年度	110年		111年				112年				113年	
考試	2申	2測	1申	1測	2申	2測	1申	1測	2申	2測	1申	1測
題數	1	10	1	9		12		7		15		12

本·章·架·構

兒童期

重點 1 ★★★
兒童期（一）

- 兒童期之生理發展
- 兒童期發展任務
- Freud 在「兒童期」的心理分析論：潛伏期
- Erikson 在「兒童期」的生命週期理論／心理社會發展理論～第四階段：勤奮 vs. 自卑
- Piaget 在「兒童期」的認知發展理論：預備運思期／運思前期、具體運思期
- Kohlberg 在「兒童期」的道德發展理論：道德發展前期、道德成規期
- 人際覺知
- 兒童道德推理模式
- 能力理論在「兒童期」的應用
- Vygotsky：社會文化脈絡
- 兒童情緒發展類型
- 兒童的發展與哀傷
- 兒童行為學習
- 兒童的社會環境
- 兒童社會化發展
- 兒童性別角色與認定的發展
- 溝通異常、恐懼
- 兒童期生活的潛在性風險因子和保護因子
- 兒童發展相關名詞
- 近側發展區、鷹架理論
- 情緒能力三個面向
- Seligman 分析孩子詮釋事件風格不同的三種層面
- 兒童的心理問題、語言與文化的發展
- 對兒童的管教／養育模式
- 不同的管教模式對兒童的影響
- 為人父母的相關訓練
- 家庭型態
- 離婚
- 離婚對丈夫或妻子的影響
- 兒童與青少年對搬家之適應
- 單親家庭

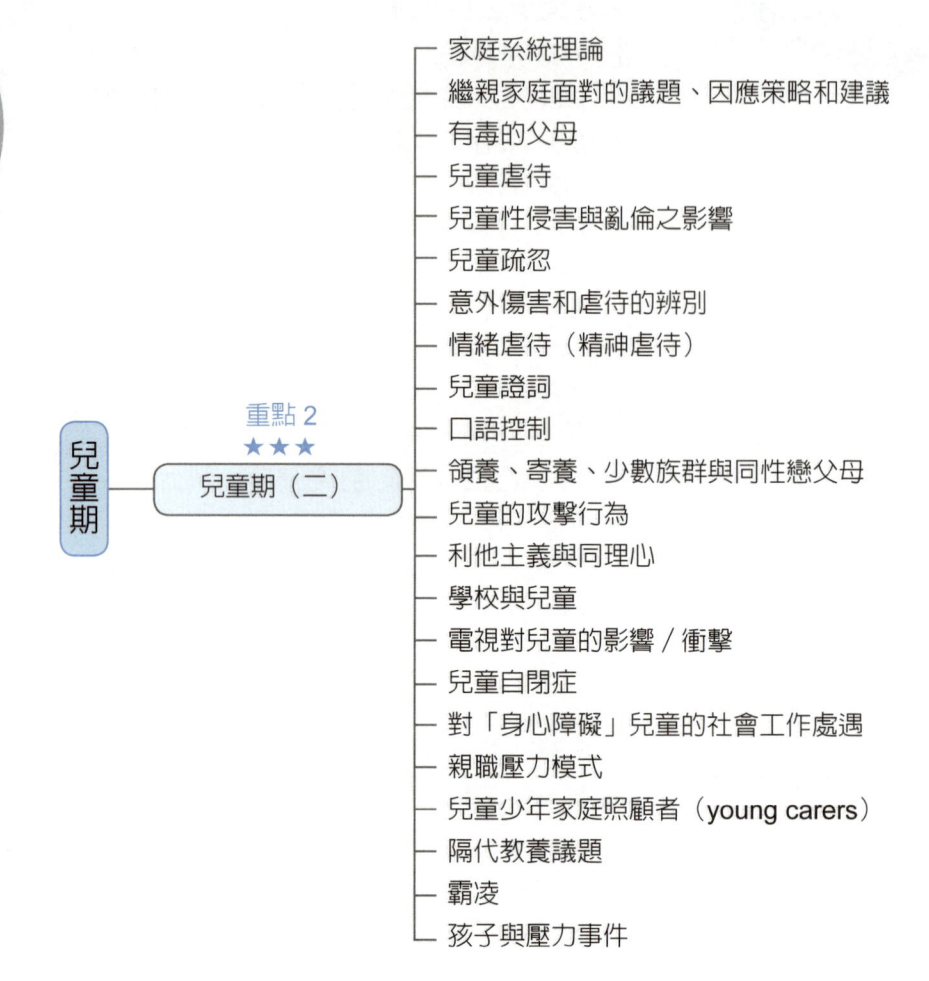

```
兒童期 ─ 重點 2 ★★★ 兒童期（二）
                ├─ 家庭系統理論
                ├─ 繼親家庭面對的議題、因應策略和建議
                ├─ 有毒的父母
                ├─ 兒童虐待
                ├─ 兒童性侵害與亂倫之影響
                ├─ 兒童疏忽
                ├─ 意外傷害和虐待的辨別
                ├─ 情緒虐待（精神虐待）
                ├─ 兒童證詞
                ├─ 口語控制
                ├─ 領養、寄養、少數族群與同性戀父母
                ├─ 兒童的攻擊行為
                ├─ 利他主義與同理心
                ├─ 學校與兒童
                ├─ 電視對兒童的影響／衝擊
                ├─ 兒童自閉症
                ├─ 對「身心障礙」兒童的社會工作處遇
                ├─ 親職壓力模式
                ├─ 兒童少年家庭照顧者（young carers）
                ├─ 隔代教養議題
                ├─ 霸凌
                └─ 孩子與壓力事件
```

重點 1 兒童期（一）

★★★★★

上榜關鍵 ★★
測驗題考點，請著重細節之準備。

一、兒童期之生理發展

發展項目	說明
外貌發展	1. 孩子由頭至軀幹的比例類似成年人。跳繩及爬梯子、翻越等動作比較具有平衡感。 2. 於六歲牙齒開始換牙，13歲時，除了智齒之外，所有的牙齒已經長滿，取代了乳牙。
運動神經機能發展	1. 兒童的體格成長神經及形象的改觀有助於適應外界的變遷，就如同看到自己逐漸增長的手臂，有助於自我的肯定及認同感。 2. 3歲的孩子已經能夠騎三輪腳踏車、上下樓梯、舉手投球、接住彈跳的球，甚至前滾翻，不過接住彈跳的球仍然較為困難，大一點的球則比較容易。到了4歲，兒童肌肉的協調能力更為精進，跳得更高更遠、跑得更快，投球更快更準，還可以用棒子打放在樁上的球，可雙腳跳一呎遠，可雙腳輪流踩階梯。5歲時，可以棒擊投來的球，能夠跳繩及玩直排滑輪；女孩的動作協調發展通常比男生超前，玩捉迷藏是這個階段小孩的最愛。3歲是所有年齡中最活躍的時期，他們很少能靜下來，即使吃與睡的時候也不例外，照顧者常會有疲憊不堪與望塵莫及的感覺。高頻率的體力活動既然是這個階段兒童發展的特徵，因此強調大肌肉與動作協調的日常活動將是對發展不可或缺的助益。 3. 6歲左右能對環境外界空間取向進行辨別，能分辨左、右邊。精力增進、耐力加強、而逐漸可以從事精細複雜之工作。 4. 身體各部位精準地和諧運作，同時透過觀察及理解他人，模仿學習以同理心對待其他人的處境。

二、兒童期發展任務

（一）學齡前兒童的發展任務

學齡前兒童的生理成熟及身體育成依循著一定的先後順序。學齡前兒童的發展任務如下：
1. 達成控制統合神經及視覺。
2. 控制大小便排泄的能力。
3. 達成生理的平衡性。
4. 提升溝通及了解他人的表達能力。
5. 達成自我照顧、獨立飲食、穿衣及洗澡的能力。
6. 學習分辨男女是有別的。
7. 建構應對進退、對人對事的簡單概念及行為。
8. 學習與父母兄弟姊妹及其他人連結感情。
9. 學習分辨善惡好壞的價值判斷。

> **上榜關鍵** ★
> 在測驗題的選項上，著重在這些任務的記憶，須能在選項中選出何者為是或何者為非。

（二）兒童期兒童發展任務（沙依仁觀點）
1. 兒童期最重要的發展工作是學習學校裡的各學科知識及各種技能。
2. 兒童的行為必須符合社會的期望，並適合其生理年齡。
3. 兒童有了新的及更多的社會接觸，上述兩種需求使兒童常與其同伴作比較，結果促使他建立新的自我期望。
4. 兒童學習發展工作必須憑藉其自己的努力，而不能仰賴父母的幫助。
5. 學習與同輩及他人相處。
6. 扮演適合其性別的角色。

> **上榜關鍵** ★★
> Freud 的性心理發展階段第四期稱為潛伏期，這是測驗題的基本觀念題。

三、Freud 在「兒童期」的心理分析論：潛伏期

Freud 的性心理發展階段第四期稱為潛伏期（Latency Period），是從六歲至十二歲，這期兒童對於異性沒有親近感，甚至表示厭惡或排斥。男童與女童壁壘分明，遊玩時都不在一起。這就是佛洛伊德所說的將對異性的欲念壓抑在潛意識裡的時期。

四、Erikson 在「兒童期」的生命週期理論／心理社會發展理論～第四階段：勤奮 vs. 自卑

（一）發展觀點
1. Erikson 認為，兒童中期是指兒童能表達出「我是一位學習的我」，兒童觀察每樣事務同時嘗試著

> **榜首提點** 💡
> 雖以測驗題為金榜考點，但在申論題亦有應用實務案例解析之考點，考生在解析實務案例時，必須先說明本階段之重點後再加以應用，故申論題的準備不可少。

去做。
2. 本理論建議一個人的工作態度是在學校中培育出來的，當兒童發展他們的技能及獲得良好的評價時，激發出對社區有貢獻的勝任感。

（二）發展任務
1. 勤奮
（1）這一階段交雜著勤奮或自卑的衝突感，勤奮意味著表現動機欲望並賦予工作意義。
（2）兒童中期的學期作業是一種內在的驅動力，學習新的技能將兒童提升至成人，習得技能也讓兒童有一種獨立感及責任感，帶來自傲與自尊。

2. 自卑
（1）此期間的發展相對於勤奮者，即為自卑。
（2）自卑常常來自於自我成長及社會環境，能不能勝任一件事，兒童們如不能發展勝任感，常會造成自卑感。兒童因個人的性向、嗜好及特殊才華的差異性，同時多少會在某方面的技術學習上感到力不從心，因此應取其長補短，適度平衡成功與失敗，可以減低力有未逮及心理社會的衝突及焦慮感。

五、Piaget 在「兒童期」的認知發展理論：預備運思期／運思前期、具體運思期

榜首提點

申論題、測驗題均為金榜考點，必須把本部分的內容多讀幾次，具有堅強的實力，才能從容作答。在記憶題的主要關鍵記憶點為：Piaget 在「兒童期」的認知發展理論，包括預備運思期、具體運思期的相關內容；在預備運思期發展的特色與發展疏忽之障礙、具體運思期之發展項目等，方能具有測驗題正確選答之能力。

（一）預備運思期／運思前期（Preoperational stage）
1. 發展年齡：Piaget 的認知發展第二階段為預備運思期，發展年齡為 2 歲至 7 歲，是為兒童早期。
2. 發展內涵
（1）在運思預備階段，嬰幼兒開始分辨口語及非口語表達，肢體語言的回應，透過視覺所見內化為他的人格的一部分。
（2）預備運思階段約始於二歲大的孩子，Piaget 認為如果疏忽此發展歷程即可能造成日後的障礙。
3. 預備運思期階段的兩個分期點
（1）概念前期或象徵思考期：兒童們在象徵思考期，將幾個物體串聯起來，並以所代表的象徵意義串聯之，兒童們開始參與象徵性的遊戲活動。2～4 歲的兒童已具備象徵功能的思考能力，也就是說他們能夠以心像保留

199

不在眼前的物體、能夠進行延宕的模仿（看了他人的動作之後在心中形成心像，一段時間之後再加以模仿）、能夠以塗鴉代表人或物體、遊戲時能夠扮演不同的角色、能夠玩扮家家酒（以手代表奶瓶）、能夠想像或虛構有關自己或他人的情節，並且能夠將這些情節融入遊戲與言語之中，因為能夠建構比較複雜的想法，也有能力向他人分享想法，因此，他們的社會互動層面更加深入，滿足感也相對增加。

（2）直覺思考期：主要是在 4～7 歲之間最為明顯，兒童們思考更周延更複雜而能引伸某種概念，也意味著自我中心思維逐漸為其他的社會行為及互動所取代。

> **知識補給站**
>
> **社會角色採取**
>
> 社會角色採取能力或減少自我中心思考，被認為是健康的社會發展的重要面向，是指能夠減少 Piaget 所謂的自我中心思考，兒童若不具角色採取能力，就不會以別人的觀點看事情。幼小兒童較無法同理別人感受，因為社會認知能力隨著年齡增長而發展。接著我們要問的是，兒童角色採取的能力是怎麼發展出來的？意見或觀點的交流提供兒童角色採取的機會，機會越多的兒童，也比較能夠發展這類能力，角色採取也跟道德發展有關，道德的發展必須依賴個體對他人觀點的覺知與理解能力，這兩者之間是平行且逐漸擴展，但角色採取能力僅為道德發展的必要條件。到了 12 歲時，角色採取能力開始轉變，除了思考自己也會思索社會關係，亦即去推論或猜想其他人的感覺、想法與意圖，雖然此時認知能力開始增進仍是以自我為中心或不能採用他人的角色與觀點。

4.預備運思期的認知發展三項特色（特徵）

項目	說明
1.自我中心主義	兒童過於自我中心導致無法想像或理解另一個人，對相同的問題與情境可能採取另一種角度與觀點，幼兒深信「別人都是和我一樣，看到我所看到的」。
2.本位主義／圈圈主義／專注	兒童只注意事件的一個細節而無法看到其他部位的重要性，即見樹不見林。換言之，兒童不能夠見到差別性，而只注意局部或細節，或是事件過程中的單一環節，容易導致不合理的類推。

項目	說明
3. 不能倒轉回溯	幼兒無法在他的思維中回溯至他最早的思考起點，例如：一個運思前期的兒童在蹣跚學步時，無法認識了解其起步點或回頭找到起步點一樣。

(二) 具體運思期（period of concrete operations）

1. 發展年齡：Piaget 的認知發展第二階段為具體運思期，發展年齡為 7 歲至 11 歲。
2. 發展內涵：兒童中期的發展，主要在於學習了解自己及他們自身的環境。Piaget 形容此期為兒童的具體操作期。具體運思期亦即可以運用一系列正反雙向思考的階段。「具體」是指兒童的思考仍然侷限於以實物為對象，無法以邏輯做正式的運思、無法將理想和現實做比較、無法進行假設性思考。但是這時期兒童的運思也有進展，他們比較不以自我為中心，思考的運作能夠倒轉（可逆性），並且開始有物體質量恆存的觀念，亦即物體形狀即使改變，其質或量不會改變，除非加入額外的物質或由其中取出部分物質。

上榜關鍵 ★★
測驗題重要考點

3. 發展項目

發展項目	說明
度量衡認知能力的發展	1. 具體運思期進一步演化後，兒童思考釋放出的新的空間，諸如對質量不變之辨識，理解容器外形改觀或放置藏匿位置更動後等的辨識認知能力。 2. 兒童度量衡能力的培養因人而異，他們對數量的多寡學習先於對實際上質量的理解，然後才培育出容積的概念，Piaget 稱為系列式的度量衡發展過程，也就是學習過程有其先後順序，而每一種認知能力有賴於先前認知能力的整合併用。
概括評估	1. 八歲以下的兒童：在描述一個人的時候，多半依其外貌、特徵及外顯行為，所用的字眼往往使用以偏蓋全、概括承受式的形容詞，如很好的、壞的，以及可怕的。 2. 八歲以上的兒童：語言字彙快速大量的增多，能使用精確的片語。逐漸地，兒童有能力辨認其他人類行為習慣或內在人格特質、脾氣及外在行為嗜好。
自我評價	學校在兒童自我評估的過程中扮演著重要的角色，表現良好的學生，受到老師的稱讚，學生表現不佳，可能被安排在教室的另一端，或者送去接受課後輔導，這些外在標準社會評估協助兒童們作總結與自評。另外，亦來自於同儕的比較。

六、Kohlberg 在「兒童期」的道德發展理論：道德發展前期、道德成規期

層次	發展內涵	發展階段
層次1：道德發展前期（4～10歲）	在此一階段對自我的約束尚未完成內化為由衷的信服，孩子們畏懼長輩權威及外在制定的規範，所以他的行為乃依獎賞責罰為準則。在這種情況之下，孩童如果為了滿足自己的需求，會想盡辦法陽奉陰違以達到目的。	階段1：懲罰及服從的傾向 1. 行為的好壞要看結果，一個孩子可能只是一時為了服從長輩的命令及避免懲罰而表面上服從，卻不一定認為行動本身犯了道德上的錯誤。 2. 如果行動依據懲罰的嚴厲性而定，一個道德錯誤的行為越嚴重，相形之下懲罰行為越嚴厲。
		階段2：手段性的圖利自己 1. 此階段的道德發展，孩子為了獲得獎勵及滿足個人所需而遵循的規範。 2. 兒童是以「如果我做了這件事，我也能有什麼好處」為出發點，對別人的觀點會略有考量。
層次2：道德成規期（10～13歲）	1. 主張兒童及青少年階段是道德成規時期。 2. 在這階段個人應遵守法律、規則及命令。這是基於別人如何教導他的，而不是憑自己的思考過程。 3. 整體而言，這時期的兒童及青少年們服從權威，是社會所期盼的行為，並認為是兒童及青少年必須遵守的。亦即，道德成規期，其特徵為遵守成人或他人的命令，以及社會規範。	階段3：好孩子的道德觀 兒童有強烈的期望，以良好的行為取悅並獲得別人讚賞。
		階段4：維持權利的道德觀 兒童及青少年認為行為遵守法令及服從較高的權威是重要的。

榜首提點

在測驗題的考點上命題次數相當多，在申論題上，係以先行說明本理論在此階段之內涵再加以應用的方式命題。亦請思考在學齡兒童偏差行為之應用。

七、人際覺知

Selman 的研究著重在人際覺知，即兒童對自己的人際或同儕關係的看法，是否有特殊方法可以理解人際關係與持續發展之間的關聯性呢？有社會或情緒困擾的兒童，會認為他自己與其他功能較佳的同儕是不同程度嗎？Selman 將社會觀點採取能力分為五個階段：

階段	說明
0- 自我未區分和自我中心的觀點採取	兒童無法區分生理和心理的層面。
1- 區分和主觀的觀點採取	5～9 歲的時候漸漸能夠區分生理和心理層面，例如：他們開始能夠區別故意和非故意的行為。
2- 自我反思和相互的觀點採取	約 7～12 歲左右，兒童大有進步，能夠針對自我的觀念進行自我反省，更能夠區分生理和心理的自我。
3- 第三者和相互的觀點採取	約 10～15 歲左右，能夠採取第三者的觀點，真正從不同的角度看事情。
4- 社會性／象徵性的觀點採取	約 12 歲之後才開始，甚至到了成人階段才會出現，能夠從許多不同的層次抽象地思考，能夠辨認各個層次之間的不同。

八、兒童道德推理模式

（一）模式內涵

1. 道德推理主張兒童每個動作的正確是透過思考而引發影響道德的發展，道德推理是一系列進階式的發展。
2. Piaget 的互動觀點指出，兒童的道德成長源起於兒童在他的生活環境中實踐道德規則並於行動中不斷予以修正之。
3. Piaget 的道德發展說，認為兒童拘泥外在的客觀道德行為乃起因於與成年人之間的不平等的互動，沉浸於專制權威，處於劣勢之下發展道德思考是決定的、不可改變的，而且僵化的。當兒童進入青少年期，重視個人主體性的道德觀取代外在客觀形式的道德觀，主要與同儕團體的互動及智力的成長有關聯。

（二）兒童採取的道德推理模式

1. 客觀事實的道德推理：客觀性的道德推理是指兒童依據客觀事實的考量，判斷行為所應接受的賞罰。例如：小孩打破杯子的事實或結果的處罰，依據客觀性的道德推理，則按打破杯子的外顯行為處罰之。
2. 自主性道德推理：但若依自主性道德推理，兒童會考量打破杯子的人是為了出氣，或是出於笨拙？若是因出氣而打破杯子，乃是蓄意做錯則應適度處罰，若是笨拙而打破，非故意行為即可原諒。Piaget認為幼童已具有能力判斷規範的制定乃是出於人與人之間的自律合作關係，而非來自於外界強行制約的罰責。

（三）多元道德成長階段特徵

> **上榜關鍵** ★
> 測驗題考道德特徵的說明，請詳讀。

道德特徵	說明
道德的絕對論	幼年的學童假定世界上的規章都是一樣的，因而無異議的接受規則。
不能變更的信念	兒童通常相信規章是一成不變且不異動的。
違反天理遭神明處罰的信念	兒童都以為災變是大自然和神明處罰做錯事的人（例如：做了虧心事會遭雷劈打）。
由後果來判斷道德歸屬	兒童覺察並注重行為所帶來的後果，而非一個行動者在動作前的動機。

九、能力理論在「兒童期」的應用

> **上榜關鍵** ★
> 測驗題考點。

（一）發展運動、語言及想像的能力

White認為兒童透過三種發展領域建構因應危機的適應模式：運動能力、語言及想像力。說明如下：

1. 運動能力：運動能力的發展除了自行跑跳之外，甚至可騎腳踏車四處遊玩，而且喜歡上下樓跑步比賽，或在運動場上溜滑梯、爬梯子，類似成人的動作，令兒童們揣摩比較自己與大人們的行為及體型，可使他們儼然是個小大人的模樣，不過他們也對與成人的身高差距最為疑惑。這個時期的兒童最喜歡試穿成人的衣著及模仿成人的行為。
2. 語言能力：隨著語言技巧的增進，兒童了解人際禮尚往來的行為，押韻式的語言使孩子們進一步知曉人際語言中的假設語氣、可能性、可行性以及內涵

性。
3. 想像力：在兒童 4 歲至 5 歲間，想像力是兒童的第三種適應模式，有的兒童開始有了想像中的玩伴及角色扮演，學習各種社會角色。

(二) 培養能力發揮效能
1. 根據能力模式，兒童不再滿足於幻想境界或遊戲情境，兒童希望能和成人一樣做些重要的事物。Erikson 稱為人類重要的客觀世界，Sullivan 則認為這是現實社會。
2. 6 歲至 9 歲的兒童了解競爭、妥協及不受傷害的情況下學習遊戲規則及與人相處之道，部分兒童在學校中互相提供機會切磋學習。因此，兒童有互賴、安全及感情的交流之需求。
3. 當孩子在 9 歲左右，由於社交能力的擴展，也超越平日的家庭生活圈，與學校同學們及左鄰右舍年齡相仿的夥伴產生情緒上的連結，與朋友們也滋生了「休戚與共感」，兒童於此階段在家庭圈外建構另一個獨立成長的管道。
4. 學齡前的兒童通常處於建立自信心期，在此期間儲備一些資源，透過活動、經驗中累積一些青少年日後應有的專業特性。

十、Vygotsky：社會文化脈絡

(一) Vygotsky 主張：1. 認知發展於主社會文化脈絡中型塑而成；2. 兒童們顯著的認知技巧起源於父母及其他良師益友的啟迪。
(二) Vygotsky 認為嬰幼兒與生俱來的基本心理功能，受到文化所影響，諸如注意力、感覺、視覺及記憶，日後發展進而提升至更精確的心理過程稱為高階心理功能（higher mental functions），例如：早期孩子的記憶侷限於生物的功能，是兒童所能製造的印象及形象，無論如何，每個文化都能提供兒童人文技巧調適之工具，以協助兒童開發本身所具有的基本認知潛力。簡言之，Vygotsky 認為人類即便身處偏遠地區（如一家人住在離島），也一定受社會文化中已有的價值、信仰，及知識的工具所影響。每個文化都有其特有的價值感及薪火相傳的禮俗，Vygotsky 相信個人智能的發展在結構與脈絡上絕無「普同性」（universal）。

上榜關鍵 ★
留意細節，測驗題考點相當細微。

十一、兒童情緒發展類型。

情緒發展類型	說明
恐懼	1. 一般的恐懼包括怕火、黑暗、患病、看醫師、牙醫、動手術、被車撞、被狗咬等。年齡更大一些的孩子,會恐懼自己和別的孩子不一樣,以致被嘲笑或戲弄。 2. 恐懼的事項還包括擔心其所做的事情遭到失敗。害羞是在社會情境中的一種恐懼。
忿怒	1. 忿怒表現類型 （1）衝動的表現：採取攻擊性的行為。例如：口頭的攻擊（罵人），身體上的攻擊（打人）。 （2）抑制的行為：除常見的逃避、規避及反應冷淡外,尚有抑制的行為。兒童知道攻擊性的行為是社會所不贊許的,因此把憤怒的情緒抑制下去,他學到不攻擊別人,不毀損東西。但是其憤怒的情緒依然存在。 2. 忿憤的轉移 （1）憤怒的迂曲表現：兒童們有時採用嘲笑、諷刺對方等方式以息他的憤怒。 （2）假裝友善：年齡稍長的兒童及成年人有時以相反的方式表達憤怒的情緒。 （3）找個出氣筒：兒童倘若不能以攻擊的行為對待激怒他的人,也許會找另一個人發洩他的攻擊性行為。
妒忌	1. 妒忌情緒發生高峰：三歲及十一歲。 2. 妒忌表達方式 （1）直接的表達方式：如爭吵、罵人、嘲笑、戲弄、惡意的批評。 （2）間接的表達方式：如不理睬他所妒忌的人,譏諷他,或者有白日夢、說謊話、欺騙等行為。當兒童逐漸長大,妒忌情緒的表達採取間接的方式逐漸增加,而直接的方式逐漸減少。

上榜關鍵 ★
著重情緒發展類型說明的細節研讀,為測驗題考點。

情緒發展類型	說明
好奇	1. 好奇心的變化：兒童期的好奇心較幼兒時期減弱很多，部分的原因是兒童的認知較幼兒擴大許多，一般普通的事物他已能了解，所以不必像幼兒那樣事事去探索。 2. 探測好奇事務的方式 （1）國小低年級的兒童與幼兒相同的是，對於沒有見過的或新奇的事物予以仔細觀察、考察，也時常把它拆開來看，以便了解這些東西的作用等。另一方面他也會向成人提出問題，以便增益知識。 （2）小學三年級以上的兒童會從閱讀書本得到許多知識，以滿足其好奇心。
愛	國小高年級的兒童對於愛的表示及需求較幼兒已大為減少。因為他的能力增強，而且他的社會接觸較幼兒期廣，所以對父母及兄弟姐妹的愛逐漸沖淡。
快樂	兒童與幼兒同樣的會對一些事物感到快樂。

十二、兒童的發展與哀傷

年齡／階段	哀傷症狀／反應	協助的方向
0～2歲 Piaget的感覺動作期（目標導向行為、物體恆存）、Erikson的信任與不信任發展階段	不了解何謂死亡，不懂成人的情緒反應，依賴非語言的溝通，不會記得過世的人。 可能的困擾包括：失眠、絕望、抗議。神經緊張、無法控制的暴怒、經常生病、易發生意外、反社會行為、造反的行為、過動、惡夢、憂鬱、強迫行為、褪色的記憶、極度憤怒、過度的依賴雙親、循環的夢境、不合理的期待、偽裝的憤怒。	需要身體照顧、親情、安慰。 照顧上需要穩定和一致，失去主要照顧者則需要替代者提供穩定一致的照顧。讓他們參加葬禮儀式。

年齡/階段	哀傷症狀/反應	協助的方向
2～5歲 Piaget 的運思前期（自我中心、萬物有靈論）	混淆、夜晚不安、惡夢、退化。孩子往往理解已經發生了重大失落事件。對死亡的了解仍然有限，也許知道「死亡」的字眼，但只了解一點意義，且認為「死亡」是暫時或可逆轉的狀態。	以簡單直接的字句安慰。提供安全、充滿愛和關懷的情境，不必隱藏真相，可以一起畫畫、看書、玩耍，儘快開始正常生活。讓他們參加葬禮儀式。
Erikson 的自主與懷疑、進取與罪惡感	質疑死亡的原因，也許會覺得失去所愛的人是一種懲罰。對於抽象概念的掌握有困難，例如：天堂。短暫的感到悲傷、退化、增加攻擊性、理想化失去的人、放棄對心愛的人的依附、轉向替代者（老師、親人）。有時會以逃避減輕失落的現實感，表現出對失落沒反應或無動於衷。可能會擔心失去存活的父或母，因此，拼命地依附或抱住。	
5～8歲 Piaget 的運思前期（自我中心、萬物有靈論）	開始想像死亡的結局。擔心自己和其他人的死亡。感到憤怒和罪惡感（死亡歸咎於自我）。用話語表達情感有困難。透過行為表達情感（強迫性的提供照顧和良好的行為或進取作為對等比較無助的防衛機轉。問具體的問題，辨識出過世者，內心形成心像以便緊握過往者。對理解抽象概念仍有困難。想用具體的方式了解死亡，但自認為「不會發生在自己身上」。否認、憤怒、悲傷、困惑、迷失方向、混淆。可能表現得好像什麼都沒發生過。渴望與同儕一樣過正常的生活。可能會反覆問問題，需要投入身體活動。	簡單直接的字和片語。簡單誠實的回答問題、尋找混淆的思維、提供生理上的發洩管道、提供有關未來的安慰與保證，一起進行活動，畫畫、看書、玩耍。讓他們參加葬禮儀式。

年齡/階段	哀傷症狀/反應	協助的方向
Erikson 的勤奮與自卑階段	否認、焦慮、困擾、表現出表面上的因應、表裡可能不一，了解死亡的結局、表現出恐懼的反應、可能對死亡相關事物有病態好奇心。需要投入身體活動。承認死亡的不可逆本質（試圖不去想它、不去討論它）、對未來有強烈恐懼、隱藏感受、也許會感到憤怒、壓抑悲傷、感到憂鬱、有些會有身體的不適、質疑宗教信仰、問有邏輯且具體的問題，例如：身體發生了什麼事？他們如何知道他死了？	
8～12歲 Piaget 的具體運思期（逆轉性、對話、邏輯）		直接誠實的回答問題、有關未來的安慰與保證、建立一個討論感受的溝通關係、提供生理上發洩管道、閱讀葬禮計畫與儀式相關事宜。
Erikson 的勤奮與自卑階段成人、Piaget 的形式運思期（抽象、思考、演繹推理、同化、調適）	承認死亡不可逆的本質，會能對自己的死亡感到煩惱，也許會經歷否認期（試圖不去想它、不去討論它）、對未來的恐懼是很高的、隱藏感受、也許會有身體不適、質疑宗教信仰、衝擊、焦慮、悲痛、否認、憤怒、憂鬱、退縮、攻擊性。可能類似成人的反應，但因應機制比較不足。可能會感到脆弱，可能需要談一談。	允許與鼓勵情感的表達、鼓勵同儕的支持、團體活動有助益，適當的閱讀，求助於其他成人的支持、維持穩定的環境和生活，讓他們參加葬禮、計畫和儀式、鼓勵家庭參與。

引自：張宏哲等譯《人類行為與社會環境》。雙葉。

十三、兒童行為學習

理論別	提出學者	理論重點
社會學習理論	班杜拉（Bandura）	1. 認為兒童通常在嬉戲中模仿社會規範、人際互動情形。同樣地，學習而來的道德標準也經由模仿而掌握遊戲規則的奧妙。這一派的心理學家堅持社會行為在乎於情境脈絡、時勢所趨，而非僅靠超我的運作。 2. 社會學習論者認為，模仿與適當的賞罰系統是形成行動的主要原因。社會學習論的觀點也就是「近朱者赤、近墨者黑」的觀點。
行為加強理論	史金納（Skinner）	1. 認為一位加強者就是一種激勵，增加可能發生的某類行為。史金納的理論顯示個人的許多行為大部分都是由於個人加強的歷史所形成的。 2. 史金納認為人格偏差者是可以矯治的，可用再制約的步驟把不良的行為予以消除。
社會學習方法	米納及唐納（Millerl & Dollard）	1. 社會學習的要素包括驅策力、線索、反應及加強等。 2. 米納認為人類的行為是由於觀察及模仿別人的行為而學得的。倘若兒童對雙親尊敬並欽佩，就會模仿他們的行為。
模塑理論	班杜拉（Bandura）	1. 重視模仿的概念，認為人類有許多行為是觀察一個行為的模式而習得的。嚴格來說，上述的行為不稱為「模仿」而稱為「模塑」。模塑的行為主要為保持第一人的行為。 2. 本理論認為在通常的情形觀察學習亦稱為代理的學習。個人想像自己處在與模型展示行為的相同地位。在此情況之下個人與所觀察到的模型有同樣的感覺。 3. 認為成人人格的大部分是習得的，經由模塑、觀察的學習、處在別人同樣地位的學習，以及內部的加強。 4. 父母誘導子女學習可應用行為修正策略的正增強、負增強、懲罰、消除、制約法等方法。

上榜關鍵 ★★★

在測驗題考點上，有相當多的命題紀錄；在申論題上，可運用於實務案例之解析上，故要在考場上展現運用於實務論述的實力，各理論重點之研讀不可少。

十四、兒童的社會環境

項目	說明
遊戲	1. 在學齡期之前，兒童與同儕團體、玩伴的關係時好時壞。此外，由於幼兒注意力不易集中、容易疲倦、怕生、沒有安全感，加以習於黏纏依附父母的心境，都是漫長遊玩的情境中潛在值得注意的問題。 2. 四至五歲的兒童經常會進行「想像型的遊戲」，想像是自己有一個朋友，例如：「扮家家酒」，因而這個年齡層的兒童是遊戲治療的理想對象，可以透過遊戲應用來進行。 3. 社工角色：透過遊戲的探討，社工員對幼童的情緒問題可以加以釐清，可以將孩子的遊戲行為作解讀，重視問題的本質，因而將遊戲與外在環境相連結。
同儕關係	1. 學齡前兒童最重要的突破在於他們與同儕關係的建構，他們建立了一對一的友誼關係。 2. 三歲的孩子是一個以自我為中心的階段，以至於造成他們不能了解同儕關係，由學齡前兒童也發展出喜好愛惡，逐漸找出喜愛的玩伴，但這種關係並不是長久的，因學齡前兒童的感情與反應是時時刻刻易變的。 3. 同儕的重要性：同儕提供的學習環境和家庭所提供的不同，同儕之間的關係比較平等；同儕提供學習社交技巧與吸收新資訊的機會；同儕提供和兒童相互比較的機會，以便更了解自己與他人。研究顯示，同儕關係和正常的社會發展有密切的關係，孤立和被同儕拒絕的兒童在未來比較容易有心理問題（例如：精神分裂）與偏差行為，同儕的拒絕所造成的負面影響又比社會孤立更為嚴重。 4. 同儕對兒童早期的影響：和其他年齡的族群相同，兒童也會區分玩伴和好朋友。好朋友之間比較能夠分享，不會惡意相待，會為朋友犧牲自己的利益。同儕之間會互相規範與性別相容的行為，企圖消除和性別角色不相容的行為。他們會模仿朋友以便強化社交關係，並且企圖影響其他兒童，希望他們也跟進。 5. 在同儕之間受歡迎的要素：包括穩固地依附於有威權的父母、身強力壯、具有吸引人的長相、智商高、擁有討人喜歡的名字，加上一些行為特質，例如：外向、合作、喜好鼓勵和扶持他人。沒有這些天生特質的兒童可能必須發展社交技巧，以便能夠在同儕之間取得地位和影響力。

上榜關鍵 ★★
在測驗題上，考點較細微，請細心準備。

項目	說明
家庭關係	1. 兒童發展的健康與否以及文化家庭脈絡的健全性,有賴每個家庭特有的價值觀及中心信仰,家庭文化價值是多元而複雜的。 2. 影響兒童的兩大因素: (1) 父母的溫情:父母的溫情是指父母對他們的子女發揮出來的回應及感性。有些父母雖然會嚴厲的痛責孩子的脫軌行為,但同時也會表達豐富的關切之情。 (2) 父母的控制:相反地,有敵意的父母是冷漠的、沒有反應的,而且急躁、缺乏耐心、苛責、辱罵、歧視、疏忽自己的孩子,很少肯定自己的孩子並關愛之,這種父母施予紀律或督促子女的多寡次數就稱為父母的控制。
社會階層	父母的教養方式亦因階級之不同而有所差異,中低收入的階層強調順服及權威的尊重,忽略獨立感、好奇及創新能力的培養。
手足環境	1. 手足次系統:手足形成兒童最親密也是最立即接觸到的同儕團體,兄弟姐妹的相處會影響兒童發展及行為。 2. 手足的互動:手足的互動包含許多正負面的情緒和行為。父母關係是正向、溫和與協調時,手足之間的關係也傾向比較正向。 3. 出生順序、家庭成員數、成員間隔的影響 (1) 研究顯示父母對他們第一個孩子的成就有較高的期望及較多的關注。對於後生的孩子,父母親顯然較有經驗也比較自在與要求較少。頭胎的孩子傾向被期待較高的學業成績,上大學,比較容易被稱呼為「誰的誰」;較遵照父母的要求且更會自我控制。 (2) 獨生子女在智力、學業成就和社會適應方面似乎優於其他有手足的兒童。 4. 兄弟姊妹的影響:兄弟姊妹的競爭可回溯到嬰兒出生的時候,母親通常會花較多的時間與新生兒相處,這可能讓年長的子女感覺受到疏忽,因而有了急躁或不合理的需求與反應,除了哭鬧外,甚至會對新生兒產生敵視,想盡辦法要表達內心的感情,藉以再次得到母親的關注與呵護。手足之間的對立,主要來自於競爭、嫉妒及憤怒。

十五、兒童社會化發展

上榜關鍵 ★★
包括社會化的發展內涵、遊戲類別、兒童的社交等均已是測驗題命題考點,其餘各部分亦請詳讀。

(一) 社會化發展內涵

　　1. 社會化 (socialization) 是兒童取得語言、價值

觀、禮儀、規範、行為、社會期待和在特定社會下成長存活中所必要的複雜資訊之過程。雖然終其一生社會化都持續著，但主要發生在兒童期，兒童期必須學習如何與人相處。他們必須學習哪些行為是被社會所接納，而哪些不是。例如：兒童有必要知道他們必須聽從父母的引導，他們必須向他人表達所需的飲食和安慰。另一方面，也須學習哪些行為是不合宜的，例如：打破別人的窗戶和對他人吐口水是不被容許。正因為兒童一開始對社會一無所知，而最重要的社會化過程便是發生在兒童期。

2. 社會化發展的良好與否，必須視其人格類型、在校的學業成績，以及師生與同學的關係良好與否而定。社會化發展不好，自我概念不健全，不僅會妨礙了日後的發展，而且還會形成心理或行為問題。

3. 社會化具有社會控制的功能，在小學階段學生對於性別角色的社會化亦需要學習及適應。小學階段，同伴團體對於不擔當本身性別的行為者都會受到批評與嘲笑，形成一種社會控制。

(二) 遊戲的功能

> **上榜關鍵** ★★
> 測驗題考點。

1. 遊戲是兒童早期學習的主要媒介，遊戲本身就具有快樂的成分，正面的感受是遊戲最好的報酬，它不只可以減少焦慮、挫折感和抒解壓力，更能夠增進同儕關係和社交能力。

2. Piaget 認為在遊戲時，兒童不只可以練習認知的技巧，而且還能強化這種技巧。Vygotsky 也強調想像的遊戲有助於兒童象徵功能（運用象徵思考的能力）的發展。Berlyne 則認為遊戲實現了兒童探索、好奇、驚奇等發展的需要，這些機會提供兒童有關自己和周遭世界的資訊。

> **上榜關鍵** ★★
> 這幾種遊戲種類，才是兒童期遊戲發展的類型，請詳記各類型的名稱。

(三) 兒童遊戲的發展

遊戲種類	活動的描述
1. 感覺動作遊戲（sensorimoter play）	典型的嬰兒遊戲，旨在探究感覺動作的能力。
2. 練習性遊戲（practice play）	透過遊戲不斷練習新習得的技巧和動作上的協調，以達到精熟的程度，作為運動和其他遊樂的基礎，人終其一生經常會從事這類遊戲，兒童早期三分之一的時間是花費在這類遊戲。

遊戲種類	活動的描述
3. 假裝／象徵性遊戲（pretense／symbolic play）	使用周遭的環境以象徵其他事務、假裝遊戲、營造幻想及角色扮演，自9個月大到2歲半開始，4到5歲的時候達到高潮。
4. 社交性遊戲（social play）	和同儕進行社交性的活動，例如：追、趕、跑、跳、摔角、翻滾。
5. 建設性遊戲（constructive play）	結合感覺動作和象徵性的遊戲，多數是兒童自創或發展出來的比賽，學齡兒童常從事這類有組織和有規則的比賽。

（四）社會性遊戲類別

遊戲模式	兒童的行為
1. 空閒式／無所事事遊戲 Unoccupied play	係指很少或沒有活動，孩子可能安靜地坐著或站著，通常孩子專注地觀察周圍的某些事情。亦即，沒有投入任何活動、沒有和任何人一起玩、毫無目標，屬於最少見的遊戲方式。
2. 單獨遊戲 Solitary play	係指孩子獨自玩遊戲，不關心其他孩子或他們在做什麼。亦即，獨自玩耍、任務取向、沒有其他兒童參與，是2～3歲兒童最典型的遊戲方式。
3. 旁觀者遊戲 Onlooker play	係指單純地觀察其他遊戲中孩子的行為，精神上參與其他孩子在做的事情，然而身體上並沒有參與；旁觀者遊戲與單獨遊戲的區別在於孩子的注意力在遊戲中的同儕，不是發生在周遭的任何事。亦即，觀看其他兒童玩耍，會參與聊天、問問題、口語參與，對遊戲感興趣但沒有直接投入。
4. 平行式遊戲 Parallel play	係指孩子單獨玩耍，但是當其他孩子突然靠近時，會有類似遊戲的態度或類似玩玩具，但並沒有任何互動。亦即，和其他兒童一樣玩玩具，但是不和其他兒童一起玩，年幼的兒童比年長的較容易採取這類遊戲方式。
5. 結交性／聯合遊戲 Associative play	孩子們一起玩遊戲，但有些互動並非是有組織性，例如：孩子可能共享玩具或活動、互相交談等；然而他們其實是各玩各的，每個孩子都聚焦在他們自己個別的活動。亦即，兒童很活躍地一起玩，互動比遊戲的組織和任務的達成更重要，社交技巧（例如：輪流和服從領袖）是遊戲的內容。

遊戲模式	兒童的行為
6. 合作性遊戲 Cooperative play	包含組織性的互動，孩子們一起玩耍以達到類似目標，一起完成某事或生動地表達某個情況；其注意力集中在團體活動，合作是必需的，孩子清楚地感覺到自己是團體的一部分。亦即，社會互動很頻繁，活動有組織，可以是社交性的、由老師所組織正式性的及比賽性的遊戲，兒童早期比較少有這類遊戲。

（五）兒童的社交

1. Shea 觀察幼稚園中 3～4 歲兒童互動的行為，他發現幼稚園能增進兒童的社交技巧，兒童之間的互動比和老師的互動多，幼稚園的學生因而比較外向、愛玩耍、比較不具攻擊性。雖然幼稚園有強化社交的功能，但較害羞、不喜交際的兒童則會有曠課越來越多的傾向。社交技巧的訓練可以協助這些兒童迎頭趕上，期望他們也能受惠於幼稚園教育的益處。

2. 專家設計了幾種處理兒童社交技巧問題的模式，這些模式包括：行為的正增強、楷模的學習，以及認知的策略。我們可以先使用正增強與楷模學習的模式，目的是為了得到立即的效果，使兒童有動機學習更複雜的策略。問題解決的技巧比較具有長期效果，日後許多場合都會使用得到，角色扮演的方式可以協助鞏固所學的技巧。

3. 正增強的使用可以透過兩種方式進行，一種是只要兒童有社交上表現適當的行為，即透過口頭的讚美、給予注意及獎賞，以增強其正面的行為。在團體的情境下也可以給任一有好表現的兒童讚美，這會使不善社交的兒童看到表現好的兒童受到讚許，因此具有催促的效果。好的行為受到鼓勵的同時，對不好的行為（單獨玩耍或攻擊）則忽略，以免在不小心的情況下給予增強。

4. 另一種方式是透過社會環境的安排以提供社交機會，有了社交機會才能夠使社交行為發生，行為必須先發生才能夠加以增強。社交機會的安排可以透過遊戲的方式（例如：倫敦或大橋、母鴨帶小鴨），或者給比較害羞兒童珍貴的東西，要他們送給其他小孩，製造大家要與他們接觸的社交機會，這些方式都可以促進社會互動。

上榜關鍵 ★★★
測驗題的考點較偏重細節的研讀，本段的研讀請著重字句的詳讀。

十六、兒童性別角色與認定的發展

（一）性別認定表現在兒童的遊戲上，進入兒童早期階段，兒童選擇玩伴便會以同性為優先，遊戲的方式也不一樣，他們已經發展出遊戲方式、種類，以及玩

具的選擇會因性別而有所不同的觀念。這種觀念的形成受父母的影響最大，例如：父母會鼓勵或禁止兒童玩某些遊戲，但是對男孩玩女生喜好的遊戲比較不容忍。研究也顯示男孩比較早表現出性別取向的行為遊戲和選擇適合自己性別的遊戲。

(二) 兒童早期也開始對同性父母有較強的認定感，他們想和同性的父母一樣的打扮，學習與刻板性別角色相關的行為。約到了 3 歲，兒童便知道自己屬於哪個性別，4 歲時能夠由行為模式辨別其他兒童的性別，但是在 4～5 歲之前，還會以為性別可以轉換，過了這個年齡之後，才會漸漸意識到性別是固定不變的特質。

> **上榜關鍵** ★★
> 年齡、性別認定記清楚。

(三) 這個階段的兒童開始對自己和他人的身體及身體功能有強烈的好奇心。在好奇心的驅使之下，他們開始探索與玩弄自己的性器官，因為隱私的觀念仍然薄弱，好奇心強過一切，在公眾場合也不知避諱。兒童早期是教導「公眾的我」和「私下的我」區別的最佳時機，也是開始教導有關安全與預防性虐待的時候。

(四) 雖然許多性別角色的特質是後天學習的，而攻擊與撫育這兩種特質則取決於基因。男生表現出比較多的攻擊性行為，他們也比較喜歡具有攻擊性的遊戲，例如：玩刀和槍；女生則表現出比較撫育的一面，遊戲的選擇較多是人際關係取向。雖然不是所有兒童均如此，但多數兒童在這方面有很穩定的發展。

十七、溝通異常、恐懼

> **上榜關鍵** ★★★
> 畫底線的部分，請將觀念讀懂，並關注細節，為測驗題考點。

(一) 溝通

1. 兒童中期是語言能力更加精確的時期，文法越來越正確，會使用複雜句以代替簡單直述句或疑問句，視障兒童的語言發展比聽障兒童為佳；他們也漸漸明白同一個詞彙可能有多層的意義，開始知道字詞的抽象意涵，也就是能夠了解字面之後所指稱的抽象意義，這種能力稱「形上語言覺知／形而上的語言覺知」（metalinguistic awareness），因為這種能力的發展，兒童開始能夠欣賞幽默與笑話，10 歲左右的兒童也開始能夠使用譬喻，例如：滾石不生苔。

2. 兒童語言方面的發展與心理健康有密切的關係，因為語言是取得他人資訊之門、是要求他人的工具，也是他人藉以了解我們的媒介。早期的語言專家認為語言是思考必備的工具，沒有語言就無法思考，多數的兒童發展專家現在相信語言是思想的必備條件。

3. Piaget 的研究導出下列的結論：兒童的許多邏輯概念先發展出來，然後他們再發展和這些概念相對應的語言加以描述。例如：兒童先有「大小」的觀念，

然後再學習使用語詞來描述該觀念。最近的研究發現，溝通的障礙可能起因於傾聽者沒有察覺到模糊的訊息（uninfonnative messages），或者有察覺到但沒有進一步澄清所溝通的正確意涵。兒童的發展也有類似的情形，6～7歲的兒童如果發現有問題，比較會要求對方澄清，年齡小一點的兒童若意識到訊息模糊，通常會忽略它，假設訊息傳送者的意圖很清楚，例如：當有兩個玩具並列時，得到的是模稜兩可的訊息「把那個玩具拿來給我」，年齡小的兒童會假設對方要的是最靠近自己的玩具，8～10歲的兒童則比較會要求釐清訊息。

（二）溝通異常。

1. 兒童早期的語言能力發展極其迅速，語言的發展過程井然有序，但是有時候會有遲緩的現象，甚至造成溝通違常的問題。最常見的類型包括：表達上的違常、語音違常及口吃。

   上榜關鍵 ★
   測驗題的考點，請區辨各種違常的不同之處，並逐字逐句詳讀細節。

2. 表達上的違常可分為後天型的得到的異常與發展方面的問題等兩種類型。後天型的異常，通常病發之前會有神經系統上的問題作為前兆，發病之後的特徵依照患者的年齡和症狀的嚴重性而有所不同，這些特徵包括：說話上的限制、字彙的限制、使用縮短的句子、學新字時感到困難、濫用字彙、文法簡單有限等，而對語言的理解能力通常無礙。至於發展性違常的表達違常，通常是在3歲的時候現形，約有3%～5%的兒童有這類問題，隨著年齡的增加，這些兒童中約有一半左右漸漸克服問題，其餘的人則必須長期面對，有少數兒童甚至連理解力也出現了問題。

3. 兒童早期的人口中，至少有2.5%的人有語音違常，男童占多數。特徵包括：發音上的困難（越慢學到的音越難）和音節的錯置，輕微者到了學齡期多半會不治而癒。

（三）恐懼

1. 兒童早期喜好想像或幻想的刺激，例如：排行老大的兒童心目中常常會有一位想像的朋友，兒童會假想自己和這位朋友共同做一些冒險、驚人的行為和惡作劇的事。這類的想像除了提供兒童玩伴之外，還有助於創造力的培養，因此應該被尊重，當然，也要避免過度幻想。

2. 兒童想像力與認知能力（抽象能力與使用符號的能力）的成長，除了有助於同理心與幽默感的發展外，也會帶來負面的結果，這些能力發展的同時也是恐懼、恐慌症（phobia）、惡夢與夜悸（night terrors）的開端，多數兒童在白天會壓抑這些負面的感受，以免引起他人的不悅，但是到了夜晚，防衛心鬆弛、最沉睡，也是作夢最頻繁的時間，這些感受可能會在夢境中出現，造成兒童早期情緒上的困擾。處遇方式包括：和兒童討論因應之道、預先做好

心理建設、以同理心回應他們對噩夢的感受、教導他們學習辨認和抒發感受、學習如何適當的發洩具有攻擊性之精力,例如:肢體遊戲、獨處、擊打柔軟的物體等。

十八、兒童期生活的潛在性風險因子和保護因子

風險因子	保護因子
兒童 / 個體	
早產兒、出生時染色體異常 懷孕期間接觸病感染毒素 長期的慢性病或嚴重心智失調	健康良好
人格特質:冷冰冰、孤立、拒人於千里之外	人格特質:樂天溫和型,適應良好;自尊心高,社交良好;情緒內控機制高;自立自主,理性求助
心智認知發育遲緩,低智能	中上的智能
兒童長期遭受創傷	適度勝任的發展生活史
反社會的幫派或同儕團體	良好的志趣與休閒嗜好
性別文化差異	和善的同儕社群互助關係
父母 / 家庭	
不安全的依附關係	安定的依附關係;正面溫暖的親子關係
父母:不安全的依附模式	父母:安全的依附模式
單親家庭(缺乏支持系統)	父母(或任一方)在壓力與焦慮情境的當下給予充分支持
嚴酷威權的父母,遭受肢體與語言的凌虐	正面的、權威導向的民主式教養
家庭解組;親職互動不良與暴戾監控	家族結構性的規範及親職的引導
社會隔離排除,反社會性,缺乏家庭的支持	擁有家人的支持,如協力照顧兒童

風險因子	保護因子
家庭暴力	溫馨的家庭照顧
父母／祖父母間高度的人際關係衝突	穩固的親職關係
分居／離婚，特別是暴力性的分居離異	父母婚姻關係和樂
父母心理病態	稱職的父母楷模及良好的因應知能
父母藥物濫用、嫖賭，不務正業	良好的社會關係及家庭期許
父母體弱罹病	父母的積極鼓勵與期待
父母一方或兄弟姊妹罹難死亡 寄養與遷移安置的經驗	
社會／環境	
貧窮／集體普遍性的貧窮	富有或中產階級，社會經濟地位穩定
缺乏周延性的醫療設施、健康保險以及社會服務機制	社區健康照顧及全人的社會服務
雙親／社區失業問題嚴重	父母／社會身分與就業機會穩定
兒童照顧系統匱乏	全人的兒童社區托育照顧
空間缺乏，住宅擁擠	居住環境友善，社區保全系統周延
制度性歧視、偏見及不公平待遇	家庭宗教信仰及參與度高
學校服務品質不良	溫馨的服務品質，以及友善的學校環境
社會性流動轉學，搬家／動亂的鄰里社區	師長為兒童們的楷模，並支持社區鄰里的活動
接觸環境中的汙染及毒品	接觸溫暖照顧型師長的安全呵護
接觸並暴露於暴力色情氛圍的社區，以及媒體的渲染	群體效能、族群歸屬及社群互助聯盟
缺乏就業及教育學習機會	擁有充分的技職教育機會及就業資源

十九、兒童發展相關名詞

項目	說明
發展浪潮	1. 發展專家過去常以階段或步驟流程描述兒童在認知上的發展。但是階段論無法解釋兒童在發展過程上的許多差異和變動。另外，還有一些尚待解決的問題，例如：兒童在策略的使用上是如何轉換的（由一種變到另一種）？為什麼兒童使用各種不同的策略完成同一種任務？ 2. 過去的理論逐漸被挑戰，新的模式稱為「發展浪潮」（development waves），認為「重疊的浪潮」（overlapping waves）比較能夠解釋兒童如何學習和使用策略的方式，波浪的自然起落代表兒童思考的自然變動和持續。Siegler 建議大家摒棄過去強調兒童在不同階段才有不同想法的理論，把焦點放在兒童使用多少策略和什麼樣的策略思考。 3. Siegler 以研究的結果支持他所提出的理論，他發現兒童以緩慢的速度習得新的策略，學習的過程也常常使用舊的策略。面對困難的任務時，他們傾向於使用舊而費時的策略；有夥伴共識時，選用正確策略的次數會比較頻繁。面對有些問題時（例如：道德思考的問題），甚至會使用三個或更多的策略。Siegler 雖提出新的理論，但是他並沒有否定過去的階段論所提出的豐富觀點，不同的理論使我們對兒童認知發展的視野更寬廣。
兒童失憶症	兒童認知發展的一項重要過程是記憶，也就是資訊的儲存與提取，記憶的基礎在於兒童的理解力與資訊呈現的能力。7 個月大的嬰兒便能夠有意識地進行記憶，只是多數的小孩對 3 歲以前發生的特別事情幾乎毫無印象，這種現象稱為兒童失憶症（infantile amnesia）。

項目	說明
智力遲緩	1. 智力遲緩定義：又稱為「認知障礙」。智力遲緩是一種智力上的缺陷，智力有缺陷的孩子智力測驗結果通常在 70 分以下。 2. 智力遲緩等級 | 等級	智力測驗分數
輕度	智商 50～55 到 70
中度	智商 35～40 到 50～55
重度	智商 20～25 到 35～40
極重度	智商低於 20 或 25 | 3. 智力遲緩的能力可能影響範疇，包括運動神經技巧、溝通技巧、社會技巧、每日生活技能。
學習障礙	1. 學習障礙定義：是指「了解或使用語言的一種或多種基本心理過程的障礙，在傾聽、思考、說話、閱讀、書寫、拼字或數理計算等表達能力的不完整」。 2. 過動行為違常的三種表現 （1）注意力分散：孩童不注意聽而且容易被外界事物分散專注力，常常不能完成行動或者工作任務。 （2）易於衝動：未經思考而唐突的行為，他／她具有行動取向，並不能夠克制內心莽動，如在教室中突然狂喊，亂跑亂跳，或者團體中其他成員要等著他／她回到團體裡，以便進行活動。 （3）過動行為：煩躁坐立不安、喋喋不休，以及無休止、漫無目的之動作。 3. 社工角色：教導過動行為違常兒童的父母們一些行為改變的技巧，這些父母習得獎懲適宜的技巧去促進兒童們的注意力及服從性，當這些父母使用這些技巧後，孩子的過動行為有減少的趨勢，他們也感受到教養這些兒童時的自我勝任感。意即親職教養技巧加上藥物控制，以及適當地輔助能夠協助過動行為違常的兒童。

項目	說明
智力測驗	1. 智力（IQ）測驗的分數 65～105 分歸類為「一般或普遍」，65 分屬於「智障」，150 分是「天才」。其實一次測驗的結果不足以成為分類個人的標準，其他相關佐證的蒐集與詳細的評估是不可或缺的。不幸的是，許多兒童仍然被成人以一次的測驗分數歸類，這種標籤在許多年之後仍然跟著兒童，對他們的生活有負面的影響，例如：能力分班。 2. 智力測驗是好是壞？並非智力測驗本身而是濫用所造成問題。倚重智力測驗的人必須記得，「智力」是個既複雜又抽象而且不是固定的概念，因此很不容易測量。受測兒童的心情、動機與焦慮也會影響測驗的結果，如果測驗所使用的語言又不是受測者的母語，其正確性更是值得懷疑。此外，智力測驗的結果與受測者的成就之間不見得有必然的關係，因此應用上與分數的解釋上更必須小心謹慎。社會工作人員必須確保兒童獲得公平且精確的評量，了解智力測驗所產生的益處及弱勢至少是一個正確的開始。
多才多藝的兒童	天才兒童的智力約為 130 分或更高，現代的天才兒童之標準並非僅限於學業優良天才，也包括特殊天份，例如：藝術、音樂、創作及舞蹈等。
情緒管理能力／情緒智力（emotional intelligence-EQ）	指一個人能了解他自身感受、同理他人，並管理情緒的能力。到底 IQ 與 EQ 如何互相補足呢？一個人因應壓力的能力如何幫助他專心並運用智力呢？研究家試圖回答這個問題，普遍認為 IQ 占了 20%，其他的就仰賴健康營養因子，如環境及經驗。
類別的自我	兒童早期的自我觀念（self-concepts）主要取決於身體特徵和體能。兒童將自己和他人歸類的方式，首先是根據年齡，再來是性別，然後是根據自己常常從事的活動，有時還會根據自己的身體的特徵，這種歸類的方式稱為類別的自我（categorical self）。

二十、近側發展區、鷹架理論

上榜關鍵 ★★
冷門考點，已有出題紀錄，請以測驗題方式準備。

（一）近側發展區（Zone of Proximal Development, ZPD）

1. 提出學者：近側發展區是俄國心理學家韋考斯基（L. S. Vygotsky）用以說明

學習與發展關係的概念。
2. 定義：近側發展區（ZPD）指的是，一個人獨自解決問題所反應出的實際發展程度，與其經由成人從旁輔助或與有能力的同儕合作解決問題所反應出的潛在發展程度之間的距離。
3. 內涵：
（1）韋考斯基採取社會文化的觀點探討人類發展的問題，其認知發展論強調社會互動對認知內化的作用，認為所有高層次的心理歷程都是社會化結果，這些歷程是在人們之間（特別是成人與兒童之間）的互動而逐漸形成的。剛開始時，兒童經驗與別人共同解決問題的活動，漸漸的兒童能獨自表現這些功能。
（2）內化的歷程是逐漸形成的，首先由成人或知識較多的同伴引導兒童的活動，漸漸地成人與兒童分擔問題解決的責任，像這樣經由與別人約束（other-regulation）到自我約束（self-regulation）的轉化過程，達到認知的結果。這個發展過程是透過個體與社會互動而形成的，社會環境中別人的支持效果具有鷹架作用（scaffolding）。
（3）韋考斯基認為由目前能獨自完成的水準，達到潛在發展水準（經由協助後的表現水準），這段差距是學習潛能的重要指標。因此韋考斯基稱這段由現有的實際發展水準（the actual development level）到潛在發展水準（the potential development level）的差距為「近側發展區」。實際發展水準是指兒童到目前為止，已完全發展而成的心理功能，也就是兒童能獨自完成認知作業的水準。

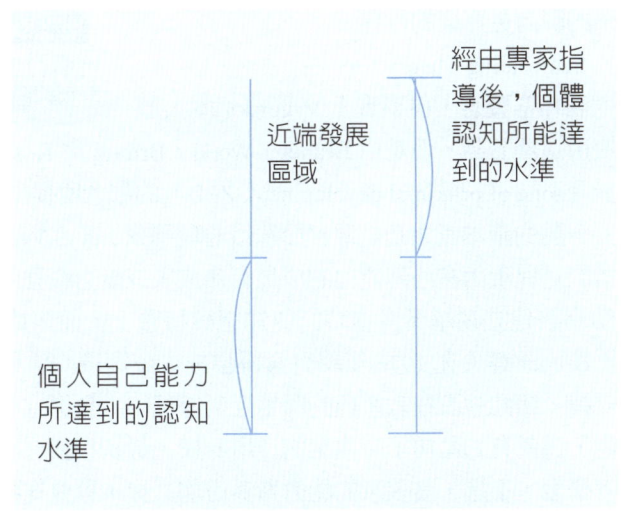

圖：近側發展區概念圖

圖：近側發展區示意圖

(4) 理論的應用

① 個體獨立解決問題的實際發展層次，與其如果透過成人的輔助或與更有經驗者互動之下的潛在發展層次，兩者之間存有一段距離。學習者的認知發展潛能，如果只靠自己努力，只能有限的發展，但是如果得到較有知識者，像同儕、家教或老師的指導，則能達到超越性的發展。

② 對於幼兒的學習來說，腳踏車上的一對輔助輪，就是鷹架的典型實例。它是可以調整的，因應一時之需，隨時可以拆卸的，提供了幼兒在學騎腳踏車的過程中所需要的輔助。如果沒有輔助輪，同時要學習踏踏板、保持平衡感和駕駛方向這些高難度的動作，對於大多數的幼兒來說，雖然不是不可能一次通通學會，但整個過程顯得十分困難。輔助輪這個鷹架，能夠讓學習者成功地達成騎腳踏車的目標，而且快樂的騎向更寬廣的世界。

(二) 鷹架理論（Scaffolding Theory）

上榜關鍵 ★
請詳加研讀，已有冷門測驗題考點出現。

1. 鷹架的內涵相當豐富，但事實上 Vygotsky 本人並未直接使用這個名詞，而是由 Bruner、Wood、Bruner 與 Rose 延伸其「近側發展區」（zone of proximal development, ZPD）的觀念所提出的。

2. 「鷹架」一詞的基本概念乃是源自於蘇俄心理學家 Lev S.Vygotsky 的學習理論，泛指的是兒童內在心理能力的成長有賴成人或能力較強的同儕的協助，這種協助應該建立在學習者當時的認知組織特質上，而根據 Vygotsky 的這種觀點，Bruner 等人在 1976 年將兒童得自成人或同儕的這種社會支持隱喻為鷹架支持，藉此強調在教室內的師生互動歷程中，教師宜要扮演社會支持者的角色，這就有如蓋房子時鷹架的作用一樣，最初孩童需要在成人或同儕的支持下學習，不過，當孩童的能力漸漸增加之後，社會支持就應該逐漸減

少，而將學習的責任漸漸地轉移到孩童自己身上，如同房子蓋好後，要把鷹架逐漸移開。
3. 鷹架理論又稱為支架式教學（Scaffolding Instruction 或 Instructional Scaffolding），指的是學生在學習一項新的概念或技能時，通過所提供足夠的支援來提升學生的學習能力，事實上，從生活經驗來看，對於鷹架理論最容易理解的說法是從在車後扶著協助孩子學習自行騎腳踏車直到學會後才放手。鷹架支持的重點在於教師以輔助者的角色，將學習內容結構化，並透過學習者學習歷程的層次漸進，建立自我的學習之垂直鷹架，以及同儕或有經驗的學習者的水平鷹架，共同建構成的學習網路。鷹架的兩個重要議題便是「溝通」與「認知」，透過語言的社會互動功能將有助於促進學習者對問題的解決與反思能力，以達成學習遷移的效果，並促進學習者自我導向學習能力之培養。

二十一、情緒能力三個面向

面向	說明
1. 情緒經驗／經驗情緒	經驗情緒是指覺察與辨識自己的情緒及如何調適，當一個女童被選進足球隊擔任守門員、她應該如何獲得同儕支持？她是否應深呼吸並專注去完成每一次的比賽？這些情緒調適未必能產生作用，但重要的是必須具備辨識自己正在經驗情緒的能力。
2. 情緒表達	適宜的情緒表達是指兒童能夠在符合社會情境狀態下表達自己的情緒，首先你必須知道何謂有效的訊息、然後再傳遞一個可信服的訊息，兒童常會努力成為別人口中的好朋友，也影響到他們如何傳遞情緒訊息，就父母角度來看，兒童必須學習控制自己面對違反規則導致負面後果的憤怒情緒。
3. 了解情緒	了解情緒是非常重要的，兒童需學習如何閱讀別人的情緒、如何發問、這個人到底要告訴我什麼有感情的訊息。倘若無法得知即無法適切回應，兒童也開始能了解每個人擁有不同的情緒型態。

二十二、Seligman 分析孩子詮釋事件風格不同的三種層面

> 上榜關鍵 ★★★
> 測驗題考點相當細微，全段請下功夫詳讀。

（一）Seligman 所著的《樂觀小孩》（The Optimistic Child）書中指出，失敗本身並不代表悲慘，而是孩子本身對失敗事件的不當詮釋，會導致他們產生憂鬱的問題，因此，孩子對事件的解釋方式及他知道如何思考事件的前因後果，都會強烈地影響他如何面對生命事件。

（二）Seligman 相信一個樂觀的孩子比較能夠面對生命中的高低起伏，他以三種層面分析孩子詮釋事件風格的不同。整理如下表：

層面	說明
1. 永久性──「有時」vs.「往往」	當一個不好的事件發生時，悲觀的小孩相信它是永遠的，例如：他會認為他永遠無法在拼音考試中有好的表現；而樂觀的小孩則認為他只是今天拼音考試沒有考好而已。相反地，面對好事時，樂觀小孩會認為是永遠的，例如：「我考得好是因為我很用功」；悲觀的小孩則認為：「我成績好是因為媽媽叫我要用功」。
2. 普遍性──「特定的」vs.「全面的」	一個普及而悲觀的陳述是：「每個人都討厭我」；相對的，另一個特定而樂觀的陳述則是「瑪莉不喜歡我」。就好事而言，樂觀陳述會是普遍性的，例如：「我是一個聰明的人」；而悲觀陳述是偏向特定的，例如：「我的閱讀能力很好」。
3. 個人化──「內在的」vs.「外在的」	人格化包含了誰引發事件及誰該受責罰，孩子可以對內責備自己，或者對外責怪他人或其他因素，而當不好的事件發生時，孩子常責怪自己，他們往往有較低的自尊，然而這不代表去責怪他人就會有好的感覺，孩子仍必須對自己的缺失及過錯負責，重要的是孩子能否以行為取代全面及自我的責備。對樂觀的小孩來說，行為上的自責是很自然的，是短暫且特定的，例如：「我受處罰是因為我不遵守規定」；悲觀小孩的自責是全面性及永久性的。例如：「我被處罰是因為我是壞小孩」。

（三）Seligman 相信，父母、老師及社會工作者與其幫助孩子「感覺好」，還不如幫助他們「做得好」，也就是幫助他們建立能力及運用正確態度來面對生活中的挑戰。正如 Gottman 所說的，Seligman 認為負面情緒及經驗對孩子的情感成長是很重要的，他強烈反對一些傾向避免孩子經驗成績低落的學校政策，免得因為要預防他們經歷失敗，反而使他們在經歷時，喪失了經驗正常情緒

反應的機會,例如:難過、焦慮及生氣等。避免失敗經驗不僅使孩子缺乏控制的能力,更造成他們產生較低的自尊。

二十三、兒童的心理問題、語言與文化的發展

(一) 兒童心理問題的三個類別

心理問題類別	說明
1. 發展的遲緩	發展的遲緩是指技巧的習得過程過於緩慢,或正常的行為(尿床)發生在不適當的年齡層,這種情形有可能發生在任何的功能領域上。不過,多數兒童都能夠在造成傷害之前迎頭趕上,只有在少數的幾個領域(例如:語言方面),遲緩的問題比較顯而易見,而且負面的影響比較深遠。
2. 發展的失調	發展上的失調比較容易發生在吃、睡、言語、排泄及注意力方面。失調的特徵是這些技巧的表現突然中輟,對兒童本身和照顧者而言都是極大的困擾。不過,比起發展遲緩的個案(除非極端嚴重),發展失調的兒童比較容易引起注意,因此也比較容易得到轉介和治療,常見的發展失調有口吃、注意力缺陷、夜悸、尿床、排泄失禁等。
3. 發展的心理違常	發展的心理違常起因於無法善用資源和因應壓力,造成適應上的問題或無法從創痛中復原,影響所及不只是單方面的,而是廣泛地影響到同儕關係、家庭關係、學校表現及發展目標達成等。常見的心理違常有焦慮及憂鬱,其成因、過程和預後狀況(prognosis)都和成人不同。

(二) 焦慮性違常

焦慮性違常類型	說明
1. 分離焦慮違常	分離焦慮違常的特徵是對離家或主要依附者分離有強烈的焦慮感,約有 4% 的人有這類的問題。兒童和主要照顧者分離之後,常會懼怕將有不幸的事件發生在自己或家人的身上,因此他們常用盡各種方法避免分離。這類兒童可能會發展出身心症(somatic complaint)、拒學、過度依附及要父母保證不會離開他們,他們也常經歷哀傷、對活動失去興趣、退縮或精神無法集中。分離焦慮通常在事件一年之內達到高峰,隨著年齡的

焦慮性違常類型	說明
1. 分離焦慮違常	增長而緩和。這種違常最常發生在關係緊密之家庭或剛經歷過創痛事件之家庭。一般人會認為女生的發生機率比男生高，事實上，臨床的樣本顯示男女的比例相當。
2. 過度焦慮違常	過度焦慮違常又稱為一般性的焦慮違常，和分離焦慮不同，因為這種恐懼並沒有特別的焦點，兒童以為任何事情在任何的情況下都有可能出差錯，這些沒有焦點的憂慮常會造成對自己和自己能力的懷疑，憂慮又常會集中在學校的表現和運動方面。案主會一再重複地做某些事，因為總是認為自己的表現不夠好。這種現象最常發生在必須有好的行為才能夠得到愛和接納的家庭，造成兒童一味地尋求讚許和完美，終究造成惡性循環，憂慮和焦慮癱瘓了兒童的表現，失敗接踵而來，造成更多的焦慮。
3. 注意力缺陷過動症	1. 注意力缺陷過動失調症（ADHD），是一種精神的診斷，是焦慮違常的一種類型。注意力缺陷過動症是指注意力無法持續集中或過動，開始出現於學齡期的學習與行為問題症候群，特徵是持續的不專心、過度的身體活動、在至少兩種以上環境中表現衝動（包括家裡、學校、工作或社會背景）。估計罹患注意力缺損過動症學童比率占 3% 至 7%。 2. 注意力缺損過動症定義有幾個特點，第一，症狀出現在 7 歲之前；第二，多重的發生模式，不只是在單一的情境或單一某人，也包含不全然與某個特定背景有相關的不可控行為。 3. 注意力缺損過動症的三種行為特質，包括：第一是不專心，行為症狀有做事混亂、漫不經心、經常搶先、容易分心、討厭需要專心與費力的事情、任務與活動組織力非常困難、很難持續溝通；第二是無法控制的過度生理活動（過動），幾乎持續地在動、扭動或坐不住，很難專注靜態活動，話說個不停；第三是衝動、極度沒耐性、難以等候輪流、經常打斷與干擾。 4. 許多人對 ADHD 的藥物治療並不陌生，大多數被診斷為有 ADHD 的兒童都在服用藥物（例如：Ritalin, Dexedrine, Cylert, Benzedrine 等），雖然這些藥物不一定能夠減少兒童的活動量或改進他們在學校的表現，即使有效，效果也很短暫，其長期的效果頗受質疑。此外，這些藥物都會產生副作用，最

上榜關鍵 ★★★★
測驗題熱門考點。

焦慮性違常類型	說明
3. 注意力缺陷過動症	常見的是食欲減退和睡眠受到干擾。但是服用之後還是有些益處，藥物可以增進兒童的注意力，減少他們在課堂上的干擾和改變同學對他們的負面印象，這些功能對兒童的人際關係均有助益。多數專家認為藥物治療必須輔以行為治療，一些研究結果也支持這類主張，研究發現：上述兩種治療模式並用時，其療效最大。由此可見，藥物治療之外，還必須依靠其他的治療方式，以增進在學校的表現和改變部分問題行為。Chase 和 Clement 發現行為治療法中又以代幣制度最有效，其方式是由兒童設定自己想達成的（學業方面）目標，兒童如果達成目標就可以累積點數，交換所喜歡的玩具或東西，如此可以增強兒童的正面行為。 5. 雖然有很多小孩有這些現象，但對 5 歲以下的小孩是很難做診斷的，一方面因為這些現象在這階段中似乎挺正常；另外，在小孩上幼稚園或小學前，他們也比較不需要集中注意力學習，所以增加了對此違常現象診斷的困難度。雖然如此，目前仍然有許多 4 到 5 歲的孩童被診斷出有此症狀，他們通常服用一些藥物來幫助控制注意力及行為。這樣的狀況引來一些爭議，例如：這些小孩真的有注意力及過動的問題？支持者認為服用藥物確實對這些孩子的症狀有很大的幫助；反對者則認為藥物使用只是一種較簡單且方便的解決方式而已。

（三）兒童憂鬱症、自閉症

上榜關鍵 ★★★
測驗題細微考點，請逐字逐句詳讀。

項目	說明
兒童憂鬱症	兒童憂鬱症常與其他心理違常同時出現，症狀的呈現和成人不同，兒童的症狀通常不只一種，他們比較會表現出過度依附、不服從、憂傷、易怒、無望感、拒絕上學及對平常活動的興趣缺缺。兒童比較少有自殺的行為，但這類行為到了青少年時期會增加。在青少年之前，男女生的流行率大約相同，到了青少年和成人期，女性患憂鬱症的報告則是男性的兩倍。憂鬱的問題常是由嚴重的社會心理壓力所引起，例如：失去親人、分離及其他創痛經驗。

項目	說明
兒童自閉症	1. 兒童自閉症是一種嚴重的發展違常，影響所及涵蓋認知、心理、社會等各層面，幾乎生活的所有層面都受到波及。男生罹患的可能性比女生高 3 到 4 倍。雖然自閉症從出生便已開始，不過通常要到 3 歲的時候，語言上的問題和語言發展上的遲緩才比較容易區分，這時自閉症的兒童才會因為語言上的問題被發現，而這也是區別自閉症及亞斯伯格病症（Asperger's Disorder）的重要指標，儘管這兩種病症有許多相似的診斷特徵，但亞斯伯格病症並沒有語言遲緩問題。
2. 兒童自閉症的特徵，包括：（1）語言能力的缺陷；（2）智力障礙；（3）社交能力和技巧的缺陷；（4）遊戲方式僵化，缺乏想像力。
3. 語言能力的缺陷也是自閉症兒童最普遍的問題之一，約有一半的患者有一句話都不說，以及當其他小孩尖叫、發牢騷時，只能進行回音式對話（echolalia）（重複他人的詞語或歌曲），但是不論他們發出什麼聲音，都不是為了溝通或社會互動，他們的聲音只是自我刺激的媒介，以及取得基本需要的一種要求。語言缺陷的嚴重性是整體症狀的預後指標，語言障礙愈嚴重者，預後愈不樂觀，到了 5 歲便能夠說出可辨認的言語者，日後獨立生活的情形最樂觀。
4. 智障是自閉症兒童最穩定的一項特徵，約有 70% 的兒童 IQ 分數低於 70 分，治療通常也無濟於事。社交能力和技巧的缺陷是另一個主要問題，這類問題包括：他們喜歡與物為伍，連周遭的人也被視為物體、自己的名字被叫到也沒反應、缺乏目光的接觸、沒有微笑、不會主動和人溝通、對他人的話沒有回應，甚至對其他人的存在也毫無覺知，肢體的互動也不可能，無法取得肢體上的依附感和安慰，如果有互動也只是因為需要他人的協助以滿足自己無法滿足的需求；對自閉兒童來說，和其他人互動和物體互動沒兩樣。
5. 自閉症兒童的遊戲方式很僵化，缺乏想像力，他們無法虛擬、想像或和其他兒童遊玩，他們只會重複一些無功能的動作和儀式。他們喜歡固定的環境和例行的活動，常常會有扭曲的肢體動作，例如：翻掌、翻臂、撞頭及不自然地扭曲身體。行為治療的療效比較有實證上的證明，這類療法包括：代幣策略、角色楷模、社交技巧訓練、語言訓練等。

(四)語言與文化的發展
1. 語言的發展是兒童期的最主要任務,根據 Piaget 的學說,學齡前的兒童經常與自己對談、獨自牙牙學語、未與其他兒童產生互動對話。他將此稱為自我中心導向的語言,一直要到運思前期將結束時,兒童的語言模式才開始演化至較為「社會化」,而不再是那麼自我導向;孩子學習設身處地地察言觀色,且能留意對方聆聽者是否了解。
2. 文化決定人類生活中用詞遣字適合不適合,多半蘊藏於文法及字彙之中,特別是亞洲文化,重視禮儀,兒童早期即學會許多禮貌性的表達方式,尊重的稱謂、謙虛的聲調及禮數用語等。日常語言的措辭內容,通常反映一個人的社會階級及族群認同 知 。語言的表達除了因社會地位有所不同外,透過父母的管教方式可看出其差異性。通常語言學家將勞工階級的語言歸類為限制性的語言(restricted language)(只有他們圈內人聽得懂的話),或是中產階級深度說理(elaborated language)。
3. 語言的表達除了因社會地位而有所不同之外,透過父母的管教方式可看出其差異性。例如:中產階級的父母比較常用說之以情、服之以理的語言模式導正兒童行為;勞工階級的父母則常用命令的口語要求子女就範,控制性高且缺乏行為常規及行動緣由的解釋。

> **知識補給站**
> **族群認同**
> 兒童早期的階段是發展獨特自我概念的重要時期。這個時期的兒童開始以自己和他人的外觀作為族群辨認的特徵,他們仍然認為自己可以改變外觀,還無法將族群視為一種固定的屬性,要到 5 歲以後,物體保留或恆存的觀念形成之後才有這樣的能力。正如他們無法了解性別的意涵,除了以外觀分辨外,兒童也無法了解族群特徵和身為某族群成員的社會意涵。等到他們的族群認同形成之後,他們才會開始以外觀、能力、族群成員及對未來的展望評估自己。

二十四、性別迷失

上榜關鍵 ★★★
留意細節,測驗題考點。

(一)性別認同組成的五大部分(Egan 與 Perry 提出)
1. 對成員的了解(例如:對成員中不同性別的認識與了解)。
2. 對典型性別差異的分辨(例如:在團體中某人可以覺察到另一個成員的性別程度)。
3. 對性別的滿足感(例如:了解某人對於他自己的性別是否感到滿意)。

4. 對性別表現符合期待感到壓力（例如：某人對從父母、同儕或其他人而來的對性別刻板印象所感受到的壓力）。

> **上榜關鍵** ★★
> 各階段對應的性別概念，請詳讀，測驗題考點。

表：性別認同與發展

階段	年齡	性別概念	Piaget 認知發展能力	典型範例
一	學步期至2歲左右	性別標誌的使用	象徵符號的認知（感覺動作期）：已發展原始的符號，能界定人、物，並會預期結果。	玩車車是男生，穿裙子是女生。
二	4歲左右	性別是穩定的	運思前期：單向思考，並集中在較明顯的外觀上；特定事物之間的推理。	男生長大會變成父親。
三	5至7歲左右	性別是恆定的	具體運思期：具可逆性及恆存概念。	小男孩即使穿了裙子，仍然是男生。
四	7歲以上	性別具有生殖器基礎	具體運思期：具可逆性及恆存概念；具可易（替代）概念。	小男孩因為有陰莖，所以是男生。

（二）兒童中期也開始發展性別角色的刻板印象（sex-role stereotypes），也就是以某些特質來區別男性與女性，相信男女雙方的特質有很大的差別。例如：認為男性比較具侵犯性、客觀、主動、直接、好強；女性比較順服、被動、家庭取向、不喜冒險等。

（三）Maccoby與Jacklin的研究破除了不少過去的迷思，他們只發現四項性別的差異：
1. 女性的語言能力比較強。
2. 男性的視覺和空間能力比較強。
3. 男性的數學能力也比較強。
4. 男性比較具有攻擊性。

(四) 常見的性別迷思
　　1.男生比女生主動活潑。
　　2.女生的意見比較容易因受影響而改變。
　　3.男生比較好強、愛好競爭。
　　4.女生比較敏感、體貼他人的感受。
　　5.男生支配的欲望較女生強。
　　6.女生比較善於社交。

二十五、對兒童的管教／養育模式

> **上榜關鍵** ★★★★
> 多位學者的不同分類，請先區辨清楚其分類，再詳讀其內容，為測驗題考點。

(一) 管教模式

代表學者	說明
艾瑞克森（Erikson）	1. 兒童早期管教的兩種基本型態 　(1) 父母親的溫暖（溫暖和惡意） 　(2) 控制（寬容和限制） 2. 溫暖指的是在不同的場合下表達接受、讚許、鼓勵及不吝給予感情。溫暖的父母常常讚許和寬容，寬容的父母鼓勵兒童探索和獨立做決定。 3. 溫暖的反面是惡意，指的是父母傾向於批評、拒絕、疏忽。惡意的父母常常拒絕、疏忽和過度的限制（規範過多、控制行動和決定）。 4. 隨著兒童年齡的增長和經驗能力的增加，父母除了提供必要的指引之外，應該給他們更多的空間，根據發展的層次給予適當的管教。
Hoffman	父母管教的策略歸納為三種，每一種都有其深遠的影響，使用時必須加以考慮，以便決定使用何種方式。分類如下： 1. 威權施壓的管教（power assertive discipline）： 　(1) 包括體罰、處罰的威脅或透過肢體的方式控制兒童行為。 　(2) 研究顯示使用這些方式可能會增加兒童的侵犯行為，其理由可能是：父母管教的行為提供兒童角色模仿的機會，與父母有衝突的兒童會以為這是解決問題與爭端的最佳手段（吵、鬧和威脅），或者威權施壓方式會造成孩子的尷尬與羞愧感，甚至導致自我價值的低落，自我價值比較低的兒童比較會使用侵犯行為來處理問題。

代表學者	說明
Hoffman	2. 愛的撤回（love withdrawal） （1）是指兒童有不當的行為時，父母將愛撤回。 （2）撤回的方式可以是口頭的貶抑、威脅要將小孩送走及指出對方不當的行為是造成不再被愛的原因；口頭之外，也可以用行動表示，故意不理或故意不和兒童互動（又稱沉默的威脅）。這種管教方式對兒童不太公平，因為兒童的行為再嚴重也不應讓他們承受這類的懲罰，這類懲罰也容易造成負面的結果，包括引起焦慮、過度恐懼和減少兒童情感的表達。 3. 循循善誘（induction）： （1）是指透過解釋和理性說明，企盼能夠影響兒童的行為。 （2）其特徵是不以強制或威權管教，重點在於：說明兒童必須依照父母指示而行動的理由，提供兒童決定行動和思考是否行動的空間，考慮兒童認知能力和道德發展的階段或層次，不將成人的標準強加於他們。此方式的優點包括：有助於兒童發展內在的道德標準、取得自我控制的經驗、學習考慮和體貼他人的立場，這些都是威權施壓之下的兒童比較無法習得的。

二十六、不同的管教模式對兒童的影響

上榜關鍵 ★★★
四種管教方式務必區辨清楚，以免在測驗題失分。

（一）父母管教方式 對孩子的影響

父母風格	特質	對兒童的影響
1. 威權 Authoritarian	嚴格、懲罰、設限、鼓勵努力、很少口語互動。	懼怕、不快樂、抗壓力低、社交和認知能力普通。
2. 權威 Authoritative	溫暖、撫育、接納、尊重自主，必要之時會規範、協商和口語互動，折衷、鼓勵說理，回應兒童需求。	高度社交和認知能力、抗壓性強、好奇、自我控制、和成人合作、自主、友善、精力充沛。

父母風格	特質	對兒童的影響
3. 寬大縱容 permissive indulgent	很投入孩子的生活、少要求孩子、管教鬆懈、允許自由表達，鼓勵創意，強化創意。	低自我控制、行為聚焦有困難、支配、同儕間不受歡迎、社交和認知能力差。
4. 寬大疏忽 permissive indifferent	和孩子很少互動、很少涉入孩子的生活、很少要求孩子、允許自由表達、很少管控和管教。	低自我控制、社交和認知能力差、反抗、衝動、攻擊性。

> **知識補給站**
>
> 1. 有關父母管教方式的研究，以美國發展心理學家 Diana Baumrind 的研究最為人知。她認為可以產生最佳效果的管教，就是父母親既不過於懲罰，也不太過於冷漠，重點是充滿溫暖與親切的互動關係，同時訂定明確的規範，讓孩子有很多的自主權。她將父母教養風格區分為「溫暖」與「控制」兩個鑑別向度，並將父母管教的方式歸納為三種型態，不同的型態對兒童有不同的影響，包括：威權（authoritarian）、權威／主權（authoritative）及自由寬容（laissez-faire permissive）。
> 2. Maccoby 與 Martin 進一步將寬容的方式區分為寬大縱容和寬大疏忽。溫暖是指在不同的場合下表達接受、讚許、鼓勵及不吝給予感情；溫暖的反面是惡意，指的是父母傾向於批評、拒絕、疏忽。溫暖的父母常常讚許和寬容，寬容的父母鼓勵兒童探索與獨立做決定，惡意的父母常常拒絕、疏忽和過度的限制（規範過多、控制兒童和決定）。隨著兒童年齡的增長與經驗能力的增加，父母除了提供必要的指引之外，應該給他們更多的空間，根據發展的層次給予適當的管教。
> 3. Barber 認為父母的控制可分為行為控制（behavior control）及心理控制（psychological control）。行為控制（behavioral control）指使用堅定及一致的教養方法來調節孩子的行為；心理控制（psychological control）指運用負面的方法，諸如取消或利用罪惡感來控制孩子的行為。

（二）教養的迷思

1. Judith Rich Harris 在 1998 年出版《教養的迷思：父母的教養是否能決定孩子的人格發展？》（The Nurture Assumption：Why Children Turn Out the Way They Do）一書激起許多的辯論。
2. 根據 Harris 的觀點，父母一直被錯誤的引導，誤信孩子的整個命運掌握在父

母的手中。她的結論是：在一個特定的家庭中成長是不會或很少會影響一個人的智力與人格，由此可見基因的重要性。問題是如果基因對個體之間特質差異的影響只占一半，那麼其他的影響來自何處？她認為兒童的個性和行為受到同儕以及與同儕之間互動的影響勝過父母與家庭的影響力。她的「團體社會化理論」（group socialization theory）指出，同儕和社區對兒童認同感的形成最具影響力，只有當兒童在家時，父母管教的影響力才有發揮的空間。一旦孩子離開家庭，無論是在學校或其他地方，同儕的影響最為優先。

3. Harris 仍然相信父母的影響力，可以影響孩子的正向發展，主要是提供良好的基因組成和選擇良好的社區、良好的學校養育他們的孩子。

十七、為人父母的相關訓練

> **上榜關鍵** ★★★
> 請以申論題的方式為主加以準備，以提升論述實力，另以測驗題準備為輔。

（一）親職效能訓練（P.E.T.）

1. 內涵
    (1) 親職效能訓練／父母效能訓練（parent-effectiveness training, P.E.T.）創始於 1960 年代，創始人為湯瑪斯‧高登博士（Tomas Gordon）。「親職效能訓練」初創時，是用來協助父母們改善不良的親子關係人文學派的主張，他們強調父母和兒童之間的關係應該是相互尊重的，Gordon 認為父母應該永遠放棄權力的使用，其理由有二：因為權力會傷害人，也會破壞人際關係；此外，權力的運用會妨礙 P.E.T. 中無傷的（no-lose）解決衝突方法的實施。
    (2) P.E.T. 對兒童行為的看法與眾不同，認為沒有所謂的不當行為，任何行為的目的只是為了滿足需求。

2. 使用策略
    (1) 第一個策略是鼓勵父母和兒童雙方將焦點放在雙方關係中沒有問題的層面，其作法是環境營造，也就是營造一個可以減少問題發生的環境，例如：將藥物擺在兒童拿不到的地方，可以減少父母的干預和雙方的衝突。
    (2) 當這些措施無效的時候，才訴諸 P.E.T. 的重要技巧。首先，父母要問：「這是誰的問題？」（問題的歸屬），如果這是兒童自己必須解決的問題，則父母要學習傾聽。例如：兒童因為弄丟了學校的作業本而無法交給老師，在學校被訓誡一番，放學後，進入家門就面有怒色，這是兒童自己的問題。父母要學習如何協助兒童了解、接納和處理自己的感受，父母可以對她（他）說：「你很生氣，我知道準時交作業對你來說是很重要的事。」許多父母使用的方式不太適當或不太有效，例如：一聽到孩子

這麼說，便生氣地嚴加責備，有些父母則企圖為孩子的行為合理化，或想要替代兒童成為問題的解決者。

（3）如果父母無法接受孩子的行為，問題便歸屬於父母，父母是解決問題的關鍵。這時候必須使用的策略是：使用第一人稱「我」來傳達訊息或自己的感受，避免使用第二人稱的「你」，以第二人稱為開頭的話語帶有譴責和貶抑，容易造成兒童自我價值的低落。例如：兒童將音響的音量調高，父母可以對他們說：「我真的需要安靜片刻，請你將音量調低點，好嗎？」如果以第二人稱則常會變成：「你每次都這樣，只會吵人，什麼都不會。」

（4）當上述兩種方法都無效的時候，最後才使用無傷的（no-lose）問題解決方式：父母和兒童一起坐下，雙方合作一起解決問題。

3. 管理效力訓練步驟

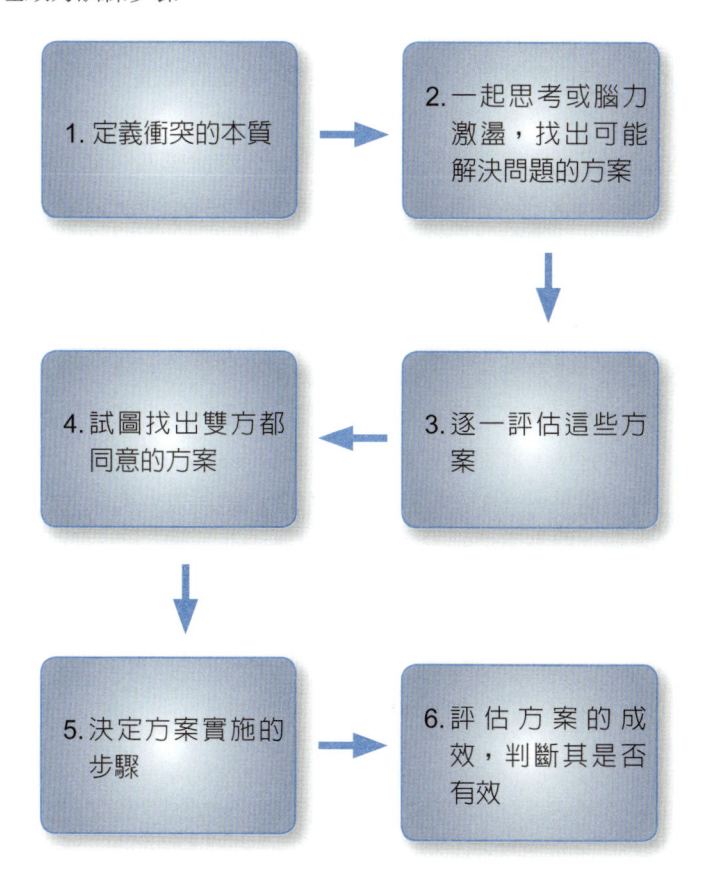

1. 定義衝突的本質 → 2. 一起思考或腦力激盪，找出可能解決問題的方案 ↓
4. 試圖找出雙方都同意的方案 ← 3. 逐一評估這些方案
↓
5. 決定方案實施的步驟 → 6. 評估方案的成效，判斷其是否有效

4. 有效親子溝通的方式
   （1）積極傾聽

   訊息的接受者必須試著了解說話者所要表達的意思或感覺，然後用自己的語言回饋給說話者，以獲得對方認可。訊息接受者不需表達自我觀點。重點在於將自己的理解回饋給對方，且傾聽的回應可以表達感受及複述內容。

   （2）「我」的訊息

   A. Gordon 力勸父母應該以「我」的訊息來因應青少年所製造的麻煩。本質上，「我」的訊息並非是在責罵，而是藉表達「我」的訊息來讓對方明白他所帶來的不良影響。「我」的訊息並不是提出解決與反駁訊息。本質上，父母須在被孩子的行為影響時，傳遞不責備的訊息。

   B. 「你」的訊息通常是責備的。反之，「我」的訊息是讓青少年了解被他們行為影響的父母之真實感受，「我」的訊息讓青年人了解：父母相信他們會尊重父母的需求，並相信他們能積極解決問題。

   （3）雙贏的問題解決方法

   A. 許多家庭是使用「輸―贏」的方法來解決權力鬥爭。多數父母試圖採用家長贏、孩子輸的方法來解決衝突。就心理層面而言，父母常被視為具有高度權威；父母贏的局面會讓子女憤恨父母，且子女解決問題的動機較低；進而未能提供他們培養自我責任感的機會，並讓青少年變得故意、反抗、好勝或服從、依賴及退縮。

   B. 所謂「雙贏方法」係指每個處於衝突中的人都要尊敬其他人，任何人都不要試著運用權力來贏得衝突，並尋求彼此都能接受、有創造性的解決方法。此必須立基於兩個基本假設：（A）所有人的需要都有權利被滿足，（B）與雙方衝突有關之議題並非衝突者的需要，而是尋求解決雙方需求的方法。

   C. 雙贏方法的六個步驟

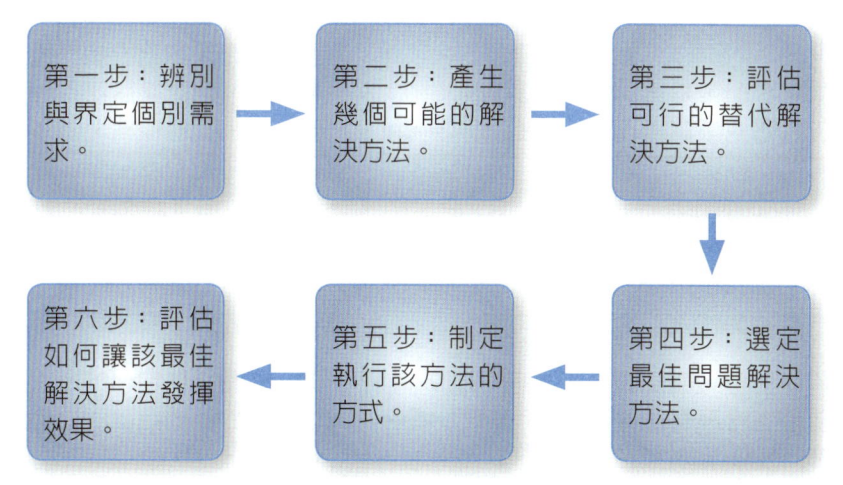

```
┌─────────────┐   ┌─────────────┐   ┌─────────────┐
│第一步：辨別 │──▶│第二步：產生 │──▶│第三步：評估 │
│與界定個別需 │   │幾個可能的解 │   │可行的替代解 │
│求。         │   │決方法。     │   │決方法。     │
└─────────────┘   └─────────────┘   └─────────────┘
                                           │
                                           ▼
┌─────────────┐   ┌─────────────┐   ┌─────────────┐
│第六步：評估 │   │第五步：制定 │   │第四步：選定 │
│如何讓該最佳 │◀──│執行該方法的 │◀──│最佳問題解決 │
│解決方法發揮 │   │方式。       │   │方法。       │
│效果。       │   │             │   │             │
└─────────────┘   └─────────────┘   └─────────────┘
```

D. 化解價值衝突

隨著子女成長，父母和子女間常會有價值觀衝突。父母常試圖利用自己認為最重要的價值觀來影響子女，然而青少年卻常認為父母的價值觀過時了，並宣稱希望自己做決定來處理這些問題。父母親應運用適當處理技巧化解彼此價值觀的差異。

（二）父母參與訓練（P.I.T.）

> **上榜關鍵** ★★
> 請區辨管理效力訓練（P.E.T.）與父母參與訓練（P.I.T.）之不同。

1. 父母參與訓練的內涵

   父母參與訓練（parent-involvement training, P.I.T.）的主旨是鼓勵父母參與，其理由是：任何行為的改變必須根植於充滿信任、接納和溫暖的人際關係上，被信任的兒童在行為和自我觀念上比不被信任者容易改變。P.I.T. 使用的策略很直接：教導父母在兒童需要協助或情緒不佳的時候，即刻停止正在進行的工作，馬上關照兒童的需要。此外還有其他策略，例如：晚餐桌上的閒聊和一起玩遊戲等。

2. P.I.T. 訓練方案的七個步驟

1. 常常參與或投入，尤其是以聊天的方式，集中在雙方都感興趣之事物上

2. 協助兒童辨識自己當下行為的特徵，並且認識到那是他們自己選擇的行為模式，雖然不可忽略兒童的感受，但此時將焦點放在行為是必要的

3. 提示兒童評估自己的行為，要他們捫心自問自己的行為是否有益

4. 協助兒童策劃負責任的行為，要避免好高騖遠，最好能有成功的經驗作為行為持續的動機

5. 協助兒童對計畫的實施有所承諾，和他們訂定契約可以增進其動機和投入的意願

6. 不接受藉口，如果他們沒有照著所承諾的去實踐，回到步驟3，重新開始

7. 避免使用懲罰，因為懲罰可能造成身心的痛苦，導致孤獨、孤立和敵意，寧可多運用鼓勵或獎勵等正增強的方式，必定可激發兒童的動機和增進他們的投入

（三）有效管教的系統訓練（STEP）

1. 內涵

有效管教的系統訓練（systematic training for effective parenting, STEP）親職教育訓練的基本信念是：行為不當的兒童是個缺乏鼓勵與管教的兒童。STEP 的主旨在於教導父母認識任何兒童行為背後的四個目的：引起注意、權力、報復和自信心不足。

上榜關鍵 ★★
請區辨管理效力訓練（P.E.T.）、父母參與訓練（P.I.T.）、有效管教的系統訓練（STEP）三者之不同；另藍字部分，注意測驗題細微之區辨。

2. 使用策略

   父母需要學習使用鼓勵和管教的策略，前者強調給予兒童許多責任，避免過度保護或不必要的代勞。例如：讓兒童自己倒牛奶，若沒倒好，為其擦拭桌面，讓他繼續嘗試，如此兒童才能由自己的行為學得教訓，這在管教的技巧上更可以看出效果。

（四）行為修正

重點在於教導父母如何將行為學派的原則應用到管教兒童上，這些原則包括：行為的增強、懲罰、消除、區辨增強和衝動的控制。

（五）親職教育模式比較

上榜關鍵 ★ 三種模式請詳記。

模式	主要假設／目標	關鍵概念
1. 親職教育訓練（Gordon 提出）	人類學取向：父母應該放棄使用權力。	確認誰是產生問題者，若為兒童則採積極傾聽；若為父母以第一人稱傳遞訊息；無效的話即使用「無傷」問題解決模式。
2. 行為修正（Forehand & Long；Barkley 提出）	使用如增強之原則來改變兒童的行為。	定義欲改變的行為、追蹤及監督進展、執行計畫。
3. 有效管教的系統訓練（Dinkeyer et al. 提出）	阿德勒（Adlerian）取向：需了解不當行為背後的原因，發展責任感。	四種目標：注意、權力、報復與自信心不足，協助兒童增加責任感，避免過度保護且使用自然合邏輯的方式。

（六）親職教育最重要的一環為穩固且強大的親子關係，許多方案聚焦在必須藉由與兒童維持正向、照顧及有技巧的互動才能達成的行為管理，即便親職教育方案仍有可為之處，實務工作者發現阻礙親職功能者經常是父母自己。

二十八、家庭型態

(一) 家庭型態／形狀分類

提出分類學者	類型
Minuchin & Fishman 提出家庭形狀四種型態	1. 兩人組合的家庭形式 （1）只有兩人組成一個家庭，這種家庭可能只有夫妻兩人或單親家長及一個單獨的孩子。 （2）這種兩人家庭的結構可能是一種相互共生共存的依賴形式，兩個個體在生物體上相互依賴，在這種家庭中，兩個人可能十分相依爲命。 2. 三代同堂家庭 通常是指社經地位較低的團體所組成。在這種幾代同堂的家庭中，有著祖父母、父母、兒童們，這種組合最常見的問題是，誰負責管教孩子。 3. 一條鞭法家庭形式 是指配偶一方因職務所需經常離家，如海軍眷屬，其家庭模式是由夫妻一方挑起大樑，肩負雙重的責任，既爲家庭照護者、執行者，也要負責教導孩子們。 4. 流動家庭（fluctuating families） （1）指的是家庭中的關係不定型，長期處於不斷變動的狀態，缺乏界線。 （2）流動家庭必須適應權力結構的喪失，傳統上階級與權力結構的概念，將逐漸不適用於現代家庭。 （3）另外，亦可指這種家庭時常移動於不同的地區，所以對家庭成員而言，認同一個特定地方爲家的概念是因爲移動而逐漸消失的，一個成年人可能因爲常常轉換關係而視人際關係缺乏意義。
其他家庭分類	1. 單親家庭：是指雙親只有一方與小孩住在一起。美國約有三分之一的 18 歲以下孩子都屬於這種型態；而 82% 的單親家庭都是由母親扶養。

提出分類學者	類型
其他家庭分類	2. 混合家庭（blended family）或繼親家庭（stepfamily） （1）意即通過再婚而組成的家庭，繼親家庭常會再生育以增添家庭的成員。指父母親之一或雙方帶著前任婚姻或結合關係的小孩住在一起，共組新家庭，家庭成員可能包括了繼父、繼母和來自於前一任婚姻所帶來的孩子。此種家庭成員也可能包括了目前婚姻所生的孩子。在這樣的家庭裡，可能會有「爸爸的小孩、媽媽的小孩，以及爸媽的小孩」。當夫妻或雙方有一次以上或有不同婚姻關係的孩子，繼親家庭可能會變得更複雜。 （2）離婚與再婚越來越普遍，離婚的夫妻之中 60% 有孩子，離婚使這些人成為單親，但是繼續過單親生活的人不多，離婚 5 年之內，約有 3／4 的單親家庭成為混合家庭（blended family）或繼親家庭（stepfamily），意即通過再婚而組成的家庭，繼親家庭常會再生育以增添家庭的成員。 （3）繼親家庭必須面對重大的改變，例如：調適新的婚姻關係、繼續和以前的配偶維持聯繫、協助孩子適應家庭的變遷。家庭必須接受失落和改變、重新調整期待，使每個家庭成員容易適應新角色及統整兩個家庭的生活型態。 （4）家庭的變動對繼親家庭的孩子有何影響？研究結果顯示：父親或母親再婚之後，孩子的行為問題會逐漸地浮現，特別是男孩。女孩比較會有情緒上的問題，青少年的調適尤其困難，因為他（她）們正在尋求認定和獨立，繼親家庭的壓力會造成負面的影響。對 10～14 歲的青少年而言是最困難的，因為他們常有角色認定的掙扎與衝突，並且比較叛逆。對 15 歲以上的孩子而言，他們需要較少的父母管教及家庭參與。越年輕的小孩越能接受新的家庭成員，尤其對他的新家庭有正向的影響。 （5）繼親家庭也不是沒有優點，告別單親家庭，有了繼父或繼母等於增添了新的人際關係，男生在單親家庭中的適應通常比較不佳，有了繼父，他們的焦慮、通常會減輕、自尊心會增強、整體的適應會會有所進步；女生有了繼父之後，獲益似乎不及男生。然而，最後不論男生或女生，大多數都能夠適應新的家庭。

提出分類學者	類型
其他家庭分類	（6）研究顯示，繼父如果能夠自我約束，不直接控制孩子的行為，由母親主導管教事宜，孩子比較會接納他。繼父的首要目標應是一方面與孩子建立關係，一方面支持配偶對孩子的管教，關係建立之後，才運用自己的權威管教比較妥當。 （7）適應繼親家庭確實不是簡單的事，專家的協助是必要的，重點在於新夫妻關係必須先強化，互相提攜，共同面對改變。Wald 提醒實務工作者，不可以將繼親家庭面對的變動和問題視為偏差的家庭動力，這些變動與問題是過渡到新情境的正常現象。即使狀況再好，新家庭成員通常需要 2～4 年的時間來適應。 3. 飽和家庭（saturated family） Tommy 7 點在學校有活動，所以要在晚上 6 點吃飯，他的姊姊 Martha 則在曲棍球場等著家人接她回來。因為母親 Sarah 在辦公室有會議，直到 8 點後才能離開，到時候將沒有人做晚餐，也沒有人去接 Martha。Sarah 曾請先生 Rick 早些回家幫忙，但是他要準備隔天飛往 Dallas 的事，必須工作到晚一點。而隔天是 Sarah 母親的生日，但是他什麼都還沒準備。除此之外，家中的電話答錄機還有緊急的訊息，一通是 Rick 的老朋友說會在城裡待一天，想順道拜訪他；另一通則是 Sarth 好友向她哭訴自己的婚姻問題。Gergen 稱這種現代家庭為「飽和家庭」。

（二）其他相關名詞

項目	說明
社會性飽和（social family）	在社會層面上，我們面臨多元化和複雜的人際關係，這一切的結果正如 Gergen 所說：有愈來愈多的人難以找到自己可以相信的東西，這種對世界與自我的感受，稱為「社會性飽和」。亦即，人們被各種新理念和新資訊轟炸，被不同的聲音和意見所包圍，難以得知自己到底要相信什麼。

上榜關鍵 ★★★
本部分的相關名詞，係以測驗題出題的方式為主，考生請細心詳讀。

項目	說明
社會文化危機	1. 透過對社會文化危機的認識，將有助於我們了解影響兒童福祉的一些重要因素。Garbarino & Abramowitz 將文化危機定義為：「兒童在成長期無法得到社會與心理之基本需求的一種狀態」。兒童需要得到許多東西才能快樂成長，例如：食物、水、保護、情感與關愛、適當的醫療照顧、適當的教育機會及正向的社會互動，若缺乏這些因素，可能會造成其在發展上的缺陷。社會貧窮與文化貧窮為兩個重要的社會文化危機。 2. 社會貧窮是指兒童生活中缺乏重要的社會資源；而文化貧窮則是指輕忽兒童健康發展之價值觀。此兩種貧窮最常見於日常生活經驗，以及家庭環境中正式與非正式支持系統之架構。 3. 當機構或社區力量無法建立或維持支持一種關係時，將使家庭面臨危機。然而，這些危機不只是物質上的問題，特別是當問題伴隨著社會剝奪時，這就成為相當嚴重的問題。換句話說，社會剝奪與貧窮結合之後，往往會造成破壞性的結果。

二十九、離婚

(一) 兒童與父母離婚。

上榜關鍵 ★★
藍字部分留意測驗題。

當父母離婚時，兒童會經驗到一連串的壓力源（stressors），為了因應這些壓力，兒童必須將滿足自己發展所需要的精力和注意力加以轉移，這些壓力影響他們正常的發展，他們會開始擔憂是否會失去基本的生活條件、安全的保障或父母的愛等。

(二) 離婚的階段過程
    1. 提出學者：Wallerstein 與 Blakeslee 提出。
    2. 離婚三階段

> **1. 第一個階段：急症期**
> - 特徵是衝突、爭吵、憤怒、憂鬱、單方決定分居，持續約幾個月到一年，甚至更長。
> - 對兒童來說是最痛苦的時期，因為目睹父母的爭執衝突，活在不安穩的環境，甚至經歷到父母對他們的疏忽。處在爭執和衝突之中的父母也常常無法顧及孩子的感受。

2. 第二個階段：過渡期

- 父母和孩子雙方都在適應重組後的家庭所帶來的新生活，通常會持續幾年的時間，直到成員適應了新的角色和步調。

3. 第三個階段：鞏固期

- 成員都已經適應了新的角色、建立了新的忠誠和信任、發揮家庭應有的功能、有餘力面對新的挑戰。

（三）離婚對兒童造成的壓力

> 上榜關鍵 ★★
> 準備方向以測驗題型優先。

生活的變動項目	對兒童的影響
父母間的衝突和惡意	1. 哀傷、憤怒，對父或母忠誠之衝突。 2. 離婚本身並不一定會造成兒童生活功能的阻礙，在家庭關係緊張不和的環境中，反而比較容易造成兒童的攻擊性及反社會行為。
具監護權之父或母的壓力（單親的壓力、不具監護權之父或母給予的管教上的壓力）	1. 在管教兒女方面，具監護權之父或母感受到不具監護權者的壓力，這種壓力會影響和兒女的關係；兒女也會有焦慮感，深怕失去不具監護權之父或母的愛。 2. 具監護權的母親有時也會顯得急躁不安，對孩子的需求往往無暇顧及。離婚的夫妻也因而對孩子的管教態度比較嚴格、強硬，成為比較冷峻、無情的家長。 3. 父母如果得到妥善的支持和鼓勵，能夠繼續維持適當和持續的管教，兒童會面對的問題就會減少。
和不具監護權的父或母失去聯絡	1. 自責、低自我價值、憂鬱。 2. 研究顯示，離婚本身並不一定會造成孩子的教養問題，主要有賴於離婚之家庭系統的成員對離婚後關係的處理。 3. 父母親如果有持續的連絡，並且致力於改善雙方的關係，兒童也比較能夠適應單親家庭的生活。
父母再約會	與父或母的新伴侶爭寵、怕失去父或母的愛，年齡稍大的兒童對父或母和新伴侶之間的性關係好奇。

生活的變動項目	對兒童的影響
父母的二度婚姻	接受新父母之間的親暱關係、和同父異母或同母異父之手足共享父母、和這些手足與繼父或母建立關係、接受新父母的權威、解決忠誠的議題（對父和繼父或者對母和繼母之間的忠誠）。
相關的貧困	1. 家庭經濟狀況惡化、情緒壓力、遷居、失去同儕和熟悉的學校環境、照顧者的變動。 2. 社會支持可以緩衝離婚所造成的衝擊，離婚過程中，父母和兒童都需要支持。 3. 社會工作者應該對離婚家庭提供非正式支持系統，如托兒中心等設備，以協助離婚的父母增強家庭的功能。

（四）成人如何減少離婚家庭對孩子的負向影響之摘要。

1. 父母離婚中及離婚後，減少彼此之衝突。

當在協商監護權、財務問題或學校時，要將兒童的最佳利益及需求列為最優先考量。不要對孩子說前夫（前妻）之不是，也不要讓孩子當夾心餅乾，且不可要求（或暗示）孩子選一邊站。

2. 不要在同時要求孩子做很多的改變，一個一個慢慢來。

如果可能的話，不要讓孩子搬家，儘量少變動。讓孩子可以與他的朋友、老師、學校及社區資源保持連結。若非得做必要的改變，應盡可能採取漸進式。

3. 避免孩子成為家庭的照顧者。

必要時，參加離婚父母成長、支持團體，或找尋朋友、家人尋求情緒及實際支持，以免讓孩子擁有過多的成人角色及負擔。

4. 發展及維持有效的父母管教風格。

保持融入孩子的生活及提供親情，但也要確保提供適宜的監督。

> **上榜關鍵** ★★
> 首先必須對摘要的標題有清楚的理解，再熟稔各項的說明，已在108年測驗題中首次出題。

5. 尋求幫助與支持。

從朋友及家人中獲得支援，必要時尋求專業的婚姻諮商或兒童發展專業人員提供諮商與輔導，以改進父母管教技巧或增進親子關係。

6. 對小孩的行為及期望要有一致的規則。

試著讓孩子同意你對他的期望，在他沒達到時給予合理的要求，以及在孩子的行為與活動上給予規律的監督。理想上，父母間應有相同的規定而且相互支持。

7. 幫助孩子能和父/母保持一致性的接觸。

對沒有監護權的父/母，孩子能有定期的探望，但要隨孩子的要求與興趣來調整探望的時程。也可以利用電話、e-mail或信件保持與父/母的聯繫，尤其是住在遠方的父/母。要記得重要的節日，如孩子的生日、年節或特別日子。對孩子的活動，如演奏會、運動會等，至少要偶爾參與。

8. 當孩子表現痛苦或有壓力時，要帶他尋求專業的幫助。

在學校尋找專業人員提供各種介入或處置來消弭壓力，或改變兒童對父母離婚的不好想法或信念。孩子如表現出嚴重的問題，如行為偏差或憂鬱時，要尋求專業的心理治療。要教導孩子主動因應之技巧，例如：問題解決及尋求支援，以及幫助兒童建立有效因應壓力之技巧。試著在離婚前、離婚時及離婚後均提供有效、正面且具前瞻性的模式。

9. 幫助年紀幼小的兒童發展人際技巧。

父母要有健康的人際關係技巧以發展與別人的親密關係，並能提供此種模範來讓孩子模仿學習。輔導專業或治療師應要接受人際關係技巧訓練，並能提供相關訊息與知識給父母。

10. 盡量減少財務窘境。

尋求必要的支持或援助，如居住津貼、就業協助或教育訓練補助。

11. 勸合不勸離。

可能的話，儘量增強脆弱的婚姻功能，或教育夫妻因應婚姻衝突或危機，以預防離婚。試著解決或減少家庭與其他義務（如工作）間的衝突。

（五）兒童如何度過父母離婚。

> 上榜關鍵 ★★★★
> 完整加強測驗題準備，尤其是藍字的部分。

1. 父母離婚時，兒童的年齡會影響他們長期與短期的調適過程，幼兒因為更依賴父母的關係，以至於會出現更多的恐懼感，並且他們對於父母離婚的真正原因理解能力有限，因此往往會先責怪自己。也因為他們必須要在兒童早期階段便面臨處理分離的議題，因此離婚的這個事實加劇了他們對於被遺棄的恐懼感。Wallerstein 的研究發現，孩童在父母離婚後的一年到一年半之間，幼兒的調適情況會惡化，五年之後的情形甚至會更糟，男孩子的情形會特別明顯，他們在家裡和學校可能會有侵犯和擾亂的行為出現。因為幼兒需要家庭提供更完整的照顧品質，因此在當家庭所能提供的照顧品質降低時，他們會遭受更大的傷害與痛苦。而年齡稍長的孩童則因為有較佳的因應技能與解決問題的資源，因此，在面對父母因離婚所造成的壓力與震撼時，較能夠有所緩衝。

2. 然而，在長期（10 年後）的預後情況方面，幼兒的情況反而要比年齡稍長的兒童還要好，這是因為在父母離婚時，幼兒對於父母在未來會有破鏡重圓的機會仍抱持著期待。較年幼的孩童對於自己未來與異性的關係也較樂觀，而在青春期的女性大部分都較為焦慮。

3. 男孩與女孩在調適結果的差異也已經受到關注，這種差異取決於監護人的性別而有所不同。整體而言，女孩們在父母離婚後會比男孩們適應得更好。大部分的女孩在父母離婚後會適應得較快，但除了青春期比較早來到的女孩們是例外的情形，她們比較不順服、好辯、自我價值感比較低、與異性關係的問題也比較多。和母親同住，而且母親不再改嫁的男孩是所有兒童之中調適上碰到最多問題的一群，特別是從學齡前期到青少年期這段期間。與其他兒童相比，和同性別父母親同住的兒童其自尊較高、社交能力比較強、獨立性較強、較具安全感、成熟度通常也比較高。

4. 若以對比的角度來看，Heatherington 與 Kelly 提出了建言，有關對離婚的「長期且負面之影響已到了誇大的地步，甚至已經造成對這類孩童產生心理暗示的情形。」就他們的發現指出，約 25% 成長於離婚家庭中的孩童，出現嚴重的社會與情緒問題，而成長於雙親家庭的孩童當中，則約 10% 的兒童會出現此情形。

（六）離婚後的調適（Sigelman 與 Rider 辨認出五項可以使離婚之後的路途更坦蕩的因素）

> 上榜關鍵 ★★★
> 申論題綜合統整型考題。

1. 充足的財務支持：過去的研究結果顯示，財務狀況因為離婚而枯竭的家庭調適情形，通常是比較有問題的。如何維持某種水準的財務支持是離婚家庭必須面對的課題，也是社會政策專家想協助解決的問題之一。解決的方式通常

是鼓勵政府追討不具監護權父母積欠的兒童贍養費用。但不幸的是，只有約一半不具監護權的父親支付子女的贍養費。

2. 具監護權的父母能夠提供充分的關照與管教：因為離婚的過程會使得父母備感緊張與壓力，所以導致管教的效能也因此大打折扣。然而，在這種痛苦期間，父母如果得到妥善的支持與鼓勵，就能夠繼續維持適當、持續的管教，兒童會面對比較少的問題。

3. 不具監護權的父母所提供的情感支持：許多離婚的結局通常是雙方都具有強烈的敵意與憤怒，結果造成孩子被夾在中間，缺乏安全感，問題行為比較容易浮現，同時有許多孩子都失去了與不具監護權的父母接觸的機會。事實上，約有 1／3 的兒童與不具監護權的父親失去聯絡。研究也顯示，與父親保持聯繫對兒童在面對父母離婚後的調適有很大的助益，特別是男孩，父母如果能保有持續的聯繫，並且致力於改善雙方的關係，兒童也比較能夠適應單親家庭的生活。

4. 額外的社會支持：社會支持扮演重要的角色，可以幫助離婚的父母雙方及孩子調適離婚後所帶來負面效應的衝擊，有好朋友支持的父母親比較不會有憂鬱的症狀，孩子們也可以從親密的友伴關係中得到支持。讓兒童參加專為離婚家庭所設立的團體，將可以使孩童有機會分享他們的感受和學習積極的應對技巧。同時，若能針對父母提供與教養孩子相關的協助與監督時，將可以減少在單親家庭中長大的孩子之犯罪行為。總之，為這類家庭尋求適切的社會支持，將可以有效地降低因離婚所造成的負面效應。

5. 將額外的壓力降至最低：離婚的家庭必須面對許多的變動，舉凡收入的減少、遷移、訴訟以及雙方家庭的介入等問題。這並不奇怪，如何減輕這些問題帶來的壓力或減少壓力的來源，是成功因應離婚過程的有效方法。

十三、離婚對丈夫或妻子的影響（Amato 提出）

> **上榜關鍵** ★★
> 面對離婚的主要課題，請詳加準備，測驗題考點。

（一）大多數丈夫和妻子的反應就是離婚帶來無法承受的壓力，離婚帶來的干擾至少延續 1-2 年的時間，通常是 2 年。

（二）丈夫和妻子通常會有類似的憤怒和憂鬱情緒，但是理由不同。妻子通常會對必須承擔監護子女的責任而感到憤怒、沮喪，以及感到無法負荷如此的重任；丈夫也有憤怒，尤其離婚不是出於自己的意願，再加上沒有孩子的監護權，無法隨時看到孩子。

（三）男女雙方面對離婚的主要課題是：重新定義自己是單身的個體，重新找到和前配偶相處的方式，如果還有子女照顧和相處安排的議題，則找出和前夫或

前妻相處的適切方式格外重要；另外，男女雙方可能會感到孤單、寂寞，並且對於探索新的關係會有不確定感。離婚的女性如果取得子女的監護權，還必須面對收入大幅縮水帶來的衝擊。

十四、兒童與青少年對搬家之適應

（一）研究發現，當兒童離開原本所熟悉的住家、學校及朋友，而被迫必須重新開始面對新環境時，是會有所影響的，對許多兒童來說，這種情形會造成短期的壓力。然而，對於一些高風險的孩子而言，例如：有社會適應問題、學習能力遲緩或因為父母離婚而搬家的小孩，這對他們日後的成長會造成一些影響。

（二）到底哪個年齡的孩子受到搬家的影響最大？**【上榜關鍵★：測驗題考點。】** 答案是學齡前的兒童，他們之所以會有適應上的問題，是因為他們因應外在環境變化的技巧尚未發展完成，並且他們對於為何需要搬家這件事情尚無法理解的緣故。然而，通常來說，年紀較大的兒童在適應上會更加困難。年齡較大的兒童及青少年可能已經可以理解搬家的原因，其實他們太清楚了，搬家的理由可能會是因為父母離婚，青少年可能會感受到被迫要支持父親或母親一方的壓力，他們會要求青少年與他們一起搬家是因為要遠離原本的家。有研究發現，當青少年的母親出現搬遷離家的負面態度時，青少年所得到憂鬱症的分數會比其他青少年來得高，而且由於青少年具有同儕取向的特性，因此，憂鬱的情緒會進一步帶來孤立的狀況，使他們對於交新朋友的動機降低。

（三）對有搬遷計畫家庭的建議。**【上榜關鍵★：測驗題考點。】**

1. 給青少年 3 個月的搬家預告期。
2. 盡量減少在家庭生活中的其他變動。
3. 讓孩子也參與在搬遷計畫中，例如：蒐集新家地點的相關資訊等。
4. 儘量在夏天時搬遷，如果可行的話，盡量降低對學校生活影響所造成的壓力。
5. 認清自己所能承受壓力的底限，不要讓壓力超過自己所能負荷的。
6. 幫助青少年在新環境中探尋社交機會，但不要過分保護他們。

十四、單親家庭

（一）單親家庭與兒童成長

> 上榜關鍵 ★★
> 請逐字逐句詳讀，才能在測驗題的觀念區辨中勝出。

1. 這一代的孩子有很高的比例會在單親家庭中長大，形成這種現象的原因很多：父母離婚、父親（或母親）遺棄家庭、父親或母親（或雙親）死亡、婚外生子等。大約 90% 的單親家庭都是由女性支撐。

2. 在單親家庭中長大對孩子會產生哪些影響呢？單親家庭的一家之主當然必須負起照顧整個家的所有責任，沒有配偶可以替她／他分擔，她／他一個人要做兩個人的工作，除了上班外，她／他也等於是全職的家庭主婦（夫）。

3. Lafrancois 的研究報告中指出，在單親家庭中長大的孩子比在傳統家庭中長大的孩子更容易遭遇行為、社會、情緒或課業方面的困擾。到了今日，單親家庭已經比較普遍，孩子所受到的負面影響（例如：覺得自己和別人不同、承受異樣眼光等），也許不像以前那麼嚴重了。

4. 除了負面影響外，有些報告顯示單親家庭也可能呈現比較正面的影響。Rutter 指出，與其生活在一個氣氛不和諧的傳統家庭中，不如讓孩子在親子關係良好的單親家庭中長大──其發展情況較好，調適的結果也不錯。

5. Hetherington 的研究結果發現，一個冷漠無情的父親（或母親）對孩子造成的傷害甚至比缺席的父親（或母親）來得嚴重。總之，傳統家庭或單親家庭並不是重點，獨立支撐整個家庭的母親（或父親）以何種態度對待孩子才是最重要的。

6. 貧窮對單親家庭的影響遠較傳統家庭來得明顯。只有母親的單親家庭收入比傳統家庭少得多，以美國社會為例，約有 12% 的傳統家庭處於貧窮狀態，但卻有高達 37% 的單親家庭（母親持家）活在貧窮之中。

（二）單親家庭面臨的問題

> 上榜關鍵 ★★★★
> 單親家庭面臨的問題必須要有論述的能力；並請思考相對應的福利服務。

1. 經濟不安全

（1）對剛成為單親父母者，最現實的就是收入的減少，或失去了唯一的收入。離婚前或先生去世前為家庭主婦的單親媽媽們，面臨必須出外找工作養家活口。大約有五分之三的單親家庭是以女性為戶長的，女性本來就處於經濟劣勢，當女性成為單親時，經濟的不安全是他們最關心的問題。單親家庭的經濟困難，尤其是女性為戶長的單親家庭，一旦情況惡化很容易變成一貧如洗。為了要支持家庭，單親家長需要超時工作，不但無法有足夠的時間照顧子女，而且也沒有額外的金錢花在兒童教育上。有

些青少年中途離開學校找工作來支持他們的家庭。
(2) 單親家庭青少年若中途輟學去找工作致無法完成學業，不但當時無法找到高所得的工作，未來也不可能找到高所得工作。這種貧窮現象也將一代傳一代。為了要預防單親家庭經濟狀況惡化，亟需提供福利服務方案或措施來協助單親家庭。

2. 兒童照顧問題
(1) 單親家長需扮演多重角色，他們養育子女長大成人的擔子是相當沉重的。很多時候單親家長們感到需要扮演父親和母親的角色使他們過度負荷，同時，如何教養他們的子女也是單親家庭的問題。對於家有青少年的單親家長最關切的問題是缺乏時間和精力來教育子女，無從得知子女的課外活動情況，不知如何與他們溝通、不知如何安排假期和教導上的困難等。有些問題可能是因為工作和多重角色造成的缺乏時間與精力，另一些項目則是因缺乏知識、資訊和技巧。
(2) 由於單親家長常在重大的壓力和沉重的擔子之下，使有些單親家長會疏於教導和管教他們的子女，有些單親家長為求教導或管教快速見效，也會選擇過度嚴厲或過度保護的極端方法。單親家長由於工作少有時間照顧和了解他們的子女，因此，親子關係很容易疏遠。

3. 情緒和心理調適
(1) 單親通常會造成憂鬱、孤單，和不快樂。研究也發現，女性單親家長最普遍的心理問題是離婚後的調適或是丈夫的突然過世、不安全感、人們對離婚的歧視和缺乏愛與歸屬感。「男兒有淚不輕彈」，當男性面臨婚姻破碎時，則付出更大的代價。
(2) 由於多數人仍將單親家庭視為是「問題」家庭，這種想法造成單親家庭居住於原住所的壓力。單親常逐漸退出原來的社會網絡，搬離原住所或換工作。單親家庭的子女也會面臨交朋友，與鄰居或學校老師建立長期關係上的困擾。研究發現，父母離婚的子女與他人相處時較容易形成不當或異常的行為，同時，他們的社會關係或人際關係通常非常不好。
(3) 單親家庭的子女較容易有心理和情緒適應上的困難，低自尊，很難相信他人，性別角色分化上的困難，較差的內控與外控能力和較多的偏差行為。簡而言之，單親父母和單親家庭子女均可能具有情緒與心理問題。

4. 居住問題
(1) 在臺灣，居住成本非常高，單親家庭由於收入較低通常致無法擁有自己的住宅，尤其是接受社會福利服務的單親家庭更是如此。這些接受社會福利服務的單親家庭通常租屋、或住在由親戚提供的公寓或與單親之原

生父母同住。有些單親由於家庭收入減少,無法付得起原來居住的較昂貴的住宅而必須搬家,有些則較希望能夠換個環境以逃避鄰居的閒言閒語和異樣的眼光。

(2) 公共住宅在臺灣十分缺乏,符合貧窮水準的家庭才能夠申請,而申請也需相當的時間,常常緩不濟急。租金在都市地區也十分昂貴,對於家庭收入減少的單親家庭能夠覓得一處舒適又便宜的居住環境,確實是相當困難的。而居住問題卻是在形成單親之後所必須立即面對的生活問題。

練功坊

★ 請說明 Erikson 在「兒童期」的生命週期理論第四階段之發展任務。

擬答

Erikson 認為,兒童中期是指兒童能表達出「我是一位學習的我」,兒童觀察每樣事務同時嘗試著去做。本理論建議一個人的工作態度是在學校中培育出來的,當兒童發展他們的技能及獲得良好的評價時,激發出對社區有貢獻的勝任感。Erikson 在「兒童期」的生命週期理論第四階段之發展任務為「勤奮 vs. 自卑」,內涵說明如下:

(1) 勤奮:這一階段交雜著勤奮或自卑的衝突感,勤奮意味著表現動機欲望並賦予工作意義。兒童中期的學期作業是一種內在的驅動力,學習新的技能將兒童提升至成人,習得技能也讓兒童有一種獨立感及責任感,帶來自傲與自尊。

(2) 自卑:此期間的發展相對於勤奮者,即為自卑。自卑常常來自於自我成長及社會環境,能不能勝任一件事,兒童們如不能發展勝任感,常會造成自卑感。兒童因個人的性向、嗜好及特殊才華的差異性,同時多少會在某方面的技術學習上感到力不從心,因此應取其長補短,適度平衡成功與失敗,可以減低力有未逮及心理社會的衝突及焦慮感。

★ ( )「當兒童有不當行為時,父母以口頭貶抑、威脅要將其送走,以及指出對方的不當行為是造成不再被愛的原因」,這是下列那種父母管教的策略?
  (A) 循循誘導(induction)
  (B) 民主管教(democracy discipline)
  (C) 愛的暫撤(love withdraw)
  (D) 威權管教(power assertive discipline)

練功坊

解析

(C)。Hoffman 將父母管教的策略歸納為三種：
(1) 威權施壓的管教（power assertive discipline）：包括體罰、處罰的威脅或透過肢體的方式控制兒童行為。研究顯示使用這些方式可能增加兒童的侵犯行為，其理由可能是：父母管教的行為提供兒童角色模仿的機會，與父母有衝突的兒童會以為這是解決問題與爭端的最佳手段（吵、鬧和威脅），或者威權施壓方式會造成孩子的尷尬與羞愧感，甚至導致自我價值的低落，自我價值比較低的兒童比較會使用侵犯行為來處理問題。
(2) 愛的暫撤（love withdrawal）：是指兒童有不當的行為時，父母將愛撤回。撤回的方式可以是口頭的貶抑、威脅要將小孩送走及指出對方不當的行為是造成不再被愛的原因；口頭之外，也可以用行動表示，故意不理或故意不和兒童互動（又稱沈默的威脅）。題意所述屬之。這種管教方式對兒童不太公平，因為兒童的行為再嚴重也不應讓他們承受這類的懲罰，這類懲罰也容易造成負面的結果，包括引起焦慮、過度恐懼和減少兒童情感的表達。
(3) 循循善誘（induction）：是指透過解釋和理性說明，企盼能夠影響兒童的行為。其特徵是不以強制或威權管教，重點在於：說明兒童必須依照父母指示而行動的理由，提供兒童決定行動和思考是否行動的空間，考慮兒童認知能力和道德發展的階段或層次，不將成人的標準強加於他們。此方式的優點包括：有助於兒童發展內在的道德標準、取得自我控制的經驗、學習考慮和體貼他人的立場，這些都是威權施壓之下的兒童比較無法習得的。

★（　）Minuchin & Fishman（1981）將家庭「形狀（Shapes）」分門別類，下列描述何者不正確？
(A) 兩人組合的家庭形式　　(B) 一條鞭法家庭形式
(C) 漂動家庭　　(D) 單一親職責任家庭

解析

(D)。Minuchin & Fishman 提出家庭形狀四種分類：(1) 兩人組合的家庭形式；(2) 三代同堂家庭；(3) 一條鞭法家庭形式；(4) 漂（流）動家庭（fluctuating families）。

重點 2 兒童期（二）

上榜關鍵 ★★★
本理論主要係於申論題實務案例論述時之運用，請詳加準備；另亦為測驗題考點。

一、家庭系統理論

（一）內涵
1. 家庭系統理論（family systems theory）源自一般系統理論（general system theory）。系統理論首為德國生物學家 Bertalanffy 於 1960 年代所提出來的，其主要的理論內涵乃是來自生物學上的有機體（organism）概念，強調把有機體做一個整體或系統來考量。
2. 家庭系統理論在解釋家庭現象時，主要是以個人與家庭成員間的互動來討論家庭動態、組織，及過程。

（二）理論假設
1. 家庭關係是人們心理健康與個人是否病態的主要影響因素。
2. 家庭互動之模式，可以代代相傳。
3. 家庭健康與否，乃建立在家庭的向心力及個別家庭成員是否被尊重的平衡點上（及兩者皆要被重視）。
4. 家庭的彈性與否，是家庭功能達成的關鍵；即家庭越有彈性（可塑性）越能協助家庭有良好功能。
5. 家庭互動的分析，需從家庭的三角關係探討（婚姻與親子）。
6. 個人的問題，經常與其家庭的互動模式和家庭價值觀有關。
7. 小小系統的改變，都有可能引起主要系統的改變。
8. 實務工作者介入到家庭，即成為家庭的新系統。

（三）理論的基本概念
1. 系統（system）
家庭系統理論的主要概念就是「系統」，Day 將系統定義為「由互動組合的一個整體」，因而一個系統指的是持續、重複的模式及系統中各個部分的互動。在家庭系統中，家庭被視為一個有生命的生物體，這個生物體由許多互相依賴的成員所組成，這些成員關係密切也相互影響，成員間也不停地互動著，因而形成一個系統。

2. 整體性（wholeness）

整體性是指一個系統的全體性，在家庭系統中，整體的家庭系統並不等於家庭成員的總和而已，更包括成員與成員間的互動，如果沒有互動關係，就無所謂的系統。若家中的某一成員有問題行為，必須檢視整個家庭系統，而非個人而已。

3. 次系統（subsystem）

（1）家庭次系統為夫妻、親子、手足三個次系統。次系統的組成可能因時、因地而有所不同，也可能因不同的代別或角色功能有所不同的次系統；如一位女性在家中可能是妻子、母親、女兒、姑姑等。

（2）家庭中的次系統彼此關聯、互動，互動的結果不僅是影響該次系統，而且也可能影響到未介入互動的次系統。如夫妻吵架、婚姻暴力，不僅夫妻系統會出現問題，進而影響親子關係、手足關係等。因此，檢視一個家庭，必須顧及各個成員間的不同關聯以及他們之間的互動方式。家庭離不開社會，當家庭被視為一個系統，而夫妻、親子、手足被界定為次系統時，社會則被視為超系統。

4. 關係（relations）

家庭中任何系統與次系統都是由連結家人之間的關係所構成，每個家庭成員間都有某種關係存在，因此運用家庭系統理論分析家庭時，必須注意成員間的不同關聯、互動方式，以洞悉其複雜的互動網路。

5. 家庭規則（family rules）

家庭是一個規則管理的系統，有許多管理的規則是公開的，如子女知道在幾點鐘之前回家；有些規則是隱藏的，雖不說但家人都知道，如小孩「有耳無嘴」。在家庭中每人都要學習什麼是被允許的、被期待的，什麼是被禁止的、被控制的。家庭功能失調的家庭，大部分是遵循反功能的家庭規則。

6. 界線（boundaries）

界線是一條劃分個人與個人或次系統與次系統之間的隱線。如果次系統之間的界線不清楚，則容易產生糾結混亂的情形，一個健康的家庭，其次系統之間的界域應該是彈性不僵化的。界線是指維護家庭系統完整性及凝聚力的一種象徵性的保護膜，它能使家庭系統免於外在環境化壓力的侵擾，同時也能調節系統內外平衡的功能。

二、繼親家庭面對的議題、因應策略和建議

> **上榜關鍵 ★★★**
> 繼親家庭在申論題係常見的考點，考生必須對此議題有深入的了解，並建立論述應用之實力。亦即，繼親家庭的定義，請建立基本觀念；繼親家庭的因應策略與建議，請建立論述的能力；少數特殊的繼親家庭，會成為高風險家庭，請思考相關的福利服務作為。

（一）家庭動力情形

1. 繼親家庭的成員必須適應許多不同的情況，丈夫和妻子必須教養沒有血緣的孩子，孩子也必須和繼父及繼母所生的孩子建立新的手足關係。
2. 繼親家庭的兩位家長也必須與對方的前任配偶建立關係，因為前任配偶有權力探視孩子，也有不小的影響力。
3. 繼親家庭的互動關係比傳統核心家庭更為複雜。繼親家庭各自背負過去的包袱、承受失落的悲傷和壓力，使他們害怕再去愛或信任別人。孩子的生父、生母所建立的聯繫說不定會干擾他和繼父、繼母建立良好的關係。
4. 繼親家庭也會產生適應困難，包括手足的妒忌，對繼父、繼母的妒忌。另外孩子也須重新適應繼父或繼母的新價值觀、期望、規矩及習慣等。
5. 繼親家庭最大的壓力來源是孩子的管教問題。孩子的生長環境未必和新家庭一樣，也許會反抗規定，質疑繼父或繼母是否有權利管教他，尤其如果孩子想念生父或生母而覺得悲傷，就更不容易建立新的親子關係。

（二）繼親家庭的三項迷思

> **上榜關鍵 ★**
> 測驗題考點，請詳加區辨。

迷失	真相
1. 邪惡的繼母會虐待孩子	只要繼母本身有足夠的自我肯定，能夠得到丈夫的支持，她們往往可以和孩子建立充滿愛的親子關係。
2. 繼子或繼女的地位永遠比不上親生孩子	忽略了人們可以學會彼此相愛，也有強烈的動機讓所有的家庭成員緊密結合在一起，組成一個新的幸福家庭。
3. 繼親家庭從形成的那一刻起所有的家人就會彼此相愛	每一段關係都需要慢慢培養，馬上就建立愛的聯繫是過高的期望。

（三）繼親家庭整合須完成的四項任務

> **上榜關鍵** ★
> 測驗題考點。

繼親家庭整合須完成的任務

任務一
- 必須承認每個人都可能懷念舊有的家庭關係。

任務二
- 要創造全新的習慣和家庭傳統，取代舊家庭習慣。

任務三
- 要在新家庭裡建立新的結盟關係，包括夫妻及新的手足和親子關係。

任務四
- 整合，讓所有成員融入新的家庭。必須訂出明確合理的規範，要求成員孩子遵守並給予正面鼓勵。

（四）繼親家庭建立親子關係的作法

繼親家庭建立親子關係的作法

1. 前任配偶維持良好的關係
   - 如果父母親離婚後仍維持良好的關係，孩子就會比較容易適應新的環境。

2. 培養親子關係
   - 新家庭的父母了解孩子的情緒反應，作出適當的回應和疏導。並和孩子慢慢培養出親情。

3. 在新家庭裡建立新傳統
   - 培養出大家可以接受的習慣，也有機會一起從事愉快的活動，或慶祝各種節日、紀念日或生日來同歡。

4. 尋求社會支持
   - 多與其他相似情況的繼親家庭做交流，分享各種經驗、適應和愉快的心得。

（五）繼親家庭面對的議題、因應策略和建議　　　上榜關鍵 ★
　　　　　　　　　　　　　　　　　　　　　　　詳加區辨，測驗題細微考點。

議題	因應策略	建議
再婚的計畫	1. 財務和居住安排	財務共同和搬入新家的夫妻婚姻滿意度通常比較強。
	2. 處理前一婚姻的感受、預期親職和抉擇的變動	1. 將「再婚」框架為「前一婚姻感受的終結」可減少傷害，同時給新配偶建立情感關係的空間。 2. 共同做決定能強化新的婚姻關係，減少未來的衝突。
婚姻品質	建立婚姻關係為優先	緊密的婚姻關係之建立有助於提供穩定環境，孩子終將獲益。
親職管教	辨識孩子的需要	繼親可以先從扮演孩子的「朋友」開始，和孩子協商規範可減少管教的衝突。
繼親手足關係	孩子性別為焦點	孩子不論男女，都喜歡父母的肯定與稱讚，女孩不習慣於繼親父母的肢體接觸，男孩比女孩較快接受繼父。
不具監護權父母的親職議題	維持正向的關係	越少訪視，孩子越覺得被拋棄，說前夫（妻）的壞話只會傷孩子的自尊，有些孩子還會起而辯護，可能引起繼父母的不公平待遇。

三、有毒的父母　　　　　　　　　上榜關鍵 ★★★
　　　　　　　　　　　　　　　曾為申論題的獨門考題，仍請
　　　　　　　　　　　　　　　詳加準備，亦有測驗題考點。

（一）有毒的父母的定義
　　1. Forward 以有毒的父母（toxic parents）來形容高危險群的父母。所謂有毒的父母，是指父母在不知不覺中傷害自己的子女。
　　2. 屬於高危險群的父母包括：未成年父母、流動勞工、上癮的父母、特殊兒童的父母、領養父母、寄養父母，以及孤兒院的保母等。由於他們的特殊身分和處境，通常不知道、且也不願意參加親職教育。

（二）有毒的父母之特徵

1. 無法勝任教養子女的父母
- 經常只顧自己的問題，把子女當成小大人，反而要求子女來照顧他們。

2. 主宰欲強的父母
- 用罪惡感來控制子女，甚至過度地照顧子女的生活，讓子女沒有自己的生活。

3. 酗酒的父母
- 把大部分時間精力用在否認自己的問題，置子女的生活與成長於不顧。

4. 精神虐待者
- 經常嘲笑、批評、挑剔、諷刺、數落、吼叫、謾罵、侮辱子女、打擊子女的自尊心。

5. 身體虐待者
- 動不動就發脾氣、責罵子女、體罰子女，用體罰來控制子女的行為。

6. 性虐待者
- 對子女毛手毛腳，玩弄子女的性器官，和自己的子女亂倫。

四、兒童虐待

（一）兒童虐待（child abuse）

> 上榜關鍵 ★★★
> 請區辨各種虐待類型之不同，測驗題考點。

虐待類型	說明
1. 身體虐待	是指對於兒童施加的傷害，例如：造成骨折、嚴重和輕微燙傷、瘀傷等；另外，身體碰觸即使沒有明顯的傷痕也算數，例如：打耳光、毆打、使用皮帶或以戒尺體罰。
2. 性虐待	性虐待是指各種形式之觸摸、插入與剝削；性騷擾是指對兒童不當的觸摸，即使沒有接觸到性器官也算數；性剝削是指以兒童為性活動的對象，例如：雛妓、色情書刊或照片。
3. 兒童疏忽	兒童疏忽是一種比較不明顯的虐待，其中身體照護上的疏忽包括：遺棄、延誤就醫或剝奪健康照護的機會、監督不周及基本生活需求（衣、食、住、衛生）供給不足，疏忽經常是因為資源的嚴重缺乏所致。
4. 教育疏忽	教育疏忽包括不讓兒童就學、常令其曠課、對教育上特別需求無回應。有些教育疏忽的個案不易辨認，因為父母可能對正式教育缺乏信心，或是因為兒童身心障礙的問題造成就學困難，不是父母故意疏忽。
5. 情緒虐待	亦稱為心理虐待、精神虐待，是指身體自由的限制，不斷的威脅、拒絕、剝削和貶抑。雖定義不夠具體明確，許多口頭上的訊息若帶有負面標籤和貶抑都算是心理虐待，因為這些口頭訊息對兒童的心理影響重大。

（二）促成兒童虐待的因素

1. 許多人以為虐待只出自於父母，其實親戚、保母或其他托育者、神職人員或其他成人都可能是加害者。

> 上榜關鍵 ★★
> 測驗題考點，留意細節的敘述。

2. 研究者指出幾個促成兒童虐待的因素，這些因素包括家庭壓力、兒童和家庭的特質、互動的模式、婚姻問題、對暴力的價值觀等。最主要的因素是這些虐待兒童的父母，過去童年也曾經被虐待；第二個主因則是藥物濫用，若父母使用古柯鹼或大麻，會影響照顧孩子的能力，酗酒也容易造成虐待事件的發生，尤其還有服食其他毒品。就孩子而言，身心障礙及較負面性格的孩子容易被虐待。此外，婚姻關係的衝突、家庭暴力、工作及經濟的壓力、社交孤立等因素，都會增加家庭變動的負面影響，使得虐待事件更容易發

生。許多研究發現，貧窮、社會孤立及兒童虐待、忽略是息息相關的。失業、無家可歸、生活壓力及社區暴力等因素也是。然而，並非所有以上的這些現象的家庭都一定會虐待兒童。較少社會支持及缺乏社區意識的家庭，不僅較易虐待忽略兒童，也容易造成青少年偏差行為、販毒及暴力犯罪等情況。

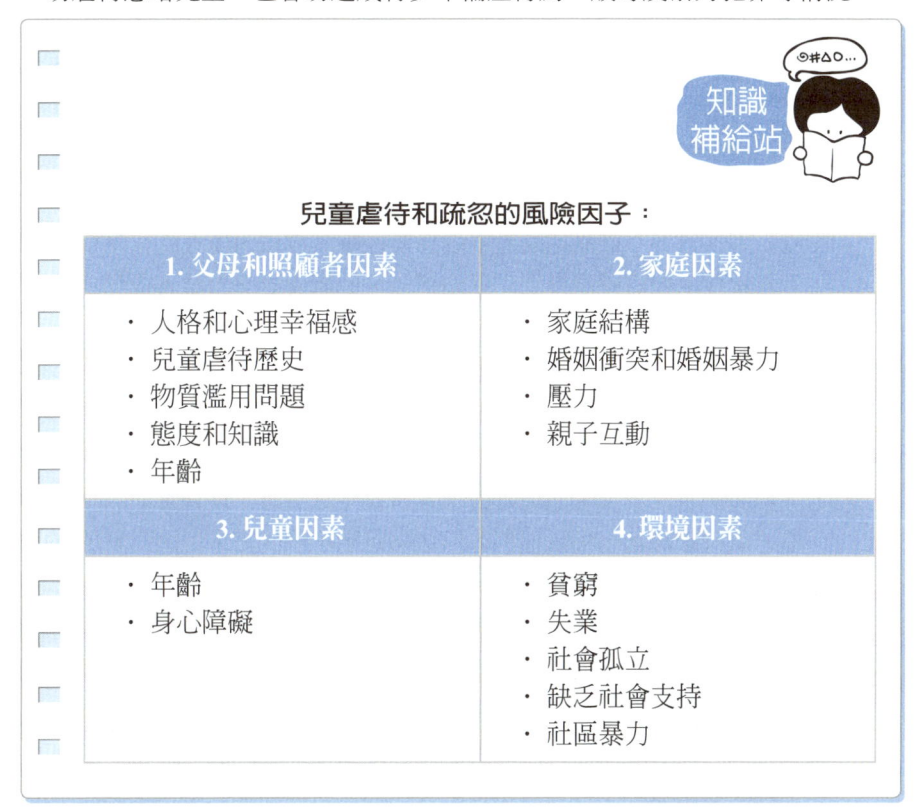

> **知識補給站**
>
> **兒童虐待和疏忽的風險因子：**
>
> | 1. 父母和照顧者因素 | 2. 家庭因素 |
> | --- | --- |
> | ・人格和心理幸福感
・兒童虐待歷史
・物質濫用問題
・態度和知識
・年齡 | ・家庭結構
・婚姻衝突和婚姻暴力
・壓力
・親子互動 |
>
> | 3. 兒童因素 | 4. 環境因素 |
> | --- | --- |
> | ・年齡
・身心障礙 | ・貧窮
・失業
・社會孤立
・缺乏社會支持
・社區暴力 |

（三）受虐身體與行為指標／線索

上榜關鍵 ★★
測驗題考點，指標／線索請詳加讀。

1. 受虐身體指標／線索
   （1）瘀傷：瘀傷的部位或形狀不尋常可能是身體虐待；當瘀傷形狀可加以辨識，如手印或皮帶時就該注意。
   （2）撕裂傷：經常發現或無法解釋原因的割傷、擦傷或抓傷，可能是身體的虐待；應該要注意臉部和生殖器的撕裂傷，咬傷也可能是虐待。
   （3）骨折：奇怪的骨折和多重骨折更是無可掩飾的症狀；嬰兒骨折原因可能是虐待，其他為關節脫臼和骨膜受傷等。
   （4）燒燙傷：兒童被香菸燙傷，或發生在難以到達的部位，例如：生殖器或腳底燙傷都是虐待的線索。

（5）頭部受傷：其指標如頭蓋骨折、強烈拉扯之後的掉髮及硬腦膜下血腫，強烈搖晃孩子會造成視網膜剝離或出血。

（6）內出血：踢打可能造成孩子脾臟、腎臟及腸子的傷害；靜脈破裂及腹膜炎都可能是虐待指標。

2. 受虐行為指標

（1）極度被動、親切、低姿態的柔順行為，避免與父母潛在性衝突（會導致虐待）：受虐兒童異常的溫和及馴服，以避免任何與施虐父母可能的衝突。因為過度關注自己，受虐兒童經常不太敢玩，這種行為模式有時稱為過度警戒。

（2）因為需要不被滿足而產生憤怒及挫折，導致對他人的攻擊行為與敵意：當孩子的需要沒得到注意而絕望，他們會更努力試著得到，假如他們只能從父母那兒得到忽略，他們的攻擊行為會被增強。

（3）發展遲緩：因為受虐孩子將他們的精神放在適應受虐狀況，經常呈現發展遲緩，例如：語言遲緩、社會功能或動作遲緩。

（四）施虐者特質

1. 人際和撫育的支持：施虐者的基本特質是低自尊，從兒童期開始他們的情感需求就沒被滿足，所以他們也無法滿足孩子們的需求；因為對於自己的能力信心不足，引起抗拒和敵意。

2. 社會隔絕：加害人的自信心可能是低的，覺得沒有人喜歡他，因而將自己隔絕起來；即使需要他人情感支持，他們拒絕關心，害怕關心，所以不想與別人聯繫；結果壓力與日俱增，無人能夠協助。

3. 溝通與人際關係困難：施虐者與家人及重要他人的關係經常是激烈的，難以溝通、有敵意的；低自尊也會影響伴侶或重要他人的關係，施虐者不知道如何去滿足需求，當他們不知道如何適當地向他人表達情感，更加上失望及憤怒；即便在婚姻或伴侶關係中，他們還是覺得隔絕和孤單。不能與他人溝通時，可能會遷怒孩子，而實際暴力及憤怒表達是針對伴侶或重要他人。

4. 養育技巧不足：許多施虐者不知道如何撫育他們的孩子，由於他們自己的原生家庭經驗可能是敵意和虐待的，因此從自己的父母和照顧者觀察到養育行為，也就無法學習那些沒有被教導過的行為。

5. 適應技巧不佳：施虐者可能無法適應壓力，壓力由孩子替代；他們缺乏處理憤怒的技巧，也不知道如何滿足自己的情緒需求，也可能沒有學習到將情緒及情感與行為加以區隔，假如生氣無法口語表達，就使用拳頭。

（五）兒童虐待發生的理論。

> **上榜關鍵** ★★★
> 兒童虐待發生的理論，應用在申論題解題上，是增加論述觀點的重要素材，請詳加研讀。

1. 心理動力模式

   兒童虐待的加害者通常在童年時期也有被虐待的相同經驗，在自我被瓦解後，導致個人的自我概念模糊、性格偏差、對人缺乏信任感、挫折容忍力低或人格不成熟等現象。因此，因童年時期的不滿足導致目前內在衝突的發生，並在不知不覺中將潛意識中的早年受虐經驗重演，或者是陷在缺乏親職知識的惡性循環當中，對孩子有不合理或非理性的要求，甚少思考孩子在不同年紀有不同的發展和需要。

2. 人格特質模式

   本觀點是分析施虐父母的人格特質，施虐父母通常自制力差、挫折容忍力低、易衝動、較缺乏安全感、低自尊或自我認同混亂等，這些施虐父母會較孤立且少與社會接觸，所以對人難以信任，因此，當有環境上的壓力產生時，施虐行為就容易發生。此外，父母會對孩子有過高的期望或因擔心太寵孩子而做出不當苛求，當孩子無法達到父母要求時，施虐行為便會發生。

3. 社會學習模式

   認為行為是經由人們的經驗與認知而習得，特別是兒童早期的生活經驗對兒童的未來具有決定性的影響。在兒童社會化過程中，兒童與主要照顧者或重要他人的互動模式將奠定兒童日後的行為模式。因此，如果兒童在童年時期的需求沒有得到適當的滿足，也缺乏適當的角色模仿對象，在為人父母後也就缺乏適當的親職知識，而此學習經驗將帶到兒童自組的家庭中，如果童年曾有受虐待的經驗，虐待模式便在世間間傳遞，重蹈上一代虐待史的覆轍。另一個重要的概念是「虐待行為」的增強，亦即施虐行為可以帶來想要獲得的結果，因此當受害者順從壓迫時，施虐者將因此得到權威、控制及心理的滿足，增強其施虐行為，也就是說，不管施虐者或受虐者的行為，皆是學習而來。

4. 社會心理模式

   強調兒童虐待不是單一因素所促成，而是由諸多因素共同引起的，且各個因素間有相當複雜的關係。認為父母虐待子女是其因應壓力的一種形式，而造成壓力情境的因素則有：父母關係不和睦、家庭結構不穩定、失業、社會疏離、子女本身的偏差行為、父母社經地位或社會化程度等，都可能是促成施虐的因素。當施虐父母面對一連串的社會和孩子所帶來的壓力，再加上一些突發性危機事件，虐待行為就極有可能發生。

5. 環境壓力模式

此觀點並非探討個別差異,而是對整體社會、價值和家庭組織的共同特質做研究,包括有:社會經濟階層、失業、擁擠的環境等。認為可能引起兒童虐待的環境壓力有:低教育程度、貧窮、種族、失業或因工作壓力過大導致失控而虐待的情形。另外,諸如婚姻衝突、配偶遺棄、疾病、經濟問題、缺乏親職教養技巧或缺乏社會支持系統等因素,也較易促成虐待事件的發生,當壓力產生而又無資源可資利用或壓力無法紓解時,便將壓力轉移至孩子身上。

6. 精神病理模式

此觀點認為,虐待行為的發生乃起因於施虐者罹患各類精神疾病,影響其個人心理健康狀況,進而導致虐待行為的發生。

五、兒童性侵害與亂倫之影響

(一) 兒童性侵害

1. 兒童性侵害是兒童虐待的一種。「沒有嘴巴的小孩」是心理治療領域給遭受性侵害孩童的特殊名詞,目的在突顯出受創孩子有口難言的困境。這群孩童在遭受性侵害後,因求助能力的缺乏而無法爭取自己應有的權益,僅能依賴敏感的外在資源代為申訴,例如:父母、教師或社會大眾等;其中又以「家庭內性侵害事件」最難以發現,兒童通常至少要遭受一至三年的身心折磨後方能被發現,在這段等待救援的漫長時間裏,兒童只能當沉默的羔羊。

2. 當兒童遭受性侵害後,除了有一般所謂的創傷後壓力疾患(post-traumatic stress disorder, PTSD)現象外,更將有人格扭曲、人際關係失調、無力感、羞辱感、缺乏自信、低自尊或性關係異常等長期影響。

3. 然而「性創傷」的復原過程是漫長的,需要協助的不只是受害者本身,其家庭、非加害父母的一方或非受害手足等等,也將因「性侵害事件」而遭逢不同程度的創傷,甚至因而出現責備受難者的現象,加深受害者的罪惡感、無助感、無力感、被背叛的感覺等諸多的負面情緒,使受害者的自我概念嚴重損傷,視自己為破壞家庭完整性的元凶,因此,如何協助「受性侵害家庭」復原是社會工作處遇的發展方向,而不僅僅是聚焦於「受害者」本身而已,在接納與支持的家庭和社會環境,才能夠讓孩童在信任的基礎上從受創的身心中復原過來。

(二)兒童性侵害的影響
1. 創傷性的性經驗
   (1) 在性侵害的過程中,受害者自加害者身上接收到錯誤的性知識或性觀念,導致受害者學習不當的性傾向,更由於記憶中的恐怖經驗,造成對於性別角色的混淆或把性當作換取需求的手段。若受害者長期以「性」與加害者「交易」關愛或獎賞,她／他可能誤認這種方式為正常的,並學習到「性」及「身體」只是換取各種需求的工具而已,讓受害者對性產生負面看法,例如:在記憶中有關性經驗的部分總是和抗拒、害怕、憤怒連結,進而概化所有性關係,導致對性或親密關係的嫌惡,甚至性功能失調。
   (2) 因創傷性的性經驗所產生的即時影響可能包括:兒童對性過度好奇、在公眾前自慰、不合年齡的性知識、暴露隱私處、強迫性性遊戲、企圖和同齡小孩發生性交或口交,甚至對其同伴或更小的孩子表現攻擊行為等。而在長期影響上則有:性焦慮、對性感到罪惡、難以從性關係中得到滿足、對性沒有自信、性交時受虐影像重現或多重性關係等。
2. 被背叛的感覺
   (1) 背叛的感覺則依「受害者」與「加害者」間的關係而定。而熟人所引起的創傷大於陌生人的侵害,若與加害者關係疏離,則所產生的背叛感會低於兒童所信賴或喜歡的人。此外,若所信賴的家人在事件發生後加以責備,則她／他的被背叛感將高於被家人支持者。
   (2) 因「被背叛的感覺」而造成的立即性影響有:生氣、憤怒、暴力、反社會行為,且由於生氣的對象是照顧他們的人,而覺得難以表達憤怒或變得極端依賴等。在長期影響上則有:憂慮、對別人過度的信任或不信任、極端依賴而不斷尋找一個彌補性的關係、較無能力去辨識潛在的加害者、可能會對他們下一代性侵害或有反社會行為等。其中「憤怒」不論是在兒童或是成人期都存在,所不同的是兒童無法表達憤怒,因為表達憤怒可能引來更嚴重的虐待(不只是性侵害),而成人的憤怒有一部分會轉化為反社會行為,例如:偷竊。
3. 恥辱感
   (1) 恥辱感是一種自我的內在反映,當個人經驗到自我形象和理想中的自我不一致時,通常會否認、防衛它,此種情感反應使人想躲起來,並干擾個人人格的形成。在性侵害的過程中,受害者因在加害者的手中失去控制力而感到屈辱,但有時又感覺到愉快的性經驗,這種矛盾情結使受害者無法判斷好與壞而產生罪惡感,特別當加害者是自己所信任之人時。

（2）因恥辱感而帶來的長、短期影響有：從群體中孤立、自我傷害、自殺傾向、自尊低落、憂慮、羞愧或罪惡感等；進而可能有藥癮、酒癮、賣淫及犯罪等行為。然而受害者種種的自傷行為並不是出於本性，而是被性侵害的結果。受害者倖存下來之後，為了逃出被羞辱感且不被低自尊打敗，會嘗試各種方式讓自己逃避曾被性侵害的惡夢。

4.無力感

（1）「無力感」是指相信自己能掌握自己生命的感覺受到了剝奪，此種無力感係來自於受害者在違背其意志下重複被侵犯所導致。在受性侵害的過程中，加害者以威脅及操縱的手段迫使其就範，受害者雖力圖反抗卻無效，因而加深無力感的感受。而兒童的無力感至少來自兩方面，一是違反自己意願，兒童在不是很清楚意義的情況下進行性活動；另一是受害者一再經歷被傷害、被毀滅的恐懼，加害者透過說服、利誘、恐嚇、暴力等方式，使兒童不得不經歷被侵害的過程，且擔負著身體被毀傷、心靈被壓制的恐懼。

（2）而與無力感連結的即時影響則有害怕、身體上莫名的疼痛、壓力、焦慮、睡眠及飲食上的問題、恐懼症或社會功能困難（蹺課、逃家、過早結婚、人際關係失調）等。在長期影響方面，除了即時性影響的延續外，尚有：夢魘、失控感、覺得「那件事」好像不是真的、常把身體和自己分開或身心症等。

（三）亂倫（incest）

是一種特別的性侵害，意指「孩子與親屬——父母、繼父母、父母的同居伴侶或愛人、養父母、手足、堂（表）兄弟姊妹、叔叔舅舅、姨姑嬸母、祖（外祖）父母等之間的性行為」。

（四）性侵害事件的發展時間

第一階段是揭露——恐慌期
- 這時期的危機是家庭強烈的情感，家庭成員會出現憤怒及否認，受害者通常對於之後會怎樣感到恐懼及責怪自己。

第二階段是評估——察覺期
- 家人確知侵害的發生，而且試圖去處理。
- 社會工作人員應對家庭次系統的界線再加以界定及重劃。

第三階段——再建構期
- 家庭恢復健康情緒，家庭成員建立清楚的界線及學習運作；透過溝通可以增強家庭功能，父母為他們的行為負起責任，受害者也會對自己感覺好一點。

（五）性侵害治療目標

1. 最初治療目標
- 首先是提供安全的環境，讓受害者覺得能舒適談話，受害者必須學習如何確認、表達及分享受害者的情感，即便這些情緒是負面及驚人的。

2. 第二個治療目標
- 讓受害者確知侵害事件不是她的錯。

3. 第三個治療目標
- 教導受害者「以適當的方式表達憤怒」。為了對抗沮喪及低自尊，許多專家建議使用認知與人際演練及角色扮演，強調受害者的生存技巧及優點。此外提供受害者性教育及自我保護技巧，以達到增權，預防更進一步的受害。

> **4. 第四個治療目標**
>
> ・減輕受性侵者的顯著症狀。受害兒童可能呈現自我傷害行為，例如：行為矯正方案有助於減輕這類行為。

> **5. 第五個治療目標**
>
> ・強化家庭溝通、支持、功能及了解侵害，除家庭互動外也需關注個人。

(六) 社會工作對兒童性侵害的處遇原則

> **上榜關鍵** ★★★★
> 請加強對兒童性侵害的處遇原則之應用能力，並請與生態理論併同準備。

1. 危機處遇階段

在危機處遇階段，須將家庭內與家庭外的兒童性侵害分開處理，但工作目的皆在提供一個立即安全的環境給受性侵害的孩童，爾後再展開一系列的心理復原工作，以下即分為家庭內和家庭外分別陳述：

(1) 家庭內性侵害

A. 立即安排受害者與社會工作者進行面談，並蒐集與性侵害事件有關的資料。

B. 評估受害者再次受侵害的風險性。

C. 安排受害者至醫院接受身體檢查。

D. 安排受害者可信賴並願意提供保護的家人與社會工作者進行面談，以立即給予心理支持。

E. 若必須安排受害者移住他處，須與兒童保護機構聯繫，由兒童保護機構尋找可靠的寄養家庭或兒童青少年安置機構。

F. 將加害者自家中移出，並與受害者隔離。

(2) 家庭外性侵害

A. 立即安排受害者與社會工作者進行面談，並蒐集與性侵害事件有關的資料。

B. 安排受害者至醫院接受身體檢查。

C. 告知父母親或可信任的家人，並立即給予心理支持。

D. 立即安排受害者父母與社會工作者進行面談。

2. 處遇初期

(1) 首先提供受害者與家人個別處遇，以穩定危機後的情緒。

（2）評估案主的自我功能、自我概念與自我認同現況；若發現有精神症狀，則轉介至精神科處遇。
（3）與案主一起探尋事件的意義，開始確認案主所欲解決的問題，並決定問題的優先順序，且從易達成的目標著手。
（4）此時尚不宜進行家族聯合會談，但社會工作者可與受害者外的家人談論「性侵害事件」對個人或家庭的影響，並了解家庭系統互動的模式，這有助於對案主問題的評估。
（5）建議案主參與支持團體，從受害者群中獲得情緒的支持與宣洩。

3. 處遇中期
（1）持續評估案主的自我功能、自我概念與自我認同概況，以決定處遇進度與方向。
（2）面質案主的抗拒、非理性或非現實的想法，以探尋在處遇過程中所忽略的問題，這可能是解決案主問題的關鍵。
（3）敏感案主是否有極速轉回或退化的現象，若有，則放慢處遇進度，並與案主一起探討阻礙因素。
（4）此時仍不宜進行家族聯合會談，但社會工作者應與家庭其他成員會談，一起模塑信任的環境支持案主。
（5）鼓勵案主持續參與支持團體。

4. 處遇後期
（1）此時案主應已建立正向的自我認同，可以開始處理家庭系統問題。
（2）家庭關係處遇：加強家庭體系的運作，重整家庭秩序，包括父女／母子關係、手足關係和整體家庭關係的重建。
（3）若是家庭內性侵害，且家庭希望維持完整性，則須對夫妻關係進行協談，因為家庭內性侵害常由於夫妻關係不良及功能喪失所導致。

六、兒童疏忽

（一）兒童疏忽的定義

兒童疏忽（child neglect），意指照顧者「未能滿足孩子的基本需求」，包括剝奪孩子身體、情緒、醫療、心理衛生及必要的教育；鑑於兒童虐待係對兒童予以行為上的傷害，兒童疏忽則包含沒有做那些應該必須做的事；當兒童生存及成長需求未被滿足即是疏忽。

（二）兒童疏忽的特質

1. 身體健康照顧：生病而未被照顧及適當的牙齒健康維護。

2. 心理健康照顧：兒童心理健康問題被疏忽不予理會，有時照顧者對於「當孩子被發現有嚴重情緒或行為障礙時，要求其接受矯治或治療之建議」予以拒絕。
3. 教育疏忽：「父母未能讓孩子接受義務教育」，沒有理由或不當的過度曠課或緩讀也可能是疏忽的指標。
4. 教導：對兒童經常或多半任其獨處，缺乏充分的教導；甚至對嬰幼兒漠不關心；或將較幼小的孩子當成其他孩子的責任，由其教導；當孩子從事可能傷害自己的活動時不加以指導；孩子不準時上學也未能適當教導。
5. 遺棄與替代性照顧：最公然的疏忽形式是遺棄，父母任由孩子獨處不予關注，如父母應該回家卻沒回來，把孩子留給他人照顧，對他人與孩子相處狀況一無所知。
6. 居家危險物：住所的溫度、空氣及安全設備等不適合，危險物品如將藥品或武器隨意放置在孩子隨手可及之處，電器設備不合格也可能導致危險。
7. 家庭衛生設備：食物可能餿掉了，家裡到處是垃圾或排泄物等。
8. 個人衛生：衣服老舊、破損不乾淨，頭髮蓬亂骯髒，身體沒有洗澡發出臭味，也可能傳染頭蝨。
9. 營養：孩子經常抱怨飢餓以及到處找東西吃，兒童食物不足導致營養不良，營養不良造成發展遲緩等都可能是疏忽。
10. 社會依附困難：兒童與父母有互動問題，無法維持安全依附關係──信任父母並對其表現及互動持續正向回饋，兒童對父母可能顯現「被動退縮」或「父母對孩子低度敏感及撫育」，孩子也可能展現與同儕關係「社會退縮行為，助人行為減少，與朋友衝突增加，比未受疏忽兒童較少友誼互動」等問題。
11. 認知與智識不足：兒童可能語言能力不足、學校成績不佳、智能不足、創造力差、問題解決能力差。
12. 情緒及行為問題：疏忽兒童呈現冷淡、退縮及孤立、低自尊、身體及口語的攻擊性、注意力不容易集中、焦慮或沮喪等精神症狀。

（三）疏忽父母之特質五項基本型態
　　1. 漠不關心：對待孩子缺乏情緒反應，而且對任何事都提不起勁。
　　2. 衝動不負責任：待孩子不一致且經常漫不經心，衝動控制力差且缺乏適應方法。
　　3. 沮喪情緒：以放棄方式反映其不快樂的生活環境，不像漠不關心的父母，他們表現出沮喪及悲傷等極度的情緒經驗。
　　4. 智力遲緩：因父母智商低下，而且缺少可協助她們承擔責任的有效支持。
　　5. 嚴重精神障礙：諸如精神病者，超乎尋常的思考過程、妄想或極度焦慮等功

能失常。
(四) 重度疏忽導致之發展遲緩
　　1. 非器質性生長遲緩：發生在嬰兒，其特徵是「體重與身高低於第五個百分比」；且經常有心智動作發展遲緩。
　　2. 身心侏儒症：身心侏儒症影響1歲6個月到16歲的孩子，這些孩子可能「情感上誘導促成成長遲緩」。身心侏儒症孩子體重與身高也低於第五個百分比」、骨頭成熟障礙及一些行為障礙。此外也有語言困難及社會互動的問題。

> **上榜關鍵** ★★
> 意外傷害和虐待的辨別指標不同，請詳加區辨，俾利測驗題正確選答。

七、意外傷害和虐待的辨別

意外傷害	虐待傷害
傷害發生的過程能夠交代清楚，且前後一致症狀；在意外發生之後即刻產生。	沒有人知道傷害如何發生，說辭一變再變；傷害之後，幾天才產生症狀。
意外發生之後，照顧者即刻尋求醫療照護。	傷害之後，照顧者可能尋求醫療照護。
意外發生的時候，有人目擊。	只有一人知道傷害如何發生，沒有其他任何人目擊。
有人知道意外怎麼發生，並可以清楚描述。	總是同一套說法，孩子從床上或椅子上跌下來（警察稱之為「殺手沙發」）。
意外發生通常有一件主要的事件，如： ・主要的傷害發生在住家以外的地方。 ・跌下來並不是死亡或受傷的主因。 ・跌下來的傷害通常有某種高度（如三公尺以上）。	傷害的原因通常微不足道，如： ・從一公尺以下的高度跌下。 ・是手足將小孩丟下去造成的。 ・將零星的小傷害解釋為一項主要的傷害。
小孩活潑蹦跳	小孩無法動彈

八、情緒虐待（精神虐待）

(一) 情緒虐待（精神虐待）的類型（Winton 與 Mara 提出）。

> **上榜關鍵** ★★
> 五種類型要詳記。

1. 拒絕（rejection）：意指「放任孩子不予理會，使其作為代罪羔羊（例如：對孩子某些行為不公平的責罰或批判），和語言羞辱」；父母可能在孩子朋友或鄰居面前強調他如何的愚笨。
2. 孤立（isolation）：意指「使孩子遠離適當的關係」，包括不允許孩子與同儕一起玩或與其他親屬相見，可能也會將孩子鎖在衣櫥裡很多天、很多個月或很多年。
3. 威脅（terrorizing）：係為「恐嚇及嚇唬孩子」，假如他不洗碗，父母可能威脅孩子要殺死他心愛的寵物。
4. 忽視（ignoring）：意指不去回應孩子或假裝孩子並不在那兒，父母看著電視且無視於孩子要求協助功課或吃東西等請求，強迫孩子自己處理。
5. 墮落（corrupting）：意指「鼓勵或支持不合法或偏差行為」，如照顧者強迫孩子去商店偷東西或喝啤酒。

(二) 受情緒虐待孩子與施虐者的特質

1. 受情緒虐待孩子的特質
   研究顯示許多成人問題與他們在幼年期的精神虐待有相關，包含低自尊、焦慮、沮喪、負面的生活態度、自殺潛能、情緒不穩定、衝動情緒控制困難、物質濫用、飲食障礙、關係困難、暴力、犯罪行為、學校問題，及智能與成就不足。

2. 施虐者的特質
   就像其他虐待或疏忽的父母及照顧者，兒童精神虐待的施虐者本身通常有嚴重的情緒問題或不足；他們對婚姻或伴侶關係感到失望或枯燥無味，尋求一個簡單目標作為憤怒及挫折的出口。他們缺乏處理問題及情緒困擾的因應技巧，他們幼年期的情感需求可能未被滿足，他們自己的父母也缺乏養育技巧，自然也無法教導他們如何成為好父母；他們也可能必須處理自己的個人問題，如精神疾病或物質濫用障礙。

九、兒童證詞

> **上榜關鍵** ★
> 測驗題考點。

(一) 兒童證詞的信度與效度會受到下列觀點的挑戰：記憶、認知發展、道德發展、易受暗示（suggestibility）的程度。

(二) 在記憶方面，兒童是否有將事件的記憶正確表達的能力？他們在法庭所表達的是真正的記憶內容？抑或其他人給予的提示？或者他們的描述基於幻想的成分居多？對於正值運思前期的兒童而言，在回想時幻想與語言是他們適應環境的基模（schemata）目前仍然有許多研究持續檢驗兒童不受發展階段影響的回想事件能力。

(三) 兒童的認知發展會影響他們對事件的概念化與理解，兒童是否能夠了解複雜的事件？是否有能力理出事件的時空順序？能否了解司法用語的意義和程序？這些問題的解答端賴兒童認知能力發展的程度，認知能力的發展雖會因年齡而有所不同，但錯誤溝通常在向兒童蒐集可靠資訊時造成阻礙，即使能力相若，將這些能力應用在各種情境與任務的方式也因人而異。

(四) 未完全成熟的兒童是否會影響他們誠實作證的能力？道德發展扮演非常關鍵的角色。雖然有關兒童道德發展的研究結果顯示，兒童並不會比成人更容易說謊，但許多人還是提出這類議題。兒童的發展對他們的道德抉擇有何影響？發展的程度影響他們為自己的行為提供理由的能力，不過對這些語辭的理解並不會影響他們說實話的傾向。有關兒童是否容易受暗示的研究結果，並沒有提供我們清楚明確的答案，但跡象似乎顯示年齡和容易受暗示的傾向間並沒有必然的關係。

(五) 一般人會認為兒童作證時可能會受到他們所覺察到成人的期待所影響，也比較會被問話引導回答，然而，Stem 等人的研究發現，並無跡象顯示小孩比成人更容易受詢問者的問話引導。

十、口語控制（verbal control）

(一) 口語控制由俄國心理學家 Vygotsky 與 Luria 等人發展出來。他們認為口語的發展影響行為的控制，發展經過三個連續的階段，第一個階段是他人外顯（other-external），即兒童的行為經由他人的口語控制；接著是自我外顯（self-extemal），兒童以自己發出的外顯口語控制自己的行為，語言發展的最後一個階段是自我內在（self-internal），兒童以內隱的自言口語控制自己的行為。Luria 等人的主要貢獻是，提出自我言語和行為的自我控制間的關係。此外，他們也發現語言與行為之間的關係在兒童的發展上所扮演的角色，他們觀察到隨著兒童年齡的增加，不只能夠以遵循成人的教導（他人外顯）來抑制行為，也能夠依照自我的指引（自我內在）來控制行為。如果 Luria 的觀察屬實，實務工作者不是就可以教導缺乏自我控制能力的兒童以自己的言詞來控制行為？其實 Luria 等人的研究與理論為自我引導訓練（self-instructional training）的發展立下根基，成為最常用在改善失控與衝動兒童行為的治療方式。

(二) 對有自我控制困難的兒童而言，自我引導訓練已經變成主要的處遇模式，研究者發展出一系列的自我引導訓練活動，包括：
1. 實務工作者邊做動作（task）邊詢問、提供自我引導指示，同時說明如何自我評估。
2. 兒童模仿工作者一系列的動作與口語。
3. 實務工作者重複一次動作，但是改為輕聲說出自我引導的指示。
4. 兒童模仿工作者的動作，同時也輕聲說出自我引導指示。
5. 工作者重複動作，不出聲，在心中說出自我引導的口語。
6. 兒童模仿動作，默不作聲，在心中將自我引導的口語說出。

十一、領養、寄養、少數族群與同性戀父母

> **上榜關鍵** ★★★
> 在準備上，主要為測驗題，並已有多次命題紀錄，請務必逐句詳讀。

(一) 公開領養／開放領養

公開領養（open adoptions）指的是親生父母可以參與領養家庭的選擇，領養家庭可以參與為孩子出生做準備的過程，孩子出生時在醫院陪伴，親生父母與養父母保持聯繫（交換信件及相片），探望孩子，和接回家住等。有時領養機構可以安排每年一、二次的探視等，生母甚至可以成為孩子的保母。如果雙方能夠同意領養條件，並且信守承諾，公開領養或許不會是個問題，問題是雙方可能會在任何環節中改變心意，造成許多困擾。

(二) 跨族群領養

領養來自不同的族群家庭的小孩，稱為跨族群領養（transracial adoption）。想要領養或托養不同族群兒童的夫婦，必須先了解有關跨族群或跨文化 知 方面的問題。

> **知識補給站**
> 社會工作者協助跨文化領養家庭之方式：
> 1. 一個溫暖的家庭環境。
> 2. 承認父母及孩子在生理上的不同，但更強調他們彼此在情感、心理及社會方面的相似點。
> 3. 使孩子多接觸新文化角色模式，幫助其能更融入適應。

(三) 寄養家庭

受虐或被疏忽的兒童往往會被安置在寄養家庭中，這類安置的主要目的是希望

日後家庭情況好轉，孩子能夠重返家庭。有些兒童必須在寄養家庭中長住，等待回家或被其他家庭收養；有些則不斷更換寄養家庭。這種缺乏連續性照顧的情形，往往會造成許多不良的後果。虐待、忽略及不當寄養安置都會對孩子的情感及行為發展造成問題。建議寄養家庭應關心孩子過去的經歷狀況，以確實了解他們的需要。

(四) 少數族群養育觀念

少數民族的養育觀念和方式和主流文化有所不同。除了父母的觀念和主流文化不同之外，少數族群的嬰兒也在不同的家庭情境中成長。和多數族群嬰兒相較之下，少數族群嬰兒生活在下列家庭結構的機會比較大：母親比較年輕、單親媽媽和大家庭。少數族群家庭通常還要面對社會經濟上的弱勢、健康照護的不足、社區隔離、居住條件在水準之下、失業率高等問題。Coll 與 Myer 因而指出：「如果我們知道少數族群家庭除必須面對偏見、族群歧視、階級歧視、性別歧視與族群隔離的問題之外，還要面對其他各種問題。例如：文化期待上的差異、家庭結構的多樣和多變性、社經資源的不足等，我們便不難想像少數族群兒童的世界觀和發展受生活經驗的影響有多深遠了。」

(五) 同性戀父母

1. Golomobok 與 Tasker 的研究調查顯示，男女同性戀父母承諾會提供孩子有如異性戀父母一般養育的方式來教育孩子，而由同性戀父母所教養出來的孩子，其未來的性取向為同性戀或雙性戀的比例，並不會比由異性戀父母所教養的孩子還高，有超過 90% 由同性戀父母所教養出來的孩子都是異性戀者。
2. Binger 與 Jacobsen 研究發現，同性戀者中扮演父親角色者對於回應孩童需求的程度大於異性戀者的父親。因此，作者推測同性戀者中的父親角色者因在傳統性別認同程度較低，所以更願意參與孩童的成長歷程。
3. 總結來說，男女同性戀者在教育兒童這件事上與異性戀者的父母並沒有什麼不同，然而，同性戀父母在教養孩童的過程當中卻經歷較少的社會支持。現今對於由同性戀父母所養育出來的孩童而言有一個重要的議題，就是他們所有可能面臨到的羞辱，因為社會上對於同性戀者的偏見依然持續存在著。

十二、兒童的攻擊行為

上榜關鍵 ★★★
攻擊的類型、警訊等均為測驗題考點。

(一) 攻擊性（aggression）

「攻擊性」定義：涵括在兩種要素內：1. 意圖去傷害他人的行為；2. 受害人意識到受到傷害。

(二) 攻擊之類型

類型	說明
反應性攻擊（reactive）	是對事件或攻擊行為的一種憤怒，包括報復行動在內。
主動性攻擊（proactive）	是為了達到特定目標的一種攻擊行為。
惡意攻擊（hostile aggression）	Baron 和 Byrne 將攻擊視為任何意圖傷害他人的行動，即使這樣的意圖沒有達到傷害他人的目的也算數（例如：動手打人，但沒有打到），又稱為惡意攻擊。
工具性攻擊（instrumental aggression）	為了達成非攻擊的目的，過程之中卻傷了人，不算惡意攻擊，只能說是工具性攻擊，例如：遊戲時不小心打傷人。

(三) 學齡前兒童攻擊性的行為發生原因和後果的相關研究結果

> **上榜關鍵** ★★
> 在申論題出題，必須詳細說明各要點；在測驗題出題，必須仔細區辨所述是否正確。

1. 攻擊行為的次數在 4 歲時達到最高峰，然後開始走下坡，沒有前兆、無緣無故發脾氣的事件逐漸減少，4 歲之後發生的更少。
2. 3 歲兒童碰到挫折或攻擊時，報復性的攻擊行為有增加的趨勢。
3. 2～3 歲的兒童比較不理會父母的勸阻和告誡，會繼續攻擊性的行為，大一點的兒童只有碰到同儕衝突時，才比較會有攻擊性行為。
4. 兒童早期的前期，會為了得到想要的東西（例如：玩具）而踢或打，他們的攻擊行為比較是工具性的。兒童早期的後期比較常使用口語攻擊的行為，包括：取笑對方、罵人、說壞話、搬弄是非或閒言閒語，爭執原因與年幼兒童一樣，也是為了取得某些東西，只是年長兒童的攻擊行為會比較惡意，是有意在傷害對方。
5. 學齡兒童初期的攻擊行為會因為家庭因素而有個別的差異，例如：社經地位與父母教養，以及兒童接受和處理社會資訊的能力。

(四) 性別與攻擊

現在普遍認為男孩比女孩有較高的比例與頻率會有身體打鬥的行為。然而，這項觀點或研究的發現被認為忽略了女孩子之間微妙形式的傷害行為。女孩可能透過某種比較間接、非身體接觸的攻擊方式，或是透過社會操縱的某種形式，例如：藉由散布謠言故意傷害他、侮辱或貶低受害人或在團體的活動中、排擠受害者。

（五）兒童暴力或侵犯行為的警訊

嬰幼兒和學齡前兒童	學齡兒童
1. 一天之中，有很多件脾氣暴躁的案例，每次持續 15 分鐘以上，很難接受父母或是照顧者的安撫。 2. 經常發脾氣，通常是毫無理由。 3. 行為表現衝動，並且毫無懼怕。 4. 經常拒絕遵守規範或聽從成人指引。 5. 行為顯示和父母的關係薄弱。 6. 經常觀看暴力主題的影視節目。 7. 喜好有暴力主題的遊戲或活動。 8. 以殘忍的態度和方式對待其他小孩。	1. 常有干擾教室課堂活動進行的行為。 2. 在學校經常和其他學童打架。 3. 面對失望的情緒、被批評或被取笑會以強烈的憤怒、譴責和報復因應。學校的朋友很少，行為造成同儕的迴避和拒絕交往，喜歡和同類為伍。 4. 拒絕聽從成人的指引。 5. 觀看暴力電視節目或喜歡暴力電玩。 6. 對他人的感受不具敏銳覺察的能力。 7. 以殘忍態度和行為對待寵物或動物。

（六）遏阻兒童攻擊行為之處遇原則／方法／技巧

上榜關鍵 ★★★
測驗題與申論題均需留意。

處遇原則	說明
1. 不相容的反應技巧	這個技巧的重點是故意不去理會兒童的攻擊行為，以避免增強這類行為，只有在行為會造成傷害和危險時才加以干涉。同時，只要有和攻擊行為不相容的行為，應馬上給予正面的增強（讚許或獎勵），例如：相親相愛或互相禮讓。研究結果顯示，這種技巧不只是能夠減少口語與肢體攻擊的行為，並可增進互助的行為，可以避免因為使用懲罰造成兒童模仿懲罰的暴力行為。此外，可以避免給予攻擊行為不必要的注意力，因為攻擊行為有時是為了得到注意，若給予兒童所想要的注意力，無形中會增強其侵略的頻率。
2. 暫停的程序	要孩子由遊戲中暫停，或者將孩子由爭執場所移開，提供一個安全的地方讓他們恢復情勢的控制。這種技巧的優點是以非懲罰的方式介入兒童的攻擊性行為，並且暫時將小孩所想要得到的注意力撤回，直到適當的行為出現再給予，避免因為給予注意而增強其行為。

處遇原則	說明
3. 角色楷模與教導	成人或其他小孩可以成為非攻擊性解決衝突策略的楷模和導師，他人以非攻擊行為解決爭端的典範會促使兒童避免攻擊性的解決方式。研究顯示：這種方式對缺乏有效的解決問題策略的兒童很有效果。
4. 營造一個無暴力的環境	提供一個可以減少衝突和減少肢體接觸的遊戲場所，場所必須有足夠的空間、足夠的器材或玩具，並且避免提供可能引起攻擊行為的玩具（如：刀、箭、玩具槍）。

十三、利他主義與同理心

> **上榜關鍵 ★★★**
> 對利他主義、同理心的名詞內涵，必須具有完整說明的實力。

(一) 利他主義（altruism）

1. 利他主義是指關心他人福祉引發的助人行為，這種行為從兒童能夠和他人分享時便開始，學習分享也是兒童早期社會互動的焦點。Eisenberg 對這個主題有廣泛的研究，她的結論是，一般兒童到了 3 歲左右便開始能夠分享，因為分享使遊戲更有趣。4 歲左右的兒童已經能夠將分享的信念內化，當然這並不表示他們的行為可以與信念完全配合，利他主義畢竟是個複雜的觀念，要經過許多年才能夠理解。嚴格地說，兒童分享的行為並不是利他，分享只是他們達成自己目的之一種手段。

2. 兒童是如何習得分享和利他主義的概念？成人的叮嚀固然重要，同儕的影響還是主要因素，同儕的影響來自遊戲時的正面增強作用。當一個兒童樂意把自己的玩具遞給玩伴時，玩伴的喜樂和歡笑強而有力地增強了其分享的行為。另外，研究顯示兒童如果發現他人常分享，他們也會較願意分享。

(二) 同理心（empathy）

1. 同理心是指了解他人的感受和態度的能力。同理心是與生俱來的能力，兒童在很早期便能夠同理他人的感受，連嬰兒都能展現察覺和模仿他人感受的能力，兒童還是需要成人的鼓勵才能夠發展天賦能力。兒童早期在認知上還無法了解他人的感受，但情緒上有能力可以感覺到，或者將他人的感受和自己的經驗相對照。有同理心的先決條件是要先學會辨認感受，因此，成人可以協助兒童辨認各種不同的感受。成人示範作用是非常重要的，包括對情感反應的表現、幫助兒童了解他們的情感，以及指出孩童對他人行為所產生的結果。

2. 同理心與同情有時被交互使用，然而，它們是兩種不同的情感反應，同理心表示能感受一個人的感受狀況、同情則是指對他人的處境感到悲傷或關心。

十四、學校與兒童

(一) 懼學症（school phobia）／拒學症（school refusal）

1. 雖然許多孩子每天早上都快樂地上學，但也有部分孩子討厭必須離開舒適的家去上學，因為在學校中他們可能會發生穿錯衣服，或是在課堂上出現錯誤回答的情形，有些孩子甚至會藉由發脾氣、胃痛、頭痛或噁心等生理的反應而拒絕上學，對於這些現象，我們稱為「懼學症」或「拒學症」，一般而言，它是一種對學校的焦慮與害怕。
2. 研究者發現這種在學孩童長期懼／拒學的情形，將有可能使得他們在往後的成長過程當中有發生心理問題的風險，例如：可能會出現酒精濫用（酗酒）及犯罪行為，以及無法正常工作或維持婚姻關係等情形。
3. 會發生懼學症有幾方面可能的原因：第一是來自孩童們對自我能力的焦慮感，第二是孩童害怕某些學校活動，例如：害怕在教室中間的走道行走；第三就是害怕同儕關係及群體輿論。
4. 大部分的社交恐懼症（social phobia）通常是在 11 到 12 歲時開始發生的，因為這時期的孩子較容易侮辱或欺負別人，因此，有些孩子很怕被羞辱或感到難堪，此時同儕的意見往往就非常重要。孩子會容易擔心是如何被別人看待的，特別是在與同儕間發展所可能產生的恐懼症是具有風險性的，例如：過胖、過瘦，或身體殘疾的兒童，會被同學嘲笑，或是因被嘲笑而導致有智力學習上的發展遲緩等。
5. 要如何解決這個問題呢？則必須有賴於父母、老師及學校社會工作人員一起努力，例如：老師及學校職員可以鼓勵學生留在教室中或藉由講出及深呼吸來抒發其焦慮，父母也可以幫助孩子養成到學校的習慣，以避免孩子產生對學校的害怕，而學生若在學校出現問題，聯絡家長往往是最後不得已的手段。最後經由一些技巧訓練及行為相關治療，可以幫助孩子們知道如何面對並克服對學校的害怕。

(二) 老師的期許

1. 老師的期許在眾多教育相關的研究當中，Rosenthal 與 Jacobson 的研究中將所謂的具有潛力的學生名單交給老師，其實它只是一份隨意抽取的學生名單，與智商的高低無關。經過了一段時間之後，研究者再度對這些學生進行施測，結果發現，這些學生的智商和閱讀能力比班上其他同學都有顯著的進步，老師的期許可能造成的影響力實在不可不重視，這些期許常常成為學生自我實現的預言。
2. 相反地，老師若低估學生的潛能也會帶給學生負面的影響，使學生成績降低

了約 10%。然而，若對學生有高期望的老師對學生成績會影響增加最多到 30%。研究人員相信老師多是希望他的學生能夠成功，並且願意盡可能地幫助學生，低學習成就的學生也可以透過老師的幫助而做得更好，因為大多數的學生都想要表現得更好，他們只是需要老師們更多的鼓勵。

(三) 自我的期許與學校表現

1. Dweck 的研究指出，學生在自信心與行為的表現上可分為兩類，一類屬內控型，即是將成功歸因於自己的能力與努力（自己可以掌握的），另一類屬外控型，即將成功或失敗歸給人無法掌控的命運（自己無法掌握的，而有無助感的）。他發現內控型的學生對自己的能力與表現比較有信心；相對地，外控型的學生比較沒有信心，也比較容易放棄，甚至相信未來會敗多勝少。

2. 研究顯示，有無助感的孩子常常在一次的失敗後便選擇放棄，雖然他們有能力與動機可以執行後續的任務，但他們仍然選擇放棄。而這項研究也顯示，兒童的心理功能也會影響兒童出現習得的無助感。

3. 情緒上的困擾（例如：憂鬱、焦慮），是否會影響兒童看待自己與他們周遭的世界呢？Pomerantz 與 Rudolph 研究指出，兒童的情緒困擾會使得兒童使用扭曲的眼光來看待自己與周遭世界。研究發現自覺憂傷的孩童往往會責怪自己的失敗，並將他們的成功都歸因為外部因素所造成，而此兩大特型造成了孩童出現習得的無助感（learned helplessness）。雖然許多兒童發展出習得的無助感，即歷經多次失敗之後，認為自己的行為和努力於事無補，但是研究顯示，教導這些兒童不要將失敗歸因於自己能力的不足，應該歸咎於自己努力還不夠，如此可以扭轉兒童的觀念，增強他們的自我效能，以及面對失敗的毅力。

(四) 弱勢兒童與學校

1. Seligman 指出，低收入戶與少數民族的兒童在學校體系中常常要面對的三種障礙是：一是父母對兒童在學校表現的期許不高；二是老師對弱勢族群與低收入戶兒童表現的期許通常不高；三是缺乏反映弱勢族群文化的教材。

2. 當我們在比較中產階級收入家庭，與少數族群三種族群父母對孩童成就的期許時，會發現非常不同。中產階層的父母比較會期許自己的孩子出人頭地或超越他人，弱勢族群的父母對兒童的期待比較不高，只要不惹麻煩就可以了，而這些不同的期望可能會影響兒童在學業上的行為表現，到底是要努力的出人頭地，或是只要作到剛好及格就好。有時弱勢孩童的家長會在無意中影響孩童在學校的表現，孩童會變得對學校活動的參與比較不踴躍，對學校的成績也比較不注重。然而，若是當這些父母願意有更多的投入，並對孩童在校的表現有更高的期許時，這些孩子一定會有更好的表現。社會工作人

員應協助父母參與並關心孩童在校的表現，如此必定會有所改善。
(五)社會工作人員在強化學校與社區的關係時所必須達成的任務
Constable 認為學校社會工作人員是學校與社區之間的橋樑，其主要角色是如何強化學校與社區之間的關係。Constable 也列舉了社會工作人員在強化學校與社區的關係時所必須達成的一些任務：
1. 辨認對替代的教育計畫、方案或支援有服務需求的兒童或目標群體。
2. 和社區代表合作或請益，以便辨識學校、社區和學生三方面特質的互動所可能對學生造成的影響，然後發展或尋找資源，以便因應這些學生的需要。
3. 和社區的機構合作以便發展學校沒有提供的教育方案和支持性的服務。
4. 釐清和解釋社區在促進學生出席方面可以扮演的特殊角色和責任。
5. 訂定目標、監控目標的進展、測量目標達成的程度。

十五、電視對兒童的影響／衝擊

(一)電視在兒童社會化過程中具有主要的影響力：電視節目對小孩可能造成負面的影響力，尤其是接觸最頻繁的卡通節目，充滿暴力傾向，但小孩無法分辨電視上動作之真假，也不知道何者可為、何者不可為，特別是孩子本身已經具有情緒上的問題。另外電視節目也經常傳達對相關性別或少數民族的歧視。而電視的商業廣告中，充滿了玩具、衣物、速食、糖果等類的誘惑廣告，片中常暗示孩子勒索父母購買。

> **榜首提點**
> 申論題考點，請提升論述實力。相同的觀點，網路線上遊戲充斥著暴力、色情，以及沉迷線上遊戲，對兒童攻擊行為亦產生相同的影響。另亦為測驗題考點。

(二)電視並非完全是負面的影響：有些研究顯示電視媒體教導兒童、青少年們正常健康的見義勇為、友善、合作、敦親睦鄰的精神等值得讚賞的內容。電視節目的設計如果主題正確，公益性高及講求人性的光明面，是足以擔任老師的角色。總之，電視節目提供兒童、青少年正面教導的功能，同時也可能具有負面的殺傷力。由研究的案例歸納總結，看了太多電視節目的孩子多半比較被動、畏縮、沒有彈性，不如與同儕結伴而遊的孩子來得有創作力及進取心。
(三)電視暴力增加孩子的攻擊性的三個過程：第一，孩子會模仿那些他們所看到的暴力行為；第二，暴力會被激發，因此孩子更易於失控而且變得更加暴力；第三，經常暴露在暴力的電視節目會影響孩子的價值觀和現實世界的信念。
(四)卡通是最暴力的電視節目：暴力節目第一名是卡通，其次是玩具；兒童卡通每隔 3 分鐘就會出現一次暴力演出。其他影響如電視也會傳遞不適當的訊息，例如：越來越多人表示嚴重憂慮，因為與性有關的電視節目越來越多了，而

且更露骨。父母應該觀察他們的孩子觀看電視之後的行為，然後去挑選哪些節目適合與否。

十六、兒童自閉症

（一）兒童自閉症的內涵

兒童自閉症（childhood autism）是一種很嚴重的發展違常，影響所及涵蓋認知、心理、社會等各層面，幾乎生活的所有層面都受到波及。

（二）兒童自閉症的特徵

兒童自閉症的特徵

1. 語言能力的缺陷
   - 只能夠進行回音式對話（重複他人的語詞或歌曲）。

2. 智力障礙
   - 約有 70% 自閉症兒童 IQ 分數低於 70。

3. 社交能力和技巧的缺陷
   - 包括：喜歡與物為伍，連周遭的人也被視為物體、缺乏目光的接觸、沒有微笑、不會主動和人溝通、對他人的話沒有回應。

4. 遊戲方式僵化，缺乏想像力
   - 他們無法虛擬、想像，或者和其他兒童遊玩，只會重複一些無功能的動作和儀式。他們喜歡固定的環境和例行的活動，常常會有扭曲的肢體動作，例如翻掌、翻臂、撞頭及不自然地扭曲身體。

十七、對「身心障礙」兒童的社會工作處遇

（一）針對認知障礙者或其他發展障礙者，社會工作角色及功能為使能者，協助認知障礙者及其家屬作決定及解決問題；社工人員也是仲介者，連結案主日常所需資源（如交通、就業、團體家園）；教育者為另一個重要的角色，認知障礙者可能需要就業、人際關係甚至個人衛生等資訊；社工人員也可以是協

調者，協調管理案主所需的支持性服務。
（二）社工人員也可以扮演鉅視面系統的執行角色，作為一般性管理者，發揮機構中提供案主及家屬服務的行政性功能，評估服務的效益、案主真正的需求等。最後，社工人員還可以是主動者、談判者與倡導者、當社區及政府未能提供所需或有效的服務，透過機構與政府的倡導運作，改變政策使案主取得所需。

十八、親職壓力模式。

（一）親職壓力定義
　　1.指父母在履行父母角色及親子互動歷程中，受到其個人的人格特質、親子互動關係不良、子女特質及家庭情境因素的影響而感受到的壓力，稱之為「親職壓力」。
　　2.「親職壓力」亦可指父母對於自己是否已經善盡職責所產生的各種疑惑、焦慮、擔憂、自責或疲憊的感受。
（二）親職壓力的模式
　　1.提出學者：Abidin。
　　2.親職壓力來源
　　　（1）兒童領域（child domain）
　　　　　兒童領域的壓力源主要有二部分，一是指孩子擁有某些特質，致使父母擔心、焦慮、害怕、困擾或精疲力竭等。另一個壓力源則來自父母與子女互動過程中，父母對子女的表現是否符合自己的期待。兒童因素的壓力來源有六項，其中前四項與兒童的氣質特徵有關，後兩項與親子互動有關：

> **榜首提點**
> 親職壓力模式的準備，以 Abidin 親職壓力模式的架構圖為主要準備核心要點，再往外擴展思考親職壓力產生的原因、減輕的方法，以及社會工作者可以提供的處遇方式，並應具有應用到實務案例解析之優秀能力。

兒童因素的壓力來源	說明	備註
1. 適應力（adaptability）	孩子對新事物或新環境的適應性差，父母往往感到困擾。	與兒童的氣質特徵有關
2. 強求性（demandingness）	孩子的要求多、難照顧，父母在養育的過程中較為疲憊。	
3. 情緒（mood）	孩子情緒不穩、常哭鬧、發脾氣，父母常不知所措、感到焦慮或生氣。	
4. 過動與無法專注（hyperactivity & distractibility）	孩子如果過度好動、注意力不集中，常令父母精疲力竭，為之苦惱。	
5. 可接納性（acceptability）	在親子互動中，父母如果覺得孩子的能力、學習狀況與自己的期望相差甚遠，或是孩子並未擁有社會期許的特質，父母感覺很難接納孩子，此時父母的壓力感較大。	與親子互動有關
6. 子女對父母的增強（child reinforces the parents）	在親子互動中，孩子給予父母正向的感情回饋，父母將因而受到增強，更樂意為孩子服務。反之，如果父母很少感受到孩子的回饋與增強，則在履行親職角色時感受到的壓力較大。	

（2）父母領域（parent domain）

父母在履行親職角色時，父母本身的一些人格特質以及某些情境因素，會影響父母對壓力的感受。父母領域的壓力源主要來自七方面，其中前三項與父母的特質有關，後四項與擔任父母角色時的情境有關：

父母領域的壓力源	說明	備註
1. 憂鬱（depression）	父母在履行親職角色時，如果感到憂鬱、不快樂，將會影響父母與孩子互動時的情緒。	與父母的特質有關

父母領域的壓力源	說明	備註
2. 勝任感 （parental sense of competence）	父母在照顧孩子時，如果缺乏勝任愉快的感覺，對自己為人父母的能力沒有信心，其壓力感較大。	
3. 對孩子的依附 （parental attachment）	父母對孩子內在的情感連結，會影響對壓力的感受。如果履行父母角色的內在動機低，對孩子的情感連結弱，則身為父母所感受的壓力較大。	
4. 夫妻關係 （relationship with spouse）	擔任父母角色時，如果配偶很少提供情緒上及實質上的支持和協助，或是夫妻間有衝突，則其承受的壓力較大。	
5. 社會支持 （social support）	父母可用的社會支持少，或是為了照顧孩子，很少與朋友來往，對別人不像過去那麼有興趣，令父母覺得和社會脫節。	與擔任父母角色時的情境有關
6. 父母健康狀況 （parents health）	為人父母者如果健康狀況不如從前，體力上的負荷較大。	
7. 角色限制（restrictions of roles）	為了孩子，將多數時間用於履行親職角色上，犧牲自己的自由及其他重要的生活角色，不能做自己喜歡做的事，常令父母有某方面的失落感。	

（三）親職壓力模式

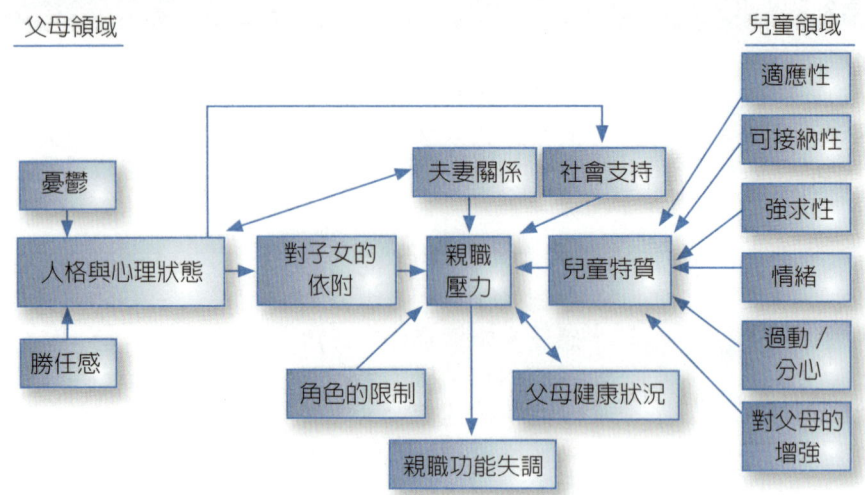

父母領域　　　　　　　　　　　　　　　　　　　　　兒童領域

適應性
可接納性
強求性
情緒
過動／分心
對父母的增強

憂鬱
人格與心理狀態
勝任感
對子女的依附
夫妻關係
社會支持
親職壓力
兒童特質
角色的限制
父母健康狀況
親職功能失調

圖：Abidin 親職壓力模式

（四）實施親職教育應考量的原則

親職教育的內容端視父母的需求而定，應用三級預防觀點，將親職教育以多層次的方式實施，說明如下：

1. 初級預防

初級預防（primary prevention）係指在孩子尚未形成問題以及親子衝突尚未發生之前所作之預防工作，這也是兒童及少年福利與權益保障法所規範之家庭諮詢服務，其服務對象是所有家庭。至於研習內容可以很廣，目的在於培養為人父母的知識與能力，例如：兩性關係、人際互動、夫妻相處、優生保健、兒童發展與保育、如何管教，以及家庭經營之道。

2. 次級預防

次級預防（secondary prevention）係指在孩子問題與親子衝突已發生或所作的努力，目的在於早期發現、早期解決避免問題的惡化；這也是兒童及少年福利與權益保障法所規範之家庭輔導服務，並要提供親職教育的服務，其服務對象是子女與父母已產生情緒於行為問題，而其彼此的親子關係已日益緊張，其課程除了初級預防之課程外，還需包括改善與解決問題之心理健康之諮詢與輔導服務，故內容重點偏重於在親子溝通、問題解決情緒控制，以及有效管教態度與方式等。

3. 三級預防

（1）三級預防（teritary prevention）係指對家庭已有嚴重的親子問題或子女

已有嚴重偏差行為的家庭，這也是兒童及少年福利與權益保障法為確保維存家庭功能，為家庭所作的輔導與治療，其目的在於減少家庭失去功能，並避免家外安置，有必要時還要對父母作強制性的輔導。

（2）需要三級預防親職教育的父母是屬於高危險群的家庭（families at high risks），其子女可能已產生嚴重的偏差行為而導致犯罪坐監，或因父母不當管教或暴力導致兒童虐待，甚至於被安置於寄養家庭或機構作安置輔導。為了讓女子能返回原生家庭，所以這些父母需要更多的協助與教育。

（五）減輕父母親職壓力的做法

父母的親職壓力來源是多重的，親職壓力也帶來種種負面影響，須透過適當因應以求得平衡，方式如下：

1. 父母的層面
   （1）適度紓解親職壓力，以正面因應方式面對：在親職壓力因應方式上，父母在面對孩子行為或學習問題時，父母需調整個人情緒，不要把處理孩子問題情緒化，能以更積極的態度去面對與處理，必要時尋求親朋或學校、老師等網絡資源，將自己情緒適當抒發或尋求社會網絡的協助，才能降低親職壓力。
   （2）主動參與孩子學習，建立親師溝通管道：鼓勵父母以不同的親師溝通方式，如電話或聯絡簿等方式加強與學校溝通，適時調整對子女的期望，是父母紓緩親職壓力重要方式。
   （3）強化父母親職能力，建立社會網絡資源：強化家庭基本經濟功能亦是紓解親職壓力的重要因素。建立個人社會網絡，加強與網絡間之聯繫，進而成為個人或家庭面臨危機重要資源。
   （4）避免使用負面情緒因應方式，建立親職壓力適當之因應方式：親職壓力與因應方式間存著密切的關係。父母對親子溝通技巧與自我角色心態調適，避免使用負面情緒因應方式，俾能降低父母之親職壓力。
   （5）自我心態調整，建立對子女適切期望：父母自我調整對孩子的標準與心態，及取得更適切的學習輔導方式，如課輔或家教等方式，才能降低父母親職壓力。
   （6）善用個人與社會資源，降低親職壓力程度：父母在選擇親職壓力因應方式時，所受的影響來源可能來自於個人特質、社會網絡支持、個人擁有資源等不同因素所影響。因此，父母可拓展與建立本身既有社會資源來降低親職壓力。

2. 社區與學校層面
    （1）建立主動、多元、彈性、E化的親師溝通管道：學校主動了解未能參與學校親職教育之家長原因，配合導師了解該生學習或行為情況，並協助加強與親師之溝通，導正其對孩子觀念與學習。
    （2）多元智慧開展的協助，減輕父母的教養重擔：「教養負擔」、「經濟」及「對子女的期望落差」等因素是親職壓力重要的來源，學校提供與安排孩子的課後輔導或才藝學習，減低父母經濟負擔及分擔教養過程的壓力，協助建立父母對子女適當的期望以降低親職壓力。
    （3）協助父母建立適切的期望與提供必要的社會資源管道：親職教育工作者應協助父母平日建立良好的社會支持網絡方法，並規劃個人或家人休閒活動及提供相關資訊，以紓解親職與工作所帶來的壓力與衝擊。
3. 政策規劃層面
    （1）規劃各項強化親職能力課程與減壓與休閒課程：針對父母提供需求規劃多元親職教育課程 知，強化父母親本身親職技巧或溝通能力課程外，其他如自我成長、壓力因應、減壓課程、休閒生活指導等課程，亦應列入親職教育規劃重點，並透過家庭教育中心、社區、學校、婦女會、傳媒、網站等，進行相關活動課程規劃設計，建立與強化父母對孩子與其為人父母的信心與能力。
    （2）提供必要的資源與學習輔導活動：協助家境困難之家庭孩子進行課後輔導、安親班或臨時托育中心的設立，協助父母對孩子學習的指導，也讓父母得以在親職工作上稍做喘息，紓解其親職壓力。對於各項社會服務能主動發現並提供給有需求的父母家庭，協助其建立社會資源網絡。

知識補給站

不同家庭型態實施親職教育之重點

家庭型態	社會工作者規劃親職教育重點
單親家庭	1. 辦理成長團體及聯誼團體，強化社會支持團體。 2. 辦理單親子女親子活動，以豐富單親家庭子女成長經驗。 3. 注意不作二度傷害或貼標籤。 4. 採用多元的活動方式。

家庭型態	社會工作者規劃親職教育重點
隔代教養家庭	1. 協助祖父母認識及做妥善安排家庭生活，維持良好的健康生活。 2. 協助隔代教養家庭建立良好的溝通管道。 3. 協助祖父母充實文化，減少祖孫間的隔閡。 4. 協助祖父母對自己的責任有正確的認識。 5. 協助祖父母認識及了解孩子的發展階段與生理行為課程。 6. 協助祖父母紓解教養責任壓力。 7. 讓祖父母對教養工作經驗分享，並給予支持。
重組家庭	1. 適時的支援繼父母親，提供重新建立良好關係的方法。 2. 教導父母認識孩子的身心發展階段。 3. 設計多樣親子活動。 4. 避免貼標籤並保留家長隱私。
僱用外傭照顧子女家庭	1. 了解每個家庭僱用外傭的狀況。 2. 請家長以身作則。 3. 請家長認清自己的角色。 4. 運用多元的親職溝通管道，如：定期的電話聯絡、每天書寫聯絡簿。
有身心障礙子女家庭	1. 認識家庭功能與成員責任，面對事實及調適方法。 2. 增進孩子特殊需求的了解及合理的親子互動方式。 3. 設計能支持家長情緒，紓解壓力的活動。 4. 解說相關法規，引介社會資源。 5. 積極督促家長參與孩子個別化教育計畫。 6. 時間須長期持續，不斷追蹤評估並調整方法。 7. 結合社會資源，才能真正解決身心障礙兒童及家庭問題。

十九、兒童少年家庭照顧者（young carers）

> **上榜關鍵** ★★★★
> 請對本議題詳加研讀，並了解對兒童的影響，並請預為思考，如實務案例題，該如何針對家庭照顧者的需求、影響等，提出適當而周延的處遇，此為申論題的關鍵考點。

（一）young carers 的定義

1. young carers 一詞在台灣尚未有統一的譯法，根據其字面上的意思，指的是身為照顧者的兒童或少年，可用「兒童少年家庭照顧者」或「兒童少年照顧者」來指稱。

2. Thomas 的定義為：兒童少年家庭照顧者因其為生病或身心障礙的家庭成員提供照顧，導致生活受到影響，所以需要特別的服務。這個群體可以包括提供直接與個人化照顧的兒童少年，也可以包括負責協助主要照顧者的兒童少年，以及因家中有照顧需求而必須承擔家務事的孩子，更可以包括那些因其他人有受照顧的需求，而使其平常的社會與教育機會受到影響之兒童少年。此類的照顧需求可能是有規律的，也可能是臨時的。

3. Becker 的定義

   指在一般的狀況下包括下列特徵：

   （1）通常是 18 歲以下（跟隨著兒童的法定地位）。

   （2）他們其中一位家長、或父母雙方、或其他家中親屬有疾病或身心障礙的狀況。

   （3）他們通常負擔一系列的責任與角色，因此造成生活上的影響。

   （4）他們是有著不同角色的兒童少年。

   （5）在這種角色任務中，因外在支持系統的欠缺或失敗，對孩子產生了某些限制。

（二）兒童少年照顧者的特質的迷失（錯誤認知）

> **上榜關鍵** ★★
> 本部分的錯誤認知，為測驗題考點。

Bibby 和 Becker 的研究提到，由於社會大眾對兒童少年照顧者的特質認識不深，因此可能出現某些不正確的想像。這些錯誤的認知可能包含下列三種：

1. 多數人認為兒童少年照顧者所照料的對象是家中肢體障礙的成員。但實際上許多孩子照顧的是心理有疾病的家庭成員，例如：重度憂鬱症、精神分裂、酒精濫用或毒品依賴的家人。

2. 兒童少年照顧者的平均年齡比一般人想像的還要年幼，英國兒童少年家庭照顧者研究團隊便發現，他們的案例平均年齡只有 12 歲，有些孩子甚至從 5 歲開始就在家中扮演主要照顧者的角色。

3. 多數人認為女孩子比男孩子更容易成為照顧者，但事實上，性別變項對於孩子成為一位照顧者的影響似乎並不顯著。

（三）照顧工作對兒童少年的影響
　　1.負面影響
　　　（1）在學習上，這些孩子可能上課出席率較低，輟學的比率較高、學業表現較差。
　　　（2）在身心健康的層面，這些孩子與成人照顧者一樣，容易感到身心疲倦，且會在心理上產生雙重壓力，說明如下：
　　　　A.他們必須擔心被照顧之家人的健康是否會惡化甚至死亡，再來還需憂慮若被照顧的家人狀況真的很不好或死亡，他們自己的未來該怎麼辦。
　　　　B.兒童少年可能因為背負照顧者或協助照顧者移動，而威脅到自身的生理健康，例如：發生背部、手部受傷的狀況。
　　　（3）在社會適應的層面，兒童少年照顧者較缺乏可談話與分享的對象，他們「失落的童年」使其相對較少有自由的時間與同儕相處。在未來的發展上，這些孩子童年受限的社會生活，可能使得他們在成年階段不容易與他人發展友誼或建立親密關係。
　　　（4）另外，研究還顯示擔負家庭照顧工作的孩子，可能因為對自己的家庭狀況感到難為情，而隱藏自身的需求或拒絕受助。可見，兒童少年照顧者和大部分的成人照顧者一般，因其責任與角色而必須付出相當程度的健康與社會代價。
　　2.正面影響
　　　也有研究發現照顧工作給兒童少年帶來的正面影響，例如：孩子在照顧歷程中建立與被照顧者之間親密的關係、發展自尊、增加敏銳度、提早發展生活技巧、學會負責等都屬於較為正向的結果。
（四）兒童少年照顧者及其家庭的需求
　　1.維持家庭的穩定。
　　2.確保孩子的身體、情緒與教育發展不會有負面影響。
　　3.確保孩子參與的照顧工作沒有達不可接受的程度。
　　4.在危機出現之前先預防（意即預防兒童少年照顧者角色之形成）。
（五）兒童少年家庭照顧者相關的觀點
　　1.醫療／臨床論述（medical／clinical literature）：醫療論述強調父母身心障礙或患病對家庭而言是一種危機，首重病況對病人本身的影響，其次才是對其他家人（包括兒童與少年）的影響，尤其是負面影響。
　　2.兒童少年家庭照顧者論述（young carers literature）：兒童少年家庭照顧者論述立基於兒童權利及照顧者權利觀點，強調對成為照顧者的兒童少年之需求

應提供直接的資源與服務。
3. 社會模式的障礙論述（social model of disability literature）：社會模式的障礙論述關注的是增權身心障礙者，使他們得到全部的社會權、滿足其受照顧的需求，並協助他們扮演親職角色，使他們的孩子不必成為家庭的照顧者。

（六）回應兒童少年家庭照顧者的需求
1. 兒童及少年之所以成為家中主要的照顧者，起因於複雜且相互關聯的因素，主要的形成因素是當家庭出現照顧需求，但並沒有其他成年的家庭成員可以提供協助時，兒童或少年便需要去遞補照顧者的位置。
2. 要回應兒童少年家庭照顧者的需求，必須一併考量整體的家庭狀況，意即，必須考慮家中依賴成員或有照顧需求成員之需要與權利。
3. 不同的論述觀點，例如：醫療／臨床論述、兒童少年家庭照顧者論述、社會模式的障礙論述，可能產生不同的福利服務型態。由於兒童少年家庭照顧者既是兒童也是照顧者，因此考量如何回應其需求時必須同時從兩個不同的角度出發，以免有所偏廢。例如：若單純思考這些孩子身為照顧者的需求並提供相關服務，有可能演變為支持他們繼續擔負不適當的角色與任務。
4. 因此，當前的觀點都傾向採取以「家庭為取向的支持策略」來提供相關協助。支持整個家庭，才能從一開始就防止兒童或少年被迫成為家庭照顧者。也就是唯有全面性的提供支持服務，滿足家中依賴成員（特別是父母）的需求，兒童少年家庭照顧者才有可能消失。
5. 簡言之，提供兒童少年照顧者服務與協助時，應視他們為「需要幫助的兒童」，並且評估其整體家庭的狀況。從「保護孩子」及「支持家庭」兩方面著手，才能因應兒童少年照顧者既是兒童又是照顧者的需求。

二十、隔代教養議題

（一）隔代教養家庭的定義
1. 隔代教養，一般又稱為「隔代家庭」或「祖孫家庭」，係指小孩因種種原因無法與父母親同住，只得與祖父母生活在一起，而由祖父母代為照顧子女及負擔教養責任的家庭。
2. 隔代教養家庭有狹義及廣義之分：
（1）狹義指由祖父母負起孫子女照顧及教養責任的家庭，父母親則很少或根本沒有履行親職。

榜首提點

本議題必須先了解隔代家庭的定義，其次為隔代教養家庭對兒童發展的影響，最後則進行在實務案例提出處遇的作為之論述思考。亦即，隔代教養成因請建立基本觀念；隔代教養對兒童的內、外在影響，請有清楚觀念，並請思考相關的福利服務作為，以及延伸思考應用於多元文化家庭、高風險家庭。

（2）廣義則如三代同堂，或晚間父母、週末父母、假期父母等情形，惟父母親仍或多或少履行親職的情形。

（二）隔代教養的成因

1. 社會變遷：社會結構轉型到工商服務業的時代，呈現多元且複雜的家庭形式。家庭功能的支持系統變得脆弱，核心家庭的經濟負擔重，加上女性主義的抬頭，女性在婚後需要就業來增加家中收入，因此形成雙薪家庭（dual-earner families）。在父母面臨工作時間與地點安排的問題或其他不得已的因素時，有育兒經驗的祖父母就成為代理親職考量時的最重要人選。

2. 家庭結構改變：包括家庭功能、家庭內角色結構及互動關係的轉變，之所以產生主要是受到社會變遷及家庭形式及角色改變的影響。生命範圍的延長、婦女運動、雙生涯婚姻、激增的離婚率、單親家庭及普遍的青少女未婚懷孕等因素均會影響家庭結構的改變與角色的轉變。而家庭型態的改變，產生了各種非典型家庭，隔代教養家庭就是其一。父母親因種種因素導致無法或不願照顧子女，祖父母接手，隔代教養家庭因而產生。

3. 社會問題：隨著社會的多元化，隔代教養家庭的形成因素也愈趨複雜。現今社會祖父母承擔親職角色的複雜因素包括：孫子女的父母離婚、喪偶、遺棄、濫用藥物、遭受身體暴力或性暴力、情緒或精神異常、或是愛滋病、戒毒、入獄服刑等，讓他們無法教養自己的子女，祖父母因而被選擇來替代父母照顧孫子女的工作。加上經濟不景氣的衝擊，年輕夫妻忙於打拼事業，收入不穩定、不負責任，只好把小孩「賴」給老一輩。國內研究隔代教養家庭現況之分析中指出，隔代教養的最主要原因是父母工作（52.65%）、父母離異（45.50%）、父母喪偶（0.93%）、父母雙亡（0.93%）、父母不願照顧（0.31%）、未婚生子（0.31%）。以上這些原因均使得祖父母在自願與非自願的情況下，必須負起照顧幼兒的責任。

（三）隔代教養祖父母之角色類型

隔代教養祖父母之角色類型

照顧時間 \ 負責程度	協助者	共同管教者	代理父母者
臨時性	臨時協助者	臨時共同管教者	臨時代理父母者
短期	短期協助者	短期共同管教者	短期代理父母者
長期	長期協助者	長期共同管教者	長期代理父母者

（四）隔代教養家庭對兒童發展的影響

面對家庭結構的改變，隔代教養家庭的增多，祖父母取代原來父母應扮演的工作及角色，包括經濟的支援、心理上的支持及管教等，因此，祖孫間的互動會變得更直接與更頻繁。「祖孫關係」取代「親子關係」，對孫子女的影響如下：

1. 隔代教養對孩子內在的影響
   （1）隔代教養兒童的心理特質：每個孩子都是一個獨立的個體，不論是父母親或祖父母教養，皆會受到周遭環境及照顧者的影響，而發展出不同的個性。隨著雙薪家庭及單親家庭的增加，祖父母所扮演的角色已由輔導者逐漸轉變為引導者，祖父母和孫子女間的感情互動變得更加重要且持續影響兒童心理的發展；如果祖父母與自己的孩子的關係是完整的，則祖父母和孫子女間的關係是良好的。反之，祖父母與自己成年的孩子關係是嚴肅或緊張的，祖父母和孫子女間較不可能有良好關係。
   （2）兒童的情緒及行為：孫子女從原本跟爸媽在一起的「核心」小家庭變成和祖父母在一起的隔代家庭，會覺得自己被拋棄、被背叛，因而在情緒上感到失落、拒絕、憤怒與害怕，故較難與祖父母建立較良好的關係，因此會感到沮喪、氣餒，當然也有孫子女接受祖父母的關愛，與祖父母建立較佳的關係，為了避免祖父母失望而努力上進。

2. 隔代教養對孩子外在的影響
   （1）正面影響：協助照顧孫子女，減輕父母負擔；建立新的兩代或三代的關係，促進家庭和諧；當子女和父母對立時，祖父母可成為兩代之間溝通的橋樑；家中有祖父母，可讓孫子女有對老年人正確與實際的看法……等。
   （2）負面影響
      A. 健康照護：貧困及隨之而來的缺少健康保險也是隔代教養子女的健康問題之一。祖父母本身的健康也會影響到對孫子女的健康照護。
      B. 學業成就：兒童在隔代教養的家庭中，在情緒上感到失落、拒絕、憤怒與害怕，故較難與祖父母建立較良好的關係。也因為情緒上的原因，在學校中也較容易產生不適應的情形，對其人際關係和學業成就會產生負面的影響。
      C. 體力上的問題：由於祖父母年紀較大、體力較差，在體力上常無法勝任教養孫子女的責任。另外，由於社會變遷快速，許多兒童或青少年所面臨的社會方面的問題，例如：失業、暴力、青少年未婚懷孕、藥物濫用及愛滋病注射，大多數的祖父母，由於體力衰弱的因素，對於要如何協助其孫子女解決他們所面臨的問題的方法，不僅無心也無力

D. 語言溝通的問題：由於祖父母與孫子女年代相隔較久，所處外在社會環境的不同，祖孫間的語言溝通可能會有問題。
E. 觀念價值差異的問題：祖孫分別處於不同的年代，彼此所形成的價值觀念常有所不同，因為「年老一代的價值觀念多趨向於保守性，而年輕一代則多傾向於開放性」。
F. 管教態度與技巧的問題：一方面指因來自世代間的差異，以及祖父母與孩子父母常處在不同的環境下，所造成管教態度與技巧差異問題，以及導致婆媳間的問題。另一方面則認為祖父母之管教態度與技巧較不理想的，容易導致管教不當的情形。
G. 文化刺激的問題：祖父母常被認為是文化刺激較弱的一群，故被認為無法提供較多的文化刺激。
H. 相關資源網絡的問題：祖父母對於孫子女之照顧常處於封閉的情境中，欠缺有效的支援網絡，特別是教養孫子女能力的資源與培養上。

二十一、霸凌

上榜關鍵 ★
申論題、測驗題均為考點。

（一）霸凌的定義

霸凌係由英語（Bully）翻譯而來。有關（Bullying）的研究，最早始於 1980 年代一位挪威的學者 Olweus 的長期研究，根據其定義，霸凌係指一個學生長時間、重複地暴露在一個或多個學生主導的欺負或騷擾，或被鎖定為霸凌對象而成為受凌虐兒童的情形。

（二）霸凌之類型
1. 肢體霸凌：這是最容易辨認的一種型態，包括遭受踢、打，被搶奪東西等。
2. 語言霸凌：遭受他人運用語言刺傷或嘲笑。這種方式很容易使人心理受傷，既快又刺中要害，雖然肉眼看不到傷口，但它所造成的心理傷害有時比身體的攻擊來得更嚴重。
3. 關係霸凌：受同儕排擠，被排拒在團體之外，或是被切斷社會連結。這一類型的受霸凌現象往往也涵蓋言語霸凌的層面，亦即遭受不實言語的散播，或是被排擠而必須離開某個團體。
4. 反擊型霸凌：這是受霸凌而同在長期遭受欺壓之後的反擊行為。面對霸凌時通常生理上會自然的予以回擊，或另外找機會報復，也有部分受霸凌兒童會轉而去欺負比他更弱勢的人，這都屬於反擊霸凌。
5. 性霸凌：類似遭受性騷擾，包括受到有關性或身體部位的嘲諷玩笑、評論或

譏笑、對性別取向的譏笑（如「娘娘腔」的男生）、被傳閱與性有關令人討厭的紙條、被侵犯身體的行為，如以性的方式被摩擦或被抓身體，或是被迫涉入非自願的性行為等。

6. 網路霸凌：亦稱電子霸凌、簡訊霸凌、數位霸凌或線上霸凌，透過電子郵件、手機、簡訊或網站散布不雅照或辱罵言語，網路霸凌已日益嚴重，甚至國外已出現學生不堪其擾而自殺事件。

（三）霸凌的影響

1. 對霸凌者的影響：霸凌者也許某些帶頭欺負人的孩子有領導才能，不過由於他們影響他人的策略多採用負面的方式，對於他們發展領導潛能相當不利，隨著時間拉長，這些小霸王在團體中的地位會逐漸下降。之後隨著年齡的增長，可能使他們只能與其他有攻擊行為的孩子連結，如此一來，校園小霸王就會與青少年幫派有著密不可分的關係了。研究指出很多校園小霸王長大之後對政府部門的服務有比較大的需求，包括法院判罪、物質濫用、戒癮、因人格違常所需之心理衛生相關服務等。

2. 對受霸凌者的影響：被霸凌的小孩比一般的孩子更易傾向低自尊，且易感覺沮喪、孤獨、焦慮、不安全感，孤獨的感覺通常在霸凌結束之後還是會持續，並非有情緒障礙的孩子才比較容易被霸凌，而是霸凌的情形使孩子產生了情緒的困擾，例如：自尊降低。除了情緒的問題之外，這些被霸凌的受害者也在被欺負之後有更多的行為問題產生，而且隨著時間而益加嚴重，他們開始會自責且視自己為社會的敗類。根據研究，情緒的困擾會影響到成年期，並導致其低自尊與沮喪的可能性。學者研究亦證實：被霸凌與發展自殺念頭是具有關聯的。

3. 對旁觀者的影響：在霸凌事件中。有一群人值得關心，卻常被忽略，他們既不是加害人也非被害人，不過他們眼睜睜地看著同儕團體中有人被霸凌。這些旁觀者雖然不是霸凌事件的主角，但每天在學校目睹霸凌事件的發生，無形中亦迫使他們涉入這些事件。有些孩子雖然不會主動發起欺負別人的行動，但是他們卻會跟隨著校園小霸王，一起欺負班上特定的同學。

二十二、孩子與壓力事件

上榜關鍵 ★★★
108年測驗題首次出題，請考生詳加準備。

（一）孩子對壓力事件反應的取決因素（Rutter 提出）

1. 事件本身：不同的壓力來源對孩子有不同的影響。
2. 兒童的年齡：年齡不同對於事件的解釋也會有所不同。
3. 性別：一般而言，男孩比女孩更容易受到傷害。

4. 孩子的能力：如課業成就與孩子對壓力的反應有關；個人的人格特質，如高自尊及自信的孩子其壓力感受度較小；其他尚有遺傳或氣質等因素。

(二) 對壓力能產生反擊的孩子具備之特質（Rutter 提出）

Rutter 指出，具有彈性的孩子是可以對壓力有所反擊及超越逆境，而這些孩子可以界定出一些保護因素。兒童可藉此減少壓力的影響，這些彈性特質分別是：

1. 兒童的人格：彈性的孩子具有適應能力足以調適變動的環境，能自我肯定、友善、獨立、對他人敏感、擁有高度自尊。
2. 兒童的家庭：能提供支持給孩子的家庭，這類孩子較會與父母之間擁有良好的關係，也對人較有信任感及較有自信。
3. 學習經驗：兒童除了擁有一些學習技能之外，也有一些解決社會問題的經驗。例如：父母及兄姊擁有一些朋友，並與朋友有良好的互動，孩子有機會觀察到父母、兄姊或其他人如何解決問題，並去對不良情況做最好的處理模式。兒童利用上述的認知，面對自己的人際困擾，透過挑戰並自行找出解決之道，從而學到處理的經驗。
4. 有限的壓力源：俗話云：「屋漏偏逢連夜雨」，有時壓力會連續不斷，研究指出，只有一種壓力事件，孩子比較能克服壓力，但當兩個或兩個以上壓力事件同時存在時，孩子的困擾將多出三倍。
5. 多方面的成功經驗：孩子在課業、球類、音樂，或與其他孩子相處的成功經驗，將有助於補償孩子不幸的家庭生活。

練功坊

★ 試論述電視對兒童的影響。

擬答

（1）電視在兒童社會化過程中具有主要的影響力：電視節目對小孩可能造成負面的影響力，尤其是接觸最頻繁的卡通節目，充滿暴力傾向，但小孩無法分辨電視上動作之真假，也不知道何者可為、何者不可為，特別是孩子本身已經具有情緒上的問題。另外電視節目也經常傳達對相關性別或少數民族的歧視。而電視的商業廣告中，充滿了玩具、衣物；速食、糖果等類的誘惑廣告，片中常暗示孩子勒索父母購買。

（2）電視並非完全是負面的影響：有些研究顯示電視媒體教導兒童、青少年們正常健康的見義勇為、友善、合作、敦親睦鄰的精神等值得讚賞的內容。電視節目的設計如果主題正確，公益性高及講求人性的光明面，是足以擔任老師的角色。總之，電視節目提供兒童、青少年正面教導的功能，同時也可能具有負面的殺傷力。由研究的案例歸納總結，看了太多電視節目的孩子多半比較被動、畏縮、沒有彈性，不如與同儕結伴而遊的孩子來得有創作力及進取心。

（3）電視暴力增加孩子的攻擊性的三個過程：第一，孩子會模仿那些他們所看到的暴力行為；第二，暴力會被激發，因此孩子更易於失控而且變得更加暴力；第三，經常暴露在暴力的電視節目會影響孩子的價值觀和現實世界的信念。

（4）卡通是最暴力的電視節目：暴力節目第一名是卡通，其次是玩具；兒童卡通每隔 3 分鐘就會出現一次暴力演出。其他影響如電視也會傳遞不適當的訊息，例如：越來越多人表示嚴重憂慮，因為與性有關的電視節目越來越多了，而且更露骨。父母應該觀察他們的孩子觀看電視之後的行為，然後去挑選那些節目適合與否。

★ (　) 在兒童虐待常見的形式中，所謂兒童疏忽的行為模式為何？
  (A) 毆打或體罰   (B) 生活需求供應不足
  (C) 不當的觸摸   (D) 經常不讓兒童去上課

解析

(B)。兒童疏忽（child neglect），意指照顧者「未能滿足孩子的基本需求」，包括剝奪孩子身體、情緒、醫療及心理衛生及必要的教育；鑑於兒童虐待係對兒童予以行為上的傷害，兒童疏忽則包含沒有做那些應該必須做的事；當兒童生存及成長需求未被滿足即是疏忽。

練功坊

★ （ ）關於「繼親家庭（stepfamily）」，下列敘述何者正確？
　　(A) 家庭中各有一位男女子女，介於 10～15 歲之間
　　(B) 再婚組成的家庭，子女都是再婚後再生育的新成員
　　(C) 再婚組成的家庭，再婚父母各自帶自己的小孩
　　(D) 祖父母三代同堂的家庭

解析

(C)。繼親家庭（step family）：
(1) 是指父母親之一或雙方帶著前任婚姻或結合關係的小孩住在一起，共組新家庭，家庭成員可能包括了繼父、繼母和來自於前一任婚姻所帶來的孩子。此種家庭成員也可能包括了目前婚姻所生的孩子。
(2) 在這樣的家庭裡，可能會有「爸爸的小孩、媽媽的小孩，以及爸媽的小孩」。當夫妻或雙方有一次以上或有不同婚姻關係的孩子，繼親家庭可能會變得更複雜。

重點便利貼

❶ 不同的管教模式對兒童的影響

管教方式	特徵	影響
1. 威權式 Authoritarian	嚴格限制、控制、懲罰、鼓勵服從、口語互動少、強調工作和努力。	社交和認知的能力平平、懼怕、不快樂、無目標、易怒、被動的敵意、因應壓力的能力不佳。
2. 主權式 Authoritative	溫馨、接納、關照、鼓勵獨立（但有限度）、口語協商、折衷、鼓勵理性思考、對兒童的需要有回應。	社交和認知能力強、壓力的因應能力佳、好奇、自控、合作、友善、自我依賴、有活力。
3. 寬大縱容 Permissive indulgent	投入兒童的生活、少要求、控制鬆弛、允許自由表達、鼓勵創造、強化自信心。	低自我控制、在集中方面有困難、我行我素、社交和認知能力弱、不受其他兒童歡迎、支配。
4. 寬大疏忽 Permissive indifferent	不投入兒童的生活、極少要求、控制鬆弛、允許自由表達和衝動。	低自我控制、社交和認知能力很弱、叛逆、衝動、攻擊性。

❷ 一條鞭法家庭形式：是指配偶一方因職務所需經常離家，如海軍眷屬，其家庭模式是由夫妻一方挑起大樑，肩負雙重的責任，既為家庭照護者、執行者，也要負責教導孩子們。

❸ 漂（流）動家庭（fluctuating families）：指

的是家庭中的關係不定型，長期處於不斷變動的狀態，缺乏界線。

❹ 繼親家庭（step family）：是指父母親之一或雙方帶著前任婚姻或結合關係的小孩住在一起，共組新家庭，家庭成員可能包括了繼父、繼母和來自於前一任婚姻所帶來的孩子。此種家庭成員也可能包括了目前婚姻所生的孩子。意即通過再婚而組成的家庭，繼親家庭常會再生育以增添家庭的成員。

擬真考場

申論題

試說明Kohlberg在「兒童期」的道德發展層次之理論內涵及發展階段。

選擇題

( ) 1. 下列哪些線索是社會工作師可以辨識照顧者可能對幼兒施加傷害（虐待）？①對於傷害是如何發生的說法清楚一致 ②對傷害是如何發生的說法變來變去 ③通常不會在第一時間將孩子送醫治療 ④通常有第三者為目擊證人 ⑤傷害的結果症狀通常是幾天之後才會被人發現
(A) ②③⑤ (B) ①④⑤
(C) ①③⑤ (D) ②③④

( ) 2. 對現代家庭特性的分析中，有所謂「飽和的家庭」（saturated family）和「流動的家庭」（floating family）等概念被提出，下列敘述中，何者係這兩個概念所要指出之現代家庭的困境？
(A) 現代家庭普遍過度富裕、追逐過多慾望之滿足而欠缺寧靜和安定感
(B) 現代家庭生活中，人們根本無法凝聚家庭目標共識，所謂的「好家庭」已不再具有意義
(C) 現代家庭生活充滿瑣事、工作情況又充滿變數，使得家人易於分散各地
(D) 現代家庭富裕有餘，真實地享受不足

解析

申論題：

Kohlberg 在「兒童期」的道德發展理論內涵說明如下：

(一) 層次 1：道德發展前期（4～10歲）
　1. 發展內涵：在此一階段對自我的約束尚未完成內化為由衷的信服，孩子們畏懼長輩權威及外在制定的規範，所以他的行為乃依獎賞責罰為準則。在這種情況之下，孩童如果為了滿足自己的需求，會想盡辦法陽奉陰違以達到目的。
　2. 發展階段：
　　(1) 階段 1「懲罰及服從的傾向」：行為的好壞要看結果，一個孩子可能只是一時為了服從長輩的命令及避免懲罰而表面上服從，卻不一定認為行動本身犯了道德上的錯誤。如果行動依據懲罰的嚴厲性而定，一個道德錯誤的行為越嚴重，相形之下懲罰行為越嚴厲。
　　(2) 階段 2「手段性的圖利自己」：此階段的道德發展，孩子為了獲得獎勵及滿足個人所需要而遵循的規範。兒童是以「如果我做了這件事，我也能有什麼好處」為出發點，對別人的觀點會略有考量。

(二) 層次 2：道德成規期（10～13歲）
　1. 發展內涵：主張兒童及青少年階段是道德成規時期，在這階段個人應遵守法律、規則及命令。這是基於別人如何教導他的，而不是憑自己的思考過程。整體而言，這時期的兒童及青少年們服從權威，是社會所期盼的行為，並認為是兒童及青少年必須遵守的。亦即，道德成規期，其特徵為遵守成人或他人的命令，以及社會規範。
　2. 發展階段：
　　(1) 階段 3「好孩子的道德觀」：兒童有強烈的期望，以良好的行為取悅並獲得別人讚賞。
　　(2) 階段 4「維持權利的道德觀」：兒童及青少年認為行為遵守法令及服從較高的權威是重要的。

選擇題：

1. A

意外傷害	虐待傷害
傷害發生的過程能夠交代清楚，且前後一致。題意①屬之。	沒有人知道傷害如何發生，說詞一變再變。題意②屬之。
症狀在意外發生之後即刻產生。	傷害之後，幾天才產生症狀。題意⑤屬之。
意外發生之後，照顧者即刻尋求醫療照護。	傷害之後，照顧者可能尋求醫療照護。題意③屬之。
意外發生的時候，有人目擊。題意④屬之。	只有一人知道傷害如何發生，沒有其他任何人目擊。
有人知道意外怎麼發生，並可以清楚描述。	總是同一套說法，孩子從床上或椅子上跌下來（警察稱之為「殺手沙發」。
意外發生通常有一件主要的事件，例如： 1. 主要的傷害發生在住家以外的地方。 2. 跌下來並不是死亡或受傷的主因。 3. 跌下來的傷害通常具有某種高度（例如：三公尺以上）。	傷害的原因通常微不足道，例如： 1. 從一公尺以下的高度跌下。 2. 是手足將小孩丟下去造成的。 3. 將零星的小傷害解釋為一項主要的傷害。
小孩活蹦亂跳。	小孩無法動彈。

2. B　1. 飽和家庭：例如 Tommy 7 點在學校有活動，所以要在晚上 6 點吃飯，他的姊姊 Martha 則在曲棍球場等著家人接她回來。因為母親 Sarah 在辦公室有會議，直到 8 點後才能離開，到時候將沒有人做晚餐，也沒有人去接 Martha。Sarah 曾請先生 Rick 早些回家幫忙，但是他要準備隔天飛往 Dallas 的事，必須工作到晚一點。而隔天是 Sarah 母

親的生日，但是他什麼都還沒準備。除此之外，家中的電話答錄機還有緊急的訊息，一通是 Rick 的老朋友說會在城裡待一天，想順道拜訪他；另一通則是 Sarth 好友向她哭訴自己的婚姻問題。Gergen 稱這種現代家庭為「飽和家庭」。

2. 漂（流）動家庭：指的是家庭中的關係不定型，長期處於不斷變動的狀態，缺乏界線。流動家庭必須適應權力結構的喪失，傳統的階級與權力結構之概念，將逐漸不適用於現代家庭。

第五章 青少年期
CHAPTER 5

榜・首・導・讀

- Piaget 在「青少年期」的認知發展理論、Kohlberg 在「青少年期」的道德發展理論,相關內容務必觀念清楚,為申論題及測驗題的金榜考點。
- 各項犯罪理論,是解析青少年犯罪實務案例必備的知識,請紮實準備。

關・鍵・焦・點

- 青少年「自我認定」發展的四種分類,為測驗題混淆題型,各分類務必區辨清楚。
- 青少年期發展相關名詞、團體類型等,在測驗題有相當多的命題紀錄,請詳加研讀。
- 性向相關名詞,以測驗題為主要出題考點。

命・題・趨・勢

年度	110年		111年				112年				113年	
考試	2申	2測	1申	1測	2申	2測	1申	1測	2申	2測	1申	1測
題數		4		11		5	1	6	1	1		2

本·章·架·構

青少年期

- **重點 1** ★★★★★ 青少年期（一）
  - 青少年期之發展
  - Freud 在「青少年期」的心理分析論：生殖期
  - Erikson 在「青少年期」的生命週期理論／心理社會發展理論～第五階段：角色認同 vs. 混淆
  - Piaget 在「青少年期」的認知發展理論：正式運思期
  - Kohlberg 在「青少年期」的道德發展理論：道德自律期
  - Elkind 提出的青少年自我中心主義（egocentrism）
  - 能力理論在「青少年期」的應用
  - 青少年自我認同發展
  - 青少年情緒發展類型
  - 有色青少年之認同發展
  - 青少年的自尊心
  - 青少年的獨立
  - 正向青少年發展的 5C
  - 選擇理論
  - 少女的呼聲與對抗男孩的戰爭
  - 青少年期發展相關名詞
  - 青少年團體社會工作

- **重點 2** ★★★★★ 青少年期（二）
  - 青少年犯罪議題
  - 標籤理論與青少年偏差行為
  - 青少年藥物濫用、酗酒、就業、自殺議題
  - 青少年未婚懷孕議題
  - 青少年性向議題
  - 青少年愛滋病的處遇
  - 親子衝突
  - 青少年網路沉迷議題
  - 青少年中途輟學議題
  - 寄養家庭青少年的自我形象

重點 1 青少年期（一）

閱讀完成：_____月_____日

一、青少年期之發展

（一）青少年期之定義

1. 定義

    青少年期包括發展心理學所謂之青春期及青年期（又可分為青年前期及青年後期，青少年期起迄年齡是從個人的性成熟至二十歲）。

2. 青少年期分為二部分

    （1）第一部分：從性成熟至十七歲，這時個人生長快速、情緒高張、容易違規犯錯。

    （2）第二部分：從十八歲至二十歲，這是一段較穩定的時期。

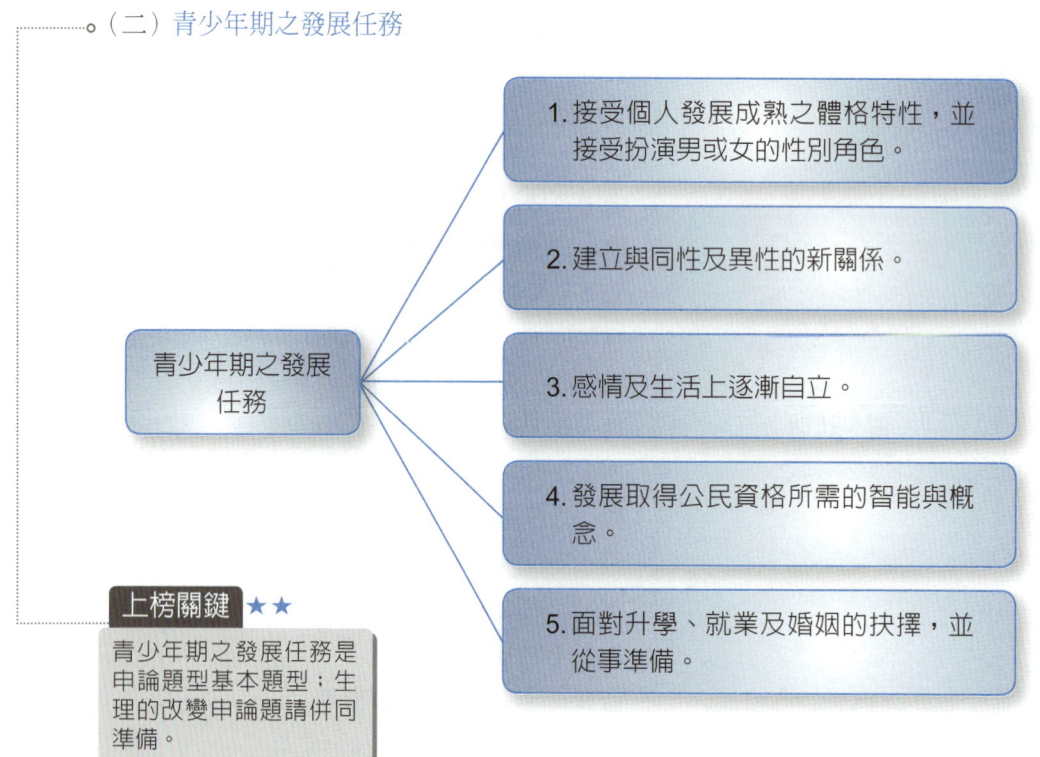

（二）青少年期之發展任務

青少年期之發展任務

1. 接受個人發展成熟之體格特性，並接受扮演男或女的性別角色。
2. 建立與同性及異性的新關係。
3. 感情及生活上逐漸自立。
4. 發展取得公民資格所需的智能與概念。
5. 面對升學、就業及婚姻的抉擇，並從事準備。

上榜關鍵 ★★

青少年期之發展任務是申論題型基本題型；生理的改變申論題請併同準備。

（三）青少年期的生理改變
1. 身體的發展：身體各部位的發展各具階段性，就像有些青少年看起來呈現身體部分不協調的情形。生理的發展是由四肢部位，先有了成人的尺寸，然後才是身體軀幹的發展。內分泌腺體賀爾蒙的分泌，促進生育器官的發展功能。
2. 第一性徵和第二性徵
   第一性徵是指性器官和生殖器官的成熟。關鍵之處為可具備生殖能力。女性的子宮、陰道和卵巢會發展成熟。卵巢是女性最主要的性腺，會製造性荷爾蒙和卵子以準備受精。第二性徵：為可以區辨不同性別，然與生殖能力無關的徵候，這包括：月經、毛髮生長、乳房生長、聲音和皮膚改變等。
3. 身體的改變對心理的影響重大，對女性而言，月經來潮與較成熟的社會能力、改善同儕關係、較高的自尊心、對自己身體有較大的自我意識等均有關。除了前述的正面影響之外，青春期也可能產生一些副作用。Brooks-Gunn 和 Rublen 所進行的研究發現，對自己初經感到滿意、不滿、兩種情緒都有或沒有特別感覺的女孩數量差不多，而影響少女抱持何種情緒反應的其中一個主要因素便是早熟和晚熟。已有研究顯示，通常對男生而言，早熟似乎比晚熟好，因為早熟的男孩自信心較高，自我觀念較佳，而且同儕關係亦較佳。早熟與否對女生則產生不同的影響，初經來得早（稱之為早熟）的少女雖然多半學業表現較差，也出現較多的行為問題，然而，她們多半較早獨立，也與異性有較佳的互動關係，發育較早理應造成較正向的自我形象，但有時卻是相反，原因是較早熟的少女在身材上會比較晚熟的少女顯得矮胖。

> **上榜關鍵** ★★
> 藍字部分，已有測驗題出題紀錄，其餘部分亦請詳加以測驗題方式準備。

4. 睡眠
（1）根據全美睡眠基金會表示，春情發動期改變了睡眠模式與需求，青少年每天夜晚需要 8.5 至 9.25 小時的睡眠，而晝夜節律（circadian rhythm）的變動則導致青少年在深夜較為警覺，而早晨起床較遲，以至白天嗜睡的機率較高。

> **上榜關鍵** ★★
> 畫底線部分，已於108年測驗題首次出題，請詳加研讀，其餘亦請併同準備。注重細節的研讀。

（2）學習表現受睡眠不足的影響，超過四分之一的美國高生每週最少1次在學校打瞌睡；和睡眠不足的學生相較，睡眠充足的學生的平均學業成績較高。
（3）情緒也會受到睡眠不足的影響，和睡眠不足的學生相較，每天夜晚至少

睡 9 小時的學生提高了更多的正向行為。
（4）美國國家健康科學研究院一再提出睡眠剝奪所帶來的風險不一而足。例如，打瞌睡或疲累，是交通撞車事故之主因。在打瞌睡而肇事的撞車事故中，25 歲以下的駕駛占其中至少三成。昏昏欲睡的青少年攝食咖啡因、尼古丁、酒精等成癮物質的風險更高。和睡眠充足的青少年相較，睡眠不足的青少年喝酒時受傷的風險要大得多，因為睡眠剝奪並強化酒精的影響力。
（5）睡眠被剝奪的青少年可能呈現出類似注意力不足過動症（ADHD）的癥狀，從而帶來誤診的風險。

（四）青少年期的行為特徵
　1.少年及青年前期的行為特徵
　（1）要求獨立但本身的能力尚不能達成，致心存矛盾。
　（2）個人達到性成熟階段，生長異常快速，致容易疲勞、不安，及有其他不良的徵狀。
　（3）對於社會道德標準的看法改變，比較容易接受同輩團體的行為標準。
　（4）對自己的能力、性向、學習的方向及職業選擇，迷惑不決或時常轉變。
　（5）地位的含混，現代社會對青少年的地位是不明晰或含混的。
　（6）情緒及行為非常不穩定，有時歡欣、有時不快樂或憤怒，從自信至自貶、從自私至利他、從熱心至冷漠、從興高采烈至失望，皆能在轉瞬間有所改變。
　（7）是一個問題極多的時期，問題的種類包括：健康及生理方面的接受、家庭內及家庭外的社會關係、同性及異性朋友關係、學業問題，以及對於未來的計畫。
　2.青年後期的行為特徵
　（1）十八歲的青年已學習如何控制自己的情緒，其一般行為特徵與少年及青年前期的行為特徵有很明顯的差異。這時期的青年們是較穩定的，情緒亦較為平和。
　（2）合理的穩定性亦是一種心理及社會成熟的表徵。受雙親過分保護的青年，通常會缺少穩定性及面對問題的自信心。
　（3）青年解決問題的方法會隨著年齡漸增而日益增進，青年期的問題包括個人外表、社會及家庭調適、職業、升學、經濟、學業成績、選擇異性朋友。男青年較注重的問題，是經濟及異性朋友。

（五）典型的青春期發展

青春期階段	生理變化	心理變化	社會變化
早期 （11至14歲）	■ 荷爾蒙的變化 ■ 春情發動期 ■ 生理外觀的變化 ■ 可能初嘗禁果和使用成癮物質	■ 對包括早熟在內的生理變化有所反應 ■ 思維很具體，以當前為焦點 ■ 怯於展現身體 ■ 情緒喜怒無常	■ 和父母、同儕的關係有所改變 ■ 學習架構較章法 ■ 揚棄文化和傳統 ■ 從眾隨俗
中期 （15至17歲）	■ 春情發動期及生理外觀的變化成熟 ■ 可能初嘗禁果和使用成癮物質	■ 對包括晚熟在內的生理變化有所反應 ■ 自主性提高 ■ 抽象思維增強 ■ 認同發展啟動 ■ 準備念大學或就業	■ 社會情境決策日益顯著 ■ 注重外貌
晚期 （18至20歲）	■ 生理變化速度減緩 ■ 可能初嘗禁果和使用成癮物質	■ 形式運思期 ■ 認同發展持續運作 ■ 道德推理	■ 學習及生活架構漫無章法 ■ 展開親密關係 ■ 重新對文化和傳統感興趣

上榜關鍵 ★
測驗題考點

二、Freud 在「青少年期」的心理分析論：生殖期

（一）青少年期是佛洛伊德的心理分析論的五個時期，亦是最後的一個時期，稱為「生殖期」（Genital Period）。

（二）當孩子們到達青春期，壓抑的性欲就開放出來，女孩子開始手淫、男孩子開始遺精，這些都表示對於異性的興趣又回復了。欲力不再像性器期的集中於性器而已，而是擴展至整個生殖器區域，這是更涉及成人的組織機能，而不僅是生理上的輕鬆或快慰，這是欲力到達身體裡的一種整體性的經驗。

三、Erikson 在「青少年期」的生命週期理論／心理社會發展理論～第五階段：角色認同 vs. 混淆

> **榜首提點**
> 理論觀點請詳記，俾利在申論題應用；測驗題則為金榜考點。請思考青少年犯罪、飆車等行為在本理論之應用。

(一) 發展觀點

1. 艾力克森理論之第五個時期，包括青春期及青年期（約從十二歲至十八歲），這期最大的特色為青少年發展一種身分的意識。這種身分的意識是一種整合或再整合，將個人的許多成分整合成為一整體。這亦是一種組成自我的過程。其最高點為自我本質的確定，使個人能達到內部的一致及穩定。即是使青年能將其本身的過去、現在、將來連續起來，並有一致性。

2. 青少年倘若不能達到這些，就可能發生角色混淆，這些青少年可能在前一階段就遭遇到生活上的不利影響。因為在前一階段就未學到良好的社會適應的技術，再加上其他的不利經驗，他們不知進入此階段扮演什麼角色，因而感到迷惘，青年有不適當的，覺得生存無清晰的目標，以及對未來的看法很暗淡。

(二) 角色認同

青少年是探索自己是誰和建立角色認同（自我認同）的時期。由兒童轉換為成人的過渡期中，人們會探索自己所須扮演的不同角色，並藉由統整這些角色來建構自我認同。有些人會因無法統整各種不同角色與因應角色衝突而陷入角色混淆，這些人會感到困惑，不確定自己是誰。

(三) 角色混淆

1. 亦稱「身分擴散」或「身分迷惘」，意指不整合自我的擴散或疏離。從制度的觀點而言，可能是個人遭遇到內在的或外壓力，促使個人將各部分再整合，以從事新的目標及責任。倘若人格的各部分是不一致的，則個人是破碎的，他沒有自我的意識，他的能力不能很一致的或協調的被應用。感到角色混淆的青少年，不了解社會對他的期望，也不知其生活究竟應該是如何方式。

2. 依據艾力克森的研究，許多犯罪青少年的自我認同是有偏差的，有些青少年在成長過程中可能養成負面的自我形象，這樣的標籤容易被強化，並造成一個人內化，導致負面形象的形成。

四、Piaget 在「青少年期」的認知發展理論：正式運思期

> **榜首提點**
> 在申論題上，可運用本理論解釋青少年之相關行為，請詳加準備；在測驗題上，則是考基礎觀念。

（一）發展年齡
青少年階段是處於皮亞傑（Piaget）認知理論第四個時期——正式運思期（Formal Operations），發展年齡為（11 歲至成年）。

（二）發展內涵
1. 這時期的青少年已有成年人的智力、會運用推理、分析及思考，亦能作一些假設。這時期的認知更精確，增加了許多知識，並且會運用創造性的思考。
2. 青少年初期已經開始對整個世界有了新的詮釋，在此期間，思考內容相對抽象許多，也顯著的改變。換言之，青少年期能夠同時多角度地切入某項議題，而非墨守成規，思考變得較為周詳。對獲得的知識逐漸能夠反覆思考其間的正確性或正當性。
3. 正式運思期是指抽象概念的心理活動，具有正式運思能力的個人能夠思考抽象的、未見、未聽、未嗅、未嚐的概念。也就是說，正式運思期比具體操作思考期較具假設、抽象的邏輯思維。又如，學齡兒童界定司法體系憑藉警察執法及法官判刑的案例來做判斷，而青少年可能認為法律體系是指政府的部會必須考慮不同利益團體之間的結合運作，必須顧及公平正義的平衡體系。

> **上榜關鍵** ★★
> Piaget 在「青少年期」的認知發展理論為「正式運思期」，發展年齡為 11 歲至成年；核心概念為具假設、抽象的邏輯思維的能力。

> **知識補給站**
> **假設演繹推理（hypothetical-development reasoning）**
> 正式運思期通常開始於約 11 至 12 歲，到了這個階段青少年會有抽象思考的能力，而在進入這個階段以前的兒童只有具體思考（concrete thinking）的能力。由於抽象思考能力的存在，使得青少年的思維豁然開朗，他們開始運用這種能力進行合乎邏輯的思考，並發展出解決問題的能力，此又稱為「假設演繹推理」（hypothetical-development reasoning）。這種能力讓青少年能透過線索或假設，按部就班地尋找出最佳的方式來解決問題。

4. 認知的能力引導青少年發展新的技術。新的社會技能也是青少年得以使用並建立人際關係，個人的規劃、目標及分析科學及數學知識的能力。例如：青少年在心理上的認知可同時進行操作兩種類屬的因素，如考量旅遊時間表、距離以及時間之間的先後因果關係。

5. 由於思考過程伴隨著改變，青少年經常假定旁人對他們及他們的行為懷有莫大的興趣，因而期許別人給予熱烈的回饋，往往處於自以為是的「自我中心主義」，並且形成一個「想像的觀眾」。這種情形到了十四至十五歲，當真正的觀眾取代了假想的觀眾後就開始消退，開始從別人的角度來檢討自己，並整合其他人的建議，成為認定自我的概念。第二種青少年自我中心主義的外顯形式叫做「個人神話／神格化」，意即想像自己是舉世無雙，獨特無二的(知)，例如：一個青少年失戀後，會覺得世界上沒有人可以感受到內心的痛苦。這種神格化也使他們誤以為適用於他人身上的常規不適用於他們，例如：高速公路開車不繫安全帶，因為誤以為神會護持他。

> **上榜關鍵** ★★
> 藍字的部分，觀念請建立清楚，為測驗題考點。

五、Elkind 提出的青少年自我中心主義（egocentrism）

> **上榜關鍵** ★★
> 青少年的自我中心思考，有哪幾項，內涵為何？請詳讀，測驗題考點。

（一）所謂的自我中心主義是指個人對自己的行為、感受或想法非常在意，而一般相信這種想法的產生是由形式運思能力所造成的。

（二）Elkind 認為青少年具有自我中心思考，有以下的行為特徵

1. 向權威角色挑戰（finding faults with authority figures）：青少年對世界及現實擁有想像與理想，追求完美，當他們發現自己一度崇拜的偶像遠不及自己心目中的理想對象時，他們會挑出偶像所有的缺點，希望將現實與自己的理想拉近。

2. 好爭辯（argumentativeness）：青少年急於表現出他們對事件的觀察能力，所以對任何事物會表達自己的看法，有時候會捲入人際中的不睦、不合群。所以，成人應了解此種行為特徵，鼓勵青少年參與有關原則的爭辯（例如：辯論），而避免涉及人格或人際攻擊，將有助於他們擴展推理能力。

3. 自我意識（self-consciousness）：青少年過度的自我意識大部分來自想像的觀眾（imaginary audience），這是指青少年認為自己是焦點，別人都在注意他。想像的觀眾是存在於青少年心目中的觀眾，而青少年深信別人對其各種行為表現的在意程度就與他自己的關心程度一樣，青少年將自己想像成站在舞台的聚光燈下，而其他的人都是觀眾，也因為他們相信大家都在注意他們，所以他們對自己的外表及行為會顯得相當重視。因為此時的青少年尚未能區分自己與別人所感興趣之處有何不同，所以他們假定別人與他的想法一樣，而創造出一些想像中的觀眾。

4. 自我中心（self-centeredness）：此種堅信自己是特殊、獨一無二、為世

界萬物法則管轄之外的想法，Elkind 稱之為個人神話／神格化（personal fable），這也解釋青少年早期的一些冒險行為（例如：飆車不戴安全帽、性行為不用避孕用品）。這也常常出現在青少年的日記中，在日記中青少年常記錄了他對戀愛、挫折、人生的獨特看法。因此，成人應對其想法加以理解及同理，不要標籤他們為叛逆，或只是「少年維特的煩惱」，而應積極幫助他們發展真實的認知，並了解誰也無法超越萬物的自然法則。

5. 明顯的偽善（apparent hypocrisy）：少年不明瞭理想與實際、實踐與理想之間的差異，他們一方面為環保議題抗議示威，另一方面又因參與活動而製造許多垃圾及噪音。

6. 假裝愚蠢：青少年由於思考能力的提升，能夠思考各種可能性，也會尋找行為背後的複雜動機所在，但結果卻表現出大智若愚，一無所知的樣子，「假裝愚蠢」以操弄別人。

榜首提點
發展內涵、發展階段均申論題應用的主要考點；測驗題亦為考題焦點。

六、Kohlberg 在「青少年期」的道德發展理論：道德自律期

層次	發展內涵	發展階段
層次 3：道德自律期	1. 少年開始思考成長並注意理想及道德價值的選擇。 2. 青少年道德發展已能表達發自內心的意願並遵守道德的標準，即父母親等長輩及其他權威機構等所教導他們的守則，確保法律的設計能賦予社會的法制及秩序。 3. 少年的思考程度已警覺人類所擁有的相對價值觀，因而強調在講道理的眾人中尋求達到共識，講求公平正義程序，認為法規是一套為了獲得公共利益，藉之可以作為改變修正的原則。例如：青少年持有特定的禮義教條，也特別維護放諸四海皆準的原則，例如：正義、禮尚往來，以及人類的平等及尊嚴。	階段 5：法律觀念取向，認同法律的必要性，並可理性思考社區福祉。 階段 6：個人價值觀取向，遵循自我內在倫理原則，在做決定時會內省思考什麼是對的，而不是以法律規定為主。

七、能力理論在「青少年期」的應用

(一) White 認為青少年是生命歷程發展的最後一個階段，生理發展成熟，而且具有生育能力。White 引伸 Freud 的論調，認為在此階段內在的驅動力，會觸及自我控制的行為模式。根據 White 能力效能理論解釋人類行為，以補充性驅動力及人際互動模式論之缺口。由於青少年在體格上已有成人的模樣，所以整體行為對青少年或是成人的生活都具有其嚴肅面。

(二) White 認為這種勝任效能的驅動力與 Erikson 的勤勉感（a sense of industry）是相等的。而 White 認為追求勝任職責在青春期更為強烈，因為青少年已度過青春期生理性器官的發展與焦慮感後，得以專注於自己人生學習與規劃，體驗自己的優點及限制，學習不同的技巧，規劃未來的事業及探索世界的時事與現代社會所面臨的挑戰。

(三) White 認為青少年必須學習並具備社交能力，在這一階段的青少年成為社團之一員，非常在乎自己在同儕中是否被接納為一份子。參與社團活動是相當有意義的團體行為、團體的規範、期許及分擔團體責任分工的任務，就如在非正式的遊戲規則中所爭取獲得的互動角色是令人高興的。

八、青少年自我認同發展

(一) 提出學者
馬西亞（James Marcia）

(二) 內涵
1. 青少年時期被認為是發展自我認定的重要階段，青少年開始嘗試詢問有關自己的問題，如我是誰？在我生命中什麼是最重要的？這類問題代表了艾瑞克森所指的自我認定及認定混淆的衝突。
2. 馬西亞認為青少年此時正處於心理的「延期償付時期」（psychological moratorium），即指他們正處於追求童年時期安全感與成年期自主性的矛盾期間。

(三) 青少年之認同形成
1. 自我認同的重要性：可確認自己是誰、想要過的生活和想變成什麼樣的人，會讓青少年和年輕成人能勇敢面對生活課題。若無法得到上述問題的解答，則會讓青少年無法做出生涯抉擇，很多人因無法清楚回答前述問題而感到憂鬱和焦慮。
2. 自我認同的形成：個人早期自我認同的形成取決於他人對自己的看法。顧里

> **上榜關鍵** ★★
> 馬西亞（James Marcia）的青少年自我認同發展，提出「延期償付時期」的概念，為測驗題的觀念考點。

（Cooley）以鏡中之我（looking-glass self）形容此過程，即人們依據他人與自己互動反應來發展自我認同。例如：若某位青少年被鄰居認定是麻煩製造者，當然鄰居就不會信任他，也會把這位青少年標籤為偏差者，進而他也會逐漸認定自己是個偏差者，並開始表現偏差行為。

3. 標籤作用：假若某兒童常被父母罵笨，其自我概念就會很低，在很多方面均會表現失敗。

知識補給站

認同發展

1. 基本上，青少年念茲在茲的是「我是誰？」這個問題。認同（indentity）是許多項因子的綜合體，包括：家世背景與生命開展歷程；結交對象；別人看待他的方式；所作所為；態度、特性、能力、習性、性向和喜好；外貌。
2. 認同有以下五種常見功能：
   (1) 提供一個架構，讓個體了解自己是誰。
   (2) 透過承諾、價值觀和目標，為個體提供意義和方向。
   (3) 提供個人控制感與自由意志。
   (4) 協助個體為價值觀、信念和承諾之間的一致性、前後連貫性和調和性的努力。
   (5) 協助個體透過對未來眾多可能性和各種選擇的覺知，而體認到個人的潛能。

（四）馬西亞（Marcia）提出青少年「自我認定」的發展階段／分類。

「自我認定」發展階段／分類	說明
1. 認定擴散／認同散亂（Identity diffusion）	係指未曾就角色和價值觀進行探索，也不曾身體力行。這是最不成熟的情況。此類青少年尚未經歷過危機，所以他們也尚未探索有意義的其他選擇，而他們也不對一些重要態度、價值觀或生涯規劃等作任何承諾。

榜首提點
四種分類在測驗題為混淆題型，各分類務必區辨清楚；且必須清楚知道提出的學者姓名。

「自我認定」發展階段／分類	說明
2. 認定喪失主動權／取消贖回權／他主定向（Identity foreclosure）	係指未曾就角色和價值觀進行探索就直接身體力行。這個階段的青少年對某些特定的目標、價值或信仰已經做了承諾，但也還未經歷過危機。許多父母會以權威的方式強迫他們的青少年子女有所承諾（如上大學，念某科系），然而這些青少年卻未必有機會去深思自己的看法、信念或觀點。
3. 認定延期償付／延期償付／延期未定（Identity moratorium）	係指就角色和價值觀進行探索，但不曾身體力行。青少年此時處於危機之中，他們正在積極地探索價值、意識型態或信仰，這時他們可能還未有所承諾，或對某種承諾只有模糊的概念。
4. 認定達成／達成認同／認同達成（Identity achievement）	係指就角色和價值觀進行探索，然後身體力行。在這個最後階段，青少年已經解決了衝突，而且對諸如職業、性別認定及宗教意識型態等做出堅定的承諾。

（五）羅森柏格（Morris Rosenberg）提出的認同三個主要部分。

羅森柏格（Morris Rosenberg）在《自我的構思》（Conceiving the Self）一書中，在較為實務取向的層次上，提供了一個非常有用的認同模型。羅森柏格認為，認同包含三個主要部分：

1. 社會認同（social identity）：由數項因子組成，這些因子是個體與他人、社會系統互動而得。
2. 特質（dispositions）：是自我歸屬（self-ascribed）的認同層面。
3. 生理特徵（physical characteristics）：是個體的外貌，它們對於自我的知覺貢獻良多。

> **上榜關鍵** ★★
> 羅森柏格（Morris Rosenberg）所提出的三個主要部分，請詳讀，為測驗題考點。

表：羅森柏格的認同模型

社會認同	特質	生理特徵
■ 社會地位：基本類別或人口統計學特徵。例如：性別、年齡與社經地位。 ■ 人民團體：團體中眾多個體所共同分享的興趣、信仰、門第血統，或者大家共有的血緣與地緣。 ■ 標籤：衍生自社會標籤的辨別密碼。例如：放學後自行以隨身攜帶的鑰匙開門回家的學童，稱為鑰匙兒童。 ■ 取得之成就地位：根據個體的角色歷史而得到的認同。例如：退役軍人、高中體育選手或哈佛大學畢業校友等。 ■ 社會類型：嗜好興趣、心態、習性或一般特徵。例如：型男、美眉、怪咖、花花公子、A咖等。 ■ 個人認同：依附在個體上獨一無二的標籤。例如：姓氏、名字、健保卡、身分證字號、指紋和DNA等。	■ 態度（如保守、開放） ■ 個性（如慷慨、勇敢） ■ 才能（如音樂才能、運動技能） ■ 價值觀（如效率、平等） ■ 人格特質（如內向、外向） ■ 習慣（如寫購物清單、早睡早起） ■ 傾向（如遲到、誇大其辭） ■ 嗜好興趣（如愛情小說、披薩）	■ 身高 ■ 體重 ■ 體格 ■ 五官

（六）個體發展其對某些特定認同的喜好的四種方式

發展方式	說明
1. 未來導向（future orientation）	步入青春期時，青少年業已發展出兩種重要的認知能力：他們能夠思考未來，也能建構抽象思維。這些技巧讓他們得以依據假想行為所衍生出的潛在後果，就一份假想行為名單做出選擇。

發展方式	說明
2. 角色實驗 （role experimentation）	根據艾瑞克森的看法，青春期提供了心理社會未定期（psychosocial moratorium），在此時期內，青少年享有就各種社會角色進行實驗的自由。因此，青少年基本上會在不同的小圈圈裡淺嘗團體成員的身分，和不同的心靈導師建立關係，選修不同的課程，加入五花八門的社團及組織，種種作為都是在嘗試進一步定義自己。
3. 探索 （exploration）	角色實驗特別指稱對於嶄新角色的嘗試，而探索則是指青少年在嘗試新事物的過程中所展現的安適自在。個體對於探索越感到自在，認同形成的過程就越順利。
4. 自我評估 （self-evaluation）	在尋求認同的過程中，青少年不斷拿自己跟同儕做比較。艾瑞克森認為，認同發展即是個體就自己與他人的相互關係所做的反思與觀察。米德（George Herbert Mead）認為，青少年創造出所謂的概化他人（generalized others）以之代表他人可能看待自己或對自己的回應方式。是將社會上各種角色加以類型化的過程，使得自我與他人互動時，有最低程度的互動判斷依據。當青少年預先設想家人或同儕可能出現的反應，再據此來探取行動。

(七) 種族、文化與自我認同發展

1. 種族（race）：為一種社會性詞彙，乃用來指稱某種生理特徵而被定義的團體。種族為一無生理意義的概念。
2. 種族歧視／種族主義（racism）：為因個人之膚色，而加諸於某些人不同的態度、行為或制度的結構的一套權力及特權系統。亦即，只站在自己的社區或文化習俗的主觀意識上，強迫他人接受某種價值論斷，而不去了解其他文化或習俗在其社區情境存在的意義。

> **上榜關鍵** ★★
> 測驗題考點，請詳加準備。

3. 種族和文化認同的選擇模式
   （1）你認同誰？為什麼？
   （2）你所接受和拒絕的非主流文化態度和信念為何？為什麼？
   （3）你所接受和拒絕的主流文化態度和信念為何？為什麼？
   （4）你目前所持的態度和信念如何影響你與其他主流和非主流文化的互動。
4. 建構種族認同的五個發展階段

```
1. 順從期
・此時較低自尊，會認同主流社會「消極接待」受自我生理和文化特徵，並否認某些事。
```
↓
```
2. 不一致期
・此時期起始於某些危機或負向經驗，會開始意識到種族主義的存在，並覺察非主流文化並非全然都是對的或者都是錯的，進而開始正面看待且自豪自己所屬的文化。此時期亦會質疑主流文化。
```
↓
```
3. 抗拒與熱衷期
・此時會解決不一致期的衝突和混亂。人們會越來越欣賞自己所屬的文化。同時對主流社會有敵意和憤怒，且不信任所有主流團體的人。
```
←
```
4. 內省期
・此時會無心了解自我所屬的種族文化團體，並覺得非主流文化觀點可能太僵化了，可能會開始衍生與自己所屬種族文化團體不同的觀點，進而思考應如何將這些成分融入非主流文化中。
```
↓
```
5. 整合覺察期
・已建構安全感，感激自己的文化讓其變成獨特的人。此時會有正向自我意象和自我價值感，並自豪地認同自我種族文化。開始以選擇性的態度看待主流文化，可信任及與那些為少數團體爭取權益的人建立關係。
```

九、青少年情緒發展類型

情緒類型	少年及青年前期	青年後期（18歲以上）
憤怒	1. 因素包括受到戲弄、嘲笑、批評、教訓、雙親或教師對他施以不公正的對待及處罰、把當他小孩看待、成人對他跋扈或專制、強迫他做一些事，或接受任何他不願接受的事物等等。	1. 最容易引起青年的憤怒情緒是阻擋其主張或打斷其習慣的活動。 2. 對憤怒的反應已不採取打鬥等人身攻擊，而是採取罵人、諷刺、嘲笑，以上顯示多數青少年更能控制其憤怒的情緒。

情緒類型	少年及青年前期	青年後期（18歲以上）
憤怒	2. 出生在下層社會經濟地位家庭的青少年，較出生在中上層社會經濟地位家庭的青少年在憤怒時有更多攻擊的行為。	
恐懼	恐懼的事物，例如：單獨在暗處；或黑夜一個人在家中；在人數眾多的場合要發言或表演；與陌生人在一起；對學校及課業發生恐懼之感。	青年們的恐懼減少，但憂慮卻增多。青年感覺不適當就會引起憂慮，有許多種因素都會影響青年的憂慮，諸如家庭社會經濟地位、過去的成功或失敗，他朝夕相處的家人或知交是善憂慮的或不憂慮的都會影響青年的憂慮情緒。
憂慮	少年們最普遍的憂慮是學校的功課，尤其是考試成績。少女們憂慮其容貌、親子間缺乏諒解、與異性朋友的交誼、交友困難、健康問題、職業選擇。	
妒忌	1. 青少年對團體的異性感到有興趣，極力爭取在團體中的聲望及地位，獲得理想目標的個人，常會受到同輩的妒忌。 2. 青少年妒忌的表達方式是採取言詞攻擊，如諷刺、嘲笑、背地毀謗他所妒忌的人，而非採取身體攻擊。	男、女青年都經歷過妒忌的情緒。女青年交異性朋友常處於被動的地位，因此妒忌的情緒更強。妒忌情緒的表示方式為言詞攻擊、譏諷等。
愛	青少年愛那些使他快樂、安全、並愛他的人。	青年逐漸將愛集中在一個異性朋友，將他理想化，並加強愛的情緒反應。
快樂	青少年對於工作能適應，以及對他所認同的社會環境都會感到快樂。	青年對快樂的表示是含蓄的、溫和的。
好奇心	這階段最感到好奇的是異性朋友，其次為對自己身體的發育及成長。	青少年逐漸將愛集中在一個異性朋友，將他理想化，並加強愛的情緒反應。

十、有色青少年之認同發展

> **上榜關鍵** ★
> 留意測驗題考點，尤其是藍字部分。

（一）青少年在面對認同的發展上需要關注一些重要的議題，包括種族偏見所帶來會影響他們的「鏡中自我」，以及對他們族裔英雄與文化貶抑的符號，以及他們缺少能夠被認同的成功角色典範，青少年在青春期的認同發展會開始拿自己與他人做比較。

（二）有色青少年必須從兩種截然不同的文化系統中調和他們的生活立場，包括他們所屬的族裔和文化價值，以及白人主流文化價值兩種。而在這種情況之下，往往會導致有三種選擇：1. 疏離（alienation）：選擇拒絕主流文化及其所提供的機會；2. 同化（assimilation）：拒絕自己族裔的文化並努力順應與融入白人的主流文化中；3. 雙文化主義（biculturalism）：青少年學習調和他們所屬族裔及主流文化不同的價值觀。

（三）研究結果顯示，家庭氣氛與青少年和父母關係的連結，對他們在認同感中對個體化（individuation），概念的形成尤其重要。在此所謂關係的連結（connectedness）有兩個面向：一是指青少年對他人觀點的敏感及尊重，另一是指青少年對他人意見的開放度與反應。而個體化（individuation）也包含有兩部分：即分離（separateness）與堅持己見（self-assertion），分離是指對自我與他人不同的明顯表達，而堅持己見則是指對自己觀念的清楚表達及清楚地與他人溝通。

十一、青少年的自尊心

> **上榜關鍵** ★★★
> 完整準備，以利測驗題正確選答；藍字部分請加強。

（一）有關青少年自尊心的研究告訴了我們什麼？一般而言，這些研究發現自尊心會隨著青少年階段而改變，通常在前期時（12～14歲）顯得最低，因為少年在此時多半自覺性很強，而他們對自我的概念也比較容易被影響，尤其是對進入國中的女孩更是如此，最低自尊的情形發生在早熟及開始約會的女孩身上。值得注意的是，多數的青少年在整個青春期的自尊心並無太大的改變，因為大家都是從這個階段開始發展。大部分自尊心的來源是與青少年評估他們自己達成短期目標的能力有關。

（二）在青少年階段，自尊感常受到父母支持管教及參與的影響，也與家庭凝聚力及對家庭的歸屬感有關。根據這些發現，寄養兒童常有一種低自尊的特質，因為沒有緊密的家庭關係，造成他們低自尊與認同上的混淆，有超過98%的兒童因為家庭的失功能而進入到寄養的服務當中。有一些積極的證據可以證明，當將兒童從失功能的家庭中帶出時，因為減少他們接觸不當家庭互動及

衝突的機會，的確可以幫助他們增加自尊，然而這些兒童也容易有心理社會及醫療上的問題。此外，低自尊也與這些寄養兒童曾安置到多少個寄養家庭，以及寄養時間長短等經驗有關，這些也都和日後他們的行為問題與學校問題具有高度的相關性。因此，近來在社會工作及政策上，將寄養家庭視為是一種幫助這些孩子的最後手段。失落感是這些寄養兒童所必經的過程，他們要失去他們的家庭、同儕關係及所熟悉的社區，而這些都會影響他們如何看待自己。

(三) 一般而言，對較年長青少年的寄養服務應該是有選擇性的，他們曾經歷家庭關係的不和諧與心理健康方面的問題，所以更應該得到這些相關資源的協助，這個觀點支持了多次安置乃具有危險性的論點。因此，努力尋求一個穩定的安置環境，是最重要的安置決策過程。穩定的安置環境可以提供青少年達到並建立支持性的關係，甚至可以補償日後所可能產生的問題。

(四) 增強青少年自我概念的四種方式。

方式	內容說明
1. 對成就的鼓勵	青少年可以經由指引，聚焦在他們比較可能有成就的領域。體能比較不足的孩子可以從事比較需要腦力或智力的遊戲。研究顯示青少年的自我肯定訓練有助於強化自尊心。有時青少年必須為了達到自己設定的更高目標而更加努力，或者接受自己已經很不錯的好表現，即使是完美無缺。
2. 增進特定領域的能力	許多青少年一開始就為自己設下不合理的要求，這些「必須」或「應該」就掩蓋了他們對自己實際成就的肯定。青少年如果經過教導或指引，能夠對自己過去經驗和行為持著正面看法或感受，自尊心通常會提升。
3. 強化同儕和父母的支持	自尊心和同儕團體的形成有密切的關係，研究顯示父母親和同儕的支持，以及社區和學校活動的參與都有助於改善青少年的自尊心。
4. 發展因應技巧	因應能力和自尊心的強化、壓力的紓解都有關聯，當青少年運用因應能力解決問題，結果就是正向的自我評價和自尊心的提升。如果教導青少年因應問題的技巧，他們會學習更實際和誠實地面對問題。

上榜關鍵 ★★★

四種方式要項請詳記，內容請詳讀並加以對應及區辨。

十二、青少年的獨立

(一) 青少年的依賴到獨立

> **榜首提點**
> 首先，請考生對青少年的獨立有幾種類型必清楚；其次，對於各類型的內容說明，必須逐字逐句的詳讀，在測驗題極容易混淆。

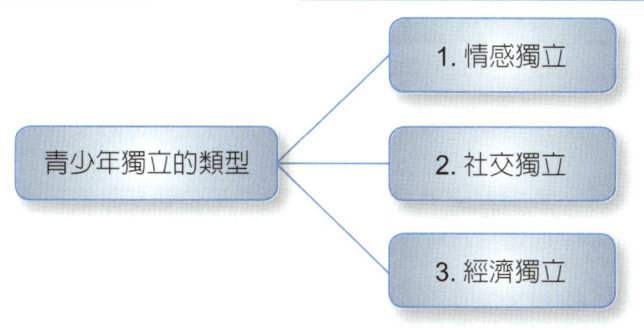

青少年獨立的類型：
1. 情感獨立
2. 社交獨立
3. 經濟獨立

獨立類型	說明
1. 情感獨立	係指減少對父母或其他人的情感依賴，並在維持親密情感關係時，仍能強化自我獨立性；這涉及由父母與子女的關係演變為成人和成人的關係。情感獨立亦是變得能凡事靠自己（self-reliant），且知道「我可以好好控制情緒、自謀生計，並願意分享自己的感受」。所以，情感獨立包括接受與分享情緒以及相互依賴，當中沒有人會被支配和壓迫。
2. 社交獨立	係指變得能自我主導，而非被引導。許多青少年是被他人引導的，這是因為他們強烈希望被社會接受，所以會順從他們意見。然而自我主導者會以自我利益來思考和做決定；社交獨立並非是自私，而是意識到可藉由參與政治、公民、教育、宗教、社會和社區事務來達成自我最佳利益。
3. 經濟獨立	係指賺取可滿足個人財務需求的足夠金錢。經濟獨立也包括學習將欲望與需求限制在自我經濟能力範圍內。為了經濟獨立，個人必須發展謀生技能。

> **上榜關鍵** ★★
> 各元素的內容必須逐字逐句詳讀，才能在測驗題選項正確選答。

(二) 青少年與父母分離的過程之四個元素（Moore 提出）

元素	說明
1. 生活功能獨立（functional independence）	如準備上學：選擇合適的衣服，打扮得體，整理課本等用品，自己用餐，獨自運作，或者從父母那裡得到的協助微乎其微。

元素	說明
2. 態度獨立（attitudinal independence）	這點不只是指態度與父母親涇渭分明，而是指發展個人的價值觀與信念。例如：基於個人的價值觀與信念投票選總統候選人，而非基於父母的意願。
3. 情緒獨立（emotional independence）	這是指不靠父母親來取得認可、親密感及情緒支持。情緒獨立可能意味著，找到自己克服情緒波動的方式，例如：跟女友或男友大吵一架後，不依賴父母親給予支持，而是聆聽自己最喜歡的音樂。
4. 衝突獨立（conflictual independence）	這是指能夠體察到個人與父母親分離為二，而不至於有著內疚、怨恨、憤怒及負面情緒。衝突獨立指的是個體對於代間想法行為有所不同，感到安然自在。因此，你不會為了爸爸穿短褲去郊遊就出口數落他，而是體認到你自己不會穿著短褲出門，而爸爸對短褲的品味並未反映出你個人的品味。

十三、正向青少年發展的 5C

C	定義
Competence 勝任	在各個不同領域有正向的意識，知道要怎麼做，例如：學術、認知健康、情緒、社會生活領域。
Confidence 自信	內在的效能感和自我價值感。
Connection 連結	和社區中的人或支持社區的機構能夠建立連結關係，能夠激發同儕、家庭、學校，和社區的參與。
Character 特質	發展出可以管理適當行為和辨別對或錯的基本尊重態度，以及應用社會文化規範的能力。
Caring 關照	對他人抱持同情和同理的胸懷。

十四、選擇理論

(一) 提出學者

William Glasser 發展出選擇理論（choice theory）來解釋人類行為。

(二) 理論內涵

　　1.選擇理論的重點在於人們的腦中同時存有現實及個人期望等兩種情況，

Glasser 主張「我們的行為乃是要不斷減少我們的期望（腦中的情況）及我們所擁有（對現實的看法）兩者之間的差異」。例如：每個人對於理想的交往對象都有著清楚的概念，當我們遇到符合條件的對象時便會試著發展關係。我們心中有一份清單，列出自己喜歡的事物的名單，例如：當我們肚子餓時，就會從清單裡選擇一樣東西，並開始尋找。

2. 選擇理論是一種內部控制的心理學，它可以解釋我們為何及如何做出某些重大的選擇，決定了人生的道路。也就是說，我們所做的一切，都是我們自己的選擇。

（三）五種基本需求

1. 內涵：Glasser 相信我們被五種與生俱來的基本需求所驅使，一旦其中一項獲得滿足，另一項需求（或兩個以上的組合）便接著要求獲得滿足。

2. 五種需求類型

上榜關鍵 ★★★
請把五種與生俱來的基本需求的順序依序記清楚，勿混淆。

1. 生存
- 包括呼吸、消化食物、排汗、血壓控制等維持生命的功能，還有滿足飢餓、口渴及性的需求。

2. 愛與歸屬感
- 通常經由家庭、朋友、寵物、各項計畫及物質的擁有來滿足這項需求。

3. 權力
- 這種需求包括了如何讓他人服從自己，並獲得權力所帶來的尊重及認同。我們對權力的渴求有時會與歸屬感發生衝突，在某個關係裡的兩個人可能會爭奪控制權，而不想創造平等關係。

4. 自由
- 人們想擁有的自由包括：生活方式的選擇、自我表達、閱讀書寫、交往及宗教上的自由。

> **5. 快樂**
> ・認為學習通常充滿樂趣,因為想追求這種樂趣,才會不停地學習。嚴肅及無聊的課程是教育制度最大的敗筆。歡笑及幽默滿足了我們對快樂的需求。

十五、少女的呼聲與對抗男孩的戰爭

>[上榜關鍵] ★
>留意測驗題考點,藍字部分請加強。

(一)少女的呼聲

1. Carol Gilligan 因一本女性主義的著作《不同的聲音》(In a different Voice)影響和改變了研究者對於女性發展的看法,在她與 Lyn Mikel Brown 所合著的新書《十字路口的交叉》(Meeting at the Crossroads)中,她檢視青少女的生活,提供了透視青少女發展的新觀點,兩位研究者的中心議題是「青少女在邁向成年之路的成長過程中,捨棄了什麼?」答案是捨棄了她們的「自我」。兩位研究者發現,在達到青春期之前的女生認為衝突是個健康關係的標誌,她們更能輕鬆地談論自己的想法與感受,在此發展階段中的女性,對於人際關係中所出現的憤怒、對抗的關係和不同意之事的感受,會覺得很自然。但相反地,當女性到了青春期時會在想要做到盡善盡美之中不斷掙扎,以及被所想要的與他人理想的關係所吞噬。

2. Gilligan 與 Brown 發現在這個年齡階段的女性渴望被注意、被愛,以及受歡迎,並追求與他人建立關係,就算要放棄一些原本所擁有的東西也要達到這些目標,例如:她們會願意表現出真實憤怒的感受,這些女孩們生動的解釋並記錄了她們自己對於失落,以及所出現無能感受的描述,研究者將這些現象當作是一種心理壓抑的形式。

(二)對抗男孩的戰爭

Sommers 提出她所寫的一本書《對抗男孩的戰爭》(The War Against Boys)直接挑戰 Gilligan 在青春期少女相關發展議題上的主張。在這本書中,Sommers 針對 Gilligan 在研究報告中對於「青春期少女的危機」建議提出批判,例如:由 Pipher 博士所著且經常被引用的一本書《拯救奧菲莉亞》(Reviving Ophelia),書中感嘆女孩自殺率急遽的增加(增加了57%),Sommers 進一步從統計數字進行探究,發現到男孩的自殺率增加了71%,而女孩則增加了27%,但 Gilligan 卻僅在關心教育及男孩的統計資料上進行強力的說服。而在這本書當中,Sommers 指出應該是男孩,而非女孩,才是需要積極幫助的對

象。誠如 Sommers 所說,女孩們成績較好、做較多的家事、從事更多的課外活動、參加更多進階的課程,並且上大學的人數較男孩為多,她的觀點是很好的,即男孩們被忽視了,特別是在教育的領域當中。

十六、青少年期發展相關名詞

上榜關鍵 ★★★★
這部分的相關名詞,在測驗題有相當多的命題紀錄,請詳加研讀。

項目	說明
賀爾蒙	青少年期內分泌腺產生的賀爾蒙(hormons)造成了個人身體上的改變。賀爾蒙乃人體中調節各器官的重要化學物質,內分泌腺體分泌出的性荷爾蒙有二種:分別為腦下垂體和性腺(或稱生殖腺),即男性的睪丸和女性的卵巢。腦下垂體同時調節許多其他的腺體,而腦下垂體則有賴視丘下部的控制,它可以「指示」腦下垂體分泌出最佳的賀爾蒙量,而其所分泌出的賀爾蒙能讓生殖腺系統中的睪丸和卵巢發揮功能,而生殖腺也分泌賀爾蒙,稱之為雄性激素(來自睪丸)與雌性激素(來自卵巢)。
經痛	大約有 33% 的少女曾經有經痛的經驗,經痛通常發生在月經週期的前 12 到 24 小時之間,它會令人感到下腹痙攣與疼痛,有時也會有背痛的感覺,造成經痛的原因可能是因為平滑肌收縮與子宮肌肉缺氧所造成的,通常在 24 歲子宮發育完成或生完第一胎後消失。
肥胖	肥胖是指當一個人的體重超過計算個人身高後所得到之標準體重的 20% 時。
粉刺	粉刺或青春痘的產生是因為青春期的性荷爾蒙增加,刺激皮脂腺(臉部為多)的脂肪質分泌,這也與遺傳和脂肪的沉積有關,通常到了 20 歲時會減少。大約有 80% 的青少年最常碰到這個問題。不過它們會影響外觀,常讓青少年不敢外出,因而造成社交上的困擾。

項目	說明
頭痛	約有 29% 的男生和 32% 的女生在青春期每月至少有一次頭痛的經驗，而大約有 5% 的男孩和女孩在這個時期有過偏頭痛。
神經厭食症	神經性厭食症者認為自己不應該吃東西。這是因為他們極度想追求瘦身，故自願忍受挨餓。其症狀包括：太瘦、極度恐懼體重增加或肥胖、扭曲自我身體意象、自認體重過重、女性停經。
暴食症	暴食症是狂食—清除（binge-purge）循環，主要是因為情緒崩潰而引起，而非生理飢餓引發。狂食係指快速並毫無控制地消耗大量食物。清除則是要清除狂食的食物，最常用的方法是自我催吐。其他清除方法尚有嚴格控制飲食、斷食、劇烈運動、吃減肥藥、濫用利尿劑及瀉藥。
ATOD	1. ATOD 是酒精、香菸及其他毒品（alcohol, tobacco, and other drugs, ATOD）的縮寫。ATOD 是造成美國最嚴重及昂貴社會成本問題的起因，包括家庭暴力、受傷、愛滋病及其他性傳染疾病、青少年懷孕、輟學、車禍、增加健康照顧的花費、低勞工生產力及無家可歸等問題。ATOD 會降低免疫系統，增加感染病毒及疾病的機會。 2. 學者試圖解釋 ATOD 與家庭暴力的關係，例如：若一位女性與酗酒男性同住，這位女性就住在一個可能有暴力發生環境中；第二個可能解釋為：若女性本身也有酗酒或吸食毒品的話，她也許不清楚意識當時受虐情況，即使可以，也無法清楚地表達；第三，這不僅會引起家庭暴力，也會使經濟惡化、難以照顧小孩及造成家庭壓力等。
隱喻／暗喻	隱喻／暗喻（metaphors）是指一種觀念表達另一種觀念的作法，例如：形容一個人「鐵石心腸」。如果要了解隱喻，則必須要有超越具體思考的能力，所以小學生多半不會對語言或比喻有太大的興趣。除此之外，青少年也開始喜歡用嘲諷的話語，所以青少年喜歡為老師、父母與同學取綽號。

項目	說明
狂飆期	青少年是發展自我概念的一個重要時期，他們開始想去發現「我是誰」，以及「我將來想變成怎麼樣的一個人」，這種過程的產生主要是來自於他們對自我反思能力的注重。發展心理學始祖 G.Stanle Hall 便稱此時期為狂飆期（strom and stress），心理學家 Peter Blos 也相信青少年是一個充滿無法控制的性衝動時期。弗洛伊德所指出造成所謂的狂飆經驗只不過是青少年發展中正常的一部分。近來對這些早期所提出論述有不同的看法，認為並非所有的青少年都是如此，一些描述並沒有正確地刻劃許多健康青少年的形象，青少年精神科醫師則呼籲大家特別留意這樣的迷思。雖然一般人還是難以擺脫對青少年的刻板印象，但已經有許多研究證明，大多數的青少年適應良好，與父母和同儕互動不錯，而且也能適當因應情緒及外在環境。
疏離感	疏離的青少年對任何社團缺乏一種歸屬感，而且與同儕友伴缺乏互動，父母可能是造成疏離的主要人物，例如：父母強力禁止青少年與某些同儕團體過於接近，或者不符合青少年本身的需求導致拒絕參與社團活動。社會隔離與孤立，可能造成青少年的社會成長問題。當青少年被同儕友伴拒絕排擠，無法結伴，會造成嚴重的挫折及焦慮感甚至羞愧感，並且憂然地感到自己的無能及無力感，這很可能造成行為的退縮，是遭受創傷後喪志的複雜糾結情緒。
友誼	親密友誼指的是內心話語的分享，透過個人內在想法的分享，人與人之間的關係才會接近。一個親密關係的建立具有六種功能，它們分別為：陪伴、鼓勵、心理上的支持、自我的支持、社會比較以及親密和情感。
同儕團體	除了提供友誼，青少年同儕團體也有其他重要的功能，它能讓青少年從中感受到參與的意義，集體的歸屬感及必要的支持，當青少年正在進行自我認定的發展時，參與某團體身分讓青少年能夠透過團體壓力來評估自主性。
朋黨	青少年常會組成小團體，並和團體成員互動頻繁及發展出親密關係，通常稱這樣的團體為朋黨（clique）。

項目	說明
群眾	群眾（crowds）則是較大、以名望為基礎的團體，這類團體成員的互動較不頻繁。所謂以名望為基礎，是指青少年團體歸屬乃是以同儕的態度及活動為主。群眾的常模反映出大家對我團體的刻板印象，通常群眾有各種不同類型，大致可分為兩類：一類是對成人所掌控之學校團體效忠，另一類是效忠於非正式同儕團體。
幫派	幫派（gang）和一般團體最大的不同在他們所參與的偏差或違法活動，不過兩者區隔並不僅於此，赫夫（Huff）對青少年「幫派」提出了相當完整定義：「幫派主要為青少年及青年所組成的一種團體，這種團體成員具備下列特色：互動頻繁，常常並且有計畫的參與非法活動，通常會透過一個特殊名稱以建立團體認定感，這些名稱多帶有特殊意義表達該團結特質，而多數方法也會以掌控某個區域為其區域之認定。」
刻板化	刻板化是一種過度簡化，以原有團體的想法作為基礎，來了解他人，我們常常忘記個人差異，而以這個人的性別、階級、家庭、背景等，來進行判斷。例如：「女性都是情緒的」、「不愛讀書的小孩都是壞小孩」等。刻板印象的產生，可能是我們常常有過度類化的傾向，只要某件不尋常的事情發生，就容易就聯想到相關的事情上。例如：身邊有女生很情緒化，我們就會形成「女生很情緒化」的假設，只要遇到女生，很容易不加觀察地，就將我們的假設套在對方身上。亦即是指對任何一個社會團體或種族所持有的建構化信念，有正、負兩方面，負面的刻板印象往往是偏見產生的重要基礎。
偏見	偏見意指對社會中某團體普遍所持的負面態度與觀點。偏見如同一般的態度，皆是發生在認知（信念）、行為（外顯行為）、情感（情緒）的層面上。這包括因為對某團體不寬容、不喜歡、不平等的態度而產生的負面情緒反應，同時也可能導致歧視的行為或行動。

項目	說明
性別角色	在現今社會中，身為男孩和女孩代表著什麼？在過去，這樣的分際會很明顯，男孩的遊戲陽剛性比較強，女孩則是文靜且乾淨。如今對性別角色的看法則較多樣，而也有越來越多的人強調男女平等的觀念。如此性別角色的改變可由一切都較中性化的趨勢彰顯出來，亦即一個人有較男性化也有較女性化的行為。一個較中性的男人，可能同時具備陽剛氣但也仍關心他人；一個較具中性的女性，則在扮演照顧者的角色時仍能有果斷地行事能力。例如：Ford 便以「堅持己見」（self-assertion）判定男性化特質，並以「整合」（intergration）來定義女性化的特質，所謂的「堅持己見」乃包含領導能力、掌控力、獨立、競爭力和個人主義；而「整合」則是指同情、情感及了解。通常中性化的人則兼備這兩種特質。
性別角色期待	性別角色期待是性別所反映出來的行為期待；也就是指社會、文化根據性別，為其所屬個體所規劃的行為腳本，即男性（女性）應該扮演哪些角色，有哪些行為的規範與期許，而個體在發展的過程中，透過社會化學習到社會、文化中對於兩性角色及其行為的信念、價值觀和行為模式。
性別刻板印象	由於性別角色是經由後天學習而來，因此個體在其社會化的歷程中，若學習到社會文化所賦予性別的特定規範，而對於性別角色及其行為的信念與態度形成一種固定、刻板、概化的標記，並產生相對應的行為傾向時，即出現所謂的「性別刻板印象（gender stereotypes）」。性別刻板印象的焦點，主要集中在「性格特質」，接著再由特質的性別化推論到其他範疇中，如身體特性、角色行為、分工與職業、兩性關係型態等。例如：「男生比較有力氣，女生比較柔弱」、「男生理科比較強，女生文科比較強」等。
性別極化（gender polarization）	當我們在評估人類行為的時候，社會工作者需要對於性別角色與信念所造成的結果有所了解。然而，性別議題也同時融入了結構因素，對於女性來說，有一種社會過程支配了女性在社會生活中的行為舉止；此外，社會對於女性與男性所建構的情境關係是有所差別的。因此，這些影響人們應對進退的結構性因素，亦是其他社會生活制度的一部分，Sandra Lipsitz Bem 稱此為「性別極化」，意指「環繞於男女差異之社會生活結構」。事實上，在性別極化的社會裡，個人所有的行為都與他（她）的性別有關，其中包括：服裝、社會角色、情緒表達方式、體驗性欲的方式。

項目	說明
雙性化	雙性化人格,這個概念指的是同時擁有傳統上女性的陰柔與男性陽剛的特質。雙性化人格意指不論性別,每一個人都應被允許發展正向人格特質。也就是男人可以自在地表達情緒感受並發展溝通技巧;而女人可以更自信且獲得更多領導以及決策的權利。
酷兒	「酷兒」是由「queer」這個字音譯而來,原是西方主流文化對同性戀的貶稱,有「怪異」或「怪胎」之意,之後被激進的扭轉成具有反諷的意涵。這種帶有敵意與辱罵、歧視的字眼,卻不在乎醜化自己、以標新立異、盡情搞怪為榮的背景下,以酷兒的譯名取代之,意外地呈現某種吊詭的正面意義。Eve Kosofsky Sedgwick 提出「羞辱轉化」(shametrans formation)以作為「queer」此一詞語被轉化使用的基礎。Sedgwick 認為「差辱」(shame)是「queer」主體在認同時「第一個、而且是一個永遠的、結構性的認同事實」。
社會技巧訓練	社會技巧訓練是假設青少年之所以會有各種問題行為,主要是因為他們沒有學會面對各種情境的因應能力,所以該訓練模式希望能發現有效解決問題的方法,以預防未來的問題。此模式視人的成長為處理一連串情境要求的歷程,故與其嘗試去了解或消弭不健全的處理方式,不如教導青少年一些日常生活中最基本的處理問題技巧。換言之,這個模式所教導的方法是要讓青少年在面對新的問題時能有效地處理,以產生好的結果,而不強調如何了解與解決過去的問題。
社會認知監控	社會認知監控(social congnitive monitoring)是指個人對自己的社會思想有監控及理解能力,而這種能力在青春期即開始增加;道德發展指的是一種建立人們彼此間互動的規範,Kohlberg 假定原則(或規範)的建立與發展,會透過六個獨立的道德發展階段進行,這些不同的階段可以看作是個人所建構出對於論述觀點對錯的看法,而青少年處於第三階段:「尋求人際關係的認可」階段,他們會不斷尋求「要怎麼做才是最好的」這樣的想法,並尋求如何成為別人眼中的好人,如何取悅別人並得到別人的稱讚,而到了青春期後期時,許多青少年會進入第四階段:履行應負的社會責任或是價值體系階段,Kohlberg 的觀點是建基於正義的觀點,而 Gilligan 則是立基於關懷的觀點,強調人與人之間的互動與溝通中,Gilligan 認為 Kohlberg 低估了這種人與人之間互相關懷的情形。

項目	說明
社會支持系統（social support systems）	1. Caplan 將社會支持系統（social support systems）定義為：一種持續的聚合體，這個聚合體具有兩個重要的功能：一是提供個體回饋的機會，使個體能夠更加認識自己；一是確認個體對他人期待的合理性。這兩種功能是較大的社會環境中，人與人之間的溝通所無法提供的。 2. Germain 將支持系統分為五類，包括：正式的組織、團體組成、自助組織、社會網絡、自然的協助者（例如：鄰居）。社會支持的觀念，以及人在環境中的觀點相互契合，這個觀念也是社會工作評估相當重要的一環，因此，實務工作者有必要深入了解社會支持的觀念。Silverman 指出，對於那些處在角色變動過渡時期的個體而言，社會支持團體的重要性不可言喻。如：互助團體所提供的支持，能夠幫助處在這些情境的個體發展出對角色的適切期待，並且學習與角色相容的適當行為，以便重新融入社會。
克奧爾化（creolization）	移民的族群保持了其本身的群體特質，同時也吸收其他文化習俗以適應新環境，我們通常稱這種移民過程為克奧爾化（creolization）。
自然支持網絡（natural support network）／協助網絡（helping network）	指的是一群人非正式的協助與支持，包括家庭、朋友、鄰居、同事、組織裡的成員，教會或是其他的社區團體。
自然協助者（natural helpers）	指「社會網絡或鄰里，大家公認具有智慧、資源豐富、具有樂於助人特質的人士」。Pancoast、Parker 與 Froland 將互助團體視為自然協助網絡的一種。而 Pancoast 認為自然協助者是鄰里中最重要的資源，能夠提供具有虐待或疏忽兒童傾向的家庭必要的社會支持。

十七、從眾性

(一) 從眾奴化心態

全然的效忠同儕團體或過份注重社交地位，容易造成青少年奴化自己而不能自制，因為一旦沒有人環繞於身邊，即感到寂寞與焦慮。最怕是為了討好友伴而盲目從眾，如此不僅失去了獨立自主的邏輯思考能力，有時也失去了自我判斷力，如果分屬兩個利益價值衝突的團體，更易造成兩難的困境。換言之，過度效忠團體，會造成僵化及受團體的奴化而失去自我。

> **上榜關鍵** ★
> 測驗題考點。

(二) 同儕壓力與從眾性

1. 同儕壓力與從眾性均為青少年時期所要面對的一個張力很強的進程，特別是在國中階段。青少年通常會運用他們的邏輯能力進行思考「如果大家都這麼做，這必定是好的、對的事。」

2. 而到了青少年後期時，因從眾性所引起的各種反社會行為將會減少，青少年將開始會與父母及同儕間經歷到更多的合作與一致性的關係，因為他們越獨立就越不會受到父母及同儕的影響。也許此時的從眾性是青少年發展過程中正常的一部分，並且也是一項重要的發展任務，就是要逐漸淡化同儕團體對自己的影響力，畢竟我們都需要學習在個人自主及他人期待中取得一個平衡點，只不過當有人對從眾的觀點施壓時，它的結果就可能有負面也有正面。雖然我們常常視同儕壓力為負面的影響，但它有時也有正面或中性的影響。

(三) Lickona 提出幫助青少年擺脫典型從眾性推理的六種方法

> **上榜關鍵** ★
> 申論題與測驗題考點，均為考點。

1. 使你自己成為一個獨立自主的人：要教導青少年成為有獨立見解的人，父母首先得成為很好的角色楷模。當孩子們提出老掉牙的說辭時，例如：「人家的父母都答應讓他去玩，你們為什麼就不答應？」這時父母不能因此而妥協，應該馬上告訴他，「重要的不是他人怎麼做，我們就怎麼做，而是應該思考他們的想法與做法到底對不對。」

2. 常提到獨立的價值：父母需要幫助青少年了解獨立是為了他們自己好，Lickona 建議父母可以對其青少年子女說：「做你自己，做你自己想做、有興趣的事，如果你能忠於自己，你才會快樂；當你不快樂時，需試著去了解原因為何。」

3. 幫助青少年學習思考該如何回應：父母應透過角色扮演的方式，讓青少年學習在面對同儕壓力時應如何應對，例如：當男孩想要有進一步的親密關係時，他可能會說：「有很多人都這麼做」時，我們可以教女孩以下回答：「如果你認為有很多人都這麼做時，你大可去找這些人啊！」

4. 幫助青少年了解自己：青少年如果知道自己屈服於同儕壓力的感受是什麼時，應該就比較能夠應付，通常屈就於同儕壓力的青少年多半是因為自卑，害怕因此而遭到同儕的拒絕。
5. 以適當的角度來看待「受歡迎」這件事：感到「受歡迎」常是使得青少年無法獨立的主因，我們應告訴青少年價值觀是不斷改變的，現在受歡迎並不表示以後也會如此，等到青少年稍微年長後，體貼他人的感受與能完成人生的目標等可能會是更重要的事。
6. 挑戰青少年在第三階段的「集體道德觀」：父母可以讓青少年知道所謂的「集體道德觀」（即他人認為合乎道德的事便是合乎道德的），並不一定是解決道德兩難的最好方法，以培養其獨立思考與解決問題的能力。

十八、青少年團體社會工作

上榜關鍵 ★★★★
測驗題非常重要的考點，請把各種團體類型區辨清楚。

（一）團體類型

團體類型	說明
休閒團體	目的為提供娛樂和運動，這類團體通常沒有特定領導者。機構可能會提供空間和相關設備，例如：遊樂場，藉以避免青少年街頭遊蕩，進而減少偏差。
休閒技巧團體	目的為改善休閒樂趣的技巧。與休閒團體不同之處，此團體會安排教練或指導者，同時也較任務取向。這類團體通常由相關專業人員擔任領導者，而非由社工人員主導。
教育團體	目的為協助成員學習更多知識和技巧。領導者通常是特定領域的專家，會規劃親職教育、自我肯定等教育主題。團體領導者扮演教導角色，且通常由學有專精的社工人員擔任，這類團體會鼓勵成員互動和彼此討論。
任務團體	團體最重要之目的在達成團體目標，而不是與團體成員的需求作較內在或直接的連結。任務性團體的主要目的是達成足以影響較多相關人等的目標，而非只限於團體成員之目標而已。
問題解決和決策團體	較關注問題解決與決策，團體目標包括發展個案處遇計畫、決定如何做資源分配、如何改善個案服務輸送，以及如何增進與其他機構的協調合作。在此團體中，社工人員不僅是參與者，也同時扮演促進者和組織者。

團體類型	說明
焦點團體	基於許多不同原因而組成焦點團體，焦點團體會邀請對主題有興趣的個人、團體或組織進行半結構或結構化的討論，並鼓勵參與成員發表自我看法和意見。
代表團體	是焦點團體的一種形式之一。優點是可以反映出社區的多樣化意見。缺點是團體成員可能會受到操弄，以至於無法達成原定的目的。
自助團體	1. 自助團體是小型團體，其屬於自願性質，相互合作並完成特定目的。通常由同儕組成，必須透過相互幫助來滿足彼此的共同需求、克服共同生活困境，以及所期望的社會或個人達成改變。 2. 這類團體的創設者和成員意識到現有機構不能滿足其需求，自助團體強調面對面的互動，且期待成員承擔個人責任，並同時提供情感和物質協助。自助團體通常會藉由分析問題成因、宣揚意識型態和價值觀來增進成員對團體的認同。 3. 社會支持最常來自於互助或自助團體，這類團體通常是由一群面對相同問題的人們所組成，主要目的是為了提供情緒和實質上的協助，以因應所面對的問題。這類團體是自願性的，由成員掌握資源和決策權。自助團體和其他的團體有何差異？最基本的差異在於自助團體的成員擁有自我管理、運用資源及決策的權力。 4. 自助和其他的團體有何差異？最基本的差異在於自助團體的成員擁有自我管理、規範、運用資源和決策的權力。 5. Silverman 歸納自助團體的功能，包括：取得因應問題的相關資訊；當有需要時，取得物質上的協助；感受到關心和支持。

上榜關鍵 ★★★★
曾以倒敘方式出測驗題，例如：戒酒無名會（Alcoholics Anonymous, AA）是屬於哪一種自助團體形式？

（二）自助團體的形式

自助團體形式	說明
習慣失調組織	1. 習慣失調組織關注特定問題，例如：戒酒無名會、戒菸團體。 2. 戒酒無名會（Alcoholics Anonymous, AA），對於酗酒者提供一個重要的支持、資訊及指引，是協助他們繼續康復的自助組織。 3. AA-Anon（家屬團體），是酗酒者家庭所成立的組織。

自助團體形式	說明
一般目的組織	關注範圍很廣,例如:施虐父母團體、情緒處理團體。
生活方式組織	支持與倡導與一般大眾生活方式不同者的權益,例如:同性戀者的家屬和朋友。
生理障礙組織	關注慢疾病者,例如:中風者、聽力障礙團體。
重要他人組織	由身陷困境者的父母、配偶和子女所組成。通常這些成員都是照顧者,且一直在和失功能的行為奮戰,藉由分享彼此的感受,可以抒發情緒和學習新的資源和解決辦法。
社會化團體	目的為改變成員的態度和行為,以使其更可被社會接納,例如:社交技巧訓練。這類團體針對包括虞犯青少年設計活動以避免偏差、幫助未婚懷孕青少女計畫未來等。此類團體的領導者必須具備一定的技能和專業知識以引導成員成長和改變。社工人員通常會擔任此類團體的領導者。
治療性團體	成員通常有較嚴重的情緒問題和個人問題。團體領導者會引導成員深入探討自己的問題,並發展更好的問題解決策略。
會心團體	係指藉由團體成員的自我揭露和密切的互動經驗來增進自我覺察。會心團體可能會進行數小時或較長天數,一旦成員可自我覺察,則態度和行為就會改變。
敏感度訓練團體	目標為增進個人之自我覺察和人際互動覺察,進而發展出更有效的人際互動模式,且敏感度訓練團體通常不會為了改變特定問題而成立。它的理念是藉由增進個人之自我覺察和人際互動覺察,可以讓人有更佳的因應問題之能力。

(三) 團體極化(group polarization)

指團體所做的決定比個人較具冒險性,結果代表所謂的風險轉移(risk shift),在團體的情境中,個人傾向於將風險轉嫁到團體身上。進一步的研究更發現,如此的轉移可能發生在正反兩個方向。例如:一個團體很可能在開始時會溫和地反對某意見,但經過討論之後,該反對的情緒會越來越強。在另一方面,一個團體剛開始時會支持某個意見,在經過討論之後,這樣的支持情緒就變得更強。通常將這種轉向比較極端立場的現象稱為「團體極化」,當團體觀點經過討論之後更強化,並趨向原來意見的極端方向時,就會產生團體極化的現象。

（四）團體迷思

1. 團體迷思（group-think）：此乃指當一凝聚力強的團體在試圖解決問題的時候，會犧牲一些重要或批判的想法，以圖達成共識。
2. 團體迷失模式（Jain 提出）

> **上榜關鍵** ★★
> 基本定義要懂，迷失模式的說明，請對各模式詳加區辨，以應測驗題之選答。

模式	說明
1. 發生前的情況	高度凝聚力、自絕於其他團體、缺乏評價和探尋問題的方法和程序、指引式的引導、屈服於領導者屬意的解決方案的壓力（不認為有希望可以找到更佳的方案）。
2. 集體性思考症候	集體合理化、自以為團體堅強不虛、信奉團體現存的道德觀、對其他團體存有刻板印象、對異議成員直接施壓、嚴控成員的思想言行、存有團體內部一定會有步調一致的幻想、將自己當作思想監控的衛兵。
3. 防衛性決策症候	沒有充分探索其選項、沒有充分探索決策目標、沒有檢視決策可能帶來的風險、資訊蒐集嚴重不足、選擇性注意手邊現有的資料、沒有評估其他選項、沒有應變計畫。

3. 在團體迷思的過程中，個別成員似乎喪失了自己的判斷力與批判力。因為該團體具有凝聚力，而團體規範會阻止提出異議的人發聲，成員會有順從團體意志的壓力。所以當個人的觀點和團體不同時，成員會盡量避免提出不同的見解與想法。
4. 當團體的觀點受到外界挑戰時，所謂的內團體（in-group）與外團體（out-group）的現象便會產生。內團體包括任何同意團體觀點的人，或者具有認同該團體意識或意志的成員，都可能被標籤或歸類為內團體的一份子，相反地，內團體以外的成員就屬於外團體。當成員察覺到自己在內外團體歸屬的差異時，成員之間的敵對想法與分派就有可能產生。團體迷思的概念有助於檢視團體中的訊息與事實是否受到扭曲或偏誤。團體迷思理論說明了團體決策並不見得就是解決問題的最佳方法。

> **凝聚力** 知識補給站
>
> 1. 一個具有凝聚力的團體（cohesive group）是指團體成員對彼此與團體本身有強烈的維繫關係和歸屬感。團體凝聚力是一種驅使個人歸屬於團體的動力。因此，凝聚力高的團體的成員之間的情感通常比較緊密、彼此忠誠、同志情誼強烈、成員對團體具有高的忠誠度。
> 2. 凝聚力高的團體具有以下的特徵：
>   （1）成員比較可能會留在團體。
>   （2）成員比較可能會堅持團體目標的達成。
>   （3）成員的出席率會比較高。
>   （4）成員可能接受比較多的團體責任。
>   （5）成員對團體的滿意度可能會比較高。
>   （6）成員心理苦惱的感受可能會比較少。
>   （7）成員的自尊心與自信心會比較增強。

5. 造成團體迷失形成的因素（Jain 提出）

  （1）團體的孤立。

  （2）團體領導風格為指導式的。

  （3）團體欠缺有系統的方式以提出和評估決策。

(五) 團體溝通的功能

  1. 了解其他人和自己在人際關係中的位階
  2. 說服他人
  3. 取得或維持權力
  4. 為自己辯護
  5. 引發其他人的回應
  6. 塑造他人對自己的印象
  7. 維持或促進人際關係
  8. 呈現團體合一的現象

（六）團體的五種權力來源（French 與 Raven 提出）

> 上榜關鍵 ★★★
> 測驗題考點，請區辨各種權力的不同之處。

權力來源	說明
1. 酬賞權力	基於個體酬賞他人的能力。
2. 強制權力	基於個體有對他人施以懲罰的能力。
3. 專家權力	基於個體具備優越知識、能力或專業素養，而這些都是影響他人的手段或方式。
4. 參照權力	立基於個人的特質，例如：可愛、可敬或其他能夠影響他人的特質。
5. 合法權力	立基於個人認為可以授權下命令或作決定的合法權利。

（七）社會工作者在團體工作的角色

任務取向角色	社會情感角色
資訊的探求者：藉由尋找背景資訊，強調「得到事實」。	鼓舞者：給予他人贊同、溫暖與讚美。
意見探求者：要求更多不同性質的資料，如態度、價值、感覺。	調和者：調解團體成員的衝突。
推敲者：給予額外的資訊，如改變說法、意涵。	妥協者：為了減少團體衝突，改變自己對問題的想法。
協調者：將每個資料的關聯呈現出來，並將全面的問題結合在一起。	守門員或助長者：藉著建立程序與確保公平的參與，促使團體討論順暢。
導引者：引導聚焦於主要且必須的討論中。	標準設定者：要求團體討論有標準的評估指標。
批判者：評價團體討論結果的邏輯、實用性與方法。	團體觀察員與評論家：不拘泥形式地指出正負面的團體動力，且要求改變。
加油者：當團體討論進度延遲時，刺激它繼續。	追隨者：接受其他人提出來的想法，擔任團體的聽眾。

練功坊

★ 請說明 Erikson 在「青少年期」的生命週期理論之發展特徵。

擬答

青少年期在 Erikson 的生命週期理論為第五個時期，發展特徵為「角色認同 vs. 角色混淆」，說明如下：

(1) 角色認同：青少年是探索自己是誰和建立角色認同（自我認同）的時期。由兒童轉換為成人的過渡期中，人們會探索自己所須扮演的不同角色，並藉由統整這些角色來建構自我認同。有些人會因無法統整各種不同角色與因應角色衝突而陷入角色混淆，這些人會感到困惑，不確定自己是誰。

(2) 角色混淆：亦稱「身分擴散」或「身分迷惘」，意指不整合自我的擴散或疏離。從制度的觀點而言，可能是個人遭遇到內在的或外壓力，促使個人將各部分再整合，以從事新的目標及責任。倘若人格的各部分是不一致的，則個人是破碎的，他沒有自我的意識，他的能力不能很一致的或協調的被應用。感到角色混淆的青少年，不了解社會對他的期望，也不知其生活究竟應該是如何方式。依據 Erikson 的研究，許多犯罪青少年的自我認同是有偏差的，有些青少年在成長過程中可能養成負面的自我形象，這樣的標籤容易被強化，並造成一個人內化，導致負面形象的形成。

★ （ ）未曾探索價值，未對重要價值做出承諾的青少年，其自我認定是下列選項的哪一種？
(A) 認同迷失（認定擴散，identity diffusion）
(B) 未定（認定延期償付，moratorium）
(C) 閉鎖（認定喪失主權，foreclosure）
(D) 認同達成（identity achievement）

解析

(A)。青少年「自我認定」發展的四種分類

「自我認定」發展分類	說明
認定擴散／認同散亂（Identity diffusion）	這是最不成熟的情況。此類青少年尚未經歷過危機，所以他們也尚未探索有意義的其他選擇，而他們也不對一些重要態度、價值觀或生涯規劃等作任何承諾。

練功坊

「自我認定」發展分類	說明
認定喪失主動權／取消贖回權（Identity foreclosure）	這個階段的青少年對某些特定之目標、價值或信仰已經做了承諾，但也還未經歷過危機。許多父母會以權威的方式強迫他們的青少年子女有所承諾（如上大學，念某科系），然而這些青少年卻未必有機會去深思自己的看法、信念或觀點。
認定延期償付／延期償付／延期未定（Identity moratorium）	青少年此時處於危機之中，他們正在積極地探索價值、意識型態或信仰，這時他們可能還未有所承諾，或對某種承諾只有模糊的概念。
認定達成／達成認同（Identity achievement）	在這個最後階段，青少年已經解決了衝突，而且對諸如職業、性別認定及宗教意識型態等做出堅定的承諾。

★ （　）下列有關青少年自尊心的研究發現，何者錯誤？
(A) 青少年的自尊心在國中階段最低
(B) 多數青少年的自尊心在青春期會顯著改變
(C) 青少年的自尊心與短期達成目標的能力有關
(D) 青少年的自尊心在青春期沒有巨大改變

解析

(B)。自尊心（self esteem）的研究發現，自尊心會隨著青少年階段而改變，通常在早期的時候（12-14歲）顯得最低。因為少年在此時多半自覺性很強，而他們對自我的概念也比較容易被影響，這對女孩尤然，特別是較早熟及較早開始與異性交往的女孩。另一個有意思的發現是，自尊心似乎並沒有因從國中進入高中而降低。值得注意的是，多數青少年在整個青春期的自尊心並無多大的改變。選項(B)所述「多數青少年的自尊心在青春期會顯著改變」有誤。

重點 2 青少年期（二）

一、犯罪理論

（一）差別接觸理論

Edwin Sutherland 的差別接觸理論（differential association theory）主張，犯罪行為是在家庭、鄰里社區、同儕團體學習而來。人們會內化周遭情境的價值觀；故若其在生活情境中常有機會接觸到犯罪言行，且無機會接觸非犯罪文化，則較可能發展犯罪行為。在親密團體內的學習經驗會決定個體是否會觸犯法律；那些觸法者即是學到了觸犯法律、犯罪技巧和合理化犯罪的行為。

（二）無規範理論

Robert Merton 的無規範理論（anomie theory）解釋犯罪和偏差行為，主張偏差行為是因在達到高社經地位的過程中受到阻礙所致。認為社會同時存有被讚許的目標以及達成此目標的方法。當社會中的特定人士想要達成此目標，卻無達成此目標的管道時，就會導致無規範；因無法以合法方式達到目標，所以採用非法方式尋求滿足。Merton 主張被歧視團體的犯罪率較高，這包括貧窮者、少數民族。這是因為他們達成目標的阻礙重重。

（三）偏差次文化理論

偏差次文化理論（deviant subcultures theory）主張某些團體會發展支持犯罪行為的態度和價值觀。低社經地位者會比中產階級更容易發展犯罪文化。

（四）控制理論

控制理論（control theory）質疑為什麼人們不會犯罪？此理論主張多數人都傾向於觸犯法律，故而必須抑制和控制人們避免觸犯法律。控制理論認為有三個因素可避免犯罪：

> **榜首提點**
>
> 各個犯罪理論是解析實務案例必備的知識，故請紮實準備；在應用上，可從案主問題的陳述上，判斷以運用哪一個理論為主，並據此提出相關診斷與處遇；但有時亦可融合二種以上理論進行診斷與處遇；社工可扮演的角色，請詳加研讀。亦即，準備上以測驗題為主要考點，但如在申論題有關青少年之偏差行為，則可以將相關理論導入運用於解析中。

1. 藉由社會化的過程建構個人之內在控制，強烈的道德良心可避免犯罪。
2. 藉由依附於家庭等小團體中可避免犯罪，因為人們會擔心被重要他人拒絕和否定。
3. 因為擔心被逮捕和被監禁而避免觸法。

(五) 社會聯繫

Hirschi 認為當青少年受社會聯繫（social bonds）控制時，則可減少偏差行為；此社會聯繫包括父母、學校活動、學校、高教育和高職業抱負、信奉傳統道德規範。社會聯繫強度越低的青少年，越可能會參與幫派活動。父母有犯罪行為、讚賞偏差行為，以及未被溫暖對待，會導致社會聯繫變弱。

> **知識補給站**
>
> 莫拉萊斯（Morales）將幫派區分為四種類型：
> 1. 犯罪型（criminal）：犯罪幫派的主要目的是藉由犯罪活動以獲取物質，包括偷竊、勒索、贓物買賣，以及違法藥物的取得和販賣。
> 2. 衝突型（conflict）：衝突幫派較屬於地盤勢力取向，並且與侵犯、羞辱其鄰里的人或團體有暴力衝突。強調須被尊重和自我防衛。
> 3. 逃避型（retreatist gangs）：逃避幫派關心的是酒精、古柯鹼、大麻或其他藥物的使用。人們為了要能持續取得藥物而加入幫派。不同於犯罪幫派利用藥物來獲取金錢，逃避幫派則是想藉使用藥物逃避壓力才結合。
> 4. 狂熱／超自然／神秘團體（occult groups）：某些幫派會崇敬邪神，此即所謂超自然團體。超自然係指維持某事物之神秘性或信奉超自然神秘力量。然而並非所有超自然團體都會涉及犯罪活動或崇敬邪神。這類團體的成員多半是成人。

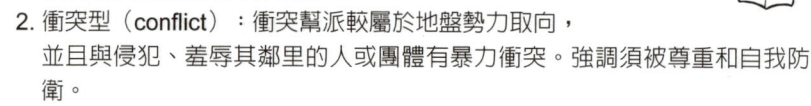

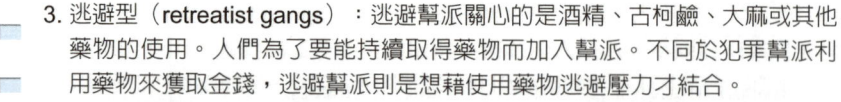

二、標籤理論與青少年偏差行為

> **上榜關鍵** ★★★★
> 解釋青少年的偏差行為，標籤理論相當重要，請以申論題方式準備。

(一) 標籤理論

提出學者：標籤理論（labeling theory）係由 Edwin Lermert 所提出，並由 Howard Becker 衍生發展。

(二) 理論意涵

1. 標籤理論研究社會問題時，強調主觀面的研究。標籤論的基本觀點是當一個人的行為被扣上偏差的帽子時，偏差者就會被迫接受團體所指派的偏差身分與角色，這個情境對個人有相當的影響。
2. 標籤理論認為，偏差並不是個人行動的本質，而是由於別人利用規範規則來

制裁犯罪者,才產生的結果。偏差行為者亦即是被標示之人,偏差行為即為人們加以標籤化的行為。標籤論認為個人被標籤的結果,會產生「自我實現預言」(self-fulfilling prophecy)的效果。

3. 這種作法即是所謂的「扣帽子」。其實,偏差就是被標上標籤的過程,也是行為被定義為偏差的過程。

> **上榜關鍵** ★★★★
> 標籤理論的核心概念為個人被標籤的結果,會產生「自我實現預言」的效果,所以在少年事件之處理上,不主張以刑罰為主要的手段,而係以減少標籤化的作為為主。例如:審前轉向制度、保護管束等。

(三)標籤定義

1. 社會學家 Howard Becker 認為:「社會團體經由制定規範,而同時也創造了偏差,因為遵奉規範的反面就是偏差,應用規範來界定某些人,並指稱他們為局外人(outsiders)。」
2. 偏差不全是由個人行為的品質來決定,而是由規範與制裁標準來衡量。基本上,偏差者就是那些「被認為」是偏差的人,被大家認定就是決定偏差的關鍵,偏差行為正是被扣上「偏差」標籤的行為。

(四)標籤化過程

1. 社會訂定規則、規範、法律
 • 任何一個社會必須有其規則與規範,當作個人行為的準則。若是沒有這些規則、規範,就沒有偏差行為。

→

2. 規範、規則、法律加諸於個人身上
 • 這些社會規則、規範必須經過社會化方式,傳授給社會中的各個成員,讓其能遵守社會要求,符合社會期待。

↓

3. 違反者被標籤成為偏差者
 • 若是個人在社會化的過程中有問題,或是受到社會的整合程度低,必然會做出一些違反社會規則、規範的行為,而成為偏差者。

←

4. 偏差者被視為有問題者
 • 這些被標上標籤的偏差者,不為社會所接納,同時會被社會大眾投以歧視或不屑的眼光。

> 5. 社會以各種制裁處罰方式試圖加以矯正
> ・對於這些偏差者若是越陷越深，而不能自拔的話，社會將採取嚴厲的手段來維持社會秩序，達到社會控制的能力。

(五)標籤論重視的問題

1. 是誰來對問題下定義：是社會上的優勢團體和既定利益者？
2. 在何種情境下，人們或某種情境會被界定為有問題：這會隨著觀念的改變和重新定義而有所不同。
3. 標籤後的結果：通常會是自我實現預言的結果。

(六)標籤論之缺點（限制）

1. 過分強調社會對越軌者的反應，忽視了個人的所作所為。也就是說，是個人先做出某些行為後，才會被標籤，而非先被標籤後，才做出越軌行為。因此，標籤論有倒果之嫌。
2. 標籤論的焦點集中在社會的反應，不能解釋何以某人會做出某些社會認定為越軌的行為，忽視人與人之間在性格上的差異，這些差異將導致某些人有較大的越軌傾向。
3. 過分誇張被標籤身分的永久性，忽視了可改變被標籤角色的命運。
4. 標籤論將被標籤者看得非常被動與軟弱，似乎給人一個標籤，對方就一定會接受，從而終身影響其對自己的看法。忽視了「自我標籤」的問題，也就是別人給你一個標籤，接納與否，還得看個人的看法與行為。

三、青少年藥物濫用、酗酒、、就業、自殺議題

上榜關鍵 ★★★
請對本議題有清楚的了解，俾利於申論題運用。

(一)藥物濫用

1. 依賴

依賴（dependence）指的是對化學藥物的重複使用或有強迫性使用的傾向或渴望（不一定為濫用），為易上癮藥物所導致。這種依賴可能是生理或心理上，也可能兩者皆有。當生理依賴發生時，一旦使用者停止使用藥物，會經

歷身體上的戒斷症狀。戒斷症狀可能會有不同型態及嚴重度，由輕微發抖到致死的抽搐。

2. 藥物使用之理論
   （1）生物理論（biological theory）聲稱藥物所產生之生理變化，最終會產生無法抗拒用藥渴求。並假設有些人的基因具備濫用特定藥物之傾向。例如：有些專家相信基因在某些人的酗酒傾向中扮演一定角色。
   （2）行為理論（behavioral theory）認為人們因藥物帶來快樂而用藥，繼續使用則為避免戒斷症狀。
   （3）互動理論（interaction theory）認為藥物使用是經文化中與其他人互動而學習的。例如：人們喝酒是因為喝酒被廣泛接受。互動理論聲稱使用大麻或古柯鹼等非法藥物的人，是因為接觸到鼓勵體驗非法藥物的藥物次文化。

> **上榜關鍵** ★★
> 108年首次出題，各項使用藥物的理由，必須清楚理由及其說明，並能正確搭配，以利測驗題正確選答。例如：好奇、為了紓解壓力，是屬於何種使用藥物的理由。

3. 青少年使用藥物的理由（Atwater 歸納）。

使用藥物的理由	說明
1. 實驗型	剛開始是基於好奇，會在短期內嘗試不同藥物，但不會長期使用。
2. 社會休閒型	藥物使用是基於社交的目的，只會使用層次較低的藥物來助興。
3. 情境型	藥物使用有特定目的，例如：考試或睡眠問題，不小心會不自覺而成癮。
4. 強化型	此類使用者是因個人問題或壓力情境所導致，當變成慢性慣用者或個體長期壓力未能解除時，便會成癮，只能依賴加強藥物的劑量來紓解壓力。
5. 強迫型	此類使用者已有身心因素的依賴，例如：酒、藥癮者，未使用藥物會出現身心症狀。

4. 共依

有共依（存）關係（codependency）的人由於深陷在其所喜愛的事物當中，通常會疏於管理因上癮所造成的傷害，而喪失自我。共依關係是在混亂過程中所學習到的不健康行為。有些有

> **上榜關鍵** ★★★
> 共依概念應用在藥物成癮上，相當實用，請思考實務案例的應用，並清楚社工的處遇方式。

共依關係的人們就如上癮者一般的不正常，有時甚至會更嚴重。與上癮者共同生活會引發過度照顧、壓抑個人需求、低層次的自我價值感及緊張的關係。有共依關係的人的生命及自我會陷入同住之上癮者之每日生活問題當中。

5. 社工運用實務

（1）目前已被運用在預防青少年藥物濫用的各種方法之中，已反映了各種不同的理論取向，包括以知識為主的、情感、社交技巧、家庭技巧訓練，以及如何拒絕同儕的方法等，有些方法已被確定為有效的。通常，這些預防方法的目標包括針對個人、同儕團體、學校或社區等。雖然個別最佳的預防方法並不存在，但研究證實，有效的預防措施包括加強保護因子，例如：社交技巧、家庭凝聚力，以及與學校進行連結，並降低相關的危險因子，例如：削弱藥物成癮的原因等。

（2）最近的研究發現，當要設計有效的預防措施及介入計畫時，事先針對青少年的認知功能進行評估是非常重要的。在針對介入性研究文獻的探討中發現，其強調應將危險因子與保護因子 知 視為主要的介入目標，並且需將增強危險及保護因子的介入模式成為一個重要的工作方式，以作為預防青少年藥物濫用的有效計畫方法。

（3）社工人員在治療有共依關係的人所扮演的角色包括：諮商者（counselor）、教育者（傳遞關於上癮及共依關係之資訊）；催化者（帶領治療團體）；仲介者（將共依關係者與自助團體及其他社會服務資源做聯繫）；方案發起人（主動者）（在缺乏或沒有治療課程的社區中，發展共依關係者的課程）。

> ■ Richard Jessor 提出的理論定義出五個系統，當中均有會影響青少年危險行為的保護因子及危險因子，分別為生理／遺傳、社會環境、所感知的環境、人格特質，以及行為等。在這些系統中的每一項均存有危險與保護因子。例如：在社會環境系統當中，其危險因子為貧窮、規範的失序狀態、種族的不平等，以及非法的機會等；其保護因子為優質的學校、具凝聚力的家庭、鄰里資源，以及願意關心的成人等，這代表一件很重要的事，就是其指出了影響青少年危險行為的雙向觀點。

（二）青少年酗酒

1. 在一項長達 20 年針對有關酒問題青少年的縱貫性研究當中，Jessor 找到了

一個分辨酗酒者問題的因素,這些因素分別為:酗酒者的個人特質、所處的社會環境,以及他們其他的行為模式等。
2. 在個人特質因素當中,通常有酗酒情形的人比較不會依循傳統的價值觀,例如:他們不重視學業上的成就、宗教信仰或一般所謂的非偏差行為。
3. 在社會環境方面,他們會認為父母與同儕間的價值觀差異很大,且較容易受到同儕價值觀的影響,而這些同儕的確也較容易有關酒的行為。
4. 因此,酗酒也算是一種偏差行為。換言之,酗酒的青少年會比其他青少年更有可能出現其他類型的偏差行為,例如:性行為等偏差行為。因此,青少酗酒行為的預防要比有其他問題行為的青少年來的重要。

(三) 青少年的就業

研究發現,工作時數多寡會對青少年引發有正面或負面的影響。一般來說,每週工作 15～20 小時將有助於改善他們的自尊及對學校的滿足感,成績也較沒有工作的同學們來得好。同時在研究中也發現,當青少年每週工作時數超過 20 小時將會產生負面的影響,青少年工作時數如此之多也顯示他們具有高層次的心理困擾情形,包括了低自尊的情形,同時他們也比較容易發生觸法,以及酒精與藥物濫用等情形。總之,青少年適當地投入工作可以鼓勵他們培養責任感、自主性,以及提供未來就業的機會。

上榜關鍵 ★
測驗題考點。

(四) 青少年自殘
1. 「自殘」或非自殺性的自我傷害是愈來愈讓青少年領域的專業人員關注的議題。自殘(self-harm)是一種「自傷」(self-mutilation)的過程,就是有意的傷害自己,藉以降低心理壓力或改變心情的行為。
2. 依估計,社區的樣本之中,大約有 8% 的青少年有自殘的行為,其中女生又高過男生。針對臨床個案的研究則發現高達 21-61% 的人有自殘行為。
3. 自殘通常都是秘密進行,從青少年時期就開始,這種行為會引發許多強烈的情感,例如:羞恥和內疚,而且通常會形成不斷自殘的上癮行為。
4. 雖然自殘的原因很多元,許多專家相信情緒的表達和控制是主因。最常被提及的原因則包括取情緒的紓解、因應、預防解離狀態的發生、帶來愉悅的感受、表達痛苦的感覺、自我撫慰、自我懲罰、重現受虐的經驗。自殘被認為和以下的因素有關:身體和性虐待、強迫症、身體形象和飲食障礙、失落、酗酒、暴力行為、同儕間的衝突,以及衝動控制上的困難。

(五) 青少年自殺
1. 青少年自殺原因
 (1) 壓力增大:現今許多青少年會對自己所承受的多方壓力感到不安,這些

壓力可能和目前的社會和經濟環境有關。另外，自我期許高的青少年壓力更大，也更有可能會自殺。

（2）家庭議題：家庭風暴和家庭瓦解會導致青少年自殺。

（3）心理因素：心理因素通常和憂鬱有關，原因之一是低自尊。當自認無能時，人們就會發現自己很難向外界尋求支持以克服壓力 知 。無助感和無望感也可能導致自殺。

> **知識補給站**
>
> 有助於促進青少年抗壓能力的各項因素：
> 1. 與他人間的正向積極與養成關係。
> 2. 與父母間的關懷關係。
> 3. 具有安逸型的氣質、樂觀，以及對於未來抱持著有正向積極的想法。
> 4. 具有內在的控制信念，以及良好的自我調節能力。
> 5. 具有積極的應對方式。
> 6. 有良好的社交技巧及社會支持。
> 7. 與父母間有積極正向的關係，並擴及其他的家庭成員。

2. 自殺評估「SAD PERSONS」量表

（1）SAD PERSONS 代表意義（Patterson 提出）

上榜關鍵 ★
了解自殺評估「SAD PERSONS」量表的英文字母縮寫意義，俾利選擇題選答。

S	Sex	性別
A	Age	年齡
D	Depression	憂鬱
P	Previous attempt	之前嘗試自殺
E	Ethanol Abuse	濫用酒精
R	Rational Thinking Loss	喪失理性思考
S	Socail Support Lacking	缺乏社會支持
O	Organized Plan	有組織的計畫
N	No Spouse	無配偶
S	Sickness	無疾病

（2）SAD PERSONS 得分處遇方式

總分	臨床處遇建議	計分方式
0-2 分	回家後持續追蹤	在評估自殺者時，每一個情況均代表一分。例如：有憂鬱情緒的人會在憂鬱得一分，另外又有酒癮則會累加為二分，以此類推。
3-4 分	緊密追蹤；應考慮住院	
5-6 分	強烈建議住院；視個案能否信守接受追蹤之安排而定	
7-10 分	住院或監禁於醫院	

3. 自殺預防與危機干預
   （1）內涵：要成功預防自殺，社區資源不可或缺，因此須增權社區。假若缺乏資源，則社工人員就必須倡導新方案或擴展服務機構的服務內容。社區系統可採用很多方式來協助自殺預防，包括：預防自殺任務小組、危機專線、以學校為中心之同儕協助方案及社區專業人員訓練方案。
   （2）自殺預防模式／干預方案
      A. 預防自殺任務小組：可有效評估個案服務需求及提供必要的服務內容。此任務小組是基於特定目標而籌組，通常附屬於某機構或社區內；此小組規劃設計工作目標，並在目標完成後解散。這個任務小組的成員可由各機構中對此議題有興趣的專業人員及社區居民共同組成。
      B. 危機專線電話：可針對特定危機類型提供服務，例如：家庭暴力或潛在自殺者；亦可針對各類型危機個案進行危機干預或提供資源轉介資訊。其優點為當有自殺想法時，個案即可打此電話尋求最需要的協助。危機專線的工作人員須接受完整自殺預防訓練，也須二十四小時均編制工作人員接聽電話。
      C. 同儕協助方案：藉由訓練青少年擔任志工同儕諮詢者，提供同儕學校青少年自殺防治的諮詢服務。
      D. 社區專業人員及其他照顧者之自殺預防訓練：照顧者包括任何潛在自殺者可能求助的對象，例如：神職人員、家人、護士、老師和朋友。盡可能訓練多一點的照顧者，如此一來，當潛在自殺者向這些人求助時，可增加其得到適當協助的機會。

四、青少年未婚懷孕議題

（一）影響青少年發生性行為的關鍵因素
1. 生長在單親家庭中的青少年會有較高的性行為發生機率。
2. 參與教會和學業表現良好者較不易發生性行為。
3. 有良好的親子溝通關係者較不易發生性行為。
4. 過早便有約會的經驗較易發生性行為。
5. 父母的管教方式太鬆或太嚴則青少年較易發生性行為。

> **上榜關鍵** ★★★
> 申論題、測驗題考點，請詳加研讀；尤其測驗題考點非常細微。

> **上榜關鍵** ★★
> 測驗題選項勿被混淆。

（二）青少年未婚懷孕
青少年未婚懷孕最危險的因子是貧窮，貧窮會使得受教育機會減少，醫療照顧不足、所得到的機會不多、較高的輟學率、容易感到無助和孤立。

（三）未婚懷孕的後果
1. 過早懷孕對母親及兒童都會有所影響。對嬰兒而言，主要的影響是體重不足，以及可能有較高的死亡率，而根據統計，每 5 個未婚媽媽中，只有 1 個會在懷孕最關鍵的前 3 個月接受產前檢查。對母親而言，特別是對年輕的母親而言，她們發生併發症及死亡率的風險有增加。
2. 過早懷孕所造成的長期後果是因為她們過早輟學的關係，所以導致其學歷並不高，而這點可能會造成其他問題的發生，像是找不到好工作、收入不高，以及成為社會福利的依賴者等問題。除了經濟方面的困難之外，她們多半也會有一些社會關係方面的問題，例如：高離婚率，不穩定的關係，以及更多的非預期生子等問題。此外，對這些非婚生子女而言也會造成長期的影響，當他們到了青少年時，可能會有較差的學業成就、行為和情緒方面的問題，以及有更大的可能性是他們也會成為未婚父母，並且生活在貧窮之中。

（四）影響青少年性行為與未婚懷孕的四個相關因素（Peter 和 Crockett 提出）

> **上榜關鍵** ★★
> 4項相關因素請確實讀懂，測驗題考點

因素	說明
1. 生理因素	生理發展被假設為對青少年性行為有很大的影響，這也容易造成未婚懷孕與生子的問題。這個階段的生理發展可由兩個部分影響青少年的性行為：一是直接由荷爾蒙對大腦作用，而間接作用則來自外表較成熟的改變，如此改變代表對較成熟性行為的期待。
2. 性虐待	青春期前的性虐待經驗可能會影響少女的性行為、未婚懷孕與生子，然而這兩者為何會有關聯卻仍有待釐清。

因素	說明
3. 偏差或問題行為	有偏差行為的青少年通常也比較容易發生有性行為及未婚懷孕的情形。Jessor認為性行為不過是青少年眾多問題行為的一種症狀，而他更進一步推測青少年會有這些所謂的問題行為是因為他們想要變成成年人，或者青少年想透過這些行為以取得同儕的接納與認定。更簡單地說，在青少年中所出現未婚懷孕和性行為的現象屬於一種「偏差的生活型態」（deviant lifestyle），屬於眾多問題行為中的其中一種。
4. 規範的期待	社會期待往往影響青少年進入不同的生活階段，換言之，如果他人期待青少年進入大學，然後結婚，再有小孩，則他人這樣的看法並未影響青少年的生命發展。研究發現，在國中時期就有性經驗的少女，通常在那個時候就有了成人時期才有完成的生涯計畫，如完成學業、找工作，然後結婚生子，而當時沒有性經驗的少女，則較少想到這些計畫。研究也同時發現了相關現象，即該少女的母親如果有較早的性經驗，其女兒的性經驗也較早，這種現象的產生可能與其母親對性持較開放的態度，或受遺傳影響，母女的生理發展都較早熟等有關。

（五）小爸爸

> **上榜關鍵** ★
> 測驗題考點，請完整準備；藍字部分加強區辨。

1. 研究發現，小爸爸對參與撫育這件事是有意願與興趣的。然而，這些小爸爸通常必須面對從他們女朋友父母而來的敵意，並且通常小媽媽與他的家人會做出與嬰兒有關的決定，因此，當要為嬰兒做決定時，社會工作人員應該要將小爸爸的意見一併納入考量中。
2. 要成為一個小爸爸通常會伴隨一些缺點，許多小爸爸決定要提供經濟上的支持，通常這是代表要輟學的意思，而離開學校之後，這些小爸爸只能選擇一些薪資不高的工作。
3. 小爸爸在參與嬰兒的輔育過程中，其參與情形在第一年後將逐漸減少，除非是有較困難的工作（指當嬰兒或女友需要支援時），以及在撫養孩子上有太多需要他們處理的事情時則另當別論。因此，有件事情是很重要的，就是當社會工作人員對小爸爸付出關心，以及提供服務的時間點，是落在嬰兒出生後的第2年時，情形將會更好。新的服務計畫應針對嬰兒的照顧與營養知識，提供小爸爸相關的教育訓練。在過去，這些課程只提供母親來上課，但最近的趨勢已改為可以提供父母雙方共同參與的訓練課程。

（六）降低青少女未婚懷孕情形的相關建議

1. 擴大性教育的措施：除了性教育以外，仍必須教導青少年有做決定、生活技能，以及生涯規劃等能力。有許多在學校進行的課程即強調教導青少年解決問題與擇善固執的能力，使其能夠在適當的時機拒絕可能造成懷孕的行為。

2. 增加獲得避孕措施的管道：許多人相信，取得避孕措施管道的增加能降低青少年未婚懷孕的情形，而學校的保健中心應該是發送這些措施的好地方，因為學校是以社區為中心所設置的，而學生比較不覺得到保健中心是一件不光榮的事，而且那裡的工作人員與學生的互動較密切。美國一個著名的例子是「健康迎頭趕上」（Health Start）計畫，該計畫主要是在學校課程中提供初級與預防服務，內容包括身體方面、緊急照護、心理健康照顧與社會工作諮詢輔導等。

3. 給青少年有更多的生涯選擇：有許多未婚懷孕的媽媽其實與其所擁有的有限社會資源有關，因此，我們有必要改變這些青少年所處的社會環境，使他們覺得人生還有其他的選擇。有越來越多的學者相信，我們必須降低青少年出現可能導致懷孕風險的動機。Edelman 用很簡單的語言表達了這個觀念，她說「最好的避孕措施就是給她們對未來的希望」。

4. 提升社區參與及支持：大家很容易將性教育視為父母及學校的責任。許多研究顯示，父母給子女的性教育其實非常少，我們知道當親子間對性知識的溝通增加時，青少年使用避孕措施的機會便會增加，但除此之外，我們仍需直接在社會全方位的層次上繼續努力推廣性教育，如果我們能改變社會大眾對於性教育的態度，則我們就能夠強化在家庭計畫服務方面的成效。

五、青少年性向議題

上榜關鍵 ★★★
以測驗題為主要出題考點。

（一）性向相關名詞

項目	說明
同性戀（gay）	許多非同性戀者用 gay 來指稱男女同性戀者。雖然多數女同志認為雖然 gay 是個通稱，但當其他人說起 gay 時，大多指男人而非女人。媒體現在開始用 gay man 及 lesbian 二詞。
同性戀（homosexual）	這個字可以同時代表男同志與女同志，但通常這個字並非為一般優先的用字，因為「同性戀」這個字眼通常會伴隨有負面的刻板印象意涵。

項目	說明
女同性戀（lesbian）	是專屬女同志的用詞。
雙性戀（bisexual）	指的是在情感與性需求上可以為任一性別的人所吸引。
同志	許多非同性戀者用 gay 一詞來指稱男女同志，然而多數女同志認為雖然 gay 是個通稱，但當其說起 gay 時，大多指男人而非女人，「女同志」（lesbian）與「男同志」（gay），用詞有所不同。
性別認同（gender identity）	指的是個人對自身的性別意識。
跨性別（transgendered）	是指這些人認為他們所屬的性別，與傳統上依生理特徵所認定的性別是有所不同的，跨性別者包括了變性人（transsexuals）、扮裝皇后／國王（drag queens／kings），以及變裝者（cross-dressers）等。因此，跨性別者可以是男同性戀者、女同性戀者、雙性戀者或是直同志者（straight），一般通常會將同性戀者與跨性別者統稱為 LGBT（lesbian, gay, bisexual, transgendered），或是 LGBTQ（除上述四種類型外，再加上有其他問題情況者）。
同志驕傲（gay and lesbian pride）	所有人，無論是同志或異性戀，都需要一個社交場所，以自在地展現自己，並感覺自我歸屬。同志驕傲（gay and lesbian pride）與同志群體便在這種需求之下產生。
內化的恐同症／主觀的同性戀厭惡感	1. 有些同性戀者或雙性戀者很容易忽略別人對他們的偏見，然而有些則會產生一種強烈的自我厭惡感，這種厭惡感稱作「主觀同性戀厭惡感」（internalized homophobia），就是指同性戀者對自己的同性戀或雙性戀有負面感覺，通常和憂鬱症、低自尊或強烈自我防衛有關，這會嚴重影響他們建立親密的能力。 2. 有較低的主觀同性戀恐懼症者之原因 　（1）對於他們是同性戀或雙性戀可以大方公開地讓朋友或親人知道，尤其是讓異性戀者（heterosexuals）知道。 　（2）告知伴侶性向的女同志們。 　（3）有強力的同性戀圈內及圈外支持系統者。 　（4）告知母親自己性取向的同性戀者。

項目	說明
內化的恐同症／主觀的同性戀厭惡感	3. Sleek 提出對社會工作人員幫助有主觀同性戀恐懼症案主之方式建議 （1）與案主一起討論他的早期經驗，以及他如何因應面對自己是同性戀的感受。 （2）挑戰案主對性別角色的認定及想法。 （3）檢視你自己本身對性別角色的認定，以確認你不是只接受傳統觀念的異性戀者。 （4）成為角色模範。如果社會工作人員是同性戀者，並且曾經處理並克服自己的主觀同性戀恐懼症或自我輕視感，則正好可以提供他們一個正向的模範角色。
出櫃（coming out）	指的是個人從自我認知到公開承認同性戀傾向的過程。鑑於周遭無所不在的恐同言論與刻板印象，這段過程通常極為漫長而艱辛。
同性戀恐懼症（homophobia）	同性戀恐懼症是指社會對於同性之間性關係的恐懼與仇恨。在社會中，權力與特權是由性偏好所建構而成的，而異性戀則是制度化的產物。因此，對異性戀的認同與否便被認為是決定個人是否正常的標準，如此一來，各種孤立與壓迫便加諸在男女同性戀者與雙性戀者身上。

（二）同性戀形成原因

1. 生物理論
   （1）基因：基因理論的主要論點為人的性取向是由基因所控制。研究並指出同性戀取向的基因因素占了 30% 至 70% 之間不等。
   （2）腦結構：同性戀男性的下丘腦只有異性戀男性的一半大。晚近的研究無法證實同性戀與異性戀男性在腦結構有何差別。
   （3）荷爾蒙：認為荷爾蒙種類與分泌量造成同性戀取向。至今仍無任何證據顯示荷爾蒙與性取向的關聯的性趣與性行為。

2. 社會心理理論
   社會心理或行為理論強調同性戀行為如同其他行為，是學習而來的。在早期生活中，同性戀行為或許藉由愉悅的經驗而獲得正向的強調與鼓勵，又或許透過負面的懲罰而遭受壓抑。

（三）同性戀認同形成過程

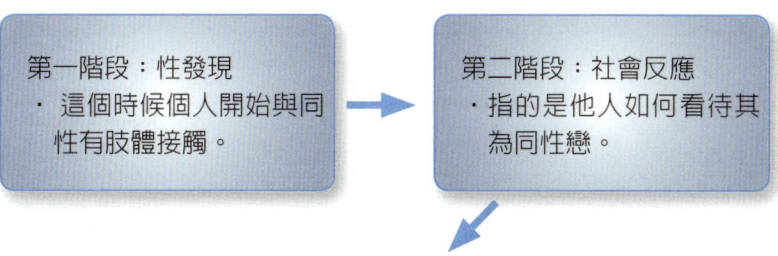

第一階段：性發現
- 這個時候個人開始與同性有肢體接觸。

第二階段：社會反應
- 指的是他人如何看待其為同性戀。

第三階段：認同
- 牽涉一連串事件。剛開始個人對自己與眾不同的性取向感到不安與困惑。例如：個人面對同性的舉止反應可能與異性戀的認同相衝突，然而隨著時間往前推移，個人開始正視自己為同性戀者，並面臨新身分調適問題。

（四）出櫃的過程／四個階段

> **上榜關鍵** ★★
> 準備上以申論題為方向，俾利在實務題可加以運用，尤其是社會工作者的角色。

1. 出櫃的過程／四個階段

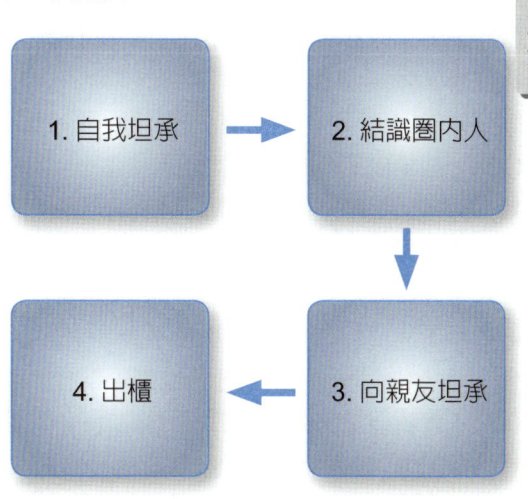

1. 自我坦承 → 2. 結識圈內人 → 3. 向親友坦承 → 4. 出櫃

2. 同志青少年所面對之特殊挑戰

（1）有些研究者分析同志青少年所面對之特殊挑戰，有四個主要階段，通常是按順序地，但也許在執行到某個階段中會停止，而且也根據每個人不同的特質或背景等會有所差異。

（2）Troiden 指出第一階段是「感覺階段」，青少年開始感覺到和一般社會大眾不同之處；第二個階段為「認定混淆」，青少年對他們的性取向產生的掙扎與矛盾，試圖在沒有參考準確性資料及同時面對大眾對同性戀

的負面看法時，提出自己的真實感受；之後，他們往往確認了自己的性取向，進入所謂第三階段「認定階段」；在最後第四階段「認定」中，他們確認他們的性取向，並願意用正面思考及生活方式來面對人們自己，願意承擔外來壓力及挑戰。

3. Sauerman 對想向父母出櫃的青少年提出的建議。

> **上榜關鍵** ★
> 各項建議請詳讀，注意細節，為測驗題考點。

（1）你自己要很清楚。當你接受了自己的性取向，並且你覺得這樣做是舒服且快樂的時候，那就告訴他們吧。然後重要的是要向父母表達這件事，但是若你自己還覺得這個決定會令你不舒服或不快樂時，他們將會在你的言語及情緒上感受到不一致，然後就會試圖要說服你放棄這個決定。

（2）當事情的進展對你與父母都算順利時，或是在這段期間他們相對上算是平靜時，就可以對他們表達你的性取向這項事實。

（3）不要在爭執的期間選擇出櫃，以避免這件事情可能會成為引發大家感到痛苦的一樣武器。

（4）在一開始時只選擇告訴父母當中的一位是較好的，如果這麼做對你來說會比較容易或比較舒服時，但切記最重要的是最後一定要讓父母雙方都知道這件事。

（5）開始時要先告訴父母，你是愛他們的，若你平時並不常對父母這麼說時，則可以找一些積極正向的想法與父母分享。

（6）準備好面對當父母聽到你所說出的這個消息時，所會出現的沮喪與傷心的情況，你父母可能會出現憤怒，但你要試著不要以抵抗與憤怒的態度回應他們，同時你也要準備好也許你的父母會告訴你：「我已經知道這件事好多年了。」又或是他們什麼都不說，每個父母的反應都不會相同。

（7）要給你父母一點時間和空間，好讓他們可以消化這個消息。

（8）告訴他們，你依然是同樣的一個人，你並沒有改變，並且你希望他們未來能夠繼續愛你。

（9）試著維持暢通的溝通管道，你父母會需要有一段時間的調適，他們可能會感到內疚、夢想破滅，或是對未來有更大的不確定感。總之，有時他們就是需要經歷一段時間。

（10）取得一些可供閱讀的資料，並提供給你的父母閱讀，同時要取得在地同志協會的電話，以幫助你的父母可以隨時求助。

（11）讓你的父母從情緒中走出來，有可能比你要跟他們討論出櫃這件事來得更重要。當你的父母並未準備好要在此時繼續談論這個議題時，不要強迫他們要更進一步的討論這件事，有些時候，他們只是需要一點

時間和空間,以消化這些訊息並且整理出一些頭緒。
4. 出櫃過程的社工角色
  (1) 自我坦承階段的社工角色
    A. 提供案主相關資訊,教導同志何為性別認同、何為性取向等是有必要的;讓同志也該了解同性戀並不是一種疾病。
    B. 審慎務實地評估同志出櫃的可行性。出櫃有其利弊,有利之處在於緩解伴隨假面生活而來的恐懼與焦慮,甚或是促其參與社會活動,聯合其他同志共建支援系統。此時轉介地方同志組織將有所助益。出櫃的弊端包括了在就業上與其他社會場合對同志的差別待遇,以及與親友決裂的可能。任何關於出櫃的可能風險應當仔細斟酌考量。
  (2) 結識圈內人階段的社工角色
    根據 Lewis 所論,這個階段的重點在於尋求一個安身立命的社群。社工協助建立社會支持體系,以協助同志克服自身的恐懼與社會刻板印象的壓力。結識圈內人階段的社工人員應當能夠警覺自身的態度與偏見,並掌握同志議題、追蹤來源,在維護社會關係和諧為前提下,以彈性的手段處理個案,以提高案主的權益;此外,還要有心理準備和恐懼同性戀團體合作,以解決問題。
  (3) 向親友坦承階段的社工角色
    大部分同志選擇先向朋友坦承出櫃,因為要向家人坦承比較困難。但另一方面,要不向家人坦承也不是一件容易的事,因此,社工在同志進行坦承前,應對同志所面臨的心理與社會壓力進行診斷評估與輔導。
  (4) 出櫃階段的社工角色
    即公開自己的性取向,社工必須事先評估利弊得失,即,在各個可能的情況下,考慮其同志身分可能帶來的利益或風險。

六、青少年愛滋病的處遇

(一) 社工人員應扮演多重角色,協助感染愛滋病的病患或帶原者「增權」,同時預防並(或)減少 HIV 的散播。當社工面對愛滋病患或帶原者時應採取在面對其他族群時所使用的專業技能,社工所能提供的服務包括:輔導對方接受 HIV 檢驗、提供諮商、教育一般大眾及高危險群如何減少感染他人風險、支持帶原者的家人和朋友並提供必要資訊。

(二) 愛滋病患或帶原者所需要的服務。包括:相關資訊及教育、危機處遇、個案管理、協調組成支持團體、協助組成治療小組及成長團體、介紹對方所需要

的服務和支持、成立支持網絡為他們發言、爭取財務和法律上的協助、爭取應有的社福權益、提供專門收容愛滋病患或帶原者的寄養家庭資訊、安置無家可歸的愛滋寶寶。

(三) 增權，是社工人員在協助愛滋病患或帶原者時最重要的觀念。所謂的增權就是指讓我們肯定自己，覺得我們能夠控制自己的人生。增權會讓對方產生希望。

(四) 重新建立人與人之間的聯繫可以幫助愛滋病患或帶原者增權。感染HIV往往會讓一個人覺得孤立無助，與原有的生活失去聯繫。社工人員可以幫助愛滋病患或帶原者與他人重新建立親密的聯繫。支持系統是非常重要的，所謂的支持系統包括：家人、朋友、親密伴侶或同事等等。

(五) 透過支持團體，我們也能做到增權。在支持團體裡，當事人可以碰到類似處境的人，會覺得自己並非那麼孤立無援，也能明白有人了解憂慮和感受。除此之外，參加支持團體可以讓他們有機會明白別人如何克服類似的難題。社工人員通常可以扮演這種支持團體的催化者。學得適應技巧可以協助愛滋病帶原者增權，社工可以說明並強調過去所採用的處遇技巧，讓支持團體的成員受惠。

愛滋病

愛滋病為後天免疫系統失調的一種疾病，是由人體免疫失調病毒（HIV）所引起的，這種病毒會破壞人體的免疫系統，而導致各種感染。有些病毒或細菌對健康的人是沒有傷害的，但是對免疫系統失調的人會引發疾病，最終導致死亡。在一個人的身上發現這種病毒時候，我們稱之為「陽性反應」。

〔知識補給站〕

七、親子衝突

上榜關鍵 ★★
藍字的部分，曾經為測驗題考點，即可知考題出題細微，請詳加研讀各內文之說明。

(一) 威信型教養
1. 威信型的父母是給人溫暖及願意參與的，但他們教養的原則是堅定且具一致性的。Steinberg認為父母應多學習威信型的教養方法。在青春期時，父母在威信式教養概念允許的範圍內，鼓勵青少年發展出屬於自己獨特的觀點與信念是一件很重要的事。研究指出，威信型父母所教養出的青少年，在學校的表現較好，報告中也發現這些青少年較少出現焦慮、憂鬱，以及較少出現類似反社會的行為表現。

2. 威信式父母如何引導青少年正向積極的結果的方法（Steinberg 提出）
   （1）這種具滋養性的關係（nurturing relationship）增加父母的影響力。
   （2）這種教養方式可以提供青少年支持與指導，並幫助他們發展出較佳的自我規範能力及增加競爭力。
   （3）這種互諒互讓的關係可以促進青少年對人際主動上的認知，並增加在社會上的競爭力。

(二) 親子衝突

> **上榜關鍵** ★★
> 藍字的部分，詳加留意測驗題考點；衝突的功能，請以申論題方式準備。

1. 在過去，一般人認為父母與青少年子女的關係多半是衝突、不愉快的，而且有所謂的「代溝」問題，但最近這樣的看法已有所改變，因為研究發現多數青少年與父母的關係良好，他們常以父母為主要的諮詢對象，並能感受到被愛、被關懷。至於衝突或意見不合多半發生在日常生活的瑣事上，並且這有可能是因為對於親子衝突的這個觀點，要看是由誰所認定的。青少年常提及這些都是很小的衝突，並且他們對於與父母之間的關係是感到很愉悅的，然而，父母也許不會如此看待。

2. 研究顯示，親子間衝突多始於青少年期的前期階段，並且其特點為爭吵、不良的互動、不常進行彼此分享的活動，以及缺乏情感上的表達等，這些爭執多發生於青春期，有些研究者認為這是由於家庭正在適應子女生理方面發展的結果。就發生的頻率而言，通常這樣的衝突大概每週發生 2 次，約為一般已婚夫妻的 2 倍，而衝突發生的原因則與一般人所想像的剛好相反，親子間的衝突多始於早期，而且多集中在日常小事的爭執，例如：在幾點回到家、分擔家事、學校等，而不是一般人認為為了價值觀、政治觀與社會議題等爭議。

3. 許多學者相信，親子間的衝突其實也有其功能，這項論點是依據下列三種理論：
   （1）就社會生理的觀點來看，這個時期的衝突讓青少年能夠有機會脫離其家庭，並進而與異性交往，對建立自己的家庭做準備。這個觀點是建基於對一般靈長類動物的觀察，認為此乃進化的一部分，透過內部的不和，使其能向外發展，尋求伴侶。
   （2）Holmbeck 和 Hill 則從心理分析及社會學理論的觀點來解釋此種衝突。他們認為此衝突能夠促進青少年達到個別化與獨立的目標，而且也可以讓青少年對其父母的態度較趨實際與成熟，也可視彼此的關係變得比較平等。
   （3）由 Smntana 的認知發展觀點認為，衝突表示兩代之間對家庭規則與事件

的看法迥異，而造成差別看法則源自於思考能力的發展，所以原本是一件大家都要做的事（如保持房間內整潔），在青少年中就變成了個人的事（這是我的房間，所以我有權決定要不要清掃），正由於父母通常所抱持的是遵守社會規範的態度，所以衝突自然便會發生。而在青少年早期及中期，他們通常視社會規則是任意制定的，並非有一定的規則可循。

4. 因為青少年正面臨獨立的議題，究竟青少年和其父母的依附關係該到什麼程度？對青少年而言，穩固的依附關係，就如同一個幼兒一樣，有助於青少年的健全發展，但心理分析學派的人卻是相反的看法。不過研究顯示，和父母有安全依附關係的青少年通常比較獨立、自信心較高、發展比較健全，而且心理困擾與偏差行為也較少。

八、青少年網路沉迷議題

上榜關鍵 ★★★
請以申論題方式準備，並對社會工作者之因應策略有清楚的論述能力。

(一) 網路沉迷的定義
1. 網路沉迷在臨床上的特性是指過度地使用網路（通常與工作或學習無關的內容），而導致個體在社會、心理、生理損害的一種上網行為。
2. 英國心理學者 Griffths 認為網路沉迷係一種「科技成癮」（technological addiction），並假設成癮源自於一種或多種的網路使用特性，亦即複合媒介特性（hybrid media），屬人機互動（human-machine interaction），而非物質涉入的行為性成癮，通常有特定的誘因與增強因素而導致該行為傾向的持續增加。
3. 美國匹茲堡大學心理系教授 Young 表示，個體為逃避現實生活壓力及其所衍生的挫敗感，很容易因為網路的虛擬性、即時性、匿名性等工具性特色，選擇沉溺於網路世界，藉以宣洩現實生活中的不適或尋求滿足。長期下來，將勢必排擠其原先的生活作息、社交與休閒活動，造成生理與心理健康上的創傷，例如：大腦前額葉血流下降，影響認知思考之運作，甚或誘發攻擊性行為。

(二) 網路沉迷的主要特徵
1. 忽視生活重要活動（例如：家庭、學業、健康），而花費許多時間在網路上。
2. 強迫性地不斷檢閱電子郵件或相關即時通訊。
3. 網路離線時，腦海中不斷浮現網路上的內容。
4. 必須花費越來越多的時間上網才能得到相同的滿足感。
5. 依賴線上交談而不願面對面與人互動（逃避現實社交）。

6. 爲掩飾上網時間、內容，而向親人師長說謊。
7. 睡眠不足、肩膀手腕酸痛、手腳麻木、視力減退等。

(三) 青少年網路沉迷之心理分析
1. 需求論觀點
認爲沉迷網路的重要原因在於現實生活許多「需求」未獲滿足，因而轉向網路虛擬世界尋求替代。
（1）生理需求與網路沉迷
　　A. 隨著青春期的一系列生理變化，青少年開始產生朦朧的性意識和性衝動，對於性的訊息充滿好奇，伴隨著資訊科技的精進，色情資訊在網路上的傳播有高度的隱匿性，提供了一個宣洩與滿足性好奇的管道，各種「未設限」的色情網站滿足了青少年對性的好奇心與性生理方面的需求。對色情資訊觀看次數愈多的青少年，愈認爲觀看色情媒體會增加其性知識，所形成之偏差觀念將對其性態度與性行爲造成嚴重影響。
　　B. 青少年接觸色情資訊的管道相當多元，但以網路的可近性最高。網路虛擬場域的本質必然會擴展使用者對色情資訊的接觸，因爲網路上可以匿名，實體距離遠，加上使用者「感覺上」比較不必爲自身的言行負責，亦即使用者在網路世界中「去抑制性」（disinhibition）、「去個人化」（de-individuation）的觀念被強化，產生「責任擴散」效應，進而強化使用者接觸網路色情資訊的動機與期待。
（2）安全需求與網路沉迷
　　A. 網際網路的高度虛擬性讓使用者真實身分不易被辨識，這種缺乏面對面的人際互動賦予使用者高度的安全感，提升了使用者雙方的自我揭露（self-disclosure）程度，而自我揭露的水平正是衡量網路親密關係的重要指標。
　　B. 「超人際媒介」（hyper-personal medium）概念：亦即使用者坐在電腦螢幕前，沒有人知道自己真實的身分，覺得很安全；有時反而覺得與螢幕中另一端從未謀面過的人更爲親近。使用者會對對方透露許多個人的心事，即使只用鍵盤表達自己，也會對對方表達較多的情感。
（3）愛與歸屬需求與網路沉迷
　　青少年可能因爲在現實生活中家庭氣氛惡劣、被同儕團體的排斥或與異性交往受挫，在愛與歸屬的需求未能滿足的情況下，轉向於網路尋求友誼或情感上的支持、依附，並也因網路的高度互動性，形成快速且立即性的增強效果，加以網路世界溝通的「去抑制性」，包括缺乏面對面的

視覺線索，除去個體主客觀條件上的限制，創造對等公平性等，讓青少年願意去除生活中的防衛心態，敞開胸懷，快速地建立友情。因此青少年更樂於經營、參與網路虛擬社群的互動，透過頻繁的互動，更加深了成員間彼此在友誼或其他方面的依賴，而對該族群形成相當程度的歸屬感。

(4) 自尊需求與網路沉迷

A. 自尊的需求一般包括渴望實力、渴望名譽與聲望、面對生活的自信心等。在升學引導教學，以智育成績掛帥的學習氛圍中，使得青少年在唸書以外的資質與潛力都被忽視與壓抑，造就他們完全以學習成績來決定自己的價值與印象，成績較差的青少年，找不到自信與肯定自我價值的來源。

B. 網路的虛擬實境可以滿足使用者的自尊，包括「自我尊重」與「受人尊重」，以網路遊戲為例，讓使用者不是孤零零一人進行遊戲，而是可與其他人同時進行。青少年參與其中時，在不斷得分或過關晉級的過程中達到滿足與自我肯定，並享受與多人線上並肩作戰的歸屬感、過關斬將的成就感、受到隊友肯定的滿足感等，由其他網路使用者的認同、讚許或崇拜而證明自我的價值。

2. 精神分析論觀點

(1) 精神分析學派認為個體在現實生活中不免遭遇挫折與衝突，個體為解決這些衝突，並符合外界的期待，乃轉向以社會認可的方式來表現，而這些被壓抑的部分則會轉入個體的潛意識中。網路的虛擬特性，讓個體無礙地表達出潛意識的自我，透過網路來處理現實生活中未能表達的欲望以及所遭受的痛苦、衝突及挫折，使用者可以在此虛擬場域中公然地表露自我內在的情緒，而不用受到「自我現實原則」與「超我道德原則」的限制。

(2) 易言之，沉迷網路其實相當程度地反應了使用者於現實生活中遭逢的問題與困擾，特別是發展中的青少年族群，經常需要面對來自學校、家庭、人際等方面的壓力事件與負面情緒，在主客觀支持條件與資源都缺乏的情況下，大多消極地逃避，選擇沉浸在幾乎同於真實社會的虛擬場域，透過各式各樣的網路活動內容與互動方式，直接或間接地滿足其於真實生活中所缺乏的支持與內在需求，因應現實生活負向刺激的不適感。

(四) 對青少年沉迷網路的因應策略

1. 關注孩子的發展心理需求，開放地進行建設性的交流

(1) 「需求論」認為個體沉溺於網路虛擬世界之目的，乃在於滿足現實生活

中未能獲得關注與滿足之需求。而沉迷網路的原因複雜，每位網路沉迷者的行為模式及其心理社會問題皆不盡相同。學校輔導教師、學校社工師宜先釐清孩子使用網路的實際情況，包括：喜好的活動類型與內容、主要的網路互動模式、上網的動機等，更具體地了解孩子實際的心理需求，並與其討論難以忘懷與割捨的根本原因。

(2) 過程中，「同理心」與「積極傾聽」的態度是必要的，而非先入為主地否定孩子所有的網路使用內容，孩子在被接納與被了解的情境中，可以安心地表達心理的感受，揭露自己所面臨的困境。以網路遊戲為例，可與孩子討論其所崇拜的角色楷模，並邀請孩子說明最欣賞該楷模的特質或事蹟。透過間接虛擬角色的隱喻（metaphor），可以去除孩子的自我防衛，進而引導他們敘說內心的需求。細心的輔導者能從討論中釐清當事人的生活目標、所關心的生活問題以及對自己的期待。

(3) 另外，學校輔導教師、學校社工師亦可從「生態觀點」（ecological perspective）來檢視影響孩子沉迷的因素，包括：來自家庭、課業、同儕、異性交往、自我認同等部分，據以對照性地分析，擬訂出確切的輔導策略與方向，協助孩子走出禁錮的虛擬世界中。

2. 鼓勵孩子拓展多元的人際關係，建構正向的社會支持網絡

(1) 研究發現網路沉迷者有較高的社會焦慮感，他們在現實生活中缺乏正向的社會支持，有較強烈的孤獨寂寞感，因而轉向網路尋求虛擬友誼，並寄望從中獲得歸屬感。由此可見，具有人際相處障礙可能是影響網路沉迷之重要因素。學校輔導教師、學校社工師應可以協助孩子體認網路人際互動並非唯一的社交支持來源，同時與之分享過度沉溺虛擬社交可能引至之風險，例如：相關的網路被害案件、網路幽閉症等。同時提醒網路自我保護原則，如謹慎登錄個人基本資料、避免單獨赴約、辨識風險情境等。

(2) 另外，鼓勵孩子將網友對自己的評價（例如：幽默、機智、有義氣等）轉移至現實生活中，協助認識並學習拓展多元人際互動的方式與管道，並教導他們如何面對人際衝突與維繫人際關係之技巧，以在同儕間營造共同關注的話題，導引學生次文化的正向發展，建立正向的社會支持網路。

3. 提供具有替代性功能的生活經驗，轉移沉迷風險

(1) 從精神分析論之觀點，「逃避」是個體保護自己免於陷入現實困境的心理防衛機轉之一。研究發現，網路沉迷者多藉由沉溺於網路以逃避生活中各層面上的不適應與壓力，例如：缺乏自信、人際挫折與學業挫折等。

在仍以升學為導向的教育環境中，社會大眾向以「學業成績」來評定學生的能力，此舉不免將人類智力的解釋過於窄化為學習書本知識的能力，同時也讓部分孩子無法在「課業學習」上獲得成就感與自我肯定。在頻繁地經歷受挫經驗後，選擇沉溺於網路虛擬社群，從網路遊戲的過關斬將中享受為人尊敬的成就感，逃避受挫的現實情境。

（2）因此，師長宜從「多維取向（multidimensional approach）」的觀點看待孩子的多元智慧，針對孩子的個別差異，善用「真實性評量」、「實作評量」或「檔案評量」，使每個孩子都能獲得學習成功的經驗，從而肯定自己的價值，滿足其自我肯定的需求，協助孩子認清網路並非獲得成就感或舒緩挫折經驗之唯一管道。

4. 從豐富的社團活動與課程來預防網路沉迷

結合各學科教師、導師、輔導教師、學校社工師、行政人員等組成一工作團隊，透過學校課程之設計與多元化的社團經營模式，強化孩子對學校生活的歸屬感（belonging），同時亦能提供孩子正向社交互動之機會；另方面亦「相對排擠」孩子上網的時間。

5. 協助孩子自我覺察過度使用網路的影響

「覺察是改變的開始」，個案要能「自覺」（self awareness）其網路沉迷，方能引發改變的動機。學校輔導教師、學校社工師要讓個案回顧過度使用網路對自我生活的影響，可列舉明確且具體的生活實例，例如：同儕的疏離、外表的消瘦、近視的加深、成績的低落、重要他人的感受等，讓個案強烈的感受到「之前」與「之後」的差異與影響。

6. 進行周邊教育，建構網路被害危機處理機制

導師、輔導教師、學校社工師、家長等若具備基礎的網路使用素養與技巧，將能了解孩子於網路世界中的活動內容，適時介入不當的網路使用行為，並能辨識網路使用風險，提前預防或即時反應孩子網路沉迷現象。包括：

（1）了解網路沉迷高危險群之特徵，能即時辨識，進行個案分級管理。

（2）建構網路沉迷之預警指標，包括學生的缺曠課狀況、學生學習表現檢視，特別是對於學業表現異常退步學生的篩檢與追蹤、師生互動之回饋情形、主要休閒活動內容與地點。

（3）將網路使用、網路相關法律常識、網路被害社會事件等資訊融入各課程教學中。

（4）將學生的網路被害案件列為校園危機處理之項目，適時啟動。

（5）與警察單位、學校輔導室、社區心理衛生機關建立暢通的聯繫。

九、青少年中途輟學議題

（一）中途輟學學生之類型

1. 安靜的輟學者

- 以此類最多，這些學生是屬於低成就。主要特徵是：不引人注目、沒有什麼特殊表現或嚴重的外顯性行為的問題。

2. 低成就的輟學者

- 「低成就的輟學者」，與「安靜的輟學者」一樣飽嘗失敗的學校經驗。
- 兩者之間最大的區別，在於前者會對長期的失敗做出回應，即以干擾及喧鬧的方式來表現，所以在學校是醒目的一群，會藉由逃學來逃避就學的方式以避免課業的失敗，所以在得以離開學校之前，通常會產生缺席的狀況。

3. 高成就的被退學者

- 此類型是數量最少的，這些學生在課業的適應上並無問題，通常缺席時數過多或個人行為方面的問題，是造成他們被退學的主要原因。
- 而缺席或行為問題的發生並非由於其缺乏能力或失敗所致，有可能是因為他們自認為能力強或又具創造力。與學校僵化的課程顯得格格不入，或認為學校的課程太過枯燥，抑或是自己本身因具有健康、經濟或家庭方面的問題，而導致其行為上的問題。

4. 在校的輟學者

- 本類通常不被列入在輟學的名單之中，因為一直留在學校中，也接受了完整的教育課程，然而卻具有輟學的實質，因為雖身在學校，但事實上卻已中斷學習。
- 這類學生在校不斷遭遇學習上的失敗，但卻因學校仍具有補償的因素，使得他們雖然學業表現差又屢遭失敗，卻仍願停留在學校中等待畢業之日的到來。這些報酬因素有可能是運動技能，使得他們認為學校仍具有吸引力，並透過運動獲得成就感；或是因為好朋友都留在學校中，基於人際的吸引，才決定留校就讀。

（二）中途輟學的成因分析

（一）個人因素 1. 智能偏低，學習效果不佳。 2. 健康欠佳，例如：身障、遭受意外傷害或重大傷病、精神異常等。 3. 同儕關係不佳。 4. 因懷孕或結婚被迫中輟學業。	（二）家庭因素 1. 家庭社經地位低落，影響子女的學習意願與成就。 2. 家庭經濟不佳，子女必須外出工作。 3. 家庭發生重大變故，子女頓時失去依靠。 4. 父母管教方式不當；與孩子間溝通不良。 5. 家庭暴力家庭 6. 單親家庭。
（三）同儕因素 1. 受不良同學影響。 2. 與同學關係不佳。 3. 受到霸凌 知。	（四）學校因素 1. 制度不當，如學生偶有過錯，屢犯不改者，即強令轉學，而這些問題學生推至他校，往往成為輟學生。 2. 學校缺乏社工人員。 3. 師生關係不良、不當或責罵、體罰。 4. 教材及課程艱澀、僵化及缺乏彈性。 5. 考試壓力過大。
（五）教育政策因素 1. 部分學校對於「臨時輟學」學生常存觀望態度，報與不報時有延遲，對於整體輟學學生通報事務及權責規範亦不熟悉。 2. 整體教育投資長期不足，學校的物理環境、心理環境及文化環境，尚難建立多元教育內涵，留住所有可能中途輟學學生。 3. 中途輟學生的追蹤與輔導亟待學校與心輔、社政、警政、司法單位合作，而學校與社會輔導資源整合不易。	（六）社會文化因素 1. 社會急劇變遷，社會價值觀偏差。 2. 都市化和工業化，增加青少年適應的困難。 3. 社會充斥著犯罪率高的場所。 4. 社會幫派入侵校園，誘使青少年誤入歧途。

> **霸凌（bullying）**
> 1. 霸凌類型：
>   （1）直接霸凌：以侵害、欺凌身體為主。
>   （2）間接霸凌：以言語、心理、社會或「群我關係」等恐嚇。
> 2. Nansel 進行的研究中發現，霸凌者與受霸凌者兩者間均有在環境適應上的調適困難，以及有不易交到朋友的經驗等情形，而憂鬱與焦慮等情形更常被發現在曾有過被霸凌經驗的孩童身上，或是同時經歷到霸凌他人與被他人霸凌的孩童身上。
> 3. 現有解決霸凌的介入措施或策略的類型已不足以解決霸凌問題，因為要依賴成年人辨識出霸凌者通常是無效的，因為成年人（包括老師）往往被證明無法有效辨識出霸凌者，並且通常也太高估他們的辨識能力。
> 4. 有些學校會運用團體的方式來試圖解決霸凌的問題，然而，若是霸凌者也同樣在團體當中時，則這種解決方案就是有問題的。若學生也能夠有同等地位的權力可以使用時，則運用同儕的力量來進行調解將是有效的方法。然而，因為霸凌是一種欺凌的型態，因此要達到權力平等是很困難的。

（三）有關中輟生特質的研究結果顯示，有幾個因素可以預測中輟現象的產生：缺乏參與、缺乏興趣、貧窮、單親家庭、父母不參與少年生活的決策、校園裡的偏差行為、留級、成績不好、懷孕、每星期超時工作（15 小時以上）和都會生活。其實，中輟現象和能力不足並沒有關聯，中輟生的智力分數通常都有達到平均值。整體而言，中輟就是學生開始不想參與學校教育和生活。預防中輟的方案通常聚焦在找到高危險群的目標案主群、改善他們的學業成就、改變他們對學校的態度、同時降低他們的缺課率。最近的方案明顯地就是想使入學率有所提升。逃學、慢性曠課和翹課等問題，是大部分學校都想要解決的主要問題。目前預防輟學的方案很少進行成效評估。現在的趨勢比較傾向於提早預防，不應該等到高中才開始，最好初中，甚至從小學就開始。由於有些學校的中輟生比例太高了，所以預防策略必須從改變整個學校組織和結構著手，因為（針對中輟生）個別化的處遇方案已經不可行。因此，正確預防性的焦點應從學校全面性的工作著手，減少中輟生對教育過程的疏離感，增加學習的動機與興趣。

上榜關鍵 ★★
畫底線加強研讀，建立正確觀念，測驗題就能輕鬆應答。

（四）協助中輟學生的社工作為

上榜關鍵 ★★★
申論題的考點，請加強處遇之論述實力。

1. 中輟生
   有關中輟的研究發現，有幾項因素可以解釋中輟

的產生,包括:貧窮、單親家庭、父母不參與少年的決策過程、偏差行為、留級、成績不好、未婚懷孕、每星期超時工作及都會生活。
2. 協助中輟學生的社工作為
(1) 意涵:應以三級預防制來進行初級的預防與進階的專業處遇,包括一級的預防宣導教育、二級的處遇與治療、三級的追蹤輔導,以全面性、多元性地協助中輟學生。
(2) 各層面作為
   A. 家庭層面
   (A) 家庭具有提供支持性的功能,也是社會化的重要場所。如果家庭功能完善,中輟的發生率應會降低。有完善的家庭功能及良好的家族支持系統,個人與環境將能取得平衡,整個生態系統將便不至於失衡或解構,系統中的個人也才能正常的生活。有完整的家庭支持系統者將有助中輟生復學。也就是說,家人支持與配合度高者,中輟生回復正常學業與生活的比率會較高。
   (B) 要了解中輟生復學的家庭正向力量,透過家訪是一項重要的方式。藉由家訪可以達成從建立關係,到了解案主的家庭及其支持系統概況的目的;而經由家系圖及生態圖的使用,更可明了案主有哪些正向或負向的互動與支持力量。藉由找出介入干預的切入點,釐清正向力量並強化此部分以及正視負向力量,並尋求解決處遇的方式,協助輔導中輟生。此外,缺乏適當的親職教育功能的父母,進行親職教育課程,期待案主父母的角色功能能有所發揮,並採取更正確的態度與技巧去教養案主,產生督促中輟生回歸正常生活的功能。
   (C) 另外,許多中輟生係因家庭貧苦須外出工作,因此家庭的經濟補助資源應予連結。正向的資源包括:協助案家向政府申請低收入戶、向民間機構申請相關經濟補助。經濟層面的改善有時的確能協助案家暫時改善狀況,有時甚至就此改變案家經濟狀況。
   B. 學校層面
   (A) 在中輟輔導三級預防制中,學校屬於第一層級,也就是最底層的預防階段。青少年的學生時期,除了家庭生活外,大部分時間幾乎都在學校中度過,因此學校教育的角色在青少年階段有舉足輕重的地位。根據經驗,在學校層面導致中輟者多以學習困擾、適應困難、學習低成就、人際關係失調及情緒障礙等為主。因此倘若學校的教學不夠生動來吸引學生、教師的關注力及敏感度不足,

將會降低學生就學意願，中輟問題也容易因此產生。
(B) 規劃不同型態的生動課程，由學校或連結相關社福機構資源，規劃戶外休閒活動，減少學生中輟的可能性。此外，辦理研習以提升教師等相關輔導人員的專業知識和輔導技巧，例如：「中輟聯繫會報」等，透過專業知能研習與不同領域的專業人才互相交流，而達到資源共享的目的。

C. 社會層面
(A) 青少年次文化形成同儕支持動力，而同儕之輟學經驗是促成中輟行為之重要因素之一。
(B) 青少年彼此之間的流行語，成了辨認「世代」的標誌。次文化不一定是偏差行為的代名詞，而是從事中輟生輔導時可以從中找出正向支持力量的工具之一。許多團體發展各種活動方案以了解青少年次文化、進而降低中輟生發生率；而志願服務與多元性社團的發展也協助工作者得以更有效的協助中輟生。
(C) 培養青少年參與正當的戶外活動，有預防犯罪及性侵害的效果。
(D) 辦理高危險群學生團體（有中輟或中輟之虞、或行為觀念偏差的學生），藉由短期分次的小型團體活動，使學生於活動中探索自我，能以同理心的角度去關心生活周遭的人等，都可減少中輟的可能性。
(E) 結合社區針對高關懷少年活動進行外展服務，主動協助中輟青少年生活適應、預防與矯治偏差行為之發生，預估可有效提高中輟生的復學率。社區的支持資源若能整合，對發揮預防、治療、復健這三方面功能應有顯著之效果。另連結當地區域之資源，例如：透過與社區資源結合辦理預防宣導等研習、青少年成長團體、父母親親職講座等活動，加上例行辦理的獎助金補助、中低收入戶申請、學雜費減免等以避免中輟發生或協助中輟生復學，都是很實際且有功效的方式。

上榜關鍵 ★★
藍字的部分，曾為測驗題考點，由此可見，考題出題相當細微，請將本部分的內文詳加細讀。

十、寄養家庭青少年的自我形象。

(一) 在青少年階段，自尊感常受到父母之管教差異的影響，也和家庭凝聚力及對家庭的歸屬感有關，根據這些發現，寄養兒童常有一種低自尊的特質，因為沒有緊密的家庭關係，造成了他們在自尊及認知上的混淆，有超過98%的兒童是因為家庭失去功能

而進入寄養的服務中。

(二) 有一些事實可以證明將孩童從失功能家庭中帶出，因為減少他們接觸不當家庭互動及衝突機會，的確可以幫助他們增加自尊，然而這些兒童也容易有心理社會及生理上的問題，卻和日後行為及學校問題有高度的相關性，因此近來社會工作及政策上，視寄養家庭為一種幫助這些孩子的主要手段。失落感是這些寄養兒童所要經歷的，他們要失去他們的家庭、同儕關係及社區，這些都會影響他們如何看待自己。事實上，自尊是一般心理健康的主要關鍵，對寄養青少年來說也占有一席之地。

(三) 研究發現，失落感的程度規模會影響孩子如何看待自己，但家庭支持性少時，社會關係之研究相對比較重要，因此，將小孩從高衝突家庭狀況安置到另一個寄養家庭，提供了發展其他知識關係的機會，以建立正面自我形象。另外安置的數量也是一個因素，研究指出，低自尊往往是因多次安置，例如：多次安置會影響孩子對道德的概念及行為標準，如果一個「好行為」的標準不斷地改變，對孩子們來說，他們很難建立正確好壞的價值感。但安置時間長短也會影響孩子的自尊，因為孩子最終仍要回到自己原本的家庭中，若他在一個穩定寄養家庭中待得越長，對孩子要回到原本家庭是不利的。

(四) 學業成就在自我形象中影響著兩大方面：一是職業及教育目標，二是情緒健康。寄養青少年如果成績低落，則容易產生低自尊，因為他們在面對家庭的失落感時，往往將學業成就視為必要問題，也就沒有太注意課業，且較少應用資源來解決這問題。因為他們學業成就不高，使他們日後無法找到較好的收入工作及生活品質。一般來說，對較年長的青少年對寄養服務應該是有多重選擇的，他們經歷家庭關係的不和諧和心理健康方面問題，所以更應該得到有關這些的協助資源，這對於以自我形象的青少年及其功能行為成人的相互關係更顯重要。這個觀點支持了多次安置的危險性。在做安置決定過程中，安置的穩定性是首要的問題，穩定安置可以提供青少年達到及建立支持性關係，甚至可以補償日後產生的問題。

練功坊

★ 由於第二性特徵的發育，青少年具備了生育能力，因此未婚懷孕是青少年階段的危險因素之一。請說明該如何減少青少年未婚懷孕之事件。

擬答

茲將對於青少女懷孕的預防策略說明如下：
1. **擴大性教育的措施**：除了性教育以外，仍必須教導青少年有做決定、生活技能，以及生涯規劃等能力。有許多在學校進行的課程即強調教導青少年解決問題與擇善固執的能力，使其能夠在適當的時機拒絕可能造成懷孕的行為。
2. **增加獲得避孕措施的管道**：許多人相信，取得避孕措施管道的增加能降低青少年未婚懷孕的情形，而學校的保健中心應該是發送這些措施的好地方，因為學校是以社區為中心所設置的，而學生比較不覺得到保健中心是一件不光榮的事，而且那裡的工作人員與學生的互動較密切。美國一個著名的例子是「健康迎頭趕上」（Health Start）計畫，該計畫主要是在學校課程中提供初級與預防服務，內容包括身體方面、緊急照護、心理健康照顧與社會工作諮詢輔導等。
3. **給青少年有更多的生涯選擇**：有許多未婚懷孕的媽媽其實與其所擁有的有限社會資源有關，因此，我們有必要改變這些青少年所處的社會環境，使他們覺得人生還有其他的選擇。有越來越多的學者相信，我們必須降低青少年出現可能導致懷孕風險的動機。Edelman用很簡單的語言表達了這個觀念，她說「最好的避孕措施就是給她們對未來的希望」。
4. **提升社區參與及支持**：大家很容易將性教育視為父母及學校的責任。許多研究顯示，父母給子女的性教育其實非常少，我們知道當親子間對性知識的溝通增加時，青少年使用避孕措施的機會便會增加，但除此之外，我們仍需直接在社會全方位的層次上繼續努力推廣性教育，如果我們能改變社會大眾對於性教育的態度，我們就能夠強化在家庭計畫服務方面的成效。

★（　）下列有關「主觀的同性戀恐懼症」的敘述，何者錯誤？
(A) 係指同性戀者，感知到部分社會大眾對他們的偏執與厭惡，而產生的一種強烈的自我厭惡感
(B) 係指部分社會大眾對於同性戀者，所產生種種不理性的主觀態度
(C) 主觀的同性戀恐懼症，將嚴重影響同性戀者與他人建立親密關係的能力
(D) 良好的社會支持網絡，將能協助同性戀者降低主觀的同性戀恐懼症

練功坊

> 解析
>
> (B)。有些同性戀者或雙性戀者很容易忽略別人對他們的偏見，然而有些則會產生一種強烈的自我厭惡感，這種厭惡感稱作「主觀同性戀厭惡感」（internalized homophobia），就是指同性戀者對自己的同性戀或雙性戀有負面感覺，通常和憂鬱症、低自尊或強烈自我防衛有關，這會嚴重影響他們建立親密的能力。選項(B)有誤。

★ (　) 下列有關「寄養青少年」的敘述，何者錯誤？
(A) 針對年長的青少年，寄養服務應該是「選擇性的」而不是「唯一的」安置方式
(B) 社會工作者在提供寄養服務時，應先了解青少年對自我價值、寄養經驗的看法
(C) 低自尊的寄養青少年，和其寄養時間長短、寄養經驗等因素有關係，這些都和他們後續學校適應問題與行為問題具有高度相關
(D) 多次寄養安置的選擇，才能讓青少年找到最合適的寄養家庭

> 解析
>
> (D)。選項(D)有誤。受虐或被疏忽的兒童往往會被安置在寄養家庭中，這類安置的主要目的是希望日後家庭情況好轉，孩子能夠重返家庭。有些兒童必須在寄養家庭中長住，等待回家或被其他家庭收養；有些則不斷更換寄養家庭。這種缺乏連續性照顧的情形，往往會造成許多不良的後果。虐待、忽略及不當寄養安置都會對孩子的情感及行為發展造成問題。建議寄養家庭應關心孩子過去的經歷狀況，以確實了解他們的需要。

重點便利貼

❶ 青少年「自我認定」發展的四種分類

「自我認定」發展分類	說明
1. 認定擴散／認同散亂（Identity diffusion）	係指未曾就角色和價值觀進行探索，也不曾身體力行。這是最不成熟的情況。此類青少年尚未經歷過危機，所以他們也尚未探索有意義的其他選擇，而他們也不對一些重要態度、價值觀或生涯規劃等作任何承諾。
2. 認定喪失主動權／取消贖回權／他主定向（Identity foreclosure）	係指未曾就角色和價值觀進行探索就直接身體力行。這個階段的青少年對某些特定的目標、價值或信仰已經做了承諾，但也還未經歷過危機。許多父母會以權威的方式強迫他們的青少年子女有所承諾（如上大學，念某科系），然而這些青少年卻未必有機會去深思自己的看法、信念或觀點。
3. 認定延期償付／延期償付／延期未定（Identity moratorium）	係指就角色和價值觀進行探索，但不曾身體力行。青少年此時處於危機之中，他們正在積極地探索價值、意識型態或信仰，這時他們可能還未有所承諾，或對某種承諾只有模糊的概念。
4. 認定達成／達成認同／認同達成（Identity achievement）	係指就角色和價值觀進行探索，然後身體力行。在這個最後階段，青少年已經解決了衝突，而且對諸如職業、性別認定及宗教意識型態等做出堅定的承諾。

❷ 出櫃的過程／四個階段：(1) 自我坦承；(2) 結識圈內人；(3) 向親友坦承；(4) 出櫃。

擬真考場

申論題

網路是青少年最常從事休閒活動之一,而過度的網路沉迷,對青少年之身心發展會造成不良的影響。請說明何謂網路沉迷,以及其主要的特徵。

選擇題

( ) 1. 下列有關「社會認同理論」的敘述,何者錯誤?
(A) 團體中的人們透過對於其他成員角色的理解與模仿,而產生人際互動學習機制
(B) 社會認同讓團體成員產生或維持可以迎合團體的價值與理念的態度與行為
(C) 人際互動所產生的認同感對於個體或成員的想法與行為會產生影響,這與人格特質對個體的影響有所不同
(D) 由於認同自己的團體,常會高估所屬團體的功能及價值

( ) 2. 下列對「性別角色的刻板印象」之敘述,何者錯誤?
(A) 性別角色的刻板印象不允許個體之間有差異產生,產生差異的個體容易成為被攻擊或歧視的對象
(B) 性別角色的刻板印象對於不同性別的個體,都會產生許多的束縛與壓力
(C) 性別角色的刻板印象是可以被改變的
(D) 不同性別的刻板印象,在不同文化脈絡下,幾乎大同小異

解析

申論題：

(一) 網路沉迷的定義
1. 網路沉迷在臨床上的特性是指過度地使用網路（通常與工作或學習無關的內容），而導致個體在社會、心理、生理損害的一種上網行為。
2. 英國心理學者 Griffths 認為網路沉迷係一種「科技成癮」(technological addiction)，並假設成癮源自於一種或多種的網路使用特性，亦即複合媒介特性（hybrid media），屬人機互動（human-machine interaction），而非物質涉入的行為性成癮，通常有特定的誘因與增強因素而導致該行為傾向的持續增加。
3. 美國匹茲堡大學心理系教授 Young 表示，個體為逃避現實生活壓力及其所衍生的挫敗感，很容易因為網路的虛擬性、即時性、匿名性等工具性特色，選擇沉溺於網路世界，藉以宣洩現實生活中的不適或尋求滿足。長期下來，將勢必排擠其原先的生活作息、社交與休閒活動，造成生理與心理健康上的創傷，例如：大腦前額葉血流下降，影響認知思考之運作，甚或誘發攻擊性行為。

(二) 網路沉迷的主要特徵
1. 忽視生活重要活動（例如：家庭、學業、健康），而花費許多時間在網路上。
2. 強迫性地不斷檢閱電子郵件或相關即時通訊。
3. 網路離線時，腦海中不斷浮現網路上的內容。
4. 必須花費越來越多的時間上網才能得到相同的滿足感。
5. 依賴線上交談而不願面對面與人互動（逃避現實社交）。
6. 為掩飾上網時間、內容，而向親人師長說謊。
7. 睡眠不足、肩膀手腕酸痛、手腳麻木、視力減退等。

解析

選擇題：

1. A　Tajfel 提出社會認同理論，主要內容如下：
   1. 認為人際互動所產生的認同感對於個體或成員的想法與行為會產生影響，這與人格特質對個體的影響有所不同。選項 (C) 屬之，選項 (A) 有誤。
   2. 強調社會認同讓團體成員產生或維持可以迎合團體的價值與理念的態度與行為。選項 (B) 屬之。
   3. 認為人們通常會高估他們所屬的團體以增加自我的價值感，這種傾向也包括將自己的團體拿來和別的相關團體作比較。選項 (D) 屬之。

2. D　由於性別角色是經由後天學習而來，因此個體在其社會化的歷程中，若學習到社會文化所賦予性別的特定規範，而對於性別角色及其行為的信念與態度形成一種固定、刻板、概化的標記，並產生相對應的行為傾向時，即出現所謂的「性別刻板印象（gender stereotypes）」。性別刻板印象的焦點，主要集中在「性格特質」，接著再由特質的性別化推論到其他範疇中，如身體特性、角色行為、分工與職業、兩性關係型態等。例如：「男生比較有力氣，女生比較柔弱」、「男生理科比較強，女生文科比較強」等。然而，值得注意的是，每一個文化下的性別刻板印象，不一定會適用在其他種族或族群。選項 (D) 所述有誤。

Note.

第六章 CHAPTER 6
成年期

榜‧首‧導‧讀

- Erikson 在「成年期」的生命週期理論、Kohlberg「成年期」的道德發展、Gilligan 的道德發展觀點,為金榜考點請將理論內涵詳讀。
- Carter 和 McGoldrick 家庭生命週期與家庭發展任務,除為測驗題考點外,在申論題的準備上,必須具有將生命週期觀念運用於實務解析之實力。

關‧鍵‧焦‧點

- 愛情三角理論內涵為測驗題的重要考點,諸多內容請詳讀。
- 家庭相關名詞為測驗題考點,各名詞請加強準備。
- 家庭暴力施暴成因模式,成因模式在測驗題曾為考點,必須區辨清楚;但在申論題的解析上,必須針對社工處遇有完整的準備,而這又必須回到對家庭暴力施暴成因模式之思考,請預為準備。

命‧題‧趨‧勢

年度	110年		111年		112年		113年	
考試	2申	2測	1申	1測	2申	2測	1申	1測
					1申	1測	2申	2測
題數	1	1	2	1	3	5	4	

本·章·架·構

成年期 — **重點 1** ★★★★ **成年期**
- 成年期的發展
- 成人的責任與阻礙因素
- Erikson 在「成年期」的生命週期理論／心理社會發展理論～第六階段：親密 vs. 孤獨
- Piaget 在「成年期」的認知發展：正式運思期
- Kohlberg「成年期」的道德發展～第三期：道德自律期
- Kramer 的成人認知三階段
- Gilligan 的道德發展觀點
- 成年前期的心理認知發展
- 男、女性的性別角色
- 成人的職業發展
- 社會參與及流動
- 人類兩性關係的層面
- 愛情三角理論與配偶選擇
- 孤獨與寂寞
- 性別溝通技巧
- 家庭生命週期
- 婚姻滿意度
- 為人父母之任務
- 強暴議題
- 女性與工作
- 家庭暴力
- 多元文化與社會工作

重點 1　成年期

閱讀完成：＿＿＿月＿＿＿日

一、成年期的發展

（一）成年期的一般特徵

項目	說明
成年期分類	成年期包括「成年前期」及「中年期」
成年前期	成年前期是指介於青春期及老年期之間，約在青少年的青春期之末，即二十歲出頭至三十九歲之間。
中年期	中年期是指四十至六十五歲這一階段的人。這時期是個人對社會最有貢獻的時期，亦是一個成家立業繁衍子孫的時期。尤其是從二十歲至四十歲，這一段時候的發展決定個人終生事業的成功或失敗，前途及發展。二、三十歲的階段面臨升學、就業、婚姻的抉擇。

（二）成年前期在生理發展之兩項特質

【上榜關鍵★測驗題考點。】

成年前期在生理發展有兩項特質，一為生理發展的高峰期，另一為將隨年齡的增長發展而減緩。一般人的體力在 20 幾歲時是最好的，最容易辨認此說法的方法便是檢視奧運金牌得獎選手的平均年齡，根據統計，大約只有 15% 的奧運金牌選手年齡在 30 歲以上。通常肌肉力量的發展高峰出現於 25 至 30 歲之間，該力量在 30 至 60 歲之間將逐漸減少約 10%，因此 20 幾歲乃是速度及敏捷度最佳的時候。

> 【知識補給站】
> 1. 青年期從 23-39 歲，被視為是人生的主要過渡階段，因為許多人生的重要角色都在這個時期建立。年輕人從過去對自我的過度聚焦轉移到經營親密的關係（導致結婚和生子）和穩定職涯路徑的建立，先前許多方面的發展都可以當作是為這個階段所做的準備。

2. 經濟上的獨立和做決定方面的獨立被認為是這個階段最重要的兩個層面,而這兩種能力往往也被視為由青少年期進入成年期的「正字標記」。經濟獨立多半是從學校(中學或大學)畢業之後,擁有第一份全職工作開始,這表示個人也面對了生活的重大改變,而獨立生活也意味著許多新責任的開始,許多新的責任都需要自主的決定,例如:在哪裡工作、住哪裡,收支如何平衡、和誰約會,以及何時結婚等。這個從青少年進入成人階段的轉換期間附帶了挑戰,屬於一個新的發展階段,叫做成年初顯期(emerging adulthood)。

3. Arnett是這個概念的主要支持者,他認為「成年初顯期」既不屬於青少年期,也不屬於成年早期,屬於獨特的時期。這個時期的特徵就是正要過渡進入成人的角色,有其特定的生命路徑,強調變化及探索愛情、工作和世界觀的可能方向。

(三)成年期的身心發展

上榜關鍵 ★
測驗題考點。

項目	說明
身體狀況	二十五、六歲時身體發展到達顛峰狀態,以後就以緩慢的速度逐漸減退,直到四十五歲左右,四十五歲以後則減退的程度會快一點。
動作能力	在二十歲至三十歲左右,個人的動作發展到達最高點。
智能	個人的智商在二十五歲左右到達最高峰,之後以非常緩慢的速度遞減,一直到五十多歲。

(四)成年期發展相關名詞

項目	說明
基礎代謝率(basal metabolism rate)	我們的體重之所以因年齡增長而增加,主要是受到基礎代謝率的影響,係指我們在休息狀態下所用到的最低能量,而且能量通常會隨年齡增長而減少,這代表如果我們還想維持以前的體重,我們就必須少吃一點,以彌補基礎代謝率的降低。
月經前症候群	荷爾蒙對男女都造成影響,但其對婦女影響較大。隨著月經週期地進行,婦女的賀爾蒙也跟著改變,特別是當婦女在排卵的時候,他們體內的雌激素會升到最高點,而在接近月經週期時開始下降;排卵之後,婦女體內黃體素開始增加,大約在經期的前10天,黃體素的分泌會達到巔峰,有些婦女會因此產生月

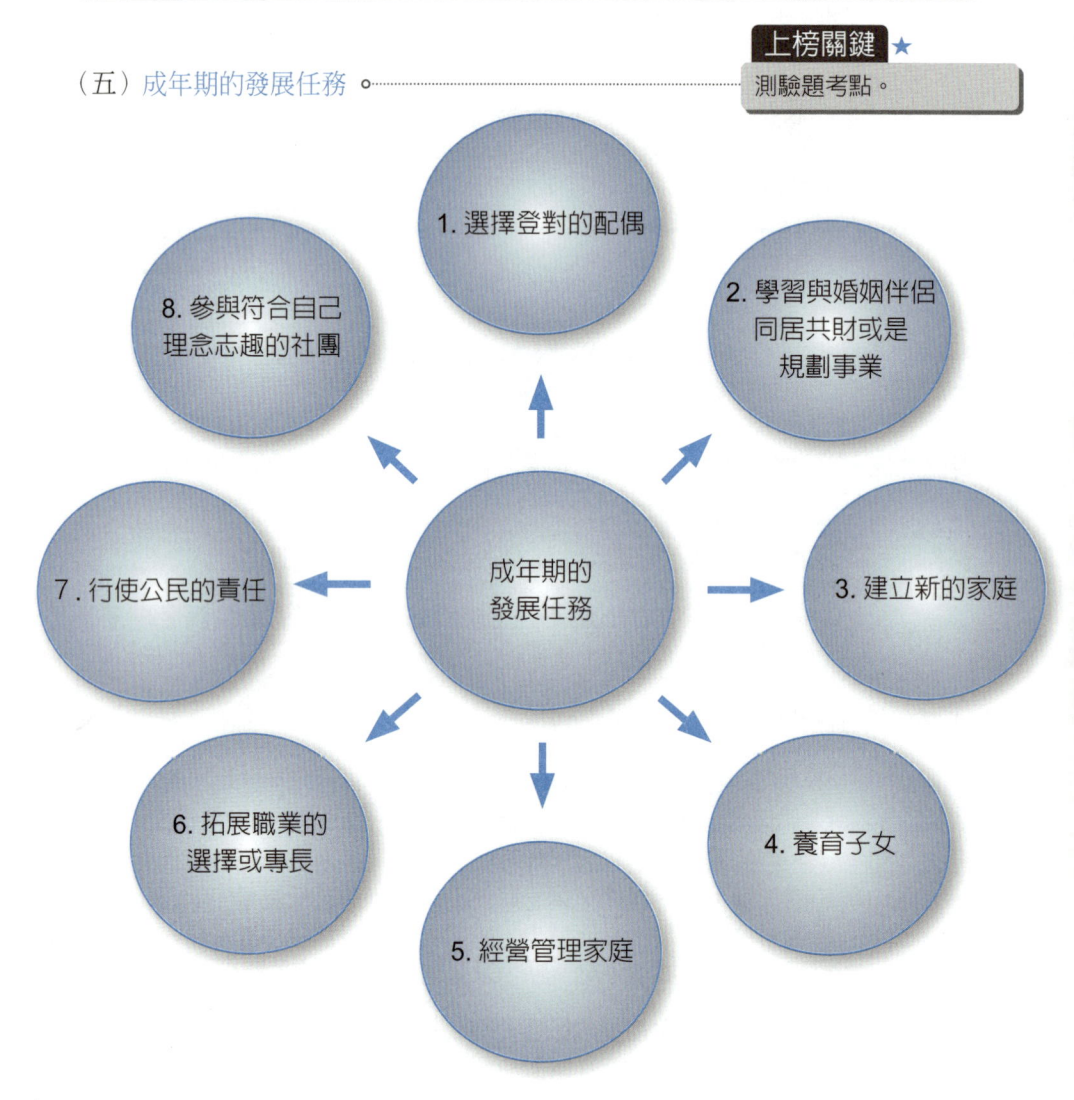

項目	說明
月經前症候群	經前症候群，此症狀會讓婦女在經期之前有胸部變軟、腫脹感、感覺焦慮不安、情緒不佳等症狀。雖然婦女會受到月經前症候群的影響，但大部分不會干擾她們正常活動，只有約10%的婦女會有較嚴重的症狀。

（五）成年期的發展任務

上榜關鍵 ★
測驗題考點。

成年期的發展任務：

1. 選擇登對的配偶
2. 學習與婚姻伴侶同居共財或是規劃事業
3. 建立新的家庭
4. 養育子女
5. 經營管理家庭
6. 拓展職業的選擇或專長
7. 行使公民的責任
8. 參與符合自己理念志趣的社團

二、成人的責任與阻礙因素

（一）成人的責任

1. 性的需求 ・成人的性需求及能力是維持夫妻親密關係的一項重要因素，亦是形成生殖家庭的基礎。	2. 生兒育女 ・擔當傳遞文化的責任，養育子女使種族延續。
3. 參與社會過程 ・為促進社會及文化的發展，成人需要壓抑一些個人的需求，以迎合他人的需求。	4. 工作 ・工作的功能必須對個人滿足，對社會亦滿意。

中間：成人的責任

（二）成人責任的阻礙因素

1. 訓練之不繼續
- 根據研究，通常在幼兒及兒童前期，父母會訓練兒童養成良好的成規及禮貌，但是年齡稍長，雙親就不再予以訓練，以為那些訓練對成年時期並不一定有益。
- 但據學者們研究，有些社會對孩子加以訓練，並告知成年時期擔當的責任，這些孩子長大後擔當成人的角色較為容易。

2. 過分保護
- 雙親過分保護兒童，不讓他遭受困境或失望，使孩子在兒童時期就無法獲得自主及天真活潑的童年生活。
- 父母的管教方式只知督促孩子勤學，而疏忽了社會化的訓練，並且限制其社會參與，不鼓勵孩子和同伴們做遊戲，這些孩子成為尼特族（Neet）知，將來即使獲得高深學位，仍然無法就業。

3. 延長同伴團體的影響

- 學生常受同伴團體的影響，尤其受教育時間愈久者，受同伴團體影響亦愈深。
- 少年時期同伴團體的價值觀，易與成年期的發展工作有很大的差異，所以受少年同伴團體影響愈深的個人，愈不易適應成年期的發展工作。

4. 不切實際的期望

- 成年人的不切實際的期望，會使調適變成複雜而困難。父母期望過高，易使子女的期望亦不切實際。

> **知識補給站**
>
> **尼特族**
>
> 「尼特族」（NEET, youth people not in employment, education, and training）為對無就學、無就業、無接受訓練的年輕人之統稱。

三、Erikson 在「成年期」的生命週期理論／心理社會發展理論～第六階段：親密 vs. 孤獨

榜首提點
必須了解「親密 vs. 孤獨」之內涵，測驗題為金榜考點；申論題則是觀念運用於實務的解析。

(一) 發展觀點

1. 成年時期是處於 Erikson 人生週期理論的第六個時期「親密對孤獨」。倘若成人的行為在前五個階段都發展良好，則必定會尋求與異性建立一種親密的感情──互愛的關係。倘若成年人無法與他人建立一種互愛的關係，亦沒有知己朋友，他就會經歷一種孤獨感，這是一種不受外界需要的感覺。
2. Erikson 認為，成年期的主要危機在於親密關係及隔離關係的建構。個人在承諾自己與另一個人的互動即形成所謂共同享有的認同感之前，必須先釐清自己的角色責任（即青少年期的任務），才懂得愛別人，一個成年人如果對自己沒有清楚的自我概念，很可能會覺得貿然踏入一個長期且具承諾的關係，有「被綁死」的感覺，因此他或她可能會轉而要求對另一半完全的依賴。

(二) 親密關係

1. 根據 Erikson 表示，成人必須將其對本身的意識，與他人的本身意識相融合，才會達到親密的關係。對 Erikson 而言，當一個人尚不能肯定自己，則要在

確定自己之後，他們才能追求其他形式的親密關係，諸如友誼、戰鬥夥伴、領導夥伴及愛情的伴侶。

2. Erikson 的親密感概念是成年期關係發展的核心，它包含三種元素：（1）和另一個人相互依存；（2）自我揭露；（3）濃情密意。　**上榜關鍵** ★ 測驗題考點。

3. 成年期是個人開始建立親密關係的伊始，此種關係是指個體能與他人分享真實且深刻的自我，換言之，也就是一種自我揭露（selfdisclosure）。獲得親密感需有一個重要的過程，即同儕間的「感情共鳴」。兩個年輕人必須帶著同等的優勢和資本進入關係。「親密」是建立在能否滿足彼此的需要、接受對方的弱點的基礎之上。其中一方想依賴時，另一方就得堅強、支撐得住，在發展的歷程中，有時雙方的角色也有可能正好相互對調。伴侶雙方都要明白，任何一方都有能力建立多種關係。「承諾」是夫或妻給予彼此的認同、支持、信任的互動需求，也是建立一種感情共鳴，讓雙方在彼此支持的過程中，認同彼此的所作所為。

（三）孤獨 / 自我孤立 / 隔離　**上榜關鍵** ★ 測驗題考點。

1. 相對於親密關係的危機，依 Erikson 的解說，也就是與別人建立親密互賴的關係，一不小心可能會失去自我認定，想到自主感、主動性因與他人過於緊密而造成界限的模糊。有的人為了建構完成的自主性而阻礙與他人的交流，特別是因為童年缺乏關愛，有著極脆弱的自我定位。

2. 個人發展成熟從父母養育的家庭，轉變到生殖的家庭，個人在成年階段可能發生的危機，是愛與職業（工作）兩方面。倘若成人不能將其整個的自我與他人的相融合，結果會產生一種孤獨的感覺，疏離感是孤獨感覺的另一種表示。

3. 孤獨是主觀的感受，它和社會孤立不一樣，雖然兩者有關聯。孤獨（loneliness）的最佳定義，是對自己的社會關係在質和量的需求程度，都未能夠達到預期水準而產生的鬱悶感受，所以孤獨不等同於獨處。許多人即使有很多朋友和人際互動的機會，他們仍感到孤獨；當然也有不少人希望能夠獨處，人際關係愈少愈好。

4. 孤獨盛行率的相關研究顯示：（1）少年和青年是最孤獨的兩個年齡群；（2）孤獨的感覺隨著年齡增加而遞減，至少持續到中年後期，就是當婚姻伴侶和朋友開始漸漸離開人世。

5. 孤獨不是單一面向的概念，它出現在生活的不同領域。孤獨在四種關係上有問題：（1）浪漫或羅曼蒂克的關係；（2）友誼關係；（3）家人關係；（4）社區關係。

6. 孤獨的因應之道
   （1）大多數協助他人因應孤獨的處遇方法，聚焦在四個領域：認知重建或改變負面的言談、提供社會支持、強化社交技巧、強化社會主動。
   （2）協助個體減少焦慮、增強安適的感受、設定留在社交情境的目標。
   （3）教導個體社交技巧，例如：如何啟動和維持交談。
   （4）在孤獨的時候，鼓勵個體能夠取得額外的社會支持。
   （5）協助個體認識到自己的想法或認知可能會造成孤獨，例如：常常自言「我不是一個有趣的人」，就很可能會迴避朋友，如果常常自言「我不知道要如何和他人互動」很可能迴避任何社交場合。
   （6）孤獨的如果獨居，會增加自殺的風險。
   （7）和其他人比較之下，孤獨的人通常沒有太正向的社會互動，所以他們僅有的社會關係可能無法保護他們免於壓力源的衝擊。
   （8）孤獨的人睡眠品質通常也不太好，所以強化他們睡眠的質和量很重要。

四、Piaget 在「成年期」的認知發展：正式運思期

根據 Piaget 的學說，認知的正式運思期在成年的早期仍延續青少年的發展部分。分析青少年及成年人的正式運思期的操作，對青少年來說，學習架構本身也是一種智力發展，對成年人來說，學習參考架構是深入了解人生各種事件的手段。

五、Kohlberg「成年期」的道德發展～第三期：道德自律期

> **榜首提點**
> 著重在發展內涵、發展階段之理解，測驗題為首要考點，其次應具有論述之實力，尤其是對理論的評論。

層次	發展內涵	發展階段
層次3：道德自律期	1. 成年期正處於柯博格（Kohlberg）的道德發展理論第三期：道德自律期。 2. 處於道德自律期的成人具有內部的行為守則。這是基於其個人的思考及分析而獲得的。其價值觀點將他人的幸福重於本身的利益。簡言之，成人能自我接受道德守則，能內控自己的行為。其道德觀具有較高層的自律，甚至能超越法律及自己的興趣。	階段5：道德觀包括個人權利及民主可接受的法律，成人認為法律是必須的，然而法律的訂定必須經過合理的思考。
		階段6：道德觀念具有個人的守則及良知。成人的行為是基於內部的倫理守則，是依照個人認為對的決策，不盡然是依照法律，是可以超越法律的。
對理論的評論	1. 並非每一個成人的道德都能發展達自律期。有不少成人的道德發展，終生停留在成規期。 2. 另有些社會化發展非常差、或人格失常，以及智能不足的成人，終生停留在道德以前階段。他們的道德只有幼兒的道德水準。 3. 柯博格的理論受到的批評是其理論是理想重於實際，有許多人不能達到自律期之階段5或6，這種最高標準只有甘地及林肯等極少數人才能達到。	

六、Kramer 的成人認知三階段

1. 絕對論	2. 相對論	3. 辨證型
個人根據經驗，對每一種問題只有一種解決方法，事實的真相只有一個，不是對就是錯，黑白分明的看法，即為青少年晚期及成人前期的推理方式。	體認到，對一些議題有正反兩面的意見，所以正確的行為及解決步驟要視情境而定，大體上在二十歲出頭至中年，是用這種模式去處理倫理兩難的問題。	這種是用正反合的辨證型，這類型的人看一件事或對人類所作所為，透過正反優缺點的評估，包容統合所有的觀點，整合開拓新的途徑，達成共識，堅持信念並付諸行動。這種正式運思期之後所發展之道德判斷行為的演進，是透過學習及歷練的過程，達到較為圓融的境界。

七、Gilligan 的道德發展觀點

> **榜首提點**
> Gilligan 的觀點與 Kohlberg 不同，係非常重要的申論題考點，務必熟稔。

(一) 提出學者

　　Gilligan（季里根）。

(二) 發展觀點

1. Gilligan 認為應考量男孩和女孩的社會化經驗。通常我們會教導男孩要有主張、獨立及強調成就，如此不免會讓他們視道德兩難情境為不同團體利益衝突的結果。對女孩而言則剛好相反，因為她們被期待關心他人福祉、同理他人，故會視道德兩難為個人需求與他人需求產生衝突的結果。
2. Gilligan 認為男性強調公義的觀點，女性則強調關懷的觀點。
3. Kohlberg 與 Gilligan 的道德理論呈現兩種不同的論述：一個強調的是權利與責任（男性的觀點），另一則強調以他人福祉為中心（女性的觀點）。Gillian 的研究提醒我們在解釋研究結果時應考慮性別問題，以提供新的方向給其他有關道德發展研究，即公義的道德觀和關懷的道德觀。

(三) 對男女兩性道德觀點差異之解釋

1. 有關成年人道德發展的相關議題中，性別差異大概是最受爭議的問題之一。Gilligan 是批評 Kohlberg 理論的主要學者，她認為 Kohlberg 對成年人道德發展的研究都是以男性為主，且認為女性在道德上的發展比男性落後，因為女性的道德發展只到第三層次，而男性則到第四層次。
2. 到底什麼才能解釋男女在道德觀點上的差異？Gilligan 認為應考量男孩與女孩的社會化經驗。通常我們會教導男孩要有主張、獨立及強調成就，如此不免會讓他們視道德兩難情境為不同團體利益衝突的結果（道德發展層次四的特色）。對女孩而言則剛好相反，因為她們被期待關心他人福祉、同理他人，所以會視道德兩難為個人需求與他人需求產生衝突的結果（道德發展層次三的特色）。因此，Gilligan 認為男性強調公義的觀點，女性則強調關懷的觀點。總之，Kohlberg 與 Gilligan 的道德理論呈現兩種不同的論述：一個強調的是權利與責任（男性的觀點），另一則強調以他人福祉為中心（女性的觀點）。
3. 為了了解女性的道德發展，Gilligan 首先針對懷孕婦女在面對墮胎或繼續懷孕的難題開始進行研究，她發現一般女性會經過下列的發展層次：

    (1) 層次一：在決策時以自我利益為主要考量。

    (2) 層次二：會為了他人的福祉而犧牲自我利益。

    (3) 層次三：主要原則在避免傷害自己或他人。最後這個層次代表了一種關懷或責任的道德觀。

八、成年前期的心理認知發展

> **上榜關鍵** ★★★
> 藍字的部分已有測驗題考點，著重細節的研讀，才能正確選答；其他部分的研讀方式亦同。

(一) 由於成年人的自我中心觀比較低，所以他們比較能夠駕馭此正式運思能力，也因此成年人能以較客觀的方式解決問題，而成年人在應用此思考能力時，也比較能夠有效的評估過去的經驗。Labouvie-Vief 認為成年期在思考上會產生新的整合，但她也相信成年人為了比較務實的態度，因此便不如青少年期那麼強調邏輯取向，也許這樣的務實取向讓成年人能夠在思考上更具彈性、更具多樣性。

(二) 許多人並沒有獲得正式運思的能力，這可能是由於許多不同因素所造成的，如遺傳上的限制，幼兒期沒有得到適當的啟發。然而，就皮亞傑的理論而言，較嚴重的問題是有很多人根本沒有達到正式運思期階段。有研究顯示，大約只有 60% 至 75% 的青少年可以解決任何正式運思期的問題，而且只有不到 30% 的成年人成功地進入正式運思期的最高階段。這代表正式運思能力並非很普及，而且可能只有少部分受過訓練的人會擁有這樣的思考能力。

九、男、女性的性別角色

(一) 女性的性別角色

1. 在成年前期時，女性通常會面對兩種非常重要的角色期待，就是婚姻的任務與為人母的任務。
2. 婚姻的任務：是指如果要成為一個成功的異性戀女性，妳必須要能找到一個結婚的對象。事實上，要成為成年女性代表必須要結婚，這使得許多研究者相信，過去許多女同志之所以與異性結婚，就是因為要符合此對女性的傳統要求。
3. 為人母的任務：是指一個成功的女性必須要能懷孕生子、成為母親。此要求更進一步建議兩個孩子恰恰好，而且一男一女更好。另外，女性也應該成為一個好母親。
4. 到底女性的角色應該是什麼樣子？是應該待在家裡打掃房子，以及照顧孩子嗎？Tavris 與 Wade 在他們經典的著作中稱此為「家庭主婦症候群」（housewife syndrome）。通常待在家中的女性和職業婦女相比會有較大的心理調適問題，有此症狀的婦女通常比職業婦女不快樂、覺得沮喪，而且比較會批評自己。

> **上榜關鍵** ★★
> 測驗題考點。

5. 有兩個因素可以解釋為何家庭主婦比較不快樂：
第一，這些婦女通常沒有社交生活，孤立的生活在現今社會是一件困難的

事,特別是要在這個後現代的社會中,為她們找到日復一日與他人之間有意義的連結基礎;第二,大家對家庭主婦持較負面的看法,社會大眾對謹守持家的婦女通常不太重視,她們的地位也因而顯得較低落。以上所談的性別偏見其實對男性與女性都是非常具破壞力的。許多年輕人希望能打破這些傳統的觀念,將人視為平等的個體。例如:Carol Tavris 在她的書中(The mismeasure of Women)審視以男性為主體的觀點,並且對於何謂男性與女性的標準提出了挑戰,她主要的爭論在於當討論到性別議題時,建議需擺脫典型的「我們或她們」的角度,並且要擴大以「人類」的觀點來進行討論。

6. 以傳統性別角色社會化,並符合刻板印象的女性,至少面臨了四個劣勢:

> **上榜關鍵** ★★
> 請將對符合女性刻板化印象的女性面臨的 4 個劣勢詳加研讀,為測驗題考點。

   (1) 教育系統似乎對女性有不同的看待,且不如對男性來得積極正面,女性終會進入一個收入遠低於男性的工作領域。
   (2) 女性性別角色刻板印象所造成的劣勢是,對女性傳統角色的要求及限制所帶來的潛在壓力。例如:女大學生可能會比男大學生面臨至少三方面的壓力,一為擔心自己不夠漂亮,特別是擔心自己太胖;二為擔心自己太過固執己見;三為懷疑自己是否能如期待中的一般充滿愛心及樂於助人。
   (3) 即使女性在外工作,她們還是被期待做大部分的家事及照顧小孩。不管她們的社會地位、職業高低或居住在城市或鄉村,皆為如此。
   (4) 來自於女性的個人價值通常必須建立在她們的「容貌與外表」。對容貌的重視隨著女性年齡的增長而加強,即使那些已找到理想模樣的女性也會覺得維持同樣的外表是很困難的。

(二)男性的性別角色

男性也經驗到了性別角色刻板印象所帶來的不自由及負面影響。至少在以下三方面:

> **上榜關鍵** ★
> 符合女性刻板化印象的女性面臨的 4 個劣勢,已在測驗題命題;同理可證,男性所經驗到的性別角色刻板印象所帶來的不自由及負面影響,亦將已存在題庫中,請併同準備。

   1. 一般會期待男性是具有競爭力、積極上進、有成就的。
   2. 是在情緒表達上的壓抑,男性所學習到的是不可以哭、要堅強果決,他們最會壓抑任何會顯示出脆弱的情緒,像是憂鬱、害怕或是悲。
   3. 性別角色刻板印象對男性所造成的負面影響,是其平均壽命明顯地比女性短。

十、成人的職業發展

> **上榜關鍵** ★★★
> 請把 Super、Ginzberg 提出的觀點內涵詳讀，測驗題考點。

（一）職業生涯

在成年前期，一個人的職業可以是自我認同很重要的一部分。Levinson 認為年輕人進入職場的歷程必須先發展對該職業的認同，並在職場中找到自己的定位。每一份工作都有讓人能成功適應的必要條件。Newman W Newman 則指出四個要件：專業技術的使用、權威關係的發展、對特殊需求與危險的適應，以及與同事共處的技巧。

（二）職業發展理論

項目	1. 成人的職業發展階段/生涯發展理論	2. 職業選擇理論
提出學者	Super	Ginzberg（金茲堡提出）
說明	1. Super 整理一套自我概念及職業發展關連性的報告。在此架構中，一般人的職業發展是隨著自我概念改變而有所不同。 2. 發展階段 （1）準備階段（implementation stage）：是指青少年末期到二十歲出頭時，一般人在專業實習或打工兼職中習得有關職場角色第一線的經歷後，並嘗試可能的事業規劃的選擇期。 （2）建立階段（establishment stage）：是指成年初期選擇進入某一行業工作崗位的進階服務。	1. Ginzberg（金茲堡）的職業發展理論是一種「現實妥協理論」。 2. 發展階段 （1）夢幻期：通常只維持到11歲左右，在這個階段對職業的選擇不會考慮能力、所需的技術或工作機會的問題，單單只因為聽起來喜歡。 （2）試驗期：在青春期則進入此階段，此時會開始考量較實際的問題，也會考慮個人的價值觀和生活目標，並思考怎樣的職業會讓自己感到滿足。

說明	（3）維持階段（maintenance stage）：是指在職場上，工作者逐漸減少投入工作的時間並持之以恆。 （4）功成階段（decline stage）：乃指職場上的工作人員開始認真思考往後的退休生涯及工作以外的人生規劃。 （5）退休階段（retirement stage）：乃指當人們停止全職的工作階段。	（3）現實期：在成年期時會進入此階段，開始會經由真正的工作經驗或專業訓練來探索一個特定的職業；在初步的探討之後，人們會縮小選擇的範圍，而最後會對特定的職業做承諾。

（三）共振模式

> **上榜關鍵** ★★★
> Newberg 和同僚發展的「共振模式」請詳讀，測驗題重要考點，尤其是四個階段的順序。

1. 職涯發展是成人的重要任務之一，個人努力和實踐因而導致職涯成就的卓越通常和某些心理過程有關聯。正向心理學已經發現這種關聯，這些心理過程包括：共振（resonance）、熱情（passion）、恆毅力（grit）。

2. Newberg、Kimiechk、Durand-Bush 和 Doell 創造「共振」的概念，指的是能夠在一些不同的專業領域有卓越成就的過程。他們發現那些表現卓越的人通常是很專注或全力投入的，他們能夠全神貫注以造就卓越，是因為「他們想要在每天的工作裡有意識地辨識出自己獨特的感受，並且常常將自己投入能夠發現那些感受的情境和環境裡」。

3. Newberg 和同僚發展的「共振模式」包括四個階段：夢想階段（dream stage）、準備階段（preparation stage）、障礙階段（obstacles stage）和夢想重訪（revisiting the dream）。無疑地，一個人如果想要圓夢，就必須持續不斷地實踐，在實踐的過程之中，障礙當然隨時出現，努力克服障礙就是這些人和其他人不同之處。但是只試圖克服障礙不見得就是最好的因應之道，這些人異於常人之處在於：「他們能夠重返夢想，能夠和激發夢想的火花再連結，這種和最先感受的連結促使他們擁抱障礙，並且避免落入『加倍努力，縮減享樂』的圈套，因而能夠往前走。」

4. 「共振表現模式」（Resonance Performance Model, RPM）和其他有關熱情的研究結果有一致之處。熱情（passion）代表一種專注於某種活動的傾向，

這種傾向定義了一個人的特質，這種自我定義的傾向反映出個體自我認同感的主要特質。

5. Duckworth、Peterson、Matthews 和 Kelly 也從研究結果確認熱情在成就之上所扮演的角色，他們將熱情和堅持的概念融合為「恆毅力」，發現「自律嚴格且對目標很堅持和具有熱情的人，對於目標的恆毅力也很高」。這些研究者也發現恆毅力隨著年齡而增強，和正向的表現或成就有關。

十一、社會參與及流動

(一) 社會參與

1. 社會參與的意義及在人生過程中發展的變遷：社會參與 (social participation) 指個人參加各種社會活動或參加社會團體。兒童自從開始社會化之後，社會參與隨年齡而增多。在人生的過程中，以成年期及中年期的社會參與最多，至老年期因體力減退，不擔當工作（退休），社會參與減少。社會參與是個人社會地位的表徵。

2. 影響社會參與的因素：社會上個人的社會階級、家庭社會經濟地位、教育水準、職業性質及人格類型均有關係。

(二) 社會流動

1. 社會流動的意義

    社會流動是指社會位置的任何改變，即為社會分子由一團體遷移到另一團體的現象。

2. 社會流動的分類

    (1) 橫的流動：如大學生由甲大學轉至乙大學，其位置雖更換，但是其階層或社會地位仍相同。

    (2) 縱的流動：這是指不同的社會地位或社會階層上的流動，又為上升及下降的流動。如組員升股長是上升的流動，貴族降為平民是下降的流動。

3. 職業流動在傳統社會及現行社會中的差異

    (1) 依照美國社會學家豪頓及亨脫 (Horton & Hunt) 的觀點，社會型態影響社會流動。在較傳統而未開發的社會中，很少分工，不需要許多專門職業及高深技術的工作人員，再加上教育水準的低落，所以職業大致是衣缽相傳，農之子恆為農。個人終生從事於一種職業，甚至其子孫仍承襲這種職業，很少變更，那時候職業的流動是極少的。

    (2) 但是在現代工業化、開發的社會中，分工繁複而細密，需要大批接受高深教育，具有高度智慧及技術的專業人員。在這種社會中，階級是開放

的，社會流動是容易發生的。所以成人在職業方面的成就，易導致上升的流動。

4. 社會流動在不同社會階級中呈現的差異現象

下層階級的人民因為教育、才智及物質生活均較中、上層的人民稍差，他們的動機亦較弱，所以能上升至中上階級者為數不多。

十二、人類兩性關係的層面

> **上榜關鍵** ★★★
> 在測驗題的考點上，常有觀念混淆的選項，請詳加區辨。

項目	說明
1. 激情式	美國文化指激情是一種個人經驗性高潮後所解放的愉悅感，而性的滿意度與愛情具極大的關聯性，兩性親密關係涵蓋激情與性愉悅。
2. 親密式	兩性間是互賴互信的，美國社會文化在心裡的親密度主要是以配偶為主，及與之有親密性關係的重要他人。
3. 繁衍式	從歷史角度來，繁衍下一代是兩性行為的另一個面向，意即生兒育女的樂趣及生命延續是兩性關係重要的驅動力。
4. 人際影響式	利用性的活動獲得戰利品或權力控制的表達方式。如 Haley 所述，一些年輕人試著以性行為來展示自己的能力，夫妻之間在冷戰或爭吵之後利用性來表達控制他人的影響力。極端的例子為性侵害者以性攻擊來顯示其內在的欲求，以暴力制服他人。
5. 性別認同式	性別的認同是指個人對生理性別、自我形象，以及興趣愛好與愛物／對象的複雜綜合體。如變性者生理構造上為男性，心理認知上卻為女性的陰陽人（hermaphrodites），即生理結構上既非全男也非全女性。

十三、愛情三角理論與配偶選擇

（一）浪漫式愛情友善的特質（Robert Solomon 提出）

浪漫式愛情友善的特質（Robert Solomon 提出）
1. 在動機上有性意涵的。
2. 它是自然發生且出於自願，並被我們能控制的。
3. 此乃在同輩之間才會發生的情緒反應（如母親和孩子之間愛便不屬於這一類）。

（二）Hatfield 和 Walster 提出對愛這個概念的迷思

Hatfield 和 Walster 提出對愛這個概念的迷思
1. 你可以知道自己已經戀愛了。
2. 但愛情來的時候，我們無法控制它。
3. 愛情是一種完全正向的經驗。
4. 真愛會永遠存在。
5. 愛可以克服所有的問題。

（三）愛情三角理論內涵

> **上榜關鍵** ★★★★
> 測驗題的重要考點，三個元素請詳記。

1. Sternberg 的愛情三角理論（triangular theory of love）指出，愛情包含三個元素：親密、熱情和承諾。
2. 愛情三角理論所指的親密是互動關係中所分享的溫馨與親近；熱情是在愛情關係中所存在的一種強烈情緒（涵蓋正、負面情緒），包括性的慾望；而承諾則是指不論遇到任何困難仍保持兩人關係的決定與意圖。

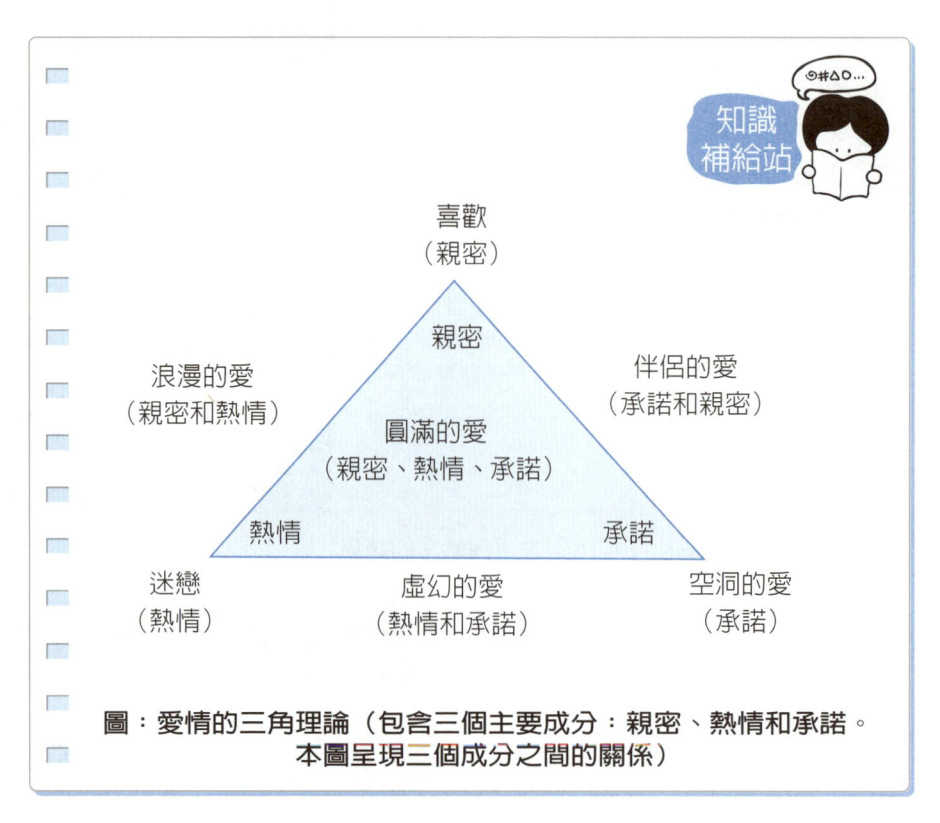

```
                    喜歡
                   （親密）

                    親密

   浪漫的愛                      伴侶的愛
  （親密和熱情）                （承諾和親密）

              圓滿的愛
           （親密、熱情、承諾）

     熱情                          承諾

   迷戀           虛幻的愛          空洞的愛
  （熱情）       （熱情和承諾）      （承諾）
```

圖：愛情的三角理論（包含三個主要成分：親密、熱情和承諾。本圖呈現三個成分之間的關係）

（四）互動關係類型

1. 沒有愛情（Nonlove）
・愛情三元素均不存在，只是一般的互動關係。

2. 喜歡（Liking）
只有親密成分的存在，彼此覺得親近但沒有熱情。

> **上榜關鍵** ★★★★
> 測驗題考點，請將各種互動關係的類型區辨清楚。

3. 迷戀（Infatuation）

- 只有熱情成分存在，此乃指被愛的人被理想化，而違背真正的自我。

4. 空洞的愛（Empty love）

- 承諾是唯一的成分，除了承諾沒有任何其他成分存在。

5. 虛幻的愛（Fatuous love）

- 是熱情與承諾的組合，例如：一對戀人很快墜入愛河並決定結合。

6. 浪漫的愛（Romantic love）

- 是親密和熱情的結合，沉醉於浪漫愛情中的戀人對彼此擁有許多熱情，但沒有承諾，浪漫的愛可能始於迷戀。

7. 伴侶的愛（Companionate love）

- 是親密與承諾的結合，此種愛情最常出現在較長久的婚姻關係中，此時熱情已不存在。大多數浪漫的愛在熱情漸退之後會演變成伴侶的愛。

8. 圓滿的愛（Consummate love）

- 親密、熱情和承諾三種成分都存在的結果。雖然大多數人都追求如此的愛情，但讓這種關係存在是非常困難的。

（五）配偶選擇理論

1. 相近理論

- 這派理論認為彼此接近是我們選擇另一半的主要原因。
- 例如：許多人都會選擇同學或同事，在住家附近、教會或休閒場所認識的人作為伴侶。

2.理想配偶
- 我們所選擇的伴侶可能具備了我們理想中的特質。
- 很多人都聽過這句話:「他／她就是我所要的一切。」

3.一致的價值觀
- 這一派的理論認為,無論有意或無意,我們的價值觀會引導我們選擇很接近的另一半。

4.門當戶對
- 這種理論認為我們往往會選擇相同的種族、社會經濟地位相當的配偶。

5.互補需求
- 這種理論認為我們所選擇的配偶通常都具備了我們希望自己所擁有的特點,或者我們覺得對方可以幫助我們成為自己想成為的那種人。

6.彼此相容
- 這種理論認為我們所選擇的伴侶可以和我們一起快樂地從事各種活動。
- 我們希望對方可以了解我們、接納我們,我們覺得他／她溝通很自在,因為對方擁有和我們相似的生活哲學。

(六) Reiss 提出的愛情發展輪轉理論(wheel theory of love development)

> **上榜關鍵** ★★
> 四個階段及內容必須清楚,測驗題考點

1. Reiss 以車輪的形式分成四個階段來代表愛情的發展:
   (1) 第一階段,形成契合(rapport):墜入愛河的第一階段是對另一人感覺舒坦穩靠,使彼此心情放鬆、身心舒暢,彼此了解且易於溝通;社會背景、個人經驗和基本價值觀越相近,兩個人之間建立和諧關係的機會越大,越能順利進入第二階段。
   (2) 第二階段,自我揭露(self-revelation):雙方願意分享較私人的話題,

如期望、欲望等。
- （3）第三階段，相互依賴（mutual dependency）：雙方彼此表露自己更私密的部分，兩人之間的連結更相互依賴，導致更大的需求滿足，這就是愛情如何依「轉動的輪子」被強化的。
- （4）第四階段，性格上親密需求的滿足（personality need fulfillment）：自己覺得自身的需求要被滿足外，也會如此對對方，進而信任、了解並支持他。

2. Reiss 的愛情發展四個階段論中，每一個階段都是循序漸進的發展，當一個階段漸漸成熟之後才會步入下一個階段，當車輪旋轉方向為順時針時，表示愛情的發展是正向的發展，車輪旋轉越多圈，表示雙方的愛情關係越好也越成熟；反之，若遇阻礙，則逆時針旋轉，這時愛情的發展是負向的，且有可能導致分手。

（七）選擇伴侶／走入婚姻的階段（Adams 提出）

階段	內容
1. 第一階段：機會、外在的吸引與被欣賞的行為。	在第一階段時，機會是決定人選擇伴侶的重要因素，通常這個機會是受到個人文化、家庭及社會階級價值觀的影響。例如：文化因素可能使人在就讀私立學校、參與教會、體育活動場合及社區活動的情況下認識伴侶。此時，個人的外表及行為是影響選擇的重要因素。
2. 第二階段：正向的自我揭露、典範、性方面的吸引、價值觀與相似處。	當年輕人進入第二階段時，他們便開始進入較親密的發現之旅。他們可能會思考下列的問題：這個人的真我為何？他像我嗎？從互動的自我揭露中，他們對彼此的認識更深入。通常這些訊息的評估大多依據彼此的相似處，例如：許多人會找尋信仰相同或類似的伴侶。
3. 第三階段：同理心與角色間的互相接納。	進入第三階段的歷程與第二階段類似，也是著重自我揭露，不過是更深入的揭露歷程。他們可能會分享對彼此的性欲望、個人的恐懼及幻想等。在這個階段中，他們對彼此的信任會增加，不過也因分享較多彼此的親密層面，使得危險性也增加。如此的分享通常導致兩種歷程：角色間的相互接納與同理心，一對情侶知道他們的契合度，也加深他們對彼此的了解。

階段	內容
4. 第四階段：契合的關係與增溫的承諾以及之後進入婚姻。	最後進入第四階段，此時彼此都認為他們的選擇是對的，而也願意以行動來表示他們的承諾。他們兩人都覺得在一起很愉快，對未來也很有把握。在社會層面上，大家認定他們是「一對」，所以此時若分手會付出較大的代價。對我們任何人來說，選擇伴侶是複雜的，但對於想要進入婚姻的兩人而言，往往在做這樣的決定時並不太理智，而這也是事實。

十四、孤獨與寂寞

(一) 孤僻疏離：友愛親密的對立面是孤僻疏離，意指無能力去與他人分享親密的關係，若缺乏這樣情感上的交流，就像是你拒絕了他人可以回饋對於你的個人看法，以及你可以透過他人對自己的洞察與理解，甚至是支援及鼓勵你的行動與思想的機會，而這樣的孤僻疏離可能會使自己有很深的孤獨感覺。

(二) 對孤寂現象所做的研究發現：1. 少年和青年是最寂寞的兩個群體；2. 寂寞的感覺會隨著年齡遞減，最少會持續到當婚姻伴侶和朋友開始漸漸離開人世的成年後期。

(三) 寂寞：寂寞其實是一種非常主觀的感受，它通常與社會孤立感有關，但卻不完全相同。寂寞（loneliness）的最佳定義是少於期望（desired）中所能擁有的人際關係，或指沒有從人際互動中得到個人所希望的滿意程度，所以寂寞並不等同於獨處。許多人即使有很多人際互動的機會，他們仍感到孤寂，也有不少人希望能有較少的人際關係。

(四) 寂寞面向：寂寞不是單面向的，它可能出現在人生中的不同面向。例如：你可能會滿意你與另一半的關係，但卻不滿意與友人的關係。

(五) 寂寞較會成為問題的四種情況：1. 兩人的浪漫或性關係；2. 友誼關係；3. 家人關係；4. 社區關係。

(六) 寂寞的因應之道：1. 認知重建或改變負向的自我對話方式；2. 降低焦慮感及增加這些人在人際互動中的愉快感；3. 教導他們如何與他人開始及維持對話的社交技巧。

上榜關鍵 ★★

畫底線部分已在108年的測驗中首次出題，亦即，題庫中對於本議題仍有其他相關題目，請考生細心準備。

十五、性別溝通技巧

（一）Deborah Tannen 舉出許多女性與男性在互動中顯著不同之處，雖然溝通方面的確有性別差異，但對此差異的認識則多源自於性別刻板印象，他們提出的結論為：男性追求權勢，女性則更在乎人際關係，但如此的分類仍須實證資料支持。不過至今已有相當多的文章談到男女溝通方式不同，女性比男性容易有較親密、較個人的對談內容，而女性也常常抱怨與男性的對談中缺乏如此的親密成分。男性彼此互動時也鮮少談到親密的話題，他們也不像女性一樣和別人談論自己的私生活。

（二）男女性溝通類型

> 上榜關鍵 ★★★
> 把溝通類型詳記，測驗題考點，其他部分亦請詳讀，以利題庫中其他測驗題之選答。

項目	說明	處遇應用
溝通類型	1. 工具式溝通：指的是著重於確認目標與尋求解決之道。 2. 表達式溝通：主要在於情感的表達，並且在乎他人的感受。	1. 男性的溝通技巧：男性傾向於主導對談的內容，他們應該試著觀察自己溝通的模式，並評估他們主導的傾向。如果這對男性是個問題，則他們可以學習客氣地鼓勵對方參與討論。 2. 女性的溝通技巧：在男女對話的情境中，男性往往主導談話的內容，所以女性也許應該更主動地加入談話，善用非言語溝通方式很重要，例如：眼光的接觸、運用適當的音調和維持良好的姿勢等，都會得到較多的注意。
溝通技巧	1. 男性常用工具式溝通（instrumental communication）方式。通常男性喜歡理性地討論事情，並尋求解答。 2. 女性採用有表達式溝通（expressive communication）。女性比較願意表達感受、傾聽，並提供彼此的支持。	

（三）Hawkins、Weisberg 及 Ray 分類出兩性四種不同的互動性格

> 上榜關鍵 ★
> 請區辨四種互動的內容，測驗題考點。

1. 常規式互動（conventional interaction）：常規式互動常會雙方掩蓋問題，只是維持雙方互動，並不表露太多的情緒投入及探討彼此的觀點。
2. 推測式互動（speculative interaction）：推測式互動雙方是防禦性的，個人只探究別人的觀點，但並不充分表露自己的立場。
3. 控制式互動（controlling interaction）：控制式互動是只將自己的意見說清楚，

不考慮另一方的觀點。
4. 接觸式互動（contractual interaction）：接觸式互動是雙方既聽取他人意見，亦可以自我肯定地表明自己的立場。夫妻雙方之間皆認為接觸式的互動最好，控制式的互動最不可取，而每一種互動方式皆會影響彼此之間的親密關係。

(四) 根據 Tannen 的理論，男女在溝通上的其他差異還包括：必須使用「融洽對談」（rapport talk），此對談方式強調討論相同性與經驗配對；男性則採用「報告對談」（raport talk），對談內容強調知識的討論和技術的展現。男性和女性的談話內容也很不相同，女性通常喜歡談論他們的生活和感受，男性則喜歡談論活動和事件。

(五) 男女共同談話時也存在著差異，此時女性較常成為傾聽者，而男性則為說道者。Tannen 認為這種差異來自於男性和女性自幼在遊戲上不同，對男性而言，他們的遊戲多半與「你尊重我嗎？」有關，而女性的遊戲則與「你喜歡我嗎？」有關。根據 Tennen 的說法，男女一起交談時，女性往往會陷入一個雙重束縛（double bind）的行徑，因為男性常常扮演主導者的角色，而男性的溝通方式又被視為常態，女性的溝通方式則是以男性的方式為評估準則，所以女性才會陷入雙重束縛的行徑，亦即不管她是以女性或男性的方式溝通，都會遭到批評。Tennen 於是說：「如果妳是以女性的方式溝通，大家就認為妳不適合當領導者，如果妳以男性的方式溝通，則大家便會認為妳不像女性。」

(六) 男性與女性的溝通技巧
1. 與女性的溝通技巧
   (1) 通常在男性與女性間的討論中，男性占有討論的主導地位，女性可能需要用比她們所習慣的更強而有力地方式「跳入」到這個談話之中。如何善用一些非口語式的行為是非常重要的。保持目光的接觸，使用適當的音調，並保持良好的姿勢，同時需留意在空間內的交談過程，當口語訊息的內容與非口語訊息有不一致的情形時，非口語訊息將產生最大效用，因為非口語行為是如此的強大，所以女性應該同時使用口語及非口語訊息來傳達正面的回應，而使用口頭溝通的方式來表達負面情緒。此外，個人空間的使用也會影響訊息的效用，許多女性需要透過取得一個好的位置，以便自己與他人的互動變得更加明顯。
   (2) 女性在討論到自己和自己的成就時，通常都會比男性還不自在，對女性而言，這的確是個問題，女性可能需要先撰寫簡歷來說明她們有哪些特殊的成就，以及陳述自己的專業領域。如此一來，當她們在分享她們的觀點時也會覺得更自在，女性還可以練習表達她們對各種議題的觀點。

2.與男性的的溝通技巧
   （1）因為男性在交談中往往都會占據主導地位，他們會觀察其他人的溝通模式，並評估主導談話的方式。若當其他人在表達意見，而他們有不同看法或問題時，他們可以學習如何勇敢且有禮貌地中斷他人的談話，有時與男性談話是有困難度的，因為他們不會作過多的交談。例如：他們也許只會針對問題做簡短的回答，而有些男性其實還需要更多的對話。在溝通技巧上有一個好的方法可以使用，稱為雙問題規則（two question rule）。此規則會將談話的焦點保持聚集在別人身上，同時也需要一個發問者提出開放式的問題，然後接續這個問題進行持續的發問。人們通常會問一個問題。許多時候，女性覺得在與男性交談時，男性「不停的說」的情形會大於真正在「交談」的情形，許多男性必須要練習成為一個好的傾聽者，一個好的傾聽者需要集中精神和持續不斷的努力，但是一個平衡的對話方式是要同時有「給」與「取」的，如此一來，將會促成男性與女性之間的良性溝通。
   （2）男性並不常使用表達性風格的溝通模式來練習討論他們的興趣、感受與思想。要做到這一點，男性可以專注於對各種主題的感受，而不是僅只是針對某些事件及活動中互動性的談話而已。

（七）非口語溝通
1.從非口語表達的情形中可顯示的三個層面（Mehrabian 提出）
   （1）好惡面向（the like-dislike dimention）：意指從個人對某人所表現出的親近或是距離而得知個人的好惡。例如：是在尋找並想要親近某人，亦或是在與某人保持距離，只要遠遠的看著就好。
   （2）效能面向（the potency dimention）：意指透過某人的表現來得知個人的效能。例如：是筆直的站著而不是坐著，或是動作快速相對於動作緩慢的。
   （3）反應面向（the responsiveness dimention）：意指透過某人的臉部動作、音調與音量得知個人的反應。
2.Mehrabian 就經常性的觀察認為，透過情感所要傳達訊息的方法當中，有 7% 是以口語的方式傳遞情感，有 38% 是以聲音的方式傳遞情感，另外有 55% 是以臉部動作的方式來傳遞情感。這個觀察重要的地方在於，雖然我們也許受限於我們所用的辭令，然而，更常見更多的困難是受限於我們的情感表達方式，而影響我們的非口語的反應。因此，非口語的反應可能抵觸了我們的口語訊息，這個非口語訊息的一部分，需要進行修飾，以便嘗試進行口頭上的交流。

十六、家庭生命週期

（一）家庭生命週期的內涵

1. 家庭生命週期（family life cycle）是研究婚姻與家庭的一個重要概念，其概念源自發展學理論。
2. 家庭本無生命，組織家庭的成員賦予它生命。在家庭中，家人的關係是互動的動態系統，不是固定不變，它隨時都在改變與調整。家庭發展也有其週期性的歷程，從兩人結婚共組家庭開始，到夫妻離異或一方死亡而結束，經歷各個不同階段，構成一個家庭生命週期。
3. 換言之，家庭生命週期是一個家庭由形成、發展、擴大至衰退的過程。而家庭生命週期的階段不同，更有不同的發展任務與特質，每一階段任務的完成，對家庭的發展是相當具影響力的。
4. 當家庭無法因應當前階段的特殊需求，或是無法達成此一階段的任務需求，進而忽略問題而直接躍入下一階段時，就可能導致家庭停滯不前或延緩下一階段的成長，嚴重者可能造成家庭的瓦解。
5. 綜合言之，家庭生命週期視家庭如同一生命個體，從出生到成長、成熟、衰退至死亡，經歷一連串階段或事件。由於處於相同階段的家庭，大多歷經相似的時間安排或階段連續性，而有著相似的情況、待克服的困難及需要完成的階段任務與特質。因此，這些歷程彷彿一種生命的軌道歷程，可提供人們辨認家庭這系統在時間的演變中，一個有組織的分析架構。

（二）家庭生命週期類型（傳統的分類）

第一階段：新婚夫妻
- 主要的家庭任務為夫妻間彼此的相互承諾。

第二階段：養育孩子的家庭，孩子出生至 30 個月階段
- 主要的家庭任務為學習發展扮演好父母親的角色。

第三階段：學前年齡孩子的家庭，孩子 30 個月至 6 歲階段
- 主要的家庭任務為學習接納孩子的人格特質。

第四階段：小學年齡孩子的家庭，孩子 6 歲至 13 歲階段
- 主要的家庭任務為介紹孩子進入有關的機構，如：學校、教會、運動社團等。

第五階段：中學年齡青少年家庭，13 歲至 20 歲階段
- 主要的家庭任務為學習接納青春期的孩子，包含其個人在社會與性角色方面的改變。

第六階段：孩子均已成年且離家的家庭
- 主要的家庭任務為經歷屬於青春後期孩子的離家獨立。

第七階段：中年父母的家庭
- 主要的家庭任務為接納已變成獨立成人的角色。

第八階段：老年的家庭
- 主要的家庭任務為老夫老妻彼此珍惜，且坦然面對晚年生活。

（三）Carter 和 McGoldrick 家庭生命週期與家庭發展任務

> **榜首提點**
> 為測驗題考點，另在申論題的部分，除了解家庭生命週期外，請建立將生命週期觀念運用於實務解析之實力。亦即，在實務案例解析時，請先診斷家庭所處的生命週期位於哪一個階段，再提出處遇計畫。

1. Carter 和 McGoldrick 家庭生命週期與家庭發展任務表

表：Carter 和 McGoldrick 家庭生命週期與家庭發展任務

家庭生命循環階段	關鍵發展階段	發展過程之家庭地位轉變
1. 家庭之間：孤男寡女	接受親子之間的分離	和原生家庭的區分； 同儕親密關係的發展； 工作情境中自我的發展。
2. 家庭聯婚：新婚夫婦	對新家庭系統的投入	婚姻系統的建立； 讓配偶融入親友網絡。
3. 有幼兒的家庭	接受新的家庭成員	讓孩子融入婚姻系統； 扮演親職角色； 調整延伸家庭的關係含括父母和祖父母角色。
4. 有青少年的家庭	家庭界線的彈性化：接受孩子的獨立和祖父母的衰退。	調整親子關係容許青少年進出系統； 中年婚姻和職涯的聚焦； 開始對老年世代的關懷。
5. 子女離巢和向前看	接受成員從家庭系統的移出和加入	婚姻中兩人關係的再協商； 發展和子女的成人關係； 關係納入親家和孫子女。
6. 生命晚期的家庭	接受代間角色的轉移	維持自己和夫妻的功能、面對身體衰退、探索新家庭和社會角色的選項； 支持中年世代的主軸角色； 接納老人經驗和智慧、支持但不讓他們過度操勞； 面對親人失落和為自己辭世準備、生命回顧與統整。

2. 評論

（1）Carter 和 McGoldrick 注意到個人生命週期與家庭生命週期、以及多代間（可能三代、甚至四代，如老年父母、空巢期父母、年輕父母和小孩四代同堂）家庭生命週期的交互影響，尤其近幾年來因為醫藥發達，人類壽命大為延長，這種多代的觀點越來越受到重視。

（2）他們認為雖然家庭過程絕不是直線的，但它存在時間的直線特質中，這

是我們無法逃避的。
(3) 從多代的觀點來看，必須同時適應家庭生命週期的轉變，而且某一事件對各層面彼此間的影響會有強力的影響。隨著時間的流逝，家庭會發展，也會有無法預料的事件發生。
(4) 另外，垂直壓力源（家庭型態、迷思、秘密、遺產）對個人與家庭的影響程度如何，也需考慮周遭的系統層面（如社會、文化、政治、經濟等）因素。

(三) 家庭韌性（family resilience）

> **上榜關鍵** ★★
> 五個韌性的假設請熟記，測驗題考點。

1. McCubbin 將家庭韌性（family resilience）定義為「幫助家庭抵抗壓力或危機的家庭特性、籌碼和資產」。
2. McCubbin 與 McCubbin，提出 5 個韌性的假設：
   (1) 在整個生命週期間，家庭會經歷壓力。
   (2) 家庭擁有從負向經驗中回復的力量與支持。
   (3) 家庭可以從他們的社區關係網絡中受惠。
   (4) 家庭會尋找負向經驗的意義，且發展對負向經驗的理解。
   (5) 家庭面對危機時會去尋找使他們生活恢復秩序和平衡的能力。

十七、婚姻滿意度

> **上榜關鍵** ★★★★
> 測驗題細微考點，請詳加研讀。

(一) 婚姻滿意度的相關因素
1. 與婚姻滿意度程度有正相關的因素
   (1) 父母離婚者本身也比較可能離婚。
   (2) 早婚的夫妻比較容易離婚。
   (3) 約會的時間愈長，婚姻成功的機率較高。
   (4) 勞工與中低下階層者比中上階層者容易離婚，可能與經濟壓力有關。
2. 兩人一致性是婚姻成功的重要因素嗎？減低婚姻中的衝突是拯救問題婚姻的重要因素嗎？雖然大多數的社工專業人員回答為「是」，但近年來的研究卻發現不同的答案。Gottman 便發現，「預測離婚的因素並不是兩人缺乏一致性，而是兩人解決不可避免之不一致性的方法；也不是他們到底會不會有爭吵，而是他們解決衝突的方法與他們情感互動的整體品質。」Gottman 與他的同事更發現，夫妻間正、負向互動的平衡是影響婚姻滿意度的關鍵，而他們也發現可以將這些互動方式以計量的方式算出一個比值，藉此比值來衡量婚姻滿意度。Gottman 相信「擁有理想婚姻關係的夫妻並不在乎他們的婚姻

是否符合理想,而在於能維持至少 5：1 的正負向互動關係。」

3. 輕視對方的態度常會導致衝突的產生,而被批評的一方則往往會採取堅持己見的方式應對之。Gottman 並發現,會採用堅持己見的有 85% 為男性,他將其解釋為男性對衝突的心理反應。當男性面對衝突的時候,他們通常在心理上的反應比女性更強,他們心跳會加速,血壓升高,而且沮喪的時間會比女性更久。對此性別差異的其中一個解釋認為此現象乃進化生存的結果,意指男性為了要保護女性,其生理機能在面對外在危險狀態時有較明顯的回應。不過這種影響在解釋其現今婚姻關係的作用似乎不大。Gottman 指出:「在現代生活裡,這種較長的生理反應並非是順應性的,它會讓人覺得很難受,並想避免這種感受產生,男性常會選擇以逃避的方式面對它,甚至盡可能的凍結自己的感覺。」這種心理反應上的差距也能夠幫助我們了解,為何兩性在面對衝突時會有不同的因應方式:女性以情緒來面對衝突,而男性則透過理智,以靜默不語或生理上的退縮來逃避衝突。

(二) 婚姻滿意程度 U 曲線

處在不同家庭生命週期階段的夫妻,婚姻滿意度與挫折感會有所不同。Rollins 與 Feldman 研究發現,家庭生命週期和婚姻滿意度之間的關係可採 U 字型表示,婚姻滿意度在新婚與蜜月時期達到最高峰,然後逐步下降,有學齡子女的家庭婚姻滿意度處在最低狀態,家庭有青少年子女的階段時,婚姻滿意度又逐步上升,直到最後一個階段(家庭晚期或老年家庭時期),滿意度和新婚時期,達到最高峰。

> **上榜關鍵** ★★★
> 家庭生命週期和婚姻滿意度之間的關係可採 U 字型,請了解各是在哪個階段有變化,已曾為測驗題考點。

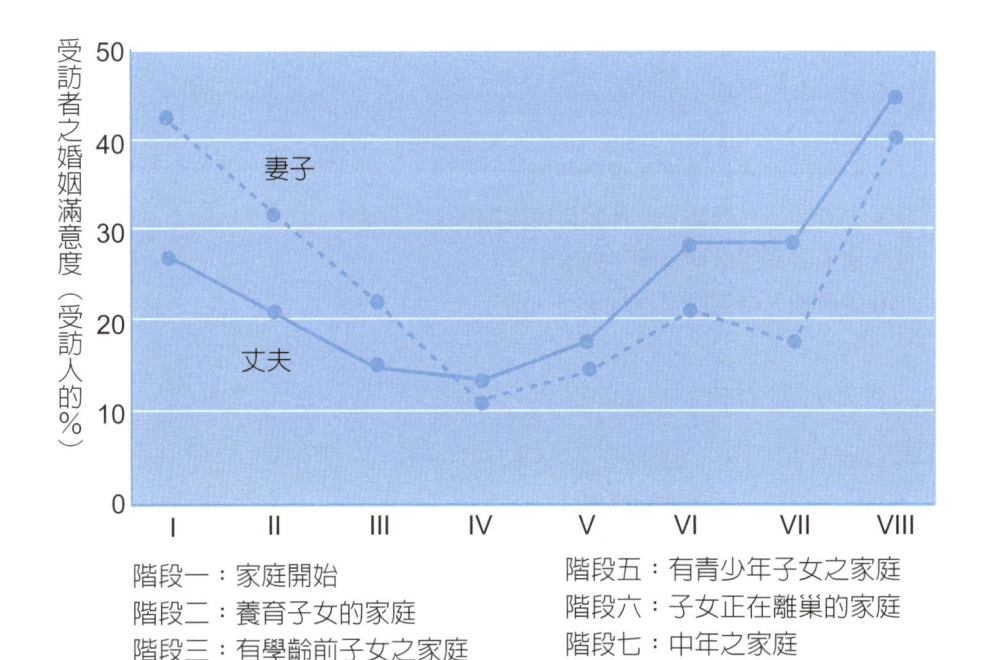

圖：跨越生命週期婚姻滿意度之 U 型圖（Rollins 與 Feldman 之研究）

階段一：家庭開始
階段二：養育子女的家庭
階段三：有學齡前子女之家庭
階段四：有學齡子女之家庭
階段五：有青少年子女之家庭
階段六：子女正在離巢的家庭
階段七：中年之家庭
階段八：晚年之家庭

(三) 循環性家庭互動

> 上榜關鍵 ★★
> 請逐字逐句讀懂，測驗題考點

家庭互動的型態似乎是循環的模式，婚姻關係良好或者滿意度高，親職的互動會比較正向，嬰兒也比較正向，對人比較有回應。雙親關係的緊張或壓力可能讓父母親深陷其中，無暇他顧，影響寶寶的發展。諷刺的是婚姻的主要壓力來源之一就是嬰兒本身，需求很多的寶寶讓家庭的壓力程度上升，影響父母親的互動，進一步影響寶寶的反應。Belsky 將上述這些類型的互動稱為循環性影響（circular influences）。他說：「夫妻關係可能影響他們對孩子的照顧態度或行為，態度或行為又影響孩子的功能，孩子的功能（繞個圈子）循環性地影響夫妻的婚姻關係。」Clarke-Stewart 以另一種方式看這種「循環性影響」：母親對孩子的投入和刺激強化了嬰兒的發展，對人有良好反應的兒童使得父親更加投入親職行列，父親的關愛又使母親更加投入和關心孩子。

(四) 父母認為生活中最有壓力的十項壓力源（Curran 提出）
1. 經濟壓力。
2. 小孩的行為、管教與手足爭吵。
3. 夫妻相處時間不夠。

4. 家庭中的分工不均。
5. 與子女的溝通。
6. 自己的時間不足。
7. 對自己不能做得更多感到罪惡。
8. 夫妻關係（溝通、友伴關係與性關係）。
9. 家人共同的歡樂時間不夠。
10. 過度預先排定的家庭行事曆。

十八、為人父母之任務

(一) 任務內涵
1. 為人父母是一種週期循環
   第一個歷程，個人成長後離開自己的原生家庭自立門戶。第二個歷程是緊接著婚姻歷程，即與另一個人結合成立新家庭網絡。第三的歷程，是婚後第一個孩子的降臨，開始嘗試為人父母的滋味。通常家庭生活普遍面臨幾個轉折點，包括第一個孩子的降臨、扶養孩子、費用及精力的投入，及至最小的孩子成長離家，以及家中的配偶撒手人寰。
2. 所有的家庭都經歷過家庭的危機
   危機可定義為一個生活轉折點、生活事件，就如成年子女離家自立。如果處理得當，危機也是轉機，可協助家庭成長，如果沒有處理好，可能帶來家庭問題，造成嚴重的關係破裂或者殘害家庭成員的心理健康。
3. 為人父母都要經歷過一些危機
   例如：新生兒造成家庭生活方式改變，導致父母發現他們的自由受限制。準父母們必須學習改變自己的行為以適應新生兒的到來及養育工作。

(二) 為人父母的四階段

1. 預備階段
- 懷孕常會導引父母進入新的角色，夫妻常面對家庭關係與外在社會生活重新調整，替嬰兒準備某些必需品，如小床、嬰兒衣食日常用品、尿布，社會地位由單純的夫妻角色擴至父母的角色。

2. 蜜月階段
- 父母與孩子的依附關係形成後，雖然父母因孩子高度需求而導致身心疲憊，但同時也享有育兒的樂趣，並體認到為人父母的榮譽感是無價的。

4. 中止父母的角色
- 正常的中止階段是當最小的孩子離家自立、找到工作，或者上大學、結婚另組新家。中止階段也可能是在不得已的狀況下，如一個孩子由於法院裁決，因而失去父母監護權。

3. 平穩階段
- 父母雙方已習於扮演父或母的家庭或社區角色，包括對孩子的教養育成及未來的家庭規劃。

（四）父母認為生活中最有壓力的事件（Curran 提出）
1. 經濟壓力。
2. 小孩的行為、管教與手足爭吵。
3. 夫妻相處時間不夠。
4. 家庭中的分工不夠。
5. 與子女的溝通。
6. 自己的時間不足。
7. 對自己不能做得更多感到罪惡。
8. 夫妻關係（國中、友伴關係與性關係）。
9. 家人共同歡樂時間不夠。
10. 過度預先排定的家庭行事曆。

十九、強暴議題

> **上榜關鍵** ★★★
> 強暴的類型；迷失、理論等均為測驗題考點；請具備完整的社工處遇技巧，俾利實務案例解析之用。

（一）強暴的類型

項目	說明	對強暴的迷失
強暴類型	1. 熟識者強暴：指的是婦女被她所認識的人強暴。 2. 約會強暴 （1）指婦女被正在與她交往的約會對象強暴。約會暴力則是在未經同意的情況下被脅迫與之進行性行為。 （2）為何這麼多的人不認定約會強暴？這多半是因為大家認為強暴只發生在施暴者是陌生人的情況下，其實被熟識者或約會對象強暴的情況遠多於陌生人強暴的案例。Koss 視此種強暴案件為一種「隱藏的犯罪行為」（hidden crime），而如此不免會助長男性拒絕為他們的行為負責任，並讓受害婦女懷疑強暴者的意圖。	1. 強暴事件通常發生在暗巷：許多強暴事件發生在女性的家中。在室內尤其在自己家中所發生的強暴案，受害者極有可能認識加害人。 2. 強暴犯只限於陌生人：美國研究顯示，18 歲以上被強暴過的婦女，有四分之三是遭到熟人或約會強暴，這稱為「熟人強暴」或「約會強暴」。尤其配合迷姦藥，將使強暴更容易發生。

（二）強暴理論

理論別	說明
1. 指責受害者觀點	認為強暴受害者本身應該受到指責——那個女人是「自找的」，也許是她穿的太暴露或潛意識中想要被強暴。
2. 加害者精神病理學論	會加害於人是由於情感受創或是精神不平衡。會強暴是因為他生病了。這個觀點沒有將強暴事件視為社會或社會態度的錯。

理論別	說明
3. 女性主義觀點	1. 女性主義認為，強暴的發生是一種邏輯上的反應，因為男性在社會化過程中被教導要駕御女性。強暴被視為男性需要在女性面前展現侵略性能力的一種表現。這與性能力沒有太大的關係，性能力只為能力的展現提供工具。但強暴被視為是一種文化緊密交纏之看待女性的態度所造成的結果。女性主義觀點將強暴視為社會問題，而非個人的問題。 2. 女性主義觀點認為，社會不應該教育人們男性侵犯女性是正常的。社會教育女性認為較脆弱且需要保護也同樣是錯的，這造就了受害心理。女性主義觀點強調，這些觀念都需要改變，如此才可以遏止強暴這個社會問題的發生。

(三) 強暴犯的預測因素
1. 強暴犯通常來自於充滿敵意、暴力的家庭環境。他們目睹或經驗到暴力或性侵害後，也學習到以暴力方式來表達憤怒的情緒。
2. 強暴犯很有可能在青少年時期就有犯罪紀錄。當然，青少年犯罪行為也跟充滿敵意的家庭環境有關。也有可能與同儕有關。
3. 強暴犯的性行為是雜亂的，他們可能發現用暴力讓婦女屈服可以增加他們的自尊及地位，尤其是處在憤怒或暴力犯罪同儕團體中時。
4. 強暴犯將「充滿敵意、有男子氣概的人格」解釋為「拒絕任何女性化特質，如照顧他人，並強調權力、掌控以及大男人等特質」。強暴犯通常將怒氣發洩在女人身上，行為上可能以暴力性行為表現出來。另一項因素是缺少同理心，通常以自我為中心，認為女性只是性對象。另外，情境也有關係，例如：酒精的催化。

(四) 強暴創傷症候群
有強暴創傷症候群（rape trauma syndrome）的婦女，會有很強烈的情緒反應。婦女在面對傷害時往往是極端無助的，她覺得情況失控，她變成了他人憤怒發洩的對象。這些感受會讓婦女產生極度的恐懼與壓力，她可能從此害怕獨處、害怕男性、害怕信任約會對象。其他常見的情緒困擾還包括：憂鬱症、憤怒、罪惡感、羞恥感及焦慮等。

(五) 強暴受害者會經歷之症狀
1. 慌亂時期：此時期是指婦女在被傷害後立即的各種反應，這是最常見的反應：恐懼、憤怒與不相信事情發生在自己身上。她們可能會問：「我當初應該怎麼做以避免這件事情發生？」這樣的問題往往讓受害者感到極度的自責與強

烈罪惡感。
2. 控制後的反應：此時受害者情緒已經比較平穩。雖然有些婦女會哭、顫抖，表現出有點歇斯底里，但有些受害者毫無外在徵兆。雖然婦女此時情緒比較平穩了，但是他們仍深受傷害。
3. 重整時期：此時婦女進入調適與因應階段。有一項對強暴受害者研究發現，在被強暴四年後，有 3/4 的婦女表示已經恢復，約有一半的婦女表示被強暴幾個月後就覺得自己從創傷中復原的，另有 1/4 的婦女表示，即使事件已經經過了四年，他們的情緒還沒有恢復平穩。當婦女試圖重新建立她在身體、心理、社會與心理各方面的平衡時，她便進入此階段。這種恢復過程和經歷悲傷事件的人是一樣的。

(六) 受強暴婦女需要面對與重組的四項課題（Francis 提出）

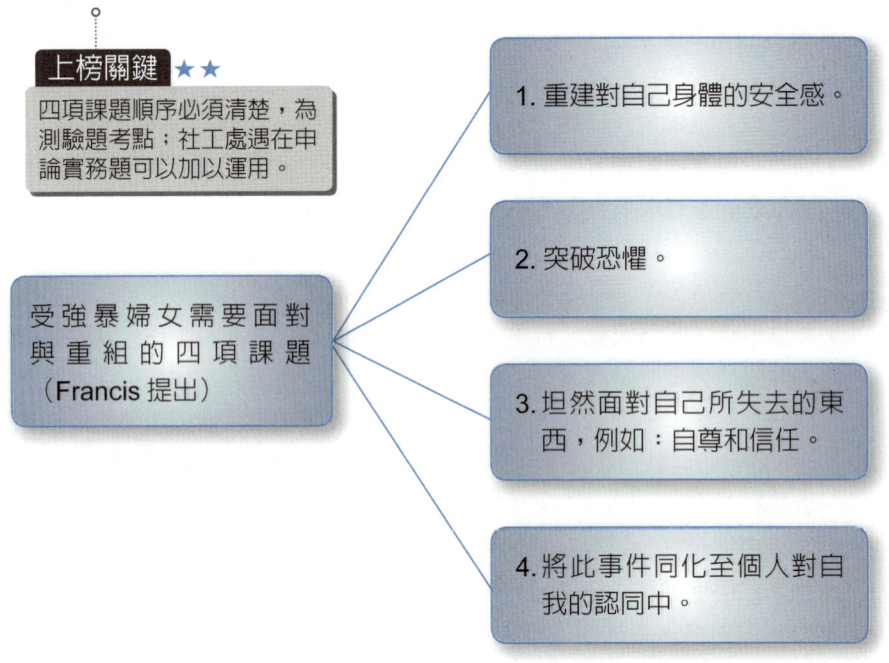

上榜關鍵 ★★
四項課題順序必須清楚，為測驗題考點；社工處遇在申論實務題可以加以運用。

受強暴婦女需要面對與重組的四項課題（Francis 提出）

1. 重建對自己身體的安全感。
2. 突破恐懼。
3. 坦然面對自己所失去的東西，例如：自尊和信任。
4. 將此事件同化至個人對自我的認同中。

(七) 性侵受害者的社工處遇
1. 情緒問題
   對性侵受害者進行處遇時，Collier 認為會經歷三個階段：
   （1）第一階段，社工者必須給予受害者立即的溫暖與支持，受害者感受到安全，才能暢所欲言。重要的事，要讓受害者能不受拘束的談話是很重要的，不過，不要過度詢問私密與細節的問題。
   （2）第二階段為得到其他人的支持，這些支持可能包括專業資源，像是性侵害防治中心，也有可能是來自於身旁感情較好的親朋好友的支持。對多

數受害婦女而言，參與支持團體是很有幫助的，因為她們可以與團體成員述說她們的經驗和感受，並藉此接受發生在她們身上一切。有許多助人工作者認為，家人能在協助受害者作出意義與創傷方面扮演相當重要的角色，甚至比專業人員更有效。所以「最有效療傷利器」便是來自家人的愛與支持，讓受害者知道她們可以有依賴的人，又無論如何都會愛她的人，她們便比較能夠重建自信心，並對這個世界恢復信心。

（3）第三階段是重建受害者對自己、對周遭環境以及對人際關係的信任。這個階段的諮商必須著重在受害者對自己以及所處狀況做客觀的評價。她的優點必須被提出並強化，以幫助她重拾自信。

2. 報警

（1）在遭受到性侵害時的第一個反應可能是打電話報警。許多的受害者選擇不這麼做，有許多理由可以說明，例如：擔心加害者報復、擔心事件曝光遭受責難、覺得報警也沒有用，因為加害者仍會逍遙法外，以及擔心法律程序及遭到質疑。

（2）性侵受害者在報警之前不應進行洗澡，因為會將重要證據洗除。然而，受害者通常會覺得感到被玷污或骯髒，第一個反應是想要洗淨自己，並試著忘記強暴的發生。

3. 受害者的醫療檢查

必須在適當的時機讓受害者了解到懷孕的可能性，因此，要在適合的時機，以溫暖的口吻與受害者討論這個議題。要鼓勵受害者接受醫療協助，包括檢查懷孕的可能性以及性病篩檢，如愛滋病。如有身體外傷，也需要立即就醫。

二十、女性與工作

（一）最近幾十年來女性現在職場上所扮演的角色已有戲劇性的改變，雖然女性的角色已有改變，但事實上，女性和男性在職責上仍受到不同的待遇，歧視與不平等的待遇是主要的阻礙。特別是婦女仍因性別因素而體驗到職場的隔離現象，例如：許多被劃分為「男性」或「女性」的職業。大多數的專業，如科技業的工程師、會計師、律師與醫師等，目前都是由男性主導。如此性別分野的結果之一，便是薪資不平等，通常以女性為主的企業（如護士、社工員），其薪資都比男性為主的少，即使這些在職業所需要的專業技術與責任是差不多的。

（二）玻璃天花板（glass ceiling）是指女性及少數族裔在工作中所經驗到的升遷極

上榜關鍵 ★
測驗題考點。

限。許多女性與少數族裔所遭遇的升遷障礙都已經去除,但是有些不可見的障礙卻仍然持續存在。雖然女性與少數族裔的經理人已經有所增加,但是,多數最高層的經理工作仍然操於男性之手,他們比別的群體更有可能掌控預算,參與聘僱與升遷的決策。

(三)性騷擾

上榜關鍵 ★★
測驗題細微考點。

1. 所謂「性騷擾」乃是指與性有關的且不受歡迎的行為,這種行為包括口出黃腔、身體的接觸、強迫某人與之發生性關係或性暴力攻擊。

2. 性騷擾不僅是性的動作,例如:性交,還包括許多和性有關、廣泛的言行舉止,這些舉動是接受的一方所不歡迎的,例如:挑逗、對他人身體或穿著的評論、冒犯個人生活的問話,以及騷擾者描述自己的性經驗,都算是性騷擾。不受歡迎的身體接觸也包含很廣泛的行為,例如:碰觸、擁抱、捏拖、拍打等。基本上,性騷擾就是一個有權勢的人在性方面濫用權力的行為。

3. 騷擾的類型
   (1) 為性的交換:意即以某物換取另一物的作法,用在解釋性騷擾行為時,指的是一個有權力、有資源的人對位階較低的人進行非自願的性行為,即以性作為籌碼來作為各種交換,諸如一份工作、升遷或較高的成績等。
   (2) 環境的騷擾:是指一個有敵意的工作環境,而這種不友善的感覺是由有權力的人透過一些與性有關的行為所造成的,例如:老闆對員工講黃色笑話或不堪入耳的話語。

4. 想要確認性騷擾的嚴重性並不容易,因為許多人沒有感覺或不知道自己被騷擾,也有很多人不想或遲疑通報。不過,依估計,大約有 50-60% 的婦女在工作場所有過被性騷擾的經驗。另外,有相同比例的女性表示在校園內曾經有過被性騷擾的經驗。

二十、家庭暴力

（一）家庭暴力施暴成因模式

> **上榜關鍵** ★★★★
> 成因模式在測驗題曾為考點，必須區辨清楚；但在申論題的解析上，必須針對社工處遇有完整的準備，而這又必須回到對家庭暴力施暴成因模式之思考，請預為準備。

1. 精神分析模式（Psychiatric Model）

- 根據此模式，家庭暴力的來源起因於施暴者的個人特質，包括心理或情緒上的疾病、精神上的疾病，以及酒精或藥物的濫用等，雖然研究發現少於10%的家庭暴力可以被歸因於這個原因，但是很多人還是相信，會打人的人就是因為他們有毛病或酒醉。

2. 生態學的模式（Ecological Model）

- 心理學家James Garbarino認為一個文化越容許對孩子或其他家庭成員施加暴力，以及一個家庭在社區中越缺少支持，就越容易有家庭暴力行為的產生。

3. 父系社會模式（Patriarchy Model）

- 此模式認為家庭暴力有其歷史的背景，強調在傳統的社會價值觀中，我們通常將婦女視為男人的附屬品，所以依據此一模式的解釋，社會認為「先生對太太的暴力行為」是可被接受的，因此很多男人，對太太不滿意，就拳腳相向。

4. 社會情境／社會學習模式（Social Situational and Social Learning Models）

- 此種社會模式與上述生態學及父系社會模式有關，認為暴力來源是社會結構。社會情境論認為家庭如果長期在壓力下運作時（例如：經濟或醫療的壓力），家庭暴力就會產生，且社會的一些錯誤觀念（例如：不打不成器）也會助長家庭暴力的發展。社會學習論認為暴力行為的產生是個人從家庭、社會觀察學習而得來的。

5. 資源模式（Resource Model）

- William Goode的資源模式認為一個人會因為有個人的、社會的，或經濟的資源而擁有的權力。因此，越無資源的人，越需要訴諸武力。
- 根據這個理論，Gelles & Cornell解釋說：丈夫如果希望是家裡較強勢的人，但是卻沒有受太多教育，工作職位、收入等都不高，又缺乏人際技巧，則可能使用暴力來維持他的強勢地位。

6. 社會交換 / 社會控制模式
（Social Exchange/Social Control Model）

- Gelles與Cornell提出一個包含了二個部分的家庭暴力理論，第一部分交換模式，強調當一個人的行為，所得的獎賞（rewards）比付出的代價（costs）來的大時，這個人就會有此行為產生。第二個部分為社會控制，通常可經由逮捕、入獄、失去地位、收入等來增加暴力行為的代價。

（二）家庭暴力週期

> 上榜關鍵 ★★
> 測驗題考點。

第一階段：壓力及緊張的升高
- 女性會試著讓一切沒事而避免反抗。
- 此時可能會有幾次輕微的暴力事件。

第二階段：爆發期
- 此時暴力事件發生。
- 這個階段通常是週期中最短的階段，但可能會持續數天。

第三階段：和好期
- 由於男性已經釋放了緊張的情緒，在此時他會對他的所作所為感到非常抱歉。他會發誓不會再有這樣的事件發生。
- 而受暴婦女也憐憫並原諒了他。他被寬恕了，一切似乎又沒問題了，直到下一次的暴力週期再次發生。

（三）對於受暴婦女的迷思

> 上榜關鍵 ★★
> 各項迷思必須區辨清楚，測驗題容易混淆。

1. 受暴婦女並沒有傷得這麼嚴重。
2. 施暴及其他虐待只是偶發；它們並沒有經常發生。
3. 婦女會待在這樣的家庭中，表示她們對暴力行為心甘情願。
4. 婦女受暴只發生在低社經家庭中。

（四）受暴婦女留下的原因

> 上榜關鍵 ★★★
> 測驗題考點，但在申論題時，可分析相關原因運用於社工實務處遇。

1. 經濟依賴

許多受暴婦女會留在加害者身邊是基於經濟方面的理由。許多受暴婦女在經濟上必須依賴加害者，家暴事件有較高的機會發生在缺少資源的家庭中。

2. 缺少自信

家庭暴力包括了身體虐待、性虐待以及精神虐待三種。施虐者以嚴厲的批評或貶抑辱罵受害者，損害自尊與自信。加害者通常會認為他們的伴侶離開他們將無法生存。受害者需要自主與勇氣來提升自信，才能離開痛苦狀況以接受未知未來的挑戰。

3. 缺少力量

受暴婦女與其施暴伴侶的關係，通常會比一般婦女與其無暴力傾向伴侶的關係，更覺得缺少力量。受暴婦女認為在這樣的關係中，她完全被其施暴伴侶所支配。施暴者會一直恐嚇、批評及施加暴力以讓婦女處在脆弱及困難的處境，並且會產生「習得無助」的情形。

> **知識補給站**
>
> **習得無助（learned helplessness）**
>
> 習得的無助感是一種放棄的反應，從「無論你怎麼努力都於事無補」的想法而來的放棄行為。我們常會對婚姻暴力的受害者願意繼續留在受暴的婚姻關係中感到不解，其實這當中有一個很重要的原因是，在婚姻暴力中受害者除了解一個人能做的非常少之外，通常也會覺得沮喪或焦慮，即習得無助（learned helplessness）。

（五）社會工作在家庭暴力的實務運用

1. 增權的諮商策略

在與社工人員的首次會談中，受暴婦女可能非常焦慮。她可能會擔心要說什麼。社工人員應該盡可能地讓受害者感到舒服，並強調她不必說出任何不想說的事。

2. 提供支持

受暴婦女在身體及心理上可能都顯得脆弱。她需要他人的同理與關懷。她需要一些時間坐下來感受一下放鬆的感覺並思考。

3. 鼓勵表達感受

許多受暴婦女會表現出情緒反應，包括無助、恐懼、憤怒、罪惡、羞愧，甚至懷疑自己精神不正常。社工人員應該鼓勵受害者坦白說出這些感受。只有先說出自己的感受，才能進一步的去面對它。接下來社工人員可以協助受害者以各個不同角度，客觀地檢視她所處的狀況，並協助她重新控制自己的生活。

4. 強調優勢
   (1) 處遇過程中有一部分經常被遺忘，即強調受害者所擁有的優勢。受暴婦女可能處在低自尊的狀態。她需要他人協助來找出自己正向的特質。
   (2) 提供資訊。許多受害者並沒有任何得到協助的相關資訊，例如：法律、醫療及社會服務等相關資訊。也許這些可以為她們帶來更多選擇，讓她們更能夠幫助自己。
5. 檢視選擇性
   (1) 受暴婦女可能會感到被困住了。在受暴環境下，可能不曾有過選擇；但現在過多的選擇可能讓她不知所措。這些選擇包括了繼續維繫婚姻、為自己及伴侶尋求諮商、暫時分開、尋找其他經濟支持及獨立居住的條件或訴請離婚。
   (2) 受暴婦女通常會感到不知所措及困惑。最有效的協助即社工人員幫助她解決不同的問題。受害者沒有辦法同時做所有的事情，然而，一次處理一件事情，以及一步一步做決定，能夠讓她逐漸掌控她的生活。
6. 訂定計畫
   另一項協助受害者的處遇技巧為訂定行動計畫。她需要清楚了解與釐清她選擇要做什麼。這樣的決定可能包括了訂定主要目標，像是與先生離婚。也有可能是一些小的目標，像是列出日托中心，好讓她能夠為孩子找到兒童照顧的各種選擇。
7. 家庭暴力防治倡導機構
   這些機構可以為受害者找到防治家庭暴力相關資訊，並鼓勵受害者。也可以協助受害者聯繫法律、醫療及社會服務等資源，並克服繁雜的官僚過程。除此之外，它們更可以改變法律鉅視系統，如我們之前討論的。

二十二、多元文化與社會工作

項目	說明
多元文化	1. 是指在一個特定地區的人口有其種族、文化、民族差異的事實情況。它通常發生在一個組織中，類似像學校、企業、鄰居、城市或國家。有些人易使用文化多樣性來解釋多元文化。 2. 某些國家頒定正式的多元文化法定政策，以聚焦於認定與維繫不同的文化或文化主體，以促進社會和諧。在這種背景下，多元文化提倡一個社會要延伸平等地位給予不同的文化與宗教社團，而非由單一文化來主宰。

項目	說明
文化多樣性	是指多元文化社會中各種次級文化與不同的價值系統。許多先進國家的文化政策目的、方案與法案都傾向支持文化多樣性。
文化能力	是指對所有不同文化、語言、階級、種族、宗教的人群，能以覺察、肯定的方式，尊重個人、家庭、社區尊嚴的過程。文化能力的概念亦強調、不論是個體或系統皆應互相尊重與回應。

練功坊

★ Carter 和 McGoldrick 提出「家庭生命週期模式」作為評估家庭關係與需求的依據，請說明「家庭生命週期模式」的各階段及發展任務。

解析

茲將 Carter 和 McGoldrick 家庭生命週期與家庭發展任務，整理說明如下表：

家庭生命循環階段	關鍵發展階段	發展過程之家庭地位轉變
1. 家庭之間：孤男寡女	接受親子之間的分離	和原生家庭的區分； 同儕親密關係的發展； 工作情境中自我的發展。
2. 家庭聯婚：新婚夫婦	對新家庭系統的投入	婚姻系統的建立； 讓配偶融入親友網絡。
3. 有幼兒的家庭	接受新的家庭成員	讓孩子融入婚姻系統； 扮演親職角色； 調整延伸家庭的關係含括父母和祖父母角色。
4. 有青少年的家庭	家庭界線的彈性化；接受孩子的獨立和祖父母的衰退。	調整親子關係容許青少年進出系統； 中年婚姻和職涯的聚焦； 開始對老年世代的關懷。
5. 子女離巢和向前看	接受成員從家庭系統的移出和加入	婚姻中兩人關係的再協商； 發展和子女的成人關係； 關係納入親家和孫子女。

練功坊

家庭生命循環階段	關鍵發展階段	發展過程之家庭地位轉變
6. 生命晚期的家庭	接受代間角色的轉移	維持自己和夫妻的功能、面對身體衰退、探索新家庭和社會角色的選項； 支持中年世代的主軸角色； 接納老人經驗和智慧、支持但不讓他們過度操勞； 面對親人失落和為自己辭世準備、生命回顧與統整。

★（　）下列哪一項敘述最能描述成年前期（約 22-34 歲）的心理認知發展？
(A) 自我中心觀念強
(B) 尋求肯定答案的需求
(C) 思考單一性
(D) 較能以客觀的方式解決問題

解析

(D)。成年期的自我中心觀較低，所以他們比較能夠駕馭此正式運思能力，也因此成人能以較客觀的方式解決問題，而成人在運用此思考能力時，也較能夠先有效的評估過去的經驗。成年期在思考上會產生新的整合，成年期會有比較務實的態度，因此便不如青少年期那麼強調邏輯取向，也許這樣的務實取向讓成年人能更在思考上更具彈性、更多樣性。

★（　）愛情是成年前期心理層面發展的主要課題，史登柏格（Sternberg）的愛情三角理論中，指出愛情包含三個元素，不包括下列哪一項？
(A) 親密　　　　　　　　　(B) 熱情
(C) 承諾　　　　　　　　　(D) 信心

解析

(D)。Sternberg 的愛情三角理論（triangular theory of love）指出愛情包含三個元素：親密、熱情和承諾。本理論所指的親密是互動關係中所分享的溫馨與親近；熱情是在愛情關係中所存在的一種強烈情緒（涵蓋正、負面情緒），包括性的欲望；而承諾則是指不論遇到任何困難仍保持兩人關係的決定與意圖。

重點便利貼

❶ Gilligan 的道德發展觀點
（1）Kohlberg 與 Gilligan 的道德理論呈現兩種不同的論述：一個強調的是權利與責任（男性的觀點），另一則強調以他人福祉為中心（女性的觀點）。Gillian 的研究提醒我們在解釋研究結果時應考慮性別問題，以提供新的方向給其他有關道德發展研究，即公義的道德觀和關懷的道德觀。

（2）Gilligan 的女性發展層次：A. 層次一：在決策時以自我利益為主要考量；B. 層次二：會為了他人的福祉而犧牲自我利益；C. 層次三：主要原則在避免傷害自己或他人。

❷ Sternberg 的愛情三角理論（triangular theory of love）：愛情包含親密、熱情和承諾等三個元素。親密是互動關係中所分享的溫馨與親近；熱情是在愛情關係中所存在的一種強烈情緒（涵蓋正、負面情緒），包括性的欲望；而承諾則是指不論遇到任何困難仍保持兩人關係的決定與意圖。

擬真考場

申論題

受暴婦女的案例中,不難發現經過心理輔導和職業技能重建後,許多婦女往往又回到那個施暴的男人身邊,請說明受暴婦女留下之原因為何?

選擇題

(　　) 1. 下列有關強暴的敘述中,何者錯誤?
　　(A) 強暴不只限發生在陌生人之間,也可能發生在彼此認識的人之間
　　(B) 約會強暴並不等同於熟識者強暴
　　(C) 約會強暴是指婦女被正在與她交往的對象強力勸誘而發生性關係的行為
　　(D) 由於約會強暴被揭發的比率偏低,所以被視為一種隱藏性的犯罪行為

(　　) 2. 小布和小莉交往 2 年,每個月皆共度週末2 次,他們喜歡彼此的陪伴,也滿意共同的性生活,依據Sternberg的愛情三角理論(triangular theory of love),他們的關係應屬於下列哪種愛情類型?
　　(A) 激情的愛情　　　　　　　　(B) 浪漫的愛情
　　(C) 同伴的愛情　　　　　　　　(D) 完美的愛情

解析

申論題：

茲將受暴婦女留下之原因說明如下：
(一) 經濟依賴：許多受暴婦女會留在加害者身邊是基於經濟方面的理由。許多受暴婦女在經濟上必須依賴加害者，家暴事件有較高的機會發生在缺少資源的家庭中。
(二) 缺少自信：家庭暴力包括了身體虐待、性虐待以及精神虐待三種。施虐者以嚴厲的批評或貶抑辱罵受害者，損害自尊與自信。加害者通常會認為他們的伴侶離開他們將無法生存。受害者需要自主與勇氣來提升自信，才能離開痛苦狀況以接受未知未來的挑戰。
(三) 缺少力量：受暴婦女與其施暴伴侶的關係，通常會比一般婦女與其無暴力傾向伴侶的關係，更覺得缺少力量。受暴婦女認為在這樣的關係中，她完全被其施暴伴侶所支配。施暴者會一直恐嚇、批評及施加暴力以讓婦女處在脆弱及困難的處境，並且會產生「習得無助」的情形。

選擇題：

1. **C** 約會強暴是指婦女被正在與她交往的約會對象強暴，並非勸誘行為。為何這麼多的人不認定約會強暴？這多半是因為大家認為強暴只發生在施暴者是陌生人的情況下，其實被熟識者或約會對象強暴的情況遠多於陌生人強暴的案例。Koss 視此種強暴案件為一種「隱藏的犯罪行為」(hidden crime)，而如此不免會助長男性拒絕為他們的行為負責任，並讓受害婦女懷疑強暴者的意圖。

2. **B** 浪漫的愛（Romantic love）是親密和熱情的結合，沈醉於浪漫愛情中的戀人對彼此擁有許多熱情，但沒有承諾，浪漫的愛可能始於迷戀。

第七章 CHAPTER 7 中年期

榜·首·導·讀

- Erikson 在「中年期」的生命週期理論,請以申論題方式準備,並請建立應用於實務題之實力,亦為測驗題考點。
- 請將 Levinson 生活結(架)構理論完整準備,俾利申論題的之說明與實務題之應用;另亦為測驗題考點。
- 請把家庭壓力理論完整準備好,俾在申論題對於該理論之說明,以及在實務題之運用,將有助於奪取高分。
- 對貧窮看法的鉅視面觀點,為申論題考點,請務必詳加準備,完整論述。

關·鍵·焦·點

- 中年期各相關名詞,務必詳讀,才能在測驗題順利選答。

命·題·趨·勢

年度	110年	111年	112年	113年
考試	2申 2測	1申 1測 2申 2測	1申 1測 2申 2測	1申 1測
題數	9	5 5	1 3	3

本·章·架·構

中年期
└─ 重點1 ★★★ 中年期
   ├─ 中年期的發展
   ├─ 中年期相關名詞
   ├─ Erikson在「中年期」的生命週期理論／心理社會發展理論～第七階段：生產 vs. 停滯
   ├─ Piaget在「中年期」的認知發展：正式運思期後階段之再思考
   ├─ Peck的心理發展理論
   ├─ 中年期的認知發展與資訊處理
   ├─ Levinson生活結（架）構理論（成人發展理論）
   ├─ McAdams及Aubin提出的傳承模型七種元素
   ├─ 人格類型
   ├─ 智力的類型
   ├─ 中年期職業變遷
   ├─ 中年危機
   ├─ 發展樂觀正向和幸福感
   ├─ 中年期家庭課題
   ├─ 空殼婚姻議題
   ├─ 寬恕
   ├─ 性別關懷
   ├─ 家庭壓力理論
   ├─ 貧窮理論與貧窮文化
   └─ 街友生活

重點 1 中年期

閱讀完成：_____月_____日

一、中年期的發展

（一）中年期的特徵與生理變化

特徵	生理變化
1. 中年期是指四十至六十五歲這一階段的人。中年人常被稱為「三明治」世代，即被夾在年輕的晚輩及年老的長輩之間。 2. 中年期的人通常在看法及作法上必須找出一個平衡點，重新整合社會互動與人生歷練，並且不斷地尋找生命的新意義，承載家庭與工作的責任和義務，安排家務、擴展社會關係。 3. 中年時期是一般人建立家庭後，完成教育小孩、累積財富的階段，生活上食衣住行育樂需求比較無缺，各種資源穩定。 4. 中年人同時是家中主要資源的提供者，在此階段著重平衡個人內在衝動及完成託負的外在責任。中年父母承擔養育上下兩代的責任。	1. 健康狀況：一般人的體能於中年期達到顛峰，然後緩慢的走下坡。皮膚較為乾燥，逐漸失掉彈性，皺紋開始出現，身上脂肪增多，精力有限。 2. 生理發展與身材外貌：中年人主要有骨骼疏鬆症狀。女性面臨停經期，女性賀爾蒙驟然減少。

（二）中年期和其他階段之不同之處。

1. 中年期比較少受到生理變化的影響，但很受個人經驗的影響，特別是中年人自己對時序的感覺。有人將之視為子女離巢，致力於自己的生涯發展時期；有人開始想組成家庭，暫緩生涯發展；人人的規劃都不一樣，個別差異頗大，差異成為中年的最佳寫照，年齡不再是分類這個時期的可靠指標。

2. 有人認為中年期最典型的特徵是：對自我和世界有新期望或賦予新的定義，想從生活中取得新的滿足感；只是個體的差異性極大，許多專家都避免為中

> **上榜關鍵** ★★
> 藍字的部分，已有測驗題出題的紀錄，觀念務必清楚；由此觀之，本段其他黑字的部分，在題庫中亦有可能會出測驗題，請考生詳讀。

年訂出一個發展的時間表。不過，受 Gail Shehy 的《旅程》（Passages）一書的影響，許多人仍然把成人期想成是可預期的、有里程碑可辨認的發展階段，「中年危機」也因此被視為中年期典型特徵。Sheehy 的觀念之所以會有那麼大影響力，可能是因為社會大眾為了避開不確定感，仍然偏好可預期的和可以捉摸的里程碑或發展階段。但是隨著更多研究出爐，專家對中年期越來越有認識，加上很少實證證據支持「中年危機」這種說法，專家們也越感受到階段理論的限制。最近研究顯示，有 72% 的婦女認為他們在中年期過得很快樂。

3. 雖然階段理論在過去很受歡迎，也常被用在生命發展和中年期的研究上，但越來越多專家開始質疑它的適用性，因為發展指標常常和所預期的年齡範圍不相符。Neugarten 的研究更進一步證實，人類發展的複雜性和階段論過度概括化的不當，他發現：同一個年代或時期出生的人，因受當代環境和歷史事件影響，想法、期待、人生觀和發展任務完成的時間表都比較相近，和不同年代出生的中年人相比則差異較大，因此我們除了應避免將漫長的中年期概括化之外，也不能將研究某一時代出生，現今已達中年的族群結果，引申到其他時代出生中年的族群。

（三）更年期與熱潮紅

1. 更年期（menopause）是指婦女在過去一整年當中，經期沒有來潮，卵巢停止運作，不再生產雌激素和黃體素，它是一種漸進的過程，為期約 5 至 20 年不等。亦即，更年期指生理及情緒加上賀爾蒙分泌的改變，使這種生理及心理的劇變更為錯綜複雜。

> **上榜關鍵** ★★
> 更年期為測驗題的考點，藍字部分即為曾出題的內容，著重在其定義、特徵，以及男性的更年期之說明；測驗題通常著重細節之研讀，本段其他部分的研讀與準備亦同。

更年期導致的變化

何時	症狀	症狀描述
更年期之前	經期不規律	週期變短或加長，血液量變多或變少。
更年期期間	停經	經期停止。

何時	症狀	症狀描述
更年期期間	熱潮紅	皮膚溫度上升又下降,伴隨著流汗、心跳加快、頭暈、焦慮,頻率由一個月一次到一個小時內多次不等,可能在停經前的一年或一年半之間便已開始,然後持續好幾年。
	失眠	可能由夜間熱潮紅引起,多夢的快速眼動期的睡眠減少,干擾睡眠。
	心理影響	煩躁易怒、短期記憶喪失、注意力不集中,這些症狀可能是失眠造成。
更年期之後	神經系統的變化	觸覺變得敏感或遲鈍。
	皮膚和毛髮變乾	皮膚變薄、乾、癢、頭髮變疏,臉毛增加。
	尿失禁	膀胱肌肉萎縮、骨盆肌肉衰退,導致膀胱失控。
	陰道內膜乾燥	陰道壁內膜變薄和乾燥,造成性交疼痛和容易感染。
	骨質流失	流失加劇。
	心臟血管變化	血管彈性漸失,血液中膽固醇和三酸甘油脂增加。

2. 文化與個人的期待影響婦女對更年期的態度,在一個社會裡,婦女的主要角色若是傳宗接代,無能力再生育表示社會地位的喪失;社會若珍惜老年婦女的經驗與智慧,更年期則是正面的事。一般而言,年輕男女把更年期看得比較負面,經歷過更年期婦女反將之視為正面,有些婦女認為月經週期的停止代表老年的來臨、青春與美麗的喪失,有些婦女則以能夠揮別更年期而慶幸。婦女更年期的症狀也因為文化差異而有別。

3. 雖然男性不像女性一樣有所謂的生理上的更年期,但卻也經歷一段中年性功能的變化情形。婦女在短期內須面對更年期的驟然變化,相對地,男性是經過一段緩慢循序漸進的改變過程。通常到了 50 歲至 60 歲之際,大部分女性

的生育功能已完全萎縮,男性則不然,他們直到70歲出頭仍足以授精懷胎;不過,其所製造精子數目已不如年輕男性那麼活潑及豐腴。隨著歲月的增長,男性的睪丸脂酮顯著地下降。簡言之,男性更年期及生育功能的變化顯得較為遲緩,仍然持續運作,不像女性完全喪失生育功能。有關男性中年的改變,主要是在心理上的「中年危機」。對男女兩性來說,生育功能系統的變化是成年發展的一部分。也有些男性與女性一樣在研究中提出相類似的更年期經歷。諸如自信心減弱或容易感到煩躁、疲倦,以及憂慮是起因於賀爾蒙失調或來自於心理上壓力,像是工作的壓力、對性伴侶感覺厭倦、缺乏性趣、或因家庭的責任、健康衰微,加上逐漸退化的體力,這些變化往往影響個人的性能力。

4. 雌激素分泌量的減少之負面影響因人而異,最常見的症狀是熱潮紅(hot flash),常在夜間發生,因此又有夜間盜汗之稱。熱潮紅(突然發熱)通常由胸部開始,然後擴散到頸部、臉部和手臂,持續幾秒鐘到幾分鐘不等,常有夜間盜汗可能會干擾睡眠。雌激素減少的另一個影響是陰道內膜變薄和乾燥,造成滋潤不足,可能影響房事進行,性方面比較活躍的婦女所受影響較小。雌激素減少會影響泌尿系統,造成頻尿,或者不經意的壓力失禁(壓力來自咳嗽、打噴嚏、笑等),其他身體方面的改變包括:皮膚發癢、對觸覺敏感、髮質變乾等。對身體的影響最大的是心臟血管的變化和骨質疏鬆症(骨質疏失、變薄、脆弱)。心臟血管的變化提高了心臟血管疾病的危險性,骨質疏鬆症提高了骨折的風險,特別是臀骨和脊椎。體瘦、抽菸者、鈣質攝取少者、很少規律運動者是骨質疏鬆症的高危險群,鈣質的補充雖有助益,但是缺乏雌激素會讓鈣質的吸收有限。

5. 更年期對婦女心理有何影響,專家們至今仍不甚確定,有些婦女經驗所謂的後更年期熱絡(postmenopausal zest, PMZ),精力和信心大增,而且更能夠自我肯定。專家們並不將這些改變歸因於生理因素,認為是中年婦女深感過去人生目標未達成和潛力未發揮,體會到處理過去衝突和滿足欲求的能力日增等心理因素造成的結果。此外更年期婦女也不用再處理每個月經期賀爾蒙起落造成的困擾,每個月血液流失也不再發生,鐵質的儲存增加,這些也可能是促成婦女經歷和信心提高的因素。

6. 一個有關更年期的重要問題是:婦女會不會有憂鬱和煩躁的傾向;這個問題不易回答,因為更年期正好發生在婦女覺得自己漸漸變老的時候,專家們很難將更年期影響和老化造成的影響加以區分。相關研究並沒有發現更年期婦女在焦慮、憂鬱、憤怒、自我覺知、對身體的擔憂等方面,和更年期之間有顯著的不同。換句話說,中年婦女情緒並不受更年期左右。不可諱言的是,

有些婦女在經歷更年期的過程和解釋其意涵之時，仍會以前述的情緒加以反應，例如：期待更年期是負面的人會發現它帶來負面的感受，有許多症狀的婦女也可能經歷到憂鬱、焦慮或煩躁。其他專家則認為憂鬱和焦慮常不是更年期造成的，而是生命中的事件和變化所引起的；重視年輕和美貌的人，可能比較會因為更年期造成變化而憂慮；有些婦女則因為兒女離家而覺得哀傷。

二、中年期相關名詞

> **上榜關鍵** ★★★★
> 中年期各相關名詞，務必詳讀，才能在測驗題順利選答。

項目	說明
停經期（Menopause）	女性在生理的改變，包括卵巢功能萎縮及相關性腺分泌賀爾蒙分泌物的減少。婦女在此時期有較少的性高潮，並且陰道失去潤滑性。在此階段最重要的是女性賀爾蒙的驟然減少。
空巢期症候群	1. 從生命週期的觀點看來，許多中年夫妻的家庭，因為兒女羽翼已豐開始離家，這對終身為人父母的夫妻而言是個重大的變動，也就是所謂的「空巢期症候群」（empty nest syndrome）。 2. 過去有關空巢期的描述常是負面的，因為孩子不在，夫妻原本將精力集中在養育孩子，特別是婦女，如今頓失重心而不知所措，加上配偶在此時比較傾向於分開發展自己的志趣，因此空巢期是充滿痛苦的時期；但研究的證據顯示，中年不再是「空巢」，婚姻的滿意度不再像以往所描述的「走下坡」，反而是滿意度上升的時期。Rollins 認為養兒育女的壓力是來自「角色的過度負荷」，父母的角色常常掩蓋了夫妻是婚姻伴侶的角色，夫妻缺少溝通和相處的機會，導致婚姻滿意度的降低。
「三明治」世代	許多中年人就像三明治一樣被夾在兩代間，上一代和下一代都給他們很大的壓力。老年人是目前社會中成長最快速的年齡層，越來越多的中年人發現除了照顧孩子外，同時也必須照顧父母。也有不少中年人會把父母接過來住，形成三代同堂。夾在兩代之間的中年人相當辛苦，幾乎沒時間和精力滿足本身需求，也無法完全應付孩子、父母和工作。亦即，中年人被稱為「三明治世代」，此指中年人一方面必須面對養育兒女的艱辛與困難，一方面又必須面對不易相處的老年父母，並且擔起照顧他們的責任；中年婦女更是家庭關係的維繫者，家庭關係的

項目	說明
「三明治」世代	維持必須依賴團聚，她們常常是家族團聚的發起者。Troll認為母親和女兒之間的關係是中年婦女發起家庭聚會的主要因素；研究也顯示：比起兒子，女兒通常會住得比較近，和父母的互動也比較多，比較會保留家庭的照片、傳家寶、家庭的其他遺物。
社經地位（socioeconomic status）	社經地位的指標包括：經濟地位或收入、教育程度或社會地位、職位或職業類別。
職業疲潰（倦怠）	在個人對工作感到不滿意、理想破滅、受挫折和疲憊厭倦的情況。經常發生在助人的行業上，通常會使剛開始的理想和使命感被打擊，職業疲潰的結果之一是對工作的譏諷與懷疑。社工員必須處理中年案主面對的職業倦怠問題，職場工作並非盡如人意，社工員須先了解並處理案主不同生活、工作方式，依其工作所帶來的壓力進行輔導及就業轉介規劃。
專業過時（professional obsolescence）	指的是個體擁有的資訊、理論及技術已經落伍或不管用，已無法勝任職務上完成任務的要求，這與年齡的增長造成的能力喪失沒有關係，只是個體無法學習和應用新的資訊或技能，趕不上資訊與技術進步的神速。
專業半衰期（professional half-life）	指的是個體所擁有的專業技術或知識的50%流於落伍所需的時間越來越短。當然，這要依專業的特徵而定，例如：幾乎所有的專業多或少都需要電腦知識和技能，中年人在學期間少有機會接受這方面的訓練，電腦專業知識或技能的半衰期可能只有2到3年時間。隨著人類壽命的延長，職場的生涯也跟著延伸，如何保持資訊和技巧的更新以符合市場的需求，是中年人的重要課題之一。前述這種情形正好為「學習已經成為終生的志業」這句話提供了最好的證言。
功能性文盲（functionally literate）	1. 此語辭源自第一次世界大戰，當時許多美國的士兵雖然能夠讀寫，卻不足以應付職務上所要求的任務，無法成為有效率的士兵；現今則指稱那些讀寫能力不足以應付現代愈趨複雜的社會或獨立生活。許多完成小學或中學學業的人，連生活的基本技巧也沒有習得，例如：寫信的能力、填寫表格的能力、讀商品或藥物標示的能力、簽寫支票的能力。

項目	說明
功能性文盲（functionally literate）	2. 研究顯示：導致文盲的主要因素是貧窮、不接受教育、教育不足、家庭不鼓勵又無人協助學習、父母對兒童的學習沒信心及身心障礙沒機會受教等。具有功能性文盲的成人通常常會覺得尷尬、極力想隱藏自己的無知、無法了解基本的人際溝通。
去幻象化（deillusionment）	係指歷經了許多事與願違，因而開始摒棄生命中早期的一些幻想，對人和過去持守的一些信念都喪失了信心。
英雄的死亡（the death of the hero）	許多文化裡都有英雄的崇拜，英雄成為角色楷模可供模仿，英雄成為個體超越困境成功轉變或更新的榜樣，英雄也成為個體思考自我的期許和成就的憑藉；如今，英雄的功能不在，幻想和期許逐漸破滅，英雄不再像過去能夠提供個體心理上的慰藉。因此，Goldstein和Lamdau認為健全的成人發展必須使英雄成為過往，以比較實際眼光看待人生；這也是為什麼憂鬱與焦慮在這個時期比較容易發生的原因，不過Goldstin和Lanfau相信，許多經歷認定解體的中年人，最後還是能夠達成自我認定的統合。
酒癮（alcoholism）	酒癮指的是酒精的攝取或使用影響了工作、家庭和人際關係等生活的主要層面。許多專家將酒癮視為是一種疾病，指的是罹患者會經歷到生理、心理和社會層面等各種不同的症狀，因為是疾病所以會漸漸地惡化，造成無可逆轉的傷害，直到死亡為止；即使上癮者滴酒不沾，也只能暫時地復原，酒癮的威脅時刻存在。從一些症狀可以判斷某人正在進入酒癮的初期階段：以增加酒精用量和使用次數因應個人面對的問題、飲酒時有失憶的現象、嗜酒如命、耐久性越來越高（需要更多量才夠達到和過去相同的效果」；中期的跡象包括問題加劇和生理對酒精的依賴加深，依賴性的加深可以從晨間顫慄、易怒不安、需要借助酒精才能夠使這些症狀消除或緩和得知；到了後期酒癮的人會經歷到戒斷症狀，這是一種生理和心理的反應，包括易怒不安、顫慄、幻覺，甚至痙攣發作。

項目	說明
共依 （codependency）	1. 共依（codependency）：在自助運動中特別引人注目的是「共依」，又稱為「我們的時代最時髦的病態」。共依指的是個體的一種行為模式，傾向於將自我的價值觀建立在外在的參考標準上，當事者會過度的維護他人的福祉，甚至忽略和犧牲自己的需要，目的是為了取得他人的認同，結果造成對他人的感受過度在意，對方的態度表現得不夠肯定，且以為是自己造成的，因此產生強烈的罪惡感、懼怕被拋棄、過度焦慮自己是否會傷害到對方。 2. 「共依」一詞本來是用來指稱癮君子的妻子和丈夫之間過度依附的關係，妻子常常會為對方的行為而辯護、隱瞞或找藉口，保護他不受到酗酒惡果的制裁；今天，開始被廣泛地應用在個體對他人的需求過度關注、忽略自己的需要之行為傾向。 3. 共依的產生因素：共依的主要理論建構者認為，當事者找尋落難或遇到困難的人建立關係，以便滿足被需要和照顧他人的需求，對他人的情感和肯定有強烈需求的女性特別容易成為相依的當事人。Haaken 認為女士特別容易如此的原因是社會化的結果，婦女在社會化的過程中，被塑造以無私、無我、支持他人和關照他人為美德。
男權運動（men's movement）	在美國社會裡，女權運動及其影響力廣為人知，男權運動則到了最近才時有所聞，但男權運動所標榜的目標和所採取的方式與女權運動大相逕庭，男權運動的焦點在於男人的改變，女權運動則強調外在體制變革。

三、Erikson 在「中年期」的生命週期理論／心理社會發展理論～第七階段：生產 vs. 停滯

榜首提點
以申論題方式準備，並請建立應用於實務題之實力；亦為測驗題考點。

（一）發展觀點

Erikson 的觀點認為，中年人透過轉化「生產 vs. 停滯」去尋求平衡點，這種成長乃是來自於改善及提升新一代的生活環境，因應外在的壓力，生產力涵蓋著生命的再造，創造力以及新血的注入，即社會自我的再造，以及精益求精的社會肯定與成長。依據 Erikson 的觀察，生產乃是人類為自己，為維護社會發展而激發出的勞動生產力。

（二）生產

生產力是一種能量，可維護社會的延續，人類在進入中年階段時，貢獻自己所知所能及分享資源，為年輕一代的未來提供更優良的環境，此時往往發現人終究是會死的，沒有人可以長生不老，而且世事無常，因而有感而發，提供自己對社會、子孫的使命和想法，以期死後仍能遺愛人間，較實際的方式，就是貢獻錢財、技術及時間於公益事業團體，這種人力、物力、財力的貢獻，對整個社會具有相當的意義及價值。

（三）停滯

1. 停滯是中年階段的另一種現象，人格無法適應生活的挑戰，仍停留在早期的發展階段。有些成年人自顧自地滿足自我，無暇也無能力去照顧別人的需求，不能處理家事、養育兒女，或者持續保有工作，在中年期停滯不前。
2. 停滯類型
   （1）自以為是的成人：可能是花盡所有能量累積財富，與他人互動關係是期望別人給他什麼，獲取自利，以此為樂。
   （2）憂鬱、自卑成性的成人：總覺得自己的能量有限，資源不夠，無法回饋社會，有著強烈的自卑感，而且對自己的未來及成長空間感到疑惑，也不願意花費時間去規劃未來。

四、Piaget 在「中年期」的認知發展：正式運思期後階段之再思考

（一）具體操作思維是考量具體事物，而正式運思操作思維則在觀點意念上呈現心理行動，而後運思期的思維則操縱整體意識型態的系統。就如同一個大學生在寫畢業論文時，教授告知將各理論系統做一推理比較及綜融不同的理論，將不同理論背後的主要假設原則呈現出來，再建構整合性的理論。

（二）中年期成人進入論辯思考，涵蓋著透視和解決兩個極端對立觀點中找出平衡，換言之，相對於思考觀，系統思維及互動辯證觀可算是認知發展中超越正式運思期的一個更高更進階的境界。

五、Peck 的心理發展理論

上榜關鍵 ★★
測驗題的考點，詳加記得各任務之意涵。

Peck 主張一個人如果要做好中年期調適，就必須好好面對以下四項心理成長危機：

（一）人際關係中社會化 vs. 性關係：中年人將生活中的男女由性伴侶重新定義為個體、朋友、伴侶，這對他們的心理是健康的。

（二）重視智慧 vs. 重視體能：Peck 認為智慧是指能夠在生活中做出明智抉擇的能力。他表示調適良好的中年人可以體會他們現在具有的智慧遠超過其所喪失的體力、力量及青春吸引力。

（三）情緒靈活 vs. 情緒疲乏：有能力將情緒投注從某人轉至另一人、從某活動轉至另一個活動，對中年人來說特別重要。大多數的人在這段期間內必須面對父母、朋友的死亡及子女成熟獨立，使中年人經歷到人際關係的斷層，同時也因體能限制，必須改變他所從事的活動。

（四）心智靈活 vs. 心智僵化：多數中年人已完成了學業並經歷過職場的訓練。他們開始接觸關於來世、信仰、娛樂等事物。部分中年人停止接收新知識且變得故步自封。這些人的心智成長較容易受限，往往也認為生活平凡、缺乏滿足感及毫無益處。但也有人傾向於尋找新的經驗、接受額外學習的機會。他們可以運用新舊經驗作為解決新問題的指南；這些人通常認為他們的生活充滿意義、回報及挑戰。

六、中年期的認知發展與資訊處理

> **上榜關鍵** ★★★
> 藍字部分有多次測驗題出題紀錄，注意觀念的區辨。

（一）在過去，專家們一直試著使用皮亞傑的理論研究認知發展，近來，專家們發覺他的理論並不是研究成人認知發展的最佳方法。其實，由於皮亞傑理論，使許多人有刻板印象，以為兒童時期是人類智能發展的最主要時期，成人期成功發展所需的知識端賴兒童和青少年時期的認知發展，因此長期以來，專家們一直以青少年晚期和青少年初期為認知發展最高峰。這種觀念似乎合乎邏輯，因為個體到了中年期，生理的變化可以明顯看出，例如：頭髮灰白。想要了解認知發展的變化，必須找出的問題是：認知的發展在青年期或中年期真的會開始走下坡？

（二）著名的心理學家 Schaie 的一系列研究大幅的改變了許多人對中年期認知發展的看法。例如：他使用縱貫研究法研究的結果發現，語言能力發展在中年期達到最高峰，五種不同層面的認知能力（推理、語言、字詞流利、數字和空間視覺能力）在中年期並沒有顯著衰退跡象，大致上維持平穩的狀況，而智力在 60 歲左右才開始衰退；若有和年齡相關的衰退，例如：空間推理能力和數字計算能力，這些衰退並不是到中年才突然發生，而是在更早時期便已經開始。

七、Levinson 生活結（架）構理論（成人發展理論）

> **榜首提點**
> 請將 Levinson 生活結（架）構理論完整準備，俾利申論題之說明與實務題之應用；另亦為測驗題考點。

(一) 生活結（架）構的定義

1. Levinson（拉文森）的理論圍繞著生活結構（life structure）的概念。
2. 生活結構的定義為「在特定時間裡，個人生活的潛在模式」。一個人的生活結構乃是經由四周環境互動塑造而成的。生活結構的構成要素包括：人、制度、物品、地點、當事人認為最重要的事及使其發生的夢想、價值及情感。多數人將生活結構建立於工作及家庭上。生活結構的其他重點還包括：宗教、種族認同感、傳統、社會事件（如戰爭及經濟蕭條）及嗜好等等。

(二) 生活結構時期

Levinson 主張人們在下列四個重疊的時期中（每個約二十至三十年）塑造了生命結構：

1. 成年前期（出生到 22 歲）
   ・是從出生到青春期結束之間的成長期。

2. 成年早期／成年前期（從 17 歲到 45 歲）
   ・是人們做出重要決定的時期，人們展現出最多的精力及體驗到最多的壓力。

3. 成年中期（從 40 歲到 65 歲）
   ・是人們生理能力開始衰退，但社會責任卻增加的時期。

4. 老年期（65 歲及以上）
   ・是生命的最後階段。

(三) 過渡期與轉換期

1. Levinson 的生活結構時期還包括過渡期，不同時期的銜接點也會出現大約五年的轉換期。在這些轉換期間，男人重新檢視他所設定的生活結構，並重新探索如何改善生活。根據 Levinson 的說法，成年人有一半時間都生活在轉換期當中。
2. Levinson 將成年前期及中期勾勒出八個發展階段，而該理論的核心為生活架構（life structure）的觀念，是指在某一個時刻，某成年人生活的基本型態，個人的生活架構反映出他的選擇，例如：結婚生子與職業等。根據 Levinson 的理論，成年人的生活階段是在穩定、動盪與過渡中輪流改變。

表：Levinson 的生命結構時期

生命結構時期	轉換期
1. 成年前期（0-22 歲）	成年轉換期（17 至 22 歲）
2. 成年早期／成年前期（17-45 歲）	進入成年早期的生活結構（22 至 28 歲） 30 歲轉換期（28 至 33 歲） 成年早期生活結構之高峰（33 至 40 歲） 中年轉換期（40 至 45 歲）
3. 成年中期（40-65 歲）	進入成年中期的生活結構（45 至 50 歲） 50 歲轉換期（50 至 55 歲） 成年中期生活結構的高峰（55 歲至 60 歲） 老年轉換期（60 至 65 歲）
4. 老年期（60 歲以上）	

表：Levinson 的八個轉換期階段

階段	階段年齡與內容
1	17～22 歲：脫離青少年期，對成年的生活作出初步的選擇。
2	22～28 歲：對感情、職業、友誼、價值觀及生活型態作出初步的選擇。
3	28～33 歲：生活架構的改變，也許是小的改變，但大多數的改變是重大的，且會造成壓力或危機。
4	33～40 歲：建立自己在社會中的立足點，為家庭及工作目標訂出時間表。
5	40～45 歲：生活架構成為問題，通常讓人對生命的意義、方向及價值產生疑問，開始想表達自我被忽略的部分（例如：才能、期待等）。
6	45～50 歲：重新選擇並建立新的生活架構，個人必須投入新的任務。
7	50～55 歲：再進一步質疑及修改生活架構，在 40 歲時沒有遇到危機的成年，在此時很可能會遇到。
8	55～60 歲：建立新的生活架構，可以是人生中得到最大成就感的時候。

（四）轉換期的說明
1. 成年轉換早期（17 至 22 歲）
   在這段轉換期間（可能持續三至五年），人們由成年前期進入成年期。他們離開家庭，在財務上及感情上開始獨立自主。進入大學或當兵則是由孩童成長到成年人的制度轉換。
2. 進入成年早期的生活結構（22 至 28 歲）
   這是「邁入成年世界」的階段。在這個階段裡，年輕人邁入成年並開始建立進入成年早期的生活結構。這個階段的層面通常包括：工作，通常會影響職業的選擇；與他人的親密關係，可能會發展為婚姻及為人父母；購屋；參與社會和民間團體；以及與家人及朋友的關係。
3. 30 歲轉換期（28 至 33 歲）
   在這個階段，男人重新檢視自己的生活。他們會重新確認之前所定下的承諾是否尚未成熟，也可能考慮做出生命中第一個承諾。有些人很順利地度過這個過程，也有人因為對既有生活結構感到無法忍受，但又無法思考出更好方式而感受到危機。婚姻衝突也可能在此階段迸發，以離婚收場是常見的現象。一個人的工作責任可能因為升遷、轉職或工作時間增加而改變。有些男人會尋求諮商協助以澄清自己的人生目標。
4. 成年前期／成年早期生活結構之高峰（30 至 40 歲）
   本階段通常伴隨著安頓期一起出現。隨著學徒時期的結束，男人實現了夢想。這個時期的男人對家庭、工作及生命中其他重要事物許下了更進一步的承諾。他們為自己設立特定目標（例如：收入程度及擁有自己的房子）及時間規劃。他們將生活投入在工作、家庭及社區活動，期望在社會中取得合適的地位。他們努力讓自己擁有更好的生活、更具創意、加強技能等。
5. 中年轉換期（40 至 45 歲）
   （1）在這個階段裡，他已經完成成年早期的工作，同時開始學習成年中期的規矩。與其他轉換期一樣，這個轉換期意味著一個時期的結束及另一個新的開始。這個階段的男人（現在對生活更清楚的認知）對生活的每個層面幾乎都充滿了質疑。
   （2）對許多男人而言，這段時間屬於中度或嚴重危機，這個階段的人通常處於混亂的情緒當中，經歷中年的自我重新評價；過去的價值觀被重新檢視。這類的重新檢視是健康的動作。
   （3）人們重新檢查年輕時期所做出的抉擇時，往往有機會重新聚焦在過去曾忽略的事情上。成功度過這個過程的人會與過去的夢想達成共識，並對自己有更實際的看法。許多男人此時會面臨中年危機。

（4）中年人開始意識青春消逝，卻又未能接受步入中年的事實。這個年紀的人需要在獨立自主與依賴他人之間做一番整合。他通常會變成「更具有同情心、更具反應能力、更有見識、較不受內在衝突及外在需求影響、能夠更真心地愛他人及自己」。不能達到此目標的人，生活可能會變得更加停滯及平凡。

6. 進入成年中期的生活結構（45 至 50 歲）

在這個轉換期間，45 歲左右的男人面對生活結構時開始有了新的選擇：一個新的妻子或是不同的夫妻關係，新的工作或是重新建構既有的工作。成功人士往往利用這個機會展現性格中的另一面，將中年期當作生命中最具滿足及創意的時光。未能克服中年危機的人往往覺得生活開始受限，忙碌地過著規律但無法提供滿足感的生活方式。

7. 50 歲轉換期（50 至 55 歲）

這個轉換期對於順利度過中年轉換期的人會顯得格外難熬。多數男人這次將感受到輕微的危機，這是另一個重新開始檢視過去及規劃未來的時期。

8. 成年中期生活結構之高峰（55 至 60 歲）

在這個時期裡男人完成了中年生活的架構，一般都可以平穩度過。如果他能繼續抱持一顆年輕的心，將有能力繼續充實自己，並在這個階段裡得到滿足。

9. 老年轉換期（60 至 65 歲）

這個時期代表了中年的結束及老年的開始，是重要的轉折點。

八、McAdams 及 Aubin 提出的傳承模型七種元素

> **上榜關鍵** ★★
> 測驗題考點，請將各要點內容詳加研讀。

（一）內心渴望長存不朽，並被他人需要。
（二）根植的工作文化價值觀，強調生產力。
（三）關懷下一代的未來出路。
（四）萬物並育而不害的信念。
（五）對家庭生活的全新投入。
（六）行動：創造、維護或貢獻個人所有。
（七）開展一系列活水傳承色彩的生命故事。

九、人格類型

> **上榜關鍵** ★★★
> 人格類型、人格變化之論點，均為測驗題考點，請詳加準備。

（一）Friedman 與 Rosenman 的 A 型、B 型人格類型

1. A 型、B 型人格類型

A 型人格 （type A personality）	B 型人格 （type B personality）
傾向是愛競爭、好強、缺乏耐性、有時充滿敵意、比較容易被激怒及完美主義。具有 A 型人格的人，其行為和心臟病或其他健康問題有密切的關係。	特徵是放鬆、隨和、友善、比較不易動怒。

2. A 型人格的測量項目
   （1）你有沒有發現：別人在說話的時候，你常常無法控制自己，急於插嘴，想為對方完成沒有講完的句子？
   （2）你是否常在同時間內，做兩件或兩件以上的事，例如：一面吃東西一面看書？
   （3）你有沒有發覺：挪點時間放鬆一下，自己就會有罪惡感？
   （4）你是不是常在同一個時間裡，同時進行好幾個方案？
   （5）你有沒有發現自己不太會拒絕他人，導致責任的負荷過重？
3. 人格和健康問題或心臟病之間關係的可能解釋
   （1）傳統的解釋
       A. A 型人格的情緒比較扣著情境，情緒隨著環境迅速的波動，影響血壓與心跳；
       B. A 型人格是典型的完美主義者，傾向於過度地推展自己的能力和精力，甚至超出合理和健康的極限；
       C. A 型人格比較不依賴他人的支持，在許多事情上都有獨力支撐的情形，給自己很大的壓力；
       D. A 型人格比較會有不良的健康習慣。
   （2）新進的解釋
       有關 A 型人格的研究，最近的發現是：敵意（hostility）才是造成心臟病的主要危險因素，特別是具有嘲諷性敵意（cynical hostility）的人，這種人容易發怒、情緒多變、脾氣一觸即發、多疑、不易信任他人、吹毛求疵，因此容易罹患心臟病、高血壓，甚至短壽。
   （3）對人格與健康關係解釋的批評
       有關 A 型人格的研究，最被詬病的是取樣的問題，過去研究的樣本多取自醫院或診所，受訪者以心臟病患為主，因此，無從辨別人格特質和心臟病之間何者是肇因，雖然人格特質可能導致心臟病，反之亦可能。

(二) Grossarth-Maticek 選取一大群受訪者，施以人格測驗之後，將之分為幾種人格類型：1. 類型一：癌症的危機群；2. 類型二：心臟疾病的危機群；3. 類型三與類型四：屬於健康型的人，這些人處理壓力的方式比較不具有破壞性。Grossarth-Maticek 追蹤這些受訪者十年以上的時間，其研究結果顯示，人格與健康之間的關係密切，例如：他預測第一類型人格罹患癌症的準確率達到50%，第二類型人格者之中有 1／3 死於癌症，1／5 死於心臟病，相較之下，第二和第四類型者的死亡率極低。

(三) 中年期的人格變化

1. 支持人格穩定性的論點：主張中年期人格趨於穩定的觀點淵源久遠，源自佛洛伊德精神分析理論，他認為人格在童年中期就決定了。準此觀之，年滿50歲後的人格變化實際上是絕無可能的。成年期人格保持穩定的觀念同時與也源自一項大異其趣的人格理論，亦即特質理論（trait theory），據此觀點，人格特質是植基於早年氣質的恆久特徵，但受到遺傳和器官因素所影響；在整個生命歷程裡，人格特質相對上會維持一致。

2. 主張人格改變的論點：一些精神分析家與弗洛伊德分道揚鑣，主張人格在整個中年期會持續改變。更具體的說，他們主張，中年期是人格成熟時期。這些學者以榮格、艾瑞克森和韋倫人最負盛名。三位學者都與人本主義人格模式一致，把成年期視為人格持續成長的契機。榮格把成年期設想為成人人格尋求平衡的時期。雖然艾瑞克森重視少年生活，但他仍主張社會和文化影響會帶來生命歷程裡各不相同的個人調適。韋倫提到，隨著年齡與經驗的累積，因應機制（coping mechanism），亦即用來主導生活需求的策略會趨於成熟。

上榜關鍵 ★★★

測驗題考點，請區辨兩種智力的不同之處。

十、智力的類型

流動智力 （fluid intelligence）	晶體智力 （Crystallized intelligence）
1. 主要是以神經的及生理因素的速率及效率功能為主。這一範疇包括神經速率、歸納及記憶的能力。 2. 流動（fluid）是指這種智力類別能進入不同智力的活動，包括視覺、認知，及認知上處理事務的能力。不過，在中年後期這種智力只稍微降到如同青少年中期一樣。	1. 可以被視為一種個人透過正式及非正式教育所能吸收並記錄整合的能力，這些主要指（包括）語言的推理、字彙、理解力及空間視覺與辨識，不像流動智力，晶體智力隨著人生的歷練境界而增長，而且是涵蓋整個中年期。

流動智力 （fluid intelligence）	晶體智力 （Crystallized intelligence）
	2. 晶體智力協助一般四十幾到五十幾歲的人，補償其在流動智力遲緩之際而得以維持他們早期的活動，就如同有些人在中年晚期或老年早期對過去的記憶非常的好，加上圓融的歷練或者智慧的結晶，通常可以補償流動智力的遲緩。

十一、中年期職業變遷

> **上榜關鍵** ★★★
> 畫底線的部分，已在測驗題出題，詳加準備；另「中斷的生涯」亦必須了解。

（一）許多人認為成年中期通常是職涯變動期，也的確有許多報導有關捨棄高薪、隱居鄉村、價值觀重整的感人故事，問題是有多少人真的去執行如此戲劇性的生命變動？根據估計，其實只有 10% 的男女在成年中期變換工作。

（二）許多人以為中年人最常變換工作，不少作家將這些事刻劃成引人入勝的故事，描寫中年人放棄高薪、遷居鄉村、重新省思自己價值觀的過程。其實，只有 10% 的中年人會更換工作；雖然人數沒想像的那麼多，其中的原因還是值得探討。研究者辨認出五種原因：第一，從事某些專業的人，到了中年便無法再發揮功能，例如：職業運動員；第二個原因應和許多人對中年的刻板印象（中年危機）相符合，也就是中年人覺得工作不再有意義，也有想要再出發，從事有意義的工作；第三，個人在職場上已經很成功，已無法突破，還可能因為科技的進步，必須學習新技術才能夠應付；第四，空巢期造成的空檔使得中年人比較有時間投入職場，尤其是婦女，還有錯置的家庭主婦（displaced homemakers），指的是離婚或寡居的婦女被迫從家庭與廚房走入職場；第五，經濟不景氣，公司改制、企業合併等造成的失業。

（三）比起男士，婦女生涯規劃比較不寬廣，他們的職場生涯從孩子未出生之前便已開始，因為養兒育女而中斷，通常必須一方面照顧孩子或等孩子離家後才再進入職場，這種現象稱之為「中斷的生涯」（interrupted career）；如果再加上擔負照顧家人的重責，婦女們留在職場的年歲更為縮短，這種生涯規劃的模式對婦女比較不利，因為投入職場時間的長短決定日後的經濟情況，許多婦女退休之時經濟狀況比男人差，最終的結果是老年婦女貧窮率的上升。

(四) 中年勞動者的工作模式。

> **上榜關鍵** ★★
> 4項標題請詳記，為就內容詳讀，測驗題考題易有混淆觀念題型出題。

1. 中年勞動者的工作流動性提高：全球經濟變化造成中年勞工的工作不穩定。在二十世紀末葉，企業重組、購併及精簡，讓之前因循守舊終身僱用的職涯軌道出現天翻地覆的大變革，以致生涯中期就業的不穩定性大增，使得業已在組織中階管理職務的白領勞工，無力招架以扁平化組織階層為目標的精簡及重組的作法。當全球經濟由工業本位（industrial base）轉移到服務本位（service base）時，中年藍領勞工被工作技能創新轉型需求的改變波及。在這些廣泛的趨勢裡，性別、階級和種族都在中年人的工作模式上造成改變。在整個成年生命歷程裡，女性比男性更容易出現工作中斷的現象，但教育程度較高及收入較高的女性則較不受影響。種族是中年男性就業中斷的因素之一，但對女性而言則不然。雖然在美國，黑人男性的工作中斷案例多於男性，但當其他變項都受到控制時，女性的工作中斷現象並無種族差異。研究顯示，中年失業是非常關鍵的生命事件，對情緒健康有負面的影響。

2. 退休時機的變異性大增：如今，眾多中年人預期自己要工作到60多歲，甚或70歲出頭才能退休。退休的決定同時受健康狀況和財務狀況所影響，尤其會受到是否有退休金福利可用所影響。美國獨立老化社會學院發現。55%的51歲至59歲的退休民眾表示，健康狀況是選擇退休的主因。儘管有退休金可領是誘因，但從事耗體力類型工作的男女往往提前退休，不管自己是否領得到退休金。有些民眾則因身心障礙而退出勞動市場，且有資格領取社會安全保險金津貼。

3. 工作和退休界線變得模糊：現今，許多人採取分段式退休。有些中年退休的民眾重返職場，但其職業領域和當年退休時的工作並不相同。有些民眾在中年某個時點放下工作，轉而從事兼職工作或臨時工作。越來越多中年勞工因為公司精簡和重組而離職，另行找到財務報酬較少的工作而重新就業。這個「銜接式」工作陪著他們直到退休。多達半數永久退休的民眾留下來的，不外乎是一些低品質的職務。

4. 中年勞工重新接受教育的風氣日漸普及：和教育程度較低的同儕相較。中年之前受過高等教育的勞工較可能再次接受教育。這個差異性吻合累積優勢（cumulative advantage）理論的觀點：在生命歷程裡，累積各式資源的民眾，較可能握有成年中期再度接受培訓的資源。但是，在這個工作科技知能落伍過時（job obsolescence）率偏高的時代裡，能夠握有這份餘裕讓教育與工作分階段進行的中年人並不多。為了保有個人在職場的優勢，許多中年人必須兼顧工作與求學。

十二、中年危機

（一）中年既然是個回顧與反省的時刻：許多人會問的是，有無中年危機這件事？這個問題的解答其實並非像許多人所想的那麼簡單。Levinson 的成人發展理論認為危機是成人發展的正常過程；Vallant 的研究則發現只有少部分人會經歷這種危機；Apter 認為中年危機可能會發生，過程當中包括自我省察和探索；Neugarten 則認為發展本來就是歧異的，端視不同的年齡層而定。過去研究的結果（有中年危機）所反映的並非是普遍的現象或發展必然的階段，而是同群（cohort）的現象，不可諱言的是，中年期是個深切自我省察時期，但是並非每個人都會經歷到所謂的「危機」。

（二）中年危機是否真的存在？答案有些複雜。Levinson 的成人發展理論主張危機是成人發展很正常的一部分，他提出「去幻象化」（de-illusionment）的觀念，認為中年人歷經許多事與願違的事情，因此開始摒棄生命早期的幻象，對過去持守的信念喪失了信心，中年人也經歷到生命早年階段奉為楷模的「英雄的死亡」，這些早期被自己當作英雄、成為超越困境和達到人生目標的榜樣逐漸破滅，而不再成為自己的慰藉，看法也變成比較實際和具體。

（三）Valiant 的研究發現只有少部分人會經歷所謂的中年危機；Hunter 等重視中年婦女的經驗，認為中年危機可能會發生，過程當中包括一段時間的自我省察與探索，她認為現代的中年男性可能不再經歷危機，女性經歷危機是發展階段正常的一部分。Neugarten 則認為發展原本就是歧異的，就看年齡群而定。過去研究的結果如果有發現中年危機的現象，所反映的可能不是普遍的現象或發展必然的階段，而是年齡群（cohort）的效應。不可諱言的，成年中期是個深切自我省察的時期，但是並非每個人都會經歷到所謂的「危機」。

十三、發展樂觀正向和幸福感

Seligman 提到創造幸福的情緒感必須進行的三個基本改變：

（一）對自己的過去感到更幸福：想達到這個目標必須改變對過去的錯誤想法，以為負向的經驗決定我們的現在和未來，同時，應該對過去發生的好事存著感恩的心情，並且原諒過去的錯誤。

（二）對現在的生活感到更幸福：關鍵在於區分享樂與喜樂，前者來自感官知覺，後者超越原官知覺，源自於能夠做自己喜歡做的事，這和自己的優點、特質、美德有直接的關連。

> **上榜關鍵** ★★
> 對自己的過去感到更幸福、對現在的生活感到更幸福、對自己的未來感到更幸福，前述三個要項必須詳記，測驗題細微考點。

（三）對自己的未來感到更幸福：改變我們解釋事物或人生的方式或習慣，學習更樂觀和心存更多期望。真正的福來自辨認或發展個人「特有的優勢」（signature strengths）。

十四、中年期家庭課題

（一）照顧家中年老的父母

對年老或罹患慢性疾病的父母，或喪偶之後的生活提供協助。

（二）中年時期父母角色（任務）

1. 與自己的孩子有良好的溝通以協助子女進入成人的世界。
2. 在孩子離開自己身旁後安排自己的生活，維繫與填補空缺，就是所謂的「空巢期」。部分回巢的子女，有可能是因經濟有困難或離婚，需要年長父母協助度過難關者。另外，代間適應也是此階段的重要課題。

（三）婚姻與成年中期的親密關係。

> 上榜關鍵 ★★
> 測驗題考點

1. 從生命週期的觀點來看，許多中年夫妻的家庭，因為兒女長大後開始離家，這對終身為人父母的夫妻而言是個重大的變動，也就是所謂的「空巢期症候群」（empty nest syndrome）。過去有關空巢期的描述常是負面的，因為孩子不在，夫妻原本將精力集中在養育孩子，特別是婦女，如今頓失重心而不知所措，加上配偶在此時比較傾向於分開發展自己的志趣，因此，空巢期是充滿痛苦的時期。但研究的證據顯示中年不再是「空巢」，婚姻的滿意度不再像以往所描述的「走下坡」，反而是滿意度上升的時期。
2. 為什麼孩子離巢之後，婚姻的滿意度反而上升？可能是因為養兒育女的壓力造成「角色的過度負荷」（roles overload），父母的角色常常掩蓋夫妻是婚姻伴侶的角色，夫妻缺少溝通和相處的機會，導致婚姻滿意度的降低，實務工作者可以提醒夫妻這方面的問題。
3. 成年中期的愛情和親密關係有何變化？最常聽到的解釋是，親密的性質起了變化，年輕時期重視的熱情、羅曼蒂克，與肉體激情，被成年中期的感性、分享、忠誠、穩健的伴侶式的愛所取代。
4. 中年夫妻應如何維持好的婚姻？Wallerstein注意到許多接受訪視的人會說沒有看過好的婚姻，也無從想像什麼是好的婚姻。她研究了一些富裕、婚姻美滿和持久的夫妻，發現美滿的婚姻需要努力、承諾、奉獻、欣賞對方、性吸引和同理心，否則就行不通。這些條件對許多中年夫妻來說不是一件容易的事，因為雙方可能在各自追求不同事物。例如：妻子可能想從工作和其他

事務之中得到成長，丈夫可能想得到對方更多情感上的支持並一起從事一些活動，如何了解對方、體認對方的需求和欣賞對方是婚姻持續的重要關鍵。在沒有養兒育女的重擔之下，中年正是重新檢視雙方的承諾和經營婚姻的良機。然而，無論如何，中年夫妻雖然面對許多的變動，離婚的可能性其實比中年之前更小。

（四）中年期父母和兒女的關係

> 上榜關鍵 ★★★
> 畫底線的部分，請詳加研讀，曾為測驗題考點；其餘黑字部分，詳加準備勢不可少。

1. 中年家庭議題的探討離不開兩個主題：中年父母如何和成年兒女相處，以及中年兒女如何和他們的老年父母相處；這兩個主題反映出中年期是家庭認定的延續階段，中年人成為兩代之間的重要橋樑和聯繫。

2. 此外，對任何家庭成員來說，無論處在家庭生命週期的哪一個階段，家庭都是成員取得社會支持的主要來源，幼小的一代必須完全依賴父母的照顧，回饋能力仍然極其有限，年長之後，兩代之間的交互協助日漸明顯；這種交互協助的方式很多，例如：父母協助兒女照顧孩子（孫子），當父母生病或入院的時候，兒女可以照顧他們，Lemme 指出：「相互協助的方向隨著家庭生命週期而轉移，早期集中在兒女，因著兒女的成長和父母的老年，焦點逐漸轉變到年老的父母。」因此社會支持是中年父母和子女、中年成人和老年父母之間長期關係的聯繫。

3. 這些問題和父母或孩子本身經驗有什麼關聯呢？青少年的開銷或花費比較高，使得父母的財務壓力加重許多；只是父母也開始面臨生涯的抉擇、質疑生命的目標及關心自己的健康和外表的問題；有關後者，中年父親可能覺得自己不再像過去那麼吸引人。

4. Streinberg 研究發現，對父母來說，最難熬的時期是家中有 11 歲到 14 歲左右的孩子，父母的中年危機最常發生在這個時期，約有 40% 的父母認為自己的心理健康在這個時期有顯著下降的情形，婚姻的滿足度也顯著地下降。

5. 青少年在此時期也經歷一些變化，在兒童期比較順服，管教上比較容易，青少年比較叛逆、反抗父母權威、質疑父母的命令或要求、對父母親的話過度敏感，想爭取更多的自主空間和獨立權，這些變化可能導致親子之間的權力衝突，使得中年父母感受到更大壓力。Stinberg 認為任何家庭型態都有可能經歷這些問題，例如：單親媽媽和兒子之間的問題比較多，在權力的爭執上，許多單親媽媽會讓兒子為所欲為；在繼親家庭中，女兒的問題比較多，母親如果再嫁，女兒通常會覺得失去了親密關係；沒有經歷變動的雙薪家庭，父母親可能會覺得失去對青少年孩子的控制權，有些父母可能嫉妒孩子的機會和成就，因為自己過去沒有類似機會，也有些父母可能害怕孩子犯了自己以

前犯過錯誤。

6. 步入中年之後,孩子也到了成年期,隨著人類壽命的增加,無可避免的是:越來越多兒女必須和父母共同攜手面對老年。這種現象有其積極的一面,例如:許多父母證實他們和兒女之間的關係改善了不少,為人兒女的成年人也覺得自己和父母的關係比以前更親密;中年父母和他們的成人子女有親密的接觸及情感滿足的關係,但在經濟上的交換或協助是不常有的,若這種關係中存有文化上的差異,研究者就無法說個定準了。

7. 隨著醫療的進步和生活環境的改善,人類壽命愈加延長,老人照護的需求和特質都有著巨大的變化:慢性病逐漸取代急性病,成為老人致死的主因;老人的主要醫療需求也由急性轉為慢性,以日常生活的功能為主,例如:飲食、穿衣、如廁、上下床等;因為失能而需要照顧的老人人數急速上升,失能老人人口的增加也代表了越來越多家庭必須擔負照顧的責任;壽命的延長也使得照顧時間更加延伸,照顧者必須付出更多的時間、精力及差異,隨著受照顧者情況的惡化,失能愈加嚴重,照顧的工作也愈加繁重和複雜。

8. 老年父母和成年兒女的共同願望是由家人負擔照顧的責任,Harmon 和 Blieszer 的研究發現:受訪的成年兒女之中,有 85% 認為他們會承擔的責任包括協助老者了解可用的資源、提供情緒上支持、商討重要事情、犧牲個人自由、預留空間以備緊急及重要的時候全家團聚;老者們所提出,希望得到的協助與前述大同小異,只是他們對兒女履行責任的期待比兒女們的承諾低。

9. 雖然照顧年老父母是所有兒女職責,大部分的擔子卻落在女兒或媳婦肩上,Brody 指出:照顧父親其實只是婦女們「照顧者生涯」(caregiving career)的一部分,因為他們還必須照顧孩子、丈夫的父母、丈夫(年老時)、老親友等;既然是生涯,就不限於人生的一個階段,有時甚至終其一生都必須扮演照顧的角色,依 Beck 的估計:每位婦女平均耗費 17 年的時間照顧孩子、18 年時間照顧老年父母親,照顧者生涯代表重大犧牲,因為沒有支領任何薪資、沒有退休金,有時也沒有其他的資源可資應用,不少婦女甚至因此犧牲就業的機會。

10. 中年父母常處在諷刺或尷尬情境,一方面常會抱怨養兒育女的困難,另一方面也會分享自己父母難以相處的難處,也就是處在所謂的「三明治世代」。雖然不少父母將成年小孩當作朋友看待,但與父母有好的關係對成年子女的心理有何影響呢?有一項研究探討婦女的幸福感和她的母親相處情形的關聯性,結果顯示與自己母親維持良好關係的,比較不會有憂鬱和焦慮、自我的價值感也比較高。中年婦女是家庭關係的維繫者,家庭關係的維持必須依賴

團聚,她們常常是家族團聚與慶祝的發起者。

(五)中年期在家庭層面的社會適應:
1. 培育婚姻關係:中年期的首要發展任務是培育婚姻關係。婚姻是一種動態關係,隨著雙方進一步成熟,家庭命運的改變,以及生活事件的不斷變化。維護一個充滿生機的婚姻至少有三個要求:(1)夫妻雙方必須承擔義務,促進個人或夫妻皆有發展和進步;(2)夫妻必須建立有效的溝通體系;(3)雙方能夠有創造性的解決衝突。
2. 家庭管理:家庭能否促進個人成長和增進心理健康,學習建立此種健康的環境是中年期的另一項任務,而是否能形成積極的家庭環境氛圍,端視個體是否能預知家人的需求,管理好時間和資源,並滿足個人的需求。一個好的、成功的家庭管理,需要有下列能力:(1)能評估需求和家人能力;(2)進行家庭決策;(3)妥善做好時間管理及安排;(4)目標設定;(5)與其他社會機構建立聯繫。
3. 為人父母:為人父母是一項非常艱難及辛苦的任務。為人父母需要大量的學習,成人也必須在新的情境中,保持敏銳、靈活並讓孩子能滿足需求。此外,當父母年近四十至五十歲之間時,孩子也長大離家上大學、服役或工作,或有一部分的青少年成家,父母一變而為祖父母的身分,這段時期稱為離家期。當撫養孩子的發展任務結束之後,丈夫和妻子的關係也產生了變化,通常呈現兩極化。

十五、空殼婚姻議題

(一)空殼婚姻的意涵

在空殼婚姻裡,配偶彼此間並沒有強烈的情感,外在壓力迫使雙方繼續維持婚姻。所謂的外在壓力包括:工作上的理由(例如:公職人員必須維持家庭美滿的形象);外人的觀感(例如:夫妻居住在小社區裡,為避免親友的異樣眼光而決定不離婚)。除此之外,夫妻兩人可能覺得一旦結束婚姻會傷害小孩,或認為離婚是一種不道德的行為。

(二)空殼婚姻的三種類別

> **上榜關鍵** ★★★
> 空殼婚姻的三種類型,請詳加區辨,為測驗題考點。

> **1. 無活力關係(devitalized relationship)**
> ・夫妻兩人對配偶或婚姻根本沒興趣,也漠不關心。
> ・這種婚姻的特色就是無聊和冷漠,很少發生嚴重爭執。

2. 習慣衝突關係（conflict-habituated relationship）

- 夫妻經常私下爭吵。維持這種關係的夫妻或許會在公開場合爭吵，但也可能在外人面前表現得相親相愛。
- 這種婚姻的特色就是不斷衝突，氣氛緊繃，對彼此深感不滿。

3. 被動─協調關係（passive-congeniak realationship）

- 雙方並不快樂，但對生活還算滿意，也覺得彼此的關係差強人意。他們可能有某些相同興趣，但卻不是很重要的興趣。丈夫和妻子都很少令對方真正滿足。
- 這種型態的婚姻關係通常很少發生公開衝突。

十六、寬恕

（一）寬恕的四個階段（Robert Enright 提出）

> **上榜關鍵 ★★**
> 寬恕的階段次序切勿混淆。

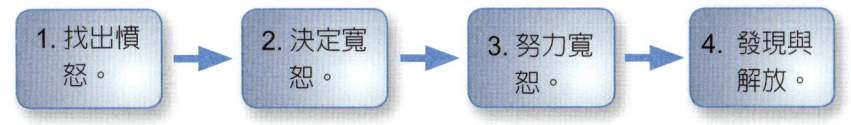

1. 找出憤怒。 → 2. 決定寬恕。 → 3. 努力寬恕。 → 4. 發現與解放。

（二）這種寬恕過程的結果就是新的自我的出現，雖然許多人經歷過，但卻很少人能夠走完全程，個體如果沒有在想法和情緒上做重大的調整，寬恕是不會成功的。過去研究顯示，能夠寬恕傷害自己的人，在心理健康方面必定大有斬獲，有關結婚多年的配偶的相關研究也顯示，寬恕是讓兩人的關係能夠持續的最基本過程之一。

（三）到底什麼才是導致寬恕成功的關鍵？要如何開始寬恕一個傷害你很深的人？同理心是寬恕的動力，越能夠為傷害自己的人設身處地，也越能夠寬恕對方。能夠道歉的人也比較能夠得到原諒，因為道歉激發對方的同理心。總之，道歉導致同理，同理激起寬恕。

> **上榜關鍵 ★★★**
> 畫底線的部分，已在測驗題出題，觀念的建立非常重要；其餘的部分，亦請詳加準備。

十七、性別關懷

（一）中年期常被認為是生命週期性別差異最顯著的時期，這種觀念和過去的研究方法有關，許多研究以男性為對象，卻將研究結果也概括到女性，例如：Levinson 提出有名的生活發展理論，理論的根基在於他的研究，研究樣本是以男性為主，研究的目的卻是建構可以解釋影響成人發展的各種因素，包括：

生理、心理、社會。Gilligan 回顧許多有關女性發展的文獻，她發現嚴重性別刻板印象的例子俯拾皆是，許多研究將情緒表達能力歸給婦女，將任務取向能力歸給男人。

（二）中年男女到底有何不同？Apter 能為中年婦女經驗中年危機是發展的正常過程，相對的，男人經驗到中年危機只占少數，處在中年期的婦女漸漸走出必須取悅父母、伴侶和其他人的陰影，不必再為了無法達成自我理想而努力，逐漸意識到最重要是保持真實自我，Apter 認為這就是中年婦女成長的「秘密路徑」，為什麼會有這種差異呢？婦女為什麼等了這麼久才開始覺悟、開始相信和信任自己呢？最主要因素是婦女必須扮演多重的角色，包括：母親、妻子、女兒、媳婦或職業婦女等，加上社交圈中的各種需要，例如：朋友和鄰居等；各個角色都有其附帶任務、需要解決的課題和必須滿足的各方需求，過程之中難免有角色的衝突，常必須決定哪個需求最重要，必須先行滿足，是自己發展上的需要？或者是他人的需求？過程之中不只充滿衝突，還必須適應多重角色變化造成需求的變動，這些問題常常導致角色的負荷與壓力。步入中年之後，角色的重新洗牌更劇烈，其中最重要是兒女的離巢，親職的角色可能逐漸減輕，提供了角色的重新定位、精力重整和重新出發的機會。不過，因為婦女的角色比男人多樣和複雜，整合的難度較高；男性角色比較簡單，不論是父親、職場、丈夫或愛人，步入中年之後，親職負擔的解除帶來放鬆的機會，他們通常比較能夠享受過去辛苦的果實，因應或調適的過程不如女性艱辛。

十八、家庭壓力理論

> **榜首提點**
> 請把家庭壓力理論完整準備好，俾在申論題對於該理論之說明，以及在實務題之運用，將有助於奪取高分。

（一）Hill 的 ABC-X 模式（ABC-X model）

1. Reuben Hill 在 1958 年提出了「ABC－X 模式」，對於家庭壓力的科學調查提供一個實質的基礎。見下圖。

2. 在 ABC-X 這個模式中，壓力是否會造成危機，壓力源事件本身、面對壓力的可用資源、對壓力事件的看法，及這三個因素交互作用，都影響對壓力事件處理的結果，處理得宜，壓力源事件只會形成壓力高低感受，但若處理不當，就會造成危機。

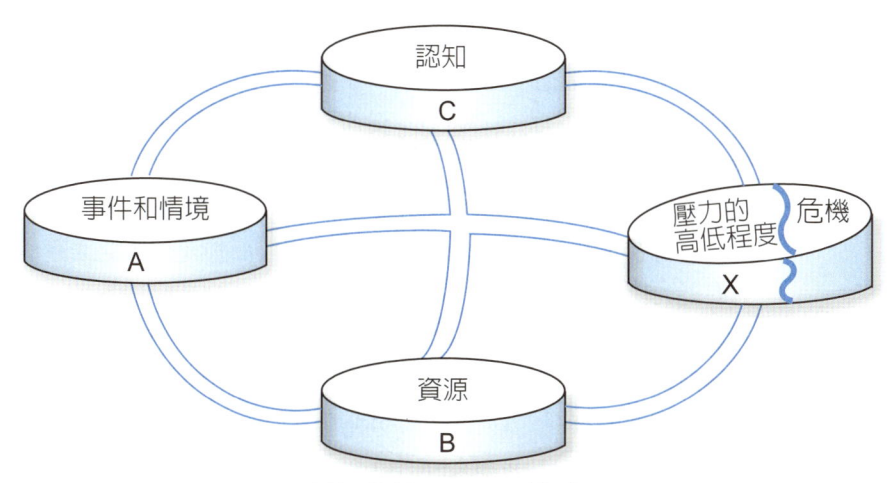

圖：壓力 ABC-X 模式

(二)「ABC－X 模式」變項內容說明

1. 壓力源事件── A 因素
   (1) 凡會造成系統中界域、結構、目標、角色、過程、價值等的改變都稱為壓力事件。所謂系統的改變可能為正向的改變，也可能為負面的改變，或兼具正負面影響。壓力事件可分成可預期（predictable）與不可預期（unpredictable）兩種。
   (2) 可預期的壓力事件是日常正常生活的一部分，如子女結婚或進入空巢的家庭生命週期的改變、生命的誕生或死亡、子女的就學、退休等。這些可預期的壓力事件，雖然常在期待中到來，但仍會給靜止的系統帶來正面或負面的衝擊，而使得系統失去原有的平衡。例如：新生命的誕生，雖給家庭帶來無限的喜悅，但也常會造成家人的手忙腳亂與摩擦，使得原本平靜的家庭生活產生了改變。又如家中久病之老人家的辭世，可能帶給家人無限的感傷與哀痛，但同時也可能使得長期照顧的精神與金錢壓力得到舒緩。
   (3) 不可預期的壓力事件包括自然的災害、失業、交通事故、甚至中獎等事件，這些不可預期的壓力事件常給家庭造成比可預期的壓力事件更大的衝擊，而使得家庭系統失去平衡狀態。例如：家人失業，立即造成家庭生活困難，甚至不得不搬離家園；但也可能因失業而積極自我充實，而找到更滿意的工作。

2. 擁有的資源── B 因素
   (1) 當壓力事件產生時，若個人或家庭有足夠、適當的資源去面對壓力，那麼壓力事件較不會困擾這個系統；反之，則系統容易失去平衡而陷入混

亂。資源若從提供者的角度,可分為下列三種:
A. 個人資源(personal resources):如個人的財務狀況,如經濟能力;影響問題解決能力的教育背景;健康狀況,如生理及情緒的健康;心理資源,如自尊。
B. 家庭系統資源(family system resources):指家庭系統在應付壓力源的內在特質,如家庭的凝聚力、調適,及溝通。愈是健康的家庭系統,愈有能力應付家庭壓力。
C. 社會支持體系資源(social support):社會資源的支持網絡,可提供家庭對抗壓力,或協助家庭從壓力危機中復原。所謂社會資源指提供家庭或家庭成員:(A)情緒上的支持;(B)自尊上的支持;(C)物質的支持;(D)其他支持網絡。

(2) 資源種類若從人力與非人力資源、經濟與非經濟角度分類,可分成二類,詳述如下:

A. 人力資源與物質資源
  (A)人力資源」(human resources:意指個人與生俱來的特色及內在特質,在形式上是較抽象的,多半很難以客觀具體的方法來衡量。大致可以包括個人時間、精力、能力、知識、溝通技巧、態度、人格特質、專長等。
  (B)物質資源(material resources):是指個人及家庭所擁有的有形資產,是供個人及家庭使用,形式上是較具體且可碰觸的,包括了個人、家庭及社會的資源。例如個人收入、股票、儲蓄等屬於「個人的資源」;家庭中的房屋、家具、電器設備、電腦、財務狀況等屬於「家庭的資源」;而各機關組織、人員、圖書館、公園、休閒設施等則屬於「社會資源」。

```
資源 ─┬─ 人力資源 ── 個人時間、精力、能力、知識、溝通技巧、態度、人格特質、專長等
      │
      └─ 物質資源 ─┬─ 個人資源 ── 個人收入、股票、儲蓄等
                   ├─ 家庭資源 ── 家庭中的房屋、家具等
                   └─ 社會資源 ── 圖書館、公園、休閒設施、相關法令規章等
```

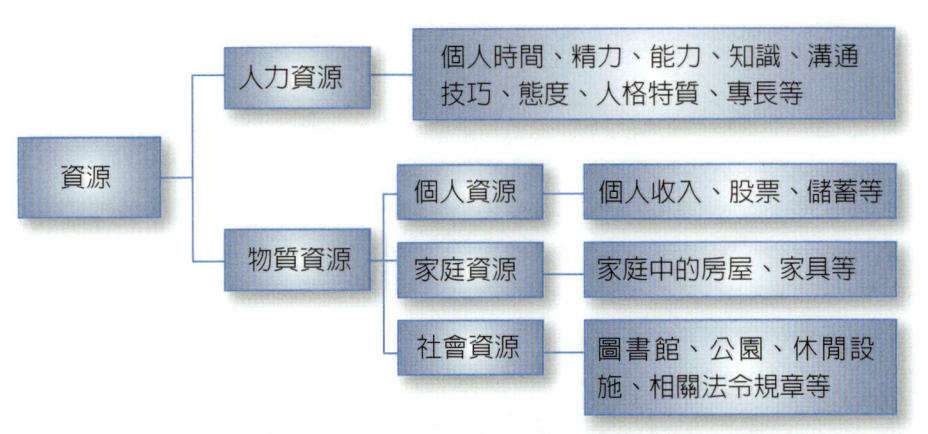

圖:資源的分類「人力與物質」

B. 經濟資源與非經濟資源
　（A）經濟資源（economic resources）：是指一些具有「生產」或「服務」目的的資源。例如：家務、土地、勞工、資本、資金，及其他可貢獻個人及家庭「經濟生產」的資源皆視為經濟資源。這些資源具有可替換性及可衡量性，如以金錢收入換取勞務付出是屬於可替代性；又如計算個人勞力與個人薪資，可衡量出每人每小時的工作所得，此為可衡量性。
　（B）非經濟資源（non-economic resources）：是指一些沒有具體形式，不直接具「生產」與「服務」目的相關的無形資源。例如：個人的能力、態度、價值觀、信念、信仰、忠誠度及自尊心等。然而「非經濟資源」卻會顯著的影響「經濟資源」的使用與分配，如一位態度積極的人，會盡力克服經濟資源的有限與困境，使資源發揮最大功效；反之，則可能困守於有限的資源中，自怨自艾。也因此在家庭資源與管理中，不因「非經濟資源」為抽象及無形的資源而忽略。更具體來說，「經濟資源」與「非經濟資源」兩者之間主要的不同在於「資源」的使用是以「生產」或是以「消費」的觀點來看，例如：遊客可能會將「旅遊」歸類為一種「非經濟資源」屬於「消費」的觀點，而視休閒為「工作的動力」亦是一種「非經濟資源」的態度與價值觀。但對導遊而言，「旅遊」則因具有「生產」目的，可增加其收入的工作，而歸為是一種「經濟資源」。所以，當我們以「經濟資源」與「非經濟資源」來劃分資源時，是受到個人的價值系統及其功能來作判斷的。

資源
├─ 經濟資源 — 如家務、土地、勞工、資本、資金等，具有「生產」或「服務」目的之資源。
└─ 非經濟資源 — 如個人的能力、態度、價值觀、信念等，不直接具「生產」與「服務」目的相關之無形資源。

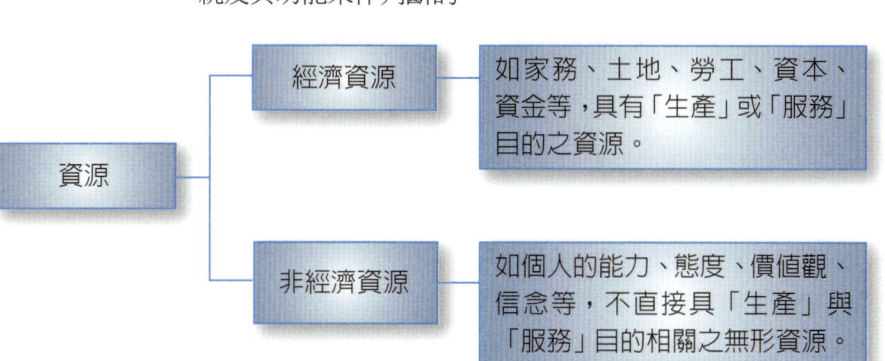

圖：**資源的分類「經濟與非經濟」**

3. 壓力事件的界定──C因素
    （1）對壓力事件的處理，除上述二個因素之外，也受到對壓力事件界定的影響。研究指出，個人或家庭可將壓力事件界定為是一種挑戰與成長機會，也可以將壓力視為絕望、困難與難以處理的。實驗研究發現，個人如何評估生活中的壓力事件，將會影響其處理的結果，正如社會心理學常說的「事件被認為真，其結果必為真」。壓力事件發生時，家庭若以樂觀處之，則可以A.澄清問題、困境與任務，可更容易面對壓力源；B.減少面對壓力源事件的心理負擔與焦慮的強度；C.激勵家庭成員完成個人任務，以提升成員的社會及情緒的發展。另外有學者指出，若事件發生時，家人感覺無助，則會因家人的無助感與低自尊，使得家庭更容易受傷害。
    （2）因而，壓力是一個中立的概念，它不一定是正向也不一定是負向。壓力對個人或家庭產生壓迫，給個人或家庭帶來的結果是有益的還是有害的，多半依賴對此情境的認定和評價。
4. 壓力的高低程度或危機──X因素
    （1）壓力既然是一個中立的概念，那麼它給家庭帶來的衝擊不一定是壞的，壓力會形成問題只在壓力大到系統陷入混亂、個人感覺不滿或出現身心症狀時。因而壓力的高低程度，全憑家庭對壓力源事件的定義，及是否有足夠的資源去因應。
    （2）對危機的界定
        A. 一個平衡狀態的嚴重失序。
        B. 非常嚴重（severe）的壓力。
        C. 非常劇烈的改變，以致家庭系統面臨障礙、喪失機動性且失去能力。
    （3）當處於危機狀態時，至少會在一段時間內失去功能、界域無法維持、角色和職責不再完成、個人也無法處於最佳的身心狀態。因此，壓力事件是否形成危機要看前三項因素互動的結果，如果家庭成員認知到問題確實已嚴重的威脅到系統成功的運作，那麼壓力事件強到系統無法因應時危機就會產生。

十九、貧窮理論與貧窮文化

（一）貧窮的界定

> **上榜關鍵** ★
> 基礎觀念，測驗題考點。

1. 生計的貧窮
    生計的貧窮（subsistence）與個人維持健康和生活最低水準有關。以生計的

標準來定出貧窮線,也就是全家所得不夠獲取維持生理功能的最低必需品。貧窮在此又可分成兩類:

（1）初級貧窮（primary poverty）：係指凡是個人或家庭所得入不敷出,連基本的生活所需之食物、衣服和居住都負擔不起之意。

（2）次級貧窮（secondary poverty）：指所得收入雖然足夠,但是由於道德缺乏（lack of morality）與先天智能不足,未適度花費,以致無法維持家庭生計。生計的貧窮基本上就是一種「絕對貧窮」（absolute poverty）,傾向於初級貧窮問題。

2. 結構性觀點

將貧窮視為社會的不平等現象。由於社會階層化的結果,必定造成貧窮現象。社會學家認為貧窮現象不單是物質條件的缺乏而已,更是涉及到政治權力分配、教育資源、社會福利、社會地位因素之影響。

3. 外在性貧窮

外在性貧窮（external poverty）是指貧窮的存在,不僅使貧窮的個人與家庭無法得到基本生活的滿足,同時也導致其他問題的根源,貧窮文化便是一個代表現象。也就是說,貧窮人口會產生一些生活次文化,使其陷入貧窮的惡性循環中。

（二）致貧理論

1. 貧窮文化解釋（the culture of poverty）

上榜關鍵 ★★
貧窮文化為測驗題考點。

（1）Oscar Lewis 認為「貧窮文化」的形成,係因窮人所擁有獨特的文化或生活型態。他指在社會階級明顯的資本主義社會裡,經過長期的經濟剝削後便會形成貧窮文化——高失業率和低勞動薪資帶來長期經濟剝削,而長期剝削會讓社會充滿絕望與無助。

（2）貧窮文化一旦形成,便會持續存在,就算當初創造出這種文化的經濟因素（例如:缺乏就業機會）已經消失,這種文化卻不會因此消失。窮人特有的生活態度、各項價值觀與期望限制了他們的發展機會,使他們無法脫離貧窮。他們被困在這種文化裡的主要原因在於他們往往與社會隔絕,因此孤立無援。他們幾乎不和自身文化以外的團體接觸,對於提供協助的機構（社福機構或教育機構）也心懷敵意。窮人之所以抗拒這些機構是因為在其認知裡,這些機構屬於社會權力階級。此外窮人也認為自己的財務困境乃是個人隱私,根本沒有解決的希望,而他們又缺乏政治和組織技巧,所以不能團結起來採取行動解決這些問題。

（3）Ryan 提出了更嚴厲的批判,他說所謂的貧窮文化理論是標準的「責怪受害者」。他認為如果社會把貧窮責任推回窮人身上,大家就不必提出

各種方案或政策以根絕貧窮。他指出真正的兇手其實是允許貧窮存在的社會制度，窮人並非因為其文化而變成窮人，而是因為沒有足夠的錢才會陷入困境。

2. 個人特徵解釋（individualistic traits）

貧窮主要是個人的人格與行為問題，大多數相信個人的人格與行為特徵是決定是否成功與失敗的關鍵。簡單地說，貧窮是個人「咎由自取」的問題。例如：缺乏勤奮。

3. 宿命論解釋（fatalism）

宿命論的看法與宗教神力的信念有關，認為上帝在冥冥之中就已經決定了個人的命運，是否富裕或貧窮、順利或困頓、聰明或愚笨、美麗或醜陋等，不是自己可以改變的。因此，對於個人的貧窮事實應該給予接受，而且可以期待來世，應該會比較富裕一點。

4. 結構性解釋（structural explanations）

(1) 不同於前面所提的三種解釋，只是歸因於貧窮者本身，而是將焦點放在社會結構上，解釋個人的貧窮不是自己所造成，而是社會結構限制而成。

(2) 對於貧窮現象有三個主要的結構分析：經濟因素、教育體系與歧視。就經濟因素來看，認為貧窮是經濟體系的結果，失業就是一個問題。就教育體制上來看，由於學校系統無法提供學生必備的技術，使其無法靠己力維生。在社會歧視因素上，往往造成弱勢者被排斥，導致失業、低薪，或是同工不同酬的問題，歧視的目的就是為了經濟剝削關係。由於結構性歧視與不平等的存在，貧窮文化必然產生，對一些學者而言，貧窮文化不是因，反而是果。

(三) 對貧窮看法的鉅視面觀點

榜首提點：申論題、測驗題考點，請務必詳加準備，俾利完整論述及正確選答。

1. 功能主義觀點

(1) 功能主義學者認為貧窮乃是經濟功能異常所致。這種經濟功能異常的例子很多，像是快速工業化導致經濟系統崩潰。缺乏工作技能的人被迫從事最低工資的勞動工作，當自動化時代來臨，這些勞工便遭到解僱，他們沒有工作、沒有錢，也沒有符合時代需求的工作技能。

(2) 許多功能主義學者認為經濟上的不平等上（也就是貧窮）具有維持社會運作的功能。由於窮人處於社會階級系統的最底層，他們所獲得的物質與社會資源極少，在這樣的情況下，他們會產生努力工作、努力往上爬的動機。根據這些學者的說法，當貧窮不再能夠激勵人們努力貢獻社會時，貧窮才會成為社會問題。此外他們也認為貧窮具有一定功能，因為如果沒有窮人，那些卑微、艱苦、酬勞極低的工作就沒有人去做了。

（3）支持功能主義的學者也指出那些想要解決貧窮問題的社會福利系統本身也存在著不少功能異常現象。有些社福方案根本沒有足夠經費，有些規定極不合理，而官僚卻不願意修改規則去幫助真正需要幫助的人，更有些社福方案從一開始就有問題。社會福利系統還有別的問題，像是資訊流通不足，使得窮人根本不知道能夠享有哪些福利（也有可能因為經辦人員的偏見，而故意不讓他們獲得相關資訊）。政府所提供的職業訓練及教育課程有時候並不符合社會需求，使得受訓者結業後也找不到工作。根據功能主義學者的主張，要解決貧窮問題最好的方法就是糾正這些功能異常現象。

2. 衝突理論的觀點
（1）衝突理論學者主張現代社會擁有如此龐大的財富，社會上每一個人的基本需求都應該獲得滿足。他們認為貧窮之所以存在是因為當權者希望貧窮存在。
（2）勞動的窮人都受到剝削，只能賺取極低酬勞，而雇主卻獲得豐厚利潤；至於那些失業的窮人則被視為權力結構的受害者——有錢的雇主根本反對政府實施可降低失業率的計畫（例如：教育課程和職業訓練課程），因為他們不想多付稅金。
（3）衝突理論的支持者並不認為貧窮是社會必要之惡，也不認為貧窮具有維持社會運作的功能。他們主張貧窮之所以發生是因為社會上的某些團體從他人的貧窮狀態中獲利。從衝突理論觀點來看，只有當某些團體體認到資源分配不公，應改變現狀時，貧窮才會成為社會問題。
（4）衝突理論學者相信要解決貧窮問題，最好的方式就是讓窮人產生政治上的自覺，團結起來以組織的力量迫使政府採取行動減少不公平的現象。大部分的衝突理論學者相信，只有透過政治行動爭取到當政者的支持，才能真正減少貧窮現象。

3. 互動理論的觀點
（1）支持互動理論的學者強調貧窮的主觀本質。他們認為貧窮是相對的，因為有所比較才會覺得貧窮。例如：目前美國社會的窮人大多數都比兩百年前的中產階級過得好，而美國窮人處境也比第三世界的窮人好一點。
（2）支持互動理論的學者認為貧窮可說是社會大眾共有的期望。具有影響力的團體以負面態度批評窮人，而被貼上這種負面標籤的人就像被烙印一樣，開始表現出符合這種標籤的行為。互動主義學者強調貧窮並不只是在經濟上受到剝削，自我認同也深受打擊，對自己絕望。
（3）互動理論認為要解決貧窮問題，當務之急就是要消除貧窮污名。提出有

效的協助計畫，讓窮人可以達到滿足基本需求的生活水準，再加上各種輔導計畫，讓他們有機會向上爬，那麼窮人絕對有希望脫離貧窮的陷阱。

（四）對貧窮的理論觀點比較

> **上榜關鍵** ★★★
> 各理論對貧窮的看法，為測驗題比較題型之考點。

理論派別、觀點	代表學者	理論內容	對貧窮的看法
功能學派的觀點（The Functionalist Presspectives）	Parsons	社會是一個體系（系統），有許多次系統各有其功能互賴，成員遵守規範，若部分變化失功能，則形成社會解組。	1. 貧窮是經濟制度失功能。 2. 貧窮具有維持社會運作的功能，窮人處於社會底層，貧窮會使他們努力工作往上爬；另外，如果沒有窮人，那些卑微、艱苦、酬勞極低的工作也就沒有人去做了。 3. 工業化造成一些破壞（如整廠自動化造成失業）。 4. 福利制度失功能，缺乏經費，不足以幫助全體貧民。
衝突學派的觀點（The Conflict Prespectives）	Marx Dahrendorf, Coser	社會是各社團間之權力鬥爭場所以爭得權力。其手段：競爭、不同意、打鬥、暴力、戰爭。	1. 貧窮是財富分配不均，窮人被剝削。 2. 不認為貧窮是必要之惡，也不認為貧窮具有維持社會運作的功能。主張貧窮之所以發生，是因為某些團體從他人的貧窮中獲利。從衝突論的觀點來看，只有當某些團體體認到資源分配不均，應該改變現狀時，貧窮才會成為社會問題。 3. 福利制度，使貧者獲得不足額的補助，雖鎮壓住抗議，但貧窮依然存在。

理論派別、觀點	代表學者	理論內容	對貧窮的看法
衝突學派的觀點（The Conflict Prespectives）			4. 主張要解決貧窮，最好的方式就是讓窮人產生政策上的自覺，團結起來以組織的力量迫使政府採取行動減少不公平的現象。
互動學派的觀點（The Interactionist Prespectives）	Cooley, Thomas Mead	社會是個人及其日常生活互動之最大結構，行為是個人及其社會關係的產物，符號互動將社會化作詳細的描述。	1. 互動論的學者強調貧窮的主觀本質，認為貧窮是相對的，亦即貧窮僅是比較感覺到的，例如：古與今之比較，富國與貧國之比較。 2. 貧窮原因：不良鄰里互動學到動機不良。 3. 貧者有失敗感、自我概念不良或犯罪。

二十、街友生活

上榜關鍵 ★★
在測驗題已出題的為畫底線的部分，請詳加研讀；其餘細節亦請勿忽略。

（一）一般人很難想像街友的生活，也就是沒有固定的家。對有些人而言，家只是一個不重要的中繼站，有人甚至認為家就是監獄，問題是街友無家可歸，只能隨地睡覺，像街上、車站、公園、收容所等。

（二）哪些人成為無家可歸者？答案相當多元，有男有女，有年輕有老年、單身或有家庭，精神違常或健康者都有。然而，不少街友是沒有居所的身心障礙或慢性病患、依賴固定但不足的收入而又孤苦無依的老人、還無法適應社會生活的退伍軍人、有身分或無身分的移民、剛出獄無法適應社會生活的罪犯、失業者。過去認為街友以中產階級酗酒者為主的刻板印象也不太正確，其實街友的組成很多元，異質性也頗高，由於過去幾年的低薪與失業率的衝擊，家庭成為街友群體之中成長最快的團體。

（三）什麼因素造成街友的現象呢？成為街友的因素也極為多元，有如街友成員的背景一樣的多元，街友通常是一連串的危機、錯誤的決定，以及錯失的機會所造成，其他因素包括：缺乏就業機會、缺乏家庭支持、藥物濫用、精神違常、

去機構化、逃避暴力、社會福利的縮減等。
（四）不少精神違常的機構病患在去機構化的潮流之下出院，卻因為社區精神醫療的不足，導致缺乏醫療照護與支持致成為街友。E. F. Torrey 專注在精神違常的研究多年，對於去機構化的問題有深入的描述：
1. 住在街上和街友收容所的精神違常病友是住在精神醫療機構病友的 2 倍。
2. 全國的監獄中，病友的人數越來越多。
3. 從醫院中出院的嚴重精神違常之病友，多數沒有得到社區良好的照顧或進一步的監控。
4. 病患因沒得到妥善治療而發生暴力攻擊的事件有日增趨勢。
5. 社區對於病友提供的住宅安排與居住條件都明顯不足。
6. 社區心理衛生中心原先成立的用意，是提供社區中有精神違常的病人之照護，避免機構化，現在證明是一個完全失敗的計畫。
7. 大多數從醫療機構出院的病友成為失蹤人口，公家部門已經失去追蹤他們的能力。
8. 去機構化的法律原先訂定的本意是要保護病友的權益，現在反而成為讓病友永遠處在生病狀態的法令。
（五）都會區的人口特徵也是相關因素。有工作或沒工作的貧戶有增加的趨勢，低收入住宅一直在減少之中，貧窮與低收入住宅的減少導致街友形成，精神違常與藥物濫用則是使個體成為街友的脆弱因子。
（六）多元的因素交互影響也意味著多元性協助方案的必要性，例如：精神醫療方案必須針對脆弱或有可能成為街友的個體，提供預防性措施。另外，政策層面必須注意到造成街友現象的廣泛社會問題，例如：社會福利、平價住宅，針對高危險族群（例如：年輕人）的外展服務。另外，不論是街友與否，職業訓練和擁有一技之長對任何想要成功適應中年生活的人而言都很重要。

練功坊

★ Erikson 在「中年期」的生命週期理論之發展特徵為「生產 vs. 停滯」，請說明其內涵。

解析

> Erikson 的觀點認為，中年人透過轉化「生產 vs. 停滯去尋求平衡點，這種成長乃是來自於改善及提升新一代的生活環境，因應外在的壓力，生產力涵蓋著生命的再造，創造力以及新血的注入，即社會自我的再造，以及精益求精的社會肯定與成長。依據 Erikson 的觀察，生產乃是人類為自己，為維護社會發展而激發出的勞動生產力。茲說明如下：
> (1) 生產：生產力是一種能量，可維護社會的延續，人類在進入中年階段時，貢獻自己所知所能及分享資源，為年輕一代的未來提供更優良的環境，此時往往發現人終究是會死的，沒有人可以長生不老，而且世事無常，因而有感而發，提供自己對社會、子孫的使命和想法，以期死後仍能遺愛人間，較實際的方式，就是貢獻錢財、技術及時間於公益事業團體，這種人力、物力、財力的貢獻，對整個社會具有相當的意義及價值。
> (2) 停滯：停滯是中年階段的另一種現象，人格無法適應生活的挑戰，仍停留在早期的發展階段。有些成年人自顧自地滿足自我，無暇也無能力去照顧別人的需求，不能處理家事、養育兒女，或者持續保有工作，在中年期停滯不前。

★ （ ）下列有關「更年期」的敘述，何者錯誤？
　　(A) 每個女性更年期的生理症狀都不盡相同
　　(B) 不同文化會以不同態度來面對更年期
　　(C) 男性因為生理構造與女性不同，不會遇到更年期的困擾
　　(D) 若是女性將更年期解讀為生命中必經過程，則比較不會產生負面的情緒

解析

> (C)。男性更年期在意義上類似女性停經，不過男性即使在更年期過後，仍具有生殖能力。婦女在短期內須面對更年期的驟然變化，相對地，男性是經過一段緩慢循序漸進的改變過程。簡言之，男性的更年期及生育功能的變化較為遲緩，但仍然持續運作，不似女性完全喪失生育功能。有關男性中年的改變，主要是在心理上的「中年危機」。對男女兩性來說，生育功能系統的變化是成年發展的一部分，也有些研究指出，男性與女性一樣有相類似的更年期經歷。選項 (C) 所述有誤。

練功坊

★（　）下列有關「空殼婚姻」的敘述，何者錯誤？
(A)「空殼婚姻」係指配偶之間並沒有強烈的情感，外在壓力迫使雙方繼續維持婚姻
(B)「空殼婚姻」無 Sternberg 所提出之「愛情三角理論」中的激情、親密與承諾三成分
(C) 夫妻可能因為工作上的理由、外人的觀感、投資的理由、道德的考量等外在壓力，決定維繫空殼婚姻
(D) Cuber 和 Harroff（1971）將空殼婚姻分為無活力關係、習慣衝突關係、被動協調關係等三大類別

解析

(B)。
(1) 空殼婚姻的意涵：在空殼婚姻裡，配偶彼此間並沒有強烈的情感，外在壓力迫使雙方繼續維持婚姻。所謂的外在壓力包括：工作上的理由（例如公職人員必須維持家庭美滿的形象）；外人的觀感（例如：夫妻居住在小社區裡，為避免親友的異樣眼光而決定不離婚）。除此之外，夫妻兩人可能覺得一旦結束婚姻會傷害小孩，或認為離婚是一種不道德的行為。選項 (A)、(C) 屬之。空殼婚姻之所以維持，可能還是具有維持承諾之成分存在，選項 (B) 有誤。
(2) 空殼婚姻的三種類別
　A. 無活力關係（devitalized relationship）：夫妻兩人對配偶或婚姻根本沒興趣，也漠不關心。這種婚姻的特色就是無聊和冷漠，很少發生嚴重爭執。
　B. 習慣衝突關係（conflict-habituated relationship）：夫妻經常私下爭吵。維持這種關係的夫妻或許會在公開場合爭吵，但也可能在外人面前表現得相親相愛。這種婚姻的特色就是不斷衝突，氣氛緊繃，對彼此深感不滿。
　C. 被動—協調關係（passive-congeniakrealationship）：雙方並不快樂，但對生活還算滿意，也覺得彼此的關係差強人意。他們可能有某些相同興趣，但卻不是很重要的興趣。丈夫和妻子都很少令對方真正滿足。這種型態的婚姻關係通常很少發生公開衝突。選項 (D) 屬之。

① Levinson 生活結（架）構理論

(1) Levinson（拉文森）的理論圍繞著生活結構（life structure）的概念。

(2) 生活結構的定義為「在特定時間裡，個人生活的潛在模式」。一個人的生活結構乃是經由四周環境互動塑造而成的。生活結構的構成要素包括：人、制度、物品、地點、當事人認為最重要的事及使其發生的夢想、價值及情感。多數人將生活結構建立於工作及家庭上。生活結構的其他重點還包括：宗教、種族認同感、傳統、社會事件（如戰爭及經濟蕭條）及嗜好等等。

(3) 生活結構之期別

生命結構時期	轉換期
1. 成年前期（0-22 歲）	成年轉換期（17 至 22 歲）
2. 成年早期／成年前期（17-45 歲）	進入成年早期的生活結構（22 至 28 歲） 30 歲轉換期（28 至 33 歲） 成年早期生活結構之高峰（33 至 40 歲） 中年轉換期（40 至 45 歲）
3. 成年中期（40-65 歲）	進入成年中期的生活結構（45 至 50 歲） 50 歲轉換期（50 至 55 歲） 成年中期生活結構的高峰（55 歲至 60 歲） 老年轉換期（60 至 65 歲）
4. 老年期（60 歲以上）	

擬真考場

申論題

對貧窮看法的鉅視面觀點，包括功能主義、衝突主義、互動理論等觀點，請擇一理論說明其對貧窮之看法。

選擇題

( ) 1. 「中年危機」一詞常被用來形容某些中年人遭遇的處境，下列關於此一概念敘述，何者錯誤？
　　(A) 被視為是中年期的典型特徵
　　(B) 此概念有很大影響力，主要因為社會大眾為了避開不確定感，仍偏好可預期和可觸摸的里程碑或發展階段
　　(C) 很少實證上的證據支持「中年危機」這種說法
　　(D) 原指中年人面臨同時撫養年長者與年幼者，壓力過大而產生焦慮甚至情緒崩潰，後來被廣泛應用分析中年期的嚴重焦慮情形

( ) 2. 所謂「去幻象化」（de-illusionment）所指為何？
　　(A) 兒童早期事實與虛幻容易混在一起，到兒童中期慢慢能區分此二者
　　(B) 是具體運思期的特徵，所有的認知乃立基於具象經驗，而非假設性抽象思維
　　(C) 中年人經歷許多事與願違情形，喪失某些對人和過去所持守的信念，較為務實看待人生
　　(D) 是老年人檢視過去夢想達成情形、自我統整的方法與過程

解析

申論題：

茲將衝突理論對於貧窮之看法說明如下：

（一）衝突理論學者主張現代社會擁有如此龐大的財富，社會上每一個人的基本需求都應該獲得滿足。他們認為貧窮之所以存在是因為當權者希望貧窮存在。

（二）勞動的窮人都受到剝削，只能賺取極低酬勞，而雇主卻獲得豐厚利潤；至於那些失業的窮人則被視為權力結構的受害者──有錢的雇主根本反對政府實施可降低失業率的計畫（例如：教育課程和職業訓練課程），因為他們不想多付稅金。

（三）衝突理論的支持者並不認為貧窮是社會必要之惡，也不認為貧窮具有維持社會運作的功能。他們主張貧窮之所以發生是因為社會上的某些團體從他人的貧窮狀態中獲利。從衝突理論觀點來看，只有當某些團體體認到資源分配不公，應改變現狀時，貧窮才會成為社會問題。

（四）衝突理論學者相信要解決貧窮問題，最好的方式就是讓窮人產生政治上的自覺，團結起來以組織的力量迫使政府採取行動減少不公平的現象。大部分的衝突理論學者相信，只有透過政治行動爭取到當政者的支持，才能真正減少貧窮現象。

選擇題：

1. D　許多人認為中年危機最典型的特徵是：對自我和世界有新期望和賦予新的定義，想從生活中取得新的滿足感；只是個體的差異性極大，許多專家都避免為中年訂出一個時間表。不過，受 Gail Sheehy 的《旅程》一書的影響，許多人仍然把成人期想成可預期的、有里程碑可辨認的發展階段，「中年危機」也因此被視為中年期典型的特徵。選項 (A) 屬之。Sheehy 的觀點之所以會有那麼大的影響力，可能是因為社會大眾為避開不確定感，仍然偏好可預期的和可以捉摸的里程碑或發展階段。選項 (B) 屬之。但隨著更多的研究出爐，加上很少實證上的證據支持「中年危機」這種說法，專家們也越感受到階段理論（stage theories）的限制，最近研究顯示，有 72% 的婦女認為在中年時期過得很快樂。選項 (C) 屬之。

2. C　「去幻象化」（de-illusionment）指經歷許多事與願違，因而開始摒棄生命中早期的一些幻象，對人和過去持守的一些信念都喪失了信心；此外，中年人也經驗到所謂的「英雄的死亡」（the death of the hero）。許多文化裡都有英雄的崇拜，英雄成為角色的楷模可供模仿，英雄成為個體超越困境成功轉變或更新的榜樣，英雄也成為個體思考自我的期許和成就的慰藉；如今，英雄的功能不再，幻想和期許逐漸破滅，英雄不再像過去能提供心靈上的慰藉。因此，Goldstein 和 Landau 認為健全的成人必須使英雄成為過往，以比較實際的眼光看待人生；這也是為什麼憂鬱症與焦慮在這個時期比較常發生的原因，不過 Goldstein 和 Landau 相信許多經歷認定解體的中年人，最後還是能夠達成自我認定的統合。

Note.

第八章 CHAPTER 8 老年期

榜·首·導·讀

- Erikson 在「老年期」的生命週期理論,內容請詳讀,並建立應用於解析實務案例申論題之能力;解題時必須扣緊理論重點觀念。
- 老人心理及行為發展理論,在申論題上,必須具有說明理論內涵之實力,才能運用於實務題解析;另亦為測驗題考點。
- 老人虐待在申論題及測驗題均為考點,請完整準備;並思考在老人虐待之實務案例中,如何提供處遇。

關·鍵·焦·點

- 阿茲海默氏症與憂鬱症在測驗題考題出題細微,請詳加準備。
- 老年期發展、老年其他疾病、死亡等相關名詞,務必詳讀,俾利測驗題正確選答。

命·題·趨·勢

年度	110年		111年			112年		113年	
考試	2申	2測	1申	1測	2申	2測	1申	2測	2申	2測	1申	1測
題數	6		2	1	5		4	1	2		3

本·章·架·構

老年期 — 重點1 ★★★★ 老年期
- 老年的生理狀況
- 老年期的分類
- 老年期的各項特徵
- 老年的生物學理論
- 老年期的發展工作
- Erikson 在「老年期」的生命週期理論／心理社會發展理論～第八階段：整合或失望
- 老年期人格發展的學說（Peck 提出）
- 老人心理及行為發展理論
- 老化
- 阿茲海默氏症與憂鬱症
- 老年期發展相關名詞
- 老年期其他疾病相關名詞
- 對於「精神違常」常見的迷失
- 老年期的靈性層面
- 老人虐待
- 老年退休議題
- 老年期的心理調適方法
- 老年期的其他議題
- 死亡
- 悲傷過程模式
- 哀悼因應的雙重過程模式

重點 1 老年期

閱讀完成：____月____日

一、老年的生理狀況

老化項目	內容
生理老化	老年期是指六十五歲以上的人口。特徵是皮膚失去彈性、皺紋及斑點產生、肌肉逐漸失去力量、器官功能逐漸衰弱。關節疼痛、呼吸困難、反應緩慢、記憶力衰退、智力減退及失去方向感、慢性病等。
認知功能	學習是智力的重要環節，年齡增長而記憶力減緩影響學習。有些人會有因有智力退化症狀，而患有阿茲海默氏症。

二、老年期的分類

> **上榜關鍵** ★★★
> 測驗題考點，請了解分類的年齡界線及內涵。

從60歲到死亡這段時間通常被稱為成人晚期（late adulthood），Erikson將之稱為老年期（old age），認為老年期的發展任務是統合或絕望。有些專家將老年期加以細分，例如：Newman將之能分為成年晚期（60至70）和極老年（very old age，75至死亡）；其他專家則細分為二到四個次階段，包括：青老年（young-old）、中老年（middle-old）、老老年（old-old）和極老年（very old）。說明如下：

分類	說明
1. 青老年（65-74）	因為退休年限的延長或個人意願，許多維持全職或半職；經濟狀況良好者則選擇退休，開始經營嗜好或進行各種活動，追求娛樂、教育和志工的活動；婦女比配偶長命的現象逐漸顯現；青老年通常留在社區，和家庭與朋友維持良好關係；退休代表身分和收入的失落，造成耗資活動的減少；朋友、伴侶、家人、同事的逝去成為尋常；慢性病發展，甚至惡化，憂鬱也常發生；有些人持續或首次成為家中老人照顧者；多數人因應能力仍佳。

分類	說明
2. 中老年 （75-84）	慢性病的發生加劇，伴侶和親朋好友的辭世添加壓力，身體障礙（特別是聽覺、視覺、動作）更頻繁；反應和空間判斷能力漸緩，前述因素可能造成活動空間的限制、限縮、憂鬱和癡呆；多數人仍因應良好，在各方面（文學、藝術、科學等）有貢獻，身體、心理、社會層面都很活躍；因為改變的速率人人不同，此時期的發展比以前一期更多樣也更歧異。
3. 老老年 （85+）	這是所有年齡中最快速成長的一群，不過，這個族群的特徵是依賴、具有多種慢性病和失能；因為失能、意外、疾病的因素使他們日益孤立；雖然部分人仍然獨立，甚至繼續工作，但多數人不再工作，活動能力也極有限；心理違常隨著年齡增加而增多，部分（所有老人之中有 5% 到 7%，85 歲以上約達 20%）有腦部異常或癡呆症；存活者之中，不少人仍能維持日常生活功能，甚至獨立居住，男女比例約為 1：2.56。

三、老年期的各項特徵

上榜關鍵 ★★
測驗題考點，特徵請熟記。

（一）老年期的特徵

特徵	說明
1. 是衰退的年齡	1. 智能及體能逐漸衰退，以過去所熟習的知識作為彌補。 2. 反應及速度逐漸遲緩，彌補的方法是增加技巧。 3. 在老年期中，當衰退為比較緩慢，而且有方法彌補其衰退時，稱之為趨老期。
2. 是心理老化的年齡	1. 心理老化並不一定與生理老化平行的，但是老年時期遲早會出現心理的老化。 2. 心理老化的表徵包括對自己、他人、工作持不良的態度，使身體更為老化。老人退休後，沒有培養一些對事物長期的興趣，就可能成為沮喪及解組。結果他的生理及心理迅速衰退，就會導致死亡。
3. 個別差異極大的年齡	影響個別差異的因素包括遺傳、社會經濟地位、教育程度、以及生活方式之不同。由於個別差異之非常顯著，所以當許多老人面對同樣的刺激，會產生各式各種不同的反應。

特徵	說明
4. 老年期的角色改變	1. 當老人退休後，其擔當的角色會有很大的改變。現代工業社會中，老人的地位普遍的低落。因此老人被視爲無用的。 2. 另外，老人在社會及經濟方面，不能擔當良好的角色，例如：退休後收入銳減，以及老人身體衰退，不能參與許多的社會活動及擔當社會責任。
5. 希望恢復活力及青春	社會看法認爲老人無用，因而喪失地位及權益，所以有許多老人都希望回復青春及活力，或至少要延緩老化的過程。

(二) 老年期的任務特徵（Bulter，Lewis 和 Sunderland 提出）

1. 想透過孩子、孫子、工作、藝術、記憶、擁有物等留下傳承，這些傳承提供延續感。

   上榜關鍵 ★★★
   逐字逐句詳加研讀各任務特徵，為測驗題考點。

2. 傳承觀念和老年功能有關的是：老人有向年輕人分享自己豐富經驗、知識與智慧之喜好傾向。
3. 對家中熟悉物件（紀念品、照片、信件、傳家寶）投入更多感情或產生更強烈的依附感、對寵物的依附更是老老年的特徵，這些依附提供持續感，協助記憶，提供安慰和安全感。
4. 雖然老年人和中年人一樣都會有「時不我與」的感覺，前者比較能夠活在現在，對孩子、朋友、大自然、親密感（身體與心理）等現象的時間感受比較著重於現在。
5. 只要身體仍然健康，社會與環境支持的話，老年人通常會保持創造力、好奇心與驚訝感；不過這些有助於生活調適和使得老年生活更豐富的特徵，都是長期和穩定的性格傾向，不是老年時才發展的特質。
6. 老年人是生命高峰期與理想的實現，這種感覺來自於個人內外在衝突已經解決、對生命有正面的評估、對人生整體有滿足感等體驗。

(三) 依據老年相關理論所得出之老年發展特徵（Miller 提出）

1. 任何生物均有生理上的老化現象。

   上榜關鍵 ★★★
   測驗題出題著重觀念之區辨，請詳加研讀。

2. 生物上老化是自然的、不可避免的、不可逆轉的、與日俱增的。
3. 老化的進程因人而異。
4. 不同的器官和組織老化速度因人而異。
5. 心理和社會因素影響生理的老化過程。
6. 生理老化之過程並不等於病態或違常。
7. 生理老化過程使得個體易被疾病所侵擾。

四、老年的生物學理論

> **上榜關鍵** ★
> 冷門考題，已有出題紀錄，請區辨各理論之內涵。

理論別	說明
1. 磨損理論	1. 主張身體猶如機器，各部位經長久使用後終會損壞。 2. 例如：風濕性關節炎，日積月累造成使用之骨骼的關節受損老化，造成僵化及疼痛。隨著細胞逐漸衰萎，修補新受損成分的代謝能力也隨之降低，最後終告死亡。 3. 理論限制：單是這方面理論並不能解釋其他老化的生理現象。
2. 細胞多餘組合理論	主張各器官部位的細胞老化過程，逐漸產生有害的副產品，對整個體內生化系統都有負面的影響，生化細胞不當分裂會破壞細胞的正常發展及功能，這種累積的多餘生化成分容易衍生老化現象。
3. 廢物產品理論	1. 主張細胞體內系統累積了廢物及不好的成分，阻礙細胞再生，不同的生化細胞成分會累積贅物。 2. 理論限制：目前無明顯證據顯示此種廢物會左右其他細胞的功能。
4. 相關連帶理論	主張體內的細胞失去彈性與血管的組成細胞，主要是活力及彈性逐漸萎縮。
5. 新陳代謝理論	主張人體內在和外在壓力，包括身體系統內有害副產物的累積，如新陳代謝的化學副產物造成新陳代謝的遲緩，如能保持營養的均衡及低度的熱量攝取，維持適當身材則能長壽、少疾病。
6. 設定老化理論	主張身體的老化乃是每個動物體內預先設定的正常發展型態，每一種基因結構都有其相關疾病的對應基因，以控制每種慢性病，如阿茲海默氏症、心臟病及不同型態的癌症。

五、老年期的發展工作

提出學者	發展工作項目
柴斯屈及阿希曼	1. 適應退休及收入減少的生活。 2. 與配偶或子孫同住。 3. 加入與自己年齡相仿的老人團體或社團。 4. 維持友誼及親戚。 5. 繼續承擔社會服務及公民的責任。 6. 鼓起勇氣對抗疾病以及喪偶及親友之亡故。 7. 老年期居住場所往往視年齡之增加、健康情況不同而改變。 8. 適應身體方面逐漸失能及退化。 9. 對於生活方面發生的新事件重新評估個人的價值。 10. 對於死亡不存畏懼之心。
西蒙斯	1. 使自己愈活久愈好,至少要至自己活得不滿意了,或者活在世上成為累贅,死亡才成為解脫。 2. 需要更多的休息,從多年來疲累不堪的長期跋涉中解脫出來,並保護自己不遭受太多身體上危險的機會。換言之,保障並保持自己勿過分衰退。 3. 使自己積極的參與個人的及團體的事務,擔當實際運作的或督導者的角色。 4. 安全保障並加強長壽得來的任何特權,諸如技巧,占有、權利、權威、權勢等等。 5. 生命終了該是感到光榮的,沒有多大苦痛,生前有許多貢獻,可以永垂不朽。

六、Erikson 在「老年期」的生命週期理論／心理社會發展理論～第八階段:整合或失望

(一)理論內涵

1. Erikson 的生命週期理論,老年期是處於第八個時期,亦是最後一個時期,其特徵為「整合(統合)對失望(絕望)」。
2. Erikson 認為老年期是對人生任務統合或失望的轉化階段,一個人的統合承諾高,自我的力量能提升,智慧也會提高。主要任務為「整合(統合)」或「失望(絕望)」。

> **榜首提點**
> 申論題的重要考點,理論內容請詳讀;另亦為測驗題考點。亦即,Erikson 在「老年期」的生命週期理論為第八階段:「整合或失望」,將相關內容熟讀後,請建立應用於解析實務案例申論題之能力;解題時必須扣緊理論重點觀念。

(1) 整合（統合）
    A. 定義：整合（統合）能力，是指一個人接受生命的任務及面對死亡的無怨無悔與無懼的能力，是將過去與現在的情況做一連結而感到心滿意足的能力。
    B. 根據 Erikson 的理論，生命的最後階段涵蓋著統整（integrity）或絕望（despair）的心理危機，只有在深思熟慮其生命意義之後，才能獲得統整。
    C. 統整意味著一種接受個人生命任務以及面對死亡無懼的能力。老人擁有統整的感覺時，則會欣賞過去的生活。他們覺得這一生中已經達到了某一個至高的地位以及達到自我實現。
    D. 統整包含了整合自己的過去與現在，並對此結果感到心滿意足。為了經驗統整過程，老人必須將畢生的失敗、衝突與失望納入他們的自我形象。當我們的社會貶低老年人的價值時，這過程顯得更困難。社會上存在著許多對老年人的負面形象，使得老年人更難達到統整。
(2) 失望（絕望）
    A. 定義：相對於統整的是失望（絕望）。失望（絕望）是個人對過去感到悔恨，也包含個人持續渴望想做些不一樣的事情。
    B. 當個人絕望地看待其不完整與未能得到滿足的生命時，即無法安然地接受死亡，可能尋死以結束悲慘的生命，或者相當害怕死亡，因為再也沒有機會去彌補過去的失敗，有些絕望的老人會試圖自殺。一個人對人生統合的態度或失望，全看個人對省思後對自己的接受度。
    C. 有些高齡者平日率性而為，直到老年才開始反悔自己枉度一生，喪失良機，Erikson 稱之為人生省思的絕望階段。特別是當年輕的一代或曾經共事的夥伴不再禮遇，年長者因而有強烈的自我貶低及沮喪之感，尤其因為生理的衰微。

(二) 社會工作者角色

家庭對高齡者的看法和觀點，以及長者對於自己的發展所抱持的信心，是影響老人心理健康的最大因素。社會工作者必須要了解到高齡案主的整體文化背景與環境、生活習俗等相互關係，並了解到案主之社會系統的成員對待老人的態度及生活情況，因其關係到高齡者對人生歷程的統整或失望的自我評估。

七、老年期人格發展的學說（Peck 提出）

> 上榜關鍵 ★★
> 著重在人格類型的區辨，為測驗題考點。

人格發展類型	說明
1. 自我分化或工作角色的認定	有不少人界定自己時，是以自己的工作角色而定，有時會因為失業、退休及孩子成長獨立而感到空虛，無所適從。
2. 身體的轉化或自體沉溺	指一個人的社會自我並非全然放在身體的健全性，能夠對老化所帶來身體上的疼痛及不適加以轉化，避免老是哀聲嘆氣。
3. 自我轉化或自戀（意即孤芳自賞）	是指對死亡不那麼畏懼，可以轉化心理上的恐懼，學習面對老化及接受老化，承認每個人都會變老的事實，從而能轉化恐懼而接受不能永保青春的事實。

八、老人心理及行為發展理論

（一）人生回顧理論

代表學者	理論說明
布特勒（Butler）	1. 老年人格特徵：追懷往事的現象。 2. 布特勒認為老人已認識日漸走向死亡，餘日無多，因而在心理上產生了「人生回顧過程」，而且回味往事正是此一過程正常又健康的一部分。 3. 人生回顧包括對鏡凝視、懷念家鄉、樂道往事、追想過去事蹟，以及腦中突然顯出歷歷如繪的往事。 4. 高齡者藉著回憶往事思考過去所作所為及生活的缺失等，為高齡者服務的社工人員，可藉由高齡者的回憶過程中，尋找可以介入處遇的問題點。

> **榜首提點**
> 在申論題上，必須具有說明理論內涵之實力，才能運用於實務題解析；另亦為測驗題考點。亦即，老人心理及行為發展的各種理論代表學者、理論內容、評論等，相當重要，請詳加準備相關內容，建立具有申論論述理論內容及應用到實務案例的解析能力；社會崩潰徵候理論、社會重建徵候理論相當容易混淆，主要係中譯名詞未統一，請對這二個理論的英文用詞特別留意。

（二）撤退理論／脫離理論 vs. 活動理論

項目	撤退理論／脫離理論	活動理論
代表學者	庫明（Cumming E.）和享利（Henry W.）	Havighurst 及 Neugarten
理論內涵	1. 基本觀點：闡述社會功能之重要性，以「功能主義」為出發點，強調社會必淘汰那些失能和隨時可能死亡的人，以維持社會的新陳代謝和系統的均衡；而老年本身都是以自我為中心的人，脫離了社會，可避免許多社會規範的束縛，頤養天年，這對個人、社會是非常有意義的事。 2.「老年撤退的理論」認為老年不一定是中年期的延長，乃從現存的社會角色、人際關係以及價值體系中後退撤離，此種撤退並非社會力量壓迫的結果，只不過是老化現象中一種內在本質的成長過程，使老人形成以自我中心的自我滿足的現象。	1. 活動理論是指大部分的老年人仍舊保持相當穩定程度的養身健身及社會活動。 2. 強調高齡者如果應多參與活動，不應把自己隔離起來，才能打破刻板印象的巢臼，克服老年無用的心理，高齡者有潛能創新活動或事業，填補情感的需要。
對理論之批評論	1. 撤離與活動理論的忽略了個人的人格特質及喜好，有的老年人喜歡維持積極的生活方式，有的則喜歡撤離生活中不必要的活動，因此撤離或活動並沒有定論，端視個人而定。 2. 撤退和活動兩種理論，看起來是針鋒相對的，但運用得宜，可收相輔相成之效；撤退不是全部撤離的話，對老年人有益而無害，因為社會生活是多方面的，某方面的撤退，促成了另方面的開端。	

（三）角色喪失理論 vs. 角色整合理論

項目	角色喪失理論	角色整合理論
理論內涵	1. Blan 提出角色喪失理論，係指退休及喪偶是老年人終止其社會制度中所扮演的角度，即工作與家庭的角色。這種中止是老年人因喪失機會參與社會活動、喪失工作機會及婚姻的主要角色而喪志，因為這些都是成人的自我定位及源頭。 2. 批評者認為喪失理論過分強調大部分高齡者所失去的角色，也有不少高齡者認為他們完成職場的任務及養育子女的任務後，自己多了自由的時間與空間，並且有機會選擇自己想做的事，不像年輕時礙於持家理財、賣命工作，不能隨心所欲，率性而為。	1. 角色整合理論，是指年長者的承諾與統合重新調整他們的精力，以因應所失去的角色、活動及能力。 2. 亦即，強調原先生命歷程主要的活動角色，老年人藉此鎖定這些任務，發揮所有的精力，充分扮演自己擅長的角色，以完成任務。有些老年人能夠找到替代性的角色來配合，否則在失去伴侶之後，很可能在喪偶之後也跟著凋零。

（四）社會交換論

代表學者	理論說明
Dowd	1. 根據社會交換理論，一般人透過經濟資源、歸屬、安全感、愛及社會的認可建構互動關係，不過，同時有所得也有所失，例如：負面的經驗、互動過多而疲勞、受拒而難為情。 2. 在社會交換理論中，一般人像心理會計師一樣，將報酬、成本及利益在心中盤算過後，如果雙方都能享受利益並互惠，互動關係得以繼續保持下去。最常見的是，高齡者經由互惠過程中發現自己喪失了不少的自主性，在感情和經濟上居於下風或不利的地位，缺乏論價的主動權。 3. 社會交換論者認為老年人的問題是社會工業化的產物，工業社會中以變為常，比較輕忽傳統知識，因而老年人也失去主宰的社會地位。

（五）社會權能減退（解除責任）理論

代表學者	理論說明
社會學家漢汶赫斯特（Havighurst, R.J.）	1. 主張以「社會權能」（Social Competence）的減少，作為老年社會學的定義之新解。因此社會權能可反映個人的日常人際互動和其特有的職責。 2. 社會權能是心理和生理的整合作用，老年的「社會成熟」或「社會效果」的減低，即是社會權能式微的現象。

（六）社會崩潰徵候理論 vs. 社會重建徵候理論

項目	社會崩潰徵候理論（Social Break down Syndrome Theory）	社會重建徵候理論（Social Reconstruction Syndrome Theory）
代表學者	柴斯門（Zusman）	古泊斯及本斯東（Kuypers & Bengston）
理論內涵	1. 基本觀點：老人的社會發展崩潰，主要是社會給他們加上了不良的標籤，這是經過一連串過程的結果。 2. 崩潰徵候過程： （1）社會訂立了一個不切實際的標準或期望——所有的成人必須工作或有生產力。 （2）根據此標準，年輕人就給老人加上了不良的標籤，認為老人都是不合格的、缺乏生產能力的。 （3）老人接受了這個標籤，將自己視為不行或落伍了。 （4）老人們就自暴自棄或變得比較依賴、無能力，並且覺得不適當。	1. 又稱為「社會再建構理論」，古泊斯及本斯東源自於 Zusman 提出的社會崩潰（衰退）症狀，提出社會重建徵候理論。 2. 基本觀點：認為老人的環境及自我概念間的消極互動，形成了社會上許多的老人的問題，必須要打破不良標籤的惡性循環。 3. 理論建議要點： （1）依據個人生產力來評價自我價值，對退休的人來說是不利的。社會必須解除為老人所訂定的不切實際的標準或期望。 （2）政府應提供老人所需要的服務，諸如交通運輸、醫療照顧、房屋、家事管理服務，以及提供保健服務及教學課程等。 （3）尋求更具創造力的方式使老人能自理其生活。

（七）持續理論／繼續理論（continuity theory）

> **上榜關鍵** ★★
> 測驗題考點，敘述請詳讀。

強調人的特質之穩定狀態，老人階段的特質通常是早期特質的延續，每個人面對老化問題所使用的因應方式，通常是個體過去熟悉和習慣的策略，因為策略延續過去，所以老年生命的發展變化是有限的。這項理論的基礎建立在長期縱貫性的研究，這些研究發現：從青年、中年進入老年期，這些階段的人格都是相對地穩定。

（八）社會情緒選擇論（socioemotional selectivity）

認為隨著老化過程，熟悉與可靠的人際關係更加重要，因為老人可以選擇自己的情緒能源至想要投注的對象和方式。

（九）老年超越論（gerotranscendence）

認為最佳的老化是由沈思和靈性的成分所組成，這些成分使得老人可以超越自己對於日漸衰退與惡化的身體和每日生活的物質主義的關注，並將精神集中在靈性的領域。

（十）選擇性優化（selective optimization）與補償（compensation）

又稱 SOC，強調老人儲存資訊的能力雖然下降，還是能夠維持資訊整合和因應的能力，為了因應功能的衰退導致認知功能不如以前，「選擇」重要的任務和活動相關的資訊，捨棄其他不重要的，這是老人因應的能耐；「優化」則是努力想讓自己仍擁有的經歷技巧和優勢發揮到最大的效能；「補償」則是當能力衰退或受限，只好改變自己的行為配合現存的能力水準。

（十一）社會建構理論（social construction theory）

社會建構理論的宏旨，在於理解、詮釋社會定義、社會互動和社會結構對於老人所造成的個別影響。這個理論架構指出，詮釋理解的方式是受制於文化、社會、歷史、政治和經濟狀況所塑造，而這種種狀況正是知識的搖籃，因此，價值觀與各式各樣的理解方式有關。老化的概念是個人與社會環境互動而衍生出來的。例如：因為研究參與者一直被追蹤到成年晚期的緣故，以致韋倫（George Vaillant）對老化概念的有所改變。韋倫原本聚焦於老化的負向層面，之後因為一位受訪者覺得個人的老年生活無比充實，使得韋倫的觀點得到平衡。近年來，「卓越老年」（gerotranscendence）的概念發展，人類的發展期會延伸到老年期，它不會隨著老化而直截了當的中止或削減。韋登斯頓（Wadensten）在一個焦點團體進行的歷程中發現，參與者認為韋登斯頓的概念是值得推崇且也有所助益的，因為它帶給他們比較正向的老年觀點，容許他們肯定自己此刻的原型。

> **上榜關鍵** ★★
> 測驗題考點。

九、老化

> **上榜關鍵** ★★
> 測驗題考點，各項老化之定義請詳讀。

(一) 在地老化（aging in place）

在地老化就是讓老人在家庭中或社區中老化，不必在成為老人後，為接受照顧必須離開老人原本熟悉的家庭，原本能夠順應的社區，而遷移到另外一個社區或是機構接受照顧，這種面對年老的衝擊還要重新適應新的生活、新的環境、新的朋友，以及與過去熟悉的親友們隔離，應是一件十分痛苦之事，在地老化的老人福利政策，更為人性化。

(二) 健康老化（healthy aging）

世界衛生組織定義「健康老化」是一種不只疾病與虛弱不纏身，而且是一種生理、精神與社會福祉的完全狀態。如果老年生理學所述的，生理功能衰退幾不可免，要讓人相信人可以健康老化並不容易。導致加諸在老人身上的負面概念，如功能限制、活動限制、損傷等，某種程度建構了老人自我形象的負面化。

(三) 成功老化（successful aging）

Rowe 和 Kahn 將成功老化定義為「結合較低的疾病發生可能與較高的功能與生命從事活力」。這個概念與健康老化較接近，指三個成功老化的指標：遠離殘疾、高認知與生理功能，以及生活充滿活力（包括生產性能力與人際關係）。

(四) 生產老化（productive ageing）

生產老化是指個人身體和心理的成功老化，再加上積極的參與經濟與社會的生活，讓這些長者在社會上可以扮演貢獻者的角度。生產老化乃是因應人口老化的結果，透過不同類型的社會參與，提高老人的生活品質與自立能力，產生有形與無形的報酬，並同時對於社會與經濟產生貢獻與效益，促成個人與社會整體之雙贏局面，奠定社會永續與銀髮經濟的發展條件與基礎。生產老化可藉由從事有酬的工作、志願服務、教育、運動、休閒旅遊、政治參與或倡導活動來達成。從社會發展的角度而言，生產老化的觀點認為人口老化伴隨著延後退休並促成自主的現象，對社會所帶來的是機會、轉機與人力資源，生產老化可以透過就業、志工、照顧參與、健康促進、教育訓練投入、社會與宗教活動的參與，提高老化的個人價值並創造正面的貢獻。相對於「生產老化」的則是「消費老化」觀點，認為人口老化對社會帶來的是挑戰、危機與負擔。

(五) 活躍老化（active aging）

「活躍老化」又稱為「活力老化」，是聯合國 2002 年提出的概念，是指為了促進老人的生活品質，而有一個樂觀的健康、參與和安全機會的過程。活躍

老化的三大政策面向（支柱）：

1. 健康：健康是影響高齡者生活滿意度之重要因素，WHO 指出影響健康的危險因子包括環境因素和個人行為因素。保護因子意指能保護個體免於危險傷害，有助於發展克服困境能力的緩衝機制及調節危險事件的影響。保護因子及其歷程經常與個人、家庭和社會環境的互動有關，其是否能發揮作用，需視是否能減低危險衝擊、降低暴露險境的機會或負向生活事件經歷的連鎖反應、促進個體自我效能與自我尊重，找到新方向所需的資源並善用之。例如：協助降低重大疾病危險因子及增加保護健康的因子。

2. 社會參與：許多研究顯示高齡者持續投入有意義的學習、社會等活動，與他人持續建立親密的關係，保持心智與生理上的活躍，並發揮認知功能，將有助於高齡者尋求個人的生命意義及自我認同，進而邁向成功老化。例如：參加志願性服務活動，有利於提升自我價值感。

3. 安全：由 WHO 觀點切入，主要強調老人在社會、財務以及身體等方面的安全與需要，以保障老人保安的權利與需要，並維護其尊嚴。例如：規劃「以房養老」，老人得將所持有之房屋抵押給銀行，銀行一次或分多次給付費用，以維持其晚年生活。

十、阿茲海默氏症與憂鬱症

上榜關鍵 ★★★★
測驗題考題出題細微，畫底線的部分已有出題紀錄，其他部分亦不可忽略。

(一) 阿茲海默氏症（Alzheimer's disease）

1. Santrock 將阿茲海默氏症定義為：造成記憶、思考、語言和身體功能逐漸喪失之不可逆轉的腦部異常。

2. 阿茲海默氏症的早期症狀是記憶力喪失，尤其是短期記憶喪失。其他早期症狀（常常容易被忽略）像是玩樸克牌的能力降低、在運動方面的表現變差，以及突然變得愛亂花錢。更多症狀也接著出現：易怒、易激動、混亂、坐立不安、無法集中精神、講話有困難、喪失方向感。患者的症狀會越來越嚴重，最後照顧者二十四小時都得陪在他們身邊，對照顧者而言，將是極大負擔。到疾病末期，患者通常已經不認得家人，無法了解別人說的話，也無法說話，進食也需要他人的協助，因此需要被安置到療養中心。除此之外，阿茲海默氏症患者無法回應照顧者的關係，親密關係也隨之被剝奪。早期診斷與治療可以延緩病情的發展以改善生活品質。膽鹼酵素抑制劑可以讓三分之一到一半的患者病情穩定或是延緩發作六個月到一年的時間。行為治療可以改善溝通方式、減緩其能力退化及減緩其混亂的行為。

3. 阿茲海默氏症末期階段會導致身體癱瘓和呼吸困難，而呼吸系統的問題經常

會引發肺炎，是阿茲海默氏症患者最常見的死亡原因。其他症狀包括易怒、心神不定、躁動、喪失判斷能力。雖然阿茲海默氏症好發於65歲以上老人，但是中年人也可能罹患疾病。要確切診斷阿茲海默氏症是有困難的，其混亂的症狀與其他失智症的症狀相似。女人罹患的比率比男人高出許多，可能是因為她們比男人長壽有關。

4. 科學家已經發現促成阿茲海默氏症的前置因素——基因異常，具有這類異常的人發病期會提早，約30或40歲便開始，專家正努力找出造成該病症的基因。研究顯示：高教育水準和保持腦力活躍的人，壽命較長，也比較不會罹患阿茲海默氏症，印證了「不使用便會失去」的法則。

5. 現有唯一經過美國聯邦藥物管理局批准的藥物是tacrine，它具有減輕阿茲海默氏症的功效，問題是它只對一些有效，而且效果短暫，還會產生嚴重的副作用（肝臟受損），況且，他不具阻止症狀進展的功能。

6. 阿茲海默氏症患者通常會經歷行為上的改變，包括：身體和口頭上的攻擊行為，多疑、易怒、遊蕩、妄想及失憶等問題，對家庭造成大的困擾。照顧阿茲海默氏症的病人是非常具有挑戰性的，即便在最好的環境都很困難，然而，對照顧者來說，他們對於社會支持的看法將對他們如何因應壓力有很大影響。

（二）憂鬱症

1. 導致老人憂鬱的因素：依其相關的程度依序為：疾病、失能、孤立、哀悼和貧窮。

2. 處遇原則：憂鬱症狀主要的治療方式是藥物與諮商，Belsky認為身體症狀可以依靠藥物治療，扭曲的想法或人生事件造成的問題則必須依靠諮商協談，協助案主辨認與改變引起憂鬱的思想和認知模式，實證的證據顯示：認知治療法的療效頗佳。

3. 社會支持體系的破碎或缺乏是導致老人憂鬱的主要因素之一，因此，社工處遇的目標必須包括：修補破碎的支持體系或建立新的支持體系，例如：志工訪視或問安、老人社團的成立等；社會支持體系的建立可以協助老人解除孤立或寂寞，並引發自我照顧的動機，減緩健康和失能導致的憂鬱、憂鬱導致缺乏自我照顧動機，缺乏動機導致健康問題加劇的惡性循環。

十、老年期發展相關名詞

上榜關鍵 ★★★★

各發展相關名詞務必詳讀，俾利測驗題正確選答。

項目	說明
回顧或懷舊	1. 回顧或懷舊指的是一種過程，當個體體認到死亡的必然性，重燃對過去人生事件的興趣，喚醒對這些事件的意識，特別針對過去未解決的衝突進行檢視，冀望從檢視過程中，取得統整，統整的過程具有生命重整和為死亡做準備的雙重功能。雖然任何年齡族群都可能從事生命的回顧，退休之後因為比較接近死亡，退休之後也比較有閒暇，生命回饋現象比較多見。 2. 懷舊團體操作的原則 （1）在團體安排方面，可以依照發展階段的軸線，標示每個階段，從童年開始，直到老年期，每個階段都可以分配兩次團體討論的機會。 （2）容許團體成員選擇特定的主題作為討論的焦點。 （3）儘量不要以「我的第一次」作為分享主題，例如：我的初戀、我的初吻，因為並不是每個人的「第一次」都是很好的經驗，經驗的差異很大，比較不適於討論，建議選擇一般性的主題，例如：寵物、節慶傳統、最喜歡的土產。 （4）選擇主題和活動的時候必須考量文化、性別、成員的身體功能等特質。 （5）年輕時期的音樂或照片有助於挑起團體成員對於食物的記憶，即使失智長者也適用。 （6）高功能的長者可以進行一些結構性的活動，例如：創造一本塗鴉書、寫簡要的回憶錄、建立家族譜或團體烹飪指引。
年齡歧視（ageism）	1. Bulter 將年齡歧視定義為：因為年齡而對老人產生偏見或刻板印象；他以「疾病」一詞指稱這種負面、不合理的態度，在許多文化社會裡，對老人偏見或刻板印象，常在個人言行舉止、文學或媒體裡表露出來，社會大眾卻很少加以檢視和反省，連老人本身也無形中被沾染上這些負面想法。不過，Bulter 的定義仍然過於狹隘，因為他只著重在個體層面，忽略機構性歧視，也就是偏見或刻板印象已經被制度化，使得老人在各方面權益（例如：聘僱和升遷）均受到損害。

第八章 重點 1 老年期

項目	說明
年齡歧視（ageism）	2. 兒童讀物中少有關於老人正面的描述（除了耶誕老人以外）。對於老年人的偏見則出現在日常生活用語中，像是「老頑固」。這項的刻板印象會成為自我實現的預言，老年人被視為無能、依賴、衰老，這樣的態度降低了他們的自尊，老年人也會表現出被期待的行為。
刻板印象	1. 刻板印象是一種過度簡化，以原有的想法作為基礎，來了解他人，而忘記個人的差異，而以個人的性別、階級、家庭、背景等進行判斷。例如：女生都是情緒化的。 2. 社會工作者可以充當高齡者與現實社會間的橋樑，一方面澄清某些對高齡者不必要的刻板印象，一方面更要協助他們完成人生的願望，以及釐清不必要的社會偏見，協助高齡者肯定自己，提升自我，使其生活變得更有意義、更有尊嚴。
結晶智力（crystallized intellengence）	是指資訊的累積和語文能力隨著年齡的增加而增長。
流動智力（fluid intellengence）	是指抽象思考能力隨著年齡的增加而衰退。

十二、老年期其他疾病相關名詞

> 上榜關鍵 ★★★★
> 測驗題金榜考點，請詳加準備。

項目	說明
壽命（life span）	指的是人類生命的最高極限。
生命平均餘年（life expectancy）	指某一年齡至死亡時，尚可存活的預期壽命。
帕金森氏症	是一種神經系統進行性疾病，通常發生在晚年，特徵是衰弱、顫抖和拖行的步態。
骨質疏鬆症	1. 骨質疏鬆症是一種骨骼變細、變弱的疾病。骨質疏鬆症是老年人骨頭碎裂的主要原因，女性罹患機率較高。 2. 骨質疏鬆症預防方法：承載全身重量的運動、補充鈣質和戒菸。

493

項目	說明
健康體重	1. 世界衛生組織（WHO）建議以「身體質量指數」（Body Mass Index, BMI）來判定肥胖程度，BMI 指數愈高，罹患肥胖相關疾病的機率也就愈高。 2. BMI = 體重（kg）/ 身高^2（m^2）。 3. 成人健康體重 BMI 值 | 正常體重範圍	體重過重範圍	肥胖
---	---	---
18.5 ≦ BMI<24	24 ≦ BMI<27	BMI ≧ 27	
腰圍	1. 腰圍能反應腹部脂肪的多寡，也是判斷代謝症候群、心血管疾病罹患機率的一種方法。 2. 理想腰圍範圍 	性別	理想腰圍範圍
成人男性	小於 90 公分（35 英吋）
成人女性	小於 80 公分（31 英吋）|
舌尖現象	1. 隨著年齡增長而引起的普遍的認知能力改變就是記憶力的失落，尤其是口語回想和空間記憶。尋字和名詞回想的測驗分數也就是所謂的「舌尖現象」。隨著正常老化而變化，記憶和學習兩者交互影響，記憶是將所習得的資訊加以編碼和儲存，然後再加以提起或回想。心理學家已經辨認出幾種類型的記憶，主要是長期與短期記憶。長期記憶含括四種次類型：記憶，包括情節（episodic）、語意（semantic）、程序（procedural）、前瞻（prospective）記憶，這些記憶通常維持不變，除了情節記憶（記得事物，以及與該事物有關的時間和地點），因為所需要耗費的資訊處理功力比較多，可能隨著年齡而有些衰退。 2. 短期記憶包括主要記憶（primary memory）與工作記憶（working memory），前者是指短期記憶的儲存空間，後者是指正在處理的資訊能夠保留多久的能力，短期工作記憶所需要的編碼和提起的能力會隨著正常老化而衰退。在正常的老化過程，長期記憶甚少喪失，衰退較多的是短期記憶與最近記憶。

項目	說明
老言老語 （elderspeak）	老言老語是針對任何長者（失智或非失智）的溝通或對話應有的態度和方式，這種方式強調「簡化言詞、誇大音調、簡化文法、限定字詞、放慢速度」，就像對嬰幼兒說話一樣。然而，這種溝通的優勢和限制仍有爭議，有人認為這樣做對老人不敬、傷害他們的自尊心和自主的感受，尤其是對原本就比較沒有控制感的養護中心或護理之家的住民而言更容易有負面的作用，但是研究也顯示這種方式有助於溝通。
預立醫療指示	1. 醫療進步也讓死亡過程變得比較複雜，其實臨終過程的生活品質才是關鍵，有幾種「預立醫療指示」的法律文件，讓臨終者可依預先做醫療照護的相關決定，以免臨終者失去能力無法掌握自己的照護方向，其中最常見就是「預立遺囑」（living will）或「生命意願書」，當一個人罹患無法治癒的絕症，或者其他因素，在呼吸或心跳停止前，可以預先表達自己不想接受醫療或人工介入的方式延續生命，只求舒適無痛，也就是最為人知的「不施行心肺復甦術」。值得注意的是，預立遺囑或生命意願書不只有關是否延長生命的抉擇，其他還包括是否施打抗生素、插鼻胃管、打點滴、連結呼吸器、進行手術等。因為沒有人可以完全確定何時要終止治療，預立遺囑也常常無法包括所有的醫療決定，最好的方式還是委託可以信賴的親朋好友成為自己的代理人，在自己無法做決定時，成為自己意旨的倡導代言人。另一種法定方式稱為健康的「授權書」或「委任狀」，在法律上指定一位代理人，當自己失去能力時，授權他為自己醫療上的決定。 2. 預立遺囑（living will）：如果一個人罹患絕症，無法痊癒或治療，他可以預立遺囑，遺囑中可以載明自己的意願，在呼吸或心跳停止之時，不要接受人工急救，只想安然的逝去。 3. 醫療委任權（medical power of attorney）：是指定某人，當自己因病（不一定是絕症）或意外喪失做決定的權力，受委託者可以為他做有關醫療方面的決定。

項目	說明
安寧照顧（hospice care）	安寧照顧（hospice care）目的是提供臨終病患所需要的照顧與支持，透過緩和醫療照顧（palliative care），當醫院無法滿足家庭想要瀕死的家人獲得安寧的需求，安寧照顧提供很好的替代性選項，治療不再是重點，緩和醫療強調的是安寧與舒適，當生命只剩下不到6個月，又不想接受治療的人，就符合安寧照顧的資格，可以選擇在家中、醫院、療養院或社區機構。目的是為了提供臨終病人必要照顧、支持、愛與接納的氣氛，以及疼痛和症狀控制；這和一般以治療為目的的醫療服務則大相逕庭。
長期照顧 Long Term Care	長期照顧是指針對慢性病與失能者提供的醫療與社會心理照顧服務，服務方案的目的是為了協助病人獨立自主的生活或在適當情境之下得到滿足。依WHO之定義，長期照顧係指對生理、心理失能、需要接受持續性協助之個人所提供之健康與社會照顧服務均屬之。提供服務地點可在機構、社區或住家；服務內容包括由專業機構及工作人員所提供之正式服務，及由家人或朋友所提供之非正式服務。

十三、對於「精神違常」常見的迷失

上榜關鍵 ★★★
測驗題有點難度，觀念容易混淆，請詳加區辨。

迷失	事實
1. 認知、精神狀態和行為改變，如易忘、定向感喪失和憂鬱等，只是老化的現象罷了	「正常」老化和精神違常通常兩者是有所區隔的，不過，正常的老化過程中，個體可能因為承受壓力和身體的狀況，導致輕度或中度的精神違常，感官知覺的喪失和因應壓力的能力減弱，也可能負向地影響個體的正常老化過程。
2. 容易忘記和有時意識混淆的老人不應該獨處	具有輕微症狀和違常的長者，還是能夠在社區中獨立生活，過度保護和監控可能剝奪長者的自行和控制感，除非有自傷或傷人的潛在危險。充足的支持系統必須包括家庭、健康照顧者和社區資源，調整環境以便讓長者可以獨立自主的生活，是不可或缺的條件。
3. 老人都不合作，也不喜歡社交	老人不尋常的行為通常是感官知覺的缺陷所引起，例如：聽覺和視覺的缺損導致溝通效能不彰，帶來挫折感，引發不適當的行為，憂鬱也可能造成長者的退縮。

迷失	事實
4. 注意力無法集中、集中無法持久、失去記憶力都是老化的現象	憂鬱和器質性心理違常可能引起情緒和思想的缺陷，憂鬱是長者最常見的情緒違常，由於憂鬱的治療效果佳，所以即使診斷不是很確定，也應該對症下藥。
5. 老人不應該從事較需要動用到心力和體力的工作或活動	只因為年紀就剝奪長者工作和活動的權利，只會傷害到他們的自尊心，引發更嚴重的問題，其實長者仍具有很多可以貢獻的能力，剝奪他們的功能角色作為保護的措施是錯誤的做法。鼓勵他們從事和他們能力相配的工作與責任，不只有助於自尊的提升，更有助於維持功能程度到老年。
6. 老人每個夜晚都需要八小時的睡眠	睡眠的習慣隨著年紀和個人特質有所不同，不是每個人都一樣，許多長者一天只要睡 5 到 6 個小時就可以，有些人喜歡白天打瞌睡，晚上不必睡太多也沒關係。
7. 老人對於酒精和藥物的反應和年輕人沒兩樣	由於代謝、吸收和排泄速度因老化而有些變化，老人對任何單一藥物的反應都比年輕人敏感，兩種以上的藥物交互作用也比較容易發生，中毒反應的可能性因此升高。因此，使用藥物必須保守和不斷的監控，以減少副作用，同樣地，酒精相關的問題也必須有所警覺。

上榜關鍵 ★★
測驗題考點，請著重細節之研讀。

十四、老年期的靈性層面

（一）靈性是指個體在生存空間裡對於個人意義的探索、追尋、創造、運用及展開的方式，每個人的靈性風格都別具特色。簡單的說，靈性意味著人類在生命中對於意義和目的之追尋。老年人所面對的重大靈性挑戰，包括超越自我以及與他人連結。老年人為維持獨立性所作的搏鬥，以及面對重重挑戰時做出決定的能力（與依賴別人的作法涇渭分明），同時具有心理社會以及靈性上的意涵，需要社會工作者同時予以回應及處理。切記，文化、種族、宗教教誨及其他面向的生活經驗，都可能影響到每個人的靈性旅程。

（二）費雪（Fischer）提到，對老年人而言，靈性的意涵往往以下列五種忠告課題來呈現：
1. 擁抱當下。
2. 在昔日生活回憶中尋找意義，作為建構個人生命意義的一環。
3. 坦然面對個人限制和缺失。

4. 尋求和解和寬恕。
5. 透過感恩祈禱或人群服務與社群連結。

十五、老人虐待

> **榜首提點**
> 申論題及測驗題均為考點，請完整準備；並思考在老人虐待之實務案例中，如何提供處遇，測驗題出題考點細微，請逐句詳讀。

（一）老人虐待的分類

老人虐待的分類	說明
Papalia 的分類	1. 身體虐待：造成身體傷害或受傷的行為，包括：推、毆打、監禁或是性騷擾。 2. 精神虐待：造成心理痛苦的行為，如脅迫、羞辱、恐嚇。 3. 經濟上的虐待：以非法或不適當的方式剝削受害者的所有物或是財產。 4. 疏忽：包括有意或無意未善盡照顧者的責任，如未提供飲食或是醫療照顧，或是遺棄受害者。
Wolf 與 Pillemer 的五種老人虐待的模式	1. 身體虐待造成的痛苦和傷害。 2. 心理虐待造成心理和情緒的痛楚，例如：威脅和羞辱。 3. 物質虐待，不當與非法使用老人的財物或資源。 4. 積極的疏忽，例如：拒絕照顧者、故意將身心壓力加諸老人身上，例如：不給予食物、故意不處理老人的失禁。 5. 消極的虐待，因照顧者的無知或失能而拒絕照顧或疏於照顧。

（二）Wolf 認為越來越多的證據顯示，家庭照顧壓力並不足以構成老人暴力的主因。另外，還有多元的風險或因素，包括：老人和照顧者過去的關係、照顧者的精神狀態、缺乏適當的服務或家庭成員可以替代。生態模式將老人受暴的問題視為多層面的問題和其他社會問題環環相扣，Cohen、Halevi、Gagin 與 Friedman 最近的研究辨識出三個廣泛的風險因子，含括：老人或照顧者的情緒問題、行為問題與家庭關係問題。

（三）社會工作人員在評估住在社區的疑似受暴老人的時候必須注意的風險因子
1. 家庭成員有精神違常、酗酒、物質濫用的問題。
2. 老人有認知虧損或缺陷（容易被疏忽）。
3. 老人身體失能或者依賴他人滿足身體的需求（容易被虐待）。
4. 老人有社會孤立的情形。

5. 個人衛生情形很糟、營養不良、明顯地缺乏照顧。
6. 老人顯現出很緊張、過度警覺、煩躁不安的情形。
7. 家庭照顧者顯現出對老人沒有耐心與敵意。
（四）社會工作人員在老人虐待和疏忽的處遇扮演中重要的角色，包括：教育、預防、辨識、介入與治療。Anetzberger 提出整合式的架構，包括：保護、充權、倡導、提供家庭系統內受暴者和相對人的共同處遇、必要時提供緊急安置與服務，以防止暴力再發生。Brandl 提出特定的介入原則，包括：同理傾聽、敏銳的問話方式以辨識虐待的性質、提供適當的安全措施以減低潛在的危險、擬定保障老人安全的計畫、評估各種選項（例如：搬到親戚家、提出告訴）、讓相對人為自己的行為負責、提供支持，以及讓個案感受到盼望。

十六、老年退休議題

（一）退休的定義

退休（retirement）的定義是指：「一個人減少支薪的工作、減少工時、開始領取退休金，或認為自己屬於退休一族」的時間點，就稱為退休。「退休」為制度化的區隔，即將人們從職場中抽離出來，而仍然享有過去服務年限所累積的儲蓄或收入，雖然健康通常是退休的主要因素，但實際上年齡則是退休的主要考量。

（二）退休生活

退休生活是心理動態適應發展的轉銜，或可預測的正常的轉變，意即包括角色準備、角色再定義、角色扮演行為的轉換；由重要的受薪者、家庭中的主要經濟供應者轉換扮演其他活動。

（三）退休角色的經歷階段

```
1. 退休之前
・對退休生活之規劃。
```
→
```
2. 蜜月期
・充滿新鮮及自由的閒暇。
```
↓
```
3. 厭惡幻滅期
・退休生活新鮮感消失，進入無所事事、漫無邊際、閒得發慌的日子。
```
←
```
4. 重新調整方向期
・經過一段長期之退休生活後，才能逐漸習慣，而重新產生對生活的滿意感。
```

（四）退休者人格類型

退休者人格類型

1. 工作狂型
・一個有工作狂的退休者在面對退休之際，可能會鬱卒以對，甚至衍生不被重用的極度恐懼感。

2. 自我保護型
・此類退休者可能會認為退休是一種脫離或無牽無掛的生活。

3. 主動型
・退休者通常依照自己意願選擇退休時機轉換工作，而能如願地自由選擇自己所喜好的工作。
・不過，若被強制退休的話，這些人可能會陷於抑鬱狀態而需要引導走出憂鬱之谷。

4. 欣然接受關懷者型
・通常以婦女居多，端賴所扮演的婚姻角色及關係來論斷退休是正面或負面的，如果他們的婚姻生活滿意度高，那麼他們的退休生活則是豐富而有意義的。

（五）退休者的適應生活類型

上榜關鍵 ★
測驗題考點，請區辨各類型之內涵。

1. 適應良好者
- 接受目前的現實情況，對過去所作所為沒有懊悔，保持自然輕鬆愉快的生活態度的退休者。

2. 搖椅型
- 欣然接受老年的到來，認為老化是自然的過程，放心安養，滿足現狀，採取以退養姿態而非積極向外的退休者。

3. 防衛型／武裝戰鬥型
- 抱著不服老，仍然全副武裝去除老年的陰影，發展高強度生命旺盛力的退休生活方式，以維持防衛保護系統，去除抗老焦慮的退休者。

4. 適應不良型
- 常抱怨退休生活，怨天尤人的退休者。

5. 自責型
- 自貶身價、自怨自艾的退休者。

十七、老年期的心理調適方法

一個具有意義與滿足的老年生活，Peck 建議可運用三個基本的心理調適方法來經營：

（一）將工作角色的熱衷轉換到自我分化（self-differentiation）
退休是生命當中一個很重要的變動，新的角色也隨之而來。老年人必須去適應自己已經不用再去工作，需要的是尋找新的認同與興趣。

（二）將對身體的熱衷轉移到身體的超然
許多老年人變得在意自己的健康狀況與外表，然而，有些老年人可以超脫這些關注，儘管健康狀況衰退，仍可享受其生活，也漸漸學習到滿意的社交生活與啟發性的心智活動帶來舒適與快樂。

（三）對自我的熱衷轉移到自我超越

死亡是不可避免的，而且需要去面對，雖然死亡令人沮喪，但 Peck 指出，坦然地接受死亡可以將一個人的關注從「自憐」轉移到「我能做些什麼讓生活更有意義、更無憂無慮，或是比其他人更快樂？」

十八、老人期的其他議題

> **上榜關鍵** ★★★
> 畫底線的部分已有測驗題出題紀錄，請詳加研讀。

（一）家庭類型

社會工作家庭理論家 Hartman 和 Laird 人認為，家庭有兩種類型：1. 創造的，就是當兩人或兩人以上建立親密的分享空間、互相承諾、扮演不同角色、劃分功能，以便共同經營家庭生活；2. 透過血緣或類血緣關係（bloodlike ties）（如：領養）的建立，這種家庭遍及全人類，即是缺乏緊密的關係，不論親疏遠近、生或死、知或不知、不論關係是縱貫（兩代之間）或是橫向（親戚之間），心理上對個體而言都很重要的。

（二）夫妻

文獻上有關婚姻滿意度調查，以橫斷研究為多，這些研究不足以探討婚姻關係長期變化，縱貫研究才能解答這一問題。過去研究顯示：婚姻的滿意度通常隨著孩子出生而降低；最近研究則發現，到了空巢期，下降的滿意度會隨著養育兒女責任解除而上升，甚至會回到孩子出世之前的水準，空巢期提供重新經營婚姻和更新兩人關係的機會，因此滿意度通常會增加。與社經地位與教育水準都低的人相比，教育水準和社經地位都高的人滿意度比較高。老年人再婚的滿意度也非常高，這些人通常比較健康，找尋對象也以志趣相投者為主，比較能夠相偕從事休閒活動。

（二）友誼

1. Sandmair 強調：相較於和近親的關係，個體對新友誼關係的建立通常會比較慎思或慎選，也比親友關係來得脆弱，比較不重視正式禮儀，相較之下，過去的友誼關係較為重要，因為老朋友是個人情緒歷史的保存者和管理者，就像博物館的館長一樣。

2. 在老人的社交生活方面，Litwak 和 Szelenyi 辨認出三種初級團體，包括：親戚、鄰居和朋友，各有其特徵，扮演不同角色、發揮不同的功能。親戚關係的特質是永久性和法定責任，比較能夠提供長期的支持，例如：老人照顧和財務協助，其不足之處在於：如果沒有和老者同住，就比較沒有辦法因應緊急的需要，例如：就醫，在這種情況下，遠親不如近鄰。鄰居關係是立即面對面接觸、緊鄰或可近性，比較能夠提供緊急的協助，但因為比較缺乏持久

性，所提供的支持較不需要長期與持久的承諾，例如：短期托兒、提供購物或就醫所需的交通。朋友在老人生活中扮演的角色與功能，與其他兩種型態不太一樣，朋友關係不如親戚持久，也不如鄰居可靠，但是互相尊重與情誼有其獨特性的一面，比較能夠提供忠告、資訊和情緒上的支持，即使不和老者比鄰，電話溝通並不受距離的限制。朋友的協助以情感性的支持（例如：傾聽）為多，工具性的支持比較少（例如：財務支持）。

3. 有一項針對長期照顧機構住民的研究顯示，朋友的訪視和老人孤立感的降低有顯著的關係，相較之下，家庭成員的訪視並沒有關聯。另一項研究針對 55～84 歲之間的社區受訪者，結果顯示，感覺到最幸福的人就是身邊擁有最多處境相同和婚姻狀況相同的朋友；老人得到的最多的情緒支持是來自同年齡又可以交心的瞎友。獨居或沒有家庭關係的人最容易感到孤單，除非他們能夠建立個人社會網絡，網絡成員可以包括朋友、鄰居和工作人員，在生活與心理有需要時，能夠得到他們的支持。

4. 對老年人而言，照顧和支持他人是一件很重要的事，大多數都想維持彼此付出的關係越久越好。因此，老人不只是照顧的接受者，更是親朋好友或鄰居的支持與照顧的付出者。

（四）性生活

1. 大規模的性行為研究顯示：老人不只維持性趣，也持續有性的活動。許多人的觀念是：老人沒有性欲可言；老人身體脆弱，性會傷身；老人即使想要，身體也無能為力；老人身體不具吸引力；「老人的性生活」這種觀念不只可恥，而且乖張。

2. 身體老化意味著脆弱，容易滋生健康問題，特別是慢性病，這些病變通常是緩慢發生，但是發生之後通常比較持久。成人早期少有慢性病，中年逐漸增加，晚期變得很普遍；因此，許多老人都有慢性病，年齡越老，多種慢性病纏身的機會就越增加。老人是使用最多醫療照護服務的年齡族群，他們住院最多、留院最久、門診最頻繁、醫療花費也最大。

（五）居住的選擇

著名的老人學專家 Lawton 長期研究老人和他們的社會環境，他提出「人和環境契合」的模式，強調環境為個體提供一個最大量的刺激與挑戰。當人老化，環境刺激和面對的能力兩者之間的平衡可能受到衝擊，老人的能力大不如前，此時老人可能需要協助，否則就必須搬遷到不同的環境，環境老人學強調的是修正環境讓環境更安全，更適合失能、感覺器官衰退，或行動不便的老人居住。社會工作人員運用這個模式評估老人，除了強調「最少限制的環境」，讓老人可以在其中發揮功能之外，還可以透過具體、支持性、教育性或社會

心理支持的介入方案，以強化和改善老人的功能。

（六）智慧

1. Erikson 提出的人生八大階段之中，老年期的主要發展任務雖然是統整與絕望，可是達成發展任務和避免陷入危機的力量其實就是智慧。
2. 什麼是智慧？目前還沒有很確切的定義。Sternberg 與 Lubart 將智慧定義為：「個人累積的人生知識的應用，不論是生活、與人互動或行善，都能夠維持個人、人際或超越個人的興趣之間的平衡」，這項定義看起來似乎複雜，其實也不盡然，簡單的說，就是有能力之外，也能夠站在他人的觀點看事情，能夠看到別人的需求。將智慧和老年連結在一起，等於是將生命經驗的累積和智慧劃上等號。
3. Baltes 與他的同事投入很多時間研究智慧的現象和定義，他們問老人一系列有關生活面對的情境、因應與管理的開放性問題，而歸納出五個智慧的層面：具有生活事實的豐富知識、具有豐富的生活程序性方面的知識、能夠從整個人生的觀點看事情、欣賞他人的觀點和價值、知道和接受生命的不確定性。
4. Baltes 等人的研究顯示，這些智慧在 75 歲之前相對地穩定，變化並不大，這樣的研究結果讓主張智慧隨著年紀增長的人有些失望。

★ 上榜關鍵
測驗題考點

十九、死亡

（一）死亡過程理論

1. 否認與孤立
- 否認即將死亡是最先會發生的心理防衛過程，被視為可藉此以對付他面臨的事實，也是被視為應付使人難受及震驚消息的正常及健康的方法，更是暗示本人了解真相後，他也不會願意跟別人談論有關死亡的問題。

2. 憤怒
- 當人對其即將死亡的否認逐漸減低時，代之而起的是一種激怒、嫉妒、憤慨的新情緒。

3. 討價還價
- 當憤怒的階段快結束時，很多患絕症之病人就會有一種「討價還價」的趨勢，就好像要跟命運之神打交道，希望能改變他的悲慘命運。討價還價也許就是表示他還有一些求生的意志希望盡力對抗疾病，以便能夠痊癒。

4. 沮喪
- 倘若抗病無效，患有絕症者會感到沮喪。沮喪的種類包括：反應的沮喪與準備的沮喪，前者視為因失去有價值的生理特徵，而產生的一種悲哀的感覺；後者為因了解即將死亡準備辦後事而引起的悲哀感。

5. 領受
- 如果死亡不是突然或出乎意外的，以及如果病人已有足夠的時間經歷前四個階段，那麼他就會來到這第五個所謂領受的階段。這階段好像「總是感到空虛的」。他會覺得他與死神掙扎已經失敗了，而他已走到人生旅程的盡頭。

(二)社會工作人員對臨終老人的基本需求進行處遇的主要目標

1. 臨終老人需要疼痛的控制，以及其他身體不舒服症狀的關注，例如：呼吸急促困難。
2. 臨終個案需要緩和與專業的身體照顧，以維持舒適、潔淨、個人尊嚴。
3. 臨終個案與家屬需要直接的資訊，協助他們因應，例如：病人狀況、照顧決定與選擇、家屬的溝通等。
4. 心理的需求也不可忽略，因為臨終的衝擊，病患可能會感到恐懼、焦慮、悔恨，工作者可以協助個案和家屬面對這些情緒，意識清楚的個案可能需要傾訴恐懼和焦慮的情境，處理還沒有完成的心願，和關懷家人的未來，社會工作者可以與個案進行頻繁的互動，提供抒發情緒的機會。如果個案有力氣可以進行比較長時間的對話，工作者可以運用生命回顧的技巧，回顧與評價生命的歷程與重要的事件，也可以運用心像導引和放鬆的技巧，協助放鬆。另

外，也可以鼓勵家人傾聽或者分享自己的心意，和臨終者共同面對雙方關心的議題。
5. 臨終者和家屬需要靈性上的支持，如果能夠提快他們在文化上或宗教信仰上可以接受、其有撫慰心靈的儀式，他們得到的安慰將更為深入。

> **上榜關鍵** ★★★★
> 請把各名詞詳讀，俾利測驗題正確選答。

（三）死亡相關名詞

項目	說明
死亡	死亡可定義為：逐漸死亡而止於生命的終點；亦可定義為一種生物有機體失去其活力的過程。一般所稱的「臨床死亡」（clinical death），亦即「不再心跳及呼吸」。
腦死	1. 腦死的症狀 （1）對外界刺激沒有反應。 （2）一小時之內沒有呼吸。 （3）缺乏疼痛的反應。 （4）沒有眼神、眨眼、瞳孔收縮的回應。 （5）沒有肢體移動、吞嚥、呼氣。 （6）沒有神經反射。 （7）腦波平息停止至少十分鐘。 （8）二十四小時後，一切症狀都沒有變化。 2. 一個被宣告腦死的定義，包括上述八種的現象，其他的情況如狀似死亡、深度昏迷、低溫及藥物昏迷等，都不在上述死亡的定義中。
瀕死	瀕死可解釋為一個人生理功能衰竭或肉體的死亡。瀕死的過程可能是漫長的，也可能是快速的。當一個人被診斷為不治之症，即開始面臨死亡。
安樂死	安樂死分為主動與被動二類，主動安樂死意指為終止生命而刻意採行的行動，以結束患者的痛苦；被動安樂死乃指停止可能延續生命的治療，如醫療手術、維生系統或插管餵食。
哀慟訣別	1. 哀慟訣別是指哀悼一個人往生隨後恢復心理健康的過程，過程有時快有時慢。 2. 生者對去世的人有三種反應：生理的、情緒的及認知的。最普遍的哀傷反應是呼吸急促、常常嘆氣、胸腔緊悶、精力衰退及胃痛。情緒上的反應包括憤怒、罪惡感、悲傷及憂鬱，或者思念死者，會隨著時間的流逝而淡化。

十九、悲傷過程模式

（一）Kubler-Ross 悲傷過程模式

> **榜首提點**
> 請以申論題準備為主，測驗題為輔。

第一階段：否認
- 在此階段，我們會告訴自己「不可能會這樣，一定是哪裡有錯。不可能會發生。」否認通常有助於緩衝失落所造成的影響。

第二階段：憤怒
- 在此一階段，我們會告訴自己「為什麼是我？一點也不公平！」像有些臨終病人怨恨自己即將死亡，而其他人依舊健在。
- 在這個時期，有時上帝會是遷怒的對象，臨終病人會責備上帝，覺得上帝不公平，強制判處他死刑。

第三階段：討價還價
- 在此一階段，失落者試著以討價還價來求取失去的一部分或是全部。
- 例如：臨終病人跟上帝討價還價，祈求有多一點的時間。他們會承諾做一些有意義的事情以換取一個月或一年的生命。

第四階段：沮喪
- 在這個階段，那些失落者會告訴自己：「這個失落是真實的，而且令人非常傷心。心情糟透了，該怎樣繼續活下去呢？」

第五階段：接納
- 在這個階段，人們完全接納失落。遺族接受失落，開始想其他的方法來應對失落並減輕其影響。

> **榜首提點**
> Kubler-Ross 悲傷過程模式、Westberg 悲傷過程模式等二種悲傷過程模式，均為重要考點，請詳加準備；悲傷過程模式並非限於老人案主使用，一般的案主亦會使用，例如：罹癌的案主、失去親人的案主等，請建立實務案例解析的能力；並請併同死亡過程理論一同準備，建立完整論述架構。

507

（二）Westberg 悲傷過程模式

> **榜首提點**
> 與 Kubler-Ross 悲傷過程模式之準備方式相同，以申論題為主，測驗題為輔。

1. **震驚與否認（shock and denial）**
   根據 Westberg 模式之悲傷過程模式 知，有些人得知其悲慘的失落時會顯現出麻木、受到驚嚇，他們可能會完全失去感覺，也可能是當痛苦異常的強烈，人們的反射機制會經歷「負荷過多」以及短暫地「關機」狀態，以至於沒有任何感覺，而且就像這件事未曾發生過。否認成為避免悲痛失落的一種方式。

2. **情緒爆發（emotions erupt）**
   當理解失落是不可避免時，人們會以哭泣、尖叫、嘆氣來表達其痛苦。

3. **生氣（anger）**
   某些時候人們會經歷生氣。生氣可能會指向造成失落的上帝，生氣的一部分原因可能是覺得失落是不公平的。如果失落牽涉到失去所愛的人，通常對死者的憤怒會來自於所謂的「遺棄」。

4. **生病（illness）**
   悲傷會帶來壓力，與壓力相關的疾病隨之發生，例如：風寒、感冒、潰瘍、緊張性頭痛、腹瀉、起疹子、失眠。

5. **恐慌（panic）**
   因為悲傷者認為自己不會再像是以前的自己，所以可能會感到恐慌、擔心會精神崩潰。做惡夢、無法控制不該有的情緒、生理反應、很難專心每天該完成的事務，這些都是恐慌所引起的。

6. **罪惡感（guilt）**
   悲傷者可能會覺得失落是因他們而起，而感到罪惡，或是自責沒有阻止失落的發生。

7. **沮喪與寂寞（depression and loneliness）**
   有悲傷者會對失落感到非常傷心，也會覺得孤單與寂寞。悲傷者可能會與那些看起來不支持與不了解他們的其他人不相往來。

8. **難以重返過去（reentry difficulties）**
   在此時期，悲傷者試著努力讓生活回復到過去。問題卻出現了：人們可能會拒絕與過去連結，回憶也會阻礙發展新的興趣與活動。

9. **希望（hope）**
   漸漸地，使人的生活回復的希望出現了，希望開始成長。

10. **確認現實（affirming reality）**
    悲傷者重拾往日的生活，以前控制生活的感覺也回復了。重建的生活與以往不相同，失落的記憶依然存在。然而，重見的生活會令人滿意。悲傷者已經

消失，會繼續生活下去。

Westberg 悲傷過程模式圖

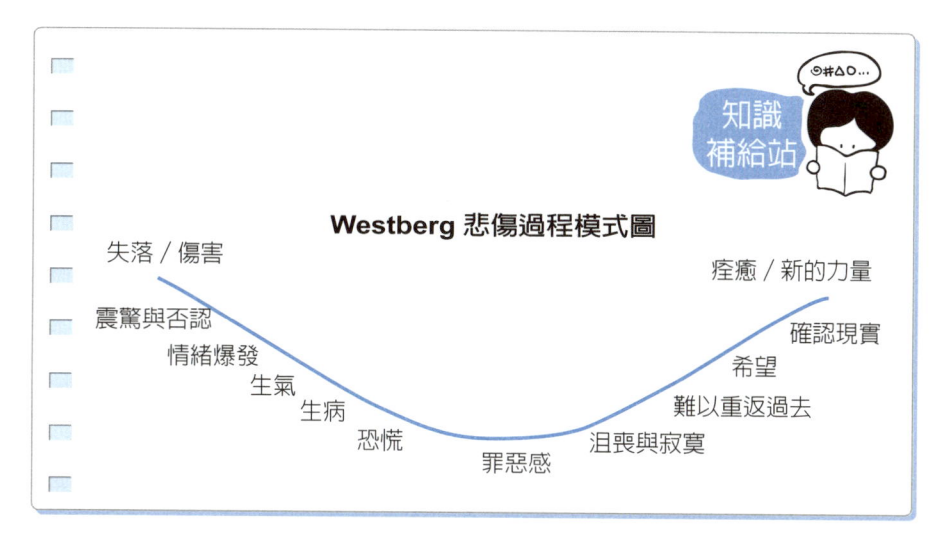

失落/傷害
震驚與否認
情緒爆發
生氣
生病
恐慌
罪惡感
沮喪與寂寞
難以重返過去
希望
確認現實
痊癒/新的力量

（三）對悲傷過程模式的評論

1. Kubler-Ross 和 Westberg 注意到有些人會持續地感到悲傷，而且不會到達到最後的階段（Kubler-Ross 的模式是接納，Westberg 的模式是認清事實）。他們也注意到執意地相信人們會依照過程依序進行是錯誤的。通常人們的感覺會在這些階段來回地變動。

2. 例如：在 Kubler-Ross 的模式中，一個人可能會從否認和沮喪到憤怒階段，接著回到否認階段；之後討價還價，然後再次感到沮喪，又回到憤怒等。

（四）William Worden 的哀悼步驟與悲傷輔導

> 榜首提點：請加強準備，俾利申論題之完整論述。

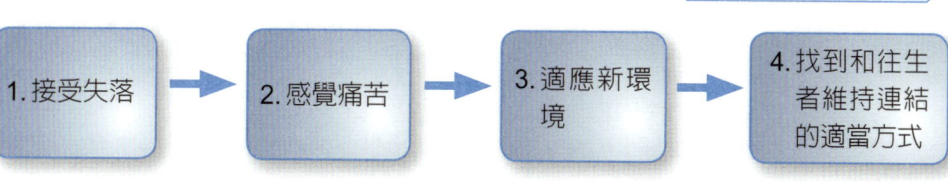

1. William Worden 的哀悼失落四個步驟／必須完成的任務

```
1.接受失落 → 2.感覺痛苦 → 3.適應新環境 → 4.找到和往生者維持連結的適當方式
```

（1）接受失落：哀悼者在開始可能會否認親人死亡的事實，因此，接受親人已經過世、不可復生的事實是首要的任務，哀悼的人通常會出現尋覓的行為，例如：看到往生者出現在人群或聽到他的聲音。

（2）感受痛苦：許多人在親人過世之後會問到：「到底要等多久，痛苦才會遠離？」不少人為了不想太過於哀傷，開始忙碌或投身在活動與旅遊，為的是想遠離痛苦的感受，但是痛苦無法迴避，哀悼者必須經歷痛苦，

所以必須有機會向人傾訴或說出自己親人的死亡的經驗和感受，參加支持團體是很好的管道。

(3) 適應新的情境：外在的適應包括處理現實的事物和失去的社會角色，內在的調適則是面對自己和往生者之間的關係的認定感，自己扮演的角色或內在的認同是往生者的孩子、伴侶或父母？同時可以在靈性層面找出往生者活著和失去他的靈性意義。

(4) 找到和往生者維持連結的適當方式：不論是宗教儀式、遺物的緬懷、心理的對話、觸景生情等，但是還是要面對現實，生命還是要往前走。Worden 認為最後這一項任務並不是要哀悼者將自己的情感從往生者撤離，而是轉換往生者在自己生命的位置。

2. 喪親之負面情緒和行為

悲傷（grief）是一種對失落感受而產生的心理、認知、社會及生理反應，是一種持續發展的過程。面對喪親時，個人的行動、價值觀、生活次序等都會受影響。Worden 將喪親所呈現的負面情緒和行為，分成：感覺、生理感官知覺、認知、行為等四個層面，說明如下：

(1) 感覺

A. 悲哀：悲哀是喪親者最常有的感覺。悲哀不一定都會以哭泣行為來表達，但大部分情況下是如此。Parkers 和 Weiss 認為，哭泣是一個訊號，會引發他人同情和保護的反應，並且建構一個讓人暫時停止正常競爭行為法則的社會情況。

B. 憤怒：失落之後常體會到憤怒，這是使喪親者最感到困惑的感覺之一，因此，憤怒是悲傷過程中許多問題的根源。憤怒有兩個來源：由於沒有辦法防止死亡而產生的挫折感，及來自於失去親近的人之後的一種退縮經驗。

C. 愧疚感與自責：愧疚感與自責是生者常有的經驗；喪親者常常會因為自己對逝者不夠好、沒能及早帶其就醫等事而感到愧疚。通常愧疚感會出現，是因為發生了某件事，或是在死亡當時疏忽了一些原本可以預防失落發生的事。愧疚感通常也是非理性的，經過「對事實的檢驗」會逐漸消褪。當然也有一個可能性：個人確實做了什麼導致死亡發生，而產生真正的罪惡感。

D. 焦慮：生者的焦慮可以從輕微的不安全感，到強烈的恐慌反應。焦慮愈是強而持久，則顯示悲傷反應愈異常。焦慮的主要來源有二：一是害怕失去了逝者，自己不能獨立照顧自己，且會時常談及「沒有他我活不下去」；二是與覺察個人死亡的意識增強有關──因親人的死亡，

強烈地覺察到自己的生命有限。極端的情況下，焦慮可能發展成恐懼症。

E. 孤獨感：孤單是喪親者常表達的感受，尤其是喪偶者或者失去日常生活關係緊密的人，很多喪親者儘管再孤單也不願出門，因為他們覺得在家比較安全 知。

> **知識補給站**
>
> 社會工作者介入預防或減少老人孤單的處遇方式：
> 1. 為機構住民辦理社交技巧訓練團體，協助成員學習互動技巧，並提供互相認識的機會。
> 2. 為社區中獨居或無法外出的長者提供友善訪視。
> 3. 招募、組織、訓練，和運用志工，提供電話問安與支持。
> 4. 提供家族治療，聚焦在強化家庭成員對孤單長者的社會與情緒支持。
> 5. 安排家屬活動和聯誼，以強化機構長者和社會的接觸。
> 6. 提供剛喪偶的長者社會支持或支持團體，強化分享、支持和互動。

F. 疲倦：疲倦感有時使人表現出冷漠或懨懨然的樣子，對一個一向活躍的人而言，這種強烈的疲倦感可能令人措手不及和感到苦惱。

G. 無助感：因死亡而引發的無助感是造成死亡事件如此有壓力的因素。無助感與焦慮密切相關，時常在失落初期出現，尤其是喪夫者常感到非常無助。

H. 驚嚇：驚嚇是突發死亡情況下最常見的反應。例如：在電話中得知親人或朋友死亡的噩耗。但即使是在病情逐漸惡化且死亡是可以預期的情況下，當電話通知終於到來時，還是可能引起驚嚇。

I. 渴念：英國人將苦苦思念所失去的描述為一種「針扎一樣的」感受。Parkers 注意到，這種感覺在喪親者中很常見，尤其是在他所研究的喪偶者中。渴念是失落的正常反應，渴念的消褪可能是哀悼將要結束的一個表徵；當哀悼無法結束，渴念則可能代表「創傷悲慟」的一個臨床徵兆。

J. 解脫感：死亡發生後，解脫感可能是個正向的感覺。

K. 放鬆：許多人在親人去世後，反而鬆了一口氣，特別是親人受到長期或特別痛苦的疾病所折磨時。若死亡涉及死者和哀悼者間特別困難的長期關係，放鬆感也可能發生；有時放鬆感是自殺遺族會有的反應。然而，在感到放鬆的時候，通常也會有愧疚感。

L. 麻木：麻木感是早期悲慟過程的經驗之一，通常會發生在剛接到噩耗

之後。可能是因為百感交集，若允許這些感受全部進入意識，會令人無法承受，所以麻木感是避免情緒氾濫的保護。

（2）生理感官知覺

　　A. 胃部空虛。

　　B. 胸部緊迫。

　　C. 喉嚨發緊。

　　D. 對聲音敏感。

　　E. 一種人格解組的感覺：「我走在街上，可是沒有一件事看起來是真實的，包括我自己在內。」

　　F. 呼吸急促，有窒息感。

　　G. 肌肉軟弱無力。

　　H. 缺乏精力。

　　I. 口乾。

（3）認知

　　A. 不相信：「沒有的事，一定是弄錯了，我不相信，我也不要相信。」——常是接到噩耗後的第一個想法，尤其當死亡發生得很突然的時候。

　　B. 困惑：許多新近喪親者會有思緒剪不斷、理還亂，以及精神不集中、健忘的現象。

　　C. 沉迷於對逝者的思念：對逝者可能有強迫性的思念，內容通常包括關於如何找回失去的親人，有關逝者遭受折磨或瀕死的念頭或影像有時會侵入、占據哀悼者的心思，揮之不去。胡思亂想是另一種沉迷的形式，有人會投入沉迷的思考，會持續且反覆地想起他／她們感覺有多糟，以及那些讓其情緒下沉的情況。

　　D. 感到逝者仍然存在：這是與渴念經驗相對應的認知部分。悲傷的人認為逝者仍以某一形式存在於同一時空中；尤其是在逝者剛去世的這一段期間，特別會有這種感覺。有人發現逝者仍然存在的意念，讓人有安慰的感覺，而有些不覺得安慰，反而會被嚇到。

　　E. 幻覺：視幻覺和聽幻覺都是喪親者正常悲傷行為中常有的過渡經驗，通常發生在失去親人後幾個星期之內，一般也不會是更困難或複雜哀悼的情緒。

（4）行為

　　A. 失眠：對於處於失落早期的人來說，經驗到失眠是很尋常的，包括難以入睡或過早醒來，失眠有時需要靠藥物解決，但在正常的悲傷中，

會自行好轉,然而,如果失眠持續下去,則可能是較嚴重的憂鬱現象,就需要加以處理了。失眠有時可能象徵著各種害怕,包括害怕作夢、害怕獨眠、害怕不再醒來。

B. 食慾障礙:失去親屬的動物會有食慾障礙現象,人類亦然。食慾障礙包括過度進食和食慾減退兩種現象,而食慾減退是較常見的悲傷行為。體重的明顯改變就是飲食模式改變的結果。

C. 心不在焉的行為:初喪親者可能會發現自己常常心不在焉,或是做一些會給自己增加麻煩或傷害自己的事情。

D. 社會退縮行為:在承受失落後,想從人群中退縮是很正常的;這也是短暫的現象,會自行修正。社會退縮行為也包括了對外在世界失去興趣,例如:不想看報紙,也不想看電視。

E. 夢到失去的親人:夢到失去的親人是很尋常的,有的是一般的夢、有的令人痛苦、有的是惡夢。這些夢有很多用意,有時也會提供診斷上的線索,顯示出喪親者處於哀悼過程中的某一階段。

F. 避免提起失去的親人:有些人會迴避引發痛苦悲傷感覺的地方或事物,如死亡地點和墓地,或避免令人回想逝去親人的事物。很快地移除和逝者有關的東西——盡可能送人或丟掉,甚至很快地「處理掉」遺體,都會導致有困難的悲傷反應,通常都不是健康的行為,這意味著和死者間有強烈的愛恨交織的關係,此關係為哀悼的影響要素之一。

G. 尋求與呼喚:「呼喚」和尋求行為相關。喪親者常會有聲或無聲地呼喚逝者的名字。

H. 嘆氣:嘆氣是喪親者很常見的一種行為,和不能呼吸的生理感覺是密切相關的。

I. 坐立不安、過動:喪親後易有不安及過動的現象。

J. 哭泣:因為喪親所產生之情緒壓力而引起哭泣的行為。

K. 舊地重遊或攜帶可想起死者的物品:這和避免觸景生情或睹物思人剛好是相反的行為,通常這些行為的意義是害怕會失去對逝者的記憶。

L. 珍藏遺物:珍藏逝者的遺物,讓心裡感覺舒服。

3. 悲傷輔導的重點/原則與程序(William Worde 提出)

(1) 原則一:協助生者體認失落

任何人若失去身邊重要的人,即使預知死期,仍會有種不真實的感覺,好像它不曾真正發生。因此,第一個悲傷任務就是體認失落實際已經發生——其人已

榜首提點
各原則務必要詳讀,申論題考點,特別加強。

逝並且不再復生。生者必須接受這個事實,才能處理失落所引起的情緒衝擊。如何幫助一個人體認失落？最好的方法之一是鼓勵生者討論失落。社會工作師可以這麼做:死亡在哪裡發生的？如何發生的？是誰告訴你的？聽見這個消息時人在哪裡？葬禮怎麼舉行的？大家在追悼會上說了些什麼？所有的這類問題有助於討論有關死亡的事件,才能真正接受死亡已發生的事實,這需要花一段時間。探訪墓地或骨灰存放或灑散之處,也能使人體認失落的事實。此外,社會工作師要做個有耐心的傾聽者,並鼓勵當事人討論失落。

(2) 原則二:幫助生者界定並體驗情感

在悲傷過程中的許多悲傷經驗的感受,大部分的感受都是令人不安的。因為這些感受帶來痛苦和不快,人們往往不去面對自己有這些感覺,或者不去深入地體會這些感受,因而不能有效地解決悲傷。許多當事人求助是為了擺脫痛苦,以尋求立即的解脫。他們要的是減輕痛苦的藥丸,幫助他們接受及解決痛苦是處遇的重點,而憤怒、愧疚、焦慮、無助和孤單是生者最難處理的感覺。社會工作師應不僅止於鼓勵情緒的表達,重要的是去經驗情感,而不只是表達情感而已。處理悲哀同時必須覺察失落了什麼,適當且有效地設定憤怒的對象,評估並解決愧疚感,以及檢定並處理焦慮。沒有了焦點,不管社會工作師能引發多少或多有深度的感覺,都不算是有效的輔導。

(3) 原則三:幫助生者在失去逝者的情況中活下去

這個原則是指藉由加強當事人在沒有逝者陪伴下的生活能力,以及獨立做決定,來協助他適應失落;社會工作師可運用問題解決方式達到此一目的,也就是了解生者所面臨的問題是什麼,及如何解決。逝者曾在生者生命中扮演不同的角色,因而生者適應失落的能力部分出這些角色來決定。決策者角色在家庭中是很重要的,這種角色常在配偶去世後引發問題。在很多關係中,由配偶之一扮演主要的決策角色,而這通常是男性,若他去世,妻子通常必須獨立做決定時感到不知所措。社會工作師可以幫助她有效地調適及學習決策技巧,正式擔負以前由丈夫扮演的角色。在這過程中,也因此減低了情緒上的沮喪。

(4) 原則四:尋求失落的意義

悲傷輔導的目標之一是協助當事人在至親的死亡中尋求意義,社會工作師可以協助催化這個目標。想要尋找失落的意義時,生者不但會問為什麼失落會發生,還會問為什麼會發生在我身上？喪親使我有什麼改變？有些失落改變了個人的自我價值感,特別是創傷性的失落情境會使人覺

得自我價值似乎只是一個假象。失去自我價值的同時，往往也失去了自我效能。最好的做法是協助生者覺察到某些事物還是在自己的掌握之中，來幫助他重新建立自我掌控的感覺。

（5）原則五：將情感從逝者身上轉移

藉著促進情感的轉移，社會工作師可協助生者為逝去的所愛尋找生命中的一個新處所———一個允許生者發展新關係並且繼續生活下去的地方。追憶逝者可以逐漸剝除和逝者緊緊連結的情緒能量。有些人並不需要這種情感轉移的鼓勵，但也有些人需要，尤其是那些失去配偶的人。有些人對建立新關係很遲疑，因為他們認為，這樣會對逝者的懷念是一種不敬；或是覺得沒有人能夠取代逝者的地位。這些想法都有道理，但是社會工作師可以協助他們了解，儘管無人能取代逝者，但建立新關係以填補空處並沒有錯。

（6）原則六：給予充分的時間去療傷

悲傷需要時間，這是一個喪親後的適應過程，而且這個過程是漸進的。對家人而言，障礙之一是急切地想克服失落和痛苦，以回歸正常作息。在悲傷輔導中，社會工作師可對家人闡明適應失落和其他牽連是需要時間的這些道理，雖然這些都是顯而易見的，但令人驚訝的是，家人往往並不明白。悲傷過程中有某些時刻是特別困難的，社會工作師即使沒有和當事人有固定、持續的接觸，也要了解到這些艱難時刻，並且及時與當事人聯繫。另一個艱難時刻便是第一次週年忌日，如果社會工作師沒有定期聯繫生者，此時是再接觸的時機。對生者而言，此時會湧上各種想法和感受，需要額外的支持。社會工作師應做好在死亡發生時，預先在記事簿上註明當事人可能遇到的各個艱難時刻，屆時再與個案再接觸。對許多人而言，假日也是艱難時刻，社會工作師可協助個案預期這些困難，並做心理準備。再者，和當事人接觸的頻率，得視社會工作師和當事人的關係及工作契約來決定，包括正式或非正式的接觸。重要的是，悲傷需要時間克服，儘管實際上的聯繫不一定很頻繁，但社會工作師要了解自己的介入角色必須是長期的。

（7）原則七：闡明「正常的」悲傷行為

第七項原則是了解和闡明正常的悲傷行為。許多人在失落之後，會有種快發瘋的感覺，這是因為失落引起的混亂不同於日常生活的經驗。若社會工作者對所謂正常的悲傷行為已有清楚的認識，便能向生者保證這些新經驗其實是正常的。很少有人會因為遭逢失落，崩潰而呈現出精神異常的症狀；但有些例外，這些人往往曾有精神異常的發作病史，或屬於

邊緣性人格異常。其實，生者會有要發瘋感覺是相當尋常的，尤其是以前沒有重大失落經驗的人。若社會工作師了解到幻覺、混亂，或被死者獨占心神等，皆可能為正常行為，便能提供個案相當的保證。

(8) 原則八：允許個別差異

悲傷行為反應相當廣泛，正如同每位臨終者死亡的方式不同，每個人亦各有其獨特的悲傷反應。悲傷現象有極大的個別變數，及情感反應的強度、受傷害的程度，以經驗痛苦的失落情緒的時間長短，都有極大的個別差異。有時頗難以使家人了解這點。若某位家庭成員表現與其他家人不同的悲傷行為，或感受到其他家人的反應與自己不同，往往會對自己的行為感到不安。社會工作師可以對期待所有人都以同樣方式哀悼的家庭，闡明這種差異性的存在。

(9) 原則九：檢查防衛及因應型態

第九項原則是幫助當事人去檢查因失落而更加強化的防衛和因應模式。若社會工作師和當事人已建立信任關係，當事人會願意談論自己的行為，這種檢查就不難做到。有些防衛和應對模式能預測良好的適應行為，有些可以預測出不良適應。整體來說，積極的情緒因應是處理問題最有效的方法，面對失喪時亦然，這包括幽默、正向定義困境、適當的情緒調節技巧，以及接受社會支持的能力。逃避的情緒因應則是最沒有效果的，特別是在面對問題時。指責、轉移、否認、社會退縮及物質濫用也許會讓人覺得好些，但是這些不是解決問題的好策略。退縮、拒絕正視逝者圖像，或保留與逝者有關的物品，都可能顯示出不健康的因應模式。社會工作師可以指出這些因應方式，並幫助當事人評估其有效性，然後，社會工作師可以和當事人共同探索其他可以減低壓力並解決問題的更有效的調適途徑。

(10) 原則十：界定病態行為並轉介

最後一個原則是辨認出有問題的悲傷行為，並知道何時該轉介。從事悲傷輔導者可以辨識出失落和悲傷所引發的病態行為，並轉介給專業人員，這就是所謂的「守門人」角色。當面臨不在悲傷輔導技巧範圍之內的問題時，社會工作師要了解自己的限制，並知道何時該轉介當事人去做悲傷治療或其他的心理治療。

二十、哀悼因應的雙重過程模式

上榜關鍵 ★★★
逐字逐句讀懂，並詳加區辨，測驗題細微考點。

Stroebe & Schut 提出哀悼因應的雙重過程模式，本模式

認為哀悼發生在兩個層次，失落取向和恢復取向的因應。前者聚焦在哀傷情緒的處理，例如：渴望、絕望，以及對往生者的記憶，後者則強調從哀悼之中區隔出來，投入新的角色和關係，兩個方式可以同時進行，也可以一前一後，順序不是重點，所以哀悼不一定要一次完成，哀悼過程中也可以開始尋找新的生活經驗。

練功坊

★ 名詞解釋：
（1）年齡歧視（ageism）
（2）撤離理論（disengagement theory）

解析

（1）年齡歧視（ageism）

指的是對老年人的負面印象與態度，現今社會中，許多人對老年人的感覺都是負面的。老年歧視就像是性別與種族歧視一樣，針對社會上特別的一群人所產生的歧視與偏見。兒童讀物中少有關於老人的描述（除了耶誕老人以外）。對於老年人的偏見則出現在日常生活用語中，像是「老頑固」。這項的刻板印象會成為自我實現的預言，老年人被視為無能、依賴、衰老，這樣的態度降低了他們的自尊，老年人也會表現出被期待的行為。老年歧視對老年人有不利的影響，而且限制了他們的角色及可能性。

（2）撤離理論（disengagement theory）

A. Cummings 及 Henry 提出撤退理論，主張人們在生理、心理及社會發展過程中逐步由社會中撤離。在生理上，高齡者在活動生涯中放慢腳步以減少精力的消耗；在心理方面，對外在的世界不那麼在意，轉而將焦點放在探觸自己內心的感情、思維及行動。在社會互動的層面，採取雙向的撤離行動，即年長者由年輕族群中逐漸抽離，而年輕族群也與年長者保持適當的健康距離。年長者意欲撤離，減少或釋放所扮演的數種地位及多重角色，同時也減輕一些責任重擔。根據撤離理論，老年人由社會逐漸撤離是自然有益的過程，因為年老體衰的個人逐漸失去生理及生理的活力，如果能減少社會的參與及行動，可以藉此持續地維持安寧人生的餘年。

B. 「老年撤退的理論」，認為老年不一定是中年期的延長，乃從現存的社會角色、人際關係以及價值體系中後退撤離，此種撤退並非社會力量壓迫的結果，只不過是老化現象中一種內在本質的成長過程，使老人形成自我中心，自我滿足的現象。其基本觀點在闡述社會功能之重要性，以「功能主義」（functionalist）為出發點，強調社會必淘汰那些失能（inability）和隨時可能死亡的人，以維持社會的新陳代謝和系統的均衡；而老年本身都是些以自我為中心的人，脫離了社會，可避免許多社會規範的束縛，福福泰泰的頤養自己的天年，這對個人、社會是非常有意義的事。

練功坊

★ (　) 就接受安寧照顧的基本要件而言，下列敘述何者錯誤？
　　(A) 病人的餘年不可超過 6 個月
　　(B) 病人的年齡必須超過 65 歲
　　(C) 照顧地點以家庭為主
　　(D) 提供臨終病人以疼痛和症狀控制的醫療照顧為主

解析

(B)。
(1) 安寧照護：針對兩個醫師診斷活不過六個月的病人，結合專業人員及其家庭成員等，共同協助案主降低痛苦，度過瀕死階段，以求安祥地面臨死亡並且死得有尊嚴。
(2) 安寧照護主要是針對病患採取關懷、融合家庭的照顧，病人所獲得的醫療旨在減除痛苦，安寧照護提供了病人溫暖、家庭氣氛般的環境。安寧療護可以在安寧療護病房進行，亦可居家安寧療護。但安寧照護並不能替代醫院的服務，有些病患不適合居住在沒有醫療設備的安寧照護體系。
(3) 安寧療護並無年齡的限制。

★ (　) 老人虐待有很多種形式，不當與非法使用老人的財務或資源，也是其中一種，稱為：
　　(A) 消極虐待　　　　　　　　(B) 間接虐待
　　(C) 物質虐待　　　　　　　　(D) 積極虐待

解析

(C)。Wolf 和 Pillemer 的五種老人虐待的模式：
(1) 身體虐待造成的痛苦和傷害。
(2) 心理虐待造成心理和情緒的痛楚，例如：威脅和羞辱。
(3) 物質虐待，不當與非法使用老人的財務或資源。
(4) 積極的疏忽，例如：拒絕照顧老者、故意將身心壓力加諸老人身上，例如：不給予食物、故意不處理老人的失禁。
(5) 消極的虐待，因照顧者的無知或失能而拒絕照顧或疏於照顧。

重點便利貼

❶ Kubler-Ross 悲傷過程模式：(1) 第一階段：否認；(2) 第二階段：憤怒；(3) 第三階段：討價還價；(4) 第四階段：沮喪；(5) 第五階段：接納。

❷ Westberg 悲傷過程模式：(1) 震驚與否認；(2) 情緒爆發；(3) 生氣；(4) 生病；(5) 恐慌；(6) 罪惡感；(7) 沮喪與寂寞；(8) 難以重返過去；(9) 希望；(10) 確認現實。

❸ William Worden 的哀悼步驟與悲傷輔導

(1) 哀悼的四個步驟：(1) 接受失落；(2) 感覺痛苦；(3) 適應新環境；(4) 重新投入人際關係。

(2) 悲傷輔導的重點/原則與程序（William Worde 提出）：(1) 原則一：協助生者體認失落；(2) 原則二：幫助生者界定並體驗情感；(3) 原則三：幫助生者在失去逝者的情況中活下去；(4) 原則四：尋求失落的意義；(5) 原則五：將情感從逝者身上轉移；(6) 原則六：給予充分的時間去療傷；(7) 原則七：闡明「正常的」悲傷行為；(8) 原則八：允許個別差異；(9) 原則九：檢查防衛及因應型態；(10) 原則十：界定病態行為並轉介。

擬真考場

申論題

人們面臨悲傷事件時，Kubler-Ross、Westberg等所各提出之相關的悲傷過程模式，以解釋悲傷的發展過程，請擇一種模式說明其內涵。

選擇題

( ) 1. 老年階段是由許多「失落」編織而成，下列何者並非學者William Worden （2001）所提出哀悼失落必須完成的任務？
(A) 找到和往生者維持連結的適當方式
(B) 接受失落
(C) 適應往生者永不復返的情境
(D) 迴避痛苦的感受

( ) 2. 下列關於阿茲海默型失智症的敘述，何者錯誤？
(A) 是不可逆轉的腦部異常
(B) 因為失去記憶而發生意外事故，是這個疾病的主要死因
(C) 有基因異常者約 30、40 歲就發病
(D) 會漸漸引起記憶、知覺、智力、身體控制能力的退化

解析

申論題：

茲將 Kubler-Ross 的悲傷過程模式說明如下：
（一）第一階段：否認
　　在此階段，我們會告訴自己「不可能會這樣，一定是哪裡有錯。不可能會發生。」否認通常有助於緩衝失落所造成的影響。
（二）第二階段：憤怒
　　在此一階段，我們會告訴自己「為什麼是我？一點也不公平！」像有些臨終病人怨恨自己即將死亡，而其他人依舊健在。在這個時期，有時上帝會是遷怒的對象，臨終病人會責備上帝，覺得上帝不公平，強制判處他死刑。
（三）第三階段：討價還價
　　在此一階段，失落者試著以討價還價來求取失去的一部分或是全部。例如：臨終病人跟上帝討價還價，祈求有多一點的時間。他們會承諾做一些有意義的事情以換取一個月或一年的生命。
（四）第四階段：沮喪
　　在這個階段，那些失落者會告訴自己：「這個失落是真實的，而且令人非常傷心。心情糟透了，該怎樣繼續活下去呢？」
（五）第五階段：接納
　　在這個階段，人們完全接納失落。遺族接受失落，開始想其他的方法來應對失落並減輕其影響。

選擇題：

1. **D**　1. William Worden 在《哀悼諮商與哀悼治療》一書中討論到完成哀悼的重要性，他認為：沒有完成的哀悼可能在日後造成情緒和調適的問題。他提出哀悼的四個步驟：
　　（1）接受失落：親友過世之後，家人通常會否認死亡的事實，展現找尋的舉動。例如，在群眾中看到死者或聽到死者的聲音，因此，哀悼的首要任務是接受死者已死、不再復返的事實。選項 (B)、(C) 屬之。
　　（2）感覺痛苦：許多人在親友死亡之後會問：「這種痛苦何時會結束？」有些人以忙碌來避免傷害和痛苦，問題是痛苦不會就此消

失，若沒有加以處理，當下一個失落來臨之時，過去的痛苦會再度浮現。抒發情緒、談論死亡和談論過往的親人，均有助於痛苦的釋放，團體治療有助於哀悼的過程。

(3) 適應新環境：哀悼者需要體認到：自己必須活在一個死者不在的世界。

(4) 重新投入人際關係：人際關係代表風險，哀悼者必須哀悼過，才有可能經營新的人際關係，願意冒險，經歷另一次可能的傷害。人們不會和逝者斷絕，而是找到去發展和逝者間持續的連結的途徑。為逝者找到一個處所，使生者能和逝者連結，但在某種程度上不會阻礙他繼續生活，我們需要找到方法去紀念、去記憶所愛的人，讓他們和我們在一起，但仍能繼續生活下去。選項(A)屬之。

2. 怎麼判斷一個人已經完成哀悼？當他（她）能夠回想或討論過往的親人，而不覺得過度哀傷時。

2. B 阿茲海默氏症（Alzheimer's disease）係指造成記憶、思考、語言和身體功能逐漸喪失之不可逆轉的腦部異常。女人罹患的比率比男人高出許多，可能是因為她們比男人長壽有關。阿茲海默型癡呆（DAT）會漸漸引起記憶、智力、知覺及控制身體能力的退化，失去溝通能力及產生認知問題（例如：不能閱讀或依從簡單的指示）、憂鬱、敏感、懷疑、困惑、幻覺、癱瘓及呼吸困難，呼吸問題常引起肺炎，是此疾病的主要死因。

附錄 最新試題

113年第一次專門職業及技術人員高等考試 社會工作師考試試題

- 等別：高等考試
- 類科：社會工作師
- 科目：人類行為與社會環境

本書章節	命題重點	申論題 考題編號	申論題 題數	測驗題 考題編號	測驗題 題數	配分
第1章	人類行為發展之理論	1	1	1,2,4,5,7,8,9,10,19,20,21,22	12	40
第2章	受孕、懷孕及出生			15,16	2	2.5
第3章	嬰幼時期	1	1	14,25	2	27.5
第4章	兒童期			3,6,18,24,27,29,31,34,35,36,37,39	12	40
第5章	青少年期			30,33	2	2.5
第6章	成年期			12,26,32,38	4	5
第7章	中年期			23,28,40	3	3.75
第8章	老年期			11,13,17	3	3.75

甲、申論題部分

一、何謂依附關係的重要基礎概念？試舉例說明正向與負向依附關係的內涵及其可能產生的影響為何？

二、請說明共同生命事件的內涵與對社會工作介入的意義，並以青少年期的共同生活事件和對其發展過程的影響為例說明之。

乙、測驗題部分

( ) 1. 在親密關係中，為掩飾自己外遇的不安，卻強力指控伴侶有外遇。上述行為最傾向於下列何種防衛機轉的運用？
　　(A) 補償（compensation）　　　　(B) 替代（displacement）
　　(C) 合理化（rationalization）　　　(D) 投射（projection）

( ) 2. 有關皮亞傑（J. Piaget）認知發展理論概念的描述，下列何者正確？
　　(A) 基模（schema）是個體用來認識周圍世界的基本模式
　　(B) 適應（adaptation）是用以描述個體認知結構或基模因環境限制的失衡狀態
　　(C) 同化（assimilation）是個體為了符合環境的要求，主動修改原有基模的過程
　　(D) 調適（accommodation）是個體運用既有基模解決問題時，將新事物吸納進入既有基模的過程

( ) 3. 希望做個討人喜歡的好孩子，是郭爾堡（L. Kohlberg）道德發展三層六階說中那個階段的特徵？
　　(A) 道德成規前期（preconventional level）
　　(B) 道德成規期（conventional level）
　　(C) 道德自律期（postconventional level）
　　(D) 超越道德期（transethical level）

( ) 4. Erikson 論述老年期發展為整合 vs. 失望，是依據下列那項理論？
　　(A) 活動理論　　　　　　　　　(B) 心理社會發展理論
　　(C) 脫離理論　　　　　　　　　(D) 社會再建構理論

( ) 5. 生態圖是社會工作者從系統觀點對家庭進行評估和工作時的視覺化工具，下列敘述何者正確？①生態圖將家庭與各社會環境的關係加以識別　②在評估做家庭資源時，生態圖可以發現隱藏的優勢和確認需要服務的地方　③生態圖可以圖示家庭與內部系統的強弱連結或具壓力的連結　④生態圖可呈現家庭成員如何受到更廣泛的生態環境所影響
　　(A) ①②③　　(B) ②③④　　(C) ①②④　　(D) ①③④

(　) 6. 社會工作者在進行家庭系統評估時，會想知道家庭對於其自身事務的私密程度，以及這個家庭對於與其他系統互動的態度，下列敘述何者最符合？
(A) 家庭次系統　　(B) 家庭規則　　(C) 家庭界線　　(D) 家庭認同

(　) 7. 對於社會工作者而言，有關學習人類行為與社會環境之目的，下列組合何者正確？①人類行為受到身體、心理及社會情境等多重因素影響　②人類經常需要面對生活、心理或社會的需求，且必須有效的適應　③社會工作者需要一個系統的架構以了解各項單獨的知識　④人類天生即具備因應問題的能力
(A) ①②③　　(B) ①②④　　(C) ①③④　　(D) ②③④

(　) 8. 下列對各理論的批判敘述，何者錯誤？
(A) 衝突論比較適用於解釋問題，但不利於發展個人處遇策略
(B) 功能論無法解決系統內可能存在的不公平
(C) 符號互動論看個人的自我，是被動採取反應來應對外界帶來的壓力
(D) 生態理論包含範圍廣大，使得理論不容易預測個人行為

(　) 9. 依據布朗芬布倫納（Bronfenbrenner）的生態系統理論觀點，家長的工作場所屬於什麼系統？
(A) 微視系統　　(B) 中間系統　　(C) 外部系統　　(D) 鉅視系統

(　) 10. 有關達倫道夫（Dahrendolf）衝突論中對人與社會環境關係的說法，下列組合何者正確？①社會每時每刻都在經歷變遷　②社會每時每刻都表示出不一致和衝突　③在不違反團體原則與目標時衝突對社會有正面功能　④社會中的每個要素都對社會變遷發揮作用　⑤社會以一些人對另些人的壓迫和強制作基礎
(A) ①②③　　(B) ①③④⑤　　(C) ①②④⑤　　(D) ②③④⑤

(　) 11. 有關老人與社會的互動，下列敘述何者正確？
(A) 衝突理論表示，老年人會造成社會重大壓力
(B) 功能理論表示，老年人可以運用充足的社會經歷培養下一代
(C) 符號互動論表示，老人與社會互動會與時俱進，所以不需要特別了解老人文化

(D) 次文化理論表示，老人需要調整自己的價值以配合現在的世代

( ) 12. 有關家庭暴力相關理論與影響，那些描述正確？①生態理論認為暴力會循環，親密關係暴力會藉由世代間傳遞　②女性主義認為在父權體制的社會意識形態之下，暴力對待女性、兒童與多元性別的問題將永遠存在　③目睹家庭暴力的兒童成年之後成為親密關係加害者或受害者的風險較高　④家庭暴力會發生在男性或女性身上，但女性受害風險顯著較高
(A) ①②　　　　(B) ①②③　　　　(C) ①③④　　　　(D) ②③④

( ) 13. 有關預立醫療指示（advance directives）的說明，下列何者錯誤？
(A) 最常見的型式是生命意願書或預立遺囑（living will）
(B) 不可以指定或是委託代理人，須由個人親自處理
(C) 屬於法律文件，預先做醫療照護的相關決定
(D) 預先表達自己舒適無痛結束生命或者是否延長生命的抉擇

( ) 14. 家長為了管教孩子的行為而對於孩子施以懲罰，就相關研究對於懲罰的效果與建議，下列何者最不適當？
(A) 家長懲罰孩子同時，建議提出備案來增強其他更適當的行為
(B) 懲罰容易引起負面情緒，對於孩子未來身心發展影響甚鉅
(C) 懲罰可以當下讓孩子注意自我行為，長期為之可持續達到改善行為之效果
(D) 長期對孩子施以懲罰來處理行為可能會造成其攻擊行為

( ) 15. 有關唐氏症（Down syndrome）的敘述，下列何者錯誤？
(A) 為染色體異常導致的疾病
(B) 導因於第23對染色體多一條
(C) 外觀常出現頭圍較小，後腦扁平
(D) 高齡者生出唐氏症孩子的機率較高

( ) 16. 有關嬰幼兒受虐的徵候，下列何者錯誤？
(A) 搖晃嬰兒症候群（shaken infant syndrome）
(B) 曼喬森氏症候群（Munchausen's syndrome by proxy）
(C) 骨折、燒燙傷

(D) 嬰兒猝死症候群（sudden infant death syndrome, SIDS）

(　) 17. 有關高齡者在記憶能力與學習的描述，在多數情況下，下列何者正確？
(A) 無論短期或長期記憶力能力都會衰退
(B) 雖思考速度減緩，但仍具備一定的邏輯思考能力
(C) 維持終身學習對其認知能力並無協助
(D) 在成年晚期，個體的智力會有明顯的退化

(　) 18. 「守恆（conservation）測驗」是常用在兒童中期認知層面發展狀況的心理測驗，根據 Weiten（2003）研究結果，一位 6 歲的兒童在那一種類型守恆測驗上的表現最佳？
(A) 體積守恆　　(B) 面積守恆　　(C) 長度守恆　　(D) 數量守恆

(　) 19. 根據 Cheek（1989）研究發現，當「個人以公我（public self）為基礎，反映個人在社會中的角色與關係，是個人與環境互動後形塑的認同樣貌」，這是那一部分的自我認同？
(A) 個人認同（personal identity）　　(B) 家庭認同（family identity）
(C) 社會認同（social identity）　　(D) 集體認同（collective identity）

(　) 20. 有關優勢觀點的敘述，下列何者錯誤？
(A) 優勢觀點強調助人者是以專家的角色介入，指導家庭成員改變
(B) 優勢觀點的一個重要信條是人類具有足夠的資源與彈性
(C) 優勢觀點的假設是人們有成長、變化與適應能力
(D) 優勢觀點認為家庭成員本身有能力解決家庭問題

(　) 21. 社會工作者對於服務對象的社會層面進行評估，下列何者不屬於社會層面的考量因素？
(A) 角色系統與次系統
(B) 家庭溝通模式
(C) 可運用的支持系統
(D) 社交問題解決技巧

(　) 22. Piaget 將道德發展分為無律／他律／自律等階段，當你問一個孩子為什麼不能玩火，對方回答媽媽說不可以。試問孩子大概幾歲？

(A)0～3歲　　　(B)4～8歲　　　(C)9～12歲　　　(D)20歲

( ) 23. 中年階段伴侶間的愛情與親密關係強調感性、分享、忠誠與穩健，此為 Sternberg（1986）愛情三角理論（triangular theory of love）裡的那種愛情元素模式？
(A) 虛幻的愛（fatuous love）　　　(B) 伴侶的愛（companionate love）
(C) 空虛的愛（empty love）　　　(D) 浪漫的愛（romantic love）

( ) 24.「孩童走路與跑步表現良好，能夠快速停下而不跌倒，開始將想像力運用在遊戲中，也喜歡模仿大人的動作」。上列敘述符合幾歲的生理發展里程？
(A)2歲　　　(B)3歲　　　(C)5歲　　　(D)6歲

( ) 25. Freud 有關三歲幼兒的心理狀態發展，下列敘述何者錯誤？
(A) 開始模擬相同性別的家長，並以異性者為愛戀對象
(B) 生活規範對三歲幼兒而言，是似有似無，似懂非懂的
(C) 開始會送自己心愛的物件給家長作為生日禮物
(D) 開始主動進行各種活動，若無法則會發展出內疚感

( ) 26.「就業」可說是成年人發展很重要的投入和參與，也對於個體的身體、心理和社會有重要影響，下列敘述何者錯誤？
(A) 失業的人會覺得周遭的人不要他、自己不重要和缺乏社會角色
(B) 沒有工作只會影響失業的個體
(C) 長時間失業即使再找到工作仍會覺得自尊心低落
(D) 沒有工作可能導致無家可歸的問題

( ) 27. 孩子：你別管我好嗎？我知道我要怎麼做，不需要你每一秒鐘提醒我。家長：我需要不斷提醒你，否則你根本不會去做，如果你能讓我信任你，我也不用一直盯著你。上述情形最能反映家長與青少年孩子關係的何種發展主題？
(A) 威權與控制　　(B) 放任與控制　　(C) 溺愛與控制　　(D) 自主與控制

( ) 28. 發展樂觀正向和幸福感，是幫助人們因應生活改變和挑戰的可行策略。而 Seligman 提到創造幸福感，必須包括那三個基本的改變？
(A) 對過去個人生活感到更幸福、對現在的親密關係感到更幸福、對家庭

的未來感到更幸福

(B) 對自己的過去感到更幸福、對自己現在的生活感到更幸福、對自己的未來感到更幸福

(C) 對自己的過去感到更幸福、對現在的社會生活感到更幸福、對國家的未來感到更幸福

(D) 對過去家庭生活感到更幸福、對現在的家庭生活感到更幸福、對未來的家庭生活感到更幸福

( ) 29. 社會工作者對繼親家庭提供服務時，可採取的因應策略有那些？①財務和居住安排　②解決前段婚姻的情緒　③覺察孩子的需求　④考慮孩子的性別和差異　⑤避免與無監護權的家長維持積極的正向關係
(A) ①②③④　　(B) ②③④⑤　　(C) ①②③⑤　　(D) ①②③④⑤

( ) 30. 青少年自殺比例逐年攀升，值得令人重視，儘管影響自殺的因素相當複雜，但關鍵因素包括有那些？①遭受肢體或性虐待　②生活壓力（如學業）　③性傾向遭受歧視　④家長過度保護
(A) ①②③④　　(B) ①②③　　(C) ②③④　　(D) ①②④

( ) 31. 某甲八歲，是地震的受災者，之後每天到學校上課時，都會隨身攜帶一頂機車安全帽，只要有任何晃動，不論大小，他都會馬上戴上安全帽，持續性哭泣。有關某甲行為的合理解釋，符合下列何者？
(A) 創傷後壓力症候群　　　(B) 自我懷疑
(C) 萬物有靈論　　　　　　(D) 罪惡感

( ) 32. 社會工作者在協助親密暴力的受暴孕婦，需要注意的技巧，下列敘述何者正確？①評估的時候要注意，受暴孕婦比較容易有不健康的行為，也比較少接受產檢　②訪談的時候，應該將女性與配偶隔開，分開訪談　③受暴女性對女性社會工作者，比較容易吐露受暴問題，社會工作者的性別選擇很重要，訪談技巧比較不重要　④使用沒有壓迫感的開放性問句幫助非自願案主吐露自己的遭遇，例如「我看到你身上的傷，他是不是對你施暴？」
(A) ①②　　(B) ③④　　(C) ①③　　(D) ②④

( ) 33. 「出櫃」對青少年同志是十分困難的決定，Sauerman（2004）為此編著指引

手冊，下列敘述何者錯誤？
(A) 要準備好面對家長聽到出櫃時，可能會出現的沮喪反應
(B) 趁著與家長發生爭執時出櫃，才能一次把話說清楚
(C) 出櫃後，需要給家長時間和空間好好消化這個訊息
(D) 準備相關資料與提供同志家長專線，讓他們可求助

(　) 34. 尊重多元性別是性別平等教育的重要原則，然而面對跨性別兒童的性別重建仍有許多爭議，請問下列那項做法違反社會工作倫理？
(A) 建議有雙性特徵新生兒的家長，應等待孩子能表達自己的性別認同再決定
(B) 協助家有跨性別兒童的家長了解此性別認同不代表罹患精神疾病
(C) 建議生下隱睪症新生兒的家長在孩子尚未發育前接受性別重建手術
(D) 提供想接受性別重建手術之兒童與家長具實證基礎的資訊，以做出最好決定

(　) 35. 提供「跨族群領養」服務時，對社會工作者評估能力與處遇計畫的敘述，下列何者錯誤？
(A) 對想領養不同族群兒童的家長，評估其熟悉跨族群議題的文化能力
(B) 為提升孩子被領養後的族群認同，應避免他們接觸原本所屬之族群與文化
(C) 營造安全氣氛，協助原生家長孩子的分離，並規劃未來與小孩的接觸計畫
(D) 處理原住民兒童領養時，應將原生家庭與部落的意見同時納入評估

(　) 36. 社會工作者對新住民兒童提供以「民族意識優勢」的處遇服務時，下列敘述何者最不適當？
(A) 與家長討論並了解其家長原生文化的優勢，協助他們決定想傳承的傳統文化內容
(B) 協助學校老師與家長創造能突顯原生文化優勢的活動，提升孩子對此文化的興趣
(C) 助人者應保持文化敏感度與自我覺察，以利與新住民溝通時有更好的交流與認同

(D) 增強家長與新住民兒童對臺灣的族群認同，以避免原生文化對兒童發展造成干擾

( ) 37. 「孩童出生於貧困和家長未受教育的家庭，可能面臨債務、有限的經驗和機會，以及較差的教育、健康照顧等，這些都會阻礙他們在生活中獲取成功的能力」。這樣的觀點基於下列何種理論？
(A) 功能論　　(B) 衝突理論　　(C) 文化理論　　(D) 符號互動論

( ) 38. 性別歧視，尤其是制度性歧視，造成許多女性落入貧窮循環之中，同工不同酬是工作職場中常見的性別歧視。有關同工不同酬的現象，下列敘述何者錯誤？
(A) 性別之間的薪資差異只存在在專業工程領域
(B) 在以性別為主導的職業中，薪資差異仍然存在
(C) 薪資不平等的影響自女性進入職場直到退休始終存在
(D) 隨著工作經驗及升遷，女性的薪資會逐年增加，但女性常因照顧責任而需暫離工作職場

( ) 39. 下列何者是代間社會流動的例子？
(A) 孩子超越家長的階級
(B) 人的階級地位由於投資不善而改變
(C) 商業成功的結果是改變人的階級地位
(D) 生完孩子後，一對伴侶的階級地位下降

( ) 40. 根據艾力克森（Erikson）的理論，心理社會發展的階段順利時，會呈現出熱愛家庭、關懷社會，有責任心、有正義感，是下列那一階段？
(A) 青少年時期　(B) 成年早期　(C) 成年中期　(D) 成年晚期

解析

甲、申論題部分：

第一題
考點分析：
依附關係的主要兩個依附理論，包括 Bowlby 的依附理論與 Ainsworth 的依附理論，考生請就兩個理論的重點加以融合論述，即可順利應答。

解析：
(一) 依附關係的重要基礎概念
1. 依附（attachment）是「連結個人與一個親密伴侶的強烈情感聯繫，特點是喜愛與維繫親近的渴望」。最早的依附理論是由 John Bowlby 所發展出來，為最初的人類關係提出重要觀點。Erikson 描述嬰兒出生之後的第一個任務就是發展信任關係，生命的第一年，嬰兒有與生俱來的慾望要發展依附關係。Bowlby 認為孩子會和一個成人形成一種依附，亦即是一種持久的社會情感關係，這個成人通常是母親，但也不必然是，關鍵在於與一個有回應的照顧者的強烈情感關係，孩子也可能和父親、祖父母或其他人形成依附。
2. 根據 Ainsworth 的依附理論，始終出現在身邊並對於嬰兒的需求有所回應、同時表現出溫暖與關愛的照顧者，得以發展出適當的依附關係。Bowlby 的依附理論強調孩子與父母或其他照顧者互動，並產生情感連結的重要性，在依附關係建立過程中，嬰兒被視為扮演主動參與者。

(二) 舉例說明正向與負向依附關係的內涵及其可能產生的影響
1. 正向依附關係的內涵及其可能產生的影響：Ainsworth 提出安全型依附（secure attachment）觀念，嬰兒以母親為安全的基地而探索遊戲室，他們意識到母親的同在，會不時的察看，以確保需要之時母親就會在身旁。母親離開時，他們會哭或抗議；母親回來後，嬰兒會靠近母親取得安慰，和她有肢體上的接觸。發展正向依附關係的孩子，較能夠發展出健全的能力、能夠自助、必要時能夠求助於人、和同儕關係良好、比較能夠自我了解、學習能力佳、學校表現比較好。
2. 負向依附關係的內涵及其可能產生的影響：負向依附關係，即為不安全的依附關係。Ainsworth 提出的焦慮型依附（anxious attachment）、迴避型依附（avoidant attachment）等，均屬於負向的依附關係。許多因失業和缺乏資源而出現多方面問題的照顧者，可能都不太有能力或無法以安全和關愛的方式回應他們的嬰兒。有足夠社會支持和資源且無需為

生活而全力投入的照顧者，自然有可能將注意力集中在他們的嬰兒身上。Bowlby 針對一群在嬰兒期和童年時期經常出入育幼院或更換領養家庭的青少年進行研究。這些青少年因為缺乏穩定和持久的關愛，往往無法關愛他人、缺乏情感和同理心、有偏差行為、不愛惜生命和虐殺動物（例如：踩死貓）。由此可見，缺乏穩定和持久的照顧者會影響兒童認知、情感和社會方面的發展。

第二題
考點分析：
以生命事件為考題，除103年第一次專技社工師外，本次為第二次命題，惟與前次命題不同的是，本次新增了解共同生命事件社會工作介入的意義，此為首次命題。

解析：
(一) 說明共同生命事件的內涵與對社會工作介入的意義
1. 共同生命事件的內涵
   每一個個體從出生到死亡的歲月、人際關係、過渡期、生命轉折，以及社會變遷趨勢改變了人類的生命軌跡，並轉化為個體的生命，此為艾爾樂（Elder）所提出的生命歷程觀點（life course perspective）。艾爾樂認為人類早期的生活經驗與日後的發展軌跡有著顯著的關聯，其強調人類出生成長時期的歷史文化背景，影響個體的家庭生活、學校教育，以及進入職場所扮演的角色與表現。在共同生命歷程中，包括了世代（cohort）、過渡期（transition）、軌跡（trajectories）、生命事件／生活事件（life event）、轉捩點（turning points）等。
2. 了解共同生命事件的內涵與對社會工作介入的意義
   (1) 協助案主找出人生旅途上的獨特意義，理解其情境而改善案主當下的狀況。適度串連其不同生涯軌跡，建構其生命線。
   (2) 探索案主的生活歷史脈絡與生命事件對其行為的影響。
   (3) 適度運用生活檔案探索案主生命歷程中所發生的重大事件，以及其所產生之壓力源。
   (4) 覺察社會工作者潛在的個案管理的介入與助力，以促進個人、家庭、社區及組織轉化危機，重新回到健康的常軌。
   (5) 透過與傳播媒體通力合作，協助一般民眾理解社會趨勢、個人、家

庭、社區鄰里及正式組織之衝擊。體認跨世代的家庭生活，以及不同狀況對代間傳遞的衝擊。
(6) 辨識全球經濟發展如何與我們日常生活產生關聯性。
(7) 採用案家復原力、風險因子評估之相關實證檔案，設計處置重建方案。
(8) 針對服務新移民及國際難民的家庭時，社會工作者須理解其母國文化與不同年齡相關之規範。
(9) 覺察每一個文化團體獨特多元的支持系統，在危機呈現時，鼓勵團體成員善加運用其社會文化系統加以因應之。
(10) 協助並支持案主自我覺察個人內在的潛力，發揮主體意志與抉擇力。

(二) 舉例說明青少年期的共同生活事件和對其發展過程的影響

1. 世代（cohort）：所謂的世代指的是一群生於同一歷史時間的人，他們以相同的順序及年齡在同一文化中經歷特定之社會事件。世代的大小會影響教育、工作及家庭生活之機會，而這些群體會發展出一些策略來適應他們所面臨的環境。不同的社會文化也會塑造出不同的群體面貌，例如：因為社會環境的變遷和少子化現象，因此，在家庭系統中，現今的青少年所接受的家庭資源，較上一代為多，也使得其學習較為多元化。

2. 過渡期（transition）：在生命歷程中，每個人都會經歷許多角色與功能的改變，所以，過渡期指的是狀態的改變，而這些改變都與家庭生命歷程有關，例如：結婚、生子、離婚、隔代教養等，所以生命歷程的過渡期象徵著前一生活階段的結束，新階段的開始。許多的青少年在高中畢業後，即將進入大學就讀，而從一個高中生變成大學生，是一種角色的轉變，也代表著新的學習生涯。進入大學，可以學到新的知識，結交新的朋友，也可能在面對適應不良等問題。

3. 軌跡（trajectories）：不同的生命歷程的「軌跡」，軌跡是一個人生活中長期的穩定與改變的模式，通常包含多重的過渡期。個人與家庭都是活在多重的面向中，也就是說，我們的生活是由不同的、彼此交互的軌跡所組成，包括：居家生活、工作、學校、健康醫療軌道等，軌道間是環環相扣的。青少年在高中畢業後，如要進入大學就讀，有繁星申請入學、甄試申請入學、分科測驗入學，這是三種不同的生命歷程軌跡；但除了升學，選擇高中畢業後即進入就業市場，則是另一條生命歷程軌跡。不論是繼續升學或就業，軌跡不同，其對個體是正面或負面影響，

仍受到其他因素之交互作用。
4. 生命事件／生活事件（life course）：生命事件指的是突然之間的改變，可能造成嚴重、永久性的影響。通常生活事件的發生會引發壓力、需要時間的調適，與「過渡期」不同的是，生活事件是無法預期的、突發的，例如：意外、失業、死亡等，是非標準化的生活事件。由於社會風氣的改變，許多的青少年在高中時期就有性活動而意外懷孕，當此生命事件發生時，可能會對青少年的學業造成中斷，以及成為小爸爸、小媽媽的人生角色等引發壓力。
5. 轉捩點（turning points）：在生命歷程的軌道造成長期改變的生活事件稱之為轉捩點。生命歷程認為，軌道很少是順暢的、可預期的，在進展的過程中很可能中斷、不連續，轉捩點往往會造成軌道的轉向。隨著離婚率的增加，單親家庭、繼親家庭、隔代教養的家庭型態，影響著家庭的運作，現代的青少年中，有許多是在前述家庭型態中成長，其在家庭型態改變時，被迫或非預期地承接家庭型態改變的情況，新的角色很可能成為青少年的轉捩點，影響其接下來生命歷程的角色與生活模式，這樣的影響可能是正面的，也可能是負面的，及轉捩點可能導致生活脫軌，也有可能引導生活進入常軌。

乙、測驗題部分：

1. **D** 投射（projection）是將無法接受且不自知的內在欲望、衝動或情緒由自己身上轉移到他人或外在世界，藉以消除或減少自身的焦慮。
2. **A**
   (1) 基模（schema）是指個人所擁有資訊的最基本單位，是個體用來認識周圍世界的基本模式。選項 (A) 正確。
   (2) 適應（adaptation）是指個人有能力改變或依照環境而調整。選項 (B) 有誤。
   (3) 同化（assimilation）是指將所見所聞的新資訊納入現有的基模中，修正從外界取得的新資訊。選項 (C) 有誤。
   (4) 調適／調整（accommodation）是指改變現有的思考模式或基模，以迎合我們從外界所得到的新資訊。選項 (D) 有誤。
3. **B** Kohlberg 之三層次、六階段道德發展

層次／階段	敘述
層次一：道德成規前期（遵循符合社會習俗之角色）	➤ 外在控制，以獲獎賞或處罰來考慮自我行為。
第一階段：避罰服從取向	➤ 以避免處罰作為考慮行為好壞之標準。
第二階段：工具式快樂主義	➤ 為獲獎賞而順應規則，常會更換個人喜好。
層次二：道德成規期（社會順應）	➤ 會考量他人的意見，以順應社會期待決定自我行為。題意所述屬之。
第三階段：好男孩／好女孩	➤ 有強烈欲望想被讚賞和喜歡，認為可討人喜歡的行為就是好行為。
第四階段：順從權威	➤ 其行為會遵循法律和社會規範的要求，順應法律權威。
層次三：道德自律期（自我道德原則）	➤ 內在控制，已超越法律要求和自我喜好。
第五階段：法律觀念取向	➤ 認同法律的必要性，並可理性思考社區福祉。
第六階段：個人價值觀念取向	➤ 遵循自我內在倫理原則，在做決定時會內省思考什麼是對的，而不是以法律規範為主。

4. B　Erikson（艾力克森）心理社會發展理論（生命週期理論）的任務與危機

期別	發展階段	任務（需求）	重要事件	特徵（心理社會危機）
一	嬰幼兒期（infancy）	愛的需求滿足	供給食物	信任 vs. 不信任

期別	發展階段	任務（需求）	重要事件	特徵（心理社會危機）
二	幼兒時期（early childhood）（2-3歲）	探測環境	大小便訓練	獨立（自立自主）vs. 羞恥（疑慮）
三	幼童遊戲期（play age）（3-6歲）	獨自籌劃做遊戲	自主活動	進取（自主）創新（創造力或主動）vs. 罪疚感
四	學齡期（school age）	學習學校裡的課程	學校經驗	勤奮（勞）vs. 自卑
五	青少年期（adolescent）	認識自己、身分的確定	同儕關係	角色認同 vs. 混淆
六	青（成）年期（young adulthood）	社會化發展、增進人際關係	親密關係	親密 vs. 孤獨
七	中年期（middle age）	事業發展、有助人意願	子女養育和創造力	生產（有生產力）vs. 停滯（無生產力）
八	老年期（old age）	對一生成就之檢討	回顧並接納自我人生	整合 vs. 絕望

5. **C** 生態圖是一項重要的評估工具，可以描繪出案主家庭與其社會環境之間的關係和互動。社會工作者經常透過生態圖（ecomap）來評估個案的特殊問題，並規劃介入調解的方案。所謂的生態圖通常是由社會工作者和案主共同繪製，畫出案主（或家庭）與周圍社會環境的關係。它可以幫助社會工作者和案主從生態的角度完整審視案主的家庭生活，以及整個家庭和群體、組織、機構、其他家庭、個人的關係。題意①②④正確。題意③所述生態圖可以圖示家庭與內部系統的強弱連結或具壓力的連

結，係屬家庭關係圖，非屬生態圖。

6. C 在家庭系統理論中，家庭界線（boundaries）指一條家庭中劃分個人與個人或次系統與次系統之間的隱線。如果次系統之間的界線不清楚，則容易產生糾結混亂的情形，一個健康的家庭，其次系統之間的界線應該是彈性不僵化的。界線是指維護家庭系統完整性及凝聚力的一種象徵性的保護膜，它能使家庭系統免於外在環境化壓力的侵擾，同時也能調節系統內外平衡的功能。社會工作者在進行家庭系統評估時，想知道家庭對於其自身事務的私密程度，以及這個家庭對於與其他系統互動的態度，應了解該家庭的家庭界線。

7. A 什麼會影響我們的行為？什麼因素導致我們做出某些行為？是生理因素、心理特質或社會情境？而我們的反應又會如何？事實上，人類的行為是由身體、心理、社會情境等多重因素所造成的。人們時常會面臨來自於生理、心理或社會的需求，且須要有效地因應它，「人類行為與社會環境」（Human Behavior and the Social Enviorment, HBSE）的學習，便是以系統的架構了解各項單獨的知識，以協助案主，題意①②③正確。題意④所述人類天生即具備因應問題的能力，有誤，人類因應問題的能力是透過學習而來的，並非與生俱來。

8. C 選項 (C) 有誤。符號互動論源自於米德（Mead）之社會心理學理論，並由布魯默（Blumer）發揚光大。符號互動論認為人們能夠對自己的行為賦予不同的意義，而這正是人們詮釋不同社會行為、不同社會事件的方式。因此，符號互動論看個人的自我，是主動採取反應來應對外界帶來的壓力。符號互動論基本上是強調個人的解釋、評價、界定及計畫等過程。

9. C (1) 微（視）觀系統（microsystem）：是指參與者直接接觸之系統，團體、家庭、學校、工作場所、鄰里等都屬於這類系統。探討系統中發生的事件和行為，不能只注意重要的微視系統而忽略其他系統，必須探究各系統之間的關聯，才能夠對特定微視系統中發生的行為有更多的了解。例如：家中有個好哭的小孩，可能造成父母的緊張與壓力。

(2) 中（間）觀系統（mesosystem）：指個人生活的環境網絡，每個案主皆生活在自己的中間系統之中。了解中間系統如何影響微視系統是相

當重要的，因為個體是許多不同的微視系統成員，其中一個微視系統的變化，會影響個人在其他系統的行為。例如：一位青少年在同儕團體所發生的事件，會影響他在學校或家庭中的行為。因此，中間系統的評估必須同時考量微視系統中的相關問題。

(3) 外部系統（exosystem）：是指影響個人系統之較大的機構，政府機構是其中的一個例子。外部系統指個人不直接參與或介入之機構，但此機構對生活卻有著深遠的影響。例如：父母的工作場所可能會影響孩子的生活，即使子女並不直接參與父母親的工作。外部系統的分析幫助我們檢視一些重要的社會機構對案主的影響，將檢視的視野擴充到更寬廣的社會環境。例如：學校決策系統、政府機構等，如同高等教育司刪減大型的教育補助方案，間接影響一般大專院校師生等校園生活，學生雖然沒有與之直接接觸，卻會承受高等教育司決策人員刪減方案的影響。題意所述為外部系統。

(4) 鉅（視）觀系統（macrosystem）：處於最外面一層的環境稱為鉅觀系統，指的是微視系統、中間系統和外部系統所在的次文化與文化環境，這些環境對個體的社會活動有很大的影響力。即指政府、宗教、教育和經濟制度等所環繞而成的社會文化體系，例如：個人如何為社會價值觀所影響，像美式的班級文化與法國式的班級風氣就大不相同。另外，例如：對男性角色的期許、日常行為的文化規範等均是。

10. C (1) 達倫道夫（Ralf Dahrendorf）是德國的社會學家，他是辯證衝突論（dialectical conflict）的代表人物。達倫多夫對衝突的解釋重點，包括：
①每一個社會無時無刻地經歷變遷，認為社會變遷是不可避免地。題意①正確。
②每一個社會皆有分歧衝突的因素，因而衝突不可避免。題意②正確。
③社會每一個單位都直接、間接地促使社會變遷。題意④屬之。

(2) 辯證衝突論認為強制性的權力關係是社會的基礎，亦即，社會是由強力限制與拘束所造成的聯繫，這意謂著，社會某些結構位置對其他位置擁有權威與權力。社會以一些人對另些人的壓迫和強制作基礎，這種衝突起於位置結構，這可從社會角色被賦予支配和從屬期

539

待所找到。佔有權威位置者被期待控制從屬者，而其支配也是從屬者所期待的，並非是自身的心理特徵。題意⑤屬之。
(3) 在辯證衝突論中，衝突常是違反團體原則與目標的，且常會對社會是具有正面功能的。題意③有誤。

11. B (1) 選項 (A) 有誤。衝突論者老年人的社會地位低就是因為他們在權力與資源的鬥爭裡是受支配的一群，因而是社會不平等的受害者。因此，社會對老年人會造成重大壓力。
(2) 選項 (C) 有誤。認為人與人之間的互動是依賴形象的運用及互動雙方新形象的解釋和判斷，因此，想要了解老年的社會，就需要先了解他們的形象互動方式。
(3) 選項 (D) 有誤。次文化理論指出，老年人在人口特質上、團體組織上、地理分布上有共同的特徵及相似的特質，因此較易形成老人族群的意識，因而形成老年次文化。

12. D 暴力的代間循環（intergenerational cycle of violence）認為對那些會被暴力虐待或受害，或在有暴力行為家庭長大的人，比那些較少或沒有以上經驗的人，較有可能成為兒童或配偶之施虐者。暴力代間循環當家庭的情緒系統失去功能，孩子從小遭受虐待或目睹暴力，沒有機會學習正向的情緒管理，反而學習到以暴力發洩情緒的行為模式。長大後若缺乏自覺，沒有努力改變，就可能讓不良的親子關係一代代延續下去。題意①有誤。

13. B 預立醫療指示（advance directive）：醫療進步也讓死亡過程變得比較複雜，其實臨終過程的生活品質才是關鍵，有幾種「預立醫療指示」的法律文件，讓臨終者可以預先做醫療照護的相關決定，以免臨終者失去能力無法掌握自己的照護方向，其中最常見就是「預立遺囑」（living will）或「生命意願書」，當一個人罹患無法治癒的絕症，或者其他因素，在呼吸或心跳停止前，可以預先表達自己不想接受醫療或人工介入的方式延續生命，只求舒適無痛，也就是最為人知的「不施行心肺復甦術」。值得注意的是，預立遺囑或生命意願書不只有關是否延長生命的抉擇，其他還包括是否施打抗生素、插鼻胃管、打點滴、連結呼吸器、進行手術等。因為沒有人可以完全確定何時要終止治療，預立遺囑也常常無法包括所有的醫療決定，最好的方式還是委託可以信賴的親朋好友成為自

己的代理人，在自己無法做決定時，成為自己意旨的倡導代言人。另一種法定方式稱為健康的「授權書」或「委任狀」，在法律上指定一位代理人，當自己失去能力時，授權他為自己醫療上的決定。如果一個人罹患絕症，無法痊癒或治療，他可以預立遺囑（living will），遺囑中可以載明自己的意願，在呼吸或心跳停止之時，不要接受人工急救，只想安然地逝去；而醫療委任權（medical power of attorney）是指定某人，當自己因病（不一定是絕症）或意外喪失做決定的權力，受委託者可以為他做有關醫療方面的決定，選項 (B) 有誤。

14. C 選項 (C) 有誤。懲罰可以當下讓孩子注意自我行為，但長期為之懲罰，除無法持續達到改善行為之效果外，亦對日後的身心發展產生不良的影響。

15. B 唐氏症是第一個經由科學家確認的染色體異常病症。約 95% 的唐氏症起因是多了一個第 21 號染色體（選項 (B) 有誤）。在受孕時，新形成的細胞有三個第 21 號染色體，這是因為在減數分裂時，第 21 號染色體沒有分離開來。於是，子女從母親或父親那邊得到一個第 21 號染色體，從另一方那裡得到兩個第 21 號染色體。此疾病的發生率與母體的年齡有相當大的關係。35 歲以後，危險性會提高，40 歲以後，危險性會急遽增高。罹患唐氏症的危險性和母體年齡之間為何存在這樣的關係，目前尚無解答。唐氏症是染色體的缺陷造成不同程度的認知障礙，伴隨著身體的特徵，例如：寬扁頭部、眼距較寬、眼皮上有皺摺、圓又平的臉、塌鼻子、伸長的舌頭、四肢較短，以及心臟、眼睛及耳朵缺陷。唐氏症的出生因產婦年齡的增加而機率提高。

16. D 嬰兒猝死症候群（sudden Infant death syndrome）是指當嬰兒在二至四個月大時發生猝死之事件。發生原因包括：受到不知名的病毒侵襲；體內某種系統造成心臟的衰微，以及呼吸道的阻塞；在睡夢中短暫停止呼吸；如果嬰兒的母親是個菸毒癮者，極可能是嬰兒猝死的原因之一；研究指出，母親年紀很輕、生產次數較多、吸菸、吸毒、社經地位較低、未作產檢、兩胎的間距過近等，都和嬰兒猝死症候群的發生有關。嬰兒猝死症候群非屬幼兒受虐的徵候，選項 (D) 有誤。

17. B (1) 選項 (A) 有誤。短期工作記憶所需要的編碼和提起的能力會隨著正常老化而衰退。在正常的老化過程，長期記憶甚少喪失，衰退較多的

是短期記憶與最近記憶。

(2) 選項 (C) 有誤。學習是智力的重要環節，年齡增長而記憶力減緩影響學習。隨著正常老化而變化，記憶和學習兩者交互影響，維持終身學習，對其認知能力有一定的幫助。

(3) 選項 (D) 有誤。個體的智力可分為結晶智力、流動智力，在成年晚期，並非二種個體的智力會有明顯的退化。結晶智力（crystallized intellengence）是指資訊的累積和語文能力隨著年齡的增加而增長；流動智力（fluid intellengence）是指抽象思考能力隨著年齡的增加而衰退。

18. D Piaget 透過觀察兒童，設計了許多巧妙的實驗和任務以試驗其想法的可行性，其中具體運思期最著名的實驗是物體恆存／物體守恆（conservation）測驗。物體恆存測驗是指不改變質或量，除非加入或取出部分物質（雖然外觀變化可能會造成感知差異）。

表：測量保留（守恆）的典型操作

保留（守恆）類型	精通的年齡
數量保留	6～7 歲，題意所述屬之。
體積保留	7～8 歲
長度保留	7～8 歲
面積保留	7～8 歲

19. C Cheek 提出自我認同內容共可分三部分：個人認同（personal identity）、社會認同（social identity）及集體認同（collective identity）。個人認同是以「私我」（private self）的自我屬性為基礎，乃個體經由獨特、真實的自我經驗所型塑；換言之，它反映個體私人或內在的心理傾向，及一種連續性（continuity）和獨特性（uniqueness）的感覺。它與私人的自我意識有關，其面向包含如個人價值體系、生涯目標、自我知識及獨特的心理狀態等等。社會認同是以「公我」（public self）的自我屬性為基礎，乃個體與環境互動後所型塑的認同，它與公眾的自我意識及個人的社會角色有關，其面向包含如個人的名譽、受歡迎度、印象整

飾等等，Cheek 認為社會認同反映個人在社會中的角色與關係，題意所述屬之。至於集體認同的焦點則在於納入個體之「重要他人或參考團體」（例如家庭、同儕、學校、社區、國家或宗教等）的期待與規範。

20. A 選項 (A) 有誤。優勢觀點主張服務案主不再是一個被動的參與者，而是一個積極投入的合作者；社會工作者也調整在助人關係中主控的角色，而成為一個合作的夥伴。優勢觀點的服務過程要素是傾聽案主的聲音，發掘和充分運用其其優勢達成想望，擴大運用個人資源與社區非正式資源；處遇過程中讓案主當指導者，社會工作者為其工作夥伴，扮演支持者、希望激發者、反映者、諮詢者、資源連結者、促進者的角色。

21. D 社會層面的考量：
社會工作者不只針對個案的生理及心理面向進行評估，也會考量到社會面向對個案的影響。社會面向考量的因素包括家庭、社區、社會支持系統、所獲得的資源，以及社會環境對個案造成的衝擊。個案的問題可能和以下的社會或環境決定因素相關或者受到直接的影響：
(1) 團體與家庭
①角色系統與次系統、家庭界線，以及與個案有互動的團體：評估的考量包括與同儕或工作夥伴互動的模式、團體規範和其他團體動力的影響，以及個人在團體中的行為表現。評估的考量還包括封閉或開放式家庭系統、家庭結構（例如：鬆散或僵化的界線），以及家庭如何自我定義。選項 (A) 屬之。
②家庭的溝通模式：評估的考量包括家庭成員間互動過程的內容、衝突的模式，以及影響口語和非口語表達模式的因素。選項 (B) 屬之。
③家庭的角色：評估的考量包括在家庭中被指派的角色、對角色的滿意程度、對家庭中角色的期望與定位、家庭中的權力分配，以及角色壓力與得到的支持。家庭中是否有父母化兒童（parentified children）的現象？「父母化兒童」是指父母在家庭中的角色逆轉，孩子必須承擔主要的家庭責任，這種現象通常是和父母對孩子的期待有關。
(2) 社區與支持系統
①個案是社區的成員：評估的考量包括個案對居住社區的依附程度、

對族群的依附、族群定位對個案身分認同的意義、社區的獨特價值觀、個案辨識到的社區優勢和支持系統，以及社區對個案正常發展的結果是扮演促進或抑制的角色。

②個案可運用的支持系統：評估的考量包括個案的社會支持（家庭、朋友、大家庭、社會支持團體和自助團體）、機構的支持（兒童支持、社會福利和健康福利）、資源的可近性（日間照顧服務、休閒娛樂設施和治安維護）、支持系統可近性的障礙，以及對新資源和新支持系統的需求。選項 (C) 屬之。

③制度對個案問題的影響：評估的考景包括個人所處環境的結構是否限制或促進個案的某些行為、個案與制度是否有所衝突，以及這些制度是否和現有社會情況契合。考量因素還包括全球化和具他趨勢對個案和系統行為的影響，以及從鉅視面向和地方經濟系統的影響評估對個案的效應。

④組織的影響：評估的考慮包括非正式規範、正式組織規則、溝通軸線、控制幅度和領導的風格。

(3) 多元文化與性別考量：評估的考量包括個案對族群或性別的認同、社會化的程度、性的取向、語言障礙、在所屬族群內外的互動程度，以及對文化、性別，或性別取向的影響之期待。

(4) 社會優勢：社會優勢指的是個人的生活經驗、語言、文化傳統、文化的延續性家庭支持，以及其他資源等，評估的時候必須辨識出來。朋友、鄰里、其他非正式支持等都是支持的來源，也是主要的優勢，有助於強化處遇計畫。

(5) 社會的危險與風險：評估考量的因素包括了有很高的失業機率、離婚、貧窮、差別待遇、不公平的社會制度、腐敗的政府和機構，以及貧困的鄰里社區。

22. B 皮亞傑認為道德是規則體系構成的，皮亞傑依據兒童是否能了解和應用規則而提出道德發展的理論：
(1) 無律期：出生至 4 歲。
①此時幼兒的認知處於準備運思期，自我中心強，對任何規範均似懂非懂，故無法從道德觀點來評價幼兒行為。
②物權觀念尚未發展，屬「非道德行為」。
(2) 他律期：4～8 歲。

①幼兒認為規則是萬能的，不變的，無法理解規則是由人創造的。
②幼兒總是以極端態度來評定行為的好壞，亦即不是好的，便是壞的。
③行為是根據行為後果的大小來決定，而非取決於主觀動機，如幫忙洗碗而打破碗，和偷吃糖而打破碗的行為是「一樣壞」。
(3) 自律階段：8～12歲。
①兒童已能意識規則是人們所創造，可加以改變。
②對行為的判斷建立在行為的意圖和行為的後果上，如偷吃糖打破碗，和幫忙洗碗而打破的行為是不一樣的。
③提出的懲罰意見與其所犯的更加貼切。

23. B (1) 虛幻的愛（fatuous love）：是熱情與承諾的組合，例如：一對戀人很快墜入愛河並決定結合。
(2) 伴侶的愛（companionate love）：是親密與承諾的結合，此種愛情最常出現在較長久的婚姻關係中，此時熱情已不存在。強調感性、分享、忠誠與穩健，大多數浪漫的愛在熱情漸退之後會演變成伴侶的愛。
(3) 空洞的愛／空虛的愛（empty love）：承諾是唯一的成分，除了承諾沒有任何其他成分存在。
(4) 浪漫的愛（romantic love）：是親密和熱情的結合，沉醉於浪漫愛情中的戀人對彼此擁有許多熱情，但沒有承諾，浪漫的愛可能始於迷戀。

24. B 3歲：
(1) 動作：走路與跑步都相當好，跑步時步伐也很穩定，能夠很快地停下來轉彎而不跌倒；他們能交換步上下樓梯，開始騎腳踏車，也能進行更多體能活動如盪鞦韆、攀爬溜滑梯。題意所述屬之。
(2) 遊戲：3歲孩子開始發展想像力，他們把書本當成籬笆或街道，把玩具或物品假想成火車或小車子；給他們一些玩具就開始自己的遊戲活動；他們也喜歡模仿別人，特別是大人；會使用剪刀剪東西及用蠟筆著色。題意所述屬之。
(3) 適應：3歲孩子會幫忙穿衣服，會穿褲子或運動衫，雖然常會穿錯邊或反面；會扣上及解開衣服上的鈕扣；用湯匙吃得很好，只會有一點

點灑出來,也開始用叉子;他們也會拿杯子從水龍頭或小水壺倒水,只需要小小幫忙就能自己洗手及洗臉;他們會要大人陪自己去上廁所,只需幫忙擦屁股;夜間偶爾會醒過來。

(4) 社會的:此時期孩子會更關注周圍的大人且渴望去討好,不論認同或不認同,他們都會達成指示去回應;開始發展與他人溝通能力,對家人及家人的活動非常有興趣,遊戲仍集中在自己喜歡的活動,但開始去注意別的孩子在做什麼,有些初步的合作形式出現,例如,輪流或口頭爭吵澄清。

(5) 語言:孩子能說較長一點及複雜的句子,會使用複數人稱如「我」,會正確使用介系詞如「在上面」。情感與想法表達更好,能講故事,比以前更能聽長一點、複雜一點的故事;可以操控一些基本資訊,例如,他們的姓氏、性別與一點點韻腳。

25. D 選項 (D) 有誤。自主性 vs. 羞愧和懷疑(1歲半到3歲)心理狀態發展特徵,為 Erikson 所提出,非 Freud。

26. B 選項 (B) 有誤,沒有工作除了會影響失業的個體的自我認同,也會因為失業而對家庭關係、家庭經濟產生危機,以及對社會認同產生懷疑。

27. D 美國發展心理學家 Diana Baumrind 的研究指出,可以產生最佳效果的管教,就是父母親既不過於懲罰,也不太過於冷漠,重點是充滿溫暖與親切的互動關係,同時訂定明確的規範,讓孩子有很多自主權。題意所述之發展主題為自主與控制。

28. B Seligman 提到創造幸福的情緒感必須進行的三個基本改變:
(1) 對自己的過去感到更幸福:想達到這個目標必須改變對過去的錯誤想法,以為負向的經驗決定我們的現在和未來,同時,應該對過去發生的好事存著感恩的心情,並且原諒過去的錯誤。
(2) 對現在的生活感到更幸福:關鍵在於區分享樂與喜樂,前者來自感官知覺,後者超越原官知覺,源自於能夠做自己喜歡做的事,這和自己的優點、特質、美德有直接的關連。
(3) 對自己的未來感到更幸福:改變我們解釋事物或人生的方式或習慣,學習更樂觀和心存更多期望。真正的福來自辨認或發展個人「特有的優勢」(signature strengths)。

29. A　題意⑤避免與無監護權的家長維持積極的正向關係，因應策略有誤。許多離婚的結局通常是雙方都具有強烈的敵意與憤怒，結果造成孩子被夾在中間，缺乏安全感，問題行為比較容易浮現，同時有許多孩子都失去了與不具監護權的父母接觸的機會。事實上，約有 1/3 的兒童與不具監護權的父親失去聯絡。研究也顯示，與父親保持聯繫對兒童在面對父母離婚後的調適有很大的助益，特別是男孩，父母如果能保有持續的聯繫，並且致力於改善雙方的關係，兒童也比較能夠適應單親家庭的生活。因此，不具監護權的父母所提供的情感支持，有助於減少離婚對孩子的負面影響。

30. B　研究顯示青少年常見自殺原因包含情感問題、課業壓力、網路霸凌、校園霸凌、性傾向、家庭暴力、性侵害等的多重壓力，而自殺者中也常見患有憂鬱症與其他情緒精神障礙，當眾多負面情緒困擾當事人到他無法負荷、失去希望時，再受到一點刺激，就很有可能會做出難以挽回的決定。題意④家長過度保護，不是青少年自殺的關鍵因素。

31. A　創傷後壓力症候群（post traumatic stress disorder, PTSD）：創傷後壓力症候群是指曾經歷過或目睹或知悉某一種事件，此事件超過一般人類經驗、目睹或知悉的範圍，且造成強烈痛苦、恐懼、無助感，並威脅到自身或他人的完整性或造成嚴重傷害。創傷後壓力症候群多數是因為直接經歷，或親眼目睹駭人的事件所引發。常見的創傷事件包含瀕臨死亡的威脅，例如綁架、兇殺、戰爭、天然或人為災難、嚴重的身體傷害、虐待或性暴力等。甚至這些創傷，不一定要是自身經歷或親眼目睹的，有時光是「得知」親密的家人或朋友遭受創傷事件，都有可能引發創傷後壓力症後群，導致回憶、惡夢、嚴重焦慮，以及無法控制地想起創傷事件。

32. A　(1) 題意③有誤。社會工作者的性別選擇並非最重要因素，訪談技巧才是重要因素。
　　(2) 題意④有誤。非自願性案主前往機構，多係受到法院裁定或被強迫，他們未選擇要要接受所提供給他們的服務，因此，多係帶有抗拒性的心理，此類案主經常出現防衛性，因此，有時會使用帶有壓迫感的問句加以詢問。

33. B　Sauerman 對想向父母出櫃的青少年提出的建議：

(1) 你自己要很清楚。當你接受了自己的性取向,並且你覺得這樣做是舒服且快樂的時候,那就告訴他們吧。然後重要的是要向父母表達這件事,但是若你自己還覺得這個決定會令你不舒服或不快樂時,他們將會在你的言語及情緒上感受到不一致,然後就會試圖要說服你放棄這個決定。
(2) 當事情的進展對你與父母都算順利時,或是在這段期間他們相對上算是平靜時,就可以對他們表達你的性取向這項事實。
(3) 不要在爭執的期間選擇出櫃,以避免這件事情可能會成為引發大家感到痛苦的一樣武器。選項 (B) 有誤。
(4) 在一開始時只選擇告訴父母當中的一位是較好的,如果這麼做對你來說會比較容易或比較舒服時,但切記最重要的是最後一定要讓父母雙方都知道這件事。
(5) 開始時要先告訴父母,你是愛他們的,若你平時並不常對父母這麼說時,則可以找一些積極正向的想法與父母分享。
(6) 準備好面對當父母聽到你所說出的這個消息時,所會出現的沮喪與傷心的情況,你父母可能會出現憤怒,但你要試著不要以抵抗與憤怒的態度回應他們,同時你也要準備好也許你的父母會告訴你:「我已經知道這件事好多年了。」又或是他們什麼都不說,每個父母的反應都不會相同。選項 (A) 正確。
(7) 要給你父母一點時間和空間,好讓他們可以消化這個消息。選項 (C) 屬之。
(8) 告訴他們,你依然是同樣的一個人,你並沒有改變,並且你希望他們未來能夠繼續愛你。
(9) 試著維持暢通的溝通管道,你父母會需要有一段時間的調適,他們可能會感到內疚、夢想破滅,或是對未來有更大的不確定感。總之,有時他們就是需要經歷一段時間。
(10) 取得一些可供閱讀的資料,並提供給你的父母閱讀,同時要取得在地同志協會的電話,以幫助你的父母可以隨時求助。選項 (D) 屬之。
(11) 讓你的父母從情緒中走出來,有可能比你要跟他們討論出櫃這件事來得更重要。當你的父母並未準備好要在此時繼續談論這個議題時,不要強迫他們要更進一步地討論這件事,有些時候,他們只是需要一點時間和空間,以消化這些訊息並且整理出一些頭緒。

附錄　最新試題

34. C　選項 (C) 有誤。社會工作者對生下隱睪症新生兒的家長，在孩子尚未發育前，不應建議家長讓孩子接受性別重建手術。

35. B　領養來自不同的族群家庭的小孩，稱為跨族群領養（transracial adoption）。想要領養或托養不同族群兒童的夫婦，必須先了解有關跨族群或跨文化方面的問題。研究顯示，父母可以透過一些方式，幫助跨文化的孩子發展健康的族群認同，父母可以讓孩子了解和認識自己原生國家和文化，有助於孩子成功適應和建立族群認同。選項 (B) 有誤。

36. D　基於尊重多元文化的觀點，社會工作者在面對差異文化群體之服務對象（個人、群體或社區）時，應體悟到助人工作不應是殖民式之主流菁英宰制。因此，以增強家長與新住民兒童對臺灣的族群認同，以避免原生文化對兒童發展造成干擾，為不適當的處遇方式。選項 (D) 有誤。

37. B　衝突論認為不平等的存在，是因為掌握社會資源分配者主動捍衛其利益而排擠其他群體。社會之所以凝聚是因為有權力者的高壓與社會控制，衝突論者認為並非共享的價值觀或群體的相似性而形成社會的凝聚力。衝突論指出，階級、種族與性別不平等，以及這些因素對社會生活之所有面向的影響。「孩童出生於貧困和家長未受教育的家庭，可能面臨債務、有限的經驗和機會，以及較差的教育、健康照顧等，這些都會阻礙他們在生活中獲取成功的能力」，為衝突論的觀點樣的觀點。

38. A　性別歧視（sexism）是指女性與男性不同，且次於男性。性別歧視可能表現為外顯的，也可能非常內隱而微妙。就像種族主義一樣，根植於權力與特權體系中的行為看來合乎自然。以此角度而論，性別主義既是一種信念，同時也深植於社會制度之中。例如：因為男人是主要家計負擔者，所以他們的給薪應該高於女人，就反映了性別歧視的意識型態，而這觀念亦鑲嵌於薪資架構之內。由於性別歧視的制度面向，即使個體不具有任何性別意識型態，仍將造成性別意識的結果。性別之間的薪資差異並非只存在專業工程領域，其他一般的行業中，仍有此現象存在，尤其是許多未注重性別平等工作的國家，此現象仍普遍存在。

39. A　社會流動（social mobility）係指社會位置的改變，個人地位從一個社團或社會階級轉移到另一個社團或社會階級的現象。簡單地說，就是一個人從一個社會地位轉移到另一個社會地位的現象點。社會流動是指一

個人在不平等階梯上，上下移動的情形。社會流動是指個人社會地位之上升或下降變動，這種社會流動在不同社會結構裡，顯示著不同的流動情況。由於社會階級界限嚴密程度不同，出現社會流動的難易現象。在開放性社會中，社會階級界限不嚴密，個人階級上升、下降端視個人之能力與努力。而在封閉的社會裡，個人的階級地位屬於世襲，不會因個人努力而有所改變。社會流動可分為垂直流動、水平流動。垂直流動（vertical mobility）是屬於一種上下流動，由一個階層到另一個階層的上下流動。垂直流動又可分為兩種，即下降流動（downward mobility）和上升流動（upwardmobility）。上升流動是一種向上升遷，例如：一位小學老師升遷為校長、鄉長當選為立委或是縣長、從黑手到老闆。通常向上流動是透過個人的努力所獲得，然而卻有一種經由社會和經濟體制的變化，不是經由個人努力而產生向上流動，這樣現象稱之為結構性流動（structural mobility）。下降流動是向下貶降，例如：由富商轉為攤販、由白領階級到階下囚。選項(A)為社會流動中的垂直流動，又因是不同代間的流動，所以是代間社會流動。

40. C Erikson 的心理社會發展理論（生命週期理論）指出，在「中年期」為第七階段：生產 vs. 停滯。Erikson 的觀點認為，中年人透過轉化「生產 vs. 停滯」去尋求平衡點，這種成長乃是來自於改善及提升新一代的生活環境，因應外在的壓力，生產力涵蓋著生命的再造，創造力以及新血的注入，即社會自我的再造，以及精益求精的社會肯定與成長。依據 Erikson 的觀察，生產乃是人類為自己，為維護社會發展而激發出的勞動生產力。生產力是一種能量，可維護社會的延續，人類在進入中年階段時，貢獻自己所知所能及分享資源，為年輕一代的未來提供更優良的環境，此時往往發現人終究是會死的，沒有人可以長生不老，而且世事無常，因而有感而發，提供自己對社會、子孫的使命和想法，以期死後仍能遺愛人間，較實際的方式，就是貢獻錢財、技術及時間於公益事業團體，這種人力、物力、財力的貢獻，對整個社會具有相當的意義及價值。此階段中年人肩負起改善後代生活條件，成就感包括：樂意關懷自己的小孩、重視他們所做的事，也包括改善社會之決心。此階段述發展順利時，會呈現出熱愛家庭、關懷社會，有責任心、有正義感。

Note.

國家圖書館出版品預行編目資料

人類行為與社會環境/陳思緯編著. -- 八版. -- 臺北市：考用出版股份有限公司, 2024.07
面； 公分
ISBN 978-986-5525-93-4(平裝)

1.CST: 社會心理學 2.CST: 人類行為 3.CST: 社會環境

541.75　　　　　　　　113005998

4K70

人類行為與社會環境

編 著 者 ─ 陳思緯(272.7)

企劃主編 ─ 李貴年

責任編輯 ─ 李敏華、何富珊

文字校對 ─ 李驊梅

封面設計 ─ 姚孝慈

出 版 者 ─ 考用出版股份有限公司

發 行 人 ─ 楊榮川

總 經 理 ─ 楊士清

總 編 輯 ─ 楊秀麗

地　　址：臺北市大安區106和平東路二段339號4樓

電　　話：02-27055066（代表號）

傳　　真：02-27066100

網　　址：https://www.wunan.com.tw

電子郵件：wunan@wunan.com.tw

劃撥帳號：01068953

戶　　名：五南圖書出版股份有限公司

法律顧問　林勝安律師

出版日期　2013年 4 月初版一刷
　　　　　2020年12月六版一刷
　　　　　2022年 9 月七版一刷
　　　　　2024年 7 月八版一刷

定　　價　新臺幣680元

※版權所有・欲利用本書內容，必須徵求本公司同意※